utb 6389

Eine Arbeitsgemeinschaft der Verlage

Brill | Schöningh – Fink · Paderborn –
Vandenhoeck & Ruprecht · Göttingen – Böhlau · Wien · Köln
Verlag Barbara Budrich · Opladen · Toronto
facultas · Wien
Walter de Gruyter · Berlin · Boston
Haupt Verlag · Bern
Verlag Julius Klinkhardt · Bad Heilbrunn
Mohr Siebeck · Tübingen
Narr Francke Attempto Verlag – expert verlag · Tübingen
Psychiatrie Verlag · Köln
Psychosozial-Verlag · Gießen
Ernst Reinhardt Verlag · München
transcript Verlag · Bielefeld
Verlag Eugen Ulmer · Stuttgart
UVK Verlag · München
Waxmann · Münster · New York
wbv Publikation · Bielefeld
Wochenschau Verlag · Frankfurt am Main

Prof. Dr. Eric Zimmermann hat eine Professur für Sozialrecht an der Hochschule der DGUV (HGU) in Bad Hersfeld.

Eric Zimmermann

Grundwissen Geldleistungen der gesetzlichen Unfallversicherung

für Gesundheits- und Rechtswissenschaften

UVK

Umschlagabbildung: © Ratana21 · iStock
Autorenbild: © Chantee Charlott Flehmann

Bibliografische Information der Deutschen Nationalbibliothek
Die Deutsche Nationalbibliothek verzeichnet diese Publikation in der Deutschen Nationalbibliografie; detaillierte bibliografische Daten sind im Internet über http://dnb.dnb.de abrufbar.

DOI: https://doi.org/10.36198/9783838563893

– Ein Unternehmen der Narr Francke Attempto Verlag GmbH + Co. KG
Dischingerweg 5 · D-72070 Tübingen

Internet: www.narr.de
eMail: info@narr.de

Einbandgestaltung: siegel konzeption | gestaltung
Druck: Elanders Waiblingen GmbH

utb-Nr. 6389
ISBN 978-3-8252-6389-8 (Print)
ISBN 978-3-8385-6389-3 (ePDF)
ISBN 978-3-8463-6389-8 (ePub)

FSC www.fsc.org
MIX
Papier | Fördert gute Waldnutzung
FSC® C016368

Inhalt

Vorwort

Im Wintersemester 2022 übernahm ich an der Hochschule der Deutschen Gesetzlichen Unfallversicherung (HGU) in Bad Hersfeld den Unterricht für die Studierenden des Bachelorstudiengangs Sozialversicherung (Schwerpunkt Unfallversicherung) über die Geldleistungen der Unfallversicherung. Dies war zunächst das Verletzten- und Übergangsgeld, später kamen dann Rente und Hinterbliebenenleistungen hinzu. Für mich stellte sich die Frage, wie ich die Vorlesungen vorbereite und wie die Studierenden diese nachbereiten könnten?

Für die Geldleistungen der Unfallversicherung gibt es hervorragende Skripte, die in der HGU als Lehrhefte bezeichnet werden, doch richten sich diese in erster Linie an die Auszubildenden zum Sozialversicherungsfachangestellten, nicht an die Studierenden. Auch gibt es sehr gute und sehr umfangreiche Kommentierungen zu den Geldleistungsvorschriften des SGB VII, die aber oftmals dann zu ausführlich sind. Was es nicht gab, war ein zusammenfassendes Lehrbuch über die maßgeblichen Geldleistungen der gesetzlichen Unfallversicherung: Das Lehrbuch sollte dabei mehr Inhalt, mehr Hintergrundwissen und mehr Zusammenhänge als ein Skript bieten, aber dafür nicht in die Tiefe, Verästelungen und Randbereiche einer Kommentierung durchdringen müssen.

Diese Lücke soll nun mit dem vorliegenden Lehrbuch gefüllt werden. Auch wenn sich das Lehrbuch weiterhin primär an Studierende wendet, die sich mit den Geldleistungen aus der Unfallversicherung beschäftigen, sollten sowohl Sachbearbeiterinnen und Sachbearbeiter aus der Unfall- und Krankenversicherung, Juristinnen und Juristen aus der Rechtsprechung, Anwaltschaft und Verwaltung sowie natürlich auch Auszubildende das Lehrbuch gerne als zuverlässige Stütze in Praxis und Theorie verwenden.

Das Lehrbuch konzentriert sich auf die wesentlichen Geldleistungen der Unfallversicherung, also insbesondere Verletztengeld, Übergangsgeld und Rente sowie die Hinterbliebenenleistungen und das Pflegegeld. Nur oder auch in Geld zu erbringende Leistungen im Rahmen der Rehabilitation, wie z.B. Kleiderverschleißgeld, Kraftfahrzeughilfe oder Wohnungshilfe werden deshalb aus Platzgründen z.B. nicht besprochen.

Dieses Buch wäre nicht ohne das Engagement, die Kreativität und Begeisterung meines Lektors, Herrn *Rainer Berger* vom UVK Verlag in München, entstanden. Vom ersten Kontakt an war er von der Sinnhaftigkeit des Projekts überzeugt und unterstützte es geduldig trotz mancher Wartephasen. Ihm gilt mein erster und besonderer Dank, denn ohne ihn würde es das Buch in dieser Form nicht geben.

Ich möchte mich des Weiteren bei verschiedenen Personen bedanken, die mich jeweils bei einzelnen Kapiteln des Buches maßgeblich inhaltlich und fachlich unterstützt haben: als Ansprechpartner, als Ratgeber oder auch als kritische Stimmen. Dies sind: *Michael Baron* (HGU, Hennef/Bad Hersfeld), *Sabine Behrendt* (VBG, Bielefeld), *Robert Bormann* (BG BAU, Hannover), *Marc Bültmann* (BGN, Dortmund), *Stefan Kappelle* (BG RCI, Köln), *Detlef Kassik* (BGN, Mannheim), Dr. *Andreas Kranig* (H-BRS, Hennef), *Martin Kunze* (HGU, Bad Hersfeld, ehemals UK Nord) Prof. Dr. *Caroline Lüder* (HGU, Hennef/Bad Hersfeld), Prof. Dr. *Wolfgang Römer* (HGU, Mainz/Bad Hersfeld). Ich bedanke mich zudem bei meiner Familie für Unterstützung, Zuspruch und Verständnis, vielen Dank dafür!

Ein Lehrbuch über Geldleistungen kann nur dann seinen Sinn und Zweck erfüllen, wenn es Berechnungsbeispiele und Prüfungsschemata enthält. Trotz mehrfacher Durchsicht ist nicht gänzlich auszuschließen, dass auch einmal ein Rechenfehler oder ein Zahlendreher auftritt. Mich wird dies, sofern es denn der Fall ist, sehr ärgern. Ich bitte schon jetzt um Entschuldigung und hoffe um Nachsicht.

Sollte Ihnen ein Fehler im Lehrbuch auffallen oder sonst eine Anregung einfallen, können Sie mich gerne unter „Eric.Zimmermannatdguv.de“ kontaktieren.

Gesetzesstand, Rechtsprechung und Literatur konnten bis November 2025 berücksichtigt werden.

Aus Gründen der Lesbarkeit wird auf ein bewusstes Gendern verzichtet – es soll sich bitte jeder angesprochen, niemand ausgegrenzt fühlen, das Leseverständnis der ohnehin nicht immer einfachen, verständlichen und lesbaren Materie geht indes vor.

Bad Hersfeld, im März 2026
Eric Zimmermann

Abkürzungsverzeichnis

A.A. | Andere Ansicht
AAG | Gesetz über den Ausgleich der Arbeitgeberaufwendungen für Entgeltfortzahlung (Aufwendungsausgleichsgesetz)
Anh. | Anhang
Anm. | Anmerkung
AP | Nachschlagewerk des Bundesarbeitsgerichts – Arbeitsrechtliche Praxis
ArbAktuell | Arbeitsrecht Aktuell (Zeitschrift)
Art. | Artikel
AU | Arbeitsunfall; zudem: Arbeitsunfähigkeit
AU-RL | Arbeitsunfähigkeits-Richtlinie
BAG | Bundesarbeitsgericht
BB | Betriebs-Berater (Zeitschrift)
BDA | Bundesvereinigung der Deutschen Arbeitgeberverbände
BeckRS | Beck Rechtsprechung (Online-Rechtsprechung)
Begr. | Begründer/-in
Beschl. | Beschluss
BG | Berufsgenossenschaft; (mit Jahresangabe) Die Berufsgenossenschaft (Zeitschrift)
BGB | Bürgerliches Gesetzbuch
BG BAU | Berufsgenossenschaft der Bauwirtschaft
BGBl. | Bundesgesetzblatt
BGH | Bundesgerichtshof
BGHM | Berufsgenossenschaft Holz und Metall
BGHW | Berufsgenossenschaft Handel und Warenlogistik
BGN | Berufsgenossenschaft Nahrungsmittel und Gastgewerbe
BG RCI | Berufsgenossenschaft Rohstoffe und chemische Industrie
BGW | Berufsgenossenschaft für Gesundheitsdienst und Wohlfahrtspflege
BHB | Bruttohinzurechnungsbetrag
BiBB | Bundesinstitut für Berufsbildung
BiBG | Berufsbildungsgesetz
BK | Berufskrankheit
BR-Drs. | Bundesrats-Drucksache
BReg | Bundesregierung
BSG | Bundessozialgericht

BT-Drs. | Bundestags-Drucksache
BV | Gesetz über die Versorgung der Opfer des Krieges (Bundesversorgungsgesetz)
BVerfG | Bundesverfassungsgericht
DGUV | Deutsche Gesetzliche Unfallversicherung e.V.
E | Entwurf
EFZG | Gesetz über die Zahlung des Arbeitsentgelts an Feiertagen und im Krankheitsfall (Entgeltfortzahlungsgesetz; auch: EntgFG)
EStG | Einkommenssteuergesetz
EuGH | Gerichtshof der Europäischen Union
FD-SozVR | Fachdienst Sozialversicherungsrecht (Onlineveröffentlichung)
FN. | Fußnote
G-BA | Gemeinsamer Bundesausschuss
GG | Grundgesetz
GKV | Gesetzliche Krankenversicherung
GR | Gemeinsames Rundschreiben
GRV | Gesetzliche Rentenversicherung
GUV | Gesetzliche Unfallversicherung
Höchst-JAV | Höchstjahresarbeitsverdienst
HRE | Höchstregelentgelt
Hrsg. | Herausgeber/-in
HGU | Hochschule der DGUV
i.d.F.v. | in der Fassung vom
i.V.m. | in Verbindung mit
J | Jahr
JA | Juristische Arbeitsblätter (Zeitschrift)
JAV | Jahresarbeitsverdienst
jurisPR-SozR | juris PraxisReport Sozialrecht (Onlineveröffentlichung)
JuS | Juristische Schulung (Zeitschrift)
KdöR | Körperschaft des öffentlichen Rechts
Kz. | Kennziffer
LAG | Landesarbeitsgericht
lit. | littera = Buchstabe
LPartG | Gesetz über die Eingetragene Lebenspartnerschaft (Lebenspartnerschaftsgesetz)
LS | Leitsatz
LSG | Landessozialgericht
LTA | Leistung zur Teilhabe am Arbeitsleben
M | Monat

MedR | Medizinrecht (Zeitschrift)
m.w.N. | mit weiteren Nachweisen
NAE | Nettoarbeitsentgelt
NHB | Nettohinzurechnungsbetrag
NJOZ | Neue Juristische Online-Zeitschrift
NJW | Neue Juristische Wochenschrift (Zeitschrift)
n. rkr. | nicht rechtskräftig
NZA | Neue Zeitschrift für Arbeitsrecht
NZS | Neue Zeitschrift für Sozialrecht
o.g. | oben genannte(n)
r+s | recht und schaden (Zeitschrift)
RE | Regelentgelt
RGBl. | Reichsgesetzblatt
Rn. | Randnummer
RS | Rundschreiben
RuZ | Rente auf unbestimmte Zeit (§ 62 Abs. 2 SGB VII)
RV | Rentenversicherung
RvE | Rente als vorläufige Entschädigung (§ 62 Abs. 1 SGB VII)
RVO | Reichsversicherungsordnung
s. | siehe
S. | Satz/Seite
SEG | Gesetz über die Entschädigung der Soldatinnen und Soldaten (Soldatenentschädigungsgesetz)
SG | Sozialgericht
SGB | Sozialgesetzbuch
SGb | Die Sozialgerichtsbarkeit (Zeitschrift)
SGB I | Sozialgesetzbuch Erstes Buch – Allgemeiner Teil
SGB IV | Sozialgesetzbuch Viertes Buch – Gemeinsame Vorschriften für die Sozialversicherung
SGB V | Sozialgesetzbuch Fünftes Buch – Gesetzliche Krankenversicherung
SGB VI | Sozialgesetzbuch Sechstes Buch – Gesetzliche Rentenversicherung
SGB VII | Sozialgesetzbuch Siebtes Buch – Gesetzliche Unfallversicherung
SGB IX | Sozialgesetzbuch Neuntes Buch – Rehabilitation und Teilhabe von Menschen mit Behinderungen
SGB X | Zehntes Buch Sozialgesetzbuch – Sozialverwaltungsverfahren und Sozialdatenschutz
StVollzG | Gesetz über den Vollzug der Freiheitsstrafe und der freiheitsentziehenden Maßregeln der Besserung und Sicherung (Strafvollzugsgesetz)

SvEV | Verordnung über die sozialversicherungsrechtliche Beurteilung von Zuwendungen des Arbeitgebers als Arbeitsentgelt (Sozialversicherungsentgeltverordnung)
SVLFG | Sozialversicherung für Landwirtschaft, Forsten und Gartenbau KdöR
T | Tag
ÜG | Übergangsgeld
UK | Unfallkasse
Urt. | Urteil
UVB | Unfallversicherung Bund und Bahn
UVKapWertV | Verordnung über die Berechnung des Kapitalwertes bei Abfindung von Leistungen aus der gesetzlichen Unfallversicherung
UVT | Unfallversicherungsträger
Var. | Variante
VBG | Verwaltungs-Berufsgenossenschaft
VF | Versicherungsfall
VG | Verletztengeld
Vgl. | Vergleiche
v.H. | vom Hundert
VR | Versichertenrente nach § 56 SGB VII
VV | Verwaltungsvereinbarung
WzS | Wege zur Sozialversicherung; jetzt: Wege zum Sozialrecht (Zeitschrift)
Ziff. | Ziffer

Testen Sie Ihr Wissen! | Lösungen

Im Buch sind 15 Fragen enthalten, deren Lösungen Sie online finden.
https://files.narr.digital/9783825263898/Loesungen.pdf

1 Verletztengeld

Unfallversicherungsträger zahlen einen täglichen Geldbetrag, sofern ein Versicherter aufgrund eines Arbeitsunfalls oder einer Berufskrankheit zeitweise arbeitsunfähig wird. Diese Geldzahlung heißt Verletztengeld. Durch die Zahlung von Verletztengeld soll der Entgelt- und Einkommensverlust ausgeglichen werden, den der Versicherte aufgrund seiner Arbeitsunfähigkeit erleidet.[1]

Das Verletztengeld als Geldleistung der Unfallversicherung steht in Zusammenhang mit anderen Geldleistungen, die bei Krankheit geleistet werden. Arbeitnehmer, die arbeitsunfähig werden, haben grundsätzlich einen Anspruch auf **Entgeltfortzahlung im Krankheitsfall** gegen ihren Arbeitgeber. Positiv für den Arbeitnehmer: Die Entgeltzahlung im Krankheitsfall beträgt 100 Prozent seines Gehalts; er erhält also im Krankheitsfall so viel Gehalt ausgezahlt, wie wenn er arbeiten würde. Allerdings: Diese Zahlung erhält er, sofern es keine (tarif)vertraglichen Abweichungen zu seinen Gunsten gibt, maximal sechs Wochen. Danach muss der Arbeitgeber keine Geldzahlung im Krankheitsfall mehr zahlen. Jedoch erhält der Arbeitnehmer in der Regel bei fortlaufender Arbeitsunfähigkeit weiterhin Geldzahlungen. Diesmal aber von der gesetzlichen Krankenkasse in Form des **Krankengeldes** oder von dem Unfallversicherungsträger als **Verletztengeld**.

Es soll dabei vermieden werden, dass Arbeitnehmer mehrere Zahlungen parallel erhalten, also gleichzeitig Entgeltfortzahlung und Krankengeld, Entgeltfortzahlung und Verletztengeld oder Krankengeld und Verletztengeld. Andernfalls könnten sie finanziell bessergestellt werden als der Gesunde, der arbeiten geht. Verletztengeld ist dabei vom geringeren Krankengeld abzugrenzen, das die gesetzlichen Krankenkassen bei Arbeitsunfähigkeit aufgrund Krankheit zahlen.

Generelle Vorfahrt hat zunächst die Entgeltfortzahlung im Krankheitsfall vor Kranken- und Verletztengeld. Wenn keine Entgeltfortzahlung (mehr) geleistet wird, erhält der Arbeitnehmer entweder Kranken- oder Verletztengeld. Maßgeblicher Unterschied ist, dass die Zahlung von Verletztengeld darauf beruht, dass die Arbeitsunfähigkeit infolge eines Versicherungsfalls entstand. Nach § 7 Abs. 1 SGB VII sind Versicherungsfälle **Arbeitsunfälle**

---

1 BSG, Urt. v. 26.06.2007 – B 2 U 23/06 R, juris Rn. 14.

und **Berufskrankheiten**. Wurde der Versicherte also nicht wegen eines Arbeitsunfalls oder einer Berufskrankheit arbeitsunfähig, hat er zwar keinen Anspruch auf Verletztengeld, aber in der Regel auf Krankengeld.

Wissen | Final- und Kausalprinzip

Zwischen gesetzlicher Krankenversicherung und gesetzlicher Unfallversicherung besteht ein struktureller Unterschied: Während für die gesetzliche Krankenversicherung das sogenannte **Finalprinzip** gilt, gilt in der gesetzlichen Unfallversicherung das **Kausalprinzip**. Beim Finalprinzip der gesetzlichen Krankenversicherung kommt es für den Leistungsanspruch grundsätzlich nicht auf die Ursache der Erkrankung an. Abgestellt wird allein darauf, dass eine Bedarfssituation als solche besteht. Bricht sich also der Skifahrer bei einer gewagten Abfahrt das Bein, erhält er in aller Regel trotz der eingegangenen Risiken eine umfassende Behandlung, die seine Krankenkasse bezahlt.
Anders ist dies beim Kausalprinzip: Die Leistung wird hier durch die Entstehung und die Ursache des Bedarfs ausgelöst. Die Leistungspflicht der gesetzlichen Unfallversicherung besteht ausschließlich bei Arbeitsunfällen oder Berufskrankheiten. Liegt kein Arbeitsunfall oder eine Berufskrankheit vor, besteht keine Einstandspflicht des Unfallversicherungsträgers.[2]

Zwischen Verletzten- und Krankengeld besteht ein grundsätzliches Abgrenzungsverhältnis, das aus der allgemeinen Regelung des **§ 11 Abs. 5 SGB V** herrührt: Auf Leistungen der gesetzlichen Krankenversicherung besteht generell kein Anspruch, wenn sie als Folge eines Arbeitsunfalls oder einer Berufskrankheit im Sinne der gesetzlichen Unfallversicherung zu erbringen sind. Eine Kumulation der verschiedenen Leistungen und eine damit verbundene Doppelzuständigkeit sowohl der gesetzlichen Krankenversicherungen als auch der Unfallversicherungsträger wird durch diese Regelung ausgeschlossen.[3] Hiervon gibt es Ausnahmen, auf die noch näher eingegangen wird.

Neben der Abgrenzung des Verletztengeldes zur Arbeitgeberleistung „Entgeltfortzahlung“ und zur Entgeltersatzleistung „Krankengeld“, die hier

2 Waltermann in: Ruland/Becker/Axer, § 7 Rn. 3.
3 Becker/Kingreen in: Becker/Kingreen, § 12 SGB V Rn. 32.

besprochen werden (auf weitere Geldleistungen wie das Arbeitslosengeld wird nicht eingegangen) ist es zudem von der **Rentenleistung** der Unfallversicherung abzugrenzen. Durch die Regelung des § 72 Abs. 1 SGB VII, der den Beginn der Rentenzahlung durch den Unfallversicherungsträger bestimmt, wird festgelegt, dass der Gesetzgeber grundsätzlich auch keine Parallelität von Verletztengeld und Rente aus der gesetzlichen Unfallversicherung ermöglichen möchte: Nach § 72 Abs. 1 SGB VII wird Rente von dem Tag an gezahlt, der auf den Tag folgt, an dem (Nr. 1) entweder der Anspruch auf Verletztengeld endet oder (Nr. 2) der Versicherungsfall eingetreten ist, wenn kein Anspruch auf Verletztengeld entstanden ist.

Die Regelung folgt dem Grundsatz **„Reha vor Rente"**: Die Zahlung von Verletztengeld ist grundsätzlich damit verbunden, dass die Arbeitsfähigkeit wiederhergestellt werden kann, also der Versicherte wieder vollständig arbeiten kann.

1.1 Einführung

Dieses Kapitel stellt die Zahlung von Verletztengeld vor. Verletztengeld kann aber nicht eigenständig und losgelöst von anderen Geldzahlungen und -leistungen und ihren Vorschriften betrachtet und verstanden werden.

Maßgeblich für das Verständnis ist die Abgrenzung zur Entgeltfortzahlung im Krankheitsfall durch den Arbeitgeber und zum Krankengeld durch die gesetzliche Krankenkasse. Aus diesem Grund werden diese beiden Geldleistungen vorgestellt.

Kranken- und Verletztengeld als Leistungen der **Sozialversicherung** gemein ist ihre Funktion als **Einkommensersatzleistung**, die der **Existenzsicherung** dient.[4] Dieser Zielsetzung liegen nun weitere gesetzgeberische Wertungen zugrunde: Mit der zusätzlichen gesetzlichen Aufnahme einer Entgeltfortzahlung im Krankheitsfall **durch den Arbeitgeber** findet eine Entlastung der Sozialversicherungsträger statt, die andernfalls zuständig gewesen wären.[5] Die Zuständigkeit des Arbeitgebers ist eine rein finanzielle Entscheidung zur Entlastung insbesondere der gesetzlichen Krankenkassen.

Die Frage der Höhe und Berechnung sämtlicher Geldleistungen ist stets begleitet von der Frage, wer dies finanzieren muss und soll. Dass dies

4 Greiner in: MHdB ArbR I/1, § 79 Rn. 5.
5 Greiner in: MHdB ArbR I/1, § 79 Rn. 5.

der Arbeitgeber in den ersten sechs Wochen sein soll, ist allein eine sozialpolitische Entscheidung, die mit einer arbeitsrechtlichen Fürsorgepflicht begründet werden kann.[6] Eine andere sozialpolitische Entscheidung wäre freilich ebenso erlaubt gewesen.

1.2 Entgeltfortzahlung im Krankheitsfall

Im Entgeltfortzahlungsgesetz (hier: EFZG, sonst aber auch EntgFG) wird die temporär begrenzte Fortzahlung des Arbeitsentgelts im Falle einer Erkrankung des Arbeitnehmers geregelt. In Deutschland gilt, dass der Arbeitnehmer grundsätzlich für bis zu sechs Wochen 100 Prozent seines Gehalts im Falle seiner Arbeitsunfähigkeit von seinem Arbeitgeber weiterbezahlt bekommt. Diese Regelung im deutschen Sozialversicherungsrecht ist im internationalen Vergleich großzügig für Arbeitnehmer[7] und stellt eine erhebliche finanzielle Belastung für die Wirtschaft dar. Gleichzeitig sorgt die Regelung für sozialen Frieden innerhalb der Bevölkerung und verhindert, dass kurzfristige krankheitsbedingte Ausfälle nicht zu ökonomischen Schieflagen und Verwerfungen bei Angestellten und ihren Familien führen.

1.2.1 Rechtspolitischer Hintergrund

Wer krank ist, erhält zunächst sein Gehalt vom Arbeitgeber weiter ausgezahlt: Jeder, der einmal wegen eines grippalen Infekts oder einer Magen-Darm-Erkrankung nicht zur Arbeit gehen konnte, weiß, dass er trotz Erkrankung sein Gehalt weiter erhält, obwohl er nicht seine Arbeit ausübt. Selbstverständlich ist dies erst einmal nicht: Denn es gilt der arbeitsrechtliche Grundsatz: **Ohne Arbeit, kein Lohn**. Das bedeutet, dass der Arbeitgeber nicht verpflichtet ist, ein Gehalt zu zahlen, wenn der Arbeitnehmer seine vertraglich vereinbarte Arbeitsleistung nicht oder nur teilweise erbringt.[8] Dieser Grundsatz ist erst einmal gerecht und vernünftig: Warum sollte ein Arbeitgeber ein Gehalt zahlen, ohne dafür eine Gegenleistung seines Arbeitnehmers (in Form seiner Arbeitskraft) zu erhalten? Im Umkehrschluss würde auch kein Arbeitnehmer in einem Unternehmen arbeiten wollen, von dem er kein Gehalt erhält.

---

6 So Bechtold, Rn. 758 f.

7 Vgl. Glasdoor, Which Countries in Europe Offer the Fairest Paid Leave and Unemployment Benefits?, S. 11, 13 (2016).

8 Stiegler, JA 2024, 629 (632).

Mit Aufkommen der Industrialisierung, den damit verbundenen Arbeiterbewegungen und der Bismarckschen Sozialgesetzgebung Ende des 19. Jahrhunderts schuf der Gesetzgeber 1891 erstmals eine Regelung, die unter bestimmten Umständen einen Lohnanspruch von bis zu sechs Wochen bei unverschuldeter Erkrankung vorsah.[9] Es war allerdings erlaubt, abweichende, für den Arbeitnehmer schlechtere Regelungen zu vereinbaren. Eine Vorschrift wird demnach vertraglich **abbedungen**. Sie findet also für das Vertragsverhältnis aufgrund einer einzelvertraglichen Regelung keine Anwendung. Mit dieser einfachen Vertragsgestaltung konnten sich daher Arbeitgeber recht einfach der Entgeltfortzahlung im Krankheitsfall entziehen, indem sie die Nichtzahlung in den Arbeitsvertrag mitaufnahmen.

1930/1931 wurde erstmals in einer Verordnung ein unabdingbarer Anspruch auf Lohnfortzahlung für bis zu sechs Wochen bei Krankheit geschaffen.[10] Interessanterweise und aus heutiger Sicht kurios bestand diese Regelung allerdings nur für Angestellte, nicht für Arbeiter. Während also Angestellte einen nicht einschränkbaren Anspruch auf Lohnfortzahlung besaßen, verblieb es für Arbeiter bei einer Regelung, die arbeitsvertraglich eingeschränkt werden konnte. Erkrankte Arbeiter erhielten daher im Zweifel nicht den vollen Lohn im Krankheitsfall von ihrem Arbeitgeber, sondern (im Vergleich zum Lohn geringeres) Krankengeld von ihrer gesetzlichen Krankenkasse.[11]

Im Zeitalter des Wiederaufbaus und des Wirtschaftswunders forderten 1954 die Gewerkschaften auch für Arbeiter eine sechswöchige unabdingbare Entgeltfortzahlung im Krankheitsfall, die der Arbeitgeber zu bezahlen habe.[12] Der Vorschlag wurde von der SPD aufgegriffen und in Form eines Gesetzentwurfs ausgearbeitet. In der jungen Bundesrepublik gab es heftige Diskussionen über dieses Ansinnen, da eine zu starke Belastung der Wirtschaft befürchtet wurde. Die Gewerkschaften konnten sich dennoch mit einer Veränderung der Rechtslage zu Gunsten der Arbeiter durchsetzen, doch nicht in Form einer arbeitsrechtlichen, sondern einer sog. gespaltenen Lösung.[13] Die **gespaltene Lösung** sah vor, dass nicht der Arbeitgeber zur Lohnfortzahlung verpflichtet wurde, sondern dass ein erkrankter Arbeitnehmer Krankengeld (von seiner gesetzlichen Krankenkasse) sowie einen

---

9 Küfner-Schmitt in: Schmitt, EFZG, A Rn. 24.
10 Heinze, NZA 1996, 785.
11 Küfner-Schmitt in: Schmitt, EFZG, A Rn. 35.
12 Heinze, NZA 1996, 785.
13 Heinze, NZA 1996, 785.

Lohnzuschuss des Arbeitgebers erhielt.[14] Einerseits wurde der Arbeiter rechtlich dem Angestellten gleich gestellt, in dem er einen unabdingbaren Anspruch auf Lohn und zwar in nahezu gleicher Höhe erhielt. Andererseits musste nicht der Arbeitgeber den Hauptanteil zahlen, sondern die gesetzliche Krankenkasse. Der Arbeitgeber wurde daher durch die Erkrankung seines Arbeiters weitgehend nicht belastet.

1970 schließlich gab die damalige Bundesregierung die gespaltene Lösung auf und schuf für alle Arbeitnehmer gleichermaßen bei Krankheit einen unabdingbaren Anspruch auf Lohnfortzahlung gegen den Arbeitgeber für bis zu sechs Wochen.[15] Es handelte sich hier um das Lohnfortzahlungsgesetz.

Europarechtliche Entscheidungen und die deutsche Einheit führten zu einer umfangreichen Änderung des Lohnfortzahlungsgesetz, das 1993 in das **Entgeltfortzahlungsgesetz** geändert wurde. Sprachlich wird auch noch heute immer wieder von Lohnfortzahlung im Krankheitsfall geschrieben und gesprochen, ohne dass damit etwas anderes gemeint ist als die Entgeltfortzahlung im Krankheitsfall.

1996 kam es durch die von CDU/CSU und FDP geführte Bundesregierung zu einer größeren Korrektur des EFZG: Bei der Entgeltfortzahlung im Krankheitsfall sollte u.a. – mit Abweichungsmöglichkeiten versehen – die Höhe auf 80 Prozent des Arbeitsentgelts begrenzt werden.[16] Begründet wurde dies damit, dass die Entgeltfortzahlung im Krankheitsfall Bestandteil der stark gestiegenen Lohnzusatzkosten sei, weshalb die Sicherung des Industriestandorts Deutschland und die Verantwortung für die Sicherung der Arbeitsplätze eine Begrenzung der Kostenbelastung der deutschen Wirtschaft erfordern würde.[17] Die Reduzierung der Höhe der Entgeltfortzahlung, die der Entlastung der Arbeitgeber dienen sollte, stieß auf politische Gegenwehr. Aber auch Teile der Wirtschaft nutzen die gesetzgeberischen Freiheiten nicht, sondern vereinbarten vielmehr (tarif)vertraglich eine Entgeltfortzahlung von wie bisher 100 Prozent.

Folgerichtig wurde diese Änderung 1998 wieder rückgängig gemacht und die alte Rechtslage wiederhergestellt.[18]

---

14 Heinze, NZA 1996, 785.

15 Heinze, NZA 1996, 785 (786).

16 BT-Drs. 13/4612, S. 2, 5 (vgl. § 4 Abs. 1 S. 1 EFZG 1996, soweit die Arbeitsunfähigkeit nicht auf einen Arbeitsunfall oder eine Berufskrankheit zurückzuführen war (§ 4 Abs. 1 S. 2 EFZG 1996)).

17 BT-Drs. 13/4612, S. 10.

18 Küfner-Schmitt in: Schmitt, EFZG, A Rn. 113.

Die Entgeltfortzahlung im Krankheitsfall ist eine bedeutende Leistung für Arbeitnehmer. Sie erhalten bis zu sechs Wochen 100 Prozent ihrer regulären Vergütung. Gleichzeitig stellt sie eine erhebliche Belastung der Arbeitgeber dar. Insgesamt zahlten die Arbeitgeber 2023 rund 70 Milliarden Euro an Entgeltfortzahlung im Krankheitsfall an ihre Arbeitnehmer aus.[19] Für kleinere und mittlere Unternehmen gibt es die Sonderregelung, dass ein Anteil der von ihnen gezahlten Entgeltfortzahlung von den Krankenkassen erstattet wird, sofern sie nicht mehr als 30 Arbeitnehmer haben.[20] Hierzu gibt es ein Ausgleichsverfahren, das in dem Aufwendungenausgleichsgesetz (AAG) näher beschrieben ist. Sinn und Zweck der Vorschriften des AAG ist, die Kostenbelastung der Entgeltfortzahlung für die kleineren Betriebe mit nicht mehr als 30 Arbeitnehmern (sog. U1-Verfahren) sowie für bestimmte Leistungen aus dem Mutterschaftsschutzgesetz für alle Betriebe (sog. U2-Verfahren) teilweise auszugleichen.[21]

Testen Sie Ihr Wissen! | Frage 1

Die „Radikal-Liberale Partei Deutschlands“ (RLPD) hat in ihrem Wahlprogramm die Abschaffung der Entgeltfortzahlung im Krankheitsfall aufgenommen. Mit der Abschaffung ist von der RLPD gleichzeitig eine Versicherungspflicht für Arbeitnehmer zum Erhalt von Entgeltfortzahlung vorgesehen. Arbeitnehmer könnten demnach selbst entscheiden, mit welcher Versicherungssumme sie sich gegen Entgeltausfall wegen Krankheit absichern wollten.

Die RLPD argumentiert wie folgt: Laut Statistik werden rund 70 Milliarden Euro an Entgeltfortzahlung von Seiten der Arbeitgeber jährlich ausbezahlt. Diese Zahlungen würden einseitig von den Arbeitgebern geleistet. Um den Wirtschaftsstandort Deutschland wieder flott und wettbewerbsfähig zu machen, sei es sinnvoll, bestimmte bestehende Strukturen zu überdenken.

Suchen Sie Argumente, die für und gegen den Vorschlag sprechen.

19 Vgl. Pimpertz, IW-Kurzbericht 70/2023, S. 2.
20 Junker, Rn. 277.
21 S. Feichtinger in: Feichtinger/Malkmus, Einleitung AAG Rn. 4.

Die Arbeitgeberverbände haben 2025 einen neuen Versuch unternommen, die Entgeltfortzahlung im Krankheitsfall weiterzuentwickeln. In einer ausführlichen Stellungnahme fordern sie die aus ihrer Sicht hohen Entgeltfortzahlungskosten zu senken und unnötige Bürokratie abzubauen.[22]

1.2.2 Wesentliche Regelungen zur Entgeltfortzahlung

Die für den Bereich der Geldleistungen der Unfallversicherung wesentlichen Vorschriften zur Entgeltfortzahlung im Krankheitsfall finden sich in den §§ 3, 4 EFZG. Auf spezifische Einzelfälle und Ausnahmen (z.B. § 3a EFZG: Anspruch auf Entgeltfortzahlung bei Spende von Organen u.a.), auf die Auswirkungen und die Abgrenzung einer Neu- und Wiedererkrankung (§ 3 Abs. 1 S. 2 EFZG) sowie auf die Entgeltfortzahlung bei Feiertagen (§ 2 EFZG) wird nicht weiter eingegangen.

Nach §§ 3, 4 EFZG hat ein Arbeitnehmer einen vollständigen, das heißt ungekürzten Entgeltfortzahlungsanspruch gegen seinen Arbeitgeber.[23]

In § 12 EFZG ist festgelegt, dass die Vorschriften des EFZG unabdingbar sind und **nicht zu Ungunsten** des Arbeitnehmers abgeändert werden können.[24] Allein § 4 Abs. 4 EFZG gestattet den Tarifvertragsparteien eine engbegrenzte Ausnahme, auf die nicht weiter eingegangen wird.

Das Recht des Arbeitnehmers auf Entgeltfortzahlung soll weder ein eigenständiger Anspruch sein[25], noch soll es sich um einen Lohnersatzanspruch handeln.[26] Überzeugender erscheint hier der Hinweis, dass gemäß Überschrift und Inhalt des § 3 EFZG von einem **Anspruch** auszugehen ist und in der Vorschrift eine Anspruchsgrundlage zu sehen ist.[27] Gleichwohl handelt es sich um eine Entgeltfortzahlung, also um eine **Fortzahlung des (Arbeits)Entgelts**, sodass grundsätzlich der ursprüngliche Vergütungsanspruch aufrechterhalten bleibt (und deshalb keine Entgeltersatzleistung vorliegt).[28] Die Regelung in § 3 EFZG bedeutet, dass der Anspruch des Arbeitnehmers gegen seinen Arbeitgeber auf Arbeitsentgelt nicht wegen Arbeitsunfähigkeit infolge unverschuldeter

---

22 BDA, Positionspapier: „Hohe Lohnfortzahlungskosten senken, unnötige Bürokratie abbauen“ (Stand: 28.02.2025).

23 Stiegler, JA 2024, 629 (632).

24 Malkmus in: Feichtinger/Malkmus, § 4 EFZG Rn. 183.

25 Vogelsang in: HWK, § 3 EFZG Rn. 5.

26 BAG, Urt. v. 16.01.2001 – 5 AZR 430/00, NZA 2002, 746.

27 Ricken in: BeckOK-ArbR, § 3 EFZG Rn. 2.

28 Ricken in: BeckOK-ArbR, § 3 EFZG Rn. 2.

Erkrankung verloren geht.[29] Es handelt sich daher um den Anspruch auf das arbeitsvertraglich geschuldete Arbeitsentgelt.[30]

1.2.2.1 Persönlicher Anwendungsbereich

Das EFZG erfasst **alle Arbeitnehmer**, also sämtliche Arbeiter und Angestellte, solange sie sich zur Leistung von Arbeit in einem Arbeitsvertrag verpflichtet haben.[31]

Zu ihnen zählen auch Auszubildende sowie grundsätzlich Volontäre, Praktikanten und Umschüler.[32]

1.2.2.2 Zeitlicher Anwendungsbereich

Der Anspruch auf Entgeltfortzahlung im Krankheitsfall entsteht nach § 3 Abs. 3 EFZG erst **nach vierwöchiger ununterbrochener Dauer** des Arbeitsverhältnisses. Für die Berechnung der Wartezeit spielt es keine Rolle, ob die Arbeitsunfähigkeit aufgrund einer allgemeinen Erkrankung, einer in der Freizeit erlittenen Verletzung oder auf einem Arbeitsunfall bzw. einer Berufskrankheit beruht.[33] Der Arbeitnehmer, der einen Arbeitsunfall in der Wartezeit erlitten hat und deshalb arbeitsunfähig erkrankt ist, hat grundsätzlich während dieser Zeit ein Anspruch auf Verletztengeld gem. §§ 45, 46 SGB VII.[34] Die übrigen in dieser Wartezeit Erkrankten erhalten **Krankengeld** von der gesetzlichen Krankenkasse.[35] Allerdings hat derjenige, der eine neue Stelle eingeht und unmittelbar krank wird, ohne seine Arbeit angetreten zu haben, keinen Anspruch auf Krankengeld.[36]

Die Wartezeit **verkürzt indes nicht die Dauer des Anspruchs** auf Entgeltfortzahlung; der Anspruch beginnt lediglich erst nach dem Ablauf der Wartezeit.[37] Dieser Anspruch kann wiederum maximal sechs Wochen bestehen.

---

29 Vogelsang in: HWK, § 3 EFZG Rn. 2.
30 Vgl. Vogelsang in: HWK, § 3 EFZG Rn. 5.
31 Vogelsang in: HWK, § 1 EFZG Rn. 4.
32 Vogelsang in: HWK, § 1 EFZG Rn. 7.
33 Ricken in: BeckOK-ArbR, § 3 EFZG Rn. 62.
34 Ricken in: BeckOK-ArbR, § 3 EFZG Rn. 62.
35 Reinhard in: ErfK, § 3 EFZG Rn. 33.
36 LSG Niedersachsen-Bremen, Urt. v. 21.01.2025 – L 16 KR 61/24, juris Rn. 26.
37 Finkenbusch, S. 26.

Die Wartezeit kann von den Vertragsparteien im Arbeitsvertrag ausgeschlossen oder verkürzt werden.[38]

1.2.2.3 Arbeitsunfähigkeit ohne Verschulden

Wird ein Arbeitnehmer durch Arbeitsunfähigkeit infolge Krankheit an seiner Arbeitsleistung verhindert, ohne dass ihn ein Verschulden trifft, so hat er nach § 3 Abs. 1 S. 1 EFZG Anspruch auf Entgeltfortzahlung im Krankheitsfall durch den Arbeitgeber für die Zeit der Arbeitsunfähigkeit **bis zur Dauer von sechs Wochen**.

Der Entgeltfortzahlungsanspruch nach § 3 Abs. 1 S. 1 EFZG verlangt also das Vorliegen einer **Arbeitsunfähigkeit infolge Krankheit**. Beide Begriffe sind nicht weiter im EFZG definiert. Arbeitsunfähigkeit und Krankheit sind dabei nicht deckungsgleich:[39] Nicht jede Krankheit muss zu einer Arbeitsunfähigkeit führen. Nur wenn sie zur Arbeitsunfähigkeit führt und die Arbeitsunfähigkeit alleinige Ursache der Arbeitsverhinderung ist, kommt es zu einem Entgeltfortzahlungsanspruch.[40] Grundvoraussetzung ist also zunächst das Vorliegen einer Krankheit. Durch die Krankheit muss dann die Arbeitsunfähigkeit hervorgerufen worden sein. Entgeltfortzahlung im Krankheitsfall wird nur dann geschuldet, „wenn die krankheitsbedingte Arbeitsunfähigkeit die alleinige Ursache für die Arbeitsverhinderung und damit den Ausfall der Arbeitsleistung ist."[41] Dies wird auch als **Monokausalität** bezeichnet.

Wissen | Definition der Krankheit im Arbeitsrecht

Krankheit im medizinischen Sinne ist jeder regelwidrige körperliche oder geistige Zustand, der eine Heilbehandlungsbedürftigkeit zur Folge hat.[42]

---

38 Finkenbusch, S. 26. (FN. 12).
39 Reinhard in: ErfK, § 3 EFZG Rn. 9.
40 Reinhard in: ErfK, § 3 EFZG Rn. 9.
41 Müller-Glöge, RdA 2006, 105 (106).
42 BAG, Urt. v. 07.08.1991 – 5 AZR 410/90, juris Rn. 10; Spengler in: NK-ArbR, § 3 EFZG Rn. 8.

Kann eine Krankheit medikamentös behandelt werden, liegt zwar eine Krankheit im Sinne der oben genannten Definition vor, doch führt sie nicht zu einer Arbeitsunfähigkeit.[43]

Aus der offenen Formulierung des Gesetzestexts lässt sich bereits im Umkehrschluss entnehmen, dass die **Krankheitsursache unerheblich** ist. Abgestellt wird allein auf eine Arbeitsunfähigkeit infolge einer Krankheit. Ob nun die Krankheit aufgrund eines Arbeits-, Sport- oder Verkehrsunfalls herrührt, ist unerheblich.[44]

Notwendig ist folglich, dass die Arbeitsunfähigkeit infolge der Krankheit eingetreten ist.

Wissen | Definition der Arbeitsunfähigkeit im Arbeitsrecht

Arbeitsunfähigkeit infolge Krankheit liegt dann vor, wenn der Arbeitnehmer wegen der Schwere der Erkrankung seine arbeitsvertraglich geschuldete Tätigkeit objektiv nicht ausüben kann oder nicht ohne Gefahr der Verschlimmerung der Erkrankung.[45]

Die Arbeitsunfähigkeit ist von einem Arzt im Zweifel festzustellen. Subjektive Empfindungen des Arbeitnehmers sind dabei unerheblich.[46] Anhand der vertraglich vereinbarten zu verrichtenden Tätigkeit beurteilt der Arzt, ob eine Arbeitsunfähigkeit vorliegt.[47] Der Arbeitnehmer hat seinem Arbeitgeber unverzüglich (= ohne schuldhaftes Zögern i.S.d. § 121 Abs. 1 S. 1 BGB) mitzuteilen, dass er erkrankt ist und wie lang er voraussichtlich nicht zur Arbeit kommen kann (§ 5 Abs. 1 EFZG).[48] Dauert die Arbeitsunfähigkeit länger als drei Kalendertage, hat der Arbeitnehmer eine ärztliche Bescheinigung über das Bestehen der Arbeitsunfähigkeit sowie deren voraussichtliche Dauer spätestens an dem darauffolgenden Arbeitstag vorzulegen. Dabei ist der Arbeitgeber berechtigt, die Vorlage der ärztlichen Bescheinigung auch

43 Vgl. Spengler in: NK-ArbR, § 3 EFZG Rn. 8.
44 Feichtinger in: Feichtiger/Malkmus, NK-EFZR, § 3 EFZG Rn. 21.
45 BAG, Urt. v. 07.08.1991 – 5 AZR 410/90, juris Rn. 10; Spengler in: NK-ArbR, § 3 EFZG Rn. 13.
46 Spengler in: NK-ArbR, § 3 EFZG Rn. 14.
47 Spengler in: NK-ArbR, § 3 EFZG Rn. 14.
48 Stiegler, JA 2024, 629 (631).

früher, bereits am ersten Tag der Krankheit, zu verlangen, ohne dass es einer Rechtfertigung dafür bedarf.[49]

Die Arbeitsunfähigkeit muss **ohne Verschulden** des Arbeitnehmers eingetreten sein. Den Entgeltanspruch soll jedes Verhalten ausschließen, „bei dem es sich um einen groben Verstoß gegen das eigene Interesse eines verständigen Menschen handelt."[50] Dies wird auch als „**Verschulden gegen sich selbst**" bezeichnet.[51]

Leichtsinniges Verhalten erfüllt diesen Tatbestand noch nicht, sondern es muss sich schon um ein **besonderes leichtfertiges oder vorsätzliches Verhalten** gehandelt haben.[52] Zieht sich der Arbeitnehmer im kalten Winter zu dünn an und erkältet sich, mag mitunter dies ein leichtsinniges, aber kein schuldhaftes Verhalten sein, sodass der Anspruch auf Entgeltfortzahlung fortbesteht.[53] Auch die Ausübung riskanter oder gefährlicher Sportarten wie Fallschirmspringen, Boxen oder Skifahren führt grundsätzlich nicht zum Anspruchsverlust, sofern die anerkannten Regeln der Sportart eingehalten und die eigenen Kräfte und Fähigkeiten nicht deutlich überschätzt werden.[54]

Schuldhaftes Handeln liegt indes beim Kraftfahrer vor, der mit stark überhöhter Geschwindigkeit einen Unfall verursacht, der den Sicherheitsgurt nicht anlegt und dadurch bei einem Unfall erkrankt oder am Handy ohne Freisprechanlage telefoniert.[55]

Führt eine Tätowierung dazu, dass sich die tätowierte Hautstelle entzündet, und wird der Arbeitnehmer deshalb arbeitsunfähig, besteht kein Anspruch auf Entgeltfortzahlung im Krankheitsfall, da ihn ein Verschulden an der Arbeitsunfähigkeit trifft.[56]

In der Praxis besteht ein Beweisproblem: Wie soll der Arbeitgeber vom schuldhaften Verhalten seines Arbeitnehmers erfahren? Rein rechtlich betrachtet hätte der Arbeitnehmer eine Aufklärungspflicht gegenüber dem Arbeitgeber, wenn derartige Ursachen für ein Selbstverschulden im Raum stehen.[57] Rein tatsächlich wird dies kein Arbeitnehmer in der Regel mitteilen.

---

49 Junker, Rn. 286.
50 Reinhard in: ErfK, § 3 EFZG Rn. 23.
51 Reinhard in: ErfK, § 3 EFZG Rn. 23.
52 Reinhard in: ErfK, § 3 EFZG Rn. 23.
53 Vgl. Stiegler, JA 2024, 629 (631).
54 Vgl. Junker, Rn. 282; Stiegler, JA 2024, 629 (632).
55 Reinhard in: ErfK, § 3 EFZG Rn. 26.
56 LAG Schleswig-Holstein, Urt. v. 22.5.2025 – 5 Sa 284 a/24, BeckRS 2025, 14500 Rn. 37 ff. n. rkr.; anhängig beim BAG, Az.: 5 AZN 370/25.
57 Kroll, ArbRAktuell 2025, 315.

1.2.2.4 Dauer

Sofern in einem für den Arbeitnehmer geltenden Tarifvertrag keine für den Arbeitnehmer günstigere Regelung besteht, währt der Antrag auf Entgeltfortzahlung im Krankheitsfall für die Dauer von bis zu sechs Wochen.[58] Dem Zeitraum entsprechen **42 Kalendertage.**[59]

Bearbeitungsempfehlung | Berechnung der Sechs-Wochen-Frist

In der Klausurbearbeitung hat sich die Fristberechnung mit 42 **Kalendertagen** bewährt (also Berechnung nach Tagen). Die zur Berechnung der sechs Wochen heranzuziehenden §§ 187, 188 BGB (Berechnung nach Wochen) führen oftmals zu Unsicherheiten.
So banal es klingt: Wesentlich ist dabei auch die Kenntnis darüber, wie viele Tage ein Monat jeweils hat und wann/was ein Schaltjahr ist.

Für die Berechnung der 42 Tage zählen **alle** Kalendertage, also auch Sonn- oder Feiertage.[60]

Wird der Arbeitnehmer **bei der Arbeit bzw. im Laufe des Arbeitstages** arbeitsunfähig, beginnt der Zeitraum der Frist erst am nächsten Tag: Der angebrochene Arbeitstag wird also **nicht** mitgerechnet, weil der Arbeitnehmer das volle Arbeitsentgelt für den Tag erhält.[61] Begründet wird die vollständige Zahlung der vollen Vergütung mit dem Gebot der Praktikabilität.[62]

Erkrankt der Arbeitnehmer **vor Beginn seiner Arbeitspflicht**, beispielsweise auf dem Weg zur Arbeit, ist dieser Tag bereits bei der Berechnung des Zeitraums mitzuzählen.[63]

Wird der Arbeitnehmer **nach Ende seiner Arbeitszeit** arbeitsunfähig, beginnt die Frist am darauffolgenden Tag.[64]

58 Reinhard in: ErfK, § 3 EFZG Rn. 34.
59 BAG, Urt. v. 22.08.2001 – 5 AZR 699/99, BB 2002, 943 (945).
60 Reinhard in: ErfK, § 3 EFZG Rn. 34.
61 BAG, Urt. v. 04.05.1971 – 1 AZR 305/70, juris Rn. 12; P. Feichtinger in: Feichtinger/Malkmus, § 3 EFZG Rn. 201; Reinhard in: ErfK, § 3 EFZG Rn. 34; Seel, JA 2009, 131 (134).
62 Vgl. S. Dunz in: Podzun, Kz. 350 S. 10.
63 Reinhard in: ErfK, § 3 EFZG Rn. 34; Seel, JA 2009, 131 (134).
64 P. Feichtinger in: Feichtinger/Malkmus, § 3 EFZG Rn. 203.

Testen Sie Ihr Wissen! | Fragen 2

a) Albus explodiert auf der Arbeit sein überhitzter Laptop am Donnerstag, 11. April und verletzt sich dadurch, sodass er arbeitsunfähig ist. Von wann bis maximum wann würde er Entgeltfortzahlung erhalten?

b) Bertha verunfallt am Dienstag, 9. Januar mit ihrem Auto auf dem Weg zur Arbeit. Von wann bis maximum wann würde sie Entgeltfortzahlung erhalten?

Der Anspruch auf Entgeltfortzahlung endet entweder mit **dem Ablauf der Sechs-Wochen-Frist** oder **vorher**, sofern der Erkrankte nicht mehr krankheitsbedingt arbeitsunfähig, mithin also wieder arbeitsfähig ist. Wird folglich der Arbeitnehmer im Laufe von sechs Wochen nicht arbeitsfähig, endet sein Anspruch auf Entgeltfortzahlung mit Ablauf des 42. Kalendertags.[65] Nach Ablauf des sechs-Wochen-Zeitraums besteht bei weiter bestehender Arbeitsunfähigkeit ein Anspruch auf Kranken- oder Verletztengeld.

Über die Dauer (und damit auch über das Ende) krankheitsbedingter Arbeitsunfähigkeit entscheidet der Arzt.[66] Dabei endet der Anspruch auf Entgeltfortzahlung mit Ablauf des Tages, den der Arzt als letzten Tag der Arbeitsunfähigkeit angibt.[67] Dies kann auch ein Tag sein, an dem im Betrieb nicht gearbeitet wird wie z.B. ein Sonntag.[68] Wird dem Arbeitnehmer wegen einer Krankheit Arbeitsunfähigkeit für eine gesamte **Arbeitswoche** (Montag bis Freitag) attestiert, endet die Arbeitsunfähigkeit hingegen am Freitag mit dem Ende der üblichen Arbeitszeit.[69] Das bedeutet: Wird das Ende der Arbeitsunfähigkeit vom Arzt auf einen bestimmten Kalendertag festgelegt, so wird damit in der Regel Arbeitsunfähigkeit **bis zum Ende der üblichen Arbeitszeit** an diesem Kalendertag bescheinigt.[70]

---

65 Reinhard in: ErfK, § 3 EFZG Rn. 35.
66 BAG, Urt. v. 12.07.1989 – 5 AZR 377/88, NZA 1989, 927 (928); Müller-Glöge in: MüKoBGB, § 3 EFZG Rn. 58.
67 Müller-Glöge in: MüKoBGB, § 3 EFZG Rn. 58.
68 Müller-Glöge in: MüKoBGB, § 3 EFZG Rn. 58.
69 Seel, JA 2009, 131 (134).
70 BAG, Urt. v. 12.07.1989 – 5 AZR 377/88, NZA 1989, 927 (929).

Die Arbeitsunfähigkeit aufgrund **derselben Erkrankung** hat grundsätzlich zur Folge, dass der Arbeitgeber **nur einmal** für die Dauer von sechs Wochen zur Entgeltfortzahlung an den Arbeitnehmer verpflichtet ist.[71]

Wenn der Arbeitnehmer danach **erneut erkrankt**, ist für das Entstehen eines ebenso erneuten Anspruchs maßgeblich, ob die Arbeitsunfähigkeit auf einer anderen oder derselben Krankheit beruht.[72] Von **Ausnahmen** (siehe § 3 Abs. 1 S. 2 Nr. 1 und Nr. 2 EFZG) abgesehen, schließt die erneute Erkrankung an derselben Krankheit den Anspruch auf Entgeltfortzahlung grundsätzlich aus (§ 3 Abs. 1 S. 2 EFZG).

Beruht hingegen die wiederholte Erkrankung auf einer **anderen Krankheit**, so entsteht uneingeschränkt der Anspruch auf Entgeltfortzahlung.[73]

Das bedeutet:[74]

- Der Entgeltfortzahlungszeitraum ist gem. § 3 Abs. 1 S. 1 EFZG auf sechs Wochen beschränkt.
- Dies bedeutet für den Arbeitgeber indes **nicht**, dass er pro Kalenderjahr für einen Arbeitnehmer nur höchstens sechs Wochen Entgeltfortzahlung leisten müsste.
- Jede **neue Erkrankung** des Arbeitnehmers, die zur Arbeitsunfähigkeit führt, begründet einen **neuen Anspruch** auf Entgeltfortzahlung, mit der Folge, dass grundsätzlich ein neuer Entgeltfortzahlungszeitraum entsteht.

Von Seiten der Arbeitgeber wird gefordert, die Entgeltfortzahlung im Krankheitsfall pauschal auf sechs Wochen **pro Kalenderjahr** zu begrenzen.[75] Begründet wird die Forderung wie folgt: „Dabei lässt sich nicht begründen, weshalb diejenigen, die wegen unterschiedlicher Krankheiten wiederholt krankgeschrieben wurden, länger Anspruch auf Lohnfortzahlung haben sollen als Beschäftigte, die wegen einer Erkrankung ebenso lang oder sogar länger krankgeschrieben wurden. Eine solche Regelung, die gleichermaßen

---

71 Reinhard in: ErfK, § 3 EFZG Rn. 39.

72 Reinhard in: ErfK, § 3 EFZG Rn. 40.

73 Reinhard in: ErfK, § 3 EFZG Rn. 40.

74 Nach Ricken in: BeckOK ArbR, § 3 EFZG Rn. 63.

75 BDA, Positionspapier: „Hohe Lohnfortzahlungskosten senken, unnötige Bürokratie abbauen“ (Stand: 28.02.2025), S. 6.

für alle Beschäftigten 6 Wochen Lohnfortzahlung pro Jahr vorsieht, wäre ein Beitrag zur Begrenzung der hohen Kostenbelastung der Arbeitgeber."[76]

Hat der Arbeitnehmer **Urlaub** und erkrankt während des Urlaubs, gilt bei entsprechender Anwendung des § 9 BUrlG, dass für die durch ärztliches Zeugnis nachgewiesenen Tage der Arbeitsunfähigkeit anstelle des Urlaubsentgelts Entgeltfortzahlung im Krankheitsfall zu leisten ist.[77] Stellt also der Arzt während des Urlaubstages Arbeitsunfähigkeit fest, beginnt bereits dann die Entgeltfortzahlung im Krankheitsfall. Verständlicher und konsequenter wäre es freilich, wenn bei einer Arbeitsunfähigkeit im Laufe des Urlaubstages **noch für diesen Tag** Urlaubsentgelt und erst für den nächsten Tag Entgeltfortzahlung zu zahlen gewesen wäre.

1.2.2.5 Höhe

Der erkrankte Arbeitnehmer erhält in den sechs Wochen das ihm zustehende Arbeitsentgelt fortgezahlt (§ 4 Abs. 1 EFZG). Damit ist sein regelmäßiges Brutto-Arbeitsentgelt gemeint.[78] Man spricht hier vom **Entgeltausfallprinzip**: Das bedeutet, dass grundsätzlich der Arbeitnehmer so zu stellen ist, als hätte er gearbeitet.[79]

Überstunden und bestimmte Aufwandsentschädigungen fließen in dieser Berechnung nicht mit ein.[80] Auch jährliche Einmalzahlungen wie Weihnachts- oder Urlaubsgeld werden nicht von § 4 Abs. 1 EFZG erfasst.[81]

Nur von der **Bemessungsgrundlage** kann durch Tarifvertrag **zulasten** des Arbeitnehmers abgewichen werden (§§ 4 Abs. 4, 12 EFZG).[82] An dem Grundsatz der vollen Entgeltfortzahlung (100 Prozent) im Krankheitsfall über bis zu sechs Wochen sind die Arbeitgeber allerdings gebunden.[83]

---

76 BDA, Positionspapier: „Hohe Lohnfortzahlungskosten senken, unnötige Bürokratie abbauen" (Stand: 28.02.2025), S. 7.
77 Düwell in: Boecken u.a., § 9 BUrlG Rn. 34.
78 Reinhard in: ErfK, § 4 EFZG Rn. 1, 11.
79 Ricken in: BeckOK-ArbR, § 4 EFZG Rn. 1.
80 Junker, Rn. 285.
81 BAG, Urt. v. 30.09.2008 – 1 AZR 684/07, AP BetrVG 1972 § 112 Nr. 197.
82 Ricken in: BeckOK-ArbR, § 4 EFZG Rn. 32; Junker, Rn. 285.
83 Malkmus in: Feichtinger/Malkmus, § 4 EFZG Rn. 187.

1.2.3 Vorfahrt der Entgeltfortzahlung

Arbeitnehmer, die arbeitsunfähig erkrankt sind, sollen finanziell nicht bessergestellt werden, als wenn sie arbeitsfähig sind. Da Entgeltfortzahlungsansprüche und sozialrechtliche Krankengeld-/Verletztengeldansprüche aufgrund der gleichen gesetzlichen Anspruchsvoraussetzungen für denselben Zeitraum bestehen können,[84] bedarf es einer gesetzlichen Ordnungsregelung im Sinne einer **Vorfahrtsregel**, um Doppelzahlungen zu vermeiden. Das Verhältnis des Entgeltfortzahlungsanspruchs zum sozialrechtlichen Krankengeld- und Verletztengeldanspruch wird dabei nicht im EFZG, sondern für das Krankengeld in §§ 44 Abs. 3, 49 Abs. 1 Nr. 1 SGB V und für das Verletztengeld in § 52 Nr. 1 SGB VII geregelt.[85]

Nach § 49 Abs. 1 Nr. 1 SGB V ruht der Anspruch auf Krankengeld, soweit und solange Versicherte beitragspflichtiges Arbeitsentgelt oder Arbeitseinkommen erhalten; dies gilt nicht für einmalig gezahltes Arbeitsentgelt. In § 52 Nr. 1 SGB VII heißt es, dass auf das Verletzten- und Übergangsgeld das beitragspflichtige Arbeitsentgelt von dem gleichzeitig erzielten Einkommen angerechnet wird. Auch dies gilt nicht für einmalig gezahltes Arbeitsentgelt.

Unter Arbeitsentgelt fällt sowohl für das Krankengeld[86] als auch für das Verletztengeld[87] die Entgeltfortzahlung im Krankheitsfall. Die Entgeltzahlung durch den Arbeitgeber führt also zum **Ruhen des Anspruchs** auf Krankengeld bzw. zur **Anrechnung** des Anspruchs auf Verletztengeld. Dadurch wird vermieden, dass der Erkrankte sowohl (vom Arbeitgeber) Entgeltfortzahlung als auch (von der Krankenkasse oder dem Unfallversicherungsträger) Kranken- oder Verletztengeld erhält.

Diese Vorfahrtregelung wird dann eingeschränkt, wenn der Arbeitgeber keine Entgeltfortzahlung an seinen Arbeitnehmer zahlt, zum Beispiel, weil der Arbeitgeber (irrtümlich) der Ansicht ist, dass sein Arbeitnehmer schuldhaft arbeitsunfähig geworden wäre und er deshalb keine Entgeltfortzahlung leisten müsse.

Verweigert der Arbeitgeber die Entgeltfortzahlung, greift die Ruhensanordnung des § 49 Abs. 1 Nr. 1 SGB V nicht, sondern ist Krankengeld in voller Höhe zu zahlen.[88] Genauso hat der Unfallversicherungsträger Verletztengeld

---

84 Malkmus in: Feichtinger/Malkmus, § 1 EFZG Rn. 3.
85 Malkmus in: Feichtinger/Malkmus, § 1 EFZG Rn. 3.
86 Vgl. Joussen in: Becker/Kingreen, § 49 SGB V Rn. 3.
87 Vgl. Köllner in: Lauterbach, § 52 SGB VII Rn. 2.
88 Brinkhoff in: jurisPK-SGB V § 49 SGB V Rn. 30.

in diesem Fall zu leisten, wenn der Arbeitgeber keine Entgeltfortzahlung leistet und zwar unabhängig davon, ob der Arbeitgeber zu Recht oder zu Unrecht die Entgeltfortzahlung verweigert.[89] Diese Ausfallregelung, dass im Zweifel Krankenversicherung oder Unfallversicherung leistungspflichtig sind, sichert dem erkrankten Arbeitnehmer **in jedem Fall einen Entgeltbezug** in Form des Kranken- oder Verletztengeldes zu, wenn auch Kranken- oder Verletztengeld in der Regel niedriger sind als die Entgeltfortzahlung.

Im Fall der unzulässigen Verweigerung der Entgeltfortzahlung durch den Arbeitgeber geht nach **§ 115 SGB X** der Anspruch des Arbeitnehmers gegen den Arbeitgeber auf die Krankenkasse bis zur Höhe des erbrachten Krankengelds[90] bzw. bis zur Höhe des gezahlten Verletztengeldes auf den Unfallversicherungsträger über.[91] Hat also der Arbeitgeber zu Unrecht keine Entgeltfortzahlung geleistet und mussten deshalb Krankenversicherung (Krankengeld) oder Unfallversicherung (Verletztengeld) leisten, können sie sich den Betrag vom Arbeitgeber zurückholen.

§ 115 SGB X verlangt Kausalität zwischen der tatsächlichen Zahlung der Sozialleistung und der Nichtzahlung der Entgeltfortzahlung im Krankheitsfall: „Der Leistungsträger muss geleistet haben, weil der Arbeitgeber seiner Verpflichtung nicht nachgekommen ist.“[92]

Lesehinweis | Überblick Entgeltfortzahlung im Krankheitsfall

Einen arbeitsrechtlichen Gesamtüberblick, der auch auf das EFZG eingeht, gewährt *Stiegler*, JA 2024, 629 ff.
„Krankheitsbedingte Arbeitsunfähigkeit – Rechte und Pflichten von Arbeitgeber und Arbeitnehmer“ heißt der lesenswerte Aufsatz von *Seel*, JA 2009, 131 ff.

1.3 Krankengeld

Sofern ein Arbeitnehmer länger als sechs Wochen erkrankt ist, endet sein Anspruch auf Entgeltfortzahlung im Krankheitsfall (sollte es keine davon für

89 Köllner in: Lauterbach, § 52 SGB VII Rn. 6.
90 Schifferdecker in: BeckOGK-SGB V, § 49 SGB V Rn. 23.
91 Köllner in: Lauterbach, § 52 SGB VII Rn. 6.
92 Bereiter-Hahn/Mehrtens, § 115 SGB X Rn. 2.

ihn positivere abweichende Regelung im Arbeits- oder Tarifvertrag geben). Nach wie vor hat der Erkrankte seinen Lebensunterhalt für sich und ggf. seine Familie zu bestreiten. Der Ausfall seines Erwerbseinkommens kann für ihn daher ein elementares Lebensrisiko darstellen.[93] Der Sozialgesetzgeber fängt die entstehende Lücke i.S.d. §§ 1, 4 SGB I damit auf, dass – sofern die Erkrankung nicht durch einen Arbeitsunfall oder eine Berufskrankheit verursacht wurde – die gesetzlichen Krankenkassen Krankengeld an den Arbeitnehmer leisten. Dem Krankengeld kommt dabei eine **Lohnersatz- und Entgeltersatzfunktion** zu.[94] Es dient aber auch dem **Bestandsschutz** bestehender Arbeitsverhältnisse, da der Arbeitnehmer die Möglichkeit erhält, ohne Existenznot wieder gesund zu werden, um seiner bisherigen Arbeit wieder nachgehen zu können.[95]

1.3.1 Rechtspolitischer Hintergrund

Das Krankengeld war im ersten Krankenversicherungsgesetz für Arbeiter[96] Mittelpunkt des Leistungsumfangs einer gesetzlichen Krankenkasse.[97] Es besteht daher als Leistung der Krankenversicherung von Beginn an und war damit schon immer Teil der Leistungspflicht.

Im Falle einer Erwerbsunfähigkeit wurde vom dritten Tage nach dem Tage der Erkrankung an für jeden Arbeitstag ein Krankengeld in Höhe der Hälfte des ortsüblichen Tagelohnes gewöhnlicher Tagearbeiter gewährt. Die Krankenunterstützung endete spätestens mit dem Ablauf der dreizehnten Woche nach Beginn der Krankheit. Dauer und Umfang änderten sich im Laufe der Jahrzehnte. Insbesondere nahm der Gesetzgeber auch hier Überarbeitungen vor, um Arbeiter materiell den Angestellten gleichzustellen.[98]

1.3.2 Wesentliche Regelungen zum Krankengeld

Im SGB V sind die Vorschriften zum Krankengeld in den §§ 44–51 SGB V enthalten. Dort finden sich Regelungen zum Anspruchsgrund, der Berechnung und Höhe sowie zur Dauer.

---

93 Berchtold, Rn. 1.
94 Greiner in: Fuchs/Preis/Brose, § 20 Rn. 143.
95 Berchtold, Rn. 8.
96 Vgl. RGBl. 1883 Nr. 9, S. 73 ff.
97 Gerlach in: Hauck/Noftz, SGB V, § 44 SGB V Rn. 6.
98 Gerlach in: Hauck/Noftz, SGB V, § 44 SGB V Rn. 9.

Die Regelungen zum Verletztengeld sind ohne Kenntnis der Krankengeldvorschriften kaum verständlich, da das Verletztengeld auf die Normen zum Krankengeld verweist (z.B. § 47 Abs. 1 S. 1 SGB VII verweist auf § 47 Abs. 1, 2 SGB V). Die Vorschriften zum Krankengeld lassen sich deshalb als Leitvorschriften für das Verletztengeld interpretieren, von denen dann im SGB VII bewusst an manchen Stellen abgewichen wird. Einerseits ist die Verweistechnik für den Rechtsanwender nicht immer einfach zum Lesen und Verstehen, andererseits lassen sich viele Fragen allein anhand des Gesetzestextes beantworten. Ausschlaggebend für die Verweistechnik ist schließlich die systematische Gleichbehandlung der vergleichbaren Geldleistungen „Krankengeld“ und „Verletztengeld“.

Die systematische Ähnlichkeit wird in praktischer Hinsicht an anderer Stelle nochmals hervorgehoben: Die Spitzenverbände der Krankenkassen sowie deren gemeinsamer Bundesverband, der GKV-Spitzenverband, geben mit dem Spitzenverband der Unfallversicherungsträger, der DGUV, ein „Gemeinsames Rundschreiben zum Krankengeld nach § 44 SGB V, § 44b SGB V, zum Verletztengeld nach § 45 SGB VII und zum Krankengeld der Sozialen Entschädigung nach § 47 SGB XIV“[99] heraus, das regelmäßig überarbeitet und aktualisiert wird. Im Rundschreiben werden gemeinsame Regelungen zur Berechnung und Auszahlung veröffentlicht.[100]

Krankenkassen und Unfallversicherungsträger harmonisieren dadurch bestimmte Vorgänge der Berechnung und Auszahlung von Kranken- und Verletztengeld. Dies erfolgt allerdings auch aus Gründen des Selbstzwecks, da in einer eigenen Verwaltungsvereinbarung Krankenkassen und Unfallversicherungsträger vereinbart haben, mit der Berechnung und Auszahlung des Verletzten- und Kinderverletztengeldes **die Krankenkassen** zu beauftragen.[101]

1.3.2.1 Persönlicher Anwendungsbereich

Anspruch auf Krankengeld haben insbesondere Arbeiter, Angestellte und zu ihrer Berufsausbildung Beschäftigte, die gegen Arbeitsentgelt beschäftigt sind.

---

99 Vgl. Gemeinsames Rundschreiben v. 07.09.2022 i.d.F.v. 11.12.2024; fortlaufend folgend: GR-VG.

100 Vgl. GR-VG, Ziff. 12 (S. 308).

101 Verwaltungsvereinbarung Generalauftrag v. 01.01.2023.

§ 44 Abs. 2 SGB V definiert größere Personengruppen, die vom Anspruch auf Krankengeld ausgeschlossen sind. Dazu zählen u.a. Familienversicherte, Studenten oder Bürgergeldbezieher bzw. Grundsicherungsgeldbezieher (vgl. § 5 Abs. 1 Nr. 2a SGB V).

Wissen | Anspruch auf Krankengeld

Ein Anspruch auf Krankengeld besteht für alle Versicherten, sofern es keinen Ausschluss oder eine Einschränkung durch Gesetz gibt.

Zur Missinterpretation lädt der Anspruchsausschluss nach § 44 Abs. 2 S. 1 Nr. 3 SGB V ein: Versicherte, die bei Arbeitsunfähigkeit nicht für mindestens sechs Wochen Anspruch auf Fortzahlung des Arbeitsentgelts oder auf Zahlung einer die Versicherungspflicht begründenden Sozialleistung haben, sind – mit Ausnahme der Heimarbeiter i.S.d. § 10 EFZG – vom Krankengeldanspruch ausgeschlossen.

Vom Ausschluss aber nicht umfasst sind die Personen, die eine neue Arbeitsstelle angetreten haben und deshalb in den ersten vier Wochen keinen Anspruch auf Entgeltfortzahlung im Krankheitsfall haben (vgl. § 3 Abs. 3 EFZG). Der Gesetzgeber hatte in seiner Gesetzesbegründung ausdrücklich aufgeführt, dass der Anspruch auf Krankengeld in der vierwöchigen Wartezeit nach § 3 Abs. 3 EFZG unberührt bleibt.[102] Diese Klarstellung ist notwendig, da sie einem Beschäftigten bei Wechsel seines Beschäftigungsverhältnisses die Zahlung von Krankengeld ohne einen Zwischenzeitraum zusichert.[103] Ansonsten erhielte er in den ersten vier Wochen weder Entgeltfortzahlung noch Krankengeld.

1.3.2.2 Arbeitsunfähigkeit

Versicherte haben Anspruch auf Krankengeld, wenn die Krankheit sie arbeitsunfähig macht oder sie auf Kosten der Krankenkasse stationär in einem Krankenhaus, einer Vorsorge- oder Rehabilitationseinrichtung behandelt werden.

---

102 BT-Drs. 16/3100, S. 108.

103 Schifferdecker in: BeckOGK-SGB V, § 44 SGB V Rn. 84.

Der Begriff der Arbeitsunfähigkeit wird nicht im Gesetz definiert; es handelt sich auch hier um einen unbestimmten Rechtsbegriff. Das BSG verwendet eine Definition, die der arbeitsrechtlichen entspricht.

Wissen | Definition der Arbeitsunfähigkeit im Krankenversicherungsrecht

Arbeitsunfähig ist ein Versicherter, der seiner bisher ausgeübten Erwerbstätigkeit überhaupt nicht mehr oder nur auf die Gefahr hin nachgehen kann, seinen Zustand zu verschlimmern.[104]

Irrelevant ist in der Regel[105], auf welche Umstände die Arbeitsunfähigkeit zurückzuführen ist.[106] Ob sich der Versicherte also die Krankheit durch einen Unfall, Ansteckung, Vererbung oder Drogenkonsum zugezogen hat, ist grundsätzlich unerheblich.[107]

1.3.2.3 Dauer

Nach § 46 S. 1 Nr. 2 SGB V entsteht der Anspruch auf Krankengeld von dem Tag der ärztlichen Feststellung der Arbeitsunfähigkeit an. Maßgeblich ist also die ärztliche Feststellung der Arbeitsunfähigkeit.

Konkrete Vorgaben zu dieser Feststellung finden sich in der Richtlinie des Gemeinsamen Bundesausschusses (G-BA) über die Beurteilung der Arbeitsunfähigkeit und die Maßnahmen zur stufenweisen Wiedereingliederung nach § 92 Abs. 1 S. 2 Nr. 7 SGB V (Arbeitsunfähigkeits-Richtlinie, AU-RL). Der G-BA beschließt erforderliche Richtlinien zur Sicherung der ärztlichen Versorgung. Dazu gehört die AU-RL.

---

104 BSG, Urt. v. 30.05.1967 – 3 RK 15/65, juris Rn. 15; Greiner in: Fuchs/Preis/Brose, § 20 Rn. 149.

105 Vgl. hierzu die Leistungsbeschränkungen nach § 52 SGB V.

106 Berchtold, Rn. 427.

107 Berchtold, Rn. 427.

Wissen | Der Gemeinsame Bundesausschuss (G-BA)

Der G-BA ist eines der wirkmächtigsten, gleichzeitig aber auch unbekanntesten Gremien im Gesundheitswesen.
Er wird aus den Kassen(zahn)ärztlichen Bundesvereinigungen, der Deutschen Krankenhausgesellschaft und dem GKV-Spitzenverband gebildet. Ihm gehören drei unparteiische Mitglieder an, von denen einer der Vorsitzende des G-BA ist.
Die vielfältigen Aufgaben finden sich in den §§ 92 ff. SGB V wieder. Dazu gehören der Erlass von Richtlinien, Bestimmungen, welche medizinischen Leistungen Versicherte beanspruchen können sowie Maßnahmen der Qualitätssicherung.[108]
Immer wieder gibt es durchaus nachvollziehbare Kritik an der Zusammensetzung des G-BA, die als willkürlich angesehen wird; so ist nur eine selektive Auswahl von Leistungserbringern (bzw. ihrer Vertretungen) im Beschlussgremium berücksichtigt; kritisiert wird zudem die fehlende eindeutige rechtliche Einbindung (so ist umstritten, welche Rechtsform der G-BA überhaupt besitzt[109]).

Nach § 5 Abs. 3 S. 1 AU-RL soll die Arbeitsunfähigkeit für eine vor der ersten ärztlichen Inanspruchnahme liegende Zeit grundsätzlich nicht bescheinigt werden. Eine **Rückdatierung** des Beginns der Arbeitsunfähigkeit auf einen vor dem Behandlungsbeginn liegenden Tag ist ebenso wie eine rückwirkende Bescheinigung über das Fortbestehen der Arbeitsunfähigkeit nach § 5 Abs. 3 S. 2 AU-RL **nur ausnahmsweise** und nur nach gewissenhafter Prüfung und in der Regel nur bis zu drei Tage zulässig.

Diese Regelung findet indes für das Krankengeld **keine** Anwendung. Nach dem BSG ist die Regelung in der AU-RL für das Krankengeld „ohne Belang“[110]. Denn § 46 S. 1 Nr. 2 SGB V stelle gerade nicht auf den Zeitpunkt des „wirklichen” oder vom Arzt attestierten Beginns der Arbeitsunfähigkeit ab, sondern auf den Tag der ärztlichen Feststellung. Dem G-BA fehle die Kompetenz, die gesetzlich normierten Voraussetzungen des Krankengeld-

108 Kokemoor, Rn. 212.
109 Welti in: Igl/Welti, § 28 Rn. 50.
110 BSG, Urt. v. 26.06.2007 – B 1 KR 37/06 R, juris Rn. 15.

Anspruchs zu modifizieren, da die AU-RL im Rang unter dem Gesetz stehe und der G-BA nicht der Gesetzgeber sei.[111]

Nach § 48 Abs. 1 S. 1 SGB V erhalten Versicherte Krankengeld für den Fall der Arbeitsunfähigkeit wegen derselben Krankheit **für längstens 78 Wochen** innerhalb von je drei Jahren, gerechnet vom Tage des Beginns der Arbeitsunfähigkeit an. Die Beschränkung führt dazu, dass das Krankengeld allein eine temporär-begrenzte Entgeltersatzleistung ist. Sofern die Arbeitsunfähigkeit länger andauert, soll nicht weiter die Krankenversicherung zuständig sein, sondern die Rentenversicherung oder andere Träger der Sozialversicherung.[112]

Für die Berechnung der 78 Wochen ist § 48 Abs. 3 SGB V von Bedeutung: Bei der Feststellung der Leistungsdauer des Krankengeldes werden Zeiten, in denen der **Anspruch auf Krankengeld ruht** oder für die das Krankengeld versagt wird, **wie Zeiten des Bezugs von Krankengeld berücksichtigt**.

Konkret hat diese Regelung Auswirkungen auf die Praxis, wenn der Arbeitnehmer Entgeltfortzahlung im Krankheitsfall erhält. Durch die Zahlung der Entgeltfortzahlung des Arbeitgebers ruht nach § 49 Abs. 1 Nr. 1 SGB V der Anspruch auf Krankengeld. Die Konsequenz des § 48 Abs. 3 SGB V: Die Entgeltfortzahlung im Krankheitsfall des Arbeitgebers führt zwar **zum Ruhen des Krankengeldanspruchs** und dennoch **zum Fristbeginn der 78 Wochen**.[113] Aus den 78 Wochen des Krankengeld-Bezugs werden faktisch daher bei derselben Krankheit 72 Wochen.

Die Anrechnung der Entgeltfortzahlung auf die 78 Krankengeld-Wochen dient der Absicherung der Regelungsintention: Eine unerwünschte Parallelität von Leistungen, die gleichen sozialpolitischen Zwecken dienen, soll ausgeschlossen werden.[114] Würde die Zeit der sechs-wöchigen Entgeltfortzahlung nicht auf die Krankengeld-Bezugsdauer angerechnet, würde sie zu einer entsprechenden **Verlängerung der Krankengeld-Leistung** nach Ablauf des Entgeltfortzahlungszeitraums führen, was die angestrebte Lastenverteilung konterkariere.[115]

Zeiten, für die **kein Anspruch** auf Krankengeld besteht, bleiben unberücksichtigt. Für dieselbe Krankheit ist mithin der Bezug des Krankengeldes

---

111 BSG, Urt. v. 26.06.2007 – B 1 KR 37/06 R, juris Rn. 15.

112 Greiner in: Fuchs/Preis/Brose, § 20 Rn. 178.

113 Vgl. Legde in: LPK-SGB V, § 48 SGB V, Rn. 10.

114 Greiner in: NK-GesundhR, § 48 SGB V Rn. 20.

115 Greiner in: NK-GesundhR, § 48 SGB V Rn. 20.

(im Gegensatz zum Verletztengeld) **zeitlich auf 78 Wochen begrenzt**. Unter einer Woche sind sieben Kalendertage zu verstehen, sodass 78 Wochen 546 Kalendertagen entsprechen.[116] Die 78 Wochen können daher mit **546 Kalendertagen** berechnet werden.[117] Krankenkassen bieten teilweise auf ihrer Homepage eine Berechnung der Fristen an.[118]

1.3.2.4 Höhe

Die Berechnung des Verletztengeldes ist der des Krankengeldes ähnlich. Aus diesem Grund verweist § 47 Abs. 1 S. 1 SGB VII auf § 47 Abs. 1, 2 SGB V. Um Wiederholungen zu vermeiden, wird die Berechnung nur skizzenhaft an dieser Stelle dargestellt und umfassend dann im Kapitel zur Berechnung der Höhe des Verletztengeldes dargestellt.

In § 47 SGB V ist die Berechnung der Höhe des Krankengeldes normiert. Als Faustformel lässt sich sagen, dass das Krankengeld 70 Prozent des Gehalts beträgt (vgl. § 47 Abs. 1 S. 1 SGB V).

Krankengeld wird **pro Kalendertag** gezahlt, sodass es auch für Samstage, Sonntage und Feiertage zu zahlen ist.[119] In die Krankengeldgewährung sind daher alle Kalendertage einzubeziehen, an denen der Arbeitnehmer arbeitsunfähig ist, ohne Rücksicht darauf, um was für einen Tag es sich dabei handelt.[120] Das bedeutet allerdings nicht, dass es täglich auch auszuzahlen ist.[121] Eine Berechnungsvereinfachung soll § 47 Abs. 1 S. 7 SGB V darstellen: Erhält ein Versicherter einen ganzen Monat Krankengeld, wird dieser Monat pauschal mit **30 Tagen** angesetzt, egal wie viele Tage der Monat tatsächlich hat. Die Regelung gilt aber nur dann, wenn Krankengeld für einen vollen Monat geleistet werden soll.

Testen Sie Ihr Wissen! | Fragen 3

a) Albus erhält Krankengeld vom 1. Februar 2024 bis zum 28. Februar 2024. Für wie viele Tage erhält er Krankengeld?

116 Schmidt in: Peters, § 48 SGB V Rn. 36.
117 Schmidt in: Peters, § 48 SGB V Rn. 36.
118 Vgl. https://www.aok.de/fk/tools/rechner/fristenrechner/ (zuletzt abgerufen: 27.02.2026).
119 BSG, Urt. v. 13.05.1992 – 1 RK 26/91, juris Rn. 22.
120 BSG, Urt. v. 13.05.1992 – 1 RK 26/91, juris Rn. 23.
121 Vgl. BSG, Urt. v. 13.05.1992 – 1 RK 26/91, juris Rn. 21, 23.

b) Bertha erhält Krankengeld vom 1. Februar 2024 bis zum 29. Februar 2024. Für wie viele Tage erhält sie Krankengeld?

c) Caspar erhält vom 1. Januar 2026 bis zum 15. März 2026 Krankengeld. Für wie viele Tage erhält er Krankengeld?

Bei der Berechnung wird zwischen sog. Stunden- und Monatslöhnern unterschieden. Die Berechnung des Krankengeldes bei Personen, die per Stunde bezahlt werden, ist etwas umfassender.

Maßgeblich für die Berechnung des Krankengeldes ist das sogenannte **Regelentgelt**: Dabei handelt es sich um das Arbeitsentgelt und Arbeitseinkommen, das auf den Zeitfaktor Kalendertag auszurechnen ist. Die Auslegung der beiden Begriffe erfolgt nach den §§ 14, 15 SGB IV.

Wissen | Definitionen Arbeitsentgelt/Arbeitseinkommen

Arbeitsentgelt sind nach § 14 Abs. 1 S. 1 SGB IV alle laufenden oder einmaligen Einnahmen **aus einer Beschäftigung**, gleichgültig, ob ein Rechtsanspruch auf die Einnahmen besteht, unter welcher Bezeichnung oder in welcher Form sie geleistet werden und ob sie unmittelbar aus der Beschäftigung oder im Zusammenhang mit ihr erzielt werden.
Arbeitseinkommen ist nach § 15 SGB IV der nach den allgemeinen Gewinnermittlungsvorschriften des Einkommensteuerrechts ermittelte Gewinn **aus einer selbständigen Tätigkeit**. Einkommen ist als Arbeitseinkommen zu werten, wenn es als solches nach dem Einkommensteuerrecht zu bewerten ist.

Sprachlich ist daher zwischen diesen beiden Begriffen zu unterscheiden: Arbeitsentgelt erhält der Beschäftigte, Arbeitseinkommen der Selbständige. Der Oberbegriff sind Arbeitseinkünfte. Unterschieden wird zudem sprachlich häufig noch zwischen Gehalt und Lohn. Mit dem Gehalt ist dann ein monatliches Arbeitsentgelt, mit dem Lohn ein auf die Stunde berechnetes Arbeitsentgelt gemeint. Beide Begriffe werden aber ebenso häufig synonym verwendet.

Zum ausgerechneten Regelentgelt werden **Einmalzahlungen** hinzugezogen, die der Versicherte in den letzten zwölf Kalendermonaten vor Beginn seiner Arbeitsunfähigkeit erzielt hat und die dann durch 360 geteilt werden (sodass sie auf den Kalendertag berechnet werden können). Einmalzahlungen sind zum Beispiel das Weihnachts- oder Urlaubsgeld.

Für die Berechnung des Regelentgelts gibt es eine Höchstgrenze, das **Höchstregelentgelt**. Es berechnet sich nach der **Beitragsbemessungsgrenze**, die jährlich neu festgelegt wird.

Wissen | Unterschied Beitragsbemessungs-/Versicherungspflichtgrenze

Gegenstand der Beitragspflicht für die gesetzliche Krankenversicherung ist das Bruttoarbeitsentgelt des Versicherten. Dabei wird das Bruttoarbeitseinkommen nur bis zu einer bestimmten **Beitragsbemessungsgrenze** mit Beiträgen belegt (69.750,00 Euro/Jahr für 2026), die jährlich neu überprüft wird. Einkünfte, die also über diesen Betrag hinaus gehen, unterliegen nicht der Abgabepflicht in die Krankenversicherung, sind folglich beitragsfrei.
Von der Beitragsbemessungsgrenze zu unterscheiden ist die Versicherungspflichtgrenze, die ebenfalls jährlich überprüft und ggf. geändert wird. Die **Versicherungspflichtgrenze** bezeichnet den Einkommenshöchstbetrag, bis zu dem Beschäftigte gesetzlich krankenversichert sein müssen. Wer über diesen Betrag hinaus verdient, kann sich privat krankenversichern (77.400,00 Euro/Jahr für 2026).

Das ausgerechnete kumulierte Brutto-Regelentgelt aus Brutto-Arbeitsentgelt und Brutto-Einmalzahlungen (Bruttohinzurechnungsbetrag) wird auf 70 Prozent reduziert.

Ausgerechnet wird ebenso das Nettoarbeitsentgelt und die Netto-Einmalzahlungen (Nettohinzurechnungsbetrag) im Netto. Dieser Gesamtbetrag, den man als kumuliertes Nettoarbeitsentgelt bezeichnet, wird auf 90 Prozent gekürzt.

Verglichen werden das auf 70 Prozent reduzierte kumulierte Brutto-Regelentgelt mit 90 Prozent des kumulierten Nettoarbeitsentgelts. Der niedrigere Betrag wird dann abschließend verglichen mit dem ausschließlichen Nettoarbeitsentgelt (also ohne Einmalzahlungen). Der niedrigere Betrag stellt die Höhe des Krankengeldes dar.

Die Reduzierungen und Vergleiche, die im Laufe der Berechnung vorgenommen werden, führen zuweilen zu Unmut der Betroffenen. Hintergrund dafür ist das **Lohnabstandsgebot**: Wer arbeitet, soll nicht weniger bekommen als derjenige, der nicht arbeitet. Das LSG Baden-Württemberg führte in einer Entscheidungsbegründung nachvollziehbar aus, dass das Krankengeld deshalb durch mehrere Regelungen begrenzt ist, damit vermieden wird, dass ein arbeitsunfähiger Versicherter durch den Bezug einer Entgeltersatzleistung bessergestellt wird, als wenn er Arbeitsentgelt beziehen würde.[122]

1.3.2.5 Leistungsbeschränkung

Hinzuweisen ist auf eine Besonderheit, die sich aus § 52 SGB V ergibt: Haben sich Versicherte eine Krankheit vorsätzlich oder bei einem von ihnen begangenen Verbrechen oder vorsätzlichen Vergehen zugezogen, kann die Krankenkasse sie an den Kosten der Leistungen in angemessener Höhe beteiligen **und das Krankengeld ganz oder teilweise für die Dauer dieser Krankheit versagen und zurückfordern** (§ 52 Abs. 1 SGB V).

Haben sich Versicherte eine Krankheit durch eine medizinisch nicht indizierte ästhetische Operation, eine Tätowierung oder ein Piercing zugezogen, **hat** die Krankenkasse die Versicherten in angemessener Höhe an den Kosten zu beteiligen **und das Krankengeld für die Dauer dieser Behandlung ganz oder teilweise zu versagen oder zurückzufordern** (§ 52 Abs. 2 SGB V).

Die Krankenkasse versagt die Zahlung von Krankengeld (oder fordert es zurück), indem sie dem Auszahlungsanspruch des Versicherten das Leistungsverweigerungsrecht aus § 52 Abs. 1 oder Abs. 2 SGB V entgegenhält.[123] Der Anspruch auf Auszahlung kann höchstens für die Dauer der Krankheit nach § 52 Abs. 1 SGB V oder für die Dauer der Krankenbehandlung nach § 52 Abs. 2 SGB V abgelehnt werden.[124] Während der Krankenkasse bei den Fällen des Absatzes 1 Ermessen zusteht, ist sie nach Absatz 2 verpflichtet, die Versicherten dem Grunde nach an den Kosten zu beteiligen und das Krankengeld ganz oder teilweise zu versagen oder zurückzufordern.[125] Ermessen wird ihr hinsichtlich der Höhe der Beteiligung eingeräumt.[126]

---

122 LSG Baden-Württemberg, Urt. v. 13.12.2023 – L 5 KR 3231/21, juris Rn. 28 m. Bespr. Zimmermann, jurisPR-SozR 11/2024, Anm. 2.

123 Hauck in: Peters, § 52 SGB V Rn. 105.

124 Hauck in: Peters, § 52 SGB V Rn. 105.

125 Schifferdecker in: BeckOGK-SGB V, § 52 Rn. 40.

126 Schifferdecker in: BeckOGK-SGB V, § 52 Rn. 42. Vgl. die harsche, aber lesenswerte Kritik an § 52 Abs. 2 SGB V von Kingreen (MedR 2024, 697 (699)): „In § 52 Abs. 2 SGB V verbinden sich spießbürgerlicher Populismus und verspannter Paternalismus auf besonders unangenehme Art und Weise."

1.3.3 Vorfahrt der Entgeltfortzahlung und des Verletztengeldes

Sofern die Tatbestandsvoraussetzungen für Krankengeld vorliegen, ruht der Anspruch solange der Versicherte andere Entgeltersatzleistungen bezieht. Dadurch soll eine Übersicherung bzw. Besserstellung des Erkrankten vermieden werden.[127] Insbesondere relevant ist die Regelung des Ruhens nach § 49 SGB V, sofern der Versicherte Entgeltfortzahlung im Krankheitsfall erhält.

In diesem Zeitraum besteht zwar auch bereits ein Anspruch auf Krankengeld, doch verdrängt die Entgeltfortzahlung die Auszahlung des Krankengeldes. Der Auszahlungsanspruch des Krankengeldes erlischt folglich in der Höhe des gleichzeitig gezahlten Arbeitsentgelts (in Form der Entgeltfortzahlung im Krankheitsfall). Da die Entgeltfortzahlung 100 Prozent des Gehalts darstellt, steht sich der Versicherte in der Regel besser durch diese gesetzgeberische Vorfahrtregelung.

Lesehinweis | Recht der gesetzlichen Krankenversicherung

Einen guten Gesamtüberblick über das Recht der gesetzlichen Krankenversicherung liefert *Jansen*, JA 2025, 705 ff.

1.4 Verletztengeld

Die Zahlung von Verletztengeld ist eine der wesentlichen Hauptgeldleistungen der gesetzlichen Unfallversicherung.

Wissen | Entstehung und Entwicklung der Unfallversicherung

Durch die Industrialisierung im 19. Jahrhundert wuchs der Bedarf an (Fabrik)Arbeitern. Gleichzeitig gab es aber keine ausreichenden Vorschriften zur Unfallverhütung.[128] Vielmehr befanden sich Arbeiter, die einen Arbeitsunfall erlitten oder an eine Berufskrankheit erkrankten, in der prekären Situation, gegen ihren Arbeitgeber rechtlich vorgehen

127 Greiner in: Fuchs/Preis/Brose, § 20 Rn. 159.
128 Muckel/Ogorek/Rixen, § 10 Rn. 2.

zu müssen.[129] Dies war bereits aus finanziellen Gründen schwierig, da sie in der Regel nicht über die finanziellen Mittel zur Rechtsverfolgung verfügten und auch nicht den Verlust ihres Arbeitsplatzes riskieren wollten. Zudem hätte es eines Haftungsnachweises des Arbeitgebers bedurft, oftmals war der Arbeitsunfall eigen- oder zumindest mitverschuldet. Gleichzeitig stiegen mit der Industrialisierung die Anzahl an Arbeitsunfällen, die wiederum zu existenzbedrohenden Folgen beim Betroffenen und seiner Familie führten.[130]

Aus diesem Grund entschloss sich der Gesetzgeber dazu, eine für Arbeitgeber verpflichtende Unfallversicherung einzurichten.

1884 führte der Gesetzgeber die gesetzliche Unfallversicherung ein. Durch die Einrichtung dieser Sozialversicherung schuf er einen Schutz der Versicherten durch eine leistungsfähige Versicherung und schloss gleichzeitig eine privatrechtliche Schadensersatzhaftung des Unternehmers, der Arbeitskollegen und weiterer Personen aus.[131] Die gesetzliche Unfallversicherung gewährt also dem Arbeitnehmer einerseits Versicherungsschutz gegen die Folgen von Arbeitsunfällen und Berufskrankheiten, ohne Rücksicht auf die privatrechtliche Haftungslage und ohne Rücksicht auf etwaiges eigenes Verschulden.[132] Im Umkehrschluss werden andererseits Arbeitgeber und Arbeitskollegen von einer etwaigen Haftung gegenüber dem Geschädigten freigestellt.[133]

Die Einführung der gesetzlichen Unfallversicherung führte deshalb zu einer Haftungsbefreiung des einzelnen Unternehmers und zur Kollektivhaftung aller Unternehmer.[134] Rechtsstreitigkeiten zwischen Arbeitgebern und Arbeitnehmern wurden vermieden und ein **Betriebsfrieden** gewahrt.

Die gesetzliche Unfallversicherung besteht aus neun gewerblichen Berufsgenossenschaften (BG), die branchenspezifisch organisiert sind,[135] der landwirtschaftlichen Berufsgenossenschaft als Teil der Sozialversicherung für Landwirtschaft, Forsten und Gartenbau (SVLFG) und die

129 Muckel/Ogorek/Rixen, § 10 Rn. 2.
130 Waltermann/Schmidt/Chandna-Hoppe, Rn. 282.
131 Waltermann/Schmidt/Chandna-Hoppe, Rn. 280.
132 Waltermann/Schmidt/Chandna-Hoppe, Rn. 285.
133 Waltermann/Schmidt/Chandna-Hoppe, Rn. 285.
134 Muckel/Ogorek/Rixen, § 10 Rn. 2.
135 Muckel/Ogorek/Rixen, § 10 Rn. 16.

Unfallversicherungsträger der öffentlichen Hand, die sich häufig als Unfallkassen (UK) bezeichnen.[136] Gemeinsam werden sie vertreten von der Deutschen Gesetzlichen Unfallversicherung e.V. (DGUV).
Anders als die Krankenversicherung, in der anteilig Arbeitgeber und Arbeitnehmer die Beiträge einzahlen, wird die (echte) Unfallversicherung ausschließlich und **allein von den Arbeitgebern** finanziert. Mitglied sind allein die Unternehmer, nicht die Versicherten.
Im Laufe der Jahrzehnte wurde der Versicherungsschutz immer weiter ausgeweitet: Gefangene (1963), Kinder in Tageseinrichtungen, Schüler und Studierende (1971), Rehabilitanden (1974), Teilnehmer eines Freiwilligendiensts (2009) wurden sukzessive in den Versicherungsschutz eingebunden, obwohl kein abhängiges Arbeitsverhältnis besteht und sie daher weder Arbeitsunfall noch Berufskrankheit erleiden können. Abgrenzend spricht man hier von der **unechten Unfallversicherung**, die – vereinfacht gesagt – aus Steuermitteln finanziert wird.

1.4.1 Rechtspolitischer Hintergrund

Der Gesetzgeber legte als Aufgabe der gesetzlichen Unfallversicherung fest, dass dazu nach einem Arbeitsunfall oder einer Berufskrankheit die Zahlung eines Verletztengeldes gehört.[137] Die Leistung fand sich bereits in § 560 RVO wieder.

Wissen | Reichsversicherungsordnung (RVO)

Maßgebliche Rechtsvorschrift für das Unfallversicherungsrecht ist das SGB VII, für das Krankenversicherungsrecht das SGB V und für das Rentenversicherungsrecht das SGB VI.
Die Eigenständigkeit der unterschiedlichen Sozialgesetze bestand bereits am Anfang ihrer Entstehung mit dem „Gesetz betreffend die Krankenversicherung der Arbeiter“ (1883), dem Unfallversicherungsgesetz

136 Muckel/Ogorek/Rixen, § 10 Rn. 15.
137 BT-Drs. 13/2204, S. 71.

(1884) und dem „Gesetz betreffend die Invaliditäts- und Altersversicherung" (1889).[138]
1911 wurden diese Gesetze in einem gemeinsamen Gesetz zusammengeführt, der Reichsversicherungsordnung (RVO).[139] Sowohl für die Eigenständigkeit der jeweiligen Sozialgesetzbücher sprachen Gründe als auch für eine gemeinsame Erfassung der Normen.
Der Gesetzgeber nahm in den 1970er-Jahren von beiden Vorteilen Gebrauch und schuf zwar ein gemeinsames Sozialgesetzbuch (SGB), das aber in unterschiedliche Einzelbücher aufgeteilt wurde. Dabei ging er zunächst von zehn Büchern aus.
Die einzelnen Bücher kürzt er mit römischen Ziffern ab, also I, II III usw. Das SGB wird eingerahmt vom SGB I, dem Allgemeinen Teil mit allgemeingültigen Regeln für sämtliche SGB und dem SGB X als Verfahrensrecht. Mittlerweile besteht das SGB aus insgesamt 13 Büchern. Das jüngste SGB ist das SGB XIV zum sozialen Entschädigungsrecht, das aus Aberglauben (!) nicht als SGB XIII, sondern als SGB XIV aufgenommen wurde.
Generell handelt es sich bei den einzelnen SGB um vergleichsweise junge Gesetze: SGB V (1989), SGB VI (1992) und SGB VII (1997). Dies hat zur Folge, dass beim SGB VII bis in die 1990er-Jahre hin Entscheidungen auf Grundlage der RVO von den Gerichten getroffen wurden.
Sofern sich die Vorschriften im SGB VII nicht maßgeblich inhaltlich geändert haben, können zur Auslegung und Anwendung daher auch Gerichtsentscheidungen herangezogen wurden, die sich auf die entsprechenden RVO-Paragrafen beziehen. Da es beim Verletztengeld zu keinen inhaltlichen Änderungen kam, spricht grundsätzlich nichts gegen eine Fortführung der zu § 560 RVO ergangenen Rechtsprechung.[140] Pauschal sollte dies aber auch nicht vorgenommen werden.

Zunächst wurde bei Arbeitsunfähigkeit in Folge eines Arbeitsunfalls oder einer Berufskrankheit Krankengeld gezahlt, es gab also semantisch betrachtet noch nicht die Unterscheidung zwischen Kranken- und Verletztengeld. Vielmehr wurde dahingehend unterschieden, dass Krankengeld auch bei

138 Waltermann/Schmidt/Chandna-Hoppe, Rn. 58.
139 Waltermann/Schmidt/Chandna-Hoppe, Rn. 58.
140 Westermann in: jurisPK-SGB VII, § 45 SGB VII Rn. 8.

Arbeitsunfall oder einer Berufskrankheit gewährt wurde (§ 182 Abs. 3 RVO aF), wodurch diese Geldleistung als Leistung der Unfallversicherung und nicht der Krankenversicherung eingeordnet wurde.

Zur besseren Unterscheidung vom Krankengeld der Krankenversicherung führte der Gesetzgeber mit dem Unfallversicherungs-Neuregelungsgesetz den eigenständigen Ausdruck „Verletztengeld" ein.[141] Der Ausdruck „Verletztengeld" trat auch an die Stelle von Tage- und Familiengeld.[142] Somit gab es eine temporäre Geldleistung der Unfallversicherung mit einer eigenen Bezeichnung. Zudem grenzt sich der eigenständige Begriff von dem des Übergangsgeldes ab, das auch andere Sozialversicherungsträger leisten.[143]

1.4.2 Sinn und Zweck

Verletztengeld soll den Entgelt- und Einkommensverlust ausgleichen, den ein Versicherter infolge einer durch einen Versicherungsfall nach § 7 SGB VII bedingten Arbeitsunfähigkeit erleidet.[144] Schon unter der Geltung der RVO besaß das Verletztengeld diese Funktion.[145] Maßgeblich für den Anspruch auf Verletztengeld ist der durch die unfallbedingte Arbeitsunfähigkeit tatsächlich eintretende Einkommensverlust.[146]

Verletztengeld ersetzt also gerade ein tatsächlich erarbeitetes Einkommen, es tritt quasi an dessen Stelle und hat dadurch einen Lohnersatzcharakter.[147]

1.4.3 Systematische Einordnung

Als Geldleistung der gesetzlichen Unfallversicherung finden sich die Vorschriften zum Verletztengeld weitgehend im SGB VII. Da der Gesetzgeber um Wiederholungen und unterschiedliche Bewertungen zu vermeiden, bestimmte Vorschriften des Krankengeldes auch auf das Verletztengeld anwendet, sind gleichzeitig die Vorschriften zum Krankengeld im SGB V für die inhaltliche Erfassung der Vorschrift bedeutend.

141 BT-Drs. IV/120, S. 55.
142 BT-Drs. IV/120, S. 55.
143 Vgl. Schur in: Hauck/Noftz, SGB VII, § 45 SGB VII Rn. 4.
144 BSG, Urt. v. 26.06.2007 – B 2 U 23/06 R, juris Rn. 14..
145 BSG, Urt. v. 26.06.2007 – B 2 U 23/06 R, juris Rn. 14.
146 BSG, Urt. v. 26.06.2007 – B 2 U 23/06 R, juris Rn. 15.
147 BSG, Urt. v. 01.03.2011 – B 7 AL 26/09 R, juris Rn. 16.

Bearbeitungsempfehlung | Gesetzestext lesen

Es klingt so banal, es wird so häufig angesprochen, und es gibt doch zu viele, die Schemata und Definitionen lieber auswendig lernen als den originären Gesetzestext lesen.
Gerade beim Verletztengeld ist diese „Lese-Diät" unverständlich: Die maßgeblichen Inhalte zum Verletztengeld finden sich in den §§ 45–47 SGB VII und im § 47 SGB V. Auch wenn die Vorschriften für sich genommen relativ lang sind, sind es also nicht viele Paragrafen. Hinzukommt, dass der Gesetzgeber viele Inhalte in den Normen aufgenommen hat, sodass sich viele Leitgedanken und Anwendungshilfen des Verletztengeldes unmittelbar aus dem Gesetzestext ergeben.

Die Vorschriften zum Verletztengeld (§§ 45–48, 52 SGB VII) stehen im dritten Kapitel des SGB VII (§§ 26–103 SGB VII), das die Überschrift „Leistungen nach Eintritt eines Versicherungsfalls" trägt. Unter dieser Vorschrift werden die verschiedensten Leistungen der gesetzlichen Unfallversicherung dargestellt, die nach einem Versicherungsfall beansprucht werden. Dabei handelt es sich nicht nur um Geldleistungen, sondern auch um Heilbehandlungs- oder Pflegeleistungen.

Wissen | Mit allen geeigneten Mitteln

In der Unfallversicherung gilt der Grundsatz (§§ 1, 26 Abs. 2 SGB VII), dass die Leistungen „mit allen geeigneten Mitteln" erbracht werden. Es wird damit ein umfassender Schadensausgleich dem Versicherten eingeräumt. Diese Leistungsmaxime weicht vom Leistungsangebot der gesetzlichen Krankenversicherung ab: Nach § 12 Abs. 1 SGB V müssen dort die Leistungen ausreichend, zweckmäßig und wirtschaftlich sein; sie dürfen das Maß des Notwendigen nicht überschreiten. Leistungen, die daher nicht notwendig oder unwirtschaftlich sind, können Versicherte nicht beanspruchen und dürfen die Leistungserbringer nicht bewirken bzw. die Krankenkassen nicht bewilligen.
Demgegenüber findet bei der gesetzlichen Unfallversicherung kein Kosten-Nutzen-Vergleich statt: Auch außergewöhnlich hohe finanzielle Aufwendungen sind dadurch in Kauf zu nehmen, wenn das Ziel der Heilbehandlung oder der Rehabilitation sonst nicht zu erreichen ist,

Dauer und Nachhaltigkeit des Heilerfolges sind nicht zu berücksichtigen.[148]

Das **Kapitel** im Gesetz wird unterteilt in **Abschnitte**. Der erste Abschnitt (§§ 26–55a SGB VII) beinhaltet die Heilbehandlung, Leistungen zur Teilhabe am Arbeitsleben, Leistungen zur Sozialen Teilhabe und ergänzende Leistungen, Pflege und Geldleistungen.

Unter dem Abschnitt folgt eine weitere Regelungsebene, der **Unterabschnitt**. Im sechsten Unterabschnitt (§§ 45–52 SGB VII) finden sich unter der Überschrift „Geldleistungen während der Heilbehandlung und der Leistungen zur Teilhabe am Arbeitsleben" die Vorschriften zum Verletzten- und dem Übergangsgeld. Während das Übergangsgeld zur Leistung zur Teilhabe am Arbeitsleben bezahlt wird, erhält der Versicherte Verletztengeld während der Heilbehandlung.

Aufgrund dieser Systematik lässt sich zum Verletztengeld daher sagen:

- Beim Verletztengeld handelt sich um eine Geldleistung nach Eintritt eines Versicherungsfalls.
- Verletztengeld wird während der Heilbehandlung gezahlt.

Für das Verletztengeld gibt es folgende gesetzliche Regelungen:

- § 45 SGB VII – Voraussetzungen für das Verletztengeld
- § 46 SGB VII – Beginn und Ende des Verletztengeldes
- § 47 SGB VII – Höhe des Verletztengeldes
- § 47a SGB VII – Beitragszahlung der Unfallversicherungsträger an berufsständische Versorgungseinrichtungen und private Krankenversicherungen
- § 48 SGB VII – Verletztengeld bei Wiedererkrankung
- § 52 SGB VII – Anrechnung von Einkommen auf Verletzten- und Übergangsgeld

§ 45 SGB VII zeigt verschiedene Anspruchsgrundlagen für Verletztengeld auf. Dabei handelt es sich um folgende **Varianten**:

- § 45 Abs. 1 Nr. 1 Var. 1 SGB VII – Verletztengeld wegen Arbeitsunfähigkeit
- § 45 Abs. 1 Nr. 1 Var. 2 SGB VII – Verletztengeld wegen Heilbehandlung

148 Schmitt, § 26 SGB VII Rn. 9.

- § 45 Abs. 2 SGB VII – Verletztengeld während Wartephase
- § 45 Abs. 3 SGB VII – Verletztengeld während Zusammentreffen Heilbehandlung/Leistung zur Teilhabe am Arbeitsleben
- § 45 Abs. 4 SGB VII – Kinder-Verletztengeld

Alle Varianten werden hier vorgestellt, doch liegt der Fokus auf der ersten Variante (Verletztengeld wegen Arbeitsunfähigkeit). Aus der Praxis heißt es, dass die Varianten „Verletztengeld während Wartephase" und „Verletztengeld während Zusammentreffen Heilbehandlung/Leistung zur Teilhabe am Arbeitsleben" sehr selten vorkommen und daher kaum eine Rolle spielen.

Die nachfolgende grundlegende Vorstellung des Verletztengeldes orientiert sich zunächst am Verletztengeld wegen Arbeitsunfähigkeit (§ 45 Abs. 1 Nr. 1 Var. 1 SGB VII).

1.4.4 Anspruchsvoraussetzungen des § 45 Abs. 1 Nr. 1 Var. 1 SGB VII

Die häufigste Variante, die in der Praxis vorkommt, ist die Zahlung von Verletztengeld wegen Arbeitsunfähigkeit (§ 45 Abs. 1 Nr. 1 Var. 1 SGB VII). Um die Anspruchsvoraussetzungen dafür zu erkennen, ist es maßgeblich, sich den vollständigen Absatz 1 anzusehen.

Gesetz | § 45 Abs. 1 SGB VII

Verletztengeld wird erbracht, wenn Versicherte
1. infolge des Versicherungsfalls arbeitsunfähig sind oder wegen einer Maßnahme der Heilbehandlung eine ganztägige Erwerbstätigkeit nicht ausüben können und
2. unmittelbar vor Beginn der Arbeitsunfähigkeit oder der Heilbehandlung Anspruch auf Arbeitsentgelt, Arbeitseinkommen, Krankengeld, Pflegeunterstützungsgeld, Verletztengeld, Krankengeld der Sozialen Entschädigung, Übergangsgeld, Unterhaltsgeld, Kurzarbeitergeld, Qualifizierungsgeld, Arbeitslosengeld, nicht nur darlehensweise gewährtes Bürgergeld (ab 01.07.2026: Grundsicherungsgeld, vgl. BGBl. 2026 Teil I Nr. 107, S. 15) nach § 19 Absatz 1 Satz 1 des Zweiten Buches oder nicht nur Leistungen für Erstausstattungen für Bekleidung bei Schwangerschaft und Geburt nach dem Zweiten Buch oder Mutterschaftsgeld hatten.

Absatz 1 vorangestellt ist das für den gesamten Absatz geltende Tatbestandsmerkmal „Versicherter".

Absatz 1 besteht aus zwei Nummern, der Nr. 1 und Nr. 2. In der Nr. 1 befindet sich das zweite Tatbestandsmerkmal, dass für einen Anspruch auf Verletztengeld notwendig ist, „die Arbeitsunfähigkeit".

Das dritte Tatbestandsmerkmal ist „infolge des Versicherungsfalls": Die Arbeitsunfähigkeit muss infolge eines Versicherungsfalls eingetreten sein.

An der folgenden Stelle wird nun deutlich, dass die Nr. 1 zwei unterschiedliche Voraussetzungen für Verletztengeld umfasst. Denn weiter heißt es: „oder wegen einer Maßnahme der Heilbehandlung eine ganztägige Erwerbstätigkeit nicht ausüben können". Durch das „Oder" wird deutlich, dass hier eine eigenständige Variante besteht. Die Abgrenzung bezieht sich auf die Vorlage der Arbeitsunfähigkeit. Entweder muss also eine Arbeitsunfähigkeit infolge eines Versicherungsfalls vorliegen (Var. 1) oder es muss wegen einer Maßnahme der Heilbehandlung eine ganztägige Erwerbstätigkeit nicht ausgeübt werden können (Var. 2).

Das vierte Tatbestandsmerkmal für die Variante „Arbeitsunfähigkeit" ist dann in der Nr. 2 zu finden. Die Nr. 2 wird durch das Wort „und" mit der Nr. 1 verbunden und findet daher kumulativ Anwendung. Es muss ein Anspruch auf Arbeitsentgelt oder Arbeitseinkommen oder eine vergleichbare Entgeltersatzleistung bestehen.

Schließlich, als fünftes Tatbestandsmerkmal, besteht eine zeitliche Vorgabe für den Anspruch auf Arbeitsentgelt, Arbeitseinkommen oder vergleichbare Entgeltersatzleistung: Er muss unmittelbar vor Beginn der Arbeitsunfähigkeit oder der Heilbehandlung bestanden haben.

In der Praxis und in der Prüfung können das vierte und fünfte Tatbestandmerkmal gemeinsam geprüft werden. Aus didaktischen Gründen erfolgt in diesem Lehrbuch eine Trennung und separate Besprechung.

Der Verweis auf beide Varianten – Arbeitsunfähigkeit und Heilbehandlung – zeigt auf, dass die Tatbestandsmerkmale der Nr. 2 für beide Varianten gelten.

Zusammengefasst ergeben sich damit für das Verletztengeld wegen Arbeitsunfähigkeit (§ 45 Abs. 1 Nr. 1 Var. 1 SGB VII) folgende fünf Anspruchsvoraussetzungen:

- Versicherte Person
- Arbeitsunfähigkeit
- infolge eines Versicherungsfalls

- Anspruch auf Arbeitsentgelt usw.
- unmittelbar vor Beginn der Arbeitsunfähigkeit

Für die zweite Variante – Verletztengeld wegen Heilbehandlung (§ 45 Abs. 1 Nr. 1 Var. 2 SGB VII) – ergeben sich folgende fünf Anspruchsvoraussetzungen:

- Versicherte Person
- Nichtausübung einer ganztägigen Erwerbstätigkeit wegen einer Maßnahme der Heilbehandlung
- infolge eines Versicherungsfalls[149]
- Anspruch auf Arbeitsentgelt usw.
- unmittelbar vor Beginn der Arbeitsunfähigkeit

Bearbeitungsempfehlung | Prüfungsaufbau

In einer Klausur mag es sein, dass verschiedene Punkte unstrittig sind, da sie ggf. bereits im Sachverhalt eindeutig erwähnt sind oder ein entsprechender Bearbeitungshinweis besteht (z.B. „Bertha ist arbeitsunfähig."). Dennoch sollten in einer Klausur stets alle fünf Punkte angesprochen werden, bei eindeutigen Sachverhalts- oder Bearbeitungshinweisen reicht eine kurze Feststellung aus. Dadurch wird gezeigt, dass die Tatbestandsmerkmale für den Anspruch auf Verletztengeld bekannt sind und auch erfasst wurden.
Es stellt sich dabei die Frage, wie das Gesetz korrekt zitiert werden muss. Sofern es sich um einen Anspruch auf Verletztengeld wegen Arbeitsunfähigkeit handelt, müsste es heißen: § 45 Abs. 1 Nr. 1 Var. 1 i.V.m. Nr. 2 SGB VII.

1.4.4.1 Versicherte Person

Der Status der versicherten Personen ist Eingang zu den Leistungen der gesetzlichen Unfallversicherung. Nur bei einer versicherten Person kann ein Versicherungsfall eintreten (siehe § 8 Abs. 1 SGB VII für Arbeitsunfälle, § 9 Abs. 1 SGB VII für Berufskrankheiten). Zum Kreis der versicherten Personen sind die Vorschriften in den §§ 2–6 SGB VII heranzuziehen.

Maßgeblich sind hier:

---

149 Westermann in: jurisPK-SGB VII, § 45 SGB VII Rn. 31; Schur in: Hauck/Noftz, SGB VII, § 45 SGB VII Rn. 5.

- § 2 SGB VII – Versicherung kraft Gesetzes
- § 3 SGB VII – Versicherung kraft Satzung
- § 6 SGB VII – Freiwillige Versicherung

Kraft Gesetzes sind nach § 2 Abs. 1 Nr. 1 SGB VII Beschäftigte versichert. Der Beschäftigten-Begriff ist für die Sozialversicherungen in § 7 Abs. 1 SGB IV legal definiert. Beschäftigung ist danach die nichtselbständige Arbeit, insbesondere in einem Arbeitsverhältnis. Anhaltspunkte für eine Beschäftigung sind eine Tätigkeit nach Weisungen und eine Eingliederung in die Arbeitsorganisation des Weisungsgebers.

Wissen | Das SGB IV

Ein etwas stiefmütterliches Dasein in Ausbildung und Lehre kommt oftmals dem SGB IV zu. Zu Unrecht! Es ist eine wahre Schatzkammer für Definitionen und kann in so mancher Klausur gute Dienste leisten. Das SGB IV enthält die gemeinsamen Vorschriften für die Sozialversicherung und gilt gemäß § 1 Abs. 1 S. 1 SGB IV für die gesetzliche Kranken-, Unfall- und Rentenversicherung einschließlich der Alterssicherung der Landwirte sowie für die soziale Pflegeversicherung.[150] Nach § 1 Abs. 1 S. 2 SGB IV gelten die Vorschriften des SGB IV mit Ausnahme des Ersten und Zweiten Titels des Vierten Abschnitts und des Fünften Abschnitts auch für die Arbeitsförderung. Aus diesem Grund stellt das SGB IV den „Allgemeinen Teil" des Sozialversicherungsrechts dar.[151]
Im SGB IV sind maßgebliche Begriffsdefinitionen enthalten, die für die oben genannten Sozialversicherungszweige gelten. Dadurch wird eine einheitliche Begriffsanwendung gesichert.
Dies sind u.a.:

- Beschäftigung in abhängiger Arbeit (§§ 7 ff. SGB IV)
- Arbeitsentgelt (§ 14 SGB IV) und Arbeitseinkommen (§ 15 SGB IV)
- Bezugsgröße (§ 18 Abs. 1 SGB IV)

Die Beschäftigung ist dabei nicht gleichzusetzen mit dem Arbeitsverhältnis: „Beschäftigung" ist hier der weitere Begriff gegenüber dem des Arbeitsver-

---

150 Waltermann/Schmidt/Chandna-Hoppe, Rn. 118.
151 Waltermann/Schmidt/Chandna-Hoppe, Rn. 120.

hältnisses, das den typischen Regelfall eines Beschäftigungsverhältnisses darstellt („insbesondere") und somit von dem Begriff der Beschäftigung mitumfasst wird.[152] Das Abstellen auf den weiteren Begriff der Beschäftigung führt dazu, dass Personen ohne Arbeitsvertrag oder mit nichtigem Arbeitsverhältnis Beschäftigte und deshalb auch Versicherte sein können. Ein faktisches Arbeitsverhältnis steht deshalb einem Arbeitsvertrag im Hinblick auf den Versichertenschutz gleich; ebenso unschädlich sind Verstöße gegen das Gesetz zur Bekämpfung der Schwarzarbeit.[153]

Bearbeitungsempfehlung | Prüfung des Tatbestandsmerkmals „Versicherter"

In einer Klausur stellt regelmäßig die Eigenschaft als Versicherter kein größeres Problem dar. In der Regel wird es sich in den streitgegenständlichen Verfahren um Angestellte handeln. Dies darf aber nicht dazu führen, dass zumindest nicht kurz auf die Eigenschaft als versicherte Person eingegangen wird. Ebenso notwendig ist die genaue Zitierung, woher die Versicherteneigenschaft herrührt.
Beispiel: Caspar ist als Lagerist bei dem Onlinehändler LogX angestellt. Er ist Beschäftigter i.S.d. § 7 Abs. 1 S. 1 SGB IV und deshalb nach § 2 Abs. 1 Nr. 1 SGB VII Versicherter.

1.4.4.2 Arbeitsunfähigkeit

Der Begriff der Arbeitsunfähigkeit für den Anspruch auf Verletztengeld entspricht dem für den Anspruch auf Krankengeld.[154]

Wissen | Definition der Arbeitsunfähigkeit im Unfallversicherungsrecht

Arbeitsunfähig ist derjenige Versicherte, der wegen Krankheit überhaupt nicht oder nur auf die Gefahr hin, seinen Zustand zu verschlim-

152 Axer in: Ruland/Becker/Axer, § 15 Rn. 17.
153 Schlaeger in: Schlaeger, § 2 SGB VII Rn. 18.
154 BSG, Urt. v. 30.10.2007 – B 2 U 31/06 R, juris Rn. 12; Ziegler in: Schlaeger, § 45 SGB VII Rn. 5.

mern, fähig ist, seiner bisher ausgeübten Erwerbstätigkeit oder einer ähnlichen oder gleichartigen Tätigkeit nachzugehen.[155]

Unerheblich ist, ob der Versicherte möglicherweise eine andere Tätigkeit trotz der gesundheitlichen Beeinträchtigungen noch ausüben kann.[156] Es gibt demnach **keine „Teilarbeitsunfähigkeit"**.[157] Das LSG Baden-Württemberg stellte dazu fest: Entweder kann der Versicherte seine Tätigkeit in vollem Umfang weiter ausüben, dann ist er arbeitsfähig oder aber er ist wegen Krankheit hierzu nicht in der Lage, dann ist er arbeitsunfähig.[158]

Ein Verweis, zunächst die bisherige Arbeit halbtags auszuführen, ist daher unbillig, sofern es sich dabei nicht um eine zulässige Maßnahme der Belastungserprobung oder Arbeitstherapie im Rahmen des § 42 Abs. 2 Nr. 7 SGB IX oder eine stufenweise Wiedereingliederung (§ 44 SGB IX) handelt.[159] In dem Fall der stufenweisen Wiedereingliederung, Belastungserprobungen oder Arbeitstherapien besteht die Arbeitsunfähigkeit fort.[160]

Das BSG hat die Auslegung des Begriffs der Arbeitsunfähigkeit in seiner Entscheidung vom 30. Oktober 2007 präzisiert:[161]

---

155 BSG, Urt. v. 05.09.2006 – B 2 U 12/05 R, juris Rn. 12.

156 Köllner/Pennekamp in: Lauterbach, § 45 SGB VII Rn. 12.

157 LSG Baden-Württemberg, Urt. v. 18.07.2024 – L 10 U 608/23, BeckRS 2024, 26864, Rn. 49; Köllner/Pennekamp in: Lauterbach, § 45 SGB VII Rn. 25; eine von der Bundesgesundheitsministerin Warken (CDU) eingesetzte FinanzKommission Gesundheit (FKG) legte am 30.03.2026 einen Ersten Bericht zur Stabilisierung der Beitragssätze in der gesetzlichen Krankenversicherung ab dem Jahr 2027 vor. Die Reformempfehlung Nr. 49 betraf bezogen auf das Krankengeld der gesetzlichen Krankenversicherung die Einführung einer stufenweisen Teilarbeitsunfähigkeit und eines Teilkrankengeldes mit 25 %, 50 % sowie 75 % Arbeitsunfähigkeit (S. 335). Mittlerweile liegt ein Regierungsentwurf vor (Entwurf zu einem GKV-Beitragssatzstabilisierungsgesetz), der die Vorschläge in §§ 44c, 44d SGB V-E übernommen hat (S. 113 ff. des Entwurfs). Sollte es hier zu einer Änderung des SGB V und der Einführung einer Teilarbeits(un)fähigkeit kommen, könnte dies auch Auswirkungen auf das SGB VII haben.

158 LSG Baden-Württemberg, Urt. v. 18.07.2024 – L 10 U 608/23, BeckRS 2024, 26864, Rn. 49; vgl. aber LSG Baden-Württemberg, Urt. v. 29.01.2026 – L 10 U 135/25, juris Rn. 32: „Arbeitsunfähigkeit besteht nicht, wenn der Arbeitnehmer grundsätzlich eine volle arbeitsvertraglich geschuldete Arbeitsleistung erbringen kann und lediglich gehindert ist, der gesamten Bandbreite der arbeitsvertraglich an sich möglichen Leistungsbestimmungen durch den Arbeitgeber gerecht zu werden."

159 Köllner/Pennekamp in: Lauterbach, § 45 SGB VII Rn. 25.

160 Holstraeter in: Knickrehm/Roßbach/Waltermann, § 45 SGB VII Rn. 5.

161 BSG, Urt. v. 30.10.2007 – B 2 U 31/06 R, juris Rn. 12.

- Dass der Versicherte möglicherweise eine **andere Tätigkeit** trotz der gesundheitlichen Beeinträchtigung noch ausüben kann, ist unerheblich.
- Gibt der Versicherte nach Eintritt der Arbeitsunfähigkeit **die zuletzt innegehabte Arbeitsstelle auf**, ändert sich allerdings der rechtliche Maßstab insofern, als für die Beurteilung der Arbeitsfähigkeit nicht mehr die konkreten Verhältnisse an diesem Arbeitsplatz maßgebend sind, sondern nunmehr **abstrakt** auf die Art der zuletzt ausgeübten Beschäftigung abzustellen ist. Der Versicherte darf dann auf **gleich oder ähnlich geartete Tätigkeiten** „verwiesen" werden, wobei aber der Kreis möglicher Verweisungstätigkeit entsprechend der Funktion des Kranken- bzw. Verletztengeldes eng zu ziehen ist.
- Handelt es sich bei der zuletzt ausgeübten Tätigkeit um einen **anerkannten Ausbildungsberuf**, so scheidet eine Verweisung auf eine **außerhalb dieses Berufes** liegende Beschäftigung **aus**.
- Auch eine **Verweisung innerhalb des Ausbildungsberufs** muss, was die Art der Verrichtung, die körperlichen und geistigen Anforderungen, die notwendigen Kenntnisse und Fertigkeiten sowie die Höhe der Entlohnung angeht, mit der bisher verrichteten Arbeit im Wesentlichen übereinstimmen, sodass der Versicherte sie ohne größere Umstellung und Einarbeitung ausführen kann.
- Dieselben Bedingungen gelten bei **ungelernten Arbeiten**, nur dass hier das **Spektrum der zumutbaren Tätigkeiten deshalb größer** ist, weil die Verweisung nicht durch die engen Grenzen eines Ausbildungsberufes eingeschränkt ist. Vertreten wird dazu die Auffassung, dass eine generelle Verweisung des betroffenen Versicherten auf ungelernte Tätigkeiten auf dem allgemeinen Arbeitsmarkt nicht ausreichend ist und sich eine pauschale Verweisung verbietet, da auch ungelernte Tätigkeiten unterschiedlich ausgeprägt sind.[162]

Die Arbeitsunfähigkeit wird in der Regel durch die **Arbeitsunfähigkeitsbescheinigung** des Arztes belegt, die der Versicherte vorlegt. Jeder Arzt, also nicht nur ein Durchgangsarzt oder ein Arzt einer BG-Unfallklinik, ist zur Feststellung der Arbeitsunfähigkeit berechtigt.[163] Es muss sich nicht um einen Facharzt handeln, und auch ein ausländischer Arzt kann die Arbeits-

162 Köllner/Pennekamp in: Lauterbach, § 45 SGB VII Rn. 18.

163 LSG Baden-Württemberg, Urt. v. 18.07.2024 – L 10 U 608/23, BeckRS 2024, 26864, Rn. 55 ff.; Krasney in: Krasney u.a., SGB VII, § 46 SGB VII Rn. 7.

unfähigkeit feststellen.[164] Für den Versicherten besteht allerdings dann eine Vorstellungspflicht beim **Durchgangsarzt**, sofern seine Verletzung über den Unfalltag hinaus zur Arbeitsunfähigkeit führt.[165] Nach § 26 Abs. 1 S. 1 Vertrag Ärzte/Unfallversicherungsträger hält der Arzt den Unfallverletzten an, sich unverzüglich einem Durchgangsarzt vorzustellen, wenn die Unfallverletzung über den Unfalltag hinaus zur Arbeitsunfähigkeit führt oder die Behandlungsbedürftigkeit voraussichtlich mehr als eine Woche beträgt.[166]

Die *medizinischen Voraussetzungen* einer Arbeitsunfähigkeit werden vom Arzt festgestellt.[167] Es ist indes Sache des Unfallversicherungsträgers, Feststellungen zu treffen, ob die objektiven medizinischen Befunde den *Rechtsbegriff* der Arbeitsunfähigkeit ausfüllen.[168] Über das Vorliegen der Arbeitsunfähigkeit entscheidet daher letztlich der Unfallversicherungsträger, der nicht an den (medizinischen) Feststellungen des Arztes gebunden ist.[169] Die Arbeitsunfähigkeitsbescheinigung des Arztes wird rechtlich als eine ärztliche Stellungnahme oder ein Gutachten[170] bzw. als sachverständige Äußerung angesehen.[171]

Testen Sie Ihr Wissen! | Fragen 4

Argumentieren Sie aufgrund Ihres bisherigen Wissens, ob in den vorliegenden Fällen bei den jeweiligen Versicherten Arbeitsunfähigkeit vorliegt oder nicht.

a) Der Sachbearbeiter einer Versicherung, Albus, bricht sich bei einem Wegeunfall (nach der Arbeit) den großen Zeh. Er lässt sich sofort ärztlich behandeln und geht am nächsten Tag wieder zur Arbeit und übt seine Tätigkeit ohne Einschränkungen aus. Liegt Arbeitsunfähigkeit vor?

---

164 Krasney in: Krasney u.a., SGB VII, § 46 SGB VII Rn. 7.
165 Schur in: Hauck/Noftz, SGB VII, § 46 SGB VII Rn. 5.
166 https://www.kbv.de/documents/infothek/rechtsquellen/unfallversicherung-und-weitere/unfallversicherung/Vertrag_Aerzte-Unfallversicherungstraeger.pdf Stand: 01.01.2026 (zuletzt abgerufen: 27.02.2026).
167 LSG Nordrhein-Westfalen, Urt. v. 06.11.2002 – L 17 U 305/00, juris Rn. 16.
168 LSG Nordrhein-Westfalen, Urt. v. 06.11.2002 – L 17 U 305/00, juris Rn. 16.
169 Köllner/Pennekamp in: Lauterbach, § 45 SGB VII Rn. 13.
170 Köllner/Pennekamp in: Lauterbach, § 45 SGB VII Rn. 13.
171 Ziegler in: Schlaeger, § 45 SGB VII Rn. 9.

b) Bertha, die in einem Lager Vollzeit arbeitet, hat sich das Sprunggelenk gebrochen. Nach zehn Wochen ist das Sprunggelenk soweit verheilt, dass sie vier Stunden täglich arbeiten könnte. Mehr ist medizinisch noch nicht möglich. Liegt Arbeitsunfähigkeit vor?

c) Der minderjährige Schüler Caspar hilft nach der Schule täglich ein paar Stunden im FC Bad Hersfeld-Fanshop aus. Beim Regal einräumen zieht er sich einen Zehenbruch zu, sodass er die Arbeit nicht fortführen kann. Die Schule kann er weiterhin besuchen. Liegt Arbeitsunfähigkeit vor?

Sofern an den Versicherten Verletztengeld ausgezahlt wird, stellt dies keine konkludente Anerkennung eines Arbeitsunfalls dar.[172]

1.4.4.3 Infolge eines Versicherungsfalls

Der **Versicherungsfall** muss die **wesentliche Ursache** der **Arbeitsunfähigkeit** sein.[173] Das bedeutet, dass die Arbeitsunfähigkeit ihre Ursache in einem Arbeitsunfall oder einer Berufskrankheit haben muss.[174]

Versicherungsfall

Notwendig ist folglich, dass ein Versicherungsfall i.S.d. § 7 Abs. 1 SGB VII vorliegt. Versicherungsfälle sind Arbeitsunfälle und Berufskrankheiten.

Zur Prüfung eines Arbeitsunfalls als Versicherungsfall hat sich folgendes Schema bewährt, dass das LSG Berlin-Brandenburg[175] wie folgt zusammenfasst:

- Nach § 8 Abs. 1 Satz 1 SGB VII sind Arbeitsunfälle Unfälle von Versicherten infolge einer **den Versicherungsschutz** nach §§ 2, 3 oder 6 SGB VII **begründenden Tätigkeit**.
- Für einen Arbeitsunfall ist danach in der Regel erforderlich, dass
  1. die Verrichtung des Versicherten zur Zeit des Unfalls **der versicherten Tätigkeit zuzurechnen** ist (innerer bzw. sachlicher Zusammenhang)

---

172 LSG Hessen, Urt. v. 19.11.2024 – L 3 U 97/21, BeckRS 2024, 37147, Rn. 47.
173 Schur in: Hauck/Noftz, SGB VII, § 45 SGB VII Rn. 8.
174 Westermann in: jurisPK-SGB VII, § 45 SGB VII Rn. 31.
175 Nach LSG Berlin-Brandenburg, Urt. v. 19.09.2013 – L 3 U 226/10, BeckRS 2013, 73171.

2. diese Verrichtung **zu dem** zeitlich begrenzten von außen auf den Körper einwirkenden **Ereignis** – dem Unfallereignis – **geführt** hat (Unfallkausalität) und
3. das Unfallereignis einen **Gesundheitsschaden** oder den Tod des Versicherten **verursacht** hat (haftungsbegründende Kausalität).

- Das Entstehen von Unfallfolgen aufgrund des Gesundheitsschadens (haftungsausfüllende Kausalität) ist **keine** Voraussetzung für die Anerkennung eines Arbeitsunfalls. Das bedeutet: Länger andauernde Unfallfolgen aufgrund des Gesundheitserstschadens sind **keine** Voraussetzung für die Anerkennung eines Arbeitsunfalls, sondern ggf. für den Anspruch auf eine Rente.[176]
- Hinsichtlich des Beweismaßstabes gilt, dass die Merkmale „versicherte Tätigkeit", „Verrichtung zur Zeit des Unfalls", „Unfallereignis" sowie „Gesundheitserst- bzw. Gesundheitsfolgeschaden" im Wege des **Vollbeweises**, also mit an Sicherheit grenzender Wahrscheinlichkeit, feststehen müssen.
- Demgegenüber genügt für den Nachweis der wesentlichen Ursachenzusammenhänge zwischen diesen Voraussetzungen die (hinreichende) **Wahrscheinlichkeit**, nicht allerdings die bloße Möglichkeit.

Infolge Arbeitsunfähigkeit

Ob der Gesundheitsschaden eines Versicherten infolge eines Arbeitsunfalls (wesentlich) verursacht wurde, entscheidet sich – bei Vorliegen einer Kausalität im naturwissenschaftlich-philosophischen Sinne – danach, ob das **Unfallereignis selbst** – und nicht eine andere, unfallunabhängige Ursache – die **wesentliche Bedingung** für den Eintritt des Gesundheitsschadens war.[177]

Die Folgen des Versicherungsfalls müssen folglich mindestens eine wesentliche Mitursache der Arbeitsunfähigkeit sein.[178]

Überholende Kausalität

1977[179] hatte das BSG über einen Fall der sogenannten überholenden Kausalität zu entscheiden: In dem Fall war ein Versicherter wegen *Diabetes*

176 Schwerdtfeger in: Lauterbach, § 8 SGB VII Rn. 4.
177 LSG Berlin-Brandenburg, Urt. v. 19.09.2013 – L 3 U 226/10, BeckRS 2013, 73171.
178 Köllner/Pennekamp in: Lauterbach, § 45 SGB VII Rn. 30.
179 BSG, Urt. v. 26.05.1977 – 2 RU 80/76.

mellitus krankgeschrieben und arbeitsunfähig. Die Arbeitsunfähigkeit war unfallunabhängig, weshalb er Krankengeld von seiner Krankenkasse bezog.

Beim Einsteigen in die Straßenbahn bemerkte der Versicherte, dass eine auf der obersten Stufe des Einstiegs stehende Frau ihm rückwärts entgegenfiel.[180] Er breitete die Arme aus, fing sie auf, fiel selbst, die Frau in den Armen haltend, rückwärts aus der Straßenbahn auf die Straße und zog sich am Trittbrett eine Prellung der rechten Schienbeinkante mit einer ca. 8 cm langen Schürfwunde und ein Hämatom zu.[181] Der Versicherte stand als Nothelfer unter Versicherungsschutz (nach neuem Recht: § 2 Abs. 1 Nr. 13 lit. a SGB VII).

Wenn zu einer **unfallunabhängigen** Erkrankung, deretwegen Krankengeld gezahlt wird, eine **unfallbedingte** Erkrankung hinzutritt, die den Versicherten zum Bezug von Verletztengeld berechtigen würde, begründet dies keine Leistungspflicht des Unfallversicherungsträgers.[182] Denn es tritt keine weitere Arbeitsunfähigkeit dazu. Salopp gesagt: Der Versicherte war bereits zum Unfallzeitpunkt arbeitsunfähig; eine Steigerung einer Arbeitsunfähigkeit („arbeitsunfähiger") ist indes nicht möglich. Erst wenn die Arbeitsunfähigkeit wegen der unfallunabhängigen Erkrankung entfällt, der Versicherte jedoch wegen der unfallbedingten Erkrankung weiterhin arbeitsunfähig bleibt, tritt die Einstandspflicht der Unfallversicherung ein.[183]

Dies mag man bezüglich des Nothelfers als unfair und ungerecht halten, und doch ist die Anwendung konsequent und richtig: Denn er war schon arbeitsunfähig, sodass seine bestehende Arbeitsunfähigkeit nicht abgelöst werden kann, auch wenn er einer anderen hilft. Diese Wertung geht auch in die andere Richtung:

Erkrankt ein Versicherter während der Dauer der unfallbedingten Arbeitsunfähigkeit an einer anderen, unabhängig vom Versicherungsfall, also unfallunabhängigen Krankheit, die für sich allein ebenfalls Arbeitsunfähigkeit zur Folge hätte, wird Verletztengeld so lange gezahlt, als die Folgen des Versicherungsfalls noch Arbeitsunfähigkeit bedingen.[184] Die weitere, unfallunabhängige Erkrankung verursacht erst nach Ende der unfallbedingten

---

180 BSG, Urt. v. 26.05.1977 – 2 RU 80/76, juris Rn. 1.

181 BSG, Urt. v. 26.05.1977 – 2 RU 80/76, juris Rn. 1.

182 Vgl. BSG, Urt. v. 26.05.1977 – 2 RU 80/76, juris Rn. 23; LSG Nordrhein-Westfalen, Urt. v. 30.04.2024 – L 15 U 437/23, BeckRS 2024, 22138 Rn. 34.

183 Vgl. BSG, Urt. v. 26.05.1977 – 2 RU 80/76, juris Rn. 23; vgl. hierzu auch VV Generalauftrag v. 01.01.2023, Ziff. 4.2 (S. 6).

184 LSG Baden-Württemberg, Urt. v. 18.07.2024 – L 10 U 608/23, BeckRS 2024, 26864 Rn. 57; Köllner/Pennekamp in: Lauterbach, § 45 SGB VII Rn. 30.

Arbeitsunfähigkeit eine unabhängige, leistungsauslösende Arbeitsunfähigkeit mit dem Anspruch auf Krankengeld.[185]

Wissen | Überholende Kausalität

Eine *neue* Arbeitsunfähigkeit kann eine *vorbestehende* Arbeitsunfähigkeit **nicht** verdrängen.[186]

Dem Ergebnis der BSG-Entscheidung könnte indes folgende **Kritik** entgegengehalten werden: Richtig ist freilich, dass es keine Steigerung der Arbeitsunfähigkeit gibt. Doch die gesetzgeberische „Belohnung" des Nothelfers, durch seinen selbstlosen Einsatz speziell Unfallversicherungsschutz zu genießen, fällt hier durch die Erst-Arbeitsunfähigkeit weg. Da das Verletztengeld in der Regel höher als Krankengeld ist, stellt sich der Nothelfer finanziell schlechter.

Spitzbetrag

Sofern Versicherte Ansprüche auf Kranken- und Verletztengeld haben, bei denen grundsätzlich die Zahlung des Verletztengeldes Vorrang hat (vgl. § 11 Abs. 5 S. 1 SGB V), könnte die Auffassung vertreten werden, dass ein höherer Betrag des Krankengeldes als sog. Spitzbetrag an den Versicherten ausgezahlt werden müsste.

Unter einem Krankenkassen-Spitzbetrag versteht man die verbleibende Differenz zwischen – in seltenen Fällen[187] vorkommenden – (höherem) Krankengeld und (niedrigeren) Verletztengeld. Denkbar wäre es, dass der Versicherte von der Unfallversicherung das Verletztengeld ausbezahlt bekommt und den über das Verletztengeld hinausgehenden Betrag als Überbetrag des Krankengeldes von der Krankenkasse.

Der Gesetzgeber hatte in einer Gesetzesbegründung zu § 49 SGB V klargestellt, dass auf Leistungen der gesetzlichen Krankenversicherung **kein Anspruch** besteht, wenn die gesetzliche Unfallversicherung leistungsverpflichtet ist und dies auch für den Bereich des Krankengeldes und einem möglichen Spitzbetrag gilt.[188] Er begründet dies mit der Notwendigkeit einer **klaren Trennung** der Risikobereiche der gesetzlichen Krankenversiche-

185 Vgl. Köllner/Pennekamp in: Lauterbach, § 45 SGB VII Rn. 30.
186 Feddern in: BeckOGK-SGB VII, § 45 SGB VII Rn. 9.
187 Vgl. LSG Rheinland-Pfalz, Urt. v. 09.11.2000 – L 5 KR 39/99, NZS 2001, 391.
188 BT-Drs. 13/2204, S. 124.

rung und der gesetzlichen Unfallversicherung und dem Ziel, die Krankenkassen von Leistungen für betriebsbedingte Schäden freizustellen.[189]

Wissen | Ausschlussregelung des § 11 Abs. 5 S. 1 SGB V

Auf GKV-Leistungen besteht gemäß § 11 Abs. 5 S. 1 SGB V kein Anspruch, wenn sie als Folge eines Arbeitsunfalls oder einer Berufskrankheit im Sinne der gesetzlichen Unfallversicherung zu erbringen sind. Sinn und Zweck der Regelung ist „eine klare Abgrenzung der beiden Versicherungszweige."[190]
Diese Ausschlussregelung führt einerseits zur Exklusivität der Leistung durch die gesetzliche Unfallversicherung, sofern es sich um einen Arbeitsunfall oder eine Berufskrankheit handelt, schließt andererseits aber auch grundsätzlich aus, dass der Betroffene von beiden Sozialversicherungsträgern in gleicher Angelegenheit Leistungen erhalten kann. Das BSG hat keine Einwände, dass diese Ausschlussregelung auch auf die Abgrenzung vom Verletzten- und Krankengeld angewendet wird.[191] Die Ausschlussregelung des § 11 Abs. 5 S. 1 SGB V soll indes nicht entgegenstehen, wenn der Betroffene zwei Berufstätigkeiten ausübt.[192]

Genauso wie ein Krankengeld-Spitzbetrag ausgeschlossen ist, wäre mit gleicher Begründung grundsätzlich ein Verletztengeld-Spitzbetrag ausgeschlossen (der dann beim Fall des Nothelfers ggf. vorliegen könnte), worauf an späterer Stelle nochmals ausführlich eingegangen wird.[193]

Bearbeitungsempfehlung | Prüfung des Tatbestandsmerkmals „infolge eines Versicherungsfalls"

Unter dieser Anspruchsgrundlage sollte der Versicherungsfall (in der Regel: Arbeitsunfall, § 8 Abs. 1 SGB VII) benannt und kurz dargestellt werden.

189 Köllner in: LPK-SGB VII, § 45 SGB VII Rn. 2.
190 BT-Drs. 11/2237, S. 163.
191 BSG, Urt. v. 25.06.2002 – B 1 KR 13/01 R, NZS 2003, 479 (481).
192 BSG, Urt. v. 26.11.2015 – B 3 KR 3/15 R, r+s 2017, 52 (55).
193 Feddern in: BeckOGK-SGB VII, § 45 SGB VII Rn. 5.

Bei einem unmittelbaren Wegeunfall sollte zudem § 8 Abs. 2 Nr. 1 SGB VII mitzitiert werden.
Schwierigkeiten ergeben sich hier in der Regel in der Klausur nicht.

1.4.4.4 Anspruch auf Arbeitsentgelt usw.

Wer Verletztengeld beziehen will, muss unmittelbar vor Beginn der Arbeitsunfähigkeit einen Anspruch auf Arbeitsentgelt, Arbeitseinkommen oder eine Entgeltersatzleistung haben.

Durch diese gesetzgeberische Vorgabe wird nochmals der Sinn und Zweck des Verletztengeldes deutlich: Es handelt sich um eine Einkommensersatzleistung. Das bedeutet, dass der Verletzte auch vor seiner Arbeitsunfähigkeit oder Berufskrankheit Einkünfte erzielt haben muss. Wer kein Einkommen erzielte, benötigt auch im Fall der Erkrankung keine Einkommensersatzleistung.

Arbeitsentgelt sind Einnahmen aus einer Beschäftigung (§ 14 Abs. 1 S. 1 SGB IV), Beschäftigung ist die nichtselbstständige Arbeit, insbesondere in einem Arbeitsverhältnis (§ 7 Abs. 1 S. 1 SGB IV).[194]

Dem Arbeitsentgelt gleichgestellt ist das **Arbeitseinkommen**. Arbeitseinkommen ist der nach den allgemeinen Gewinnermittlungsvorschriften des Einkommensteuerrechts ermittelte Gewinn aus einer selbständigen Tätigkeit (§ 15 S. 1 SGB IV).

§ 45 Abs. 1 Nr. 2 SGB VII listet neben Arbeitsentgelt und Arbeitseinkommen eine Vielzahl an Einkommensersatzleistungen auf, die ebenso zu einem Anspruch auf Verletztengeld berechtigen, sofern ein Anspruch auf sie unmittelbar vor Beginn der Arbeitsunfähigkeit bestanden hat.

Dies sind: Krankengeld, Pflegeunterstützungsgeld, Verletztengeld, Krankengeld der Sozialen Entschädigung, Übergangsgeld, Unterhaltsgeld, Kurzarbeitergeld, Qualifizierungsgeld, Arbeitslosengeld, nicht nur darlehensweise gewährtes Bürgergeld bzw. Grundsicherungsgeld nach § 19 Abs. 1 S. 1 SGB II oder nicht nur Leistungen für Erstausstattungen für Bekleidung bei Schwangerschaft und Geburt nach dem SGB II oder Mutterschaftsgeld.

194 LSG Berlin-Brandenburg, Urt. v. 24.04.2008 – L 22 U 124/08, BeckRS 2008, 53117 Rn. 31.

Die in § 45 Abs. 1 Nr. 2 SGB VII aufgeführten Entgeltersatzleistungen sind **abschließend** aufgeführt und nicht im Wege der Analogie erweiterbar.[195] Aus diesem Grund löst der **Anspruch auf Elterngeld**, das in § 45 Abs. 1 Nr. 2 SGB VII nicht aufgeführt ist, keinen Anspruch auf Verletztengeld aus.[196]

Warum stellt aber nun der Bezug von Bürgergeld bzw. Grundsicherungsgeld oder Arbeitslosengeld auch Einkommen dar, sodass auch in diesen Fällen das Verletztengeld dem Sinn als Ausgleich eines Entgelt- und Einkommensverlusts gerecht wird?[197] Widerspricht die Gewährung von Verletztengeld an einen Bezieher von Bürgergeld bzw. Grundsicherungsgeld oder Arbeitslosengeld nicht die Annahme einer Lohnersatzfunktion dieser Leistung?

Das BSG[198] hatte diese Frage bereits beantwortet bevor der Gesetzgeber die Entgeltersatzleistungen explizit in das Gesetz aufnahm: Zum einen begründete das BSG die Gleichsetzung der Entgeltersatzleistungen mit Arbeitsentgelt und Arbeitseinkommen mit den Regelungen im Krankengeld. Auch dort führte der Bezug dieser Sozialleistung nicht zu einem Ausschluss des Anspruchs auf Krankengeld.[199]

Zum anderen gelte: Wird das Verletztengeld anstelle des Arbeitslosengeldes gezahlt, so ersetzt es jedenfalls dann den Lohn, was vor der Arbeitsunfähigkeit die Funktion des Arbeitslosengeldes war, sofern das Verletztengeld nicht höher als das Arbeitslosengeld ist.[200] Es ist daher der Ersatz des Ersatzes.

Überzeugend ist diese Argumentation nicht: Verletztengeld sollte mit einer ausgeübten Erwerbstätigkeit verbunden sein. Sozialleistungsempfänger werden durch diese Regelung unnötig dem Erwerbstätigen gleichgestellt.

Nicht ganz widerspruchsfrei ist daher die Feststellung des BSG, dass (einerseits) nur solche Versicherte Verletztengeld erhalten sollen, die zum Kreis der Erwerbstätigen gehören und (andererseits) ihren Lebensunterhalt vor Eintritt der unfallbedingten Arbeitsunfähigkeit aus einer Erwerbstätigkeit oder einer daran anknüpfenden Sozialleistung bestritten haben.[201]

---

195 LSG Baden-Württemberg, Urt. v. 06.12.2021 – L 1 U 3514/20, juris Rn. 48; Schur in: Hauck/Noftz, SGB VII, § 45 SGB VII Rn. 14.

196 LSG Baden-Württemberg, Urt. v. 06.12.2021 – L 1 U 3514/20, juris Rn. 48.

197 Vgl. BSG, Urt. v. 26.06.2007 – B 2 U 23/06 R, juris. Rn. 14.

198 BSG, Urt. v. 29.11.1972 – 8/2 RU 123/71, juris Rn. 24.

199 BSG, Urt. v. 29.11.1972 – 8/2 RU 123/71, juris Rn. 24.

200 BSG, Urt. v. 29.11.1972 – 8/2 RU 123/71, juris Rn. 24.

201 Vgl. BSG, Urt. v. 26.06.2007 – B 2 U 23/06 R, juris. Rn. 17.

Für den Anspruch auf Verletztengeld reicht eine zuvor ausgeübte **geringfügige Beschäftigung** aus, solange der Versicherte seinen Lebensunterhalt wesentlich auch aus der geringfügigen Beschäftigung bestreitet.[202]

Wissen | Geringfügige Beschäftigung

Für die Annahme einer geringfügigen Beschäftigung müssen entweder bei regelmäßiger Beschäftigung die Vorgaben der **sogenannten Entgeltgeringfügigkeit** oder bei unregelmäßiger Beschäftigung die Vorgaben der **Zeitgeringfügigkeit** erfüllt sein.[203]
Eine geringfügige Beschäftigung liegt i.S.d. Entgeltgeringfügigkeit nach § 8 Abs. 1 Nr. 1 SGB IV vor, wenn das Arbeitsentgelt aus dieser Beschäftigung regelmäßig die **Geringfügigkeitsgrenze** nicht übersteigt. Nach § 8 Abs. 1a SGB IV besteht eine dynamische Geringfügigkeitsgrenze, die sich an dem jeweils aktuellen Mindestlohn orientiert. Die Geringfügigkeitsgrenze beträgt seit dem 1. Januar 2026 603,00 Euro und ab dem 1. Januar 2027 633,00 Euro.[204]
Alternativ besteht eine geringfügige Beschäftigung i.S.d. Zeitgeringfügigkeit, wenn sie innerhalb eines Kalenderjahres auf **längstens drei Monate oder 70 Arbeitstage** nach ihrer Eigenart begrenzt zu sein pflegt oder im Voraus vertraglich begrenzt ist, es sei denn, dass die Beschäftigung berufsmäßig ausgeübt wird und die Geringfügigkeitsgrenze übersteigt.
Konsequenz der geringfügigen Beschäftigung ist: Die Personen, die einer geringfügigen Beschäftigung nachgehen, sind in der Kranken-, Renten-, Pflege und Arbeitslosenversicherung in der Regel versicherungsfrei.[205]
Versicherungsfrei bedeutet jedoch nicht beitragsfrei: Der Arbeitgeber hat für geringfügig Beschäftigte nach den Voraussetzungen des § 249b SGB V in der Krankenversicherung sog. Pauschalbeiträge zu entrichten.[206] Durch diesen pauschalen Arbeitgeberbeitrag erhält der geringfügig Beschäftigte jedoch **keine zusätzlichen Leistungsansprü-**

202 BSG, Urt. v. 20.08. 2019 – B 2 U 7/18 R, juris Rn. 1.
203 Lüdtke/Winkler in: NK-SGB IV, § 8 SGB IV Rn. 12.
204 BAnz, AT, 20.11.2025 B1.
205 Zieglmeier in: BeckOGK-SGB IV, § 8 SGB IV Rn. 1.
206 Zieglmeier in: BeckOGK-SGB IV, § 8 SGB IV Rn. 13.

che.[207] Dazu zählt auch das Krankengeld, auf das der geringfügig Beschäftigte keinen Anspruch hat.[208]
Die gesetzliche Unfallversicherung kennt keine Geringfügigkeitsgrenze; in ihr ist jeder Beschäftigte unabhängig vom Umfang der Tätigkeit versichert.[209] Aus diesem Grund besteht die Möglichkeit Verletztengeld beziehen zu können.

Die Voraussetzungen auf Verletztengeld sind **nicht** erfüllt, wenn der Versicherte seinen Lebensunterhalt aus anderen Quellen, etwa aus Vermögen, Kapitaleinkünften, Rente oder Sozialhilfe, finanziert hat.[210]

Wichtig ist schließlich, dass der **Anspruch** auf das Arbeitsentgelt, das Arbeitseinkommen oder die Entgeltersatzleistung ausreicht: Auf eine **tatsächliche Auszahlung** kommt es nicht an.[211]

1.4.4.5 Unmittelbar vor Beginn der Arbeitsunfähigkeit

Letzte Anspruchsvoraussetzung für Verletztengeld ist, dass der Anspruch auf Arbeitsentgelt, Arbeitseinkommen oder eine Entgeltersatzleistung unmittelbar **vor Beginn der Arbeitsunfähigkeit** bestand. Es liegt damit eine temporäre Vorgabe vor, die wiederum zu Anspruchsablehnungen führen kann.

Unmittelbar bedeutet nach der herrschenden Meinung dabei nicht einen taggenauen zeitlichen Anschluss.[212] Maßgeblich für die Auslegung des unmittelbaren Anschlusses ist, dass der Versicherte, als er arbeitsunfähig wurde, von einer der im Gesetz aufgeführten Einkunftsarten gelebt haben muss.[213] Die Voraussetzungen sind daher nicht erfüllt, wenn der Versicherte seinen Lebensunterhalt zu diesem Zeitpunkt aus anderen Quellen finanziert.[214] Eine konkrete Vorgabe bis zu welcher zeitlichen Grenze eine Unterbrechung zwischen dem Wegfall des Entgelt- oder Leistungsanspruchs und

---

207 Zieglmeier in: BeckOGK-SGB IV, § 8 SGB IV Rn. 13.
208 Zieglmeier in: BeckOGK-SGB IV, § 8 SGB IV Rn. 13.
209 Rolfs in: ErfK, § 8 SGB IV Rn. 29.
210 BSG, Urt. v. 26.06.2007 – B 2 U 23/06 R, juris. Rn. 17.
211 Westermann in: jurisPK-SGB VII, § 45 SGB VII Rn. 39.
212 BSG, Urt. v. 26.06.2007 – B 2 U 23/06 R, juris. Rn. 17; Holstraeter in: Knickrehm/Roßbach/Waltermann, § 45 SGB VII Rn. 9.
213 BSG, Urt. v. 26.06.2007 – B 2 U 23/06 R, juris. Rn. 17.
214 BSG, Urt. v. 26.06.2007 – B 2 U 23/06 R, juris. Rn. 17.

dem Beginn der Arbeitsunfähigkeit mit Blick auf die Lohnersatzfunktion des Verletztengeldes unschädlich sein kann, nennt das BSG nicht.[215] Im vorliegenden Fall waren sieben Tage unschädlich.[216]

Vertreten wird, dass zumindest eine Unterbrechung von **mehr als vier Wochen** nicht geeignet ist, den geforderten zeitlichen Anschluss zu wahren.[217] Dem wird entgegengehalten, dass allein die Umstände des Einzelfalls entscheidend dafür sein sollten, ob die Vorgaben der Unmittelbarkeit erfüllt sind.[218]

Bearbeitungsempfehlung | Prüfung der Tatbestandsmerkmale „Anspruch auf Arbeitsentgelt usw." und „unmittelbar vor Beginn der Arbeitsunfähigkeit"

Es bestehen keine Bedenken, wenn die beiden Punkte in einer Klausur **zusammen betrachtet, geprüft und bewertet** werden.
Wichtig ist, dass keine Probleme in eine Klausur hineingelesen werden sollen, die es nicht gibt: Geht aus dem Klausurtext eindeutig hervor, dass es sich bei dem Versicherten um einen Angestellten handelt, darf unterstellt werden, dass er unmittelbar vor Beginn der Arbeitsunfähigkeit auch einen Anspruch auf Arbeitsentgelt besaß, ohne dass dies näher problematisiert werden muss. Da es allein auf den Anspruch ankommt, nicht auf die tatsächliche Auszahlung, ist es nicht relevant, ob das Gehalt verspätet oder gar nicht ausgezahlt wurde. Es kann unterstellt werden, dass der Angestellte durch seine Arbeitsleistung den Anspruch auf Arbeitsentgelt erfüllt hat.
Falsch ist es im Übrigen, die Unmittelbarkeit abzulehnen, wenn der Arbeitgeber den Lohn noch nicht überweisen hat. Da es nur auf den Anspruch ankommt, ist der Zeitpunkt der tatsächlichen Überweisung also an dieser Stelle irrelevant.

Die hier dargestellte Auslegung des unbestimmten Rechtsbegriffs der Unmittelbarkeit findet sich auch im Rentenrecht: Nach § 20 Abs. 1 Nr. 3 SGB VI haben Versicherte gegenüber der gesetzlichen Rentenversicherung

---

215 BSG, Urt. v. 26.06.2007 – B 2 U 23/06 R, juris. Rn. 17.
216 BSG, Urt. v. 26.06.2007 – B 2 U 23/06 R, juris. Rn. 17.
217 Köllner/Pennekamp in: Lauterbach, § 45 SGB VII Rn. 43; Schur in: Hauck/Noftz, SGB VII, § 45 SGB VII Rn. 15.
218 Ziegler in: Schlaeger, § 45 SGB VII Rn. 18.

einen Anspruch auf Übergangsgeld, sofern diese u.a. bei Leistungen zur Prävention unmittelbar vor Beginn der Leistungen Arbeitsentgelt erzielt haben.

Eine Unmittelbarkeit beim Übergangsgeld durch die Rentenversicherung soll demnach nur dann vorliegen, wenn die Zeiträume zwischen Arbeitsentgelt- und Übergangsgeldzahlung **ohne Lücke nahtlos** ineinander übergehen.[219] Herrschend ist auch hier die Auffassung, dass ein Abstand von einem Monat bzw. vier Wochen in Anlehnung an § 19 Abs. 2 SGB V unschädlich ist.[220]

1.4.4.6 Fälle

Testen Sie Ihr Wissen! | Fragen 5

a) Albus hat erfolgreich Jura studiert und zunächst fünf Jahre in einer Rechtsanwaltskanzlei als Rechtsanwalt gearbeitet. Nach Eheschließung mit Bertha kündigt er seinen Job und kümmert sich um Haushalt und Kindererziehung als „Hausmann“. Seine erfolgreiche Frau ist Alleinverdienerin. Auf dem Weg zum Einkaufen hat er einen Unfall und bricht sich das rechte Bein. Hat er einen Anspruch auf Verletztengeld?

b) Nachdem Albus recht schnell wieder gehen kann, ist er so dankbar, dass er regelmäßig Blut spendet. Bei der Autofahrt zum Blutspendetermin verunfallt er erneut und bricht sich diesmal das linke Bein. Hat er einen Anspruch auf Verletztengeld?

c) Bertha, 17 Jahre alt ist Schülerin. Donnerstag Nachmittags arbeitet sie regelmäßig als Aushilfe in einem Drogeriemarkt. Beim Beladen der Regale rutscht sie dort in aus und bricht sich das linke Bein. Hat sie einen Anspruch auf Verletztengeld?

219 Zabre in: Kreikebohm/Roßbach, § 20 SGB VI Rn. 4.
220 Jüttner in: Hauck/Noftz, SGB VI, § 20 SGB VI Rn. 29 m.w.N.

1.4.5 Anspruchsvoraussetzungen des § 45 Abs. 1 Nr. 1 Var. 2 SGB VII

Verletztengeld wird nicht nur für den Fall der Arbeitsunfähigkeit geleistet, sondern auch im Fall einer ganztägigen **Heilbehandlungsmaßnahme**. Durch die ganztägige Teilnahme an einer Heilbehandlungsmaßnahme ist es dem Versicherten nicht möglich zu arbeiten, sodass er kein Arbeitsentgelt erhält.

Diese Variante ist in § 45 Abs. 1 Nr. 1 Var. 2 SGB VII aufgeführt. Dabei sollte nicht übersehen werden, dass die Voraussetzungen aus § 45 Abs. 1 Nr. 2 SGB VII auch hier Anwendung finden: Das „Und" verbindet die Voraussetzungen der Nr. 1 mit der Nr. 2.

Für die zweite Variante – Verletztengeld wegen Heilbehandlung (§ 45 Abs. 1 Nr. 1 Var. 2 SGB VII) – ergeben sich folgende fünf Anspruchsvoraussetzungen:

- Versicherte Person
- Nichtausübung einer ganztägigen Erwerbstätigkeit wegen einer Maßnahme der Heilbehandlung
- infolge eines Versicherungsfalls
- Anspruch auf Arbeitsentgelt usw.
- unmittelbar vor Beginn der Arbeitsunfähigkeit

Maßgeblicher Unterschied ist allein die Nichtausübung einer ganztägigen Erwerbstätigkeit wegen einer Maßnahme der Heilbehandlung: Beim Verletzten wurde also keine Arbeitsunfähigkeit (mehr) ärztlich festgestellt (positiv ausgedrückt: grundsätzlich ist er arbeitsfähig), doch nimmt er an einer ganztägigen Maßnahme der Heilbehandlung teil.[221]

Dies betrifft in der Regel **keine Krankenhausaufenthalte**, denn bei denen liegt meist bereits eine Arbeitsunfähigkeit vor.[222] Die Variante 2 betrifft vielmehr Fälle wie Kuraufenthalte, bei denen die Arbeitsfähigkeit grundsätzlich wieder bestehen könnte.[223] Es handelt sich bei dieser Variante um einen Auffangtatbestand[224], da der Versicherte zwar nicht arbeitsunfähig (mehr) ist, dennoch nicht arbeiten kann, da er eine ganztägige Heilbehandlungsmaßnahme erhält. Nimmt der Verletzte an einer Heilbehandlungsmaß-

221 Westermann in: jurisPK-SGB VII, § 45 SGB VII Rn. 28.
222 Ziegler in: Schlaeger, § 45 SGB VII Rn. 14.
223 Vgl. Ziegler in: Schlaeger, § 45 SGB VII Rn. 14.
224 Schur in: Hauck/Noftz, SGB VII, § 45 SGB VII Rn. 11.

nahme teil, liegt aber zugleich weiterhin Arbeitsunfähigkeit vor, ist die Variante 2 ohne Bedeutung.[225]

In der Regel wird die Arbeitsunfähigkeit während der Heilbehandlungsmaßnahme bestehen, sodass die Konstellation der Variante 2 – Heilbehandlungsmaßnahme ohne Arbeitsunfähigkeit – in der Praxis selten vorkommt.[226]

Wissen | Was ist eine Maßnahme der Heilbehandlung?

Der Gesetzgeber hat für die gesetzliche Unfallversicherung die Maßnahmen der Heilbehandlung in § 27 Abs. 1 S. 1 SGB VII aufgeführt. Dabei handelt es sich um: Erstversorgung, ärztliche Behandlung, zahnärztliche Behandlung einschließlich der Versorgung mit Zahnersatz, Versorgung mit Arznei-, Verband-, Heil- und Hilfsmitteln, häusliche Krankenpflege, Behandlung in Krankenhäusern und Rehabilitationseinrichtungen und Leistungen zur medizinischen Rehabilitation nach § 42 Abs. 2 Nr. 1 und 3 bis 7 und Abs. 3 SGB IX.
Der Gesetzgeber zählt diese Leistungen in § 27 Abs. 1 S. 1 SGB VII mit dem Wort „insbesondere" auf – einem juristisch sehr wichtigen Wort! Durch seine Verwendung will der Gesetzgeber betonen, dass die Aufzählung nicht abschließend ist, also es durchaus weitere Heilbehandlungsmaßnahmen geben kann, die nicht unter die oben aufgeführten Gruppen fallen.

Der Anspruch auf Verletztengeld ist bei dieser Variante daran geknüpft, dass wegen der Maßnahme der Heilbehandlung eine **ganztägige Erwerbstätigkeit** nicht ausgeübt werden kann.

Dies bedeutet:

- Die ausgefallene Arbeitszeit kann entweder nicht nachgeholt werden bzw. ist eine Nachholung dem Versicherten nicht zumutbar.[227]
- Ausschlaggebend für den Arbeitsausfall ist nicht allein die reine Zeit der Heilbehandlung. Auch Wegzeiten werden berücksichtigt.[228] Der

225 Feddern in: BeckOGK-SGB VII, § 45 SGB VII Rn. 8.
226 Vgl. Schur in: Hauck/Noftz, SGB VII, § 45 SGB VII Rn. 11.
227 Schur in: Hauck/Noftz, SGB VII, § 45 SGB VII, Rn. 8; S. Dunz in: Podzun, Kz. 350 S. 5.
228 Bereiter-Hahn/Mehrtens, § 45 SGB VII Rn. 11.

Anspruch auf Verletztengeld entsteht sogar bereits mit Beginn der Anreise, sofern nicht am Anreisetag mit der Maßnahme begonnen werden kann.[229]

- Auch eine stundenweise Inanspruchnahme kann daher einen Anspruch begründen.[230] Aus diesem Grund können die Heilbehandlungen stationär, teilstationär sowie ambulant erfolgen.[231] Allerdings reicht es nicht aus, dass nur ein geringer Teil der täglichen Arbeitszeit für die Heilbehandlung ausfällt.[232] Notwendig ist daher, dass ein überragender Anteil der Arbeitszeit ausfällt. Dieser ist bei mindestens Zweidrittel der täglichen Arbeitszeit anzunehmen.

Entgegen dem expliziten Wortlaut, der ja auf eine ganztägige Erwerbstätigkeit abstellt, wird die Vorschrift zu Recht im Sinne der Gleichbehandlung so ausgelegt, dass auch Beschäftigte, die in Teilzeit arbeiten, einen Anspruch auf Verletztengeld haben, wenn sie ihre **Teilzeitbeschäftigung** aufgrund der Heilbehandlung nicht ausüben können.[233]

Bearbeitungsbeispiel | Prüfung der Ganztägigkeit

Ambulante Maßnahmen wie Massagen oder Krankengymnastik[234], intensive physikalische Therapien[235] oder das unfallbedingte Aufsuchen einer Orthopädieschuhmacherwerkstatt[236] können grundsätzlich auch den Anspruch auf Verletztengeld auslösen.
Maßgeblich ist dabei stets die Frage, ob das Aufsuchen der ambulanten Maßnahme während der Arbeitszeit notwendig ist und wie lange die Maßnahme andauert.

229 Kater in: Kater/Leube, § 45 SGB VII Rn. 9.
230 Köllner in: LPK-SGB VII, § 45 SGB VII Rn. 20.
231 Krasney in: Krasney u.a., SGB VII, § 45 SGB VII Rn. 38.
232 Krasney in: Krasney u.a., SGB VII, § 45 SGB VII Rn. 38.
233 Krasney in: Krasney u.a., SGB VII, § 45 SGB VII Rn. 38; Bereiter-Hahn/Mehrtens, § 45 SGB VII Rn. 12.
234 Vgl. Krasney in: Krasney u.a., SGB VII, § 45 SGB VII Rn. 38.
235 Ziegler in: Schlaeger, § 45 SGB VII Rn. 14.
236 Köllner/Pennekamp in: Lauterbach, § 45 SGB VII Rn. 23.

1.4.6 Beginn des Verletztengeldes

Nachdem als erstes der (Grund-)Anspruch auf Verletztengeld geprüft wurde, ist als nächstes der Beginn der Zahlung zu bewerten. Der Beginn der Zahlung bedeutet aber nicht, dass es tatsächlich zu einer Auszahlung kommt. Die Vorschriften des Beginns der Zahlung von Verletztengeld schließen daher immer mit einer Prüfung des § 52 SGB VII ab, ob eine Anrechnung von anderen Zahlungen vorzunehmen ist, die die Auszahlung des Verletztengeldes blockiert.

Die Trennung zwischen Grundanspruch und Auszahlungsanspruch[237] ist daher von großer Bedeutung. Es besteht kein Automatismus, dass der Anspruch auf Verletztengeld zu einer unmittelbaren Auszahlung führt.

Der Beginn des Verletztengeldes ist in § 46 Abs. 1, Abs. 2 SGB VII geregelt.

- § 46 Abs. 1 SGB VII berücksichtigt den Beginn des üblichen Anspruchs auf Verletztengeld.
- § 46 Abs. 2 SGB VII berücksichtigt den Beginn des Anspruchs auf Verletztengeld für **Unternehmer** und ihnen Gleichgestellte. Diese Gruppe wird an späterer Stelle gesondert betrachtet.

Verletztengeld wird nach § 46 Abs. 1 SGB VII von dem Tag an gezahlt, ab dem die Arbeitsunfähigkeit ärztlich festgestellt wird oder mit dem Tag des Beginns einer Heilbehandlungsmaßnahme, die den Versicherten an der Ausübung einer ganztägigen Erwerbstätigkeit hindert.

Die Regelung stellt somit auf zwei unterschiedliche Sachverhalte ab und ist damit spiegelbildlich zu § 45 Abs. 1 Nr. 1 SGB VII aufgebaut:

- In der ersten Variante des § 46 Abs. 1 SGB VII wird auf den Tatbestand der **Arbeitsunfähigkeit** abgestellt (vgl. § 45 Abs. 1 Nr. 1 Var. 1 SGB VII).
- In der zweiten Variante des § 46 Abs. 1 SGB VII wird auf den Tatbestand der **Heilbehandlungsmaßnahme** abgestellt (vgl. § 45 Abs. 1 Nr. 1 Var. 2 SGB VII).

1.4.6.1 Beginn bei Arbeitsunfähigkeit

Verletztengeld wird von dem Tag an gezahlt, ab dem die Arbeitsunfähigkeit ärztlich festgestellt wird. Zusammenfassend ist nochmals klarzustellen: Zur Feststellung der Arbeitsunfähigkeit ist **jeder Arzt** (also nicht nur der

---

237 Vgl. Römer in: Hauck/Noftz, SGB VII, § 52 SGB VII Rn. 4.

Durchgangsarzt oder ein Arzt einer BG-Klinik) berechtigt.[238] Für den Versicherten soll allerdings dann eine Vorstellungspflicht beim **Durchgangsarzt** (D-Arzt) bestehen, sofern seine Verletzung **über den Unfalltag hinaus** zur Arbeitsunfähigkeit führt.[239] Näheres dazu ist in § 26 Vertrag Ärzte/Unfallversicherungsträger aufgeführt.[240]

Die ärztliche Feststellung von Arbeitsunfähigkeit sollte beachtlich sein, wenn sie nicht durch einen D-Arzt bescheinigt wurde,[241] solange der Versicherte vom D-Arztverfahren keine Kenntnis hat.

Zu unterscheiden ist dabei zwischen den **medizinischen Voraussetzungen**, ob ein Versicherter arbeitsunfähig ist, also unfähig zum Arbeiten und den **rechtlichen Voraussetzungen**, ob ein Anspruch auf Verletztengeld besteht.

Die medizinischen Voraussetzungen der Arbeitsunfähigkeit stellt der Arzt fest.[242] Ob eine Arbeitsunfähigkeit als Anspruchsvoraussetzung für das Verletztengeld vorliegt, entscheidet allerdings der Unfallversicherungsträger.[243] Die Arbeitsunfähigkeitsbescheinigung des Arztes ist wie eine ärztliche bzw. gutachterliche Stellungnahme zu werten, an das der Unfallversicherungsträger (oder ein Gericht) nicht gebunden ist.[244]

In der gesetzlichen Unfallversicherung ist eine **rückwirkende Feststellung** der Arbeitsunfähigkeit – entgegen der Regelung in der gesetzlichen Krankenversicherung – **zulässig**.[245] Denn der Tag, an dem die Arbeitsunfähigkeit festgestellt wird, muss nicht der Tag sein, an dem die ärztliche Untersuchung durchgeführt wird.[246] Die Zulässigkeit der Rückdatierung soll

---

238 LSG Baden-Württemberg, Urt. v. 18.07.2024 – L 10 U 608/23, BeckRS 2024, 26864, Rn. 57; Köllner in: Lauterbach, § 46 SGB VII Rn. 4; Krasney in: Krasney u.a., SGB VII, § 46 SGB VII Rn. 7; Westermann in: jurisPK-SGB VII, § 46 SGB VII Rn. 16; Ziegler in: Schlaeger, § 46 SGB VII Rn. 3.

239 Vgl. Schur in: Hauck/Noftz, SGB VII, § 46 SGB VII Rn. 5.

240 https://www.kbv.de/documents/infothek/rechtsquellen/unfallversicherung-und-weitere/unfallversicherung/Vertrag_Aerzte-Unfallversicherungstraeger.pdf (Vertragsstand: 01.01.2026), zuletzt abgerufen: 28.02.2026

241 Vgl. LSG Baden-Württemberg, Urt. v. 18.07.2024 – L 10 U 608/23, BeckRS 2024, 26864.

242 Köllner in: Lauterbach, § 46 SGB VII Rn. 5.

243 Köllner in: LPK-SGB VII, § 46 SGB VII Rn. 1; ders. in: Lauterbach, § 46 SGB VII Rn. 5.

244 BSG, Urt. v. 08.11.2005 – B 1 KR 18/04 R, juris Rn. 28 (zum Krankengeld: Köllner in: Lauterbach, § 46 SGB VII Rn. 5).

245 BSG, Urt. v. 05.07.2005 – B 2 U 10/04 R, BeckRS 2005, 42650 Rn. 11; Bereiter-Hahn/Mehrtens, § 46 SGB VII Rn. 3.

246 Schmitt, § 46 SGB VII Rn. 3,

sich nach Auffassung des BSG aus dem „eindeutigen Wortlaut des § 46 Abs. 1 SGB VII“[247] ergeben.

Wissen | Rückdatierungsrecht der Arbeitsunfähigkeit

Krankenversicherungsrecht und Unfallversicherungsrecht haben einen unterschiedlichen Wortlaut, wann die jeweilige Geldleistung (Kranken- oder Verletztengeld) zu zahlen ist.
Während es für das Krankengeld heißt, dass nach § 46 Nr. 2 SGB V der Anspruch auf Krankengeld **von dem Tag der ärztlichen Feststellung** der Arbeitsunfähigkeit an entsteht, wird nach § 46 Abs. 1 Var. 1 SGB VII Verletztengeld von dem Tag an gezahlt, **ab dem die Arbeitsunfähigkeit ärztlich festgestellt wird**.
Ob der Gesetzgeber tatsächlich bewusst zwei unterschiedliche Zeitpunkte hier im Blick hatte, ist nicht feststellbar. Zumindest wäre es für ihn einfach gewesen, den Wortlaut des SGB V im SGB VII aufeinander anzupassen und zu wiederholen. Insofern ist die unterschiedliche Interpretation der beiden Regelungen nachzuvollziehen. Es gilt daher zu merken:

- Krankengeld = keine Rückdatierung der Arbeitsunfähigkeit möglich
- Verletztengeld = Rückdatierung der Arbeitsunfähigkeit zulässig

Allerdings erkennt das BSG mittlerweile selbst beim Krankengeld Ausnahmen an, nach denen eine Rückdatierung möglich sein soll: Wurde die ärztliche Feststellung der Arbeitsunfähigkeit durch Umstände verhindert oder verzögert, die dem Verantwortungsbereich der Krankenkassen und nicht dem Verantwortungsbereich des Versicherten zuzurechnen sind, erkannte das BSG eine Rückdatierung ausnahmsweise an.[248]
Weitere anzuerkennende Fälle sind:[249]

- Fristversäumnisse wegen Geschäfts- oder Handlungsunfähigkeit des Versicherten
- verspäteter Zugang der AU-Meldung bei der Krankenkasse aufgrund von Organisationsmängeln, die diese selbst zu vertreten hat

247 BSG, Urt. v. 05.07.2005 – B 2 U 10/04 R, BeckRS 2005, 42650 Rn. 11.
248 BSG, Urt. v. 11.05.2017 – B 3 KR 22/15 R, juris Rn. 22.
249 Nach BSG, Urt. v. 11.05.2017 – B 3 KR 22/15 R, juris Rn. 22.

- Fälle einer irrtümlichen Verneinung der AU des Versicherten aufgrund ärztlicher Fehlbeurteilung[250]
- bei einem von der Krankenkasse rechtsfehlerhaft bewerteten Maßstab für die Beurteilung der Arbeitsfähigkeit nach Aufgabe des letzten Arbeitsplatzes

Eine zeitliche Begrenzung der Rückwirkung besteht grundsätzlich nicht.[251]

Im Sinne des § 5 Abs. 3 S. 2 AU-RL ist eine rückwirkende Zeitspanne nur ausnahmsweise und **von bis zu drei Tagen** nachvollziehbar.[252]

Norm | § 5 Abs. 3 S. 1 und S. 2 AU-RL

Die Arbeitsunfähigkeit soll für eine vor der ersten ärztlichen Inanspruchnahme liegende Zeit grundsätzlich nicht bescheinigt werden. Eine Rückdatierung des Beginns der Arbeitsunfähigkeit auf einen vor dem Behandlungsbeginn liegenden Tag ist ebenso wie eine rückwirkende Bescheinigung über das Fortbestehen der Arbeitsunfähigkeit nur ausnahmsweise und nur nach gewissenhafter Prüfung und in der Regel nur bis zu drei Tagen zulässig. [...]

In der Regel dürfte nicht glaubhaft anzunehmen sein, dass ein Versicherter längere Zeit den Arzt nicht aufsuchen konnte.[253] Andernfalls müsste dies der Versicherte entsprechend darlegen und beweisen.

---

250 **A.A.** Schmitt, § 46 SGB VII Rn. 7: „Kein Anspruch auf Verletztengeld besteht, wenn der untersuchende Arzt das Vorliegen von Arbeitsunfähigkeit zu Unrecht verneint hat".

251 Schur in: Hauck/Noftz, SGB VII, § 46 SGB VII Rn. 5.

252 Bereiter-Hahn/Mehrtens, § 46 SGB VII Rn. 3; Feddern in: BeckOGK-SGB VII, § 46 SGB VII Rn. 4; **a.A.** Krasney in: Krasney u.a., SGB VII, § 46 SGB VII Rn. 9: „Entweder ist die Rückwirkung zulässig oder sie ist es nicht." ebenso **a.A.** Ziegler in: Schlaeger, § 46 SGB VII Rn. 4: „[Ein] Rückgriff auf die Arbeitsunfähigkeits-Richtlinien des Bundesausschusses der Ärzte und Krankenkassen [ist] nicht angezeigt."

253 Vgl. Köllner in: Lauterbach, § 46 SGB VII Rn. 13: „in Ausnahmefällen wird man jedoch auch hiervon abweichen müssen (zB Vers konnte sich nachweislich aufgrund bestimmter Umstände einer ärztlichen Behandlung nicht unterziehen)."

Bearbeitungsbeispiel | Rückwirkende Arbeitsunfähigkeit

Ein Verletzter erleidet auf dem Weg nach Hause an einem Montag einen versicherten Wegeunfall. Am Donnerstagmorgen sucht er einen Arzt auf.

Ergebnis: Wenn sich die Erkrankungssymptome nicht geändert haben, kann der Arzt die Arbeitsunfähigkeit rückwirkend seit Montag ausstellen. Dadurch beginnt der Grundanspruch auf Verletztengeld ab Montag. Der Arzt sollte dabei nachfragen und auf medizinische Plausibilität prüfen, weshalb sich der Verletzte erst jetzt an ihn wendet und die Begründung des Versicherten für den Unfallversicherungsträger dokumentieren.

Zu beachten ist, dass für den Beginn des Verletztengeldes auf die **Feststellung der Arbeitsunfähigkeit** abgestellt wird. Aufgrund des eindeutigen Wortlauts des § 46 Abs. 1 SGB VII zählt der Tag der Feststellung mit.

Wissen | Bedeutung der Rückdatierung der Arbeitsunfähigkeit

Der tatsächliche Beginn der Arbeitsunfähigkeit – ob nun rückwirkend oder nicht – spielt in der Praxis für den Beginn der Verletztengeldzahlung **in der Hinsicht eine Rolle**, dass die Zahlung des Verletztengeldes regelmäßig wegen der Fortzahlung des Entgelts im Krankheitsfall durch den Arbeitgeber nach § 52 SGB VII also nach sechs Wochen beginnt.[254]

1.4.6.2 Beginn bei Heilbehandlung

Nach § 46 Abs. 1 Var. 2 SGB VII wird Verletztengeld mit dem Tag des Beginns einer Heilbehandlungsmaßnahme gezahlt, die den Versicherten an der Ausübung einer ganztägigen Erwerbstätigkeit hindert.

Wie oben bereits dargestellt, kann dies auch die **Anreise** zur Heilbehandlung bereits beinhalten, sofern Versicherte nicht innerhalb eines Tages anreisen können, um mit der Maßnahme zu beginnen.[255]

---

254 Vgl. Schur in: Hauck/Noftz, SGB VII, § 46 SGB VII Rn. 5.

255 Kater in: Kater/Leube, § 46 SGB VII Rn. 9.

1.4.7 Anrechnung

Bereits bei der Entgeltfortzahlung im Krankheitsfall und beim Krankengeld wurde auf die „Vorfahrt“ der Entgeltfortzahlung hingewiesen, die dazu führt, dass der Versicherte grundsätzlich nicht beide Leistungen, also Krankengeld und Entgeltfortzahlung, gleichzeitig bekommen soll.

Diese Vorfahrtsregelung gibt es auch beim Verletztengeld.

> **Gesetz** | § 52 SGB VII – Anrechnung von Einkommen auf Verletzten- und Übergangsgeld
>
> Auf das Verletzten- und Übergangsgeld werden von dem gleichzeitig erzielten Einkommen angerechnet
> 1. beitragspflichtiges Arbeitsentgelt oder Arbeitseinkommen, das bei Arbeitnehmern um die gesetzlichen Abzüge und bei sonstigen Versicherten um 20 vom Hundert vermindert ist; dies gilt nicht für einmalig gezahltes Arbeitsentgelt,
> 2. Mutterschaftsgeld, Krankengeld der Sozialen Entschädigung, Unterhaltsgeld, Kurzarbeitergeld, Qualifizierungsgeld, Arbeitslosengeld, nicht nur darlehensweise gewährtes Bürgergeld (ab 01.07.2026: Grundsicherungsgeld, vgl. BGBl. 2026 Teil I Nr. 107, S. 15) nach § 19 Absatz 1 Satz 1 des Zweiten Buches; dies gilt auch, wenn Ansprüche auf Leistungen nach dem Dritten Buch wegen einer Sperrzeit ruhen oder der Auszahlungsanspruch auf Bürgergeld (ab 01.07.2026: Grundsicherungsgeld, vgl. BGBl. 2026 Teil I Nr. 107, S. 15) nach § 19 Absatz 1 Satz 1 des Zweiten Buches gemindert ist.

§ 52 SGB VII ist eine der wichtigsten Regelungen im Recht des Verletztengeldes. Die Regelungen des Beginns der Verletztengeldzahlung aus § 46 Abs. 1 SGB VII treten wegen § 52 SGB VII in den Hintergrund, denn stets ist zunächst zu prüfen, ob nicht eine Anrechnung vorzunehmen ist.

Der Zweck der Vorschrift liegt in folgendem:

- Verhinderung von Überversorgungen durch Doppelzahlungen mit gleicher Zweckbestimmung[256]

---

256 Bereiter-Hahn/Mehrtens, § 52 SGB VII Rn. 2; Westermann in: jurisPK-SGB VII, § 52 SGB VII Rn. 7.

- Verhinderung des Unterlaufens von Sanktionen des SGB II und SGB III durch Leistungen der Unfallversicherung[257]

Wichtig ist dabei: Der *Grundanspruch* auf Verletztengeld bleibt bei gleichzeitigem Eingang von den in § 52 SGB VII aufgeführten Einkünften bestehen.[258] Durch § 52 SGB VII fällt der A*uszahlungsanspruch* ganz oder teilweise weg.[259]

§ 52 SGB VII verwendet das Wort der **Anrechnung** und nicht den Begriff des Ruhens, wie er im Recht der gesetzlichen Krankenversicherung verwendet wird (§ 49 Abs. 1 SGB V)[260], um das Verhältnis verschiedener Geldeingänge zu bewerten. Der Anspruch auf Krankengeld wird vom Anspruch auf Verletztengeld nach § 11 Abs. 5 SGB V verdrängt.[261] Dies bedeutet:[262]

- Der **Auszahlungsanspruch** auf Verletztengeld **erlischt** in Höhe und für die Dauer der Zahlung des Anrechnungsbetrages.
- Der **Grundanspruch** auf Verletztengeld bleibt bestehen.
- Die Anrechnung ist ein eigenständiges Rechtsinstitut (§ 389 BGB analog).
- Sie erfolgt **von Amts wegen** und bedarf keiner ausdrücklichen Erklärung.

Für die Anrechnung gilt der **Grundsatz der Deckungsgleichheit**.[263] Angerechnet wird deshalb nur das Einkommen, das **gleichzeitig erzielt** worden ist.[264] Die Zeiträume müssen sich also decken. Im Umkehrschluss bedeutet dies, dass rückwirkende Einkommensänderungen nicht zu Gunsten oder zu Lasten des Versicherten berücksichtigt werden.[265]

---

257 Westermann in: jurisPK-SGB VII, § 52 SGB VII Rn. 7

258 Römer in: Hauck/Noftz, SGB VII, § 52 SGB VII Rn. 4.

259 Römer in: Hauck/Noftz, SGB VII, § 52 SGB VII Rn. 4**; a.A.**: BSG, Urt. v. 25.03.2025 – B 2 U 2/23 R, juris Rn. 18: „Der Anspruch des Klägers auf Verletztengeld ist aufgrund der Anrechnung von Arbeitseinkommen gemäß § 52 Nr 1 SGB VII vollständig entfallen."

260 Giesen in: v. Koppenfels-Spies/Wenner, § 52 SGB VII Rn. 3; vgl. Ziegler in: Schlaeger, § 52 SGB VII Rn. 3 mit dem Hinweis, dass früher nach der RVO auch beim Verletztengeld das Ruhen die Rechtsfolge war.

261 Lang in: Boecken u.a., § 49 SGB V Rn. 9.

262 Nach Römer in: Hauck/Noftz, SGB VII, § 52 SGB VII Rn. 4.

263 Westermann in: jurisPK-SGB VII, § 52 SGB VII Rn. 9.

264 Westermann in: jurisPK-SGB VII, § 52 SGB VII Rn. 9.

265 Bereiter-Hahn/Mehrtens, § 52 SGB VII Rn. 3; Römer in: Hauck/Noftz, SGB VII, § 52 SGB VII Rn. 12.

Nicht angerechnet wird **einmalig** gezahltes Arbeitsentgelt. Einmalig gezahltes Arbeitsentgelt sind u.a.:[266]

- Jubiläumsprämien
- Weihnachtsgeld
- Vergütungen für Arbeitnehmer-Erfindungen
- 13. Monatsgehalt[267]

Einmaliges Arbeitsentgelt unterscheidet sich vom laufenden Arbeitsentgelt dadurch, dass es nicht für *die Arbeit* in einem einzelnen Entgeltabrechnungszeitraum gezahlt wird.[268] Belohnt wird bspw. die Betriebstreue. Die gesetzlich-angeordnete Nichtberücksichtigung der einmaligen Zahlungen ist konsequent: Denn diese Leistungen zahlt der Arbeitgeber stets neben dem Arbeitsentgelt.[269]

1.4.7.1 Tatsächlich erzieltes Einkommen

Notwendig für die Anrechnung von Geldleistungen ist, dass der Versicherte das Arbeitsentgelt oder Arbeitseinkommen **tatsächlich erzielt** hat.[270] Dies ergibt sich aus dem Wortlaut des § 52 Nr. 1 SGB VII, wonach das Einkommen „gleichzeitig erzielt" sein muss.[271]

Zu berücksichtigen ist dabei allein das **verfügbare Einkommen**, also das **Netto**-Einkommen[272], weshalb vom anrechenbaren Bruttoentgelt die gesetzlichen Abzüge, also Steuer, Sozialversicherungsbeiträge sowie gesetzliche Abgaben wie der Solidaritätszuschlag abzuziehen sind.[273] Aus Gründen der Vereinfachung wird nach § 52 Nr. 1 SGB VII bei Selbständigen das Nettoeinkommen durch einen pauschalen Abzug von 20 Prozent des Bruttoeinkommens ermittelt.[274]

266 Nach Westermann in: jurisPK-SGB VII, § 52 SGB VII Rn. 28.
267 Bereiter-Hahn/Mehrtens, § 52 SGB VII Rn. 7.
268 Westermann in: jurisPK-SGB VII, § 52 SGB VII Rn. 26.
269 Köllner in: Lauterbach, § 52 SGB VII Rn. 15.
270 LSG Rheinland-Pfalz, Urt. v. 09.11.1999 – L 7 U 210/99, BeckRS 2013, 74720; Bereiter-Hahn/Mehrtens, § 52 SGB VII Rn. 4.
271 LSG Rheinland-Pfalz, Urt. v. 09.11.1999 – L 7 U 210/99, BeckRS 2013, 74720.
272 Westermann in: jurisPK-SGB VII, § 52 SGB VII Rn. 16.
273 Bereiter-Hahn/Mehrtens, § 52 SGB VII Rn. 6.
274 Feddern in: BeckOGK-SGB VII, § 52 SGB VII Rn. 11.

Tatsächlich erzieltes Einkommen bedeutet dabei, dass ein Anspruch auf das Einkommen nicht ausreicht: Es muss zu einer tatsächlichen Zahlung gekommen sein.[275]

1.4.7.2 Arbeitseinkommen

Neben dem Arbeitsentgelt des Beschäftigten wird auch das aus der Selbständigkeit heraus erzielte Arbeitseinkommen angerechnet. Nach § 15 S. 1 SGB IV ist Arbeitseinkommen der nach den allgemeinen Gewinnermittlungsvorschriften des Einkommensteuerrechts ermittelte Gewinn aus einer selbständigen Tätigkeit.

Arbeitseinkommen sind dabei u.a.:

- Einkünfte aus selbständiger Arbeit[276]
- Einkünfte aus Gewerbebetrieb[277]

Die Berechnung des konkreten Einkommensausfalls kann in der Praxis zu Schwierigkeiten führen, da oftmals der Einkommenseingang des Selbständigen volatiler ist. Dies führt dann zu Schwierigkeiten, welcher Betrag angerechnet werden muss. Hierzu hat das BSG Nachweiserleichterungen zugelassen.

Im Idealfall kann der Selbständige seine Einkommensverhältnisse durch Vorlage des Einkommenssteuerbescheides für das Kalenderjahr vor Beginn der Arbeitsunfähigkeit belegen.[278]

Problematischer wird es für die Beteiligten, wenn dies (noch) nicht möglich ist. Das LSG Berlin-Brandenburg entschied für die Berechnung des Krankengeldes von Unternehmern, dass grundsätzlich auf das Arbeitseinkommen abzustellen ist, das der vorläufigen Beitragsbemessung vor Beginn der Arbeitsunfähigkeit zugrunde lag.[279] Diese Vereinfachungsregelung soll jedoch nur im Sinne einer widerlegbaren Vermutung gelten, von der dann abgewichen und die Vermutung widerlegt werden könne, wenn konkrete Anhaltspunkte dafür vorlägen, dass dieser Betrag erkennbar nicht der

275 Römer in: Hauck/Noftz, SGB VII, § 52 SGB VII Rn. 13.
276 BSG, Urt. v. 24.02.1982 – 2 RU 42/81, BeckRS 1982, 5816, Rn. 23.
277 BSG, Urt. v. 24.02.1982 – 2 RU 42/81, BeckRS 1982, 5816, Rn. 23.
278 Köllner in: Lauterbach, § 47 SGB VII Rn. 106.
279 LSG Berlin-Brandenburg, Urt. v. 21.11.2024 – L 4 KR 392/22, juris Rn. 40.

tatsächlichen wirtschaftlichen Situation des Versicherten vor der Arbeitsunfähigkeit entspräche.[280]

Kein Arbeitseinkommen erzielt der Selbständige, wenn er für einen nicht unbedeutenden Zeitraum entscheidend daran gehindert war, seine Arbeitskraft seinem Betrieb zur Verfügung zu stellen.[281] Das BSG nahm dies konkret an, wenn die Arbeitskraft eines im Betrieb voll mitarbeitenden Unternehmers für ca. sieben Monate ausfällt.[282]

In solchen Fällen muss dann der Arbeitseinkommensverlust nicht mehr konkret ermittelt werden, bedarf also keiner weiteren Ermittlungen, vielmehr kann ein vollständiger Verlust des Arbeitseinkommens unterstellt werden.[283]

1.4.7.3 Gemischte Tätigkeiten

Erzielt der Verletzte aus verschiedenen Quellen Einkünfte, bspw. aus mehreren Beschäftigungsverhältnissen, ist die Anrechnung nicht auf die Gesamteinkünfte vorzunehmen, sofern der Verletzte für eine Tätigkeit nicht arbeitsunfähig ist, sondern nur auf die Tätigkeit für die Arbeitsunfähigkeit auch tatsächlich vorliegt.

Bearbeitungsbeispiel | Anrechnung bei gemischten Tätigkeiten

Die Versicherte arbeitet jeweils angestellt vormittags in einem Supermarkt sitzend an einer Kasse, abends arbeitet sie als Kellnerin.
Sollte nun eine Verletzung am Fuß dazu führen, dass sie arbeitsunfähig ist, die Tätigkeit als Kellnerin auszuüben, aber arbeitsfähig für die Tätigkeit als Kassiererin, findet eine Anrechnung nur mit dem Arbeitsentgelt aus der Kellner-Tätigkeit statt. Für die Tätigkeit als Kassiererin würde sie ja auch mangels Arbeitsunfähigkeit kein Verletztengeld erhalten, weshalb dieses Einkommen unberührt bleibt.[284]

280 LSG Berlin-Brandenburg, Urt. v. 21.11.2024 – L 4 KR 392/22, juris Rn. 40.
281 Vgl. BSG, Urt. v. 24.02.1982 – 2 RU 42/81, BeckRS 1982, 5816, Rn. 27.
282 BSG, Urt. v. 23.08.1973 – 8/2 RU 238/72, BeckRS 1973, 372, Rn. 17.
283 Vgl. BSG, Urt. v. 14.12.2006 – B 1 KR 11/06 R, BeckRS 2007, 41326, Rn. 17.
284 Feddern in: BeckOGK SGB VII, § 52 SGB VII Rn. 10.

1.4.7.4 Überstunden-Problematik

In der Regel dürfte stets die Entgeltfortzahlung im Krankheitsfall höher ausfallen als die Zahlung von Verletztengeld.

Dies liegt daran, dass der Verletzte 100 Prozent seines Gehalts als Entgeltfortzahlung von seinem Arbeitgeber erhält, während das Verletztengeld auf maximal 80 Prozent des Regelentgelts gekürzt wird.

Allerdings gibt es auch Konstellationen, bei denen von dieser Regel abgewichen wird. Nach § 4 Abs. 1a EFZG sind Überstundenvergütungen nicht in der Entgeltfortzahlung im Krankheitsfall enthalten. Bei der Zahlung von Verletztengeld werden sie hingegen berücksichtigt, sofern sie regelmäßig, das heißt während der letzten drei Monate erbracht wurden.[285] Dadurch könnte nun ein **Verletztengeldspitzbetrag** entstehen: Der Betrag, der durch die Überstunden höher ist als die Entgeltfortzahlung, könnte vom Unfallversicherungsträger an den Verletzten auszuzahlen sein.[286] Für das Krankengeld besteht dem Grunde nach die gleiche Problematik, doch hat der Gesetzgeber die Fragestellung eindeutig beantwortet: Nach § 49 Abs. 3 SGB V dürfen gesenkte Entgelt- oder Entgeltersatzleistungen **nicht** aufgestockt werden.[287]

Es wurde bereits zuvor auf die herrschende Rechtsauffassung hingewiesen, dass die Regelung aus dem SGB V auf das Verletztengeld zu übertragen ist, sodass auch hier **kein Spitzbetrag** anfällt. Der Versicherte erhält also allein die Entgeltfortzahlung, keinen zusätzlichen Spitzbetrag durch den Unfallversicherungsträger.[288]

Überzeugender erscheint aber hier die Mindermeinung: Es gibt keinen sachlichen Grund für die Annahme einer **Analogie**.[289] Gerade weil es im Bereich des Verletztengeldes einige explizite Verweise auf das Krankengeldrecht gibt, an denen es aber gerade hier fehlt, ist nicht erkennbar, dass hier eine *planwidrige* Regelungslücke bei gleicher Interessenlage[290] besteht.

Spitzbetrag hin oder her – der hier dargestellte Sachverhalt dürfte eher eine Ausnahme darstellen, sodass ihm keine hohe Praxisrelevanz zukommt.

285 Holtstraeter in: Knickrehm/Roßbach/Waltermann, § 52 SGB VII Rn. 4.
286 Vgl. Holtstraeter in: Knickrehm/Roßbach/Waltermann, § 52 SGB VII Rn. 4.
287 Holtstraeter in: Knickrehm/Roßbach/Waltermann, § 52 SGB VII Rn. 4.
288 Holtstraeter in: Knickrehm/Roßbach/Waltermann, § 52 SGB VII Rn. 4; Römer in: Hauck/Noftz, SGB VII, § 52 SGB VII Rn. 7; Köllner in: Lauterbach, § 52 SGB VII Rn. 10.
289 Westermann in: jurisPK-SGB VII, § 52 SGB VII Rn. 15.
290 Vgl. allgemein zur Analogie: Bitter/Rauhut, JuS 2009, 289 (297).

1.4.7.5 Verweigerung der Entgeltfortzahlung des Arbeitgebers

Die Vorfahrtsregelung des § 52 SGB VII basiert darauf, dass der Arbeitgeber tatsächlich seiner Entgeltfortzahlungspflicht nachkommt und diese erfüllt. Was aber passiert, wenn der Arbeitgeber keine Entgeltfortzahlung an seinen Arbeitnehmer leistet?

Bearbeitungsempfehlung | Bedeutung der Nichtzahlung

Die hier dargestellte Fragestellung besitzt eine hohe Klausurrelevanz: Denn hier können Fragen zum Entgeltfortzahlungsrecht und zum Regress mit Fragen zum Verletztengeld verbunden werden.
Praktiker winken indes bei dieser Fragestellung ab: Es kommt in der Realität selten vor, dass Arbeitgeber die Entgeltfortzahlung im Krankheitsfall ihren Arbeitnehmern verweigern und dadurch die nachfolgend erörterten Probleme in der Praxis auftauchen. Insofern besteht eine gewisse Diskrepanz zwischen Theorie und Praxis.

Der Arbeitgeber kann – zu Recht oder zu Unrecht – immer die Zahlung der Entgeltfortzahlung an seinen Arbeitnehmer verweigern. Rechtlich relevant ist dann vielmehr die Frage, ob seine Verweigerung rechtmäßig ist.

Rechtmäßig wäre sie zum Beispiel, wenn der Arbeitnehmer schuldhaft erkrankt ist, die Arbeitsunfähigkeit also auf Verschulden des Arbeitnehmers beruht (vgl. § 3 Abs 1. S. 1 EFZG). Schuldhaft handelt der Arbeitnehmer dann, wenn er in erheblichem Maße gegen die von einem verständigen Menschen im eigenen Interesse zu erwartende Verhaltensweise verstößt.[291] Verschulden wird u.a. dann bejaht, wenn der Arbeitnehmer gröblich gegen Anordnungen des Arbeitgebers oder gegen Unfallverhütungsvorschriften verstoßen hat.[292]

Der Arbeitgeber trägt die Darlegungs- und Beweislast für das **Verschulden** der Arbeitsunfähigkeit des Arbeitnehmers.[293]

In der Praxis ist dieser Nachweis oftmals schwierig, eindeutige Fälle, bei denen in der Regel ein Verschulden vorliegt,[294]

291 BAG, Urt. v. 27.05.1992 – 5 AZR 297/91, BeckRS 1992, 30741372.
292 LAG Hamm, Urt. v. 07.03.2007 – 18 Sa 1839/06, BeckRS 2007, 44243.
293 S. Dunz in: Podzun, Kz. 350 S. 30c.
294 Nach S. Dunz in: Podzun, Kz. 350 S. 30c.

- nicht abgelegter Sicherheitsgurt bei Autofahrt,
- verbotswidriges, vom Arbeitgeber untersagtes Benutzen einer Kreissäge,
- aktive Beteiligung an einer Schlägerei,

sind eher selten, weshalb eine praktische Anwendung des Fortzahlungsausschlusses selten ist.

Für den Arbeitnehmer bedeutet die berechtigte Nichtzahlung der Entgeltfortzahlung nicht den Verlust sämtlicher Entgeltersatzleistungen. Liegen die Voraussetzungen für Kranken- oder Verletztengeld vor, erhält er anstelle der Entgeltfortzahlung vom ersten Tag seiner Arbeitsunfähigkeit an die Entgeltersatzleistung.

Möglich sind aber auch Fälle, bei denen der Arbeitgeber **zu Unrecht** die Entgeltfortzahlung verweigert. Motive dafür könnten sein:

- fälschliche Annahme, dass der Arbeitnehmer schuldhaft handelte
- Unwissen über arbeitsrechtliche Zahlungsverpflichtung
- generelle Liquiditätsschwierigkeit des Arbeitnehmers
- „Rache“ des Arbeitgebers an seinem Arbeitnehmer

Konkrete Fallvarianten, die hier allein schlagwortartig wiedergegeben werden und bei denen stets konkret der Einzelfall betrachtet werden muss, dazu sind:[295]

- Arbeitgeber sieht Sportunfall als selbstverschuldet an
- Arbeitsunfähigkeit wegen Alkoholabhängigkeit
- kein Lohnanspruch wegen Schlechtleistung des Arbeitnehmers

Verweigert nun der Arbeitgeber **zu Unrecht** die Entgeltfortzahlung, tritt die gleiche Rechtfolge ein, wie wenn er die Zahlung zu Recht verweigert: Die Krankenkasse oder der Unfallversicherungsträger werden unmittelbar einstandspflichtig. Dadurch wird die Unterhalts- und Einkommensersatzfunktion sichergestellt.[296]

295 Nach Schlaeger/Bruno in: Hauck/Noftz, SGB X, § 115 SGB X Rn. 26.
296 Römer in: Hauck/Noftz, SGB VII, § 52 SGB VII Rn. 13.

Wissen | Einstandspflicht der Sozialversicherungsträger

Die Einstandsverpflichtung der Sozialversicherungsträger stellt sicher, dass dem Arbeitnehmer durch seine **Arbeitsunfähigkeit keine Einkommenslücke** entsteht.[297] Die Regelung ist denklogisch, da der Anspruch auf Krankengeld (vgl. § 46 Nr. 2 SGB V) und Verletztengeld (vgl. § 46 Abs. 1 SGB VII) vom ersten Tag der Feststellung der Arbeitsunfähigkeit beginnt.
Die Regelungen des Ruhens des Krankengeldes (§ 49 Abs. 1 Nr. 1 SGB V) und der Anrechnung des Verletztengeldes (§ 52 Nr. 1 SGB VII) stellen eine „Vorfahrtregelung“ des Arbeitsentgelts und der Entgeltfortzahlung im Krankheitsfall dar, sofern es tatsächlich ausgezahlt wird.
Das bedeutet, dass Krankenkasse und Unfallversicherung **nicht die Höhe der Entgeltfortzahlung** übernehmen. Sie treten nicht an die Stelle des Arbeitgebers.
Krankenkasse und Unfallversicherung zahlen allein ihre Sozialleistung, also Krankengeld oder Verletztengeld und genau in deren Höhe.

Wenn nun der Unfallversicherungsträger die Sozialleistung zahlt, also der Unfallversicherungsträger Verletztengeld an den Arbeitnehmer leistet, obwohl der Arbeitnehmer einen Anspruch auf Entgeltfortzahlung hätte, bestehen folgende zwei Problematiken:

- Da der Unfallversicherungsträger seine Sozialleistung zahlt, obwohl zunächst der Arbeitgeber die Entgeltfortzahlung zu leisten hätte, stellt sich die Frage, ob sich der Unfallversicherungsträger seine Zahlung vom Arbeitgeber zurückholen kann. Denn schließlich hat er anstelle des Arbeitgebers dem Arbeitnehmer Entgelt (in Form seiner Sozialleistung) gezahlt.
- Des Weiteren stellt sich für den Arbeitnehmer die Frage, ob er auch einen Anspruch gegenüber seinem Arbeitgeber hat. Denn regelmäßig wird die ersatzweise gezahlte Sozialleistung niedriger sein als die ihm tatsächlich zustehende Entgeltfortzahlung. Kann er sich also diesen „Spitzbetrag“ vom Arbeitgeber erstatten lassen?

297 Köllner in: Lauterbach, § 52 SGB VII Rn. 6.

Regress-Ansprüche des Unfallversicherungsträgers

Zahlt nun der Unfallversicherungsträger Verletztengeld an den erkrankten Arbeitnehmer, obwohl dieser zunächst einen Anspruch auf Entgeltfortzahlung gegen seinen Arbeitgeber hat, geht der Anspruch des Versicherten gegen seinen Arbeitgeber bis zur Höhe der erbrachten Sozialleistung auf den Unfallversicherungsträger über.[298]

Es handelt sich dabei um einen gesetzlichen Übergang nach § 115 SGB X.

> **Gesetz** | § 115 SGB X – Ansprüche gegen den Arbeitgeber
>
> (1) Soweit der Arbeitgeber den Anspruch des Arbeitnehmers auf Arbeitsentgelt nicht erfüllt und deshalb ein Leistungsträger Sozialleistungen erbracht hat, geht der Anspruch des Arbeitnehmers gegen den Arbeitgeber auf den Leistungsträger bis zur Höhe der erbrachten Sozialleistungen über.
> (2) Der Übergang wird nicht dadurch ausgeschlossen, dass der Anspruch nicht übertragen, verpfändet oder gepfändet werden kann.
> (3) An Stelle der Ansprüche des Arbeitnehmers auf Sachbezüge tritt im Fall des Absatzes 1 der Anspruch auf Geld; die Höhe bestimmt sich nach den nach § 17 Absatz 1 Satz 1 Nummer 4 des Vierten Buches festgelegten Werten der Sachbezüge.

Die Anwendung des § 115 SGB X hat eine relative Erfüllungswirkung:[299] Denn der Unfallversicherungsträger finanziert die Arbeitsentgeltansprüche des Versicherten nur vor, die durch den Anspruchsübergang gesichert werden.[300] Die Regelung des § 115 SGB X führt damit zur Refinanzierung der erbrachten Sozialleistungen und damit zur Entlastung des Sozialbudgets.[301]

Folgendes **Prüfungsschema** ist aus § 115 Abs. 1 SGB X herzuleiten:[302]

---

298 S. Dunz in: Podzun, Kz. 350 S. 31.
299 Peters-Lange in: jurisPK-SGB X, § 115 SGB X Rn. 17.
300 Peters-Lange in: jurisPK-SGB X, § 115 SGB X Rn. 19.
301 Peters-Lange in: jurisPK-SGB X, § 115 SGB X Rn. 19.
302 Nach Peters-Lange in: jurisPK-SGB X, § 115 SGB X Rn. 26 ff.

Prüfungsschema | Regress nach § 115 Abs. 1 SGB X

- Der Anspruchsübergang erfolgt für Entgeltersatzleistungen (z.B. Verletztengeld).
- Der Versicherte muss einen fälligen Anspruch auf Arbeitsentgelt haben.
- Der Arbeitgeber muss den Anspruch auf Arbeitsentgelt ganz oder teilweise nicht oder nicht rechtzeitig erfüllt haben.
- Gegen den Anspruch auf Arbeitsentgelt liegen keine Einwendungen oder Einreden (z.B. Verjährung) vor.
- Zeitliche Deckungsgleichheit zwischen dem arbeitsrechtlichen Vergütungszeitraum des unerfüllten Anspruchs auf Arbeitsentgelt und des erbrachten Verletztengeldes.
- Sachliche Deckungsgleichheit des Anspruchs auf Arbeitsentgelt: Beim Verletztengeld unproblematisch, da es zur Absicherung des Versicherten tatsächlich an die Stelle seines Anspruchs auf Arbeitsentgelt tritt.
- Persönliche Deckungsgleichheit zwischen Arbeitnehmer als Inhaber des Anspruchs auf Arbeitsentgelt und als Empfänger des Verletztengeldes.[303]
- Kausalität: Die Nichterfüllung des Anspruchs auf Arbeitsentgelt durch den Arbeitgeber muss die Erbringung des Verletztengeldes überhaupt kausal verursacht haben.

Spitzbetrag des Arbeitnehmers?

Die Forderung auf Arbeitsentgelt gegen den Arbeitgeber geht in der Höhe des an den Arbeitnehmer geleisteten Verletztengeldes auf den Unfallversicherungsträger über. Da in der Regel das Verletztengeld niedriger als das Arbeitsentgelt ist, erhält der Arbeitnehmer faktisch weniger als ihm gesetzlich zusteht.

In Höhe des Verletztengeld-Betrages findet nun § 115 Abs. 1 SGB X mit der Maßgabe Anwendung, dass der Anspruch in dieser Höhe auf den Unfallversicherungsträger übergeht. Übergangsfähig ist also der Entgeltanspruch nur bis zur Höhe des erbrachten Verletztengeldes.[304]

---

303 Kater in: BeckOGK-SGB X, § 115 SGB X Rn. 27.

304 v. Koppenfels-Spies in: BeckOK-SozR, § 115 SGB X Rn. 21.

Der Entgeltbetrag, der über dem ausgezahlten Verletztengeld liegt und den der Arbeitnehmer daher nicht vom Unfallversicherungsträger erhält, kann von ihm weiterhin gegen seinen Arbeitgeber geltend gemacht werden. Dieser verbleibende Restanspruch verbleibt ihm zur eigenen ggf. arbeitsrechtlichen Durchsetzung.[305]

Testen Sie Ihr Wissen! | Frage 6

Bertha ist Lageristin bei der Firma LagX in Bad Hersfeld. Am 12. Juli 2024 überholte sie auf ihrem bekannten und üblichen Weg zur Arbeit auf nasser Fahrbahn einen Pkw mit ihrem Motorrad. Sie kam dabei vom Weg ab und zog sich eine schwere Kopfverletzung zu. Unfallbedingte Arbeitsunfähigkeit wurde vom Unfalltag bis einschließlich 12. September 2024 bescheinigt. Der zuständige UV-Träger erkannte das Ereignis als Wegeunfall an.

Der Arbeitgeber leistete keine Entgeltfortzahlung, da er die Meinung vertritt, dass Bertha den Unfall durch das riskante Fahren mit dem Motorrad (Überholen bei Nässe) selbst verschuldet habe und er keine Entgeltfortzahlung leisten müsse. Er würde zudem ein kostenloses Deutschlandticket allen Angestellten zur Verfügung stellen, sodass diese unfallfrei mit dem ÖPNV anreisen könnten.

Was hat der UV-Träger zu tun?

1.4.8 Höhe des Verletztengeldes

Die Berechnung der Höhe des Verletztengeldes stellt eine Herausforderung dar: § 47 SGB VII, in dem die Höhe geregelt ist, ist ein schwer lesbarer, langer Gesetzestext, der dann auch noch auf § 47 Abs. 1 und Abs. 2 sowie Abs. 5 SGB V verweist. Dies fördert die Verständlichkeit nicht gerade, denn auch § 47 Abs. 1 und Abs. 2 SGB V ist kein leichter, schlüssiger und eingängiger Gesetzestext.

Die Berechnung der Höhe des Verletztengeldes fußt nach § 47 Abs. 1 SGB VII auf Versicherte, die Arbeitsentgelt oder Arbeitseinkommen erzielt

305 Schlaeger/Bruno in: Hauck/Noftz, SGB X, § 115 SGB X Rn. 42.

haben. In der Regel erzielen Unternehmer Arbeitseinkommen, für die es in § 47 Abs. 5 SGB VII eine eigene Regelung gibt. § 47 Abs. 1 SGB VII betrifft daher folgende beruflichen Konstellationen:[306]

- Ein Arbeitnehmer hat ein Arbeitsverhältnis und erleidet dort einen Versicherungsfall.
- Ein Arbeitnehmer hat mehrere Arbeitsverhältnisse und erleidet einen Versicherungsfall.
- Ein Arbeitnehmer hat ein Arbeitsverhältnis und erleidet dort einen Versicherungsfall. Gleichzeitig ist er auch Unternehmer und erzielt aus seiner Selbständigkeit weiteres Arbeitseinkommen.
- Ein Unternehmer erzielt aus seiner Selbständigkeit Arbeitseinkommen. Er erleidet einen Versicherungsfall nicht aus seiner Unternehmertätigkeit, sondern aus einem anderen unfallversicherungsrechtlichen Schutztatbestand (z.B. als Blutspender).

Da die erste Gruppe diejenige in der Praxis ist, die am häufigsten eintritt, wird die Berechnung der Höhe des Verletztengeldes zunächst an dieser dargestellt.

1.4.8.1 Verletztengeld der Unfallversicherung, Berechnung und Zahlung durch Krankenversicherung

Verletztengeld ist zwar eine Leistung der gesetzlichen Unfallversicherung, doch gibt es weitreichende Verbindungen und Verknüpfungen zur gesetzlichen Krankenversicherung.

VV Generalauftrag/VV Einzelauftrag

Nach § 189 SGB VII können Unfallversicherungsträger Krankenkassen beauftragen, die ihnen obliegenden Geldleistungen zu erbringen. Die Einzelheiten dazu werden durch Vereinbarung geregelt, einer Verwaltungsvereinbarung (VV).

Der Zweck dieser Delegationsvorschrift soll in einer

- Verfahrensvereinfachung und
- Beschleunigung bei der Berechnung und Auszahlung

306 Nach Köllner in: Lauterbach, § 47 SGB VII Rn. 7.

liegen.[307] Diese Vorteile sollen wiederum darauf beruhen, dass die Krankenkassen über wesentliche Informationen wie z.B. die Daten des Versicherten, die Arbeitsentgelthöhe zeitnah verfügen.[308]

Vereinbarungen wurden für das Verletzten- und das Übergangsgeld getroffen, die

- Verwaltungsvereinbarung über die generelle Beauftragung der Krankenkassen durch die Unfallversicherungsträger zur Berechnung und Auszahlung des Verletzten- und Kinderverletztengeldes nach § 189 SGB VII i.V.m. §§ 88 ff. SGB X (**VV Generalauftrag**)[309] sowie die
- Verwaltungsvereinbarung über das Verfahren und die Entschädigung bei Einzelaufträgen der Unfallversicherungsträger nach § 189 SGB VII i.V.m. §§ 88 ff. SGB X (**VV Einzelauftrag**).
- Zudem gibt es eine Verwaltungsvereinbarung über die Berechnung und Abführung der Sozialversicherungsbeiträge.

Nach der VV Generalauftrag berechnen die gesetzlichen Krankenkassen die Höhe des Verletztengeldes und zahlen dieses auch direkt an den Versicherten aus. Zuständig ist jeweils die Krankenkasse, bei der der Versicherte Mitglied ist.

Von der VV Generalauftrag sind verschiedene Personenkreise nicht umfasst, unter anderem bei:

- Arbeitsunfähigkeit, die auf einer **Berufskrankheit** beruht
- Arbeitsunfähigkeit, die auf einem Arbeitsunfall beruht, den eine verunfallte Person in einer neben ihrer krankenversicherungspflichtigen Beschäftigung bzw. neben dem Bezug von SGB III-Leistungen ausgeübten **selbständigen** und unfallversicherten Tätigkeit erlitten hat, und es sich dabei um keine landwirtschaftliche Unternehmertätigkeit handelt

In diesen Fällen kann die Krankenkasse Verletztengeld nur dann auszahlen, wenn ihr ein Auftrag nach der VV Einzelauftrag erteilt wird.

Etwas vereinfacht zusammengefasst findet die VV Generalauftrag auf Beschäftigte, die einen Arbeitsunfall hatten, stets Anwendung.

Aufgrund der Berechnung und Auszahlung des Verletztengeldes erlässt die Krankenkasse auch den entsprechenden Verwaltungsakt über das Ver-

---

307 Vgl. Schlaeger in: BeckOK-SozR, § 189 SGB VII Rn.2.
308 Vgl. Schlaeger in: BeckOK-SozR, § 189 SGB VII Rn.2.
309 🔗 https://www.gkv-datenaustausch.de/media/dokumente/arbeitgeber/eel/gem_rs_kg/Verwaltungsvereinbarung_Generalauftrag.pdf (zuletzt abgerufen: 28.02.2026).

letzten- und Übergangsgeld. Dieser ergeht im Namen des zuständigen Unfallversicherungsträgers. Bei der Überweisung des Verletztengeldes ist der Hinweis „Zahlung im Auftrag Ihres Unfallversicherungsträgers" hinzuzufügen.

Legt der Versicherte Widerspruch ein, prüft die Krankenkasse diesen. Nur wenn sie den Widerspruch nicht abhilft, leitet sie ihn dem zuständigen Unfallversicherungsträger zu. Der Unfallversicherungsträger erstattet für die Tätigkeit der Krankenkasse einen Grundbetrag je Arbeitsunfähigkeitsfall.

Gemeinsames Rundschreiben Krankengeld/Verletztengeld

Die rechtliche und inhaltliche Nähe von Krankengeld und Verletztengeld aber auch die Delegation der Berechnung und Auszahlung des Verletztengeldes an die Krankenkassen machen es erforderlich, dass bestimmte offene Fallkonstellationen besprochen und geklärt werden. Die Krankenkassen bzw. ihre Spitzenverbände, die Sozialversicherung für Landwirtschaft, Forsten und Gartenbau sowie der Spitzenverband der Unfallversicherung geben ein „Gemeinsames Rundschreiben zum Krankengeld nach § 44 SGB V, § 44b SGB V, zum Verletztengeld nach § 45 SGB VII und zum Krankengeld der Sozialen Entschädigung nach § 47 SGB XIV" heraus.[310]

Verschiedene Berechnungsmethoden für das Krankengeld finden auf das Verletztengeld Anwendung (Ziffer 10).

Das Gemeinsame Rundschreiben ist kein Gesetz, sondern eine **Verwaltungsvorschrift** und hat damit wie alle anderen Verwaltungsvorschriften eine Innenwirkung, nicht aber eine zwingende Außenwirkung.

1.4.8.2 Berechnung für Arbeitnehmer mit einem Arbeitsverhältnis

Die Berechnung des Verletztengeldes für einen Arbeitnehmer mit einem Arbeitsverhältnis führt in § 47 Abs. 1 S. 1 Nr. 1 SGB VII den Begriff des **Regelentgelts** ein.

310 Aktuelle Fassung vom 11.12.2024.

Gesetz | § 47 Abs. 1 S. 1 SGB VII – Höhe des Verletztengeldes

(1) Versicherte, die Arbeitsentgelt oder Arbeitseinkommen erzielt haben, erhalten Verletztengeld entsprechend § 47 Abs. 1, 2 und 5 des Fünften Buches mit der Maßgabe, daß
1. das Regelentgelt aus dem Gesamtbetrag des regelmäßigen Arbeitsentgelts und des Arbeitseinkommens zu berechnen und bis zu einem Betrag in Höhe des 360. Teils des Höchstjahresarbeitsverdienstes zu berücksichtigen ist,
2. das Verletztengeld 80 vom Hundert des Regelentgelts beträgt und das bei Anwendung des § 47 Abs. 1, 2 und 5 des Fünften Buches berechnete Nettoarbeitsentgelt nicht übersteigt.

Der Begriff des Regelentgelts wird in § 47 Abs. 1 S. 1 Nr. 1 SGB VII nicht weiter definiert. Aus diesem Grund ist die Verweisungsvorschrift auf § 47 Abs. 1 SGB V hilfreich, da der Begriff für das Krankengeld in § 47 Abs. 1 S. 1 SGB V definiert wird.

Bearbeitungsempfehlung | Zitierung des § 47 SGB V

Verschiedene Musterlösungen in Ausbildung und Studium verlangen, dass bei der Berechnung der Höhe des Verletztengeldes nicht allein § 47 Abs. 1 SGB VII zitiert wird, sondern auch § 47 Abs. 1 und 2 SGB V („§ 47 Abs. 1 SGB VII i.V.m. § 47 Abs. 1 und 2 SGB V“). Diese Zitierungspflicht mag unnötig erscheinen, da ja § 47 Abs. 1 SGB VII gerade explizit auf § 47 Abs. 1 und Abs. 2 SGB V verweist.
Es wird empfohlen, § 47 Abs. 1 und Abs. 2 SGB V explizit zu benennen. Da beide Normen die Zahl 47 („Doppel-47“) lässt sich dies auch merken.

§ 47 Abs. 1 S. 1 SGB V definiert (für das Krankengeld) das Regelentgelt als regelmäßig erzieltes Arbeitsentgelt und Arbeitseinkommen.

Gesetz | § 47 Abs. 1 S. 1 SGB V – Höhe und Berechnung des Krankengeldes

Das Krankengeld beträgt 70 vom Hundert des erzielten regelmäßigen Arbeitsentgelts und Arbeitseinkommens, soweit es der Beitragsberechnung unterliegt (Regelentgelt).

Etwas vereinfacht gesagt stellt das Regelentgelt also bei Arbeitnehmern das Gehalt/den Lohn pro Kalendertag dar. Da Kranken- und Verletztengeld pro Kalendertag gezahlt werden, ist es notwendig die Einkünfte auf den Faktor „Kalendertag" umzubrechen.

Für das Krankengeld und das Verletztengeld wird bei der Berechnung des Regelentgelts zwischen Arbeitsentgelt unterschieden, das nach Stunde und das pro Monat bezahlt wird.

Bearbeitungsempfehlung | Unterscheidung Stunde/Monat

Die Berechnungsunterscheidung zwischen „Stundenlöhnern" und „Monatslöhnern" überrascht ein wenig, da sie etwas veraltet wirkt. In der Tat dürfte auf dem allgemeinen Arbeitsmarkt mittlerweile die Bezahlung pro Monat üblich sein (was daran liegen könnte, dass es mehr Angestellte als Arbeiter mittlerweile gibt).[311]
Zumindest im Handwerk ist die Bezahlung nach Stunde aber immer noch üblich.
Da die Berechnung nach Stunde etwas umfangreicher und damit schwieriger ist, kommen in Klausuren überdurchschnittlich mehr Berechnungsfälle mit Stundenlöhnern dran. Wer indes die Berechnung des Verletztengeldes nach Stunde beherrscht, braucht sich keine Sorgen für die Berechnung nach Monat zu machen, die ähnlich, aber kürzer ist.

---

311 https://www.bpb.de/kurz-knapp/zahlen-und-fakten/soziale-situation-in-deutschland/61694/erwerbstaetige-nach-stellung-im-beruf/#:~:text=Bis%202018%20schrumpfte%20in%20Deutschland,(4%2C8%20Prozent) (zuletzt abgerufen: 28.02.2026).

Stundenlöhner

Die Berechnung des Verletztengeldes basiert auf einem bestimmten Prüfschema in fünf Schritten.[312] Die Prüfungsreihenfolge lässt sich nur bedingt aus dem Gesetzestext erkennen. Die Prüfung stellt bei genauer Betrachtung eine Kürzung/Reduzierung des Lohns (bzw. des Gehalts) dar. Durchaus lässt sich fragen, ob der Gesetzgeber statt einer mehrstufigen Prüfung dies einfacher hätte regeln können.

Prüfungsschema | Verletztengeld für Stundenlöhner

Ausgangsfall: Bertha arbeitet als angestellte Floristin. Am 7. April stürzt sie auf der Arbeit und bricht sich den Knöchel. Die Voraussetzungen für Verletztengeld liegen bei ihr vor.
Im März arbeitete sie 168,5 Stunden und verdiente 3.000,00 Euro brutto (= 2.077,74 Euro netto). Ihre regelmäßige wöchentliche Arbeitszeit betrug 41,15 Stunden. Sie hat als Einmalzahlung Weihnachtsgeld in Höhe von 1.200,00 Euro erhalten.

1. Schritt: Berechnung des kumulierten Regelentgelts

Anspruchsvollster, umfangreichster und fehleranfälligster Prüfungspunkt bei der Verletztengeldberechnung ist direkt der erste Prüfungsschritt, in dem das **kumulierte Regelentgelt** berechnet wird.

Maßgeblicher Bezugszeitpunkt für die Berechnung des Regelentgelts und damit maßgeblicher Berechnungsmaßstab für die Höhe des Verletztengeldes ist der **letzte abgerechnete Entgeltabrechnungszeitraum** (Bemessungszeitraum). Diese Regelung ist § 47 Abs. 2 SGB V (i.V.m. § 47 Abs. 1 SGB VII) zu entnehmen.

Unter dem Entgeltabrechnungszeitraum versteht man den Zeitraum, für den das Arbeitsentgelt üblicherweise abgerechnet und gezahlt wird.[313] Der Zeitraum muss mindestens die **letzten vier Wochen** umfassen.

---

312 Die Anzahl der Schritte hängt davon ab, ob bestimmte Prüfpunkte in einem Punkt zusammengefasst werden. Die hiesige Darstellung folgt Köllner in: LPK-SGB VII, § 47 SGB VII Rn. 5; vier Schritte: Westermann in: juris-PK SGB VII, § 47 SGB VII Rn. 34; Schur in: Hauck/Noftz, SGB VII, § 47 SGB VII Rn. 7. In der Gesamtbetrachtung sind aber alle Prüfschemata gleich.

313 Köllner in: LPK-SGB VII, § 47 SGB VII Rn. 10.

- Der Bemessungszeitraum muss zeitlich vollständig **vor dem Beginn der Arbeitsunfähigkeit** liegen.[314] Dies ergibt sich aus § 47 Abs. 2 SGB V. Die Bemessung des Regelentgelts soll nur auf bereits erzieltes, also durch Arbeitsleistung bereits verdientes Arbeitsentgelt, zugrunde gelegt werden.[315]
- Es kann nur der Bemessungszeitraum herangezogen werden, bei dem der Arbeitgeber bereits eine **vollständige Abrechnung** vorgenommen hat.[316]
  Maßgebend für die Berechnung des Verletztengeldes ist damit nicht zwingend der letzte, sondern der letzte *abgerechnete* Zeitraum. Dies kann ein zeitlich zurückliegender, häufig der „vorletzte", dafür aber ein „abgerechneter" Verdienst sein.[317]
  Diese Einschränkung dient der Schnelligkeit der Verletztengeldberechnung, da nur aufgrund des Ergebnisses einer bereits durchgeführten Lohn- oder Gehaltsabrechnung dem Versicherten das Verletztengeld ohne weiteres und zügig ausgezahlt werden kann.[318]

Bearbeitungsempfehlung | Bemessungszeitraum

Nach der Rechtsprechung des BSG (zum Krankengeld) ist ein Lohnabrechnungszeitraum bzw. ein Kalendermonat dann abgerechnet, wenn der Arbeitgeber das in diesem Zeitraum erzielte Arbeitsentgelt **vollständig errechnet** hat.[319] Der Betrag kann folglich **ohne weiteres** ausgezahlt oder überwiesen werden.[320]
In Praxis und Klausur tauchen dabei zwei Problemfälle regelmäßig auf: Was ist, wenn das Lohnbüro eine Zahlung verspätet vornimmt und wie ist mit den Fällen umzugehen, in denen der Versicherte vorzeitig sein Gehalt schon überwiesen bekommt?
Leitprinzip für die Berechnung von Geldleistungen ist nach der Rechtsprechung des BSG das sogenannte **Zuflussprinzip**: Maßgeblich für die Berücksichtigung und Berechnung ist nicht der Zeitpunkt, zu dem der

314 Köllner in: LPK-SGB VII, § 47 SGB VII Rn. 11.
315 Vgl. BSG, Urt. v. 25.06.1991 – 1/3 RK 6/90, juris Rn. 16.
316 Köllner in: LPK-SGB VII, § 47 SGB VII Rn. 11.
317 Vgl. BSG, Urt. v. 25.06.1991 – 1/3 RK 6/90, juris Rn. 16.
318 Vgl. BSG, Urt. v. 25.06.1991 – 1/3 RK 6/90, juris Rn. 16.
319 BSG, Urt. v. 25.06.1991 – 1/3 RK 6/90, juris Rn. 16.
320 BSG, Urt. v. 25.06.1991 – 1/3 RK 6/90, juris Rn. 16.

Anspruch auf eine Zahlung entstanden ist (so das **Anspruchsprinzip**), sondern der Zeitpunkt, wann dem Versicherten die Zahlung tatsächlich zugeflossen ist.[321] Das Zuflussprinzip beruht auf der Annahme, dass „nur die tatsächliche Verfügungsbefugnis über das Arbeitsentgelt den – durch das Verletztengeld zu sichernden – Lebensstandard des Versicherten faktisch bestimmen konnte."[322]
Bei der Berechnung des Verletztengeldes wird das Zuflussprinzip weniger streng[323] gehandhabt.
Zufluss bedeutet hier nicht, dass der Geldbetrag auf dem Konto des Versicherten eingegangen sein muss. Vielmehr reicht aus, dass es der Arbeitgeber vollständig berechnet hat und ohne weitere Rechenoperationen eine Auszahlung an den Arbeitnehmer möglich ist.[324]
Maßgeblich ist allein die **Abrechnung des Arbeitgebers**; die Bekanntgabe der Abrechnung an den Arbeitnehmer oder die Gutschrift beim Arbeitnehmer ist irrelevant.[325] Es kommt somit nicht auf den üblichen Zahltag, den Zeitpunkt der Auszahlung oder der Bankgutschrift an.[326]
Beispiel:[327] Der Versicherte wird am 3. Februar 2025 arbeitsunfähig. Der Arbeitgeber hat für den Januar die vollständige Abrechnung am 31. Januar 2025 erstellt. Die Abrechnung wird am 3. Februar 2025 versandt; das Gehalt geht dem Versicherten am 4. Februar 2025 auf sein Konto ein. Letzter abgerechnete Monat ist der Januar 2025.
Praxistauglich und nachprüfbar ist auf den **Zeitpunkt der Veranlassung der Überweisung** durch den Arbeitgeber abzustellen.[328]
Verschiedentlich erhalten Arbeitnehmer zum 15. eines Monats ihr Gehalt bereits im Voraus ausgezahlt, sodass es ihnen auch bereits dann zufließt. Obwohl der Geldbetrag vom Arbeitgeber abgerechnet und ih-

321 BSG, Urt. v. 16.02.2005 – B 1 KR 19/03 R, juris Rn. 19; so auch: Schifferdecker in: BeckOGK-SGB V, § 47 SGB V Rn. 17.
322 BSG, Urt. v. 30.05.2006 – B 1 KR 19/05 R, juris Rn. 23; Schur in: Hauck/Noftz, SGB VII, § 47 SGB VII Rn. 14.
323 BSG, Urt. v. 30.05.2006 – B 1 KR 19/05 R, juris Rn. 24; Schifferdecker sieht Durchbrechungen des Zuflussprinzips „nur in engen Grenzen" (in: BeckOGK-SGB V, § 47 SGB V Rn. 20).
324 GR-VG, Ziff. 4.1.1.1.1.1 (S. 121).
325 Schmidt in: Peters, § 47 SGB V Rn. 75.
326 GR-VG, Ziff. 4.1.1.1.1.1 (S. 121).
327 Nach Schur in: Hauck/Noftz, SGB VII, § 47 SGB VII Rn. 14.
328 Schmidt in: Peters, § 47 SGB V Rn. 75.

nen bereits zugeflossen ist, ist der maßgebliche Bemessungszeitraum der Monat *davor*. Denn maßgeblich ist in dem Fall nicht eine vorgenommene Abrechnung, sondern die Notwendigkeit, dass das Arbeitsentgelt auch bereits **„erzielt“** wurde (vgl. § 47 Abs. 2 S. 1 SGB V).

Erzielt wird das Arbeitsentgelt nicht schon allein dadurch, dass der Arbeitgeber es dem Arbeitnehmer zahlt, sondern erst, wenn es durch die Arbeitsleistung **verdient**, also erarbeitet worden ist.[329]

Es ist stets der letzte abgerechnete Lohnabrechnungszeitraum heranzuziehen, in dem der Versicherte das ihm vor Beginn der Arbeitsunfähigkeit zugeflossene Entgelt *auch bereits* aufgrund seiner Arbeitsleistung, nicht aber *nur* aufgrund einer (teilweisen) Vorauszahlung erhalten hat.[330]

Das bedeutet: Maßgeblich ist das Arbeitsentgelt, wenn es durch die Arbeitsleistung verdient, also erarbeitet wurde.[331] Der Abrechnungszeitraum darf daher nicht in die Arbeitsunfähigkeit hineinreichen.[332]

Beispiel:[333]

- Abrechnung des Monatsentgelts für den laufenden Kalendermonat ist zur Mitte des Monats
- Beginn der Arbeitsunfähigkeit: 17.10.2025
- Letzte Abrechnung vor Beginn der Arbeitsunfähigkeit: 15.10.2025
- Letzter Abrechnungszeitraum: 01.10.–31.10.2025

1. Schritt: Liegt die letzte Abrechnung vor der Arbeitsunfähigkeit?
Die Abrechnung (15.10.2025) liegt vor dem Beginn der Arbeitsunfähigkeit (17.10.2025).

2. Schritt: Liegt der Abrechnungszeitraum innerhalb der Arbeitsunfähigkeit?
Der Abrechnungszeitraum (01.10.–31.10.2025) reicht in die Arbeitsunfähigkeit hinein (17.10.2025). Das Monatsentgelt „Oktober“ wurde daher noch nicht vollständig verdient.

Ergebnis: Der Abrechnungszeitraum September ist heranzuziehen.

---

329 BSG, Urt. v. 24.07.1985 – 8 RK 14/84, juris. 16; Ziegler in: Schlaeger, § 47 SGB VII Rn. 12.
330 BSG, Urt. v. 24.07.1985 – 8 RK 14/84, juris. 16.
331 Schmidt in: Peters, § 47 SGB V Rn. 728.
332 Ziegler in: Schlaeger, § 47 SGB VII Rn. 12.
333 Nach Ziegler in: Schlaeger, § 47 SGB VII Rn. 13.

Es besteht keine gesetzliche Regelung, wenn der Arbeitnehmer arbeitsunfähig wird, bevor das Arbeitsentgelt für einen Referenzzeitraum von vier Wochen abgerechnet wurde.[334] Diese Fallkonstellation tritt bei Arbeitsplatzwechseln und Neueinstellungen ein. Wird der Versicherte **vor Ablauf des Bemessungszeitraums** in seinem entgeltlichen Beschäftigungsverhältnis arbeitsunfähig, bemisst sich sein Verletztengeldanspruch nach einer vorrangig die individuellen Verhältnisse berücksichtigenden **Schätzung**.[335] Die Schätzung der Höhe orientiert sich an der Höhe des Arbeitsentgelts vergleichbar eingesetzter Kolleginnen und Kollegen.

Die Schätzung findet keine Anwendung, wenn schon von Anfang an vereinbart war, dass die Arbeit weniger als vier Wochen betragen soll (z.B. bei einem Ferienjob). In dem Fall ist der für die gesamte Beschäftigungszeit vereinbarte Lohn durch die Zahl der in vier Wochen enthaltenen Tage (28 Tage) zu teilen.[336]

Während für die Rentenbemessung eine **Korrekturmöglichkeit für Härtefälle** in § 87 SGB VII vorgesehen ist, besteht eine solche Vorschrift für das Verletztengeld nicht. Mögliche **Härtefälle** können gerade wegen der im Vergleich zur Rente fehlenden gesetzlichen Regelung nicht eigenhändig korrigiert werden.

Das LSG Baden-Württemberg hob (für das Krankengeld) hervor, dass die vom Gesetzgeber gewählte Anknüpfung an das „mindestens während der letzten abgerechneten vier Wochen (Bemessungszeitraum) erzielte und abgerechnete Entgelt" gerade dazu diene, dass die Ersatzleistung allen Veränderungen in den Lohnverhältnissen des Versicherten so dicht wie möglich folgen soll, mithin das jeweils **aktuelle** Lohnniveau widerspiegle.[337] Hintergrund ist, dass es sich bei dem Verletztengeld letztlich um eine temporäre und nicht dauerhafte Geldleistung handeln soll, sodass eine andere Kompensationspflicht besteht als bei einer dauerhaften Geldleistung wie der Rente.

---

334 Greiner in: Berchtold/Huster/Rehborn, § 47 SGB V Rn. 17.

335 Vgl. BSG, Urt. v. 30.05.2006 – B 1 KR19/05 R, NZS 2007, 204 (208).

336 BSG, Urt. v. 19.08.2003 – B 2 U 46/02 R, juris Rn. 19 ff.

337 LSG Baden-Württemberg, Beschl. v. 08.12.2015 – L 11 KR 2575/15, juris Rn. 24 (vgl. BSG, Beschl. v. 20.04.2016 – B 3 KR 3/16 B); Westermann in: jurisPK-SGB VII, § 47 SGB VII Rn. 38.

Testen Sie Ihr Wissen! | Fragen 7

a) Albus ist seit dem 7. Oktober arbeitsunfähig. Der Betrieb rechnet das Arbeitsentgelt jeweils ab am 5. des Monats für den Vormonat. Bestimmen Sie den maßgeblichen Bemessungszeitraum/Entgeltabrechnungszeitraum.

b) Bertha arbeitet für eine Körperschaft des öffentlichen Rechts, die das Gehalt bereits am 15. des Monats überweist. Sie wird am 22. Oktober arbeitsunfähig. Bestimmen Sie den maßgeblichen Bemessungszeitraum/Entgeltabrechnungszeitraum.

Für die Prüfung und Berechnung des kumulierten Regelentgelts werden fünf Unterschritte vorgenommen.

1. Unterschritt: Berechnung des durchschnittlichen Stundenarbeitsentgelts

Für die Berechnung des Stundenarbeitsentgelts ist zunächst **das Arbeitsentgelt** zu ermitteln. Maßgeblich ist dafür die Definition nach § 14 SGB IV. Arbeitsentgelt sind danach alle laufenden oder einmaligen Einnahmen aus einer Beschäftigung, gleichgültig, ob ein Rechtsanspruch auf die Einnahmen besteht, unter welcher Bezeichnung oder in welcher Form sie geleistet werden und ob sie unmittelbar aus der Beschäftigung oder im Zusammenhang mit ihr erzielt werden. Lohnsteuer- und beitragsfreie einmalige Einnahmen, laufende Zulagen, Zuschläge oder Zuschüsse stellen grundsätzlich kein Arbeitsentgelt dar (§ 1 SvEV; hierzu später mehr).

Zu berücksichtigen ist dabei:

- Ausgegangen wird hier allein von **Brutto-Werten**.
- Nur die **laufend gezahlten Arbeitsentgelte** sind zu berücksichtigen, nicht berücksichtigt werden (zumindest an dieser Stelle) die Einmalzahlungen wie das Weihnachts- oder Urlaubsgeld.

Arbeitsentgelt ist nicht nur der Lohn/das Gehalt, sondern auch die Entgeltfortzahlung im Krankheitsfall oder das für die Zeit eines Urlaubs weiterhin gezahlte Entgelt (nicht mit dem Urlaubsgeld zu verwechseln!).[338] Auch vermögenswirksame Leistungen werden dem Arbeitsentgelt zugerechnet.[339]

Das Arbeitsentgelt wird mit der tatsächlich geleisteten Stundenanzahl im Monat multipliziert. In dieser Stundenzahl sind sämtliche Arbeitsstunden bereits enthalten, also auch etwaige Überstunden sowie solche Stunden, für die ohne Arbeitsleistung Arbeitsentgelt gezahlt wurde, wie z.B. die Stunden bezahlten Urlaubs, bezahlter Feiertage oder bezahlter Freistunden.[340]

In der Stundenzahl sind nicht nur volle Stunden enthalten, sondern können auch Bruchteile von Stunden enthalten sein.[341]

Wissen | Runden beim Verletztengeld

Schwierigkeiten bereitet bei der Berechnung des Verletztengeldes oftmals das Runden. Der Gesetzgeber hat dazu Hinweise gegeben, die in **§ 187 SGB VII** aufgeführt sind. Wichtig ist dabei, dass zwischen **Geldleistungen** und **Nichtgeldleistungen** beim Runden unterschieden wird.
Die Anwendungsverpflichtung des § 187 SGB VII bei der Berechnung des Verletztengeldes könnte hinterfragt werden, da die Vorschrift im sechsten Kapitel „Aufbringung der Mittel“ aufgeführt ist und nicht im dritten Kapitel „Leistungen nach Eintritt eines Versicherungsfalls“, in dem u.a. die Vorschriften des Verletztengeldes stehen. Indes ist nicht erkennbar, dass der Gesetzgeber innerhalb des SGB VII verschiedene Rechenanwendungen wünschen könnte, weshalb die Vorschrift auch auf die Geldleistungen Anwendung findet.

1. Nichtgeldleistungen (§ 187 Abs. 1 SGB VII)

Mit dem Begriff der Nichtgeldleistungen sind z.B. Zeitangaben gemeint (z.B. Stunden), die gerundet werden.

a) Gesetzliche Regelung
Berechnungen, die keine Euro-Werte sind, werden grundsätzlich auf **vier Dezimalstellen** durchgeführt. Dabei wird die letzte Dezimalstelle

338 Köllner in: Lauterbach, § 47 SGB VII Rn. 36.
339 Köllner in: Lauterbach, § 47 SGB VII Rn. 37.
340 Köllner in: Lauterbach, § 47 SGB VII Rn. 43.
341 GR-VG, Ziff. 4.1.1.1.3 (S. 135)

um 1 erhöht, wenn sich in der folgenden Dezimalstelle eine der Zahlen 5 bis 9 ergeben würde.

Beispiel: Berechnung des Durchschnitts der Überstunden beim Verletztengeldes der letzten drei Monate
Januar: 4 Stunden, Februar: 7 Stunden, März: 9 Stunden = 20 Überstunden in 13 Wochen

Ergebnis: Durchschnitt: 6,666666 = 6,6667 Überstunden/Monat

b) Vertragliche Sonderregelung für Stunden
In dem Gemeinsamen Rundschreiben vom 7. September 2022 zwischen Kranken- und Unfallversicherung wurde in der Fassung vom 13. März 2024 vereinbart, dass Stunden auf drei Dezimalstellen nach dem Komma ausgerechnet werden, wobei die zweite Stelle kaufmännisch auf- bzw. abgerundet wird.[342]
Nach der Vereinbarung zwischen GKV und GUV kommt das oben genannte Beispiel daher zu folgendem Ergebnis: Maßgeblich ist 6,666, Rundung auf 6,67 Stunden

c) Wichtig ist, dass sich diese Abweichung allein auf das **Runden beim Verletztengeld** und allein auf Stundenangaben bezieht.

Dass die beiden Sozialversicherungsträger eine Vereinbarung treffen dürfen, die ggf. nachteilig für den Versicherten sein könnte, könnte auch angezweifelt werden. Da es um die Frage einer dritten Stelle nach dem Komma geht, dürfte die Frage aber in der Praxis kaum merkbare Auswirkungen haben.

2. Geldleistungen (§ 187 Abs. 1 SGB VII)

a) Geldbeträge werden auf **zwei Dezimalstellen** berechnet. Dabei wird die letzte Dezimalstelle um 1 erhöht, wenn sich in der folgenden Dezimalstelle eine der Zahlen 5 bis 9 ergeben würde. Ist die Ziffer an der ersten weggefallenen Dezimalstelle eine 0, 1, 2, 3 oder 4, wird also abgerundet (z.B. 13,3749 Euro= 13,37 Euro); ist die Ziffer an der ersten weggefallenen Dezimalstelle eine 5, 6, 7, 8 oder 9, wird aufgerundet (z.B. 13,3750 Euro = 13,38 Euro).

342 GR-VG, Ziff. 4.1.1.1.3 (S. 135).

Beispiele: Berechnung des Verletztengeldes
80 Prozent von 66,68 Euro = 53,344 = 53,34 Euro
80 Prozent von 72,31 Euro = 57,848 = 57,85 Euro

b) Die vertragliche Änderung des Stunden-Rundens führt beim Verletztengeld zum positiven Effekt, dass es faktisch keine Differenz (mehr) zwischen Nicht- und Geldleistungen beim Runden gibt: Beide werden auf zwei Stellen gerundet.

Zur Berechnung des ersten Unterschritts ist daher die exakte Höhe des Arbeitsentgelts und die exakte Höhe der geleisteten Stunden zu ermitteln.

Prüfungsschema | Verletztengeld für Stundenlöhner

1. Schritt: Berechnung des kumulierten Regelentgelts
1. Unterschritt: Berechnung des durchschnittlichen Stundenarbeitsentgelts

Formel:

$$\frac{\text{Arbeitsentgelt}}{\text{Monatsstundenarbeitszeit}} = \text{durchschnittlicher Stundenlohn}$$

Anwendung:

$$\frac{3.000,00 \text{ Euro}}{168,5 \text{ Stunden/Monat}} = 17,80 \text{ Euro/Stunde}$$

Hinweis: 17,804 wurde auf 17,80 Euro abgerundet (§ 187 Abs. 1 S. 2, 3 SGB VII).

2. Unterschritt: Berechnung des durchschnittlichen Wochenarbeitsentgelts
In diesem Prüfungsschritt wird das exakt für den letzten Monat berechnete durchschnittliche stündliche Arbeitsentgelt auf eine **durchschnittliche Wochenarbeitszeit** übertragen. Aus der Zeiteinheit „Stunde“ wird also die Zeiteinheit „Woche“.

Sinn und Zweck dieses Zwischenprüfungsschritts ist das im ersten Unterschritt errechnete Ergebnis, das allein auf den letzten abgerechneten Monat abstellt, auf eine breite, aussagekräftige Berechnung zu stellen. Der letzte abgerechnete Monat könnte durch Zufall ein Monat mit vielen oder wenigen Stunden gewesen sein. Da das Verletztengeld die Korrektur i.S.d. § 87 SGB VII nicht kennt, müssten sonst zufällig hohe oder niedrige Ergebnisse akzeptiert werden. Fair und gerecht ist dies nicht. Der zweite Schritt stellt auf die regelmäßige Wochenarbeitszeit ab, also auf Zeiten, die die regelmäßige Arbeitszeit sind. Dadurch wird das Ergebnis repräsentativer und gerechter.

Diese Übertragung nimmt man vor, indem der im ersten Unterschritt ausgerechnete Stundensatz auf die Woche hochgerechnet wird. Der Rechenschritt findet sich in § 47 Abs. 2 S. 2 SGB V wieder: Das Ergebnis ist mit der Zahl der sich aus dem Inhalt des Arbeitsverhältnisses ergebenden regelmäßigen wöchentlichen Arbeitsstunden zu vervielfachen.

Bedeutung hat in dieser Vorschrift das Wort „regelmäßig“. Regelmäßig ist mit der *tatsächlichen* Gestaltung des individuellen Arbeitsverhältnisses gleichzusetzen.[343] Deshalb ist nicht die Zahl der durch Tarif- oder Einzelarbeitsvertrag festgesetzten regelmäßigen wöchentlichen Arbeitsstunden maßgebend, sondern nur die tatsächliche Gestaltung des individuellen Arbeitsverhältnisses.[344]

- Dabei wird im ersten Berechnungsschritt die individuelle Arbeitszeit, die sich aus dem **Arbeitsvertrag** oder ggf. aus **Tarifverträgen** und Betriebsvereinbarungen ergibt, verwendet.[345] Relevant ist die vertragliche Vereinbarung zu Beginn der Arbeitsunfähigkeit; wurde also *vor* der Arbeitsunfähigkeit eine *neue* Arbeitszeitregelung getroffen, findet diese Anwendung.[346] Wesentlich ist daher stets für die Berechnung des Verletztengeldes bei Stundenlöhnern, dass die arbeitsvertraglich vereinbarte Wochenarbeitszeit durch den Arbeits- oder Tarifvertrag bzw. eine Betriebsvereinbarung nachgewiesen wird.
- Die vertraglich festgesetzte wöchentliche Arbeitszeit wird dann im zweiten Berechnungsschritt um **regelmäßige Überstunden** ergänzt. Denn regelmäßige Überstunden sind ebenso bei der Berechnung zu berücksichtigen.[347] Hat bspw. ein Versicherter einen Arbeitsvertrag mit einer 39-Stunden-Arbeitswoche, leistet er aber regelmäßig drei

343 Vgl. BSG, Urt. v. 23.01.1973 – 3 RK 22/70, NJW 1973, 1768.
344 Vgl. BSG, Urt. v. 23.01.1973 – 3 RK 22/70, NJW 1973, 1768.
345 Westermann in: jurisPK-SGB VII, § 47 SGB VII Rn. 45.
346 Westermann in: jurisPK-SGB VII, § 47 SGB VII Rn. 45.
347 Vgl. BSG, Urt. v. 23.01.1973 – 3 RK 22/70, NJW 1973, 1768.

Überstunden in der Woche, wird von einer 42-Stunden-Arbeitswoche ausgegangen und auch mit dieser gerechnet. Das bedeutet, dass zum einen ermittelt werden muss, ob es Überstunden gab und zum anderen, ob diese regelmäßig anfielen.

Wann werden nun Überstunden regelmäßig geleistet? Die Sozialrechtsprechung hat die Regelungen der arbeitsrechtlichen Rechtsprechung aufgegriffen und für das Krankengeld verwendet,[348] die auch auf das Verletztengeld Anwendung findet:[349] „Danach ist im allgemeinen erforderlich, dass mindestens während der letzten abgerechneten **drei Monate bzw. 13 Wochen** regelmäßig, d.h. ohne längere Unterbrechungen, Überstunden geleistet worden sind, mag die Zahl der auf die einzelnen Abrechnungszeiträume entfallenden Überstunden auch geschwankt haben; maßgebend ist im letzteren Fall dann der wöchentliche Durchschnitt."[350]

Nach der Rechtsprechung entspricht folglich ein **Bemessungszeitraum von drei Monaten 13 Wochen** . Damit soll nach dem BSG an ein möglichst aktuelles, den tatsächlichen Verhältnissen nahekommendes, von Zufälligkeiten bereinigtes, einfach und ohne unzumutbare Mehrarbeit feststellbares Lohnniveau angeknüpft werden.[351]

Zur Berechnung der Überstunden gibt es folgende weiteren Berechnungshinweise:

- Überstunden innerhalb der drei Monate (13 Wochen) sind **nicht** regelmäßig, d. h. nicht in laufender Wiederkehr geleistet worden, wenn in einem Zeitraum von einem Monat **keine Überstunde** erbracht worden ist.[352] Es muss also in jedem einzelnen Monat der letzten drei Monate **mindestens eine Überstunde** angefallen sein, um die Anforderung der Regelmäßigkeit zu erfüllen.
- Eine volle Überstunde kann sich auch durch Zusammenrechnung von **Stundenbruchteilen** ergeben.[353]

---

348 Vgl. BSG, Urt. v. 23.01.1973 – 3 RK 22/70, NJW 1973, 1768.

349 Vgl. Köllner in: Lauterbach, § 47 SGB VII Rn. 56; Schmitt, § 47 SGB VII Rn. 21; Schur in: Hauck/Noftz, SGB VII, § 47 SGB VII Rn. 19.

350 BSG, Urt. v. 23.01.1973 – 3 RK 22/70, NJW 1973, 1768 (im Original ohne Hervorhebung).

351 Vgl. BSG, Urt. v. 30.05.2006 – B 1 KR 19/05 R, juris Rn. 27.

352 Vgl. BSG, Urt. v. 01.06.1994 – 7 RAr 40/93, BeckRS 1994, 41129.

353 Köllner in: Lauterbach, § 47 SGB VII Rn. 57.

- Der Bemessungszeitraum von drei Monaten (13 Wochen) stellt dann keine verbindliche Grenze dar, sofern aufgrund von Ausnahmefällen in dieser Zeit keine Überstunden angefallen sind.[354]
  Beruht daher das Fehlen von Überstunden in einem Monat des Referenzzeitraumes auf Umständen, die **nicht durch die Art der Tätigkeit** bedingt worden sind, bleibt dieser Monat außer Betracht. Der Zeitraum ist zu erweitern, bis er wieder drei abgerechnete Monate (oder 13 Wochen) umfasst.[355]
  Das bedeutet: Gab es keine Überstunden aufgrund nicht genügender Arbeit (Art der Tätigkeit), liegt kein Ausnahmefall vor, der Monat wird zur Überprüfung der Regelmäßigkeit herangezogen.
  Als **Beispiele** für einen Ausfall von Überstunden, die nicht durch die Art der Tätigkeit bedingt werden, werden **Urlaub, Kur oder Krankheit** genannt.[356]
  Das bedeutet: Gab es keine Überstunden aufgrund von Krankheit des Versicherten in dem Referenzmonat, liegt ein Ausnahmefall vor, der Monat wird zur Überprüfung der Regelmäßigkeit nicht herangezogen, sondern auf den davorliegenden Monat ist zurückzugreifen.
  Dieser sehr großzügigen Auslegung der BSG-Rechtsprechung wird hier nicht gefolgt. Zumindest bei selbstgewählten Auszeiten wie Urlaub können diese Zeiten nicht als Ausnahmezeiten angesehen werden. Wenn bspw. der Versicherungsfall im September war und nun die Monate Juni, Juli und August als Referenzmonate herangezogen werden, würde auf den August verzichtet, wenn es dort keine Überstunden wegen Urlaubs gab. Anstelle des Augusts würde dann auf den Mai zurückgegriffen. Dieses Ergebnis erscheint nicht gerecht. Denn eine Berücksichtigung dieser eigenständig gewählten Freizeit würde (im Gegensatz zur Krankheit oder Kur) gerade das Ergebnis verfälschen: Urlaub fällt immer an und kann daher immer nicht zu Überstunden führen. Wer eigenständig den ganzen Monat Urlaub macht und damit stillschweigend auf Überstunden verzichtet, sollte dadurch keine Vorteile erzielen. Nicht geklärt ist die Frage, wie mit einem Monat zu verfahren ist, in dem anteilig Urlaub genommen oder Krankheit vorlag (z.B. zwei Wochen). Überzeugend

354 Vgl. BSG, Urt. v. 01.06.1994 – 7 RAr 40/93, BeckRS 1994, 41129.
355 Vgl. BSG, Urt. v. 01.06.1994 – 7 RAr 40/93, BeckRS 1994, 41129.
356 Vgl. BSG, Urt. v. 01.06.1994 – 7 RAr 40/93, BeckRS 1994, 41129; Köllner in: Lauterbach, § 47 SGB VII Rn. 57.

wäre es – sofern der BSG-Rechtsprechung dem Grunde nach gefolgt wird –, dass der Monat nur dann herangezogen werden darf, wenn der Verletzte mehr Tage gearbeitet hat als er abwesend war.

- Zielt das Arbeitsverhältnis aufgrund bestimmter Vereinbarungen in besonderer Weise auf Überstunden, sodass diese dadurch zum wesentlichen Inhalt des Arbeitsverhältnisses gehören, schwankt aber die Zahl der Überstunden gleichzeitig aufgrund der Art der Arbeit stark, bestimmt sich die ggf. vorzunehmende Erweiterung des Referenzzeitraums nach den Erfordernissen des Einzelfalles.[357] Es ist dann ein solcher Zeitraum zu wählen, mit dem die Regelmäßigkeit der Arbeitszeit ausreichend erfasst wird.[358] Hierbei kann auf einen Mindestzeitraum von sechs bis höchstens zwölf Monaten abgestellt werden.[359]
  Beispiele wären Arbeitsverhältnisse, die „bei Bedarf" abgerufen werden, Saisonbetriebe oder saisonmäßig arbeitende Abteilungen,[360] z.B. die Fahrgeschäftsmitarbeiter eines Kirmesbetriebes. Aber, so das BSG: „Allein die Tatsache, dass es sich um schwankende Überstundenleistungen handelt, rechtfertigt noch kein Abweichen vom allgemein maßgeblichen Drei-Monats-Zeitraum."[361] Der Ausnahmefall muss daher begründet im Einzelfall vorliegen und nachgewiesen werden.

Bearbeitungsbeispiele | Berechnung von Überstunden

a) Caspar hat arbeitsvertraglich 38,5 Stunden/Woche zu arbeiten. Im September hat er einen Arbeitsunfall, der einem Anspruch auf Verletztengeld begründet. Wie hoch ist seine regelmäßige Arbeitszeit, wenn er im Juni 12,0 Überstunden, im Juli 17,0 Überstunden und im August 3,5 Überstunden leistete?
1. Die Überstunden werden nur dann berücksichtigt, wenn Caspar in den letzten drei Monaten/13 Wochen mindestens eine Überstunde leistete. Dies ist hier der Fall, sodass die Überstunden als regelmäßige Arbeitszeit zu berücksichtigen sind.

---

357 Vgl. BSG, Urt. v. 01.06.1994 – 7 RAr 40/93, BeckRS 1994, 41129.
358 Vgl. BSG, Urt. v. 01.06.1994 – 7 RAr 40/93, BeckRS 1994, 41129.
359 Vgl. BSG, Urt. v. 01.06.1994 – 7 RAr 40/93, BeckRS 1994, 41129.
360 Vgl. BSG, Urt. v. 01.06.1994 – 7 RAr 40/93, BeckRS 1994, 41129.
361 Vgl. BSG, Urt. v. 01.06.1994 – 7 RAr 40/93, BeckRS 1994, 41129.

2. Die Überstunden der letzten drei Monate werden addiert (12,0 + 17,0 + 3,5 = 32,5 Überstunden) und dann – da auf die wöchentliche Durchschnittsarbeitszeit abgestellt wird – durch 13 (Wochen) geteilt, also: 32,5 / 13 = 2,5 Überstunden/Woche.
3. Zur vertraglich vereinbarten Wochenarbeitszeit (38,5 Stunden) wird diese Anzahl an durchschnittlichen Wochen-Überstunden (2,5 Überstunden) hinzuaddiert, also 38,5+2,5 = 41,0 Stunden.
4. Die durchschnittliche regelmäßige Wochenarbeitszeit beträgt bei Caspar 41,0 Arbeitsstunden.
b) Bertha hat arbeitsvertraglich 38,5 Stunden/Woche zu arbeiten. Im September hat sie einen Arbeitsunfall, der einem Anspruch auf Verletztengeld begründet. Wie hoch ist ihre regelmäßige Arbeitszeit, wenn sie im Juni 12,0 Überstunden, im Juli 17,0 Überstunden und im August keine Überstunden leistete?

1. Die Überstunden werden nur dann berücksichtigt, wenn Bertha in den letzten drei Monaten/13 Wochen mindestens eine Überstunde leistete. Dies ist hier **nicht** der Fall, da Bertha im August keine Überstunden leistete. Hinweise auf eine berechtigte Ausnahme liegen nicht vor.
2. Es werden folglich in diesem Berechnungsschritt keine Überstunden berücksichtigt, sodass es bei der vertraglichen Arbeitszeit von 38,5 Stunden als Berechnungsgrundlage bleibt.

Eine weitere Ausnahme über die Berücksichtigung und Berechnung von Überstunden liegt für den Fall vor, dass das Arbeitsverhältnis zum Zeitpunkt des Eintritts der Arbeitsunfähigkeit noch nicht für den Bemessungszeitraum von drei Monaten bzw. 13 Wochen bestand.

Die Regelmäßigkeit ist in dem Fall nach objektiven Kriterien abzuschätzen.[362] Dabei gilt es aber abzuwägen, ob bspw. Überstunden wegen eines anfangs erhöhten Einarbeitungsaufwandes entstanden sind (die dann nicht repräsentativ sind und nicht als regelmäßig gelten), die im weiteren Fortgang der Tätigkeit nicht mehr zu erwarten sind.[363]

---

362 LSG Baden-Württemberg, Urt. v. 05.09.2018 – L 5 KR 4242/17, BeckRS 2018, 23980.
363 LSG Baden-Württemberg, Urt. v. 05.09.2018 – L 5 KR 4242/17, BeckRS 2018, 23980.

Prüfungsschema | Verletztengeld für Stundenlöhner

1. Schritt: Berechnung des kumulierten Regelentgelts
2. Unterschritt: Berechnung des durchschnittlichen Wochenarbeitsentgelts

Formel:
durchschnittliches Stundenarbeitsentgelt ×
regelmäßige wöchentlichen Arbeitsstunden
= durchschnittliches Wochenarbeitsentgelt

Anwendung:
17,80 Euro × 41,15 Stunden = 732,47 Euro/Woche

3. Unterschritt: Berechnung des durchschnittlichen Tagesarbeitsentgelts
Verletztengeld wird pro Kalendertag bezahlt (§ 47 Abs. 1 S. 6 SGB V i.V.m. § 47 Abs. 1 SGB VII) und damit auch für Tage, an denen üblicherweise nicht gearbeitet wird (Samstag, Sonntag, Feiertag).[364]

Aus diesem Grund muss die Berechnung des Verletztengeldes auch vom Faktor „Stunde" (1. Unterschritt) bzw. „Woche" (2. Unterschritt) auf den Faktor „Kalendertag" heruntergerechnet werden.

Dies gelingt im dritten Unterschritt, indem das durchschnittliche Wochenarbeitsentgelt durch sieben geteilt wird (so auch § 47 Abs. 2 S. 2 SGB V). Das durchschnittliche Tagesarbeitsentgelt ist das **Regelentgelt (RE)**.[365]

Prüfungsschema | Verletztengeld für Stundenlöhner

1. Schritt: Berechnung des kumulierten Regelentgelts
3. Unterschritt: Berechnung des Regelentgelts

Formel:
durchschnittliches Wochenarbeitsentgelt / 7 = Regelentgelt

364 Schifferdecker in: BeckOGK-SGB V, § 47 SGB V Rn. 107.
365 Köllner in: Lauterbach, § 47 SGB VII Rn. 63.

$$\frac{\text{durchschnittliches Wochenarbeitsentgelt}}{7} = \text{Regelentgelt}$$

Anwendung:

$$\frac{732,47 \text{ Euro}}{7} = 104,64 \text{ Euro/Tag}$$

Zwischenergebnis: Das Regelentgelt beträgt 104,64 Euro/Tag.

4. Unterschritt: Berechnung des Bruttohinzurechnungsbetrages

Bislang haben wir allein die regelmäßigen Einkünfte des Beschäftigten geprüft und berücksichtigt.

Häufig erhalten Beschäftigte von ihren Arbeitgebern im Laufe des Arbeitsjahres sogenannte **Einmalzahlungen**. Dies sind Sonderzahlungen, die zusätzlich zum Lohn oder Gehalt freiwillig bezahlt werden.

Solche Sonderzahlungen sind beispielsweise:

- Weihnachtsgeld[366]
- Urlaubsgeld[367]
- Treueprämie[368]
- Erfinderprämie[369]

Aufgrund eines Beschlusses des BVerfG[370] stellte der Gesetzgeber klar, dass auch Einmalzahlungen bei der Berücksichtigung und Berechnung des Krankengeldes zu berücksichtigen sind.

Das BVerfG entschied, dass es der Gleichheitssatz (Art. 3 Abs. 1 GG) gebietet, einmalig gezahltes Arbeitsentgelt bei der Berechnung von kurzfristigen beitragsfinanzierten Lohnersatzleistungen, wie beispielsweise Arbeitslosengeld und Krankengeld, zu berücksichtigen, wenn es gleichermaßen zu

366 SG Augsburg, Gerichtsbescheid v. 14.01.2005 – S 5 U 261/03, BeckRS 2009, 52661.
367 SG Augsburg, Gerichtsbescheid v. 14.01.2005 – S 5 U 261/03, BeckRS 2009, 52661.
368 Schmitt, § 47 SGB VII Rn. 12.
369 Schmitt, § 47 SGB VII Rn. 12.
370 BVerfG, Beschl. v. 24.05.2000 – 1 BvL 1/98, juris LS 1.

Sozialversicherungsbeiträgen herangezogen wird.[371] Die Gesetzesänderung des § 47 Abs. 2 S. 6 SGB V[372] findet auch auf das Verletztengeld Anwendung.

Einmalzahlungen werden daher bei der Berechnung des Verletztengeldes im Brutto berücksichtigt. Das bedeutet, dass die jeweiligen Brutto-Werte der Einmalzahlungen bekannt sein müssen. Bei der Berücksichtigung ist Folgendes zu beachten:

- Die Einmalzahlungen müssen in den letzten zwölf Kalendermonaten vor Beginn der Arbeitsunfähigkeit gezahlt worden sein. Dieser Zeitraum endet mit dem letzten abgerechneten Kalendermonat vor Beginn der Arbeitsunfähigkeit.[373] Berücksichtigt werden alle **in dieser Zeit gezahlten** beitragspflichtigen Einmalzahlungen, auch die von verschiedenen Arbeitgebern.[374] Es gilt auch hier das Zuflussprinzip.[375]
  Aus hiesiger Sicht wird entsprechend der Ansicht des LSG Baden-Württembergs zwischen **einmaligen Einmalzahlungen**, also Zahlungen wie der Erfinderprämie: nicht zu berücksichtigen und **regelmäßigen Einmalzahlungen**, wie z.B. das Weihnachtsgeld: zu berücksichtigen, zu unterscheiden sein, um ein repräsentatives und damit faires Ergebnis zu erzielen.[376] Eine einmalige Einmalzahlung, die zufällig im Bemessungsjahr anfiel, würde die Höhe des Verletztengeldes unzulässig erhöhen. Anders bei regelmäßigen Einmalzahlungen, die ähnlich wie laufendes Arbeitsentgelt beim Versicherten als eingeplante Einkünfte anzusehen sind.
  Dies würde bedeuten, dass einmalige Einmalzahlungen wie die Jubiläumsprämie (100-jähriges Jubiläum des Betriebs), eine Betriebszugehörigkeitsprämie (25 Jahre Betriebszugehörigkeit) oder eine Erfinderprämie **nicht** bei der Berechnung berücksichtigt würden.
  In der Praxis werden derzeit **diese Einmalzahlungen sämtlich als Arbeitsentgelt** berücksichtigt, sodass die hiesig vertretene Ansicht nicht der derzeitigen Praxis entspricht. Im Zweifel sollte bei den Vorgesetzten des Sozialversicherungsträgers bzw. beim Klausurersteller erfragt werden, wie mit der Problematik umgegangen werden soll. Sofern das

371 BVerfG, Beschl. v. 24.05.2000 – 1 BvL 1/98, juris LS 1.
372 BGBl. I v. 28.12.2000, S. 1971 (1973 f.).
373 Rieke in: Krauskopf, SGB V, § 47 SGB V Rn. 23.
374 Rieke in: Krauskopf, SGB V, § 47 SGB V Rn. 23.
375 GR-VG, Ziff. 5.1.3.2 (S. 186).
376 Vgl. Zimmermann, jurisPR-SozR 11/2024 Anm. 2.

nicht möglich ist, sollte die Problematik in einem Aktenvermerk bzw. in der Klausur dargestellt werden. Nachfolgend wird – entgegen der hier vertretenen eigenen Auffassung – im Sinne der derzeitigen Praxis die Berechnung vorgenommen.

Die Einmalzahlungen werden nach § 47 Abs. 2 S. 6 SGB V durch 360 geteilt. Die Berechnung mit dem Betrag 360 ergibt sich für das Verletztengeld aus § 187 Abs. 4 S. 2 SGB VII: Das Kalenderjahr wird mit 360 Tagen gerechnet.

Hintergrund für diese Division ist, dass die Einmalzahlungen als Jahreszahlungen anzusehen sind. Durch die Berechnung durch 360 wird gewährleistet, dass der Gesamtbetrag auf das ganze Jahr aufgeteilt wird und somit die Höhe der Einmalzahlungen auf das Verletztengeld nicht verfälscht. Das Ergebnis nennt man **Bruttohinzurechnungsbetrag**. Es handelt sich also um den Betrag, der dem Regelentgelt hinzugerechnet wird.

Folglich spricht man im Ergebnis auch nicht mehr vom Regelentgelt, sondern vom **kumulierten Regelentgelt** (Regelentgelt + Bruttohinzurechnungsbetrag).[377]

Bei den Einmalzahlungen werden nur solche berücksichtigt, die nach § 47 Abs. 2 S. 6 SGB V „der Beitragsberechnung zugrunde gelegen“ haben. Maßgebend für die Ermittlung des Bruttohinzurechnungsbetrags ist nach dieser Regelung der **in der Krankenversicherung beitragspflichtige Teil der Einmalzahlungen**.[378] Diese Regelung ergibt für das Verletztengeld der gesetzlichen Unfallversicherung keinen Sinn, da es dort keine Beitragsbemessungsgrenze gibt. Richtig ist daher die nach § 47 Abs. 1 SGB VII notwendige Übertragung des Rechtsgedankens des § 47 Abs. 2 S. 6 SGB V auf das Unfallversicherungsrecht, wonach einmaliges Arbeitsentgelt zu berücksichtigen ist, dass **der Beitragspflicht der *Unfallversicherung*** unterliegt.[379]

Wissen | Die Sozialversicherungsentgeltverordnung (SvEV)

In § 17 Abs. 1 S. 1 Nr. 1 SGB IV ermächtigte der Gesetzgeber das Bundesministerium für Arbeit und Soziales (BMAS) in einer Rechtsverordnung festzulegen, unter welchen Bedingungen einmalige Einnahmen oder

377 Vgl. Schur in: Hauck/Noftz, SGB VII, § 47 SGB VII Rn. 30.
378 Gerlach in: Hauck/Noftz, SGB V, § 47 SGB V Rn. 124.
379 Vgl. Schur in: Hauck/Noftz, SGB VII, § 47 SGB VII Rn. 12.

laufende Zulagen, Zuschläge, Zuschüsse oder ähnliche Einnahmen, die zusätzlich zu Löhnen oder Gehältern gewährt werden, und steuerfreie Einnahmen ganz oder teilweise nicht als Arbeitsentgelt zu bewerten sind.

Diese Rechtsverordnung, früher unter dem Namen **Arbeitsentgeltverordnung** bekannt, heißt seit 2006 „Verordnung über die sozialversicherungsrechtliche Beurteilung von Zuwendungen des Arbeitgebers als Arbeitsentgelt (Sozialversicherungsentgeltverordnung – SvEV)".[380]

Die Rechtsverordnungs-Ermächtigung wurde als notwendiges Regulativ zu § 14 SGB IV angesehen, der **auf Gesetzesebene** den Begriff des Arbeitsentgelts definiert und zunächst einmal **sämtliche** Einnahmen aus unselbständiger Arbeit als Arbeitsentgelt erfasst.[381]

Diesem weiten Arbeitsentgelt entgegentretend wollte der Gesetzgeber unter Abwägung sozialpolitischer und verwaltungspraktischer Gesichtspunkte bestimmte Einnahmen ganz oder teilweise nicht dem Arbeitsentgelt zurechnen.[382] Die Möglichkeit schuf er mit der gesetzlichen Ermächtigung für eine entsprechende Rechtsverordnung, die die SvEV ist.

Die SvEV findet auf die Geldleistungen der gesetzlichen Unfallversicherung Anwendung.[383]

Nach § 1 Abs. 1 S. 1 Nr. 1 SvEV sind dem **Arbeitsentgelt nicht zuzurechnen** u.a. einmalige Einnahmen, laufende Zulagen, Zuschläge, Zuschüsse sowie ähnliche Einnahmen, die zusätzlich zu Löhnen oder Gehältern gewährt werden, soweit sie **lohnsteuerfrei** sind. Unterliegen Einnahmen nicht der Einkommensteuerpflicht und können deswegen vom Arbeitgeber steuerfrei zugewendet werden, gelten sie als lohnsteuerfrei.[384]

Vereinfacht zusammengefasst: Lohnsteuerfreie Einmalzahlungen gelten nicht als Arbeitsentgelt, sind folglich nicht für die Berechnung des Verletztengeldes beachtlich.

380 BGBl. I v. 28.12.2006, S. 3385 ff.
381 Vgl. BT-Drs. 7/4122, S. 33.
382 BT-Drs. 7/4122, S. 33.
383 BSG, Urt. v. 23.07.2015 – B 2 U 9/14 R, BeckRS 2015, 72747.
384 Werner in: jurisPK-SGB IV, § 14 SGB IV Rn. 125.

Diese Regelung gilt nicht für Sonntags-, Feiertags- und Nachtarbeitszuschläge, soweit das Entgelt, auf dem sie berechnet werden, mehr als 25 Euro für jede Stunde beträgt.
Für die **gesetzliche Unfallversicherung** enthält § 1 Abs. 2 SvEV eine Ausnahme: In der gesetzlichen Unfallversicherung sind **auch lohnsteuerfreie Zuschläge für Sonntags-, Feiertags- und Nachtarbeit dem Arbeitsentgelt zuzurechnen**; dies gilt in der Unfallversicherung nicht für Erwerbseinkommen, das bei einer Hinterbliebenenrente zu berücksichtigen ist.
Das bedeutet: Diese Zuschläge sind ausnahmsweise auch dann als Arbeitsentgelt und damit auch bei der Berechnung des Verletztengeldes (im Gegensatz zur Berechnung des Krankengeldes) zu berücksichtigen, wenn sie nicht regelmäßig erfolgen und dabei lohnsteuerfrei sind.[385]

Die Regelungen des SvEV führen dazu, dass lohnsteuerfreie Einkünfte, die kein Gehalt oder Lohn sind, nicht bei der Berechnung des Verletztengeldes berücksichtigt werden. Faktisch bedeutet dies, dass jede Einmalzahlung, jeden Zuschlag oder jede Zulage einzeln zu überprüfen ist, ob sie als Arbeitsentgelt i.S.d. § 14 Abs. 1 SGB IV zu berücksichtigen ist und somit auch zur Erhöhung des Verletztengeldes beiträgt oder ob sie nicht berücksichtigt wird, weil sie nicht als Arbeitsentgelt angesehen wird.

Die DGUV hat eine Arbeitshilfe für die Praxis veröffentlicht, den DGUV-Arbeitsentgeltkatalog.

Wissen | Der DGUV-Arbeitsentgeltkatalog

Als Arbeitshilfe gibt die DGUV einen Arbeitsentgeltkatalog heraus, der regelmäßig überprüft und überarbeitet wird und frei im Internet für alle zugänglich ist.[386]
Aus dem Katalog kann entnommen werden, ob für bestimmte Arbeitgeber-Leistungen eine **Beitragspflicht** in die gesetzliche Unfallversicherung besteht.

---

385 GR-VG, Ziff. 12.3 (S. 309).

386 🔗 https://www.dguv.de/medien/inhalt/ihrpartner/unternehmen/beitragsberechnung/arbeitsentgeltkatalog_2025.pdf (Stand: 01.08.2025; zuletzt abgerufen: 28.02.2026)

Sofern eine Beitragspflicht besteht, wird die Leistung als Arbeitsentgelt i.S.d. § 14 SGB IV eingeordnet.
Bspw. sind die sog. Corona- oder Inflationsprämie nicht beitragspflichtig und fallen beide unter § 1 SvEV, sodass sie als lohnsteuerfreie Einmalzahlung kein Arbeitsentgelt darstellen.
Der Katalog ist eine sinnvolle Praxishilfe. Wichtig ist indes, dass der Katalog kein Gesetz oder sonstige allgemeingültige Rechtsregelung darstellt. Er dient der Argumentation, stellt aber nicht die Argumentation selbst dar („es steht im DGUV-Arbeitsentgeltkatalog").

Auch Einkünfte aus einer **geringfügigen Beschäftigung** (§ 8 SGB IV) stellen Arbeitsentgelt dar und sind bei der Regelentgeltberechnung zu berücksichtigen.[387]

Prüfungsschema | Verletztengeld für Stundenlöhner

1. Schritt: Berechnung des kumulierten Regelentgelts
4. Unterschritt: Berechnung des Bruttohinzurechnungsbetrags:

Formel:

$$\frac{\text{Einmalig gezahltes Arbeitsentgelt (brutto)}}{\text{360 Tage (= 1 Jahr)}} = \text{BHB}$$

Anwendung:

$$\frac{\text{1.200,00 Euro}}{\text{360 Tage}} = 3,33 \text{ Euro/Tag}$$

Hinweis: Bei dem Weihnachtsgeld handelt es sich um eine regelmäßige Einmalzahlung, die jährlich vom Arbeitgeber vorgenommen wird. Sie ist auch nicht lohnsteuerfrei (siehe DGUV-Arbeitsentgeltkatalog), sodass § 1 SvEV keine Anwendung findet.

387 GR-VG, Ziff. 12.3 (S. 309).

Bearbeitungsempfehlung | Umgang mit Einmalzahlungen

Sowohl in der Arbeitspraxis als auch in der Klausur liegt in der sorgfältigen Ausarbeitung und rechtlichen Bewertung einer Einmalzahlung ein Schwerpunkt der Verletztengeld-Prüfung.
In der Arbeitspraxis besteht die Schwierigkeit, dass nicht immer aus den Lohnabrechnungen genau und eindeutig ersichtbar ist, ob es Einmalzahlungen gab und wie diese versteuert wurden. Es bleibt nur der Tipp in solchen Fällen beim Lohnbüro oder beim Arbeitgeber selbst nachzufragen.
In der Klausur sollten sämtliche Einmalzahlungen **einzeln betrachtet und bewertet** werden. Der Klausursteller möchte sehen, dass die Einmalzahlungen erkannt und jeweils für sich rechtlich bewertet wurden. Wer direkt das Weihnachtsgeld durch 360 teilt, vergibt Punkte. Ein Hinweis, dass es sich um zu berücksichtigendes Arbeitsentgelt handelt und die SvEV nicht greift, zeigt auf, dass die Problematik erkannt und verstanden wurde.
Da in der Klausur – sofern nicht *„open book"* geschrieben – der DGUV-Arbeitsentgeltkatalog nicht zur Verfügung steht, werden in der Prüfung meist typische Einmalzahlungen verwendet, die bekannt sein dürften: Weihnachtsgeld, Urlaubsgeld, Jubiläumsprämie, Erfinderprämie und Betriebszugehörigkeitsprämie.
Im Gegenzug werden zum „Wegstreichen" Zahlungen aufgeführt, die keineswegs als zu berücksichtigendes Arbeitsentgelt identifiziert werden können wie bspw. Ersatz der Zugfahrtkarte oder des Tankens für einen geschäftlichen Termin. Eine Auslage, die der Arbeitnehmer für seinen Arbeitgeber getätigt hat und die dieser nachträglich ersetzt, ist kein Arbeitsentgelt, sondern lediglich eine **Kostenerstattung**.
In Klausuren und auch in der Praxis kann es vorkommen, dass keine Einmalzahlungen vom Arbeitgeber geleistet wurden. Wenn keine Einmalzahlungen geleistet wurden, gibt es auch keinen eigenen Unterschritt für einen Bruttohinzurechnungsbetrag und auch keinen Unterschritt 5. Mit einem kurzen Hinweis, dass es keine Einmalzahlungen an den Arbeitnehmer gab, ist daher der 1. Schritt mit der Ausrechnung des Regelentgelts (3. Unterschritt) beendet.

Schließlich stellt sich die Frage, wie mit mehreren Einmalzahlungen rechnerisch umgegangen werden soll. Durch Rundungen kann es hier leichte Abweichungen geben.

Beispiel:
Weihnachtsgeld: 1.000,00 Euro
Urlaubsgeld: 1.000,00 Euro
Jubiläumsprämie: 5.0000,00 Euro

1. Variante: Gesamtaddition
1.000,00+1.000,00+5.000,00 = 7.000,00 / 360 = 19,44 Euro = BHB

2. Variante: Einzelbetrachtung
1.000,00 / 360 = 2,78 Euro
1.000,00 / 360 = 2,78 Euro
5.000,00 / 360 = 13,89 Euro

Gesamt-BHB= 19,45 Euro

Signifikant mögen die Abweichungen nicht sein, Abweichungen sind aber Abweichungen, und für keinen Sachbearbeiter in der Praxis oder Studierenden in der Klausur ist es angenehm, nicht rechtssicher die Berechnung vorzunehmen.
In der Praxis wird die Problematik nicht thematisiert. Die Vereinbarung zwischen GKV und GUV ist so zu verstehen (Verwendung des Plurals „Einmalzahlungen“), dass Variante 1 vorgenommen wird, also eine Gesamtaddition.[388] So sind auch Rückmeldungen aus der Praxis zu verstehen.
In § 47 Abs. 2 S. 6 SGB V findet sich dazu **keine** Stütze: Für die Berechnung des Regelentgelts ist der dreihundertsechzigste Teil des einmalig gezahlten Arbeitsentgelts, das in den letzten zwölf Kalendermonaten vor Beginn der Arbeitsunfähigkeit nach § 23a des Vierten Buches der Beitragsbemessung zugrunde gelegen hat, dem nach Satz 1 bis 5 berechneten Arbeitsentgelt hinzuzurechnen. Die Verwendung des Singulars könnte eher dafür besprechen, dass eine Einzelbetrachtung vorzunehmen ist. Doch ob der Gesetzgeber hier bewusst Singular verwendete (vgl. dazu auch § 23a SGB IV) erscheint überinterpretiert.

388 Vgl. GR-VG, Ziff. 4.1.3 (S. 180 f.).

Die Einzelbetrachtung ist aber aus Versicherten-Sicht gerechter, da die Einmalzahlung jeweils isoliert berechnet wird, genauso wie sie ja auch isoliert ausgezahlt wird. Insofern sollten folgerichtig die Einmalzahlungen zu Gunsten des Versicherten **einzeln betrachtet und berechnet** werden. Auch hier sollten sich Sachbearbeiter und Studierende an die Hausleitung bzw. den Prüfer wenden, welcher Weg gewünscht wird.

5. Unterschritt: Addition des Regelentgelts und des Bruttohinzurechnungsbetrages

Der erste Prüfungsschritt schließt mit der Addition des ausgerechneten Regelentgelts und dem Bruttohinzurechnungsbetrag (BHB) was als kumuliertes Regelentgelt bezeichnet wird.

Prüfungsschema | Verletztengeld für Stundenlöhner

1. Schritt: Berechnung des kumulierten Regelentgelts
5. Unterschritt: Addition des Regelentgelts mit dem Bruttohinzurechnungsbetrag:

Formel:
Regelentgelt + Bruttohinzurechnungsbetrag
= kumuliertes Regelentgelt

Anwendung:
104,64 Euro/Tag + 3,33 Euro/Tag = 107,97 Euro/Tag

Ergebnis: Das kumulierte Regelentgelt beträgt 107,97 Euro pro Kalendertag.

Wichtig ist, dass die Höhe des Regelentgelts nicht durch ein „Mindest-Regelentgelt", dem Mindestjahresarbeitsverdienst in § 85 Abs. 1, 2 SGB VII vergleichbar, aufgerundet wird. Es gibt also keine Mindesthöhe des Regelentgelts. Das bedeutet auch, dass bei einem Verstoß gegen den Mindestlohn das Regelentgelt nicht angehoben wird.[389]

389 S. Dunz in: Podzun, Kz. 350, S. 20.

2. Schritt: Vergleich mit Höchstregelentgelt

Die Berechnung der Zahlung des Verletztengeldes ist in der Höhe begrenzt. Verletztengeld kann nicht über dem **Höchstregelentgelt** (HRE) liegen. Das Höchstregelentgelt stellt damit den Maximalbetrag dar, mit dem das Verletztengeld berechnet wird. Übersteigt das Regelentgelt den festgesetzten Betrag des Höchstregelentgelts, nimmt der Betrag des Höchstregelentgelts den Betrag des Regelentgelts ein.

Folglich wird in diesem Prüfungspunkt das soeben ausgerechnete kumulierte Regelentgelt mit dem fiktiven Höchstregelentgelt verglichen und mit dem niedrigeren Betrag weitergerechnet.

Die Begrenzung der Berechnungsgrundlage auf die Höhe des Höchstregelentgelts ergibt sich aus § 47 Abs. 1 S. 1 Nr. 1 SGB VII. Dort heißt es (zusammenfassend), dass das Verletztengeld „bis zu einem Betrag in Höhe des 360. Teils des Höchstjahresarbeitsverdienstes zu berücksichtigen ist". Der 360. Teil des Höchstjahresarbeitsverdiensts ist das Höchstregelentgelt.

Zunächst stellt diese Berechnungsvorgabe die bisherige Intention des Verletztengeldes auf den Kopf: Verletztengeld soll den **Entgelt- und Einkommensverlust** ausgleichen, den ein in der gesetzlichen Unfallversicherung Versicherter infolge einer durch einen Versicherungsfall bedingten Arbeitsunfähigkeit erleidet.[390] Wenn nun ein Fußballspieler mit einem Millionen-Jahresgehalt einen Arbeitsunfall erleidet, wäre es demnach systemgerecht, dass er auf Basis seines Gehalts das Verletztengeld als Einkommensverlust erhält.

Der Gesetzgeber hat sich indes für eine monetäre Höchstgrenze entschieden, klassenkämpferisch könnte man sie als eine „Millionärsgrenze" bezeichnen. Verletztengeld soll maximal nur in Höhe des Höchstregelentgelts berechnet werden. Die Grenze des Höchstregelentgelts darf auch nicht durch Anpassungen (§ 70 SGB IX) überschritten werden.[391]

Das Höchstregelentgelt berechnet sich wiederum aus dem Höchstjahresarbeitsverdienst (§ 47 Abs. 1 S. 1 Nr. 1 SGB VII). Der Höchstjahresarbeitsverdienst (Höchst-JAV), der in § 85 Abs. 2 SGB VII aufgeführt ist, ist eine Berechnungshöchstgrenze, die dazu dient, unangemessen hohe Geldleistungen zu vermeiden.[392] Durchaus lässt sich hinterfragen, ob eine solche (willkürliche)

390 BSG, Urt. v. 26.06.2007 – B 2 U 23/06 R, BeckRS 2007, 48816 Rn. 14.

391 Kater in: Kater/Leube, § 47 SGB VII Rn. 30.

392 Schudmann in: jurisPK-SGB VII, § 85 SGB VII Rn. 16.

Grenze gerecht gegenüber Besserverdienenden ist,[393] die nicht rechtslos sind und ebenso einen Anspruch auf gerechte Behandlung genießen.

Durch die „Millionärsgrenze“ in Form des Höchstregelentgelts verhindert der Gesetzgeber, dass ein Besserverdiener Verletztengeld in Höhe seines tatsächlichen Einkommens erhält. Die Intention des Ausgleichs eines Entgeltsverlusts wird folglich ab einer bestimmten Höhe ignoriert. Nach §§ 1, 4 SGB I ist es sozial verträglich, dass Leistungen auf einen Höchstbetrag begrenzt werden.

Eine solche Höchstgrenze findet sich bereits bei der Berechnung des Krankengeldes. Nach § 47 Abs. 6 SGB V wird das Regelentgelt zur Berechnung der Höhe des Krankengeldes nur bis zur Höhe des Betrages der kalendertäglichen Beitragsbemessungsgrenze berücksichtigt. Beim Krankengeld wird diese Höchstgrenze damit gerechtfertigt, dass es andernfalls zu Ungleichheiten zwischen der Leistungs- und Beitragsbemessung käme, denn das Krankengeld würde unter Berücksichtigung auch des Entgeltes gezahlt, für das keinerlei Beiträge abgeführt werden. Die Solidargemeinschaft käme somit für Beträge auf, für die sie keine Gegenleistung erhält.“[394]

Eine ähnliche Begrenzung findet sich im Unfallversicherungsrecht in § 153 Abs. 2 SGB VII, wonach das Arbeitsentgelt der Versicherten für die Berechnung der Beiträge in die gesetzliche Unfallversicherung nur bis zur Höhe des Höchstjahresarbeitsverdienstes zugrunde gelegt wird. Die Begründung ist aber nicht zufriedenstellend, sondern erinnert eher an das „Henne-Ei-Problem“: Die Höchstgrenze korrespondiert mit den leistungsrechtlich zu beachtenden Entgeltgrenzen und soll daher Ausdruck des Äquivalenzgedankens sein.[395]

Akzeptiert man indes die durchaus nachvollziehbare Wertung, dass der Gesetzgeber in einem Sozialstaat nicht jeglichen Verlust ausgleichen muss, sondern vielmehr eine Höchstgrenze als ausreichend aufführen kann, so lässt es sich mit dieser Vorgabe weiterrechnen. Auch ist darauf hinzuweisen, dass die Berechnung des Höchstregelentgelts anhand des Höchstjahresarbeitsverdienst für Bezieher höherer Einkommen attraktiver ist als beim Bezug des Krankengeldes. Die Berechnung des Krankengeldes wird durch die niedrigere Beitragsbemessungsgrundlage begrenzt, sodass beim Verletz-

393 Vgl. Zimmermann in: LPK-SGB VII, § 85 SGB VII Rn. 1.
394 Bohlken in: jurisPK-SGB V, § 47 SGB V Rn. 79.
395 Vgl. Möller/Brinkmann in: LPK-SGB VII, § 47 SGB VII Rn. 8.

tengeld eine „wesentlich bessere soziale Absicherung für Bezieher höherer Einkommen“ besteht.[396]

Der Höchstjahresarbeitsverdienst soll nach § 85 Abs. 2 S. 1 SGB VII höchstens das Zweifache der im Zeitpunkt des Versicherungsfalls maßgebenden Bezugsgröße betragen.

Wissen | Bezugsgröße

Die Bezugsgröße ist eine Rechengröße für die Sozialversicherung. Die Grundregelung dazu findet sich in dem wichtigen SGB IV.
Nach § 18 Abs. 1 SGB IV ist die Bezugsgröße im Sinne der Vorschriften für die Sozialversicherung grundsätzlich das Durchschnittsentgelt der gesetzlichen Rentenversicherung im vorvergangenen Kalenderjahr, aufgerundet auf den nächsthöheren, durch 420 teilbaren Betrag.
Die Bezugsgröße wird jährlich neu ermittelt und in einer eigenen Verordnung veröffentlicht.[397] Sie stellt einen an die Lohn- und Gehaltsentwicklung dynamisch angepassten Referenzwert dar.[398]
Es gab *eine* Bezugsgröße (nicht: Bezugsgröße (West)) und zudem eine weitere „Bezugsgröße (Ost)“ für das „Beitrittsgebiet“.
Erst seit dem 1. Januar 2025, also über dreißig Jahre nach der Wiedervereinigung, entfiel die „Bezugsgröße (Ost)“.

Nach § 85 Abs. 2 S. 2 SGB VII kann die Satzung eines Unfallversicherungsträgers eine höhere Obergrenze bestimmen. Die Mehrheit der Berufsgenossenschaften und Unfallkassen hat von diesem Satzungsrecht Gebrauch gemacht und ist von der vorgegebenen Höhe nach § 85 Abs. 2 S. 1 SGB VII abgewichen.[399]

---

396 Schur in: Hauck/Noftz, SGB VII, § 45 SGB VII Rn. 31.

397 Vgl. Verordnung über maßgebende Rechengrößen der Sozialversicherung für 2025 (Sozialversicherungsrechengrößen-Verordnung 2026), BGBl. 2025 I Nr. 278 v. 26.11.2025.

398 Zieglmeier in: BeckOGK-SGB IV, § 18 SGB IV Rn. 1.

399 🔗 https://www.dguv.de/medien/inhalt/reha_leistung/geldleistung/rente/jav/jav-hoechstgrenzen-25_26_internet_barrierefrei_stand-16-12-2025.pdf (zuletzt abgerufen: 28.02.2025).

Wissen | Höchstjahresarbeitsverdienst

Der Wert des Höchstjahresarbeitsverdienst ist der jeweiligen Satzung der Berufsgenossenschaft oder Unfallkasse zu entnehmen. Die DGUV veröffentlicht jährlich in einer Übersicht die aktuellen Werte der jeweiligen Höchstjahresarbeitsverdienste.[400] Nach Ziff. 5.2. VV Generalauftrag sind die DGUV und die SVLFG verpflichtet, dem GKV-Spitzenverband die für die einzelnen Unfallversicherungsträger geltenden Jahresarbeitsverdienstgrenzen jährlich mitzuteilen.
Unfallversicherungsträger können den Wert aus § 85 Abs. 2 S. 1 SGB VII, also das Doppelte der Bezugsgröße, in ihrer Satzung auch übernehmen (vgl. § 35 Abs. 2 Satzung BG BAU: „Der Höchstbetrag des Jahresarbeitsverdienstes entspricht der gesetzlichen Regelung des § 85 Abs. 2 Satz 1 SGB VII (Bezugsgröße West).").
Einzelne Unfallversicherungsträger haben in ihrer Satzung einen festen Betrag aufgeführt (z.B.: § 20 Abs. 2 Satzung 2025 VBG: „Der Höchstbetrag des Jahresarbeitsverdienstes wird auf 120.000,- Euro festgesetzt (§ 85 Abs. 2 Satz 2 SGB VII)"). Andere wiederum weichen von der Regelung des § 85 Abs. 1 S. 1 SGB VII mittels eines dynamischen Verweises ab (z.B. § 19 Satzung UVB: „Der Höchstbetrag des Jahresarbeitsverdienstes wird auf das 2,3-fache der Bezugsgröße (§ 18 Absatz 1 SGB IV) festgesetzt (§ 85 Absatz 2 Satz 2 SGB VII).").
Der Vorteil eines dynamischen Verweises ist, dass die Satzung nicht weiter überprüft und angepasst werden muss. Bei einem statischen Wert muss regelmäßig überprüft werden, ob der Wert nicht § 85 Abs. 2 S. 1 SGB VII unterschreitet. Ein fester Wert ist dafür einfacher und verständlicher. Die Höhen der Höchstjahresarbeitsverdienste zeigen auf, dass nicht allein „Einkommensmillionäre" von der Begrenzung betroffen sind, sondern dass unter Umständen ein Jahresverdienst von 95.000,00 Euro bereits zur Kappung führen kann (hier bei der BG BAU: Höchst-JAV liegt bei 94.920,00 Euro (2026)).

---

400 https://www.dguv.de/medien/inhalt/reha_leistung/geldleistung/rente/jav/jav-hoechstgrenzen-25_26_internet_barrierefrei_stand-16-12-2025.pdf (zuletzt abgerufen: 28.02.2026).

Das Höchstregelentgelt als kalendertägliche Höchstberechnungsgrundlage für das Regelentgelt berechnet sich durch die Teilung des Höchstjahresarbeitsverdiensts durch 360.

Die Teilung durch 360 (§ 47 Abs. 1 S. 1 Nr. 1 SGB VII) knüpft an die Berechnungsgrundsätze aus § 187 Abs. 4 S. 2 SGB VII an, wonach ein Jahr als Berechnungserleichterung pauschal mit 360 Tagen berechnet wird.

Der Höchstjahresarbeitsverdienst, der für ein Jahr festgesetzt wird, wird somit auf den Kalendertag heruntergerechnet.

Bearbeitungsbeispiel | Berechnung des Höchstregelentgelts

Die VBG hat – wie viele andere Berufsgenossenschaften und Unfallkassen – von ihrem Recht nach § 85 Abs. 2 S. 2 SGB VII Gebrauch gemacht und über ihre Satzung eine höhere Obergrenze als Höchstjahresarbeitsverdienst bestimmt. Der Höchstjahresarbeitsverdienst wird nach § 20 Abs. 2 Satzung 2025 VBG mit 120.000,00 Euro festgelegt.

Das Höchstregelentgelt berechnet sich wie folgt:

$$\frac{120.000,00 \text{ Euro}}{360 \text{ Tage}} = 333,33 \text{ Euro/Tag}$$

Das Höchstregelentgelt beträgt folglich 333,33 Euro/Tag.

Wird demnach ein Regelentgelt für einen Versicherten bei der VBG ausgerechnet, das über 333,33 Euro liegt (zum Beispiel bei 350,00 Euro/Tag) wird es auf den Höchstbetrag (hier: 333,33 Euro) gekürzt. Berechnungsgrundlage und damit Regelentgelt ist folglich der Betrag von 333,33 Euro in diesem Fall. Die Summe des Höchstregelentgelts wird anstelle der tatsächlich ausgerechneten Summe des Regelentgelts verwendet. Das Regelentgelt beträgt folglich nunmehr 333,33 Euro.

Wichtig ist, dass für diesen Punkt stets in die Satzung der jeweils betroffenen Berufsgenossenschaft oder Unfallkasse eingesehen werden muss, um die Höhe des Höchstregelentgelts feststellen zu können. Von der Anwendung des § 85 Abs. 1 S. 1 SGB VII und der Berechnung mit der Bezugsgröße ist daher in der Regel nicht auszugehen.

Prüfungsschema | Verletztengeld für Stundenlöhner

2. Schritt: Vergleich mit Höchstregelentgelt
In einer Klausur wird in der Regel die Angabe des Höchstjahresarbeitsverdiensts in der Klausuraufgabe vorgegeben, da ein Prüfling die jeweiligen Höhen aus der Satzung nicht kennen muss. Im vorliegenden Fall dürfte die Betroffenen Versicherte der Berufsgenossenschaft Handel und Warenlogistik (BGHW) sein. Nach § 35 Abs. 2 Satzung BGHW beträgt der Höchstjahresarbeitsverdienst 96.000,00 Euro.
1. Unterschritt: Höchstjahresarbeitsverdienst / 360 = Höchstregelentgelt
Das Höchstregelentgelt beträgt demnach 96.000,00 Euro / 360 Tage = 266,67 Euro/Tag (Rundung i.S.d. § 187 Abs. 3 SGB VII).
2. Unterschritt: Vergleich Höchstregelentgelt mit kumulierten Regelentgelt
Das kumulierte Regelentgelt beträgt 107,97 Euro, das Höchstregelentgelt 266,67 Euro.
3. Unterschritt: Mit dem niedrigeren Wert wird weitergerechnet
Das kumulierte Regelentgelt ist niedriger als das Höchstregelentgelt. Aus diesem Grund kann mit der Höhe von 107,97 Euro weitergerechnet werden.

Hinweis: Nur wenn das ausgerechnete kumulierte Regelentgelt über 266,67 Euro gelegen hätte, wäre es auf diesen Betrag (266,67 Euro) zu kürzen gewesen und mit diesem Betrag (266,67 Euro) als Regelentgelt weiterzurechnen gewesen.

3. Schritt: Kürzung auf 80 Prozent

Neben der Bestimmung eines Höchstregelentgelts gibt es eine zweite sozialpolitische Komponente, die dem Verletztengeld eigen ist. Der im zweiten Schritt berechnete niedrigere Betrag (entweder das ausgerechnete kumulierte Regelentgelt oder das Regelentgelt in Höhe des Höchstregelentgelts) wird auf 80 Prozent gekürzt. Die Kürzung dient dazu, dass der arbeitsunfähige Versicherte finanziell nicht bessergestellt wird, als wenn er gearbeitet hätte.[401] Der arbeitsunfähige Versicherte stellt sich dabei besser als der Bezieher von Krankengeld, bei dem eine Kürzung auf 70 Prozent vorgenommen wird.

Der Abschlag wird damit gerechtfertigt, dass die Abzüge von Steuern und Sozialversicherungsbeiträgen rund 20 Prozent ausmachten. Durch die Kürzung auf 80 Prozent würden die Abzüge berücksichtigt, sodass das Verletztengeld einem Netto-Betrag entspräche.

Im Gesetzestext (§ 47 Abs. 1 S. 1 Nr. 2 SGB VII) ist nicht von 80 Prozent die Rede, sondern von „80 vom Hundert des Regelentgelts". Unter Anwendung der Berechnungsgrundsätze des § 187 Abs. 5 SGB VII erfolgt die Division als letzter Rechengang, sodass 1) × 80 und dann 2) / 100 die Berechnung erfolgt.

Prüfungsschema | Verletztengeld für Stundenlöhner

3. Schritt: Kürzung auf 80 Prozent
Der Betrag, der im zweiten Schritt niedriger ist (hier: kumulierte Regelentgelt: 107,97 Euro/Tag im Vergleich zum Höchstregelentgelt 266,67 Euro/Tag), also die 107,97 Euro werden auf 80 Prozent gekürzt.
Im Ergebnis besteht ein vorläufiges Verletztengeld in Höhe von 86,38 Euro/Tag.

4. Schritt: Berechnung des Nettoarbeitsentgelts
Bislang wurde ein Brutto-Betrag berechnet. Die Auszahlung des Verletztengeldes allein anhand des Bruttos könnte aber dazu führen, dass der arbeitsunfähige Versicherte besser gestellt wäre als wenn er gesund wäre. Sein Gehalt erhält der Versicherte auch allein rein netto. Aus diesem Grund wird ein Vergleich im Netto berechnet. Dabei wird der monatlich erzielte Lohn im Brutto um die gesetzlichen Abzüge gemindert. Das bedeutet, dass vom Lohn oder dem Gehalt die Lohn- und ggf. Kirchensteuer sowie Solidarzuschlag und die Sozialversicherungsbeiträge abgezogen werden.[402] Die Berechnung erfolgt in den gleichen Unterschritten wie im ersten Schritt, nur diesmal mit dem Netto-Wert.

401 Westermann in: jurisPK-SGB VII, § 47 SGB VII Rn. 62.
402 Westermann in: jurisPK-SGB VII, § 47 SGB VII Rn. 63; ausführlich in: GS v. 07.09.2022, Ziff. 4.1.2.1.1. (S. 163 f.).

1. Unterschritt: Berechnung des durchschnittlichen Stundenarbeitsentgelts
Wie im ersten Unterschritt des ersten Schritts wird das durchschnittliche Stundenarbeitsentgelt (diesmal im Netto) berechnet, indem der Netto-Wert um die tatsächliche Anzahl der geleisteten Stunden geteilt wird.

Prüfungsschema | Verletztengeld für Stundenlöhner

4. Schritt: Berechnung des Nettoarbeitsentgelts
1. Unterschritt: Berechnung des durchschnittlichen Stundenarbeitsentgelts

Formel:

$$\frac{\text{Nettoarbeitsentgelt}}{\text{Monatsstundenarbeitszeit}} = \text{durchschnittlicher Stundenlohn}$$

Anwendung:

$$\frac{2.077,74\ \text{Euro}}{168,5\ \text{Stunden/Monat}} = 12,33\ \text{Euro/Stunde}$$

Hinweis: 12,3308 wurde auf 12,33 Euro abgerundet (§ 187 Abs. 1 S. 2, 3 SGB VII).

2. Unterschritt: Berechnung des durchschnittlichen Wochenarbeitsentgelts
Das soeben ausgerechnete durchschnittliche Nettoarbeitsentgelt pro Stunde wird mit der arbeitsvertraglich vereinbarten Wochenarbeitszeit multipliziert.

Bearbeitungsempfehlung | Berücksichtigung der Überstundenkorrektur auch im Netto

Ein häufiger Fehler ist, die im Brutto vorgenommene Korrektur der durchschnittlichen Wochenarbeitszeit um die regelmäßigen Überstunden, im Netto zu vergessen. Selbstverständlich sind die im Brutto ermittelten durchschnittlichen regelmäßigen Überstundenwerte an dieser Stelle im Netto zu übertragen. Dies hat nichts mit brutto und netto zu tun, sondern ist allein eine Zeitkorrektur. Eine eigenständige Berechnung muss freilich nicht vorgenommen werden, sondern kann der im Brutto ermittelte Überstundenwert kommentarlos auf die arbeitsvertragliche Wochenarbeitszeit hinzuaddiert und mit diesem Wert dann gerechnet werden.

Prüfungsschema | Verletztengeld für Stundenlöhner

4. Schritt: Berechnung des Nettoarbeitsentgelts
2. Unterschritt: Berechnung des durchschnittlichen Wochenarbeitsentgelts

Formel:
durchschnittliches Stundenarbeitsentgelt ×
regelmäßige wöchentlichen Arbeitsstunden
= durchschnittliches Wochenarbeitsentgelt

Anwendung:
12,33 Euro × 41,15 Stunden = 507,38 Euro/Woche

3. Unterschritt: Berechnung des durchschnittlichen Nettoarbeitsentgelts
Auch dieser Unterschritt ist spiegelbildlich zur Brutto-Berechnung: Der ermittelte Wochenwert ist wieder auf den Zeitfaktor Tag zurückzurechnen. Verletztengeld wird pro Tag gezahlt. Dies geschieht, indem der Wochenwert durch 7 (Tage) geteilt wird.

Prüfungsschema | Verletztengeld für Stundenlöhner

4. Schritt: Berechnung des Nettoarbeitsentgelts
3. Unterschritt: Berechnung des Nettoarbeitsentgelts

Formel:

$$\frac{\text{durchschnittliches Wochenarbeitsentgelt}}{7} = \text{Nettoarbeitsentgelt}$$

Anwendung:

$$\frac{507,38\ \text{Euro}}{7} = 72,48\ \text{Euro/Tag}$$

Keine Berechnung eines Nettohinzurechnungsbetrages

An nächster Stelle müssten nun die Einmalzahlungen im Netto durch 360 geteilt werden, um – in Parallelität zum Bruttohinzurechnungsbetrag – den Nettohinzurechnungsbetrag auszurechnen.

Die Verweisungsvorschrift des § 47 Abs. 1 S. 1 Nr. 2 SGB VII führt uns aber zu § 47 Abs. 1 S. 4 SGB V. Dort heißt es: „Das nach Satz 1 bis 3 berechnete Krankengeld darf das sich aus dem Arbeitsentgelt nach Absatz 2 Satz 1 bis 5 ergebende kalendertägliche Nettoarbeitsentgelt nicht übersteigen."

Eine Berechnung eines Nettohinzurechnungsbetrages wäre demnach obsolet, da in Übertragung auf das Verletztengeld das „reine" Nettoarbeitsentgelt, ohne den Nettohinzurechnungsbetrag, niemals überschritten werden dürfte. Aus diesem Grund könnte man sich die Berechnung des Nettohinzurechnungsbetrages auch ersparen.

Genau so wird es auch in der Praxis gelehrt[403] und auch wissenschaftlich vertreten.[404]

Entscheidung des BSG zum Krankengeld

Die Frage, ob Einmalzahlungen auch im Netto auszurechnen sind und als Nettohinzurechnungsbetrag zu einem kumulierten Nettoarbeitsentgelt addiert werden müssen, kam bereits bei der Berechnung des Krankengeldes auf und wurde dem BSG[405] vorgelegt.

Wissen | Einmalzahlungen im Netto

Sind Einmalzahlungen im Netto zu berücksichtigen? Die Frage wurde in der Vergangenheit kontrovers diskutiert und ging zwei Mal bereits

403 Köllner, Lehrmaterial des Zertifikatsprogramms Ausbildung zur/zum Sozialversicherungsfachangestellten, Geldleistungen Teil I, S. 29.

404 Köllner in: LPK-SGB VII, § 47 Rn. 17; ders. in: Lauterbach, § 47 SGB VII Rn. 96.

405 BSG, Urt. v. 21.02.2006 – B 1 KR 11/05 R, BeckRS 2006, 42656.

zum BVerfG[406]. So ganz konsequent erscheint die Diskussion nicht: Während die Einmalzahlungen im Brutto als Bruttohinzurechnungsbetrag berücksichtigt werden, stehen sie im Netto zur Diskussion. Hintergrund dafür ist, dass der Versicherte nicht durch seine Arbeitsunfähigkeit bessergestellt werden soll, als wenn er gesund ist und arbeitet. Erhielte er einerseits im Falle der Arbeitsunfähigkeit die Einmalzahlung ausgezahlt und würde sie andererseits aber zusätzlich bei der Berechnung des Verletztengeldes berücksichtigt, würde er also doppelt von ihr profitieren. Der Gesunde erhielte demgegenüber einmal die Einmalzahlung ausgezahlt. Das erscheint nicht gerecht. Doch taucht diese Problematik bereits im Brutto auf. Die Frage nach der Berücksichtigung der Einmalzahlung im Netto als Nettohinzurechnungsbetrag wurde vom BVerfG[407] folgerichtig aus der Perspektive des Gleichheitgebots geprüft und bewertet. Nach Art. 3 Abs. 1 GG sind alle Menschen von Gesetz her gleich. Das BVerfG erkannte einen Verstoß gegen das Gleichheitsgebot, wenn einerseits Einmalzahlungen an Versicherte der Beitragspflicht in die Sozialversicherung unterliegen, andererseits aber nicht bei der Berechnung von Entgeltersatzleistungen berücksichtigt werden. Wenn also ein Betrag für die Sozialversicherung als Arbeitsentgelt berücksichtigt wird, muss er auch „wie Arbeitsentgelt" bei der Berechnung der Entgeltersatzleistung berücksichtigt werden. Das BVerfG[408] war der Ansicht, dass Versicherte, deren Arbeitsentgelt solche Einmalzahlungen umfasst, ansonsten schlechter gestellt würden als Versicherte, die den gleichen Betrag als Arbeitsentgelt erhielten.[409] Denn bei diesen würde der ganze Betrag bei der Berechnung der Entgeltersatzleistung berücksichtigt. Die Entscheidungen des BVerfG führten zu zwei Änderungen im SGB V, die diese Ungerechtigkeit korrigieren sollten.

Das BSG[410], das letztinstanzlich die Frage prüfte, wie Einmalzahlungen bei der Berechnung des Krankengeldes zu berücksichtigen seien, musste die

---

406 BVerfG, Beschl. v. 11.01.1995 – 1 BvR 892/88, NZS 1995, 312; BVerfG, Beschl. v. 24.05.2000 – 1 BvL 1, 4/98 u. 1 BvL 15/99, NZS 2000, 345.

407 BVerfG, Beschl. v. 11.01.1995 – 1 BvR 892/88, NZS 1995, 312 (316); BVerfG, Beschl. v. 24.05.2000 – 1 BvL 1, 4/98 u. 1 BvL 15/99, NZS 2000, 345 (347).

408 BVerfG, Beschl. v. 24.05.2000 – 1 BvL 1, 4/98 u. 1 BvL 15/99, NZS 2000, 345 (347).

409 BVerfG, Beschl. v. 24.05.2000 – 1 BvL 1, 4/98 u. 1 BvL 15/99, NZS 2000, 345 (347).

410 BSG, Urt. v. 21.02.2006 – B 1 KR 11/05 R, BeckRS 2006, 42656.

zwei unterschiedlichen Rechtsansätze zusammenführen: Einerseits gab es die verfassungsrechtliche Vorgabe, Einmalzahlungen zu berücksichtigen, andererseits hatte auch das BVerfG[411] darauf abgestellt, dass die Einbeziehung von Einmalzahlungen nicht zu einer Verzerrung der wirtschaftlichen Situation des Versicherten oder seiner Besserstellung führen dürfte.

Das BSG differenzierte in seiner Entscheidungsbegründung nach den Einmalzahlungen:

- In der Entscheidung heißt es: „Setzen sich die Einmalzahlungen ganz überwiegend (zu zwei Dritteln oder mehr) aus Vergütungsbestandteilen zusammen, die der Arbeitgeber im Falle krankheitsbedingter Arbeitsunfähigkeit im Hinblick auf Fehltage kürzen, aber nicht gänzlich verweigern darf, so bedarf es keiner verfassungskonformen Auslegung des § 47 Abs. 1 Satz 3 SGB V vor dem Hintergrund der Einmalzahlungs-Entscheidungen des Bundesverfassungsgerichts (BVerfG). In diesen Fällen darf das Krankengeld auf 100 Prozent des zuletzt aus laufend gezahltem Arbeitsentgelt erzielten Nettoarbeitsentgelts begrenzt werden."[412] Begründung hierfür ist, dass dem Versicherten die Einmalzahlung jedenfalls zum Teil neben dem Krankengeld zufließt und dieses auch nicht zum Ruhen bringt.[413] Eine Verzerrung oder Besserstellung würde ansonsten eintreten, da der Versicherte trotz krankheitsbedingter Arbeitsunfähigkeit sowohl einen Anspruch auf Krankengeld aus einem kumulierten pauschalisierten Nettoarbeitsentgelt hätte als auch aus seinem arbeitsrechtlichen Anspruch auf Gewährung der Einmalzahlung.[414]
- Erhielt der Arbeitnehmer indessen zu einem erheblichen Teil (zu mehr als einem Drittel) Einmalzahlungen, die bei länger dauernder krankheitsbedingter Arbeitsunfähigkeit überhaupt nicht mehr vom Arbeitgeber an ihn wegen seiner Arbeitsunfähigkeit zu zahlen sind, scheidet nach der Rechtsprechung des BSG eine Begrenzung des Krankengeldes auf 100 Prozent des zuletzt aus laufend gezahltem Arbeitsentgelt erzielten Nettoarbeitsentgelts aus. In diesem Fall ist dem Versicherten Krankengeld in Höhe von 90 Prozent des kumulierten kalendertäglichen Nettoarbeitsentgelts (also Nettoarbeitsentgelt + Nettohinzurechnungsbetrag) zu gewähren, auch wenn dies mehr ergibt als 100 Prozent des zuletzt aus laufend

411 Vgl. BVerfG, Beschl. v. 11.01.1995 – 1 BvR 892/88, NZS 1995, 312 (316).
412 BSG, Urt. v. 21.02.2006 – B 1 KR 11/05 R, BeckRS 2006, 42656, Rn. 9.
413 BSG, Urt. v. 21.02.2006 – B 1 KR 11/05 R, BeckRS 2006, 42656, Rn. 24.
414 BSG, Urt. v. 21.02.2006 – B 1 KR 11/05 R, BeckRS 2006, 42656, Rn. 25.

gezahltem Arbeitsentgelt erzielten Nettoarbeitsentgelts.[415] Hier handelt es sich dann um arbeitsleistungsbezogene Sonderzahlungen, die in das unmittelbare arbeitsvertragliche Austauschverhältnis von Vergütung und Arbeitsleistung einbezogen sind.[416] Ein darüber hinausgehender Zweck wie zum Beispiel die Belohnung einer Betriebstreue („Betriebstreuebonus“) würde bei diesen Sonderzahlungen nicht verfolgt.[417]

Das BSG ordnet die Einmalzahlung also ihrem Auszahlungszweck unter: Ist die Einmalzahlung nicht an die Arbeitsleistung gebunden, wird sie also nicht an die tatsächliche Arbeitsfähigkeit des Versicherten geknüpft, ist sie in der Regel nicht zu berücksichtigen, da es sonst zu einer Doppelberücksichtigung käme: Sie würde ausgezahlt und würde zusätzlich noch einmal als Nettohinzurechnungsbetrag beim Krankengeld berücksichtigt. Der Versicherte stände sich dann besser als der Gesunde, der sein Gehalt (ohne einen Hinzurechnungsbetrag auf Basis einer Einmalzahlung) und die Einmalzahlung erhält.

Fällt aber die Zahlung der Einmalzahlung aufgrund der Arbeitsunfähigkeit weg, ist sie zu berücksichtigen. Denn sie stellt Arbeitsentgelt dar, ohne dass sie ausgezahlt wird. Der Versicherte erhält aufgrund seiner Arbeitsunfähigkeit gerade keine Einmalzahlung. Dann ist es aus Sicht des BSG notwendig, sie bei der Berechnung des Krankengeldes zu berücksichtigen, da sie ein Teil des Arbeitsentgelts darstellt und nicht ersatzlos wegfallen darf.

Die Aufteilung des BSG ist nachvollziehbar, durchdacht und gerecht. Einfacher wird dadurch die Berechnung des Krankengeldes aber nicht, wie das BSG selbst auch erkennt: Die Rechtsprechung läuft „dem wünschenswerten Bestreben nach rascher und einfacher Krankengeld-Bewilligung zuwider“.[418]

Doch die Einhaltung des grundgesetzlich geschützten Gleichheitsgebots geht vor einer handhabbaren Massenverwaltung.[419]

Berechnung des Nettohinzurechnungsbetrages

Der Nettohinzurechnungsbetrag berechnet sich nach der Vorgabe des § 47 Abs. 1 S. 3 SGB V. Es findet – auch wenn sich dies nur schwer aus dem Gesetzestext entnehmen lässt – zur Berechnung folgende Formel Anwendung:

---

415 BSG, Urt. v. 21.02.2006 – B 1 KR 11/05 R, BeckRS 2006, 42656, Rn. 9.
416 BSG, Urt. v. 21.02.2006 – B 1 KR 11/05 R, BeckRS 2006, 42656, Rn. 29.
417 BSG, Urt. v. 21.02.2006 – B 1 KR 11/05 R, BeckRS 2006, 42656, Rn. 29.
418 BSG, Urt. v. 21.02.2006 – B 1 KR 11/05 R, BeckRS 2006, 42656, Rn. 38.
419 BSG, Urt. v. 21.02.2006 – B 1 KR 11/05 R, BeckRS 2006, 42656, Rn. 38.

Formel | Berechnung des Nettohinzurechnungsbetrags[420]

$$\frac{\text{kalendertägliches Nettoarbeitsentgelt}}{\text{kalendertägliches Regelentgelt}} \times \text{Bruttohinzurechnungsbetrag}$$

Übernahme der Rechtsprechung auf das SGB VII?

Mit der Rechtsprechung und der Regelung in § 47 Abs. 1 S. 3 SGB V stellt sich die Frage, ob ein Nettohinzurechnungsbetrag nicht auch beim Verletztengeld zu berücksichtigen ist.

Richtig ist die Feststellung, dass sich die heutige Rechtslage für die gesetzliche Unfallversicherung „im Kern nicht anders dar[stellt], als bei der Verweisung auf § 47 SGB V in der vom BVerfG [...] für verfassungswidrig befundenen Fassung, die bei der Verletztengeldberechnung von vorn herein alle Einmalzahlungen unberücksichtigt ließ."[421] Insofern spricht aus rechtlicher Sicht viel dafür, die Rechtsprechung des BSG auf die Berechnung des Verletztengeldes zu übertragen.[422]

Andererseits finden weiterhin über § 47 Abs. 1 SGB VII die Regelungen des § 47 Abs. 1 SGB V uneingeschränkt Anwendung: Nach § 47 Abs. 1 S. 3 SGB VII ist das Nettoarbeitsentgelt als Obergrenze ohne die Einmalzahlungen zu berechnen.[423] Der Gesetzgeber hat hier keine Korrektur vorgenommen, obwohl sich die Nichtberücksichtigung der Einmalzahlungen bei der Berechnung des Verletztengeldes deutlich stärker als beim Krankengeld zum Nachteil des Versicherten auswirkt.[424] Denn beim Krankengeld wird das kumulierte Nettoarbeitsentgelt (also: Nettoarbeitsentgelt + Nettohinzurechnungsbetrag) auf 90 Prozent begrenzt (§ 47 Abs. 1 S. 2 SGB V), eine solche Begrenzung gibt es beim Verletztengeld nicht. Das kumulierte Nettoarbeitsentgelt wäre folglich beim Verletztengeld höher (= 100 Prozent) als das auf 90 Prozent reduzierte kumulierte Nettoarbeitsentgelt beim Krankengeld.

420 Vgl. Gerlach in: Hauck/Noftz, SGB V, § 47 SGB V Rn. 48 (Stand: 2020).
421 Schur in: Hauck/Noftz, SGB VII, § 47 SGB VII Rn. 44.
422 Vgl. Schur in: Hauck/Noftz, SGB VII, § 47 SGB VII Rn. 44; Westermann in: jurisPK-SGB VII, § 47 SGB VII Rn. 66.
423 Westermann in: jurisPK-SGB VII, § 47 SGB VII Rn. 65.
424 Vgl. Schur in: Hauck/Noftz, SGB VII, § 47 SGB VII Rn. 44.

Auch gab es im Gegensatz zum Krankengeld keine höchstrichterlichen Entscheidungen, die eine Korrektur einforderten.

Ergebnis

Aufgrund des eindeutigen Gesetzeswortlautes, der langjährigen Rechtsprechung des BVerfG und des BSG fällt es schwer, eine teleologische Reduktion zu rechtfertigen, dennoch: Der Gesetzgeber hätte den Wortlaut oder die Verweisungen auf das SGB VII ändern oder anpassen können, hält dies offensichtlich aber nicht für notwendig.

Aus diesem Grund erscheint es folgerichtig – trotz aller berechtigten rechtlichen Bedenken – keinen Nettohinzurechnungsbetrag auszurechnen und damit auch kein kumuliertes Nettoarbeitsentgelt zu berechnen.

Mit der Berechnung des Nettoarbeitsentgelts schließt der Schritt im Netto.

4. Unterschritt: Ergebnis

Der Schritt endet folglich mit der Feststellung des Nettoarbeitsentgelts, ohne einen Nettohinzurechnungsbetrag und damit ohne einem kumulierten Nettoarbeitsentgelt.

Prüfungsschema | Verletztengeld für Stundenlöhner

4. Schritt: Berechnung des Nettoarbeitsentgelts
4. Unterschritt: Ergebnis des Nettoarbeitsentgelts
Das Nettoarbeitsentgelt beträgt 72,48 Euro/Tag.

5. Schritt: Finaler Vergleich

Im letzten Arbeitsschritt wird nun das auf 80 Prozent reduzierte kumulierte Regelentgelt mit dem Nettoarbeitsentgelt verglichen – der niedrigere Betrag stellt die Höhe des kalendertäglichen Verletztengeldes dar. Dies ergibt sich aus § 47 Abs. 1 S. 1 Nr. 2 SGB VII: Das Verletztengeld beträgt 80 Prozent des Regelentgelts und darf das bei Anwendung des § 47 Abs. 1 und 2 SGB V berechnete Nettoarbeitsentgelt nicht übersteigen.

Prüfungsschema | Verletztengeld für Stundenlöhner

5. Schritt: Finaler Vergleich (Vergleich zwischen Ergebnis Schritt 3 und Ergebnis Schritt 4)
Ergebnis des Schritts 3 (auf 80 Prozent reduzierte kumulierte Regelentgelt: 86,38 Euro/Tag.
Ergebnis des Schritts 4 (Nettoarbeitsentgelt): 72,48 Euro/Tag
Der niedrigere Betrag stellt die Höhe des Verletztengeldes, also 72,48 Euro/Tag dar.

Die Berechnung des Verletztengeldes ist damit abgeschlossen.

Bearbeitungsempfehlung | Rechnen Sie alles aus!

Es wird ein auf 80 Prozent reduzierter Brutto-Betrag, der sich aus dem Lohn oder dem Gehalt und den Einmalzahlungen zusammensetzt mit einem Netto-Betrag verglichen, der nur das Gehalt, nicht die Einmalzahlungen berücksichtigt – das Ergebnis scheint doch schon im Vorfeld festzustehen, das Netto dürfte doch immer niedriger sein als das Brutto – wofür also dann überhaupt das Brutto ausrechnen?
Die Frage, in Ausbildung und Studium regelmäßig gestellt, ist nicht ganz unberechtigt: In der Regel dürfte in der Tat der Netto-Betrag stets der niedrigere und damit der auszahlungsrelevante sein. Auch die Kürzung des Bruttos auf 80 Prozent (wohingegen der Netto-Betrag ja 100 Prozent ausmacht) ändert nichts daran, dass regelmäßig das Netto bereits aus dem Netto hinaus und dann auch noch ohne Einmalzahlungen niedriger sein dürfte.
Dennoch sollte stets der vollständige Berechnungsweg zwingend eingehalten werden. Zum einen dürfte es bei einer Klausur schlichtweg nicht die volle Punktzahl geben, wenn die Zwischenschritte fehlen.
Zum anderen gibt es in der Praxis auch Fälle, in denen der Vergleich nicht zu Gunsten des Nettoarbeitsentgelts ausfällt, sondern des Brutto-Betrages. Dies kann z.B. dann der Fall sein, wenn der Versicherte „Brutto = Netto"-Einnahmen hat, also keine Steuern und Abgaben abgezogen werden, also gerade bei Schülern mit Aushilfsjobs oder geringfügig Beschäftigten. Wenn es dann auch keine Einmalzahlungen gibt, macht sich die Reduzierung des Bruttos auf 80 Prozent bemerkbar, sodass dieser Betrag der niedrigere ist.

Auch bei „Besserverdienenden“, die eine Begrenzung im Brutto auf den Höchstjahresarbeitsverdienst haben, kann es sein, dass dieser auf 80 Prozent reduziert niedriger ist als der reine ungekürzte Netto-Betrag.

Monatslöhner

Für Versicherte, die nicht nach Stunde, sondern nach Monaten bezahlt werden, gibt es eine eigene Rechenmethode für die Höhe des Verletztengeldes. Eine Bemessung nach Monaten bedeutet: Die Anzahl der Arbeitsstunden und -tage in dem Monat sowie der konkrete Arbeitserfolg haben auf die Höhe des Arbeitsentgelts keinen Einfluss.[425] Der Angestellte erhält in der Regel ein gleichbleibendes Monatsgehalt, unabhängig von den tatsächlich von ihm geleisteten Arbeitsstunden und -tagen.

In der Praxis dürfte das die Mehrzahl der Versicherten sein, in den Klausuren kommen diese Fallkonstellationen seltener vor. Dies liegt daran, dass die Berechnung des Monatsgehalts einfacher und damit weniger spektakulär ist als die Berechnung bei einem Stundenlöhner. Vereinfacht kann man sagen: Wer die Berechnung des Verletztengeldes eines Stundenlöhners verstanden hat und richtig anwenden kann, wird beim Monatslöhner keine Probleme haben.

Maßgeblich ist wieder die Regelung im Krankengeld und damit die Verweisung des § 47 Abs. 1 **SGB VII** auf § 47 Abs. 2 S. 3 **SGB V**: „Ist das Arbeitsentgelt nach Monaten bemessen oder ist eine Berechnung des Regelentgelts nach den Sätzen 1 und 2 nicht möglich, gilt der dreißigste Teil des im letzten vor Beginn der Arbeitsunfähigkeit abgerechneten Kalendermonat erzielten und um einmalig gezahltes Arbeitsentgelt verminderten Arbeitsentgelts als Regelentgelt.

Die Berechnung in dieser Art und Weise erfolgt also nicht nur für die Monatslöhner, sondern auch für andere Fälle, in denen eine Berechnung nach Stunden nicht möglich ist.

Somit enthält die Regelung zwei Varianten:

- Das Arbeitsentgelt ist nach Monaten bemessen.
- Eine Regelberechnung nach § 47 Abs. 2 S. 1 und S. 2 SGB V ist nicht möglich.[426]

425 Schmidt in: Peters, § 47 SGB V Rn. 115b.
426 Gerlach in: Hauck/Noftz, SGB V, § 47 SGB V Rn. 111.

Sofern das Arbeitsentgelt von den in einem Monat geleisteten Arbeitstagen, -stunden oder dem Arbeitsergebnis nicht abhängt, handelt es sich in der Regel um ein nach Monaten bemessenes Arbeitsentgelt (in der Praxis wird dies dann regelmäßig als Gehalt bezeichnet).[427] Dies gilt auch dann, wenn das Entgelt Schwankungen unterworfen ist.[428]

Unter die zweite Variante können erfolgsbezogene Vergütungen (z.B. Akkord, Provision) oder Vergütungen nach Stücken (z.B. Heimarbeit) fallen.[429] An einer Monatsberechnung ändert sich auch dann nichts, wenn der Monatslöhner zusätzlich zu seinem Monatsgehalt noch eine Überstundenvergütung oder Provisionen erhält.[430]

Prüfungsschema | Verletztengeld für Monatslöhner

Ausgangsfall: Caspar arbeitet als angestellter Datenprogrammierer. Am 7. April erleidet er auf dem Weg zu seiner Arbeit einen Wegeunfall, der von dem zuständigen Unfallversicherungsträger als Arbeitsunfall anerkannt. Im März verdiente er 4.200,00 Euro brutto (= 2.709,24 Euro netto). Er erhielt als Einmalzahlung Weihnachtsgeld in Höhe von 3.000,00 Euro.
Der Höchst-JAV des zuständigen Unfallversicherungsträgers beträgt 120.000,00 Euro.

1. Schritt: Berechnung des kumulierten Regelentgelts

Für die Berechnung des kumulierten Regelentgelts gilt beim Monatslöhner genauso wie beim Stundenlöhner, dass zwischen dem Regelentgelt und dem Bruttohinzurechnungsbetrag unterschieden werden muss.

1. Unterschritt: Berechnung des Regelentgelts

Zeitlich maßgeblich für die Berechnung ist das Arbeitsentgelt, das im letzten, vor Beginn der Arbeitsunfähigkeit abgerechneten Kalendermonat erzielt wurde (§ 47 Abs. 2 S. 3 SGB V): Es gilt also auch hier, dass für die Heran-

427 Gerlach in: Hauck/Noftz, SGB V, § 47 SGB V Rn. 112.
428 GR-VG, Ziff. 4.1.2 (S. 139).
429 Bohlken in: jurisPK-SGB V, § 47 SGB V Rn. 73.
430 Bohlken in: jurisPK-SGB V, § 47 SGB V Rn. 72.

ziehung des relevanten Zeitraums der letzte abgerechnete Kalendermonat maßgeblich ist.

Es gelten für den Bemessungszeitraum keine anderen Regelungen wie sie bereits beim Stundenlöhner aufgestellt wurden:

- Der Kalendermonat muss vor dem Beginn der Arbeitsunfähigkeit liegen.
- Der Kalendermonat muss abgerechnet sein.
- Das Arbeitsentgelt muss verdient sein.

Die Berechnung des Arbeitsentgelts beim Monatslohn ist im Vergleich zur Berechnung eines Stundenlöhners sehr einfach: Das Arbeitsentgelt ist **durch 30** zu teilen.

Diese Berechnungsmethodik ergibt sich aus § 47 Abs. 2 S. 3 SGB V. Die pauschale Anwendung der Zahl 30 als Divisor ist konsequent, da sie an anderer Stelle (z.B. § 67 Abs. 1 S. 3 SGB IX) ebenso als Pauschalwert mit einem Monat gleichgesetzt wird.

Das bedeutet, dass es unerheblich ist, wie viele Tage der Kalendermonat tatsächlich hat, der als letzter abgerechnet worden ist.[431] Ist also der letzte abgerechnete Monat ein Februar oder März, wird entsprechend des Gesetzeswortlauts durch 30 dividiert.

Auch bei dieser Berechnung gilt die Rundungsregel, dass auf drei Dezimalstellen auszurechnen ist und dann auf die zweite Stelle auf- oder abzurunden ist.[432]

Prüfungsschema | Verletztengeld für Monatslöhner

1. Schritt: Berechnung des kumulierten Regelentgelts
1. Unterschritt: Berechnung des Regelentgelts

4.200,00 Euro / 30 = 140,00 Euro/Tag

Das Regelentgelt beträgt 140,00 Euro/Tag.

Auch bei den Monatslöhnern werden regelmäßige Überstunden berücksichtigt. Dies klingt zunächst widersprüchlich, da die Unterschritte, die

431 Schmidt in: Peters, § 47 SGB V Rn. 118.
432 GR-VG, Ziff. 4.1.2.1 (S. 139).

bei den Stundenlöhnern notwendig sind, um regelmäßige Überstunden berücksichtigen zu können, weggefallen sind.

Es würde indes ein Verstoß gegen das Gleichheitsgebot darstellen, wenn Überstunden bei Monatslöhnern keine Berücksichtigung fänden. Maßgeblich ist für die Berücksichtigung, dass es sich um regelmäßige Überstunden handelt. Eine Regelmäßigkeit ist dann anzunehmen, wenn es zusätzliche Vergütungen in den letzten drei abgerechneten Monaten gab.[433]

Abgestellt wird bei den Monatslöhnern folglich nicht auf die erhöhte Stundenzahl (die ggf. auch nicht ersichtlich ist), sondern auf das aufgrund der Überstunden erhöhte Gehalt. In diesen Fällen wird das erzielte Arbeitsentgelt durch 90 geteilt. Die Zahl 90 entspricht drei Monaten zu jeweils 30 Tagen.

Bearbeitungsbeispiel | Berechnung Überstunden bei Monatslöhnern[434]

Vereinbartes monatliches Entgelt: 4.200,00 Euro
Beginn der Arbeitsunfähigkeit: 7. April
Entgeltabrechnung jeweils am 5. des folgenden Monats
Es erfolgt regelmäßig Mehrarbeitsvergütung.
Maßgebender Berechnungszeitraum:

Januar	Bruttoarbeitsentgelt	4.250,00 Euro
Februar	Bruttoarbeitsentgelt	4.310,00 Euro
März	Bruttoarbeitsentgelt	4.370,00 Euro
	Insgesamt	12.930,00 Euro

Berechnung: 12.930,00 Euro / 90 = 143,67 Euro/Tag

Ergebnis: Das Regelentgelt beträgt 143,67 Euro/Tag.

433 GR-VG, Ziff. 4.1.2.1.2.1.2.1 (S. 141 f.).
434 Nach GR-VG, Ziff. 4.1.2.1.2.1.2.1 (S. 142).

2. Unterschritt: Berechnung des Bruttohinzurechnungsbetrag

Mit der gleichen Begründung wie bei den Stundenlöhnern werden auch bei den Monatslöhnern die Einmalzahlungen in gleichem Umfang berücksichtigt. Es wird daher auf die Ausführungen dort verwiesen.

Prüfungsschema | Verletztengeld für Monatslöhner

1. Schritt: Berechnung des kumulierten Regelentgelts
2. Unterschritt: Berechnung des Bruttohinzurechnungsbetrages

Formel:

$$\frac{\text{einmalig gezahltes Arbeitsentgelt (brutto)}}{\text{360 Tage (= 1 Jahr)}} = \text{BHB}$$

Hier: Weihnachtsgeld = 3.000,00 Euro; Arbeitsentgelt i.S.d. § 14 S. 1 SGB IV.

$$\frac{3.000,00 \text{ Euro}}{360 \text{ Tage}} = 8,33 \text{ Euro/Tag}$$

3. Unterschritt: Addition des Regelentgelts und des Bruttohinzurechnungsbetrages

Zum Schluss wird – ohne weitere Zwischenschritte wie beim Stundenlohn – das Regelentgelt und der Bruttohinzurechnungsbetrag zum kumulierten Regelentgelt addiert.

Prüfungsschema | Verletztengeld für Monatslöhner

1. Schritt: Berechnung des kumulierten Regelentgelts
3. Unterschritt: Addition des Regelentgelts mit dem Bruttohinzurechnungsbetrags:

Formel:
Regelentgelt + Bruttohinzurechnungsbetrag
= Kumuliertes Regelentgelt

Anwendung:
140,00 Euro/Tag + 8,33 Euro/Tag = 148,33 Euro/Tag

Ergebnis: Das kumulierte Regelentgelt beträgt 148,33 Euro pro Kalendertag.

2. Schritt: Vergleich mit Höchstregelentgelt

Auch bei den Monatslöhnern gilt als Maximalberechnungsgrenze das Höchstregelentgelt. Auf die vorherigen Ausführungen kann daher verwiesen werden.

Prüfungsschema | Verletztengeld für Monatslöhner

2. Schritt: Vergleich mit Höchstregelentgelt
a) Berechnung des Höchstregelentgelts (HRE)
120.000,00 Euro / 360 Tage (= 1 Jahr) = 333,33 Euro/Tag
(Rundungen nach § 187 Abs. 4 SGB VII)
b) Vergleich des HRE mit dem kumulierten RE
333,33 Euro – 148,33 Euro
c) Mit dem niedrigeren Betrag, hier: also den 148,33 Euro, ist weiterzurechnen.

3. Schritt: Kürzung auf 80 Prozent

Ebenso wie bei den Stundenlöhnern erfolgt die Kürzung auf 80 Prozent.

Prüfungsschema | Verletztengeld für Monatslöhner

3. Schritt: Kürzung auf 80 Prozent
Der Betrag, der im zweiten Schritt niedriger ist (hier: kumulierte Regelentgelt: 148,33 Euro/Tag im Vergleich zum Höchstregelentgelt 333,33 Euro/Tag), also die 148,33 Euro werden auf 80 Prozent gekürzt.
Im Ergebnis besteht ein vorläufiges Verletztengeld in Höhe von 118,66 Euro/Tag.

4. Schritt: Berechnung des Nettoarbeitsentgelts

Die Netto-Berechnung erfolgt in reduziertem Umfang wie wir sie bereits bei der Berechnung des Regelentgelts vorgenommen haben.

Wie im ersten Unterschritt des ersten Schritts wird das durchschnittliche Stundenarbeitsentgelt (diesmal im Netto) berechnet, indem der Netto-Wert des zuvor verwendeten Brutto-Werts um die tatsächliche Anzahl der geleisteten Stunden geteilt wird.

Im Netto werden – wie bei den Stundenlöhnern – **keine Einmalzahlungen** berücksichtigt; es gibt daher **keinen Nettohinzurechnungsbetrag**, sodass es bei den Monatslöhnern keine Unterstufen im Netto gibt.

Prüfungsschema | Verletztengeld für Stundenlöhner

4. Schritt: Berechnung des Nettoarbeitsentgelts
1. Unterschritt: Berechnung des durchschnittlichen Nettoarbeitsentgelts

Formel:

$$\frac{\text{Nettoarbeitsentgelt}}{\text{30 Tage}} = \text{durchschnittliches Nettoarbeitsentgelt}$$

Anwendung:

$$\frac{2.709,24 \text{ Euro}}{30 \text{ Tage}} = 90,31 \text{ Euro/Tag}$$

Hinweis: 90,308 wurde auf 90,31 Euro aufgerundet (§ 187 Abs. 1 S. 2, 3 SGB VII).

5. Schritt: Finaler Vergleich

Im letzten Arbeitsschritt wird nun das auf 80 Prozent reduzierte kumulierte Regelentgelt mit dem Nettoarbeitsentgelt verglichen – der niedrigere Betrag stellt die Höhe des kalendertäglichen Verletztengeldes dar.

Prüfungsschema | Verletztengeld für Monatslöhner

5. Schritt: Finaler Vergleich (Vergleich zwischen Ergebnis Schritt 3 und Ergebnis Schritt 4)
Ergebnis des Schritt 3 (auf 80 Prozent reduzierte kumulierte Regelentgelt): 118,66 Euro/Tag.
Ergebnis des Schritts 4 (Nettoarbeitsentgelt): 90,31 Euro/Tag
Der niedrigere Betrag stellt die Höhe des Verletztengeldes, also 90,31 Euro/Tag dar.

Die Berechnung des Verletztengeldes ist damit abgeschlossen.

1.4.8.3 Berechnung für Unternehmer

Anspruch auf Verletztengeld haben Versicherte, deren Status in den §§ 2, 3 und 6 SGB VII näher definiert wird. Dazu können auch Unternehmer zählen.

Der Status als versicherter Unternehmer ergibt sich

- kraft Gesetzes – wie bspw. im Gesundheitswesen bei der BGW
- kraft Satzung
- freiwillige Versicherung
- freiwillige Versicherung für unternehmerähnliche Versicherte
- Verletztengeld bei im Ehrenamt Tätigen

Unternehmer sowie mitarbeitende Ehegatten und Lebenspartner können somit auch durch die Satzung des Unfallversicherungsträgers nach § 3 Abs. 1 Nr. 1 SGB VII Versicherte sein und damit auch Verletztengeld erhalten. Ebenso können sie sich nach § 6 Abs. 1 S. 1 Nr. 1 SGB VII freiwillig versichern. Schließlich besteht für spezielle Fälle auch eine Pflichtversicherung nach § 2 Abs. 1 SGB VII (z.B. Nr. 9: Tätigkeit im Gesundheitswesen oder in der Wohlfahrtspflege).[435]

Da Unternehmer in der Regel kein Arbeitsentgelt erzielen, weicht die Berechnung der Höhe des Verletztengeldes ab.

435 Köllner in: Lauterbach, § 47 SGB VII Rn. 167.

Gesetz | § 47 Abs. 5 SGB VII – Höhe des Verletztengeldes

Abweichend von Absatz 1 erhalten Versicherte, die den Versicherungsfall infolge einer Tätigkeit als Unternehmer, mitarbeitende Ehegatten oder Lebenspartner oder den Unternehmern nach § 6 Abs. 1 Nr. 2 Gleichgestellte erlitten haben, Verletztengeld je Kalendertag in Höhe des 450. Teils des Jahresarbeitsverdienstes. Ist das Verletztengeld für einen ganzen Kalendermonat zu zahlen, ist dieser mit 30 Tagen anzusetzen.

Maßgeblich für die Berechnung des Verletztengeldes bei Unternehmern ist daher die Satzung des Unfallversicherungsträgers: In der Regel können die Unternehmer die Höhe der Versicherungssumme und damit auch die Höhe des Verletztengeldes selbst bestimmen.

Die Berechnung des Verletztengeldes für Unternehmer hat zwei signifikante Unterschiede zur Berechnung des Verletztengeldes bei Beschäftigten:

- Berechnet wird das Verletztengeld **nicht** anhand der **tatsächlichen Einkünfte und Einnahmen**, sondern anhand eines Betrages, den der Unternehmer freiwillig bestimmen kann und der lediglich nicht einen Mindestbetrag unterbieten oder den Höchstbetrag übertreffen kann.
- Die Berechnung erfolgt **pauschal** durch die Teilung durch den Betrag 450.

Berechnungshintergrund

Um eine angemessene Berechnungsmethodik für Unternehmer zu entwickeln, stellte sich die Ausgangsfrage, ob überhaupt Unternehmer Verletztengeld in ähnlicher Funktion benötigen wie Beschäftigte, bei denen das Verletztengeld Einkommensersatzfunktion hat.

Der Gesetzgeber ging bereits beim Krankengeld davon aus, dass viele Selbständige **kein Interesse** an dieser Geldleistung hätten, da z.B. ein Betrieb auch bei Arbeitsunfähigkeit des selbständigen Unternehmers als Existenzgrundlage weitergeführt werden könnte.[436] Dieser Ansicht liegt die Auffassung zugrunde, dass der Ausfall des Unternehmers zunächst keine direkten Folgen auf Aufträge und Arbeiten hat. Auch ohne den Unternehmer

436 Vgl. BT-Drs. 16/3100, S. 109.

werden die Aufträge und Arbeiten fortgesetzt und ausgeführt. Aus diesem Grund kommt es zu keinen Einkommenseinbußen, da die Arbeiten von den Auftragnehmern bezahlt werden. Wofür sollte sich daher ein Unternehmer kostenpflichtig versichern, wenn er keine Einbußen hat? Dieser Gedankengang übertrug der Gesetzgeber auf das Verletztengeld.

Diese Auffassung entspricht nicht der klein- und mittelständisch geprägten Unternehmensstruktur in Deutschland. Vielfach arbeitet der Unternehmer mit, sein Ausfall hat damit eine direkte negative Auswirkung auf Aufträge und Arbeiten. Insofern ist es nicht verwunderlich, dass sich Unternehmer freiwillig versichern, auch um unter anderem Verletztengeld zu beziehen.

Wissen | Jahresarbeitsverdienst (JAV) und Versicherungssumme

Der Gesetzestext in § 47 Abs. 5 S. 1 SGB VII ist unkonkret, wenn er davon spricht, dass der verletzte Unternehmer den 450. Teil des Jahresarbeitsverdienstes als Verletztengeld erhält.
Der Begriff des **Jahresarbeitsverdienstes** kommt aus dem Rentenrecht. Nach § 82 Abs. 1 S. 1 SGB VII ist der Jahresarbeitsverdienst der Gesamtbetrag der Arbeitsentgelte und Arbeitseinkommen des Versicherten in den zwölf Kalendermonaten vor dem Monat, in dem der Versicherungsfall eingetreten ist. Abgestellt wird beim Jahresarbeitsverdienst auf die realen Einkünfte.
Davon unterschieden wird der Begriff der **Versicherungssumme**, der vom Gesetzgeber in § 154 Abs. 1 S. 1 SGB VII eingeführt und dann in § 177 Abs. 5 SGB VII nochmals erwähnt wird.
Mit der Versicherungssumme ist der **kraft Satzung bestimmte Jahresarbeitsverdienst** gemeint. Der Unterschied liegt also darin, dass der Jahresarbeitsverdienst nicht anhand der realen Einkünfte bestimmt wird, sondern vom Unfallversicherungsträger in seiner Satzung festgesetzt wird. Der Versicherte kann sich daher **bis zum Höchst-JAV** grundsätzlich versichern.
Die Begrifflichkeit der Versicherungssumme ist gut gewählt, kommt doch durch ihr der **Versicherungscharakter** eindeutig zum Ausdruck. Konsequent wäre es indes gewesen, diesen Begriff durchgehend zu verwenden und nicht wie in § 47 Abs. 5 S. 1 SGB VII den Jahresarbeitsverdienst.

Die Regelung des Gesetzgebers, die Berechnung der Höhe des Verletztengeldes nicht von den realen Einkünften abhängig zu machen, sondern von der Satzungsregelung des Unfallversicherungsträgers, bringt für diesen einen erheblichen Vorteil mit sich: Die bei Unternehmern regelmäßig schwierige Ermittlung des tatsächlichen jährlichen Arbeitsverdienstes erübrigt sich.[437]

Das Verletztengeld beim Unternehmer hat folglich keine prioritäre Einkommensersatzfunktion, sondern ist einer privatwirtschaftlichen Versicherung vergleichbar, in der der Versicherte sein Versicherungsrisiko und damit auch seinen Beitrag selbst auswählt. Das BSG erkannte in der Regelung für Unternehmer den „besonderen Charakter der Unternehmensversicherung als einer Eigenhilfeeinrichtung der Unternehmer auf genossenschaftlicher Basis."[438]

Berechnungsmethodik

Bei dem 450. Teil handelt es sich um **80 Prozent des 360. Teils** der Versicherungssumme.

Damit orientiert sich der Gesetzgeber im **ersten Schritt** daran, dass Arbeitseinkommen und Einmalzahlungen aus einem Jahr pauschal durch **360 Tage** geteilt werden. Beträgt die Versicherungssumme 50.000,00 Euro wäre der 360. Teil davon 138,89 Euro/Tag.

Im **zweiten Schritt** kürzt der Gesetzgeber diese Berechnung nun auf **80 Prozent** herunter – denn auch Beschäftigte erhalten ja „nur" 80 Prozent ihres Arbeitseinkommens. 80 Prozent von 138,89 Euro/Tag sind 111,11 Euro/Tag.

Die Zusammenführung beider Schritte kommt zum Divisor 450, bei 50.000,00 Euro durch 450 sind dies direkt 111,11 Euro/Tag.

Bearbeitungsbeispiele | Versicherungssumme des Unternehmers am Beispiel der Satzung der BGHM

1) § 35 Abs. 2 Satzung BGHM:
„Der Höchstbetrag des Jahresarbeitsverdienstes beträgt **99.000 Euro** (§ 85 Abs. 2 SGB VII)."

2) § 42 Abs. 1 Satzung BGHM:

437 BSG, Urt. v. 13.12.2005 – B 2 U 25/04 R, juris Rn. 16.

438 BSG, Urt. v. 04.12.2007 – B 2 U 33/06 R, NZS 2008, 659 (660).

„Für die Berechnung der Beiträge und der Geldleistungen (§ 83 Satz 1, § 154 Abs. 1 Satz 1 SGB VII) gilt für selbstständig Tätige, die kraft Gesetzes versichert sind, der Betrag von **60 v.H. der Bezugsgröße** nach § 18 Abs. 1 SGB IV als jeweiliger Jahresarbeitsverdienst (Versicherungssumme). Arbeitsentgelte und Versicherungssummen aus anderen versicherten Erwerbstätigkeiten werden der Versicherungssumme bei der Berechnung von Geldleistungen bis zur Höhe des Höchstjahresarbeitsverdienstes (§ 35 Abs. 2 der Satzung) hinzugerechnet."

3) § 43 Abs. 1 Satzung BGHM:
„Die BGHM hat der Versicherung auf schriftlichen Antrag der oder des selbstständig Tätigen eine höhere Versicherungssumme als die in § 42 der Satzung bestimmte zu Grunde zu legen (§ 83 Satz 2 SGB VII). Der **Höchstjahresarbeitsverdienst darf jedoch nicht überstiegen** werden." (Hervorhebungen der Regelungen in der Satzung nicht im Original.)

Das bedeutet:

1) Beispiel: Regel-Versicherungssumme
Bezugsgröße 2026: 47.460,00 Euro
60 Prozent der Bezugsgröße = 28.476,00 Euro
Regel-Versicherungssumme: 28.476,00 Euro
Verletztengeld = 450. Teil der Versicherungssumme
Hier: 28.476,00 Euro / 450 = 63,28 Euro/Tag
Jahres-Beitrag des Unternehmers für freiwillige Versicherung (bei Gefahrklasse 1,73): 260,11 Euro[439]

2) Beispiel: Maximal-Versicherungssumme
Abweichungen der Regel-Versicherungssumme **bis** 99.000,00 Euro erlaubt
Maximal-Versicherungssumme: 99.000,00 Euro
Verletztengeld = 450. Teil der Versicherungssumme
Hier: 99.000,00 Euro / 450 = 220,00 Euro/Tag

---

439 🔗 https://www.bghm.de/unternehmer/freiwillige-versicherung/beitragsrechner?tx_powermail_pi1%5Baction%5D=checkCreate&tx_powermail_pi1%5Bcontroller%5D=Form&cHash=f88c8a1146be06fb49ee298fa851b405#c12673 (zuletzt abgerufen am 28.02.2026)

Jahres-Beitrag des Unternehmers für freiwillige Versicherung (bei Gefahrklasse 1,73): 904,31 Euro[440]

Beginn der Verletztengeldzahlung für Unternehmer

Grundsätzlich wird Unternehmern Verletztengeld von dem Tag an gezahlt, ab dem die Arbeitsunfähigkeit ärztlich festgestellt wird oder mit dem Tag des Beginns einer Heilbehandlungsmaßnahme, die den Versicherten an der Ausübung einer ganztägigen Erwerbstätigkeit hindert. Die Regelung des § 46 Abs. 1 SGB VII findet somit sowohl auf Beschäftigte als auch auf Unternehmer Anwendung.

Ausnahme

Für Unternehmer gibt es allerdings eine Ausnahme von dieser allgemeinen Regelung. Der Gesetzgeber hat in § 46 Abs. 2 S. 1 SGB VII festgelegt, dass die Satzung des Unfallversicherungsträgers bestimmen kann, dass für Unternehmer, ihre Ehegatten oder ihre Lebenspartner und für den Unternehmern nach § 6 Abs. 1 Nr. 2 SGB VII Gleichgestellte Verletztengeld **längstens für die Dauer der ersten 13 Wochen nicht gezahlt** wird. Die 13 Wochen stellen eine Maximalfrist dar und können zu Gunsten der Unternehmer verkürzt werden bzw. kann ein Unfallversicherungsträger auch vollständig von der Anwendung einer solchen Regelung absehen.

Von dieser Satzungsfreiheit haben einige Unfallversicherungsträger Gebrauch gemacht.

Bearbeitungsbeispiel | Unternehmer-Ausnahme für Beginn

§ 50 Abs. 2 Satzung BG BAU: „Verletztengeld wird für die ersten drei Wochen der Arbeitsunfähigkeit nicht gezahlt (§ 46 Abs. 2 SGB VII)."

---

440 https://www.bghm.de/unternehmer/freiwillige-versicherung/beitragsrechner?tx_powermail_pi1%5Baction%5D=checkCreate&tx_powermail_pi1%5Bcontroller%5D=Form&cHash=f88c8a1146be06fb49ee298fa851b405#c12673 (zuletzt abgerufen am 28.02.2026)

Insofern kann der Beginn der Zahlung des Verletztengeldes an den Unternehmer um **maximal 13 Wochen** nach hinten verzögert werden. Wichtig ist: Der Grundanspruch ist entstanden und bleibt bestehen, es verschiebt sich allein der Zahlungsbeginn.[441] Begründet wird diese Regelung damit, dass die Unternehmer wegen ihrer wirtschaftlichen Verhältnisse nicht immer von Anfang an auf das Verletztengeld angewiesen wären.[442] Anfangs träten oft überhaupt keine Einkommensverluste auf, wenn der Betrieb eines selbständig tätigen Versicherten wie bisher weiterläuft (z.B. auch bei dirigierenden Maßnahmen vom Krankenbett).[443] Wie oben bereits dargestellt, entspricht diese Wertung nicht der Realität der klein- und mittelständisch geführten Unternehmen.

Viele Unfallversicherungsträger haben indes von der Ermächtigung keinen Gebrauch gemacht, und die übrigen haben den gesetzlichen Rahmen von 13 Wochen nicht ausgeschöpft.[444]

Ausnahme von der Ausnahme

§ 46 Abs. 2 S. 2 SGB VII sieht allerdings vor, dass die Ausnahme des verzögerten Verletztengeld-Beginns für Unternehmer nicht für Versicherte gilt, die freiwillig oder gesetzlich[445] bei einer gesetzlichen[446] Krankenkasse mit Anspruch auf Krankengeld versichert sind. Andernfalls erhielte der versicherte Unternehmer bei einer privaten Erkrankung (z.B. Ski-Unfall) Krankengeld von seiner gesetzlichen Krankenkasse, im Falle eines Arbeitsunfalls bis zu 13 Wochen kein Verletztengeld (durch die Satzungsregelung des Unfallversicherungsträgers) und aufgrund der Sperrwirkung des § 11 Abs. 5 SGB V kein Krankengeld.[447]

---

441 Bereiter-Hahn/Mehrtens, § 46 SGB VII Rn. 8.
442 Feddern in: BeckOGK-SGB VII, § 46 SGB VII Rn. 7.
443 Feddern in: BeckOGK-SGB VII, § 46 SGB VII Rn. 7.
444 Schur in: Hauck/Noftz, SGB VII, § 46 SGB VII Rn. 7.
445 Bereiter-Hahn/Mehrtens, § 46 SGB VII Rn. 8.
446 Westermann in: jurisPK-SGB VII, § 46 SGB VII, Rn. 58.
447 Bereiter-Hahn/Mehrtens, § 46 SGB VII Rn. 8.

Prüfungsschema | Beginn der Verletztengeld-Zahlung bei Unternehmern

1. Prüfung des Beginns nach § 46 Abs. 1 SGB VII: Ärztliche Feststellung der Arbeitsunfähigkeit oder Tag des Beginns der Heilbehandlungsmaßnahme
2. Prüfung, ob die Satzung des Unfallversicherungsträgers eine Verschiebung der tatsächlichen Zahlung beinhaltet (bis zu 13 Wochen möglich), § 46 Abs. 2 S. 1 SGB VII (Ausnahme)
3. Sofern die Satzung eine Verschiebung vorsieht: Prüfung, ob der Betroffene Mitglied einer gesetzlichen Krankenversicherung ist und Anspruch auf Krankengeld hat, § 46 Abs. 2 S. 2 SGB VII (Ausnahme der Ausnahme), dann keine Verschiebung möglich

1.4.8.4 Berechnung für Arbeitnehmer mit mehreren Einkunftsarten

Die Arbeitswelt ändert sich – während es früher üblich war, dass ein Arbeitnehmer *einer* Arbeit nachging, stieg in den letzten Jahrzehnten die Anzahl derer, die mehrere Jobs haben, an.

Teilweise wird vermutet, dass dies damit zu tun hat, dass das Einkommen aus einer Arbeit nicht zum Leben ausreiche. Aufgrund Höchstarbeitszeitgrenzen erscheint dieses Argument nicht verallgemeinerungsfähig: Mehr als 48 Stunden (vgl. § 3 ArbZG) darf regelmäßig kein Arbeitnehmer arbeiten, sodass es eine systemimmanente Grenze gibt. Richtiger erscheint hingegen, dass Arbeitnehmer die Flexibilisierungen im Arbeitsrecht (Teilzeitarbeit usw.) zu ihren Gunsten nutzen.

Wie auch immer: Das Statistische Bundesamt errechnete, dass 2024 4,7 Prozent aller Erwerbstätigen in Deutschland neben ihrer Haupttätigkeit mindestens eine weitere Tätigkeit ausübten.[448] Damit standen im Jahr 2024 gut 2 Millionen Personen in mindestens einem weiteren Arbeitsverhältnis.[449] 2004 lag die Quote noch bei 2,7 Prozent, sie stieg kontinuierlich an, 2019

448 https://www.destatis.de/DE/Themen/Arbeit/Arbeitsmarkt/Qualitaet-Arbeit/Dimension-3/zweitjobl.html (zuletzt abgerufen: 28.02.2026).

449 https://www.destatis.de/DE/Themen/Arbeit/Arbeitsmarkt/Qualitaet-Arbeit/Dimension-3/zweitjobl.html (zuletzt abgerufen: 28.02.2026).

waren es 5,4 Prozent[450], sodass die Quote in den letzten Jahren leicht rückläufig wieder ist. Auffällig ist dabei, dass es eine signifikante Anzahl an Arbeitnehmern gibt, die neben einem Anstellungsverhältnis zusätzlich auch noch selbständig tätig sind (26,1 Prozent).[451]

Diese Veränderung auf dem Arbeitsmarkt macht sich auch bei der Berechnung des Verletztengeldes bemerkbar. Denn wenn ein Arbeitnehmer mit mehreren Einkunftsarten arbeitsunfähig wird, muss genau geprüft werden, woher die Arbeitsunfähigkeit stammt und wie sie sich konkret auswirkt.

Aus diesem ergeben sich unterschiedliche Fallkonstellationen, den nachfolgend nachgegangen wird.

Mehrere Arbeitsverhältnisse

Die häufigste Variante dürfte sein, dass der Versicherte mehrere Beschäftigungsverhältnisse hat. Maßgeblich für die Berechnung der Höhe in solchen Fällen ist § 47 Abs. 1 S. 1 SGB VII i.V.m. § 47 Abs. 1 und 2 SGB V.[452]

Prüfungsschema | Verletztengeld bei mehreren Arbeitsverhältnissen

Ausgangsfall: Bertha arbeitet vormittags als angestellte Sekretärin in einem Büro und nachmittags als angestellte Verkäuferin in einem Kaufhaus. Sie erleidet auf dem Weg zum Büro einen Arbeitsunfall.

Wenn im Unfallzeitpunkt mehrere Beschäftigungsverhältnisse ausgeübt worden sind, wird nach der Rechtsprechung des BSG das Verletztengeld grundsätzlich nach dem **aus allen Beschäftigungen** erzielten Entgelt berechnet.[453] Grundvoraussetzung ist freilich, dass sich die Arbeitsunfähigkeit auf beide Arbeitsverhältnisse auswirkt, der Versicherte also in beiden Arbeitsverhältnissen arbeitsunfähig ist. Das BSG argumentiert, dass dem Gesetz nicht entnommen werden könne, dass sich das Verletztengeld nur nach dem Arbeitsentgelt derjenigen Beschäftigung bemessen soll, bei der

---

450 https://www.destatis.de/DE/Themen/Arbeit/Arbeitsmarkt/Qualitaet-Arbeit/Dimension-3/zweitjobl.html (zuletzt abgerufen: 28.02.2026).

451 https://www.destatis.de/DE/Themen/Arbeit/Arbeitsmarkt/Qualitaet-Arbeit/Dimension-3/zweitjobl.html (zuletzt abgerufen: 28.02.2026).

452 Köllner in: Lauterbach, § 47 SGB VII Rn. 117.

453 BSG, Urt. v. 04.12.1991 – 2 RU 76/90, juris Rn. 18; Holstraeter in: Knickrehm/Roßbach/Waltermann, § 47 SGB VII Rn. 4.

sich der Arbeitsunfall ereignete.[454] Letztlich kann die Arbeitsunfähigkeit in dem einen Beschäftigungsverhältnis zur Arbeitsunfähigkeit des anderen Beschäftigungsverhältnisses führen. Folglich wird das Verletztengeld aus dem **aus jeder Beschäftigung** erzielten Arbeitsentgelt gesondert berechnet[455] (auch wenn es sich um ein beitragsfreies geringfügiges Beschäftigungsverhältnis handelt[456]).

Vertretbar wäre auch: Zwar besteht eine Verbindung zwischen den beiden Arbeitsunfähigkeiten, doch lag in der zweiten Arbeitsunfähigkeit gerade kein Arbeitsunfall, sodass in der Konsequenz Krankengeld für dieses Beschäftigungsverhältnis zu zahlen wäre. Der Gesetzgeber entschied sich indes für eine andere, für den Versicherten günstigere Lösung.

Prüfungsschema | Verletztengeld bei mehreren Arbeitsverhältnissen

Ausgangsfall: Bertha arbeitet vormittags als angestellte Sekretärin in einem Büro und nachmittags als angestellte Verkäuferin in einem Kaufhaus. Sie erleidet auf dem Weg zum Büro einen Arbeitsunfall.
Der Unfall führt dazu, dass sie weder die Bürotätigkeit, noch die Tätigkeit im Kaufhaus ausüben kann. Als Sekretärin verdient sie monatlich 1.500,00 Euro; als Verkäuferin hat sie eine geringfügige Beschäftigung mit 500,00 Euro/Monat. Der Höchstjahresarbeitsverdienst aus der Bürotätigkeit bei der VBG beträgt 120.000,00 Euro, aus der Verkäufer-Tätigkeit bei der BGHW 96.000,00 Euro.

a) Berechnung: Das Verletztengeld errechnet sich aus beiden Anstellungsverhältnissen, wobei jedes Beschäftigungsverhältnis eigenständig betrachtet und berechnet wird.
Daher sind zunächst Teil-Regelentgelte bzw. Teil-Verletztengelder zu berechnen, die anschließend zu einem **Gesamt-Regelentgelt** bzw. Gesamt-Verletztengeld zusammengefasst werden.[457]
Berechnung Büro: 1.500,00 Euro / 30 = 50,00 Euro/Tag
Berechnung Kaufhaus: 500,00 Euro / 30 = 16,67 Euro/Tag

454 BSG, Urt. v. 04.12.1991 – 2 RU 76/90, juris Rn. 18.
455 Vgl. GR-VG, Ziff. 5.1.4 (S. 187 f.).
456 GR-VG, Ziff. 12.3 (S. 309); vgl. Köllner in: Lauterbach, § 47 SGB VII Rn. 118.
457 Köllner in: Lauterbach, § 47 SGB VII Rn. 117.

Wichtig ist hierbei, dass die beiden kumulierten Teil-Regelentgelte addiert werden und der addierte Wert **mit dem Höchstregelentgelt verglichen** wird.[458]

b) Vergleich: Der Vergleich des Gesamt-Regelentgelts erfolgt mit dem Höchstregelentgelt aus dem Höchst-JAV des Unfallversicherungsträgers der versicherten Tätigkeit. Vorliegend ereignete sich der Fall auf dem Weg ins Büro, sodass zuständiger Unfallversicherungsträger die VBG ist und damit der Höchst-JAV von 120.000,00 Euro heranzuziehen ist.
Verglichen wird folglich das Gesamt-Regelentgelt mit dem Höchstregelentgelt aus 120.000,00 Euro.

c) Auszahlung: Da es sich um einen Wegeunfall auf dem Weg zum Büro handelte, wird das errechnete Verletztengeld im vorliegenden Fall allein von der VBG ausbezahlt.
Die VBG hat keine Erstattungsansprüche gegen die BGHW.

d) Beispielsberechnung: Berechnung Höchstregelentgelt Büro:
120.000,00 Euro / 360 = 333,33 Euro/Tag
Also: 50,00 Euro + 16,67 Euro = 66,67 Euro; das HRE (333,33 Euro) wird nicht erreicht.
Sollte das gemeinsame kumulierte Regelentgelt das Höchstregelentgelt überschreiten, wären die beiden einzelnen Werte im Verhältnis zu **kürzen**.
Gekürzt wird nach folgender Berechnungsmethodik:[459]

$$\frac{\text{Höchstregelentgelt} \times \text{Teil-Regelentgelt}}{\text{Gesamt-Regelentgelt}}$$

Abweichungsfall: Daria verdient im Büro 5.000,00 Euro/Monat, als Verkäuferin im Kaufhaus 4.000,00 Euro/Monat. Der Unfall ereignete sich im Kaufhaus.

Berechnung Büro: 5.000,00 Euro / 30 = 166,67 Euro/Tag
Berechnung Kaufhaus: 4.000,00 Euro / 30 = 133,33 Euro/Tag

458 Köllner in: Lauterbach, § 47 SGB VII Rn. 118.
459 GR-VG, Ziff. 5.1.4 (S. 188).

Berechnung Höchstregelentgelt BGHW: 96.000,00 Euro / 360 = 266,67 Euro/Tag
Addiert (166,67 Euro + 133,33 Euro = 300,00 Euro) ist das Gesamt-Regelentgelt höher als das Höchstregelentgelt der BGHW (266,67 Euro). Die beiden Regelentgelte sind daher im Verhältnis auf das Höchstregelentgelt von 266,67 Euro zu kürzen.

a) Kürzungen:
1. Kürzung Verletztengeld-Büro

$$\frac{266,67 \times 166,67}{300,00} = 148,15 \text{ Euro/Tag}$$

2. Kürzung Verletztengeld-Kaufhaus

$$\frac{266,67 \times 133,33}{300,00} = 118,52 \text{ Euro/Tag}$$

b) Auszahlung
Die BGHW zahlt Daria ein Verletztengeld aus auf Basis eines Regelentgelts von 266,67 Euro.
Die BGHW hat keine Erstattungsansprüche gegen die VBG.
Die Bedeutung dieser Kürzung besteht darin, dass die Arbeitsunfähigkeiten unterschiedlich lang sein könnten, also dass Daria schneller für das Büro arbeitsfähig wird als für das Kaufhaus. Dann können die einzelnen gekürzten Beträge zur getrennten Weiterzahlung verwendet werden.

Hinweis: Im vorliegenden Fall würde sich Daria besser stellen, wenn die Arbeitsunfähigkeit von Anfang an „nur“ beim Kaufhaus arbeitsunfähig wäre und beim Büro arbeitsfähig bliebe.
Denn in dieser Alternativ-Konstellation würde sie von Anfang an ein ungekürztes Verletztengeld erhalten. In der Regel würden wohl Unfallversicherungsträger für diese Fallkonstellation der „einfachen Arbeitsunfähigkeit“ bei Mehrfachtätigen keine fiktive Alternativberechnung für das „theoretische“ Verletztengeld beim Büro ausrechnen und auf dieser Grundlage eine Kürzung des Verletztengeldes beim Kaufhaus vornehmen.

Dass dies nicht geschieht, stellt aber keine Schlechterstellung im vorliegenden Fall der „doppelten Arbeitsunfähigkeit“ und der damit verbundenen Kürzung dar.
Denn die oben aufgeführte Kürzung entspricht der gesetzlichen Vorgabe, das Höchstregelentgelt nicht zu überschreiten. Vielmehr wird allein aus Vereinfachungsgründen im Fall der „einfachen Arbeitsunfähigkeit“, in der keine Kürzung vorgenommen wird, die Versicherte bessergestellt, ohne dass sie einen Rechtsanspruch darauf hätte.
Zugegeben: Diese Fallkonstellationen dürften sowieso in der Praxis äußerst selten vorkommen.

Anders ist der Sachverhalt zu bewerten, wenn sich **die Arbeitsunfähigkeit nur auf ein Beschäftigungsverhältnis** bezieht, also in dem zweiten Arbeitsverhältnis keine Arbeitsunfähigkeit besteht, sondern vielmehr weiterhin dem Beschäftigungsverhältnis nachgegangen werden kann.

Ist der Versicherte trotz der Folgen des Arbeitsunfalles in einem Beschäftigungsverhältnis wegen der dort zu verrichtenden Tätigkeiten nicht arbeitsunfähig im zweiten Beschäftigungsverhältnis (positiv ausgedrückt: ist er trotz der Arbeitsunfähigkeit im Beschäftigungsverhältnis 1, im Beschäftigungsverhältnis 2 weiterhin arbeitsfähig), erleidet er in diesem zweiten Beschäftigungsverhältnis **keinen Verdienstausfall**, sodass das Regelentgelt aus diesem Beschäftigungsverhältnis bei der Berechnung des Verletztengeldes nicht zu berücksichtigen ist.[460] Dies dürfte auch offensichtlich sein: Denn aus dem zweiten Beschäftigungsverhältnis erzielt der Versicherte ja weiterhin sein Gehalt. Es besteht für dieses Beschäftigungsverhältnis also keine Notwendigkeit eines Einkommensersatzes.

Prüfungsschema | Verletztengeld bei mehreren Arbeitsverhältnissen

Ausgangsfall: Bertha arbeitet vormittags als angestellte Sekretärin in einem Büro und nachmittags als angestellte Verkäuferin in einem Kaufhaus. Sie erleidet auf dem Weg zum Büro einen Arbeitsunfall.

460 BSG, Urt. v. 04.12.1991 – 2 RU 76/90, juris Rn. 20.

Variante 2: Der Unfall führt dazu, dass sie nicht ihre Bürotätigkeit, aber die Tätigkeit im Kaufhaus ausüben kann.
Berechnung: Das Verletztengeld wird allein aus der Beschäftigung als Sekretärin berechnet. Aus der Tätigkeit als Verkäuferin wird es nicht berechnet.

Gleiches gilt im Übrigen, wenn der Versicherte aus einem Arbeitsverhältnis aufgrund der Arbeitsunfähigkeit Entgeltfortzahlung im Krankheitsfall erhält: Auch aus diesem würde er dann kein Verletztengeld beziehen, da er ja bereits Entgeltfortzahlung erhält. Hier findet sich der Rechtsgedanke des § 52 Nr. 1 SGB VII wieder, dass der Versicherte nicht doppelt Geldleistungen beziehen soll.

Anstellung und Selbständigkeit

Möglich ist es des Weiteren, dass der Versicherte **neben einer angestellten Beschäftigung noch eine selbständige Tätigkeit** ausübt.

Maßgeblich ist hier für die Anstellung § 47 Abs. 1 S. 1 SGB VII i.V.m. § 47 Abs. 1 und 2 SGB V, und für die Selbständigkeit findet § 47 Abs. 1 S. 2 SGB VII Anwendung. Danach ist Arbeitseinkommen bei der Ermittlung des Regelentgelts mit dem 360. Teil des im Kalenderjahr vor Beginn der Arbeitsunfähigkeit oder der Maßnahmen der Heilbehandlung erzielten Arbeitseinkommens zugrunde zu legen.

Für die Definition des Arbeitseinkommens gilt wieder § 15 Abs. 1 S. 1 SGB IV: Arbeitseinkommen ist der nach den allgemeinen Gewinnermittlungsvorschriften des Einkommensteuerrechts ermittelte Gewinn aus einer selbständigen Tätigkeit. Einkünfte aus Kapitalvermögen und Vermietung oder Verpachtung gehören daher nicht zum Arbeitseinkommen.[461]

Prüfungsschema | Verletztengeld bei Anstellung und Selbständigkeit

Ausgangsfall: Bertha arbeitet vormittags als angestellte Innenarchitektin und nachmittags betreibt sie selbständig einen Buchladen für Architekturbücher. Als Innenarchitektin erhält sie 3.000,00 Euro/Monat (= 2.308,00 Euro/Monat netto), in der Selbständigkeit hat sie 30.000,00

461 Holstraeter in: Knickrehm/Roßbach/Waltermann, § 47 SGB VII Rn. 10.

Euro im Kalenderjahr vor der Arbeitsunfähigkeit verdient. Der Höchstjahresarbeitsverdienst liegt bei 120.000,00 Euro.
Variante 1: Bertha erleidet einen Arbeitsunfall auf dem Weg zum Innenarchitekturbüro. Aufgrund der Arbeitsunfähigkeit kann sie beide Tätigkeiten nicht ausüben.

Berechnung:

1. Berechnung Anstellung Innenarchitektur wie gehabt:
3.000,00 Euro / 30 Tage = 100,00 Euro/Tag = Regelentgelt 1

2. Berechnung Selbständigkeit:
30.000,00 Euro / 360 Tage = 83,33 Euro/Tag = Regelentgelt 2

3. Vergleich der addierten Regelentgelte 1 und 2 mit dem Höchstregelentgelt der VBG:[462]
100,00 Euro/Tag + 83,33 Euro/Tag = 183,33 Euro/Tag
Höchst-JAV: 120.000,00 Euro / 360 = 333,33 Euro/Tag

4. Anstellung:
Kürzung auf 80 Prozent von 100,00 Euro = 80,00 Euro/Tag;
Nettoarbeitsentgelt: 2.308,00 Euro / 30 = 76,93 Euro/Tag
VG = 76,93 Euro/Tag

5. Selbständigkeit:
Kürzung auf 80 Prozent von 83,33 Euro = 66,66 Euro/Tag
VG = 66,66 Euro/Tag
Gesamt-Verletztengeld: 76,93 + 66,66 = 143,59 Euro/Tag

Bei der Berechnung des Teil-Verletztengeldes aus dem Arbeitseinkommen nach § 47 Abs. 1 S. 2 SGB VII ist Folgendes zu beachten:

- Das Regelentgelt aus dem Arbeitseinkommen ist auf 80 Prozent zu kürzen.[463] Diese Vorgabe ergibt sich aus § 47 Abs. 1 S. 2 SGB VII, der allein regelt, welches Arbeitseinkommen bei der *Ermittlung des Regelentgelts* heranzuziehen ist. Die Regelung des Satzes 2 stellt daher bezüglich der Ermittlung des Regelentgelts bei Arbeitseinkommen eine Abweichung

462 Vgl. Schur in: Hauck/Noftz, SGB VII, § 47 SGB VII Rn. 27.
463 Feddern in: BeckOGK-SGB VII, § 47 SGB VII Rn. 11; Köllner in: Lauterbach, § 47 SGB VII Rn. 120.

von § 47 Abs. 1 S. 1 Nr. 1 SGB VII dar. Weiterhin findet aber § 47 Abs. 1 S. 2 SGB VII auch für das aus dem Arbeitseinkommen ermittelte Regelentgelt Anwendung, wonach das Regelentgelt auf 80 Prozent zu kürzen ist.
- Es erfolgt beim Arbeitseinkommen keine Netto-Vergleichsberechnung.[464] § 47 Abs. 1 S. 2 SGB V verweist allein auf das Arbeitsentgelt, nicht auf Arbeitseinkommen.

Zu betonen ist nochmals: Erhält der Versicherte Gehalt oder Entgeltfortzahlung im Krankheitsfall, hat er trotz Arbeitsunfähigkeit keinen Einkommensverlust. Er bekommt dann für die Arbeitsunfähigkeit aus dem Beschäftigungsverhältnis heraus kein zusätzliches Verletztengeld, sondern allein das Verletztengeld aus der Selbstständigkeit heraus.

Prüfungsschema | Verletztengeld bei Anstellung und Selbstständigkeit

Ausgangsfall: Bertha arbeitet vormittags als angestellte Innenarchitektin und nachmittags betreibt sie selbständig einen Buchladen für Architekturbücher. Als Innenarchitektin erhält sie 3.000,00 Euro/Monat (= 2.308,00 Euro/Monat netto), in der Selbständigkeit hat sie 30.000,00 Euro im Kalenderjahr vor der Arbeitsunfähigkeit verdient.

Variante 2: Bertha erleidet einen Arbeitsunfall auf dem Weg zum Buchladen. Aufgrund der Arbeitsunfähigkeit kann sie beide Tätigkeiten nicht ausüben. Bertha ist bei der BGHW nach § 6 Abs. 1 SGB VII in Verbindung mit der Satzung der BGHW freiwillig versichert und hat als Versicherungssumme 30.000,00 Euro (Mindest-Versicherungssumme der BGHW laut Satzung 2025)
In § 43 Abs. 2 S. 2 Satzung 2025 BGHW heißt es: „Arbeitsentgelte und Versicherungssummen aus anderen versicherten Erwerbstätigkeiten werden der Versicherungssumme bei der Berechnung von Geldleistungen bis zur Höhe des Höchstjahresarbeitsverdienstes (§ 35 Abs. 2 der Satzung) hinzugerechnet."

1. Berechnung:[465]
a) Selbständigkeit Buchladen: Versicherungssumme: 30.000,00 Euro

---

464 Feddern in: BeckOGK-SGB VII, § 47 SGB VII Rn. 11; Köllner in: Lauterbach, § 47 SGB VII Rn. 120.

465 Nach Köllner in: Lauterbach, § 47 SGB VII Rn. 175a.

Mindestversicherungssumme von 30.000,00 Euro erfüllt.
b) Anstellung Innenarchitektur: 3.000,00 Euro × 12 Monate = 36.000,00 Euro/Tag
c) Satzungsanwendung: Erhöhung der Versicherungssumme um Jahres-Arbeitsentgelt: 36.000,00 + 30.000,00 = 66.000,00 Euro
d) 66.000,00 Euro / 450 = 146,67 Euro/Tag
VG = 146,67 Euro/Tag

2. Vergleich Höchstjahresarbeitsverdienst
Verglichen wird nicht das Verletztengeld mit dem Höchstregelentgelt; maßgeblich ist der Höchstjahresarbeitsverdienst, der sich aus der Satzung der BGHW ergibt (96.000,00 Euro/2026). Der addierte Wert von 66.000,00 Euro liegt unter dem Höchst-JAV.

4. Ergebnis: Bertha erhält Verletztengeld in Höhe von insgesamt 146,67 Euro/Tag.

5. Auszahlung: Die Auszahlung erfolgt von der BGHW, es gibt keine Erstattung von der VBG.

6. Hinweis: Zu kritisieren ist, dass der Versicherte in dieser Konstellation bessergestellt wird, als wenn der Unfall in der Anstellung erfolgt. Denn dort wird das Regelentgelt mit dem Nettoarbeitsentgelt verglichen und oftmals auf dessen Höhe gekürzt. Eine solche Ausrechnung und Kürzung auf den Nettobetrag erfolgt im vorliegenden Fall nicht. Dies liegt am Gesetzestext und dem Satzungswortlaut. Versicherte erhalten „abweichend von Absatz 1“ nach § 47 Abs. 5 SGB VII Verletztengeld je Kalendertag in Höhe des 450. Teils *des Jahresarbeitsverdienstes.* Zu berücksichtigen sind daher allein die Beträge des Jahresarbeitsverdienstes.

Erleidet ein Unternehmer einen Arbeitsunfall aufgrund seiner Unternehmertätigkeit und verursacht die dadurch bedingte Arbeitsunfähigkeit auch eine solche hinsichtlich der vom Unternehmer außerdem ausgeübten unselbständigen Tätigkeit, so sind grundsätzlich der Berechnung des Verletztengeldes sein Arbeitseinkommen **und** sein Arbeitsentgelt zugrunde zu legen.[466]

466 BSG, Urt. v. 04.12.1991 – 2 RU 76/90, BeckRS 1991, 30409093.

Durch den Arbeitsunfall werden zwei Erwerbsquellen betroffen, wodurch auch zwei rechtlich verschiedene Schäden eintreten, nämlich ein Schaden sowohl aus der selbständigen Tätigkeit als auch aus der abhängigen Beschäftigung.[467] Bedingt durch den einen Arbeitsunfall kann weder aus der einen Tätigkeit noch aus der anderen Beschäftigung Einkünfte erzielt werden.[468] Die Gehaltsfortzahlung deckt den Einkommensverlust in der Eigenschaft als Arbeitnehmer und das Verletztengeld den Einkommensverlust als Unternehmer jeweils getrennt und unabhängig voneinander ab.[469]

Die Auswirkungen einer anderslautenden Satzungsregelung werden deutlich, wenn die Satzung **keine Berücksichtigung** der anderweitigen Arbeitsentgelte vorsieht.

Änderungsfall: Caspar arbeitet vormittags als angestellter Friseur und nachmittags ist er selbständiger Physiotherapeut. Als Friseur erhält er 3.000,00 Euro/Monat (= 2.308,00 Euro/Monat netto), in der Selbständigkeit hat er 30.000,00 Euro im Kalenderjahr vor der Arbeitsunfähigkeit verdient.
Caspar erleidet einen Arbeitsunfall auf dem Weg zu seiner Physiopraxis. Aufgrund der Arbeitsunfähigkeit kann er beide Tätigkeiten nicht ausüben. Caspar hat als Versicherungssumme 30.000,00 Euro.

Berechnung:

1. Berechnung Selbständigkeit nach § 47 Abs. 5 SGB VII
30.000,00 Euro / 450 = 66,67 Euro/Tag

2. Berechnung Anstellung nach Satzung (**fiktive** Satzungsregelung[470])
„Für die Berechnung der Geldleistungen gilt für die kraft Gesetzes versicherten selbstständig Tätigen, für die kraft Satzung versicherten Unternehmer und Unternehmerinnen sowie ihre im Unternehmen mitarbeitenden Ehegatten, Ehegattinnen, Lebenspartner und Lebenspartnerinnen sowie für die freiwillig Versicherten als Jahresarbeitsverdienst ***allein die im Zeitpunkt des Versicherungsfalls maßgebende Versicherungssumme.***“
Keine Berücksichtigung des Arbeitsentgelts aus der Anstellung

467 BSG, Urt. v. 04.12.1991 – 2 RU 76/90, BeckRS 1991, 30409093.
468 BSG, Urt. v. 04.12.1991 – 2 RU 76/90, BeckRS 1991, 30409093.
469 BSG, Urt. v. 04.12.1991 – 2 RU 76/90, BeckRS 1991, 30409093.
470 Vgl. Köllner in: Lauterbach, § 47 SGB VII Rn. 175.

3. Ergebnis: Caspar erhält Verletztengeld in Höhe von insgesamt 66,67 Euro/Tag.

Das BSG[471] hatte über einen ähnlichen Fall zu entscheiden: In der Konstellation war die Versicherte selbständige Tierärztin (mit einer Versicherungssumme von 18.000,00 Euro) und gleichzeitig angestellte Veterinärin beim Landkreis. Sie hatte als Tierärztin, also in ihrer Selbständigkeit, einen Arbeitsunfall. Sie erhielt vom Unfallversicherungsträger Verletztengeld aus der Versicherungssumme heraus und für die ersten sechs Wochen Entgeltfortzahlung im Krankheitsfall durch ihren Arbeitgeber. Als dieser die Zahlung einstellte, begehrte sie von der Krankenkasse Krankengeld. Denn der Unfallversicherungsträger lehnte eine zusätzliche Zahlung des Verletztengeldes aufgrund des Beschäftigungsverhältnisses mit Verweis auf seine Satzungsregelung ab. Diese sah nicht vor, Arbeitsentgelt zusätzlich zu berücksichtigen. Im vorliegenden Fall floss in die Berechnung des Krankengeldes lediglich das Arbeitsentgelt aus dem Beschäftigungsverhältnis ein, während sich das Verletztengeld an dem Arbeitseinkommen aus der selbstständigen Tätigkeit als praktizierende Tierärztin orientiert, das sich in der Versicherungssumme von 18.000,00 Euro niedergeschlagen hatte.[472]

Das BSG stellte fest, dass die Tierärztin hinsichtlich der Tätigkeit als angestellte Veterinärin ebenfalls in der GUV versichert sei, und dort bemesse sich das Verletztengeld anhand des Arbeitsentgelts aus dem Beschäftigungsverhältnis.[473] Da sich die Arbeitsunfälle der Tierärztin im Rahmen ihrer Praxistätigkeit ereignet haben, war der Unfallversicherungsträger zur Berechnung des Verletztengeldes lediglich anhand der in der freiwilligen Versicherung vereinbarten Versicherungssumme verpflichtet, sodass nur ein Ausgleich des wegen der Arbeitsunfälle nicht erzielbaren Arbeitseinkommens als Unternehmerin erfolgte.[474]

Das BSG hatte somit keine Einwände an der Satzungsregelung des Unfallversicherungsträgers, sondern ging vielmehr davon aus, dass dann ein Anspruch auf Krankengeld gegen die gesetzliche Krankenkasse bestand. Allerdings wurde auch nicht exakt die Fallkonstellation überprüft, bei der

471 BSG, Urt. v. 26.11.2015 – B 3 KR 3/15 R, r+s 2016, 52.
472 BSG, Urt. v. 26.11.2015 – B 3 KR 3/15 R, r+s 2016, 52 (54).
473 BSG, Urt. v. 26.11.2015 – B 3 KR 3/15 R, r+s 2016, 52.
474 BSG, Urt. v. 26.11.2015 – B 3 KR 3/15 R, r+s 2016, 52.

es zu einer Doppelzahlung durch einen Unfallversicherungsträger kommen sollte, da die klagende Tierärztin Krankengeld geltend machte.

Die Entscheidung stieß in der Praxis auf Kritik:[475] Der Unfallversicherungsträgern eingeräumte Gestaltungsspielraum in Satzungen würde zu Lasten der Krankenversicherung missbraucht. Statt (zusätzliches) Verletztengeld erhalte die Versicherte nun Krankengeld durch die gesetzliche Krankenkasse. Ein solches Ergebnis widerspreche der Vorfahrtregelung in § 11 Abs. 5 SGB V: In dem vom BSG entschiedenen Fall hätte mithin nicht die Krankenkasse Krankengeld zu zahlen, sondern die BG ein entsprechend höheres Verletztengeld.[476]

In der Tat erscheint die Satzungsregel unsolidarisch gegenüber den gesetzlichen Krankenversicherungen. Doch: Hatte die Tierärztin als angestellte Veterinärin einen Arbeitsunfall? Nein! Weshalb sollte dann der Unfallversicherungsträger Verletztengeld leisten. Aus hiesiger Sicht überzeugt die Entscheidung des BSG daher.

1.4.9 Berufskrankheit bei Unternehmern

Für die Berechnung des Verletztengeldes nach § 47 Abs. 5 SGB VII aufgrund einer **Berufskrankheit** (BK) bei der der JAV benötigt wird, findet die in § 84 SGB VII aufgeführte Vergleichsberechnung Anwendung.[477]

Danach gilt bei Berufskrankheiten für die Berechnung des JAV als Zeitpunkt des Versicherungsfalls der letzte Tag, an dem die Versicherten versicherte Tätigkeiten verrichtet haben, die ihrer Art nach geeignet waren, die BK zu verursachen, wenn diese Berechnung für die Versicherten günstiger ist als eine Berechnung auf der Grundlage des in § 9 Abs. 5 SGB VII genannten Zeitpunktes.

Die Ermessensregelung des § 87 SGB VII findet indes keine (auch nicht bei Berufskrankheiten) Anwendung, sofern nicht die Satzung des Unfallversicherungsträgers dies vorsieht.

---

475 Vgl. Kranig, SGb 2017, 610 (617); vgl. auch Ziegler in: Schlaeger, § 47 SGB VII Rn. 49.
476 Kranig, SGb 2017, 610 (617).
477 Köllner in: Lauterbach, § 47 SGB VII Rn. 171.

1.4.10 Ende des Verletztengeldes

Es gibt keinen einheitlichen Zeitpunkt, an dem der Anspruch auf Verletztengeld endet. Entgegen der Regelung beim Krankengeld gibt es damit auch keine maximale Bezugsdauer des Verletztengeldes. Verletztengeld wird daher grundsätzlich zeitlich unbefristet geleistet.[478] Der Anspruch auf Verletztengeld besteht von **zeitlich unbegrenzter Dauer**.[479]

Der Gesetzgeber hat – etwas unübersichtlich – in § 46 Abs. 3 SGB VII die verschiedenen Beendigungszeitpunkte aufgeführt. Diese können in zwei Gruppen unterschieden werden:[480]

- Die Rehabilitation ist erfolgreich abgeschlossen (§ 46 Abs. 3 **S. 1** SGB VII)
- Die Rehabilitation war nicht erfolgreich (§ 46 Abs. 3 **S. 2** SGB VII)

Wissen | Genaue Zitation erforderlich!

Für Nicht-Juristen ist die Zitation von Gesetzen oftmals nervig und erscheint übertrieben. Indes zeigt das Nervige gerade, dass die Einhaltung einer sorgfältigen und genauen Zitation unabdingbar und notwendiger Bestand von Verwaltungshandeln darstellt.

- Gesetze werden üblicherweise abgekürzt. In einem Bescheid führt die Verwaltung indes bei der erstmaligen Benennung den Gesetzestext vollständig ein und stellt die Abkürzung in Klammern vor (z.B. Sozialgesetzbuch VII (SGB VII)). Nach der erstmaligen Einführung der Abkürzung ist diese im weiteren Verlauf des Bescheides zu verwenden. Es sollen möglichst die allgemein eingeführten Abkürzungen von Gesetzen verwendet werden, keine eigenen Kreationen. Es gibt nur ganz wenige Beispiele, in denen die Praxis von der offiziellen Abkürzung abweicht (z.B. beim Entgeltfortzahlungsgesetz: offizielle Abkürzung: EntgFG; gebräuchlich: EFZG).
- Gleiches gilt für Rechtsverordnungen: Auch diese sind zunächst auszuschreiben, die offizielle Abkürzung einzuführen und dann zu verwenden (z.B. Berufskrankheiten-Verordnung (BKV)).

478 Köllner in: LPK-SGB VII, § 46 SGB VII Rn. 4.
479 Köllner in: Lauterbach, § 46 SGB VII Rn. 23.
480 Nach Köllner in: LPK-SGB VII, § 46 SFB VII Rn. 4; ders. in: Lauterbach, § 46 SGB VII R22.

- Bei Richtlinien und Satzungen sind ebenso die offiziellen Namen und Abkürzungen zu verwenden (z.B. Hilfsmittel-Richtlinie (HilfsM-RL)). Oftmals gibt es bei Satzungen keine offizielle Abkürzung, sodass eine sinnvolle Abkürzung gesucht werden muss (z.B. „Satzung der Berufsgenossenschaft Energie Textil Elektro Medienerzeugnisse" (Satzung BG ETEM)).
- Gesetze sind (mit Ausnahme des Grundgesetzes, Gesetze in Bayern und anderer Ausnahmen, dort heißen sie „Artikel" (Art.)) in Paragrafen eingeteilt. Das Wort „Paragraf" muss in einem Bescheid nicht ausgeschrieben werden, sodass stets das Paragrafenzeichen (§) verwendet werden kann. Zwischen dem Paragrafenzeichen und dem Paragrafen befindet sich zwingend eine Leerstelle (z.B. § 46) – ohne Leerstelle ist das Schreiben nicht falsch, wirkt aber unprofessionell. Zwingend schließt die Zitation eines Paragrafen immer mit der Angabe der Norm ab; ein Paragraf darf grundsätzlich nicht ohne Normbezeichnung stehen bleiben.
- Gesetze sind so genau wie möglich zu zitieren. Das bedeutet in der Regel in Absätze, Sätze, Nummern und Buchstaben. In einem Bescheid können diese Untergliederungen ausgeschrieben werden. In juristischen Texten werden sie stets abgekürzt. Dabei unterscheidet man zwischen geläufigen Abkürzungen in Klausuren und in Bescheiden/Bachelor- und Masterarbeiten:

	Abkürzungen erlaubt in ...	
	Bescheid, Bachelorarbeit, Masterarbeit, auch in Klausur	nur in Klausuren
Absatz (Absatz 1)	Abs. Abs. 1	Römische Ziffer I
Satz (Satz 1)	S. oder Satz S. 1 oder Satz 1	Arabische Ziffer 1
Nummer (Nummer 1)	Nr. Nr. 1	Nr. Nr. 1

Buchstabe (Buchstabe a)	Buchst. oder lit.[481] Buchst. a oder lit. a	Nur der betroffene Buchstabe a)
Gesamt	§ 1 Abs. 1 S. 1 Nr. 1 Buchst. a XYG	§ 1 I 1 Nr. 1 a) XYG

- Es ist stets so genau wie möglich zu zitieren! Wer sich unsicher ist und deshalb die Norm nur allgemein zitiert (z.B. „Es handelt sich um einen Versicherten nach § 2 SGB VII."), zitiert falsch! Wenn der Bearbeiter schon nicht weiß, welche Norm genau die richtige ist, kann es der Bürger auch nicht wissen. Eine unterbliebene genaue Zitation kann im Übrigen zu sonst falschen, zumindest angreifbaren Ergebnissen führen (z.B. ist es daher wichtig genau zwischen Satz 1 und Satz 2 bei § 46 SGB VII zu unterscheiden).
- Wenn es nur einen Absatz oder einen Satz in einem Paragrafen gibt, wird dieser **nicht eigenständig** als Absatz oder Satz genannt. Absätze oder Sätze gibt es daher nur, wenn es **mehrere** davon gibt (also: § 83 S. 1 SGB VII und § 83 S. 2 SGB VII, da es dort keine Absätze gibt oder § 45 Abs. 1 Nr. 1 SGB VII und § 45 Abs. 1 Nr. 2 SGB VII, da es dort keine Sätze gibt).

1.4.10.1 Rehabilitation erfolgreich, § 46 Abs. 3 S. 1 SGB VII

Verletztengeld wird nur bezahlt, solange der Versicherte arbeitsunfähig ist.

Der Anspruch und damit auch die Zahlung des Verletztengeldes endet mit der Arbeitsaufnahme. Damit erhält der Versicherte wieder sein regelmäßiges und reguläres Arbeitsentgelt.

Zu unterscheiden ist die (erste) Phase der **medizinischen Rehabilitation** bis zum Beginn der (ersten) Maßnahme der beruflichen Rehabilitation und die (zweite) Phase der **beruflichen Rehabilitation.**[482]

---

481 lit. steht für littera und ist das lateinische Wort für Buchstabe.

482 Schur in: Hauck/Noftz, SGB VII, § 46 SGB VII Rn. 16.

In den Fällen, in denen weder medizinisch noch beruflich erfolgreich rehabilitiert werden kann, ist das Verletztengeld für eine begrenzte Zeit (= längstens 78 Wochen) zu zahlen,[483] ansonsten gibt es grundsätzlich keine zeitliche Begrenzung.

In der ersten Phase der medizinischen Rehabilitation werden alle Verletzten unabhängig davon gleichbehandelt, ob sie arbeitsunfähig sind oder wegen einer bevorstehenden Maßnahme der beruflichen Rehabilitation, die sie ohne ihr Verschulden nicht beginnen können, keiner Erwerbstätigkeit nachgehen können.[484] Sie erhalten in dieser Phase Verletztengeld. In der zweiten Phase der beruflichen Rehabilitation erfolgt nur noch eine reduzierte wirtschaftliche Absicherung mit der Zahlung des niedrigeren Übergangsgeldes.[485]

Letzter Tag der Arbeitsunfähigkeit (§ 46 Abs. 3 S. 1 Nr. 1 Var. 1 SGB VII)
Typischer Fall für die Beendigung der Verletztengeldzahlung ist die Wiederherstellung der Arbeitsfähigkeit. Mit dem letzten Tag der Arbeitsunfähigkeit endet das Verletztengeld. Die Beendigungsnorm § 46 Abs. 3 S. 1 Nr. 1 Var. 1 SGB VII ist damit die spiegelbildliche Regelung zu § 45 Abs. 1 Nr. 1 Var. 1 SGB VII.

Mit dem letzten Tag der Arbeitsunfähigkeit ist der Tag vor der Aufnahme der zuletzt vor der Arbeitsunfähigkeit ausgeübten oder einer rechtlich gleichstehenden Erwerbstätigkeit gemeint.[486]

In der Regel endet daher die Zahlung des Verletztengeldes mit dem Enddatum der bescheinigten Arbeitsunfähigkeit **automatisch**.[487] Konkret bedeutet das, dass nach Ablauf der bescheinigten Arbeitsunfähigkeit der im Auftrag des Unfallversicherungsträgers tätige Krankenversicherungsträger keine weitere Verletztengeldzahlung leisten wird.[488] Der Beendigungsregelung kommt in der Regel allein eine deklaratorische Bedeutung zu, da mit der Arbeitsfähigkeit im Umkehrschluss eine wesentliche Tatbestandsvoraussetzung zum Bezug des Verletztengeldes (Arbeitsunfähigkeit) nicht mehr vorliegt.[489]

483 Köllner in: Lauterbach, § 46 SGB VII Rn. 48.
484 Schur in: Hauck/Noftz, SGB VII, § 46 SGB VII Rn. 16.
485 Schur in: Hauck/Noftz, SGB VII, § 46 SGB VII Rn. 16,
486 Bereiter-Hahn/Mehrtens, § 46 SGB VII Rn. 10.
487 Schur in: Hauck/Noftz, SGB VII, § 46 SGB VII Rn. 12.
488 Schur in: Hauck/Noftz, SGB VII, § 46 SGB VII Rn. 12.
489 Köllner in: Lauterbach, § 46 SGB VII Rn. 26.

Befindet sich der Versicherte in einem **befristeten** Arbeitsverhältnis, fällt der Anspruch auf Verletztengeld **nicht automatisch** mit dem Tag weg, an dem das Arbeitsverhältnis endet.[490] Solange weiterhin beim Versicherten Arbeitsunfähigkeit besteht, setzt sich der Anspruch auf Verletztengeld fort.[491] Gleiches gilt bei der Kündigung oder anderweitigen Auflösung des Arbeitsverhältnisses.[492]

Verwaltungshandeln | Bescheidung des Endes des Verletztengeldes wegen Arbeitsfähigkeit

Die Feststellung der Beendigung des Verletztengeldanspruchs verlangt **keinen** eigenständigen Verwaltungsakt des Unfallversicherungsträgers sofern eindeutig ist, wie lange die Arbeitsunfähigkeit besteht.[493] Das Verletztengeld endet – wie oben bereits dargestellt – kraft Gesetzes automatisch.[494]
Ist das Ende der Arbeitsunfähigkeit **nicht** festgelegt (was in den Fällen eintritt, wenn sich der Unfallversicherungsträger über die Arbeitsunfähigkeitsbescheinigung des Arztes hinwegsetzt), ist ein Beendigungsbescheid notwendig.[495]

Letzter Tag der Heilbehandlungsmaßnahme (§ 46 Abs. 3 S. 1 Nr. 1 Var. 2 SGB VII)

Spiegelbildlich zum Beginn des Anspruchs auf Verletztengeld, dessen Beginn nicht erst die Aufnahme in das Krankenhaus oder die Reha-Einrichtung ist, sondern bereits die Anreise, die nicht länger innerhalb eines Tages möglich ist,[496] endet auch der Anspruch nicht zwingend mit der Entlassung aus dem Krankenhaus oder der Reha-Einrichtung, sondern ggf. erst mit der Abreise (sofern sie nicht innerhalb eines Tages möglich ist).

---

490 S. Dunz in: Podzun, Kz. 350 S. 12; vgl. dazu auch BSG, Urt. v. 26.05.1982 – 2 RU 41/81, juris Rn. 12.

491 S. Dunz in: Podzun, Kz. 350 S. 12.

492 Vgl. S. Dunz in: Podzun, Kz. 350 S. 12; Bereiter-Hahn/Mehrtens, § 46 SGB VII Rn. 10.

493 Vgl. LSG Baden-Württemberg, Urt. v. 20.03.2014 – L 10 U 2744/12, juris Rn. 22; vgl. dazu auch LSG Niedersachsen-Bremen, Urt. v. 26.03.2003 – L 3/9/6 U 272/00, juris Rn. 38.

494 Westermann in: jurisPK-SGB VII, § 46 SGB VII Rn. 27.

495 Bereiter-Hahn/Mehrtens, § 46 SGB VII Rn. 10.

496 Kater in: Kater/Leube, § 46 SGB VII Rn. 9.

Entstehung des Anspruchs auf Übergangsgeld (§ 46 Abs. 3 S. 1 Nr. 2 SGB VII)
Wenn die Arbeitsfähigkeit nicht wieder eintreten wird, sind Leistungen zur beruflichen Rehabilitation und damit zur Teilhabe am Arbeitsleben vom Unfallversicherungsträger zu erbringen und mit diesen Übergangsgeld zu zahlen. Mit der **Entstehung des Anspruchs auf Übergangsgeld** endet der Anspruch auf Verletztengeld. Dabei ist zu beachten, dass Übergangsgeld nur dann gewährt wird, wenn der Versicherte eine Leistung zur Teilhabe am Arbeitsleben (LTA) erhält.

Verwaltungshandeln | Bescheidung des Endes des Verletztengeldes wegen LTA

Die Festlegung des Beginns der Leistung zur Teilhabe am Arbeitsleben erfolgt in der Regel durch einen Bescheid, sodass sich das Ende des Verletztengeldes ggf. von vornherein bestimmen und in diesem Bescheid festlegen lässt.[497]
Andernfalls hat der Unfallversicherungsträger einen Entziehungsbescheid zu erlassen.[498]

1.4.10.2 Rehabilitation nicht erfolgreich – § 46 Abs. 3 S. 2 SGB VII

Verletztengeld ist als Geldleistung auf Zeit vorgesehen[499] – denn für langfristige Geldzahlungen gibt es die Rente. Wenn nun die Rehabilitation nicht erfolgreich und/oder die Arbeitsfähigkeit nicht wiederhergestellt werden konnte, stellt sich die Frage, wie das Verletztengeld ausläuft (um ggf. in die Rentenzahlung übergehen zu können). Der Gesetzgeber hat dafür drei Varianten vorgesehen.

Den Varianten 1 bis 3 ist als gemeinsame Grundvoraussetzung gemein,[500]

- dass mit dem Wiedereintritt der Arbeitsfähigkeit **nicht** zu rechnen ist und

497 Feddern in: BeckOGK-SGB VII, § 46 SGB VII Rn. 14.
498 Feddern in: BeckOGK-SGB VII, § 46 SGB VII Rn. 14.
499 Feddern in: BeckOGK-SGB VII, § 46 SGB VII Rn. 15.
500 S. Dunz in Podzun, Kz. 350, S. 12.

- Leistungen zur Teilhabe am Arbeitsleben **nicht** zu erbringen sind.

Lägen diese Gründe vor, befänden wir uns nicht in den Beendigungsregelungen des Satzes 2, sondern noch im Satz 1. Ist also auch nur eine der beiden Vorgaben zu verneinen, ist Verletztengeld **über den Ablauf der 78. Woche hinaus** weiterzuzahlen.[501]

Die beiden Voraussetzungen müssen daher kumulativ vorliegen, sodass der Unfallversicherungsträger eigenständig und getrennt zu prüfen hat:

- Ist mit dem **Wiedereintritt der Arbeitsfähigkeit** zu rechnen? Hier handelt es sich um eine **Prognoseentscheidung** des Unfallversicherungsträgers, die durch einen Verwaltungsakt festzusetzen ist.[502] Bei der Prognose sind alle Daten, Fakten und Erkenntnisse aus der Vergangenheit zu berücksichtigen, die eine Vorausschau für die Zukunft zulassen.[503] Freilich handelt es sich dabei um eine hypothetische Berücksichtigung, bei der solche Umstände Beachtung finden, „die mit hinreichender Wahrscheinlichkeit zu erwarten sind und Einfluss auf die zu beurteilenden Umstände haben."[504]
- Ist mit dem Wiedereintritt der Arbeitsfähigkeit nicht zu rechnen, ist im nächsten Schritt zu prüfen, ob **Leistungen zur Teilhabe am Arbeitsleben** erbracht werden können. Dabei sollen nur solche Leistungen zur Teilhabe am Arbeitsleben geprüft werden, die einen **Anspruch auf Übergangsgeld** auslösen können.[505] Es muss sich also um eine qualifizierte Teilhabeleistung handeln.[506]

Aufnahme einer zumutbaren Tätigkeit (§ 46 Abs. 3 S. 2 Nr. 1 SGB VII)
Nach der ersten Variante endet das Verletztengeld mit dem Tag, an dem die Heilbehandlung so weit abgeschlossen ist, dass die Versicherten eine zumutbare, zur Verfügung stehende Berufs- oder Erwerbstätigkeit aufnehmen können.

Was nun eine zumutbare Tätigkeit ist, wird nicht weiter definiert. Anhaltspunkte bieten sicherlich die bisherige oder gleichwertige Tätigkeit,[507]

501 Westermann in: jurisPK-SGB VII, § 46 SGB VII Rn. 32.
502 Bereiter-Hahn/Mehrtens, § 46 SGB VII Rn. 12.
503 Westermann in: jurisPK-SGB VII, § 46 SGB VII Rn. 34.
504 Westermann in: jurisPK-SGB VII, § 46 SGB VII Rn. 34.
505 Westermann in: jurisPK-SGB VII, § 46 SGB VII Rn. 38.
506 Bereiter-Hahn/Mehrtens, § 46 SGB VII Rn. 14.
507 Köllner in: LPK-SGB VII, § 46 SGB VII Rn. 13.

doch würde es sich um die bisherige oder gleichwertige Tätigkeit handeln, läge die Variante des § 46 Abs. 3 S. 1 Nr. 1 SGB VI bereits vor. Der Begriff muss daher weitergehen.[508]

Die Zumutbarkeit wird mit dem Begriff der **Geeignetheit** gleichgesetzt: Geeignet sollen solche Tätigkeiten sein, mit denen sich die Nachteile der Verletzungsfolgen bestmöglich und auf Dauer überwinden lassen.[509]

- Überzeugend ist dabei, bei der Bewertung der Eignung auf das Kriterium der **wirtschaftlichen Anschlussfähigkeit** zu achten. Die neue Tätigkeit darf danach **keinen merklichen sozialen Abstieg** bedeuten.[510] Sie sollte daher in derselben Vergütungsgruppe des Arbeitgebers liegen.[511] Bei einem auslaufenden oder gekündigten Arbeitsverhältnis mag die Zumutbarkeit weniger eng ausgelegt werden, sodass sich eine Anlehnung an § 140 SGB III (Zumutbare Beschäftigung) anbietet.[512]
- Eine zumutbare Tätigkeit muss dem aktuellen arbeitsmedizinischen positiven und negativen Leistungsbild des Versicherten entsprechen, also gerade die Auswirkungen seiner Schädigung beachten.[513]
- Für die zumutbare Tätigkeit muss der Versicherte das erforderliche intellektuelle Leistungsvermögen und die notwendigen Schlüsselqualifikationen besitzen.[514]
- Die zumutbare Tätigkeit muss in einem zumutbaren örtlichen Umkreis liegen.[515]

Die vergleichbare Tätigkeit muss dem Versicherten konkret und individuell vom Arbeitgeber **zur Verfügung stehen** und nachgewiesen werden,[516] eine konkrete Einstellungszusage ist indes nicht erforderlich.[517] Letztlich würde man das Ende des Verletztengeldes in die Hände des Versicherten und seine

508 Köllner in: LPK-SGB VII, § 46 SGB VII Rn. 13; Bereiter-Hahn/Mehrtens, § 46 SGB VII Rn. 15.2.
509 Köllner in: LPK-SGB VII, § 46 SGB VII Rn. 13; Bereiter-Hahn/Mehrtens, § 46 SGB VII Rn. 15.2.
510 Schur in: Hauck/Noftz, SGB VII, § 46 SGB VII Rn. 22a.
511 Schur in: Hauck/Noftz, SGB VII, § 46 SGB VII Rn. 22a.
512 Schur in: Hauck/Noftz, SGB VII, § 46 SGB VII Rn. 22a.
513 Köllner in: Lauterbach, § 46 SGB VII Rn. 53.
514 Köllner in: Lauterbach, § 46 SGB VII Rn. 53.
515 Ziegler in: Schlaeger, § 46 SGB VII Rn. 23.
516 Feddern in: BeckOGK-SGB VII, § 46 SGB VII Rn. 20.
517 Köllner in: Lauterbach, § 46 SGB VII Rn. 56; **a.A.:** Schur in: Hauck/Noftz, SGB VII, § 46 SGB VII Rn. 23; Westermann in: jurisPK-SGB VII, § 46 SGB VII Rn. 46.

Motivation geben, die freie Stelle tatsächlich zu erhalten und antreten zu wollen. Die Gefahr des Missbrauchs durch sabotierende Einstellungsgespräche wäre zu groß.

Die praktische Bedeutung dieser Variante ist relativ gering, da eine Umsetzung auf einen anderen Arbeitsplatz in der Regel schwierig und zumeist nur in größeren Unternehmen möglich ist.[518]

Bezug anderweitiges Erwerbseinkommens (§ 46 Abs. 3 S. 2 Nr. 2 SGB VII)

Das Verletztengeld endet ferner mit Beginn der in § 50 Abs. 1 S. 1 SGB V genannten Leistungen, es sei denn, dass diese Leistungen mit dem Versicherungsfall im Zusammenhang stehen. Die Regelung dient dazu Doppelleistungen zu vermeiden.[519]

Dabei handelt es sich um folgende Leistungen, die in § 50 Abs. 1 S. 1 SGB V abschließend[520] genannt werden:

- Rente wegen voller Erwerbsminderung (§ 43 Abs. 2 SGB VI) oder Vollrente wegen Alters aus der gesetzlichen Rentenversicherung (§§ 35 ff. SGB VI)
- Ruhegehalt, das nach beamtenrechtlichen Vorschriften oder Grundsätzen gezahlt wird
- Vorruhestandsgeld nach § 5 Abs. 3 SGB V
- Leistungen, die ihrer Art nach Rente oder Ruhegehalt vergleichbar sind, wenn sie von einem Träger der gesetzlichen Rentenversicherung oder einer staatlichen Stelle im Ausland gezahlt werden
- vergleichbare Leistungen nach dem Recht der DDR[521]

Das Verletztengeld endet mit dem Tag vor dem Tag des Beginns dieser Leistungen,[522] also Rentenbeginn 01.06., Ende des Verletztengeldes 31.05.

Die Vorschrift spielt insbesondere dann in der Praxis eine Rolle, wenn der Versicherte Altersrente von der Rentenversicherung erhält.

518 Schur in: Hauck/Noftz, SGB VII, § 46 SGB VII Rn. 21.
519 Feddern in: BeckOGK-SGB VII, § 46 SGB VII Rn. 21.
520 **A.A.** Schur in: Hauck/Noftz, SGB VII, § 46 SGB VII Rn. 24b: „Der Katalog des § 50 Abs. 1 Satz 1 SGB V ist nicht abschließend."
521 Köllner in: LPK-SGB VII, § 46 SGB VII Rn. 15.
522 Bereiter-Hahn/Mehrtens, § 46 SGB VII Rn. 17.1.

Mit Ablauf der 78. Woche (§ 46 Abs. 3 S. 2 Nr. 3 SGB VII)
Die Regelung darf nicht missverstanden werden: Im Gegensatz zum Krankengeld endet die Zahlung des Verletztengeldes nicht automatisch nach Ablauf von 78 Wochen. Vielmehr kommt es nur dann zu dieser Variante, wenn mit dem Wiedereintritt der Arbeitsfähigkeit nicht zu rechnen ist. Das bedeutet: Solange mit dem Wiedereintritt der Arbeitsfähigkeit zu rechnen ist, besteht ein Anspruch auf Verletztengeld und wird auch nach Ablauf der 78. Woche gezahlt.

Maßgeblich für die Berechnung der 78 Wochen ist nicht der Beginn der Zahlung des Verletztengeldes, sondern der Beginn der Arbeitsunfähigkeit.[523]

Wesentlich für den Eintritt dieser Variante ist, dass die stationäre Behandlung abgeschlossen ist.

Die Variante findet im Übrigen erst dann Anwendung, wenn die Varianten der Nr. 1 und Nr. 2 nicht eintreffen.[524] Daraus ergibt sich folgendes (zusammengefasstes) Prüfungsschema:

Prüfungsschema | Ende des Verletztengeldes

1. Prüfungsschritt:
Besteht wieder Arbeitsfähigkeit/letzter Tag der Heilbehandlung?

2. Prüfungsschritt:
Erhält der Versicherte Übergangsgeld und eine LTA?

3. Prüfungsschritt:
a) Ist mit dem Wiedereintritt der Arbeitsfähigkeit nicht zu rechnen?
b) Ist keine LTA zu erbringen?

4. Prüfungsschritt:
a) Kann der Versicherte eine zumutbare, zur Verfügung stehende Erwerbstätigkeit aufnehmen?
b) Erhält der Versicherte eine Rente o.ä.?

5. Prüfungsschritt:
Sind 78 Wochen nach dem Tag des Beginns der Arbeitsunfähigkeit abgelaufen?

---

523 S. Dunz in: Podzun, Kz. 350 S. 15.

524 Giesen in: v. Koppenfels-Spies/Wenner, § 46 SGB VII Rn. 12.

Bearbeitungsempfehlung | Genaue Zitation des § 46 Abs. 2 SGB VII

Wie oben bereits dargestellt, ist es im juristischen Bereich sehr wichtig, die Normen möglichst genau zu zitieren. Die Bedeutung der exakten Zitation zeigt sich in § 46 Abs. 3 SGB VII. Wer hier nicht Satz 1 oder Satz 2 schreibt, kann unter Umständen auf ein völlig falsches Ende des Verletztengeldes abstellen.
Unterschiedlich wird mit den in den Nummern unterschiedlichen Varianten umgegangen: Teilweise finden sich Angaben, wie hier, die von **Varianten** (z.B. Var. 1) sprechen, teilweise wird von **Alternativen** (z.B. Alt. 1) geschrieben – beides ist erlaubt und richtig. Für Variante spricht, dass es immer nur *eine* Alternative geben kann, also zumindest, wenn es mehr als zwei Möglichkeiten gibt, das Wort Alternative sprachlich nicht korrekt wäre.[525]

1.4.11 Sonderformen des Verletztengeldes

Für verschiedene Gruppen bestehen spezielle Regelungen für die Zahlung von Verletztengeld.

1.4.11.1 Jungverunfallte

Nach § 47 Abs. 8 SGB VII gelten die Regelungen des §§ 90, 91 SGB VII über die Neufestsetzung des Jahresarbeitsverdienstes nach Altersstufen oder nach der Schul- oder Berufsausbildung für das Verletztengeld entsprechend.

Bei den §§ 90, 91 SGB VII handelt es sich um Neufestsetzungsvorschriften für Jungverunfallte für die Ausrechnung der Rente. Wer in jungen Jahren einen Versicherungsfall hatte, wird in der Regel kein oder nur ein geringes Arbeitsentgelt erhalten haben. Die Rente berechnet sich aber auch hier zunächst aus dem niedrigen Arbeitsentgelt, das in den Jahresarbeitsverdienst eingeht. Aus diesem Grund haben Jungverunfallte in der Regel einen niedrigen Jahresarbeitsverdienst und damit auch eine niedrige Rente.

---

525 Vgl. Iking, Deutsch für Juristen Folge 6 „Alternative Varianten", 🔗 https://groeschler.jura.uni-mainz.de/files/2020/06/DfJ-06-Alternative_Varianten.pdf (zuletzt abgerufen: 04.03.2026).

Rentenzahlungen sind auf Dauer ausgelegt, häufig für das ganze Leben. Zwar werden Rentenzahlungen jährlich angepasst, doch stellt diese Anpassung eher einen Inflationsausgleich dar als eine spürbare Erhöhung. Um Jungverunfallte nicht eine niedrigere Rente dauerhaft zu zahlen, führte der Gesetzgeber Korrekturmöglichkeiten ein, die eine Neufestsetzung des Jahresarbeitsverdienstes erlaubten. Sofern die Neufestsetzung zu einer Anhebung und damit zu einer Verbesserung des Jahresarbeitsverdienstes führt, erhalten die Jungverunfallten die Rente aus diesen neuen Jahresarbeitsverdienst berechnet („**Günstigkeitsvergleich**").

Die Neufestsetzung ist bei einer Dauergeldleistung wie der Rente sinnvoll. Über § 47 Abs. 8 SGB VII finden die beiden Korrekturvorschriften §§ 90, 91 SGB VII auch entsprechend Anwendung auf die Berechnung des Verletztengeldes. Ob für eine grundsätzlich zeitlich begrenzte Geldleistung wie dem Verletztengeld ein solche Anwendung notwendig ist, erscheint zweifelhaft. Es ist nicht davon auszugehen, dass in der Praxis eine Vielzahl von Korrekturfällen bestehen. Dies wird daran liegen, dass die Voraussetzungen der Neufestsetzung aufgrund der Kurzfristigkeit der Arbeitsunfähigkeit und der damit verbundenen Zahlung des Verletztengeldes nicht mehr gegeben sind.

Neufestsetzung nach Altersstufen (§ 90 SGB VII)

§ 90 Abs. 1 SGB VII beinhaltet eine Neufestsetzung des Jahresarbeitsverdienstes, wenn der Versicherungsfall **vor Vollendung des 30. Lebensjahres** eingetreten ist.

Sofern es für den Versicherten günstiger ist, wird der Jahresarbeitsverdienst mit Vollendung des 30. Lebensjahres auf 100 Prozent der zu diesem Zeitpunkt maßgebenden Bezugsgröße neu festgesetzt (S. 1). Wurde vom Versicherten die Hochschul- oder Fachhochschulreife erworben, tritt an die Stelle des Wertes 100 Prozent der Wert 120 Prozent der Bezugsgröße (S. 2).

Erste Voraussetzung ist folglich, dass der Versicherungsfall **vor** Vollendung des **30. Lebensjahres** eingetreten ist.

Ausgangsfall: Bertha, Studentin, ist 23 Jahre alt und arbeitet einmal die Woche nachmittags als Aushilfe für 538,00 Euro/Monat (rentenversicherungsbefreit) in einem Drogeriemarkt. Sie erleidet einen Wegeunfall zur Arbeit, bei dem sie sich schwer verletzt.
Verletztengeld-Berechnung nach Arbeitsentgelt: 14,34 Euro/Tag

Zweite Voraussetzung ist, dass ein Anspruch auf Verletztengeld **mit** Vollendung des **30. Lebensjahres** (noch) besteht. Nur dann wird ein Günstigkeitsvergleich vorgenommen.

Beim Günstigkeitsvergleich wird die Bezugsgröße zum Zeitpunkt der Vollendung des 30. Lebensjahres verwendet.

Wie nun die entsprechende Anwendung und Berechnung erfolgt: Dazu schweigt das Gesetz.[526] Da das Verletztengeld pro Tag gezahlt wird, die Bezugsgröße ein Jahreswert ist, ist die Bezugsgröße durch 360 zu dividieren. Entsprechend der Berechnung des Verletztengeldes ist dieser Betrag auf 80 Prozent i.S.d. § 47 Abs. 1 S. 2 Nr. 2 SGB VII herunterzukürzen.

Ein Vergleich mit dem Höchstregelentgelt ist nicht notwendig, da die Günstigkeitsberechnung mit der Bezugsgröße immer niedriger sein muss als der Höchstjahresarbeitsverdienst (vgl. § 85 Abs. 2 SGB VII).

Ein Vergleich mit dem Nettoarbeitsentgelt erfolgt ebenso nicht, da es keinen Netto-Wert der Bezugsgröße gibt.

Nach § 90 Abs. 2 SGB VII können des Weiteren vor dem 30. Lebensjahr Neuberechnungen anhand der Bezugsgröße anhand der in § 85 Abs. 1a SGB VII genannten Altersgrenzen vorgenommen werden. Auch diese Neuberechnung wird aber nur vorgenommen, wenn sie für den Versicherten Günstiger ist.[527]

- Versicherte bis zum 6. Lebensjahr: 25 Prozent
- Versicherte zwischen dem 6. und 15. Lebensjahr: 33 1/3 Prozent
- Versicherte zwischen dem 15. und 18. Lebensjahr: 40 Prozent
- Versicherte zwischen dem 18. und 25. Lebensjahr: 60 Prozent
- Versicherte zwischen dem 25. und 30. Lebensjahr: 75 Prozent

Ausgangsfall: Bertha, Studentin, ist 23 Jahre alt und arbeitet einmal die Woche nachmittags als Aushilfe für 538,00 Euro/Monat (rentenversicherungsbefreit) in einem Drogeriemarkt. Sie erleidet einen Wegeunfall zur Arbeit, bei dem sie sich schwer verletzt.
Verletztengeld-Berechnung nach Arbeitsentgelt (auf Basis 538,00 Euro/Monat): 14,34 Euro/Tag

526 Feddern in: BeckOGK-SGB VII, § 47 SGB VII Rn. 29.
527 Schudmann: in jurisPK-SGB VII, § 90 SGB VII Rn. 37.

Hinweise, dass die Voraussetzungen des § 91 SGB VII erfüllt sind, liegen nicht vor.

Günstigkeitsberechnung nach § 90 Abs. 1, 2 SGB VII:

Bei einer Bezugsgröße von 44.940,00 Euro (2025) und einem Höchstjahresarbeitsverdienst von 96.000,00 Euro

1. Schritt: Bertha ist 23 Jahre ⇒ nächste Stufe (25 Jahre): § 85 Abs. 1a Nr. 4 SGB VII (75 Prozent)
2. Schritt: 75 Prozent von 44.940,00 Euro = 33.705,00 Euro
3. Schritt: 33.705,00 Euro /360 Tage = 93,63 Euro/Tag
4. Schritt: 80 Prozent von 93,63 Euro/Tag = 74,90 Euro/Tag

Ergebnis: Der fiktive Wert (74,90 Euro/Tag) ist deutlich höher als der reale Wert (14,34 Euro/Tag).
Aus diesem Grund würde das Verletztengeld 74,90 Euro/Tag betragen.
Die Neufestsetzung nach § 90 SGB VII erfolgt stets **mit Vollendung der gesetzlich festgelegten Lebensaltersstufen**.
Das bedeutet: Berthas Arbeitsunfähigkeit muss über das 25. Lebensjahr hinausgehen, sie muss folglich über das 25. Lebensjahr einen Anspruch auf Verletztengeld haben, um die Neufestsetzung zu erhalten. Es kommt nicht bereits mit dem 24. Lebensjahr zu einer Neufestsetzung, da der Gesetzgeber explizite Lebensaltersstufen in § 85 Abs. 1, 1a SGB VII festlegte.

Berechtigt kann man einwenden, dass diese finanzielle Verschiebung (hier: von 14,34 Euro auf 74,90 Euro) nicht mehr gerecht und verhältnismäßig ist. Die Versicherte in Ausbildung wird auf das Niveau eines Beschäftigten nach der Ausbildung hochgestuft.[528]
Insbesondere Geringverdiener, die nicht unter den Schutz des § 90 SGB VII fallen, werden schlechter gestellt als Kinder, Schüler, Auszubildende und Studenten.
Der Dachverband der Unfallversicherungen, die DGUV, hat daher vorgeschlagen, § 47 Abs. 8 SGB VII dahingehend teleologisch zu reduzieren,

528 Ziegler in: Schlaeger, § 47 SGB VII Rn. 60.

dass § 90 SGB VII auf das Verletztengeld **keine Anwendung** finden soll.[529]

Für den (pragmatischen) Ansatz einer telelogischen Reduktion[530] gibt es aber keine Hinweise: Der Gesetzgeber hat sich hier nicht vertan oder etwas übersehen. Insofern sind die Bedenken, dass eine teleologische Reduktion **nicht** möglich ist,[531] richtig.

Kritik

Die DGUV hat die Anwendung des § 90 SGB VII (Neufestsetzung nach Altersstufen) mit überzeugenden Argumenten kritisiert:[532]

- Die Neuregelung, die nach dem Wortlaut zu einer umfassenden Anwendung von § 90 SGB VII führen könnte, leide daran, dass die Altersstufen ohne jeglichen Bezug zu einer beruflichen Tätigkeit festgesetzt würden. Dies sei im Rahmen von einer kurzfristigen alleinigen Entgeltersatzleistung nicht nachvollziehbar.
- Bei der entsprechenden Anwendung von § 90 SGB VII ohne Bezug zu einer konkreten beruflichen Tätigkeit oder Qualifikation und lediglich unter Berücksichtigung des Erreichens einer Altersgrenze während des Bezuges des Verletztengeldes komme es bei der Höhe der Entgeltersatzleistung zu derartigen Zufälligkeiten infolge der Neufestsetzung des Verletztengeldes, dass die Vermittlung der Ergebnisse gegenüber den versicherten Personen und vor allem den Mitgliedsunternehmen kaum möglich sein würde.
- Selbst wenn man für den größten Teil der versicherten Personen einen Verletztengeldbezug von 78 Wochen unterstellen würde, käme eine Neufestsetzung für über die Hälfte der versicherten Personen zwischen 14 und 29 Jahren rechnerisch nie in Betracht.
- Je kürzer der Bezugszeitraum ist, desto geringer ist die Wahrscheinlichkeit von einer Neufestsetzung aufgrund der Altersstufen zu profitieren.

529 DGUV, RS 0270/2023 v. 27.07.2023.
530 So Ziegler in: Schlaeger, § 47 SGB VII Rn. 62.
531 Schur in: Hauck/Noftz, SGB VII, § 47 SGB VII Rn. 56b.
532 Nach DGUV-RS 0270/2023 v. 27.07.2023.

- Bei versicherten Personen mit geringem Lohn könne die Neufestsetzung aufgrund der honorierten Lebensaltersstufen zudem dazu führen, dass im Versicherungsfall ein höheres Verletztengeld gezahlt wird als zuvor überhaupt durch die Beschäftigung verdient wurde.

Der Gesetzgeber nahm die Kritik auf und beabsichtigte in seiner umfangreichen Gesetzesreform zur Modernisierung des Unfallversicherungsrechts § 47 Abs. 8 SGB VII dahingehend anzupassen, dass allein auf eine entsprechende Anwendung des § 91 SGB VII, nicht mehr auf § 90 SGB VII verwiesen wird.[533]
Es habe sich gezeigt, dass für die Bemessung des Verletztengeldes die bisherige Einbeziehung auch der Regelung zur Neufestsetzung nach Altersstufen nicht zielführend sei, da sie zu Zufallsergebnissen führe, die in den Auswirkungen nicht gerechtfertigt wären.[534]
Das Gesetzgebungsverfahren konnte wegen der sachliche Diskontinuität nicht abgeschlossen werden; es ist davon auszugehen, dass es im Laufe der nächsten Legislaturperiode noch einmal aufgerufen wird.[535]

Neufestsetzung nach Schul- und Berufsbildung (§ 91 SGB VII)

Eine zweite Korrektur des Verletztengeldes zugunsten des Versicherten ist aufgrund der Schul- oder Berufsausbildung nach § 91 SGB VII möglich. Maßgeblich ist hierfür, dass sich der Versicherungsfall während einer Berufsausbildung ereignete. Nicht notwendig ist es daher, dass der Versicherungsfall mit der Ausbildung in einem Zusammenhang steht.[536]

Die Struktur des Paragrafen erschließt sich nur, wenn die ersten drei Absätze zusammen betrachtet werden.

Absatz 1: Ist der Versicherungsfall während einer **Berufsausbildung eingetreten** (§ 91 Abs. 1 SGB VII), wird, sofern es für den Versicherten

---

533 Gesetzentwurf d. BReg „Entwurf eines Gesetzes zur Weiterentwicklung der gesetzlichen Unfallversicherung“ v. 14.08.2024, S. 37.

534 Gesetzentwurf d. BReg „Entwurf eines Gesetzes zur Weiterentwicklung der gesetzlichen Unfallversicherung“ v. 14.08.2024, S. 37.

535 Vgl. https://www.bmas.de/DE/Service/Gesetze-und-Gesetzesvorhaben/gesetz-zur-weiterentwicklung-der-gesetzlichen-unfallversicherung.html?cms_documentType_=law&cms_showNoDocType=true (zuletzt abgerufen: 07.03.2026).

536 Bereiter-Hahn/Mehrtens, § 91 SGB VII Rn. 3.

günstiger ist, der Jahresarbeitsverdienst schon vor Vollendung des **25. Lebensjahres** auf **75 Prozent** der Bezugsgröße neu festgesetzt. Dies geschieht entweder von dem Zeitpunkt an, in dem die **Berufsausbildung beendet** worden ist oder drei Jahre, im Fall einer Hochschul- oder Fachhochschulausbildung fünf Jahre nach Beginn der Berufsausbildung, wenn diese verzögert oder abgebrochen wurde (es sei denn, dass die Berufsausbildung ohne den Versicherungsfall ebenfalls keinen regelmäßigen Verlauf genommen hätte).

Absatz 2: Ist der Versicherungsfall während einer **Schul- oder Berufsausbildung** nach Vollendung des **30. Lebensjahres** eingetreten (§ 91 Abs. 2 SGB VII), wird, sofern es für den Versicherten günstiger ist, der Jahresarbeitsverdienst auf **100 Prozent** der Bezugsgröße neu festgesetzt. Dies geschieht auch hier entweder von dem Zeitpunkt an, in dem die **Schul- oder Berufsausbildung beendet** worden ist oder drei Jahre nach Beginn der Schul- oder Berufsausbildung, wenn diese verzögert oder abgebrochen wurde (es sei denn, dass die Schul- oder Berufsausbildung ohne den Versicherungsfall ebenfalls keinen regelmäßigen Verlauf genommen hätte).

Absatz 3: Ist der Versicherungsfall während einer **Hochschul- oder Fachhochschulausbildung** nach Vollendung des **30. Lebensjahres** eingetreten (§ 91 Abs. 3 SGB VII), wird, sofern es für den Versicherten günstiger ist, der Jahresarbeitsverdienst auf **120 Prozent** der Bezugsgröße neu festgesetzt. Dies geschieht entweder von dem Zeitpunkt an, in dem die **Hochschul- oder Fachhochschulausbildung beendet** worden ist oder fünf Jahre nach Beginn der Hochschul- oder Fachhochschulausbildung, wenn diese verzögert oder abgebrochen wurde (es sei denn, dass die Hochschul- oder Fachhochschulausbildung ohne den Versicherungsfall ebenfalls keinen regelmäßigen Verlauf genommen hätte).

Sinn und Zweck dieser umfassenden Korrekturregelung ist, dass Versicherte, die sich zur Zeit des Versicherungsfalls in einer Ausbildung befinden, ihre Rente aufgrund des ggf. niedrigeren Jahresarbeitsverdienstes erhielten.[537] Diese Härte soll durch die Korrekturmöglichkeit gemindert werden. Ob die Korrektur in dieser übertriebenen Ausführlichkeit und Gründlichkeit vollzogen werden muss, erscheint aber zweifelhaft.

Unterschieden werden:

- **Ausbildungsgrade:** Schul-, Berufs und Hochschul-/Fachhochschulausbildung

537 S. Dunz in: Podzun, Kz. 440 S. 46.

Der Begriff der Berufsausbildung ist ein Begriff, der die Hochschul- und Fachhochschulausbildung mitbeinhaltet. Gleichzeitig grenzt er sich von der Schulausbildung ab. Die Schulausbildung bezieht sich auf den Besuch allgemeinbildender sowie weiterbildender berufsvorbereitender und weiterführende Schulen (bis zur Erlangung der Hochschul- oder Fachhochschulreife).[538]

- **Alter:** Vor Vollendung des 25. oder nach Vollendung des 30. Lebensjahres
- **Beendigung:** Abschluss, Zeitablauf (Unterscheidung zwischen 3 und 5 Jahren)

1.4.11.2 Wiedererkrankung, § 48 SGB VII

Unter einer Wiedererkrankung versteht man eine **erneute Erkrankung** nach Ablauf einer Arbeitsunfähigkeit und nach Feststellung der Arbeitsfähigkeit. In Abgrenzung zur Ersterkrankung nach dem Arbeitsunfall liegt daher eine Wiedererkrankung vor, wenn nach Beendigung der ersten durch den Versicherungsfall bedingten Arbeitsunfähigkeit der Versicherte wegen der Folgen dieses Versicherungsfalls erneut arbeitsunfähig wird.[539]

Im Fall der Wiedererkrankung an den Folgen eines Versicherungsfalls gelten nach § 48 SGB VII die §§ 45 bis 47 SGB VII mit der Maßgabe entsprechend, dass anstelle des Zeitpunkts der ersten Arbeitsunfähigkeit auf den der Wiedererkrankung abgestellt wird. Folglich geht als Bemessungsgrundlage der letzte abgerechnete Entgeltabrechnungszeitraum vor der Wiedererkrankung.[540]

Zunächst war also der Versicherte arbeitsunfähig (1) aufgrund eines Versicherungsfalls, er wird wieder arbeitsfähig (2) und erkrankt danach wieder (3). Wesentlich ist daher, dass es einen Zeitraum der Arbeitsfähigkeit gegeben haben muss (siehe 2).[541] Die erneute Arbeitsunfähigkeit muss für eine Wiedererkrankung nach § 48 SGB VII **wesentlich** auf einen früheren Versicherungsfall zurückzuführen sein.[542]

---

538 Ricke in: BeckOGK-SGB VII, § 91 SGB VII Rn. 8.

539 LSG Baden-Württemberg, Urt. v. 18.07.2024 – L 10 U 608/23, BeckRS 2024, 26864, Rn. 45.

540 GR-VG, Ziff. 12.9 (S. 310).

541 Köllner in: Lauterbach, SGB VII, § 48 SGB VII Rn. 2.

542 Köllner in: Lauterbach, SGB VII, § 48 SGB VII Rn. 2.

Die Wiedererkrankung kann dabei unmittelbare Folge des Versicherungsfalles sein, es reicht aber auch die mittelbare Folge einschließlich eines Folgeunfalls für eine Wiedererkrankung aus.[543] Auch eine **mehrmalige Wiedererkrankung** ist dabei möglich.[544]

Wissen | „Missglückter Arbeitsversuch"

Der Begriff des „missglückten Arbeitsversuches" hat im Sozialrecht unterschiedliche Bedeutungen. Hauptsächlich wurde dieser Rechtsbegriff verwendet bei der Frage, ob jemand fähig war, im Rahmen eines Beschäftigungsverhältnisses Arbeiten von wirtschaftlichem Wert zu leisten.[545] Konnte jemand trotz Bestehens eines (neuen) Arbeitsvertrags seine Arbeit tatsächlich nicht (wegen Krankheit, Berufs- oder Erwerbsunfähigkeit) aufnehmen, sprach man von einem „missglückten Arbeitsversuch".[546] Hintergrund dieser Rechtsfigur war, dass niemand Mitglied der Versichertengemeinschaft werden könne, der von vornherein wegen Arbeitsunfähigkeit als Beitragszahler ausscheide.[547] Die Rechtsfigur des „missglückten Arbeitsversuchs" findet im Bereich der gesetzlichen Unfallversicherung keine Anwendung.[548]
Davon zu unterscheiden ist der Begriff des „missglückten Arbeitsversuchs" beim Beziehen von Verletztengeld. Hier geht es nicht um die Frage nach einem Beschäftigungsverhältnis und der Versicherungspflicht,[549] sondern um Fälle, in denen vom Versicherten die wiederaufgenommene Arbeit nach kurzer Zeit wieder eingestellt wird, weil er trotz angenommener Arbeitsfähigkeit der Arbeit doch noch nicht gewachsen ist.[550]
Ist der Versicherte arbeitsfähig und unternimmt er einen Arbeitsversuch, den er aber nach kurzer Zeit mangels Arbeitsfähigkeit wieder abbrechen muss, liegt ein solcher missglückter Arbeitsversuch vor. Es

543 Feddern in: BeckOGK-SGB VII, § 47 SGB VII Rn. 3.
544 LSG Baden-Württemberg, Urt. v. 18.07.2024 – L 10 U 608/23, BeckRS 2024, 26864, Rn. 45.
545 Zieglmeier in: BeckOGK-SGB IV, § 7 SGB IV Rn. 46.
546 Zieglmeier in: BeckOGK-SGB IV, § 7 SGB IV Rn. 46.
547 BSG, Urt. v. 05.05.1998 – B 2 U 9/97 R, juris Rn. 29.
548 BSG, Urt. v. 05.05.1998 – B 2 U 9/97 R, juris Rn. 27.
549 Feddern in: BeckOGK-SGB VII, § 48 SGB VII Rn. 3.
550 Feddern in: BeckOGK-SGB VII, § 48 SGB VII Rn. 3.

handelt sich in einem solchen Fall nicht um eine Wiedererkrankung i.S.d. § 48 SGB VII.[551]
Zur besseren inhaltlichen Abgrenzung wird anstelle von einem missglückten Arbeitsversuch von einer **versuchsweisen Arbeitsaufnahme** gesprochen.[552]
Bei der versuchsweisen Arbeitsaufnahme war der Versicherte schon bei der Aufnahme der Tätigkeit

(1) objektiv arbeitsunfähig, also von vornherein entweder gar nicht oder nur unter schwerwiegender Gefährdung seiner Gesundheit zur Verrichtung der ihm übertragenen Arbeit fähig und
(2) wenn er die Arbeit entsprechend der darauf zu gründenden Erwartung vor Ablauf einer wirtschaftlich ins Gewicht fallenden Zeit aufgegeben hat.[553]

In dem Fall besteht der bisherige Anspruch auf Verletztengeld fort, sodass weiterhin §§ 45, 47 SGB VII Anwendung findet und noch nicht § 48 SGB VII.
Eine feste Frist, ab wann zeitlich nicht mehr von einer versuchsweisen Arbeitsaufnahme auszugehen ist, besteht nicht. Indes werden Zeiten zwischen drei und sechs Wochen als noch nicht wirtschaftlich ins Gewicht fallenden Zeitraum angesehen.[554] Nach hiesiger Ansicht kann nach zwei Wochen nicht mehr von einer versuchsweisen Arbeitsaufnahme schon rein begrifflich gesprochen werden.

Bei der Wiedererkrankung ist grundsätzlich der Tag, an dem die wiedererkrankungsbedingte Arbeitsunfähigkeit festgestellt wird, Anspruchs- und Leistungsbeginn.[555] Das Ende des Verletztengeldanspruchs berechnet sich nach § 46 Abs. 3 SGB VII; die 78-Wochen-Frist des § 46 Abs. 3 S. 2 Nr. 3 SGB VII beginnt dabei mit dem Tag des Beginns der Arbeitsunfähigkeit aufgrund der Wiedererkrankung erneut zu laufen.[556] Die Höhe des

551 Westermann in: jurisPK-SGB VII, § 48 SGB VII Rn. 9.
552 Köllner/Pennekamp in: Lauterbach, § 45 SGB VII Rn. 27.
553 BSG, Urt. v. 19.12.1978 – 3 RK 82/76, BeckRS 1978, 478 Rn. 30; Köllner/Pennekamp in: Lauterbach, § 45 SGB VII Rn. 27.
554 Köllner/Pennekamp in: Lauterbach, § 45 SGB VII Rn. 28 m.w.N.
555 Westermann in: jurisPK-SGB VII, § 48 SGB VII Rn. 12.
556 Westermann in: jurisPK-SGB VII, § 48 SGB VII Rn. 13.

Verletztengeldanspruchs berechnet sich nach § 47 SGB VII, wobei für die Berechnung grundsätzlich die Verhältnisse im Zeitpunkt des Eintritts der wiedererkrankungsbedingten Arbeitsunfähigkeit sind.[557] Insofern kann es unter Umständen für den Verletzten weniger Verletztengeld bei der Wiedererkrankung geben, sofern das Arbeitsentgelt geringer geworden ist.

1.4.11.3 Übergangsverletztengeld, § 45 Abs. 2 SGB VII

Verletztengeld wird auch in einer Zwischenphase erbracht: Der Versicherte ist soweit arbeitsfähig, dass er keinen Anspruch mehr auf Verletztengeld hat, er soll eine Leistung zur Teilhabe am Arbeitsleben erhalten, die sich aber aus Gründen, die er nicht zu vertreten hat, nicht an die Heilbehandlung anschließt. Der Versicherte kann seine bisherige berufliche Tätigkeit zur Überbrückung der Wartezeit nicht wiederaufnehmen und die Vermittlung einer anderen zumutbaren Tätigkeit darf ihm nicht möglich sein.

Aus der Praxis wird berichtet, dass diese Fallkonstellation nicht häufig vorkommt.

1.4.11.4 Zusammentreffendes Verletztengeld, § 45 Abs. 3 SGB VII

Treffen Heilbehandlung und berufsfördernde Maßnahme aufeinander, wird nach § 45 Abs. 3 SGB VII ebenso Verletztengeld bezahlt. Der Versicherte erhält also in einer Einrichtung sowohl medizinische Rehabilitation (die nach § 45 Abs. 1 Var. 2 SGB VII einen Anspruch auf Verletztengeld auslöst) als auch eine berufliche Rehabilitation (die nach § 49 SGB VII einen Anspruch auf Übergangsgeld auslöst).

Der Gesetzgeber hat sich dazu entschlossen, in dem Fall die höhere Geldleistung, also das Verletztengeld zu zahlen.

1.4.11.5 Kinderpflege-Verletztengeld, § 45 Abs. 4 SGB VII

Bei einer Erkrankung eines Kindes kann es notwendig sein, dass dieses beaufsichtigt, betreut oder gepflegt werden muss. Unter bestimmten Umständen hat die beaufsichtigende, betreuende oder pflegende Person einen **eigenen Anspruch auf Verletztengeld**.

---

557 Westermann in: jurisPK-SGB VII, § 48 SGB VII Rn. 14.

Der Gesetzgeber hat sowohl einen Anspruch der fürsorgenden Person gegen die Krankenkasse (vgl. § 45 SGB V) auf Krankengeld als auch gegen den Unfallversicherungsträger (vgl. § 45 Abs. 4 SGB VII) auf Verletztengeld bei Erkrankung des Kindes geregelt. Dies wird als Kinder-Krankengeld (auch: Kinderpflege-Krankengeld) bzw. Kinderpflege-Verletztengeld bezeichnet. Die gesetzliche Regelung soll der besseren Vereinbarung von Familie und Beruf dienen.[558] Es handelt sich dabei um eine Leistung des Familienlastenausgleichs,[559] sie hat aber keine Einkommensersatzfunktion.[560]

Die umfangreichen Regelungen zum Kinder-Krankengeld in § 45 SGB V finden entsprechende Anwendung auf das Kinderpflege-Verletztengeld (§ 45 Abs. 4 S. 1 SGB VII).

Die Zahlung des Kinderpflege-Verletztengeldes stellt eine Ausnahme von der Regel des Verletztengeldes dar: Während in der Regel Verletztengeld immer an den arbeitsunfähigen Versicherten geleistet wird, sorgt die Ausnahme in § 45 Abs. 4 SGB VII dafür, dass die Zahlung des Verletztengeldes an eine Person erfolgt, die gar nicht von einem Versicherungsfall betroffen ist. Der **Versicherungsfall** muss in dieser Konstellation beim **Kind** vorliegen, das beaufsichtigt, betreut oder gepflegt werden muss.

Verletzt ist also in dieser Fallkonstellation das Kind, Verletztengeld erhalten Personen, die zur Beaufsichtigung, Betreuung oder Pflege ihres Kindes der Arbeit fernbleiben. Es kommt dabei nicht darauf an, ob die Person, die das Kind beaufsichtigt, betreut oder pflegt, in der Unfallversicherung (oder in der Krankenversicherung) versichert ist, sodass grundsätzlich **jeder** den Anspruch geltend machen kann, sofern er seiner Arbeit aufgrund des Versicherungsfalls des Kindes fernbleibt.[561] Anspruchsberechtigt sind aber nur Personen, die entsprechend des § 45 Abs. 1 Nr. 2 SGB VII unmittelbar vor dem Eintritt des Versicherungsfalls des Kindes Arbeitsentgelt oder Arbeitseinkommen bezogen haben.[562] Es bedarf also eines Verlusts an Arbeitsentgelt oder -einkommens.[563] Beide Elternteile haben jeweils für sich einen Anspruch auf Kinderpflege-Verletztengeld.[564]

---

558 Bereiter-Hahn/Mehrtens, § 45 SGB VII Rn. 32.1.

559 Bereiter-Hahn/Mehrtens, § 45 SGB VII Rn. 32.1.

560 Pepping in: HK-MuSchG, § 45 SGB VII Rn. 2; **a.A.** Bereiter-Hahn/Mehrtens, § 45 SGB VII Rn. 32.1.

561 Krasney in: Krasney u.a., § 45 SGB VII Rn. 61.

562 Köllner/Pennekamp in: Lauterbach, § 45 SGB VII Rn. 69.

563 Krasney in: Krasney u.a., § 45 SGB VII Rn. 61.

564 Krasney, SGb 2017, 669 (670).

Ein Versicherungsfall des Kindes könnte sich beispielsweise in der Kita oder in der Schule ereignen.

Ob die Gewähr eine solche Geldleistung tatsächlich noch vom Sinn und Zweck einer *Unfallversicherung* gedeckt ist, ist zweifelhaft.[565] Im Falle einer Regelungsnotwendigkeit hätte der Gesetzgeber im Übrigen auch im Wege des Sachleistungsprinzips eine Pflegekraft stellen können.[566]

Kind

Grundvoraussetzung für den Anspruch ist freilich, dass ein Kind verletzt ist. Maßgeblich ist die Kindesdefinition i.S.d. §§ 56 Abs. 1 S. 1 Nr. 2, Abs. 2 SGB I. Neben den leiblichen Kindern können demnach auch Adoptiv- oder Pflegekinder sowie – bei Aufnahme in den eigenen Haushalt – Stiefkinder und Enkel unter die Begriffsdefinition fallen.[567]

Das Kind darf das zwölfte Lebensjahr noch nicht vollendet haben (§ 45 Abs. 4 S. 1 SGB VII i.V.m. § 45 Abs. 1 SGB V).

Wissen | Berechnung des vollendeten 12. Lebensjahres (Beispiel[568])

Geburtstag des Kindes am 26.05.2012
Vollendung des zwölften Lebensjahrs am 25.05.2024

Ist das Kind behindert, kann Kinderpflege-Verletztengeld auch nach der Vollendung des 12. Lebensjahres gezahlt werden.[569]

Haushalt des Anspruchsberechtigten

Das verletzte Kind muss im Haushalt der Person leben, die es beaufsichtigt, betreut oder pflegt. Dies sind in der Regel die Eltern bzw. der alleinerziehende Elternteil,[570] können aber bspw. auch Pflege-, Stief- oder Großeltern sein.

---

565 **A.A.** Krasney, SGb 2017, 669 (674): „Die Gewährung von Kinderverletztengeld ist nicht nur zu begrüßen sondern notwendig."

566 Krasney, SGb 2017, 669.

567 Krasney in: Krasney u.a., § 45 SGB VII Rn. 63 ff.

568 Nach Köllner/Pennekamp in: Lauterbach, § 45 SGB VII Rn. 71.

569 Krasney in: Krasney u.a., § 45 SGB VII Rn. 68.

570 Bereiter-Hahn/Mehrtens, § 45 SGB VII Rn. 32.2.

Beaufsichtigung, Betreuung, Pflege

Notwendig ist, dass eine im Haushalt des Anspruchsberechtigten lebende Person das verletzte Kind beaufsichtigt, betreut oder pflegt.[571] Selbst eine Hausangestellte könnte dies sein, sofern sie im Haushalt lebt.[572] Wichtig ist, dass die fürsorgende Person sowohl objektiv in der Lage ist, die benötigte Beaufsichtigung, Betreuung oder Pflege auszuführen als auch subjektiv dazu bereit ist.[573]

Die Beaufsichtigung, Betreuung oder Pflege muss dabei erforderlich sein, weil das Kind „wegen der gesundheitlichen Folgen des Versicherungsfalls nicht ohne Beaufsichtigung, Betreuung oder Pflege sein kann."[574] Die Beaufsichtigung muss über die grundsätzlich bestehende Aufsichtspflicht der Eltern hinausgehen.[575] Im Zweifel wird eine Abgrenzung schwierig sein, da bei einem Verletzten, der noch keine zwölf Jahre alt ist, eine Beaufsichtigung, Betreuung oder Pflege meist gerechtfertigt erscheint.

Die Beaufsichtigung, Betreuung oder Pflege soll dabei nicht im Haushalt des Anspruchsberechtigten erfolgen müssen.[576] Eine solche Aufweitung des außerhäuslichen Bereichs ist allerdings kritisch zu prüfen und nur in Ausnahmefällen gerechtfertigt. Vom Grundsatz her sollte die häusliche Umgebung der richtige Ort der Beaufsichtigung, Betreuung oder Pflege sein.

Hinderung an der Arbeit

Durch die Beaufsichtigung, Betreuung oder Pflege muss der Anspruchsberechtigte an der Ausübung seiner Arbeit verhindert sein. Keine Hinderung liegt vor, wenn die Beaufsichtigung, Betreuung oder Pflege nicht während der Arbeitszeit des Anspruchsberechtigten erforderlich ist.[577] Ebenso liegt keine Verhinderung vor, wenn der Anspruchsberechtigte im Homeoffice arbeiten kann und die Verletzung des Kindes keine überwiegende, der Arbeit abträgliche Beaufsichtigung, Betreuung oder Pflege bedarf.

---

571 Krasney, SGb 2017, 669 (672).
572 Krasney, SGb 2017, 669 (672).
573 Krasney, SGb 2017, 669 (672).
574 Krasney in: Krasney u.a., § 45 SGB VII Rn. 71.
575 S. Dunz in: Podzun, Kz. 350 S. 8.
576 Krasney in: Krasney u.a., § 45 SGB VII Rn. 72.
577 Krasney in: Krasney u.a., § 45 SGB VII Rn. 73.

Ärztliches Zeugnis

Weitere Anspruchsvoraussetzung ist, dass die Beaufsichtigung, Betreuung oder Pflege des Kindes und damit verbunden das Fernbleiben von der Arbeit nach einem ärztlichen Zeugnis erforderlich ist.[578] Bei der Stellungnahme des Arztes muss es sich um eine schriftliche Bekundung handeln.[579]

Keine Übernahme durch Dritten

Eine andere im Haushalt lebende Person darf nicht für die Beaufsichtigung, Betreuung oder Pflege des Kindes einspringen können.[580] Bei der Prüfung ist die persönliche Bindung des Kindes zur beaufsichtigenden, betreuenden oder pflegenden Person zu berücksichtigen.[581] Es kommt nicht darauf an, dass es möglicherweise einen anderen Erwachsenen gibt, der die Beaufsichtigung, Betreuung oder Pflege übernehmen könnte.[582] Maßgeblich ist vielmehr, dass die fürsorgende Person die **Eignung** hat, die notwendige Beaufsichtigung, Betreuung oder Pflege auch persönlich vorzunehmen.[583] Zwischen dem verletzten Kind und der Person sollte ein „positives Verhältnis“ bestehen.[584]

Prüfungsschema | Anspruch auf Kinder-Verletztengeld

1. Prüfungsschritt: Versicherungsfall eines Kindes (bis 12 Jahre oder behindert und auf Hilfe angewiesen)?
2. Prüfungsschritt: Kind lebt in Haushalt des Anspruchsberechtigten
3. Prüfungsschritt: Beaufsichtigung, Betreuung oder Pflege
4. Prüfungsschritt: Durch Beaufsichtigung, Betreuung oder Pflege Hinderung der Verrichtung der Arbeit
5. Prüfungsschritt: Bestätigung der Erforderlichkeit des Fernbleibens von der Arbeit zur Beaufsichtigung, Betreuung oder Pflege durch ärztliches Zeugnis

---

578 Westermann in: jurisPK-SGB VII, § 45 SGB VII Rn. 49.
579 Krasney in: Krasney u.a., § 45 SGB VII Rn. 76.
580 Westermann in: jurisPK-SGB VII, § 45 SGB VII Rn. 49.
581 S. Dunz in: Podzun, Kz. 350 S. 8.
582 Köllner in: LPK-SGB VII, § 45 SGB VII Rn. 33.
583 Köllner in: LPK-SGB VII, § 45 SGB VII Rn. 33.
584 Bereiter-Hahn/Mehrtens, § 45 SGB VII Rn. 32.10.

6. Prüfungsschritt: Keine Übernahme der Beaufsichtigung, Betreuung oder Pflege durch andere im Haushalt lebende Person

Berechnung

Das Kinder-Verletztengeld beträgt 100 Prozent des ausgefallenen Nettoarbeitsentgelts aus beitragspflichtigem Arbeitsentgelt (Nr. 1), wobei das Arbeitsentgelt bis zu einem Betrag in Höhe des 450. Teils des Höchstjahresarbeitsverdienstes zu berücksichtigen ist (Nr. 2).[585] Erfolgt die Berechnung des Verletztengeldes aus Arbeitseinkommen, beträgt dies nach § 45 Abs. 4 S. 2 SGB VII 80 Prozent des erzielten regelmäßigen Arbeitseinkommens bis zu einem Betrag in Höhe des 450. Teils des Höchstjahresarbeitsverdienstes.

Dauer

Der Arbeitnehmer hat gegen seinen Arbeitgeber für die Zeit, für die er Kinderpflege-Verletztengeld beziehen kann, nach § 45 Abs. 4 S. 1 SGB VII i.V.m. § 45 Abs. 3 SGB V einen Anspruch auf unbezahlte Freistellung von der Arbeit.[586] Der Anspruch entsteht mit dem ersten Tag des Vorliegens der oben genannten Voraussetzungen.[587]

Der Anspruch besteht nur **subsidiär**:[588] Ansprüche auf Entgeltfortzahlung gegen den Arbeitgeber (aus Arbeitsvertrag, Tarifvertrag oder nach § 616 S. 1 BGB) haben Vorrang vor der Zahlung von Verletztengeld (§ 52 Nr. 1 SGB VII) und werden in vollem Umfang auf das Kinderverletztengeld angerechnet.[589]

Der Anspruch besteht (gemäß § 45 Abs. 2a SGB V für **2026**) für jedes Kind längstens als Höchstdauer für **15 Arbeitstage** je Elternteil, insgesamt für jeden Elternteil längstens für **35 Arbeitstage** pro Kalenderjahr.[590] Die Bezugsdauer muss nicht zusammenhängend verlaufen.[591]

---

585 Pepping in: HK-MuSchG, § 45 SGB VII Rn. 22.
586 Pepping in: HK-MuSchG, § 45 SGB VII Rn. 23.
587 Krasney in: Krasney u.a., § 45 SGB VII Rn. 85.
588 Krasney in: Krasney u.a., § 45 SGB VII Rn. 86.
589 Pepping in: HK-MuSchG, § 45 SGB VII Rn. 27.
590 Krasney in: Krasney u.a., § 45 SGB VII Rn. 89 (Sonderregelungen für Alleinerziehende).
591 S. Dunz in: Podzun, Kz. 350 S. 8.

Für alleinerziehende Versicherte gelten mit 30 bzw. 70 Arbeitstagen höhere Grenzen.[592] Zeitlich unbefristet wird das Kinder-Verletztengeld gezahlt, wenn das Kind aufgrund des Versicherungsfalles schwerkrank i.S.d. § 45 Abs. 4 SGB V ist.[593]

Der ansonsten kalendertägliche Verletztengeldbetrag ist folglich auf den arbeitstäglichen Kinder-Verletztengeldbetrag umzurechnen.[594]

Sofern die Höchstbezugsdauer ausgeschöpft ist und eine Betreuung des Kindes weiterhin erforderlich ist bzw. das Kind das zwölfte Lebensjahr bereits vollendet hat, besteht für den Unfallversicherungsträger die Möglichkeit, eine ergänzende Leistung nach § 39 Abs. 1 Nr. 2 SGB VII zu zahlen.[595]

1.4.12 Abzüge

Das Verletztengeld wird nicht rein netto gewährt, sondern es fallen Sozialabgaben teilweise an. Das bedeutet, dass von dem mühsam erstellten Berechnungsergebnis noch Beiträge an die Sozialversicherungsträger abzuführen sind. Gerechtfertigt werden die Abzüge mit der Begründung, dass der Bezieher des Verletztengeldes weitestgehend sozial abgesichert sein soll und Lücken in den Anwartschaften in der gesetzlichen Rentenversicherung verhindert bzw. vermieden werden.[596]

Ungewöhnlich ist der Anspruch auf eine Sozialleistung einerseits und der Abzug von Beiträgen oder eine Versteuerung andererseits freilich nicht. Es stellt sich die Frage, ob es nicht einfachere, schnellere und transparentere Lösungen geben könnte: Etwas weniger Verletztengeld, dafür keine Abzüge und ein Fortbestehen der Versicherungsverhältnisse. Unmöglich erscheint eine solche Regelung nicht.

Krankenkassen und Unfallversicherungsträger haben für sich die Thematik mit einer speziellen Verwaltungsvereinbarung („VV Beiträge“) gelöst, die u.a. regelt, dass die Krankenkassen die Beiträge berechnen und abführen.[597]

---

592 Vgl. Pepping in: HK-MuSchG, § 45 SGB VII Rn. 24 f.
593 Pepping in: HK-MuSchG, § 45 SGB VII Rn. 24.
594 Köllner/Pennekamp in: Lauterbach, § 45 SGB VII Rn. 72.
595 Ziegler in: Schlaeger, § 45 SGB VII Rn. 37.
596 Köllner/Pennekamp in: Lauterbach, § 45 SGB VII Rn. 78.
597 VV Beiträge v. 01.01.2023, über Bereiter-Hahn/Mehrtens, Anh. 5.3.

Ausgangsfall: Caspar, kinderlos, hat einen Anspruch auf Verletztengeld. Er verdient 2.000,00 Euro (= 1.472,25 Euro netto). Die Berechnung des Verletztengeldes ergab ein solches in Höhe von 49,08 Euro/Tag.

1.4.12.1 Beiträge in die gesetzliche Krankenversicherung

Die Beiträge in die gesetzliche Krankenversicherung hat allein der Unfallversicherungsträger zu übernehmen (vgl. § 251 Abs. 1 SGB V). Dies bezieht den Zusatzbeitrag mit ein.[598]

1.4.12.2 Beiträge in die gesetzliche Pflegeversicherung

Die Beiträge in die gesetzliche Pflegeversicherung sind vom Unfallversicherungsträger allein zu tragen (vgl. § 59 Abs. 4 S. 2 SGB XI) mit Ausnahme von „Kinderlosen", die den Beitragszuschlag in die Pflegeversicherung beim Bezug von Verletztengeld selbst zu tragen haben (§ 59 Abs. 5 SGB XI). Nach § 55 Abs. 3 SGB XI beträgt der Beitragszuschlag für Kinderlose 2026 0,6 Beitragssatzpunkte.

Ausgangsfall: Caspar, kinderlos, hat einen Anspruch auf Verletztengeld. Er verdient 2.000,00 Euro (= 1.472,25 Euro netto). Die Berechnung des Verletztengeldes ergab ein solches in Höhe von 49,08 Euro/Tag.

Berechnung Abzug Pflegeversicherung
a) Ermittlung kumuliertes Regelentgelts: 2.000,00 Euro / 30 T = 66,67 Euro/T
b) Begrenzung des Regelentgelts auf die jeweilige Beitragsbemessungsgrenze: 66,67 Euro/T unter 193,75 Euro (basierend auf 69.750,00 Euro/J 2026)
c) Kürzung auf 80 Prozent: 80 Prozent von 66,67 Euro = 53,34 Euro/T
d) Anteil Kinderloser 0,6 Prozent: 0,6 Prozent von 53,34 Euro = 0,32 Euro/T

Es sind 0,32 Euro/Tag Abzug von 49,08 Euro/Tag für die Pflegeversicherung.

598 Knispel in: Peters, § 251 SGB V Rn. 20.

1.4.12.3 Beiträge in die gesetzliche Rentenversicherung

Die Beiträge in die gesetzliche Rentenversicherung werden hälftig vom Bezieher des Verletztengeldes getragen (vgl. § 170 Abs. 1 Nr. 2a SGB VI).

Der Beitragssatz beträgt 2026 18,6 Prozent.

Ausgangsfall: Caspar, kinderlos, hat einen Anspruch auf Verletztengeld. Er verdient 2.000,00 Euro (= 1.472,25 Euro netto). Die Berechnung des Verletztengeldes ergab ein solches in Höhe von 49,08 Euro/Tag.

Berechnung Abzug Rentenversicherung
a) Ermittlung kumuliertes Regelentgelts: 2.000 Euro / 30 T = 66,67 Euro/T
b) Begrenzung des Regelentgelts auf die jeweilige Beitragsbemessungsgrenze: 66,67 Euro/T unter 281,67 Euro/T basierend auf 101.400,00 Euro/J 2026.
c) Für Versicherte: 9,3 Prozent von 49,08 Euro = 4,56 Euro/T

Für den UVT: 80 Prozent von 66,67 Euro = 53,34 Euro/T; 53,34 Euro × 18,6 Prozent = 9,92 Euro/T; 9,92 Euro − 4,56 Euro = 5,36 Euro/T
Der Versicherte erhält vom Verletztengeld 4,56 Euro/T für die Rentenversicherung abgezogen.

1.4.12.4 Beiträge in die gesetzliche Arbeitslosenversicherung

Beim Bezug von Verletztengeld und einer daraus resultierenden Versicherungs- bzw. Beitragspflicht zur Arbeitslosenversicherung hat sich der Versicherte an den Beiträgen zu beteiligen. Der Versicherte hat einen hälftigen Anteil zu leisten, wobei dieser hälftige Anteil auf die Höhe des Verletztengeldes beschränkt ist (vgl. § 347 Nr. 5 SGB III).

Ausgangsfall: Caspar, kinderlos, hat einen Anspruch auf Verletztengeld. Er verdient 2.000,00 Euro (= 1.472,25 Euro netto). Die Berechnung des Verletztengeldes ergab ein solches in Höhe von 49,08 Euro/Tag.

Berechnung Abzug Arbeitslosenversicherung
a) Ermittlung kumuliertes Regelentgelts: 2.000 Euro / 30 T = 66,67 Euro/T

b) Begrenzung des Regelentgelts auf die jeweilige Beitragsbemessungsgrenze: 66,67 Euro/T unter 281,67 Euro/T basierend auf 101.400,00 Euro/J 2026.
c) Für Versicherte: 1,3 Prozent von 49,08 Euro = 0,64 Euro/T
Für den UVT: 80 Prozent von 66,67 Euro = 53,34 Euro/T; 53,34 Euro × 2,6 Prozent = 1,39 Euro; 1,39 Euro– 0,64 Euro = 0,75 Euro/T
Der Versicherte erhält vom Verletztengeld abgezogen 0,64 Euro/T in die Arbeitslosenversicherung.

1.4.12.5 Steuern

Beim Verletztengeld handelt es sich nach § 3 Nr. 1 lit. a EStG um eine steuerfreie Einnahme. Es unterliegt allerdings nach § 32b Abs. 1 S. 1 lit. b EStG dem Progressionsvorbehalt.

1.4.12.6 Ergebnis

Vom Verletztengeld sind Sozialleistungsbeiträge abzuziehen.

Ausgangsfall: Caspar, kinderlos, hat einen Anspruch auf Verletztengeld. Er verdient 2.000,00 Euro (= 1.472,25 Euro netto). Die Berechnung des Verletztengeldes ergab ein solches in Höhe von 49,08 Euro/Tag.

1. Berechnung Abzug Pflegeversicherung
Es sind 0,32 Euro/Tag Abzug von 49,08 Euro/Tag für die Pflegeversicherung.

2. Berechnung Abzug Rentenversicherung
Der Versicherte erhält vom Verletztengeld abgezogen 4,56 Euro/T an die DRV für die Rentenversicherung.

3. Berechnung Abzug Arbeitslosenversicherung
Der Versicherte erhält vom Verletztengeld abgezogen 0,64 Euro/T in die Arbeitslosenversicherung.

Ergebnis: Statt der ausgerechneten 49,08 Euro erhält Caspar abgezogen:
– 0,32 Euro (Pflegeversicherung)
– 4,56 Euro (Rentenversicherung)

– 0,64 Euro (Arbeitslosenversicherung)
Insgesamt werden ausgezahlt: 43,56 Euro/Tag

1.4.13 Berechnung und Auszahlung des Verletztengeldes

Für Auszubildende und Studierende im Bereich der Unfallversicherung ist eine der erstaunlichsten Informationen rund um das Verletztengeld, dass Berechnung und Auszahlung nicht von den Unfallversicherungsträgern, sondern von den gesetzlichen Krankenkassen vorgenommen werden. Regelmäßig kommt daher die Frage auf, warum dann Geldleistungen eine relativ breite Rolle in Ausbildung und Studium wahrnehmen. Umgekehrt stellt sich die Frage, ob und wie die gesetzlichen Krankenkassen gewährleisten, dass die Berechnung und Auszahlung des Verletztengeldes ordnungsgemäß i.S.d. SGB VII erfolgt.

Und in der Tat: Verständlich ist es nicht für Außenstehende, dass die Unfallversicherungsträger eine ihrer wichtigsten Leistungen von einem anderen Sozialversicherungszweig berechnen und auszahlen lassen.[599] Die Möglichkeit, eine breitere Öffentlichkeit über Bedeutung und Nutzen der Unfallversicherung zu informieren, geht verloren. Wenn an anderer Stelle (z.B. beim Recruiting) lamentiert wird, dass die Unfallversicherung nicht über das Renommee wie die Kranken- oder Rentenversicherung verfügt, sodass sie eher als privatwirtschaftliche Versicherung angesehen wird, mag dies auch der Unscheinbarkeit geschuldet sein.

Argumentiert wird auf Seiten der Unfallversicherung, dass es den gesetzlichen Krankenkassen deutlich einfacher ist, die Versicherten anzuschreiben, da sie ja über entsprechende persönliche Datensätze verfügen. Hier noch einmal der Hinweis: Mitglieder der Unfallversicherungsträger sind ja die Unternehmer, sodass die Träger keine Daten über die Arbeitnehmer haben. Unmöglich ist es freilich auch nicht für die Unfallversicherungsträger, an die Daten zu kommen. Es ist dann eher die Frage, ob die Bereitschaft besteht, diesen gewissen Aufwand zu investieren.

Weiterhin wird argumentiert, dass die Berechnung des Verletztengeldes komplexe EDV-Strukturen verlange, die die Krankenkassen aufgrund der

599 Vgl. Zimmermann in: LPK-SGB VII, § 189 SGB VII Rn. 8.

Krankengeldzahlung ohnehin vorhalten. Auch hier stellt sich die Frage der Abwägung zwischen Aufwand und Nutzen.

Umgekehrt stellt sich die Frage, ob und wie die Unfallversicherungsträger die gesetzlichen Krankenkassen kontrollieren. Wird bspw. ein Nettohinzurechnungsbetrag beim Verletztengeld (im Gegensatz zum Krankengeld) nicht berechnet?

Wie dem auch sei: Unfallversicherungsträger und Krankenkassen haben Verwaltungsvereinbarungen geschlossen, die Regelungen über die Berechnung und Auszahlung des Verletztengeldes beinhalten. Die Rechtsgrundlage für die Verwaltungsvereinbarung findet sich in § 189 SGB VII: Unfallversicherungsträger können Krankenkassen beauftragen, die ihnen obliegenden Geldleistungen zu erbringen.

Zwischen den Unfallversicherungsträgern und den Krankenkassen gibt es drei Verwaltungsvereinbarungen, die den Umgang mit dem Verletztengeld regeln:

- Verwaltungsvereinbarung über die generelle Beauftragung der Krankenkassen durch die Unfallversicherungsträger zur Berechnung und Auszahlung des Verletzten- und Kinderverletztengeldes nach § 189 SGB VII i.V.m. §§ 88 ff. SGB X (VV Generalauftrag)
- Verwaltungsvereinbarung über das Verfahren und die Entschädigung bei Einzelaufträgen der Unfallversicherungsträger nach § 189 SGB VII i.V.m. §§ 88 ff SGB X (VV Einzelauftrag)
- Verwaltungsvereinbarung über die Beauftragung der Krankenkassen durch die Unfallversicherungsträger zur Berechnung und Abführung der Beiträge für die Bezieherinnen und Bezieher von Verletzten-, Kinderverletzten- oder Übergangsgeld aus der Unfallversicherung nach § 189 SGB VII i.V.m. §§ 88 ff. SGB X (VV Beiträge)

1.4.13.1 Verwaltungsvereinbarung Generalauftrag

Die Krankenkasse übernimmt nach der VV Generalauftrag die **Berechnung und Auszahlung des Verletztengeldes.**[600] Die Vereinbarung gilt nicht für sämtliche Anspruchsberechtigte auf Verletztengeld: Grundvoraussetzung ist zunächst, dass der Bezieher des Verletztengeldes Mitglied der auftragsausführenden Krankenkasse ist und infolge eines Arbeitsunfalls

600 VV Generalauftrag v. 01.01.2023, Ziff. 2.1 (S. 1).

arbeitsunfähig erkrankt ist.[601] Im Umkehrschluss bedeutet dies: Die VV Generalauftrag findet bei Vorliegen einer Arbeitsunfähigkeit, die auf einer Berufskrankheit beruht, keine Anwendung.[602]

Das Verletztengeld wird von der Krankenkasse errechnet und gezahlt, wenn es nach dem **Arbeitsentgelt aus einer krankenversicherungspflichtigen Beschäftigung** zu bemessen ist.[603] Das gilt entsprechend für freiwillig krankenversicherte Personen, soweit deren Regelentgelt aus Arbeitsentgelt zu berechnen ist, sowie für Personen, die Leistungen nach dem SGB III beziehen und infolgedessen Mitglieder einer Krankenkasse sind.[604] Die Krankenkasse zahlt den um etwaige Sozialversicherungsbeiträge geminderten Betrag des Verletztengeldes aus.[605] Verwaltungsakte, die die Krankenkasse über das Verletztengeld erlässt, ergehen im Namen des zuständigen Unfallversicherungsträgers.[606]

Die Anpassungen des Verletztengeldes werden nach § 70 SGB IX von der Krankenkasse vorgenommen.[607]

Hilft die Krankenkasse einem gegen ihre Entscheidung gerichteten Widerspruch nicht ab, leitet sie den Widerspruch dem zuständigen Unfallversicherungsträger zu, der dann über den Widerspruch zu entscheiden hat.[608]

Die Regelungen der VV Generalauftrag kommen nur dann zur Anwendung, wenn der Krankenkasse ein **ärztlicher Bericht** vorliegt, aus dem ersichtlich ist, dass allgemeine oder besondere Heilbehandlungen zu Lasten des Unfallversicherungsträgers eingeleitet wurden (bzw. beim Kinderpflege-Verletztengeld in Ermangelung eines Arztberichts der Krankenkasse entsprechende Anhaltspunkte für einen Arbeits-/Schulunfall des Kindes vorliegen).[609] Die Unfallversicherungsträger haben dafür einen „Vertrag über die Durchführung der Heilbehandlung, die Vergütung der Ärzte sowie die Art und Weise der Abrechnung der ärztlichen Leistungen“ mit der

601 VV Generalauftrag v. 01.01.2023, Ziff. 2.1 (S. 1).
602 VV Generalauftrag v. 01.01.2023, Ziff. 2.2 (S. 2).
603 VV Generalauftrag v. 01.01.2023, Ziff. 5.1 (S. 7).
604 VV Generalauftrag v. 01.01.2023, Ziff. 5.1 (S. 7).
605 VV Generalauftrag v. 01.01.2023, Ziff. 5.4 (S. 7).
606 VV Generalauftrag v. 01.01.2023, Ziff. 9.1 (S. 10).
607 VV Generalauftrag v. 01.01.2023, Ziff. 5.5 (S. 8).
608 VV Generalauftrag v. 01.01.2023, Ziff. 9.1 (S. 10).
609 VV Generalauftrag v. 01.01.2023, Ziff. 1 (S. 1).

Kassenärztlichen Bundesvereinigung geschlossen.[610] Nach § 27 Abs. 2 dieses Vertrages gehört es zu den Aufgaben des Durchgangsarztes unverzüglich einen Durchgangsarztbericht anzufertigen und dem behandelnden Arzt zu übersenden, nachdem er die Verletzung gesehen, beurteilt und entschieden hat, wie diese weiter behandelt werden soll. Die Regelung umfasst zusätzlich, dass die gesetzliche Krankenkasse eine Durchschrift dieses Berichts erhält. Die Krankenkasse nimmt aufgrund dieses Berichts automatisch nach der VV Generalauftrag die Berechnung und Zahlung des Verletztengeldes auf.[611]

Die Krankenkasse erhält für ihre Auftragstätigkeit einen Grundbetrag je Arbeitsunfähigkeitsfall in Höhe von 2,0 v. H. der monatlichen Bezugsgröße nach § 18 SGB IV zzgl. 1,5 v. H. der Auftragsleistungen als Entschädigung gezahlt.[612]

1.4.13.2 Verwaltungsvereinbarung Einzelauftrag

In Fällen, die nicht von der VV Generalauftrag erfasst sind, besteht für die Unfallversicherungsträger die Möglichkeit, per Einzelauftrag die Krankenkasse zu beauftragen, Verletztengeld oder Kinderverletztengeld an die leistungsberechtigte Person auszuzahlen.

Die Verwaltungsvereinbarung betrifft daher insbesondere die Verletztengeldzahlung an Personengruppen, die von der VV Generalauftrag gerade nicht umfasst sind. Das sind z.B. freiwillig krankenversicherte Unternehmer, Personen, deren Arbeitsunfähigkeit auf einer Berufskrankheit beruht oder nicht gesetzlich krankenversicherte Personen.

Anstelle einer automatischen Bearbeitung wie nach der VV Generalauftrag ist ein individueller Auftrag des Unfallversicherungsträgers an die Krankenkasse für jeden einzelnen Versicherungsfall erforderlich.[613]

Ein Auftrag zur Zahlung von Verletztengeld kann grundsätzlich nur unter Angabe des Leistungsbetrags und des diesem zugrundeliegenden Bemessungsentgelts erfolgen.[614]

---

610 Vertrag v. 01.01.2026 gem. § 34 Abs. 3 SGB VII über die Durchführung der Heilbehandlung, die Vergütung der Ärzte sowie die Art und Weise der Abrechnung der ärztlichen Leistungen.

611 Ricke in: BeckOGK-SGB VII, § 189 SGB VII Rn. 12.3.

612 VV Generalauftrag v. 01.01.2023, Ziff. 10 f. (S. 11).

613 Ricke in: BeckOGK-SGB VII, § 189 SGB VII Rn. 13.

614 VV Generalauftrag v. 01.01.2023, Ziff. 5 (S. 3 f.).

Signifikanter Unterschied der VV Einzelauftrag ist daher, dass die Berechnung von Seiten des Unfallversicherungsträgers und die Bezahlung von der Krankenkasse vorgenommen werden. Der Grund der unterschiedlichen Berechnungsaufgabe (von der Krankenkasse nach der VV Generalauftrag, von der Unfallversicherung nach der VV Einzelauftrag) „liegt vor allem darin, dass besondere Berechnungsgrundlagen gelten, die von Fall zu Fall variieren und die nur der Unfallversicherungsträger feststellen kann."[615]

Besteht wegen des Bezugs von Verletztengeld Versicherungspflicht zur Rentenversicherung und/oder Arbeitslosenversicherung, muss der Auftrag außerdem die für die Berechnung und Abführung der Beiträge sowie die für die in diesem Zusammenhang erforderlichen Meldungen notwendigen Angaben enthalten.[616]

1.4.13.3 Verwaltungsvereinbarung Beiträge

Die VV Beiträge findet in Fällen Anwendung, in denen aufgrund der VV Generalauftrag oder der VV Einzelauftrag auftragsweise Leistungen der Unfallversicherungsträger ausgezahlt werden.[617]

Die Krankenkassen stellen die Versicherungs- und Beitragspflicht fest, berechnen die Beiträge, führen diese ab und fordern die Beiträge vom zuständigen Unfallversicherungsträger an bzw. rechnen die Beiträge mit diesem ab.[618]

615 Ricke in: BeckOGK-SGB VII, § 189 SGB VII Rn. 13.
616 VV Generalauftrag v. 01.01.2023, Ziff. 5 (S. 3 f.).
617 VV Beiträge v. 01.01.2023, Ziff. 1.
618 VV Beiträge v. 01.01.2023, Ziff. 1.

2 Übergangsgeld

Nach einem erlittenen Arbeitsunfall ist es möglich, dass der Versicherte nicht mehr in der Lage ist, seinen bisherigen oder einen vergleichbaren Beruf zukünftig auszuüben. Das bedeutet aber nicht, dass der Versicherte deshalb vollständig arbeitsunfähig ist. Möglicherweise könnte er andere berufliche Tätigkeiten ausüben, sofern er die entsprechenden Kenntnisse und Fertigkeiten besäße.

2.1 Einführung

Das Erlernen der entsprechenden Kenntnisse und Fertigkeiten wird durch eine **Leistung zur Teilhabe am Arbeitsleben** (LTA) vom Unfallversicherungsträger gefördert.

Der Unfallversicherungsträger hat die Bedarfsermittlung für eine erforderliche LTA einzuleiten, sobald in der Heilbehandlung erkennbar wird, dass der Versicherte seine bisherige berufliche Tätigkeit aufgrund der verbliebenen Funktionsbeeinträchtigungen nicht mehr bewältigen kann.[619]

Die Anspruchsgrundlage auf eine LTA findet sich in § 35 Abs. 1 S. 1 SGB VII. Nach § 35 Abs. 1 S. 1 SGB VII erbringen Unfallversicherungsträger

- die LTA nach den §§ 49 bis 55 SGB IX
- in Werkstätten für behinderte Menschen nach den §§ 57 und 58 SGB IX
- bei anderen Leistungsanbietern nach § 60 SGB IX
- als Budget für Arbeit nach § 61 SGB IX
- als Budget für Ausbildung nach § 61a SGB IX.

Im SGB VII gab es früher eigene, ergänzende und konkretisierende Vorschriften zur LTA. Zur Vereinheitlichung des Rehabilitationsrechts sind diese Vorschriften im **SGB IX** zusammengeführt worden.[620]

---

619 Baron/Lüder in: LPK-SGB VII, § 35 SGB VII Rn. 9.

620 Baron/Lüder in: LPK-SGB VII, § 35 SGB VII Rn. 1.

Wissen | Das SGB IX

Das SGB IX betrifft den Bereich der Rehabilitation und Teilhabe von **Menschen mit Behinderungen**. Es trat am 01.07.2001 in Kraft und verfolgt das Ziel, das Recht der Rehabilitation behinderter Menschen weiterzuentwickeln und in einem eigenen Sozialgesetzbuch zusammenzufassen.[621]

Der Gesetzgeber führte dazu aus: „Durch die Zusammenfassung der für mehrere Sozialleistungsbereiche einheitlich geltenden Vorschriften ist das SGB IX in ähnlicher Weise **bereichsübergreifend wirksam** wie bereits zuvor die Regelungen des Ersten, des Vierten und des Zehnten Buches des Sozialgesetzbuches. Viele besondere Regelungen der einzelnen Leistungsgesetze wurden im Zuge des SGB IX aufgehoben oder durch Bezugnahmen auf das SGB IX ersetzt oder inhaltlich angepasst."[622]

Alle Regelungen der Rehabilitation wurden deshalb nunmehr im SGB IX zusammengefasst und weitgehend vereinheitlicht.[623]

Die Regelungen des SGB VII bleiben im Bereich der Rehabilitation nach § 7 Abs. 1 SGB IX dann maßgebend und gehen dem SGB IX vor, wenn sie abweichendes bestimmen (z.B. den UV-Grundsatz „Rehabilitation mit allen geeigneten Mitteln").[624]

Definiert wird die LTA in **§ 49 Abs. 1 S. 1 SGB IX** als eine erforderliche Leistung, um die Erwerbsfähigkeit von Menschen mit Behinderungen oder von Behinderung bedrohter Menschen entsprechend ihrer Leistungsfähigkeit zu erhalten, zu verbessern, herzustellen oder wiederherzustellen und ihre Teilhabe am Arbeitsleben **möglichst auf Dauer** zu sichern.

LTA können vielfältig sein und werden – nicht abschließend – in § 49 Abs. 3 SGB IX aufgeführt. Eine LTA kann

- eine berufliche Bildungsmaßnahme,
- eine berufsvorbereitende Bildungsmaßnahme,

621 S. Dunz in: Podzun, Kz. 390, S. 1.
622 BT-Drs. 15/4575, S. 21.
623 T. Dunz in: Podzun, Kz. 400, S. 2.
624 T. Dunz in: Podzun, Kz. 400, S. 2.

- Kosten für Hilfsmittel,
- technische Arbeitshilfen

sein.[625]

2.2 Sinn und Zweck

Sofern der Versicherte an einer ganztägigen LTA teilnimmt, erhält er regelmäßig in dieser Zeit kein Gehalt. Allerdings besteht auch kein Anspruch auf Verletztengeld mehr, da er in der Regel arbeitsfähig ist und auch keine Heilbehandlung mehr benötigt.

Während der LTA erhält der Versicherte eine **eigene Geldleistung**, das Übergangsgeld. Es soll einerseits das fehlende Einkommen in der Zeit der LTA-Teilnahme ausgleichen und den Lebensunterhalt in der Zeit sichern, andererseits die Motivation fördern, eine LTA zu belegen.[626] Das Übergangsgeld hat daher eine **Einkommensersatzfunktion**.[627] Sinn, Zweck und Berechnung des Übergangsgeldes ähnelt an vielen Stellen dem Verletztengeld. Bei der Prüfung des Anspruchs auf Übergangsgeld besteht zum Verletztengeld folgender Unterschied: Anders als beim Verletztengeld kommt es beim Übergangsgeld nicht darauf an, dass der Versicherte **unmittelbar vorher Einkünfte** erzielt hat.[628]

Nicht nur Unfallversicherungsträger leisten dabei Übergangsgeld, sondern auch **andere Sozialleistungsträger**.

Im Zusammenhang mit einer LTA leisten Übergangsgeld (§ 65 Abs. 2 SGB IX):

- die Träger der Unfallversicherung
- die Träger der Rentenversicherung
- die Bundesagentur für Arbeit
- die Träger der Sozialen Entschädigung
- die Träger der Soldatenentschädigung

Aufgrund der unterschiedlichen Träger ist es sinnvoll und konsequent, die Regelungen in einem gemeinsamen Gesetz, dem SGB IX, zu bündeln,

625 T. Dunz in: Podzun, Kz. 400, S. 17; Ziegler in: Schlaeger, § 49 SGB VII Rn. 2.
626 T. Dunz in: Podzun, Kz. 405, S. 1; Ziegler in: Schlaeger, § 49 SGB VII Rn. 3.
627 Römer in: Hauck/Noftz, SGB VII, § 49 SGB VII Rn. 1.
628 Ziegler in: Schlaeger, § 49 SGB VII Rn. 3.

sodass Höhe und Berechnung nach den gleichen Vorschriften erfolgen. Für eine einheitliche Rechtsanwendung ist dies unerlässlich. Eine wichtige Arbeitshilfe für die Praxis stellt das „Gemeinsame Rundschreiben der Rentenversicherungsträger zum Übergangsgeld“ (GR-ÜG) dar, das regelmäßig überarbeitet wird (derzeit: Stand Juli 2023).

Überlegenswert wäre es in der Konsequenz zu prüfen, ob es nicht einfacher und übersichtlicher wäre, wenn es nur einen Träger geben würde, der für die Übergangsgeldzahlung verantwortlich wäre.

Ein bedeutender Unterschied des Übergangsgeldes zum Verletztengeld ist seine **Unselbständigkeit**. Während das Verletztengeld alleine als Geldleistung ausgezahlt werden kann, also die Zahlung nicht von einer Heilbehandlungsmaßnahme abhängig ist, ist das Übergansgeld nur und ausschließlich im Zusammenhang mit einer LTA zu zahlen.

Das BSG hat dazu bereits 1982 sehr treffend festgestellt: „Das Übergangsgeld stellt eine **ergänzende, unselbständige Leistung** mit Lohnersatzfunktion dar, durch welche der Verlust des Arbeitseinkommens während und infolge der Durchführung einer Rehabilitationsmaßnahme ersetzt werden soll und die deswegen im Regelfall [...] **nur zusammen mit der eigentlichen Rehabilitationsleistung zu gewähren** ist [...].“[629]

Wenn das Übergangsgeld eine ergänzende und unselbständige Leistung ist, bedeutet dies Folgendes:

- Das Übergangsgeld **selbst ist keine** Leistung zur Teilhabe am Arbeitsleben. Es ergänzt allein die LTA (vgl. § 64 Abs. 1 Nr. 1 SGB IX).
- Das Übergangsgeld ist daran geknüpft, dass der Versicherte eine LTA erhält.[630] Das Übergangsgeld steht nur während der Rehabilitationsleistung dem Versicherten zu.[631] Etwas verbildlicht formuliert: Das Übergangsgeld ist wie ein **Galeerensklave** mit der LTA untrennbar verbunden. Ohne LTA also kein Übergangsgeld.[632]
- Diese Untrennbarkeit beruht indes nicht auf Gegenseitigkeit: Einen Anspruch auf Übergangsgeld lösen nur solche Leistungen aus, die die Verdienstmöglichkeiten des Versicherten einschränken.[633] Im Umkehrschluss bedeutet dies: Da Sinn und Zweck der Übergangsgeldzahlung

629 BSG, Urt. v. 27.04.1982 – 1 RA 71/80, BeckRS 1982, 5791 Rn. 30.
630 BSG, Urt. v. 21.03.2001 – B 5 RJ 34/99, NZS 2001, 659 (660).
631 BSG, Urt. v. 21.03.2001 – B 5 RJ 34/99, NZS 2001, 659 (660).
632 Ausnahme dazu siehe BSG, Urt. 28.11.1978 – 4 RJ 61/77.
633 Römer in: Hauck/Noftz, SGB VII, § 49 SGB VII Rn. 5.

in erster Linie Einkommensersatz und wirtschaftliche Sicherstellung während der Maßnahme ist,[634] bedarf es einer solcher Zahlung nicht, wenn es kein Einkommen zu ersetzen gilt und auch die wirtschaftliche Sicherstellung durch die Maßnahme geboten ist.
Bei der Kraftfahrzeughilfe[635] oder der behindertengerechten Ausstattung des Arbeitsplatzes[636] kann es sich zwar jeweils um Leistungen zur Teilhabe am Arbeitsleben handeln; einen Anspruch auf Übergangsgeld lösen sie indes in der Regel nicht aus.[637]
Wenn indes die Braille-Schrift (Blindenschrift) in zwölf Monaten in einem Berufsförderungswerk oder einer ähnlichen Einrichtung erlernt wird,[638] kann in diesem Zeitraum einer Tätigkeit nicht nachgegangen werden, sodass es zum Gehaltsausfall kommt und daher das Übergangsgeld als Einkommensersatz gezahlt wird.
Leistungen des Unfallversicherungsträgers **an den Arbeitgeber** lösen **keinen Anspruch** auf Übergangsgeld aus;[639] die LTA muss stets direkt und unmittelbar an dem Versicherten erwirkt werden.
Unerheblich ist wiederum, wo bzw. wie die LTA stattfindet: Der Anspruch auf Übergangsgeld besteht unabhängig davon, ob die LTA stationär, teilstationär oder ambulant erbracht wird.[640]

- Nicht notwendig für den Anspruch auf Übergangsgeld ist, dass es sich um eine **ganztägige LTA** handelt.[641] Vielmehr wird unter Berücksichtigung der An- und Rückreise sowie etwaiger Vor- und Nachbereitung ein zeitliches Gesamtpaket geschnürt, ob eine Arbeitsaufnahme neben der LTA möglich ist.[642]
- Die Rentenversicherung hat für sich festgelegt, dass ein Anspruch auf Übergangsgeld dem Grunde nach nicht gegeben ist, sofern die Leistungen **weniger als 15 Stunden wöchentlich** umfassen. Unter Berücksichtigung des Rechtsgedankens aus der Arbeitsförderung (§ 138

634 Vgl. Bereiter-Hahn/Mehrtens, § 49 SGB VII Rn. 3.
635 Vgl. Baron/Lüder in: LPK-SGB VII, § 35 SGB VII Rn. 32.
636 Vgl. Baron/Lüder in: LPK-SGB VII, § 35 SGB VII Rn. 36.
637 Westermann in: jurisPK-SGB VII, § 49 SGB VII Rn. 16.
638 Vgl. Baron/Lüder in: LPK-SGB VII, § 35 SGB VII Rn. 14.
639 GR-ÜG, II., Ziff. 2.2.3 (S. 23).
640 Köllner in: Lauterbach, § 49 SGB VII Rn. 5.
641 Köllner in: Lauterbach, § 49 SGB VII Rn. 6.
642 Köllner in: Lauterbach, § 49 SGB VII Rn. 6.

Abs. 3 S. 1 SGB III) sind bis zu diesem Umfang LTA dazu geeignet, **berufsbegleitend** durchgeführt zu werden.[643]

- Dieser Rechtsgedanke kann bei einer Vollzeitstelle ohne weiteres auch auf die Unfallversicherung übertragen werden, da im Umkehrschluss genügend Zeit verbleibt, den arbeitsvertraglichen Pflichten nachzukommen und damit Arbeitsentgelt zu erhalten.

2.3 Systematische Einordnung

Das SGB VII führt mit den §§ 49, 50 SGB VII lediglich zwei Paragrafen auf, die sich mit dem Übergangsgeld beschäftigen. Eingebettet ist das Übergangsgeld im sechsten Unterabschnitt „Geldleistungen während der Heilbehandlung und der Leistung zur Teilhabe am Arbeitsleben", in dem zuvor die Vorschriften des Verletztengeldes aufgeführt sind.

Der Unterabschnitt schließt mit dem gemeinsam für Verletzten- und Übergangsgeld geltenden Anrechnungsparagrafen 52 SGB VII ab.

Höhe und Berechnung des Übergangsgeldes ergibt sich aus den §§ 66–71 SGB IX, soweit das SGB VII nichts Abweichendes bestimmt.

Zu diesen Vorschriften gelangt man über § 5 SGB IX, in dem Leistungsgruppen aufgeführt sind, die es zur Teilhabe am Leben in der Gesellschaft gibt. Nach § 5 Nr. 3 SGB IX gehören unterhaltssichernde und andere ergänzende Leistungen dazu. Näher definiert sind die unterhaltssichernden und anderen ergänzenden Leistungen im Kapitel 11 des SGB IX (§§ 64–74 SGB IX).

§ 65 SGB IX trägt die Überschrift „Leistungen zum Lebensunterhalt." In § 65 Abs. 2 SGB IX heißt es, dass im Zusammenhang mit Leistungen zur Teilhabe am Arbeitsleben Übergangsgeld geleistet wird.

2.4 Anspruchsvoraussetzungen des § 49 SGB VII

Der Anspruch auf Übergangsgeld besteht, wenn ein Versicherter infolge eines Versicherungsfalls Leistungen zur Teilhabe am Arbeitsleben erhält.

643 GR-ÜG, II., Ziff. 1 (S. 20).

2.4.1 Versicherter

Grundvoraussetzung ist folglich, dass es sich um einen Versicherten i.S.d. §§ 2, 3 oder 6 SGB VII handelt.

2.4.2 Leistungen zur Teilhabe am Arbeitsleben

Des Weiteren muss der Versicherte eine LTA i.S.d. § 35 SGB VII erhalten.

2.4.3 Infolge eines Versicherungsfalls

Die LTA muss der Versicherte infolge eines Versicherungsfalls erhalten. „Infolge" bedeutet, dass eine Kausalität zwischen dem Versicherungsfall, der hier vorliegen muss, und dem Erhalt einer LTA bestehen muss.

Das verlangt, dass die LTA tatsächlich erbracht wird.[644] Es reicht daher noch nicht aus, dass ein Anspruch auf eine LTA „nur" besteht oder bereits eine LTA bewilligt wurde.[645]

2.5 Beginn des Übergangsgeldes

Der Zahlungsanspruch auf Übergangsgeld beginnt mit dem Antritt der LTA.[646] Das kann bspw. die Aufnahme in der Reha-Einrichtung sein.[647] Sofern es notwendig ist, dass eine Anreise am Vortag angetreten werden muss, um rechtzeitig und pünktlich die LTA zu beginnen, beginnt die Zahlung des Übergangsgelds bereits mit dem Antritt der Reise.[648]

Wissen | Auswirkung des Beginns der LTA

Mit dem Beginn der LTA und dem Anspruch auf Übergangsgeld fällt der Anspruch auf Verletztengeld (§ 46 Abs. 3 S. 1 Nr. 2 SGB VII) weg. Sofern eine Minderung der Erwerbsfähigkeit in rentenberechtigendem Grade verblieben ist, ist **des Weiteren** eine Versichertenrente i.S.d.

644 Schmitt, § 49 SGB VII Rn. 4.
645 Schmitt, § 49 SGB VII Rn. 4.
646 Bereiter-Hahn/Mehrtens, § 49 SGB VII Rn. 7.1.
647 Bereiter-Hahn/Mehrtens, § 49 SGB VII Rn. 7.1.
648 Römer in: Hauck/Noftz, SGB VII, § 49 SGB VII Rn. 7.

§ 56 Abs. 1 SGB VII festzusetzen.[649] Eine Anrechnung der Rente auf das Übergangsgeld erfolgt nicht.[650]
Römer weist dabei zu Recht auf folgende Schieflage hin:[651]
Der gleichzeitige Bezug von Rentenleistungen und Übergangsgeld übersteigt in der Regel die Höhe des Verletztengeldes. Während also der Verletztengeldbezieher aufgrund des grundsätzlichen Ausschlusses keine Rente neben dem Verletztengeld erhält, bekommt der Übergangsgeldbezieher sofort die Rente. Es besteht damit eine „Gefahr einer Überversorgung, die gegen die Grundrechte der betroffenen, allein beitragspflichtigen Unternehmer aus Art. 12 Abs. 1 und 14 Abs. 1 GG zu verstoßen droht. Eine über dem letzten Nettolohn liegende Sozialleistung sprengt die Grenzen der notwendigen Absicherung von Unfallverletzten und verstößt gegen das Übermaßverbot."[652]
Der Gesetzgeber müsste sich des parallelen Bezugs von Sozialleistungen annehmen und diesen einschränken.

2.6 Ende des Übergangsgeldes

Als unselbständige Leistung hängt nicht nur der Beginn der Zahlung des Übergangsgeldes von der Hauptleistung, also der LTA ab, sondern auch das Ende. Mit dem Ende der LTA endet auch gleichzeitig die Zahlung des Übergangsgeldes.[653]

Als Beendigung der LTA kommen in Betracht:[654]

- Abschluss der Maßnahme
- Abbruch der Maßnahme durch den Versicherungsträger
- letzter Tag der Maßnahme, sofern es keine Abschlussprüfung gibt
- Verkündung des (positiven/negativen) Prüfungsergebnisses

649 Köllner in: Lauterbach, § 49 SGB VII Rn. 10.
650 Römer in: Hauck/Noftz, SGB VII, § 49 SGB VII Rn. 1.
651 Nach Römer in: Hauck/Noftz, SGB VII, § 49 SGB VII Rn. 2.
652 Römer in: Hauck/Noftz, SGB VII, § 49 SGB VII Rn. 2.
653 Köllner in: Lauterbach, § 50 SGB VII Rn. 11.
654 Nach Römer in: Hauck/Noftz, SGB VII, § 49 SGB VII Rn. 8.

2.7 Höhe des Übergangsgeldes

§ 50 SGB VII verweist darauf, dass sich Höhe und Berechnung aus den §§ 66–71 SGB IX ergeben, soweit das SGB VII nichts Abweichendes bestimmt. Im Übrigen gelten ansonsten die Vorschriften für das Verletztengeld entsprechend.

Durch den Verweis auf die Berechnungsregeln im SGB IX stellt der Gesetzgeber sicher, dass eine **einheitliche Berechnungsregelung** für alle Rehabilitationsträger besteht.[655]

§ 67 SGB IX unterscheidet vier unterschiedliche Gruppen von Übergangsgeldbeziehern:

- versicherungspflichtige Arbeitnehmer (§ 67 Abs. 1 SGB IX)
- Teilarbeitslose (§ 67 Abs. 2 SGB IX)
- Kurzarbeiter (§ 67 Abs. 3 SGB IX)
- Leistungsempfänger, die in Deutschland nicht einkommenssteuerpflichtig sind (§ 67 Abs. 5 SGB IX)

Der **Regelfall** stellt die erste Gruppe (versicherungspflichtige Arbeitnehmer) nach § 67 Abs. 1 SGB IX dar,[656] auf die nachfolgend allein eingegangen wird.

- Das SGB IX trifft nur für die Berechnung und Auszahlung des Übergangsgeldes für abhängig Beschäftigte, die Arbeitsentgelt erzielt haben, eine Regelung.[657] Für **Unternehmer** sieht das SGB IX zwar keine Regelung vor, doch haben sie die Möglichkeit Übergangsgeld nach den entsprechenden Regelungen des SGB VII zu erhalten.[658] Nach § 50 2. Hs. SGB VII findet die Berechnung nach den Vorschriften des Verletztengeldes statt[659], sodass § 50 2. Hs. SGB VII i.V.m. § 47 Abs. 5 SGB VII anzuwenden ist.[660] Damit bildet die Versicherungssumme die Berechnungsgrundlage des Übergangsgeldes.

---

655 Köllner in: LPK-SGB VII, § 50 SGB VII Rn. 1.

656 Stotz in: Hauck/Noftz, SGB IX, § 67 SGB IX Rn.6.

657 Reyels in: jurisPK-SGB IX, § 67 SGB IX Rn. 13.

658 Vgl. Römer in: Hauck/Noftz, SGB VII, § 50 SGB VII Rn. 8; Köllner in: Lauterbach, § 49 SGB VII Rn. 79.

659 Römer in: Hauck/Noftz, SGB VII, § 50 SGB VII Rn. 8

660 Köllner in: Lauterbach, § 49 SGB VII Rn. 79.

2.7.1 Berechnung für Arbeitnehmer mit einem Arbeitsverhältnis

Das Übergangsgeld wird während der Teilnahme an einer LTA gezahlt und ersetzt in diesem Zeitraum die Einnahmen zum Lebensunterhalt des Versicherten.[661]

Genauso wie das Verletztengeld wird es aus dem individuellen Einkommen des Versicherten errechnet und richtet sich folglich an den Einkünften, die vor Beginn der LTA bezogen wurden.[662]

Ebenso wie bei der Berechnung des Verletztengeldes wird unterschieden zwischen Arbeitsentgelt, das nach Stunden oder nach Monaten bemessen wird.[663]

Zudem wird – ebenso wie beim Verletztengeld – bei der Bewertung, ob es sich bei den Einkünften um Arbeitsentgelt oder Arbeitseinkommen handelt, mangels anderer Regelung auf die §§ 14, 15 SGB IV zurückgegriffen.[664]

Die Berechnung des Übergangsgeldes entspricht anfänglich bei der Brutto-Berechnung der des Verletztengeldes. Ab der Netto-Berechnung weicht sie dann ab.

2.7.1.1 Stundenlöhner

Hängt die Höhe des Arbeitsentgelts von der Anzahl der Arbeitsstunden ab, in denen das Arbeitsentgelt verdient worden ist, besteht ein stundenbezogenes Arbeitsentgelt.[665]

Prüfungsschema | Übergangsgeld für Stundenlöhner

Ausgangsfall: Der unverheiratete und kinderlose Caspar, ausgebildete Fachkraft für Schutz und Sicherheit bei einem Sicherheitsdienst, ist aufgrund eines Arbeitsunfalles auf Dauer nicht in der Lage, seine bisher ausgeübte Tätigkeit wettbewerbsfähig auszuüben.

661 Küppenbender, S. 36.
662 Küppenbender, S. 36.
663 Küppenbender, S. 37.
664 BSG, Urt. v. 31.10.2012 – B 13 R 10/12 R, in: NJOZ 2013, 1791 (1794).
665 Küppenbender, S. 37.

Am 01.04.2025 tritt Caspar im Berufsförderungswerk eine Umschulung zum Bürokaufmann an. Im März arbeitete er 168,5 Stunden und verdiente 3.000,00 Euro brutto (= 2.077,74 Euro netto). Seine regelmäßige wöchentliche Arbeitszeit betrug 41,15 Stunden. Er hat als Einmalzahlung Weihnachtsgeld in Höhe von 1.200,00 Euro erhalten.

Insgesamt gibt es zwölf Prüfungsschritte, um die Höhe des Übergangsgeldes zu ermitteln.

1. Schritt: Berechnung des kumulierten Regelentgelts

Die Berechnung des kumulierten Regelentgelts unterteilt sich in fünf Unterpunkte. Relevant für die Berechnung des Regelentgelts ist wieder der Bemessungszeitraum.

1. Unterschritt: Berechnung des durchschnittlichen Stundenarbeitsentgelts

Um eine Prüfung und Bewertung der Einkünfte als Arbeitsentgelt vornehmen zu können, muss zunächst der Zeitraum festgelegt werden, der für die Berechnung relevant ist. Bei diesem Zeitraum handelt es sich um den **Bemessungszeitraum**.

Der Bemessungszeitraum ist in § 67 Abs. 1 S. 1 SGB IX definiert: Es handelt sich um den **letzten** vor Beginn der LTA **oder** einer vorangegangenen Arbeitsunfähigkeit **abgerechneten Abrechnungszeitraum**, mindestens um das während der letzten abgerechneten vier Wochen erzielte und um einmalig gezahltes Arbeitsentgelt verminderte Arbeitsentgelt.

Der Mindestzeitraum beträgt also **vier Wochen**, maßgeblich ist dabei der letzte abgerechnete Zeitraum. Abgestellt wird daher **auf die Abrechnung, nicht auf den Kontoeingang**: Es kommt mithin, wie beim Verletztengeld schon, nicht auf den betriebsüblichen Zahltag, den Zeitpunkt der Auszahlung oder der Bankgutschrift auf dem Konto des Versicherten an.[666]

Als abgerechneter Zeitraum wird der Zeitraum angesehen, für den der Betrieb üblicherweise die Entgeltberechnung abgeschlossen hat.[667] Auch bei Stundenlöhnern umfasst in der Regel der **Abrechnungszeitraum den vollen Kalendermonat**. Das Arbeitsentgelt bleibt dennoch nach Stunden

666 GR-ÜG, IV., Abschn. 1, Ziff. 2.1.1.1.1 (S. 45).
667 GR-ÜG, IV., Abschn. 1, Ziff. 2.1.1.1.1 (S. 45).

bemessen, da sich das Arbeitsentgelt an der Anzahl der Arbeitsstunden innerhalb des Abrechnungszeitraums richtet.[668]

Dabei ist zu beachten, dass der Grundsatz „Ohne Arbeit kein Lohn", der sich aus § 614 S. 1 BGB herleitet, bedeutet, dass der Anspruch des Arbeitnehmers auf sein Gehalt erst nach der Leistung seiner Arbeitsdienste fällig wird.[669] In den üblichen Fällen, in denen die Vergütung in Zeitabschnitten bemessen ist, wird daher die Zahlung der vollen Gegenleistung (also das Gehalt) **nach dem Ablauf** der einzelnen Zeitabschnitte fällig.[670] Bei einer monatlichen Bemessungsgrundlage ist dies nach Ablauf des Monats, somit am Ersten des Folgemonats.[671] Von der Regel wird regelmäßig abgewichen,[672] sodass es möglich und auch verbreitet ist, dass der Monat etwas später abgerechnet wird.

Testen Sie Ihr Wissen! | Fragen 8[673]

a) Albus arbeitet als angestellter Busfahrer. Abrechnungszeitraum bei ihm ist jeweils der Kalendermonat. Die Entgeltabrechnung erfolgt jeweils am 5. des folgenden Monats. Albus beginnt am 10.07. seine LTA. Welcher ist der maßgebliche Bemessungszeitraum?

b) Bertha arbeitet als angestellte Bademeisterin. Abrechnungszeitraum bei ihr ist jeweils der Kalendermonat. Die Entgeltabrechnung erfolgt jeweils am 12. des folgenden Monats. Bertha beginnt am 10.07. ihre LTA. Welcher ist der maßgebliche Bemessungszeitraum?

Für die Berechnung des Übergangsgeldes ist die Beachtung des § 69 SGB IX wesentlich, in der die Leistungskontinuität festgelegt ist:

668 Küppenbender, S. 37.
669 Joussen in: BeckOK ArbR, § 614 BGB Rn. 3.
670 Joussen in: BeckOK ArbR, § 614 BGB Rn. 3.
671 Joussen in: BeckOK ArbR, § 614 BGB Rn. 3.
672 Vgl. Joussen in: BeckOK ArbR, § 614 BGB Rn. 9.
673 Basierend auf GR-ÜG, IV, Abschn. 1, Ziff. 2.1.1.1.1 (S. 46).

Gesetz | § 69 SGB IX – Kontinuität der Bemessungsgrundlage

Haben Leistungsempfänger Krankengeld, Verletztengeld, Krankengeld der Sozialen Entschädigung, Krankengeld der Soldatenentschädigung oder Übergangsgeld bezogen und wird **im Anschluss daran** eine Leistung zur medizinischen Rehabilitation oder zur Teilhabe am Arbeitsleben ausgeführt, so wird bei der Berechnung der diese Leistungen ergänzenden Leistung zum Lebensunterhalt **von dem bisher zugrunde gelegten Arbeitsentgelt ausgegangen**; es gilt die für den Rehabilitationsträger jeweils geltende Beitragsbemessungsgrenze.

Wissen | Die Kontinuitätsregelung des § 69 SGB IX

Der Sinn und Zweck der Kontinuitätsregelung besteht in der Wahrung des **Besitzstandes** des Leistungsempfängers und der **Verwaltungsvereinfachung**.[674]
Da in aller Regel der Versicherte zuvor Verletztengeld bezogen hat, wird der Unfallversicherungsträger bereits das Regelentgelt zur Bemessung des Verletztengeldes ausgerechnet haben. Der Gesetzgeber sieht es als unnötig an, dass nun nochmals das Regelentgelt eigenständig für das Übergangsgeld berechnet wird. Da die Berechnungsmethodik für das Regelentgelt beim Verletzten- und Übergangsgeld die gleiche ist, sollte auch kein unterschiedliches Ergebnis herauskommen.
Durch die Präjudizierung des Arbeitsentgelts auf Grundlage der Berechnung des Verletztengeldes spart sich also der Unfallversicherungsträger die erneute Ermittlung und Berechnung des Arbeitsentgelts für das Übergangsgeld. Er übernimmt die Werte, die der Berechnung des Verletztengeldes zugrunde lagen. Dies führt zu einer Beschleunigung des Verwaltungsverfahrens und damit auch zu einer Beschleunigung der Auszahlung. Des Weiteren kann der Versicherte darauf vertrauen, dass das Arbeitsentgelt nicht nochmals neu von der Behörde rechtlich bewertet wird.
Was bedeutet nun, dass die Kontinuitätsregelung die LTA „im Anschluss" an die Zahlung des Verletztengeldes fordert?

674 Stotz in: Hauck/Noftz, SGB IX, § 69 SGB IX Rn. 1.

Das BSG und mit ihm die herrschende Meinung in der Literatur vertreten die Auffassung, dass ein **nahtloser oder unmittelbarer zeitlicher Zusammenhang** zwischen Bezug einer Lohnersatzleistung wie dem Verletztengeld und dem Beginn der Rehabilitationsmaßnahme und damit dem Bezug des Übergangsgeldes **nicht** zu fordern ist.[675] Der Wortlaut der Vorschrift („im Anschluss") deute darauf hin, dass ein „zügiger Übergang" vom Verletztengeld zur Rehabilitationsmaßnahme den Anschluss gewährleisten könne, wobei sich keine feste zeitliche Grenze ziehen lasse.[676]
Der für das Übergangsgeld maßgebende Bemessungszeitraum der letzten abgerechneten **vier Wochen** vor Beginn der Maßnahme böte einen zeitlichen Anhaltspunkt für die Konkretisierung des unbestimmten Rechtsbegriffs.[677] Im Regelfall sei davon auszugehen, dass ein **Abstand von mehr als vier Wochen nicht geeignet** sei, den Anschluss zu wahren.[678]
Ob es richtig ist, dass im Einzelfall der Zeitraum über vier Wochen hinaus gehen darf,[679] ist kritisch zu betrachten: Der Wortlaut („im Anschluss") wird dann wohl überdehnt.
Auf die Kontinuitätsregelung wird später noch einmal tiefer eingegangen.

Im Regelfall wird der Versicherte nach Eintritt des Versicherungsfalls bis zum Beginn seiner LTA Verletztengeld bezogen haben: Die Folge ist nach § 69 SGB IX, dass das Übergangsgeld aus dem Arbeitsentgelt zu berechnen ist, das dem Verletztengeld zugrunde liegt.[680]

Die in § 69 SGB IX aufgeführten Geldleistungen sind abschließend; eine Analogie zum Beispiel auf das Bürgergeld ist wegen einer fehlenden planwidrigen Regelungslücke nicht möglich.

---

675 BSG, Urt. v. 25.09.1996 – 11 RAr 47/96, juris Rn. 19; Asmalsky in: LPK-SGB IX, § 69 SGB IX, Rn. 8; Conrad-Giese in: Fuchs/Ritz/Rosenow, SGB IX, § 69 SGB IX Rn. 11; Köllner in: Lauterbach, § 50 SGB VI Rn. 56.

676 BSG, Urt. v. 25.09.1996 – 11 RAr 47/96, juris Rn. 19.

677 BSG, Urt. v. 25.09.1996 – 11 RAr 47/96, juris Rn. 19.

678 BSG, Urt. v. 25.09.1996 – 11 RAr 47/96, juris Rn. 19

679 So aber Schlette in: jurisPK-SGB IX, § 69 SGB IX Rn. 4; Conrad-Giese in: Fuchs/Ritz/Rosenow, SGB IX, § 69 SGB IX Rn. 11.

680 Köllner in Lauterbach, § 50 SGB VII Rn. 49.

Liegen die Voraussetzungen des § 69 SGB IX vor, sind die **Bemessungsgrundlage** und auch der **Bemessungszeitraum** (tägliches Regelentgelt sowie das Nettoarbeitsentgelt) der zuvor gewährten Entgeltersatzleistungen zu übernehmen.[681] Nur eine offensichtliche Unrichtigkeit ist zu korrigieren.[682]

In den übrigen Fällen gilt: Zunächst ist das Arbeitsentgelt i.S.d. § 14 SGB IV zu ermitteln, von dem die Einmalzahlungen (z.B. Urlaubs- und Weihnachtsgeld, Jubiläumszuwendungen und andere Leistungen des Arbeitgebers)[683] abgezogen werden. Das Ergebnis ist das **Regelentgelt**.

Es handelt sich um Brutto-Entgelt[684] und damit um nur beitragspflichtiges Entgelt.[685] Sozialleistungen wie Arbeitslosen- oder Krankengeld[686] sind nicht zu berücksichtigen, da es sich nicht um Entgelt, sondern um Entgeltersatzleistungen handelt.

Maßgeblich für die Berücksichtigung des Arbeitsentgelts ist auch beim Übergangsgeld das **Zuflussprinzip**.[687] Maßgeblich ist also der konkrete Zufluss des Arbeitsentgelts beim Arbeitnehmer, nicht wann der Anspruch auf das Arbeitsentgelt entstanden ist. Hintergrund dieser Regelung ist, dass nur die tatsächliche Verfügungsbefugnis über das Arbeitsentgelt den Lebensstandard des Versicherten bestimmen kann[688] – von reinen Ansprüchen wird man nicht satt. Hiervon wird eine Ausnahme zugunsten des **Anspruchsprinzips** gemacht, wenn der Arbeitgeber rechtswidrig dem Arbeitnehmer Arbeitsentgelt vorenthält.[689]

Nach § 67 Abs. 1 S. 1 SGB IX wird das ermittelte, um die Einmalzahlungen verminderte Arbeitsentgelt durch die Zahl der bezahlten Arbeitsstunden geteilt. Hierzu zählen auch abgerechnete Stunden für bezahlten Urlaub und bezahlte Feiertage sowie auch Bruchteile von Arbeitsstunden.[690]

Wichtig ist daher, dass die **Einmalzahlungen** auch bei der Berechnung des Übergangsgeldes zunächst unberücksichtigt bleiben. Die Begründung liegt auch hier darin, dass das Regelentgelt von irregulären Zufallsergebnis-

---

681 Köllner in Lauterbach, § 50 SGB VII Rn. 50.
682 Köllner in Lauterbach, § 50 SGB VII Rn. 50.
683 Schweitzer in: BeckOK SozR § 67 SGB IX Rn. 7.
684 Stotz in: Hauck/Noftz, SGB IX, § 67 SGB IX Rn. 55.
685 Reyels in: jurisPK-SGB IX, § 67 SGB IX Rn. 20.
686 LSG Niedersachsen-Bremen, Urt. v. 24.01.2024 – L 2 R 156/23, juris Rn. 24.
687 Reyels in: jurisPK-SGB IX, § 67 SGB IX Rn. 25.
688 Reyels in: jurisPK-SGB IX, § 67 SGB IX Rn. 25.
689 Reyels in: jurisPK-SGB IX, § 67 SGB IX Rn. 26.
690 Reyels in: jurisPK-SGB IX, § 67 SGB IX Rn. 40.

sen freigehalten bleibt und das Regelentgelt ausschließlich an dem repräsentativen „regelmäßigen“ Arbeitsentgelt ausgerichtet wird.[691] Insbesondere einmalige Einmalzahlungen wie eine Jubiläumsprämie würden das Ergebnis verfälschen.

Für die Berechnung ist das ermittelte und um Einmalzahlung reduzierte Arbeitsentgelt durch die **Zahl der Arbeitsstunden** zu teilen, für die es gezahlt wurde. Ob im Bemessungszeitraum Über- oder Mehrarbeitsstunden regel- oder unregelmäßig geleistet wurden, ist wie auch beim Verletztengeld an dieser Prüfungsstelle unerheblich.[692]

Bearbeitungsempfehlung | Zahl der Arbeitsstunden

In Klausuren ist oftmals festzustellen, dass sich Studierende und Auszubildende mit der Anzahl der Arbeitsstunden schwertun. Die Zahl der Arbeitsstunden wird dabei um die Anzahl der regelmäßigen Überstunden ergänzt und korrigiert. Dies kann dazu führen, dass die Unterschritte 1 und 2 vermischt werden.
Die Überstunden-Korrektur findet erst beim zweiten Unterschritt statt. Dies ist bei näherer Betrachtung auch nachzuvollziehen: In der Anzahl der vergüteten Stunden, die im ersten Unterschritt ermittelt und als Divisor herangezogen wird, sind bereits sämtliche vergüteten Arbeitsstunden enthalten, also denklogisch auch die Überstunden. Die Überstunden müssen daher nicht noch (ein weiteres Mal) hinzugezogen werden, da sie bereits von der Anzahl der Stunden umfasst sind.

Das Ergebnis des ersten Unterschritts, der errechnete durchschnittliche Stundenlohn, wird auch als **Geld-**[693] **oder Lohnfaktor** bezeichnet.[694]

Prüfungsschema | Übergangsgeld für Stundenlöhner

1. Schritt: Berechnung des kumulierten Regelentgelts

691 Stotz in: Hauck/Noftz, SGB IX, § 67 SGB IX Rn. 73.
692 BSG, Urt. v. 01.06.1994 – 7 RAr 40/93, juris Rn. 24.
693 Vgl. BSG, Urt. v. 25.06.1975 – 5 RKn 3/75 juris Rn. 12 zum Krankengeld.
694 BSG, Urt. v. 01.06.1994 – 7 RAr 40/93, juris Rn. 25.

1. Unterschritt: Berechnung des durchschnittlichen Stundenarbeitsentgelts

Formel:

$$\frac{\text{Arbeitsentgelt}}{\text{Monatsstundenarbeitszeit}} = \text{durchschnittlicher Stundenlohn}$$

Anwendung:

$$\frac{3.000,00\ \text{Euro}}{168,5\ \text{Stunden/Monat}} = 17,80\ \text{Euro/Stunde}$$

2. Unterschritt: Berechnung des durchschnittlichen Wochenarbeitsentgelts
Im zweiten Unterschritt wird nun der errechnete Stundenlohn auf ein durchschnittliches Wochenarbeitsentgelt umgerechnet.

Der zuvor im ersten Unterschritt ermittelte Lohnfaktor wird nun nach § 67 Abs. 1 S. 2 SGB IX mit der Zahl der sich aus dem Inhalt des Arbeitsverhältnisses ergebenden **regelmäßigen wöchentlichen Arbeitsstunden** (**Zeitfaktor**) vervielfacht und durch sieben geteilt.[695]

Das BSG beschäftigte sich bereits in der Vergangenheit mit dem Begriffsverständnis der **Regelmäßigkeit**. Diese könne nur angenommen werden, wenn eine gewisse Gleichförmigkeit der tatsächlichen Gestaltung der individuellen Arbeitszeit gegeben sei.[696] Auch Überstunden könnten dabei regelmäßig geleistet werden.[697] Würden Überstunden nicht nur vorübergehend geleistet, sondern regelmäßig, könnten sie durchaus als regelmäßige Arbeitsstunden berücksichtigt werden.[698]

Diese Regelmäßigkeit läge bei Überstunden dann vor, wenn sie mindestens während der letzten abgerechneten drei Monate bzw. dreizehn Wochen regelmäßig, also ohne längere Unterbrechungen, geleistet worden seien.[699]

695 BSG, Urt. v. 01.06.1994 – 7 RAr 40/93, juris Rn. 25.
696 BSG, Urt. v. 01.06.1994 – 7 RAr 40/93, juris Rn. 29.
697 BSG, Urt. v. 01.06.1994 – 7 RAr 40/93, juris Rn. 29.
698 BSG, Urt. v. 01.06.1994 – 7 RAr 40/93, juris Rn. 29.
699 BSG, Urt. v. 01.06.1994 – 7 RAr 40/93, juris Rn. 29.

Für die Annahme der Regelmäßigkeit ist es erforderlich, dass es in dem maßgeblichen Bemessungszeitraum zumindest eine Überstunde pro Monat gab.[700]

Das BSG stellte des Weiteren fest, dass der angegebene Berücksichtigungszeitraum von Überstunden über drei Monate/13 Wochen keine starre Grenze sei.[701] Insofern kann ausnahmsweise auch dann eine Regelmäßigkeit bejaht werden, wenn es innerhalb dieses Zeitraumes keine Überstunden gab. Eine zulässige Abweichung führe dazu, den Regelzeitraum auszudehnen, bis er wieder drei abgerechnete Monate umfasse, in denen die Besonderheiten für eine Abkehr vom Regelfall nicht gegeben wären.[702]

Eine zulässige Abweichung sei dann anzunehmen, wenn es aufgrund unabhängiger Faktoren, wie Arbeitsunfähigkeit, Kur oder Urlaub dem Versicherten unmöglich wurde, Überstunden zu erarbeiten.[703] Denn in diesen Fällen ergäbe sich die scheinbare Unregelmäßigkeit der Erbringung von Überstunden nicht aus dem Inhalt des Arbeitsverhältnisses, sodass dem Versicherten daraus keine Nachteile erwachsen dürften.[704] Bereits bei der Überstundenberechnung des Verletztengeldes wurde darauf hingewiesen, dass dieser weiten Auslegung nicht gefolgt wird: Zumindest bei selbstgewählten Auszeiten wie Urlaub können diese Zeiten nicht als Ausnahmezeiten angesehen werden.

Prüfungsschema | Überstundenberücksichtigung beim Übergangsgeld

1. Schritt: Prüfung, ob Überstunden geleistet wurden
Dies beurteilt sich nach dem Vergleich zwischen der tariflichen oder einzelvertraglichen Grundarbeitszeit und den tatsächlich erbrachten Arbeitsstunden.[705] Die Differenz stellen die Überstunden dar.

2. Schritt: Prüfung, ob Überstunden regelmäßig geleistet wurden
Innerhalb eines Referenzzeitraums von drei Monaten oder 13 Wochen muss wenigstens jeweils eine Überstunde pro Monat anfallen.[706] Ist ein

700 BSG, Urt. v. 01.06.1994 – 7 RAr 40/93, juris Rn. 42.
701 BSG, Urt. v. 01.06.1994 – 7 RAr 40/93, juris Rn. 40.
702 BSG, Urt. v. 01.06.1994 – 7 RAr 40/93, juris Rn. 42.
703 BSG, Urt. v. 01.06.1994 – 7 RAr 40/93, juris Rn. 42.
704 BSG, Urt. v. 01.06.1994 – 7 RAr 40/93, juris Rn. 42.
705 Stotz in: Hauck/Noftz, SGB IX, § 67 SGB IX Rn. 83.
706 Stotz in: Hauck/Noftz, SGB IX, § 67 SGB IX Rn. 85.

Monat von den letzten maßgeblichen drei Monaten nicht mit Überstunden belegt, liegt grundsätzlich keine Regelmäßigkeit vor.[707]

3. Schritt: Sofern keine Regelmäßigkeit i.S.d. Schrittes 2 vorliegt: Prüfung, ob Ausnahme vorliegt
Fielen keine Überstunden in den drei Monaten aufgrund unabhängiger Faktoren wie Arbeitsunfähigkeit, Kur oder Urlaub an, liegt eine zulässige Ausnahme an.[708] Sind keine Überstunden aufgrund der Art der Tätigkeit des Versicherten angefallen, liegt keine zu berücksichtigende Ausnahme vor.[709]

4. Schritt: Sofern eine Ausnahme i.S.d. Schrittes 3 vorliegt: Ausdehnung des Referenzzeitraums, bis er wieder drei abgerechnete Monate umfasst, in denen die Besonderheiten für eine Abkehr vom Regelfall nicht gegeben sind.[710]

Wiederum eine Ausnahme liegt vor, wenn der Tätigkeit des Versicherten **erheblich schwankende Überstunden** immanent sind wie z.B. Saisonarbeitern, Mitarbeitern von Fahrgeschäften, Biergärten oder Eisdielen. In solchen Fällen kann auf einen Referenzzeitraum von sechs bis zwölf Monaten zurückgegriffen werden.[711] Der Ausfall eines Monats über einen solchen Referenzzeitraum wird dann **nicht als Unterbrechung** angesehen und folglich Überstunden als regelmäßige Arbeitszeit berücksichtigt.[712] Ein Ausfall von 1/6, bezogen auf den jeweiligen verlängerten Referenzzeitraum, soll unwesentlich sein, sofern die typischen Konstellationen (Überstundenballungen und Unterbrechungen) gegeben sind.[713]

Prüfungsschema | Übergangsgeld für Stundenlöhner

1. Schritt: Berechnung des kumulierten Regelentgelts

---

707 Stotz in: Hauck/Noftz, SGB IX, § 67 SGB IX Rn. 85.
708 Stotz in: Hauck/Noftz, SGB IX, § 67 SGB IX Rn. 86.
709 Vgl. Stotz in: Hauck/Noftz, SGB IX, § 67 SGB IX Rn. 86.
710 Stotz in: Hauck/Noftz, SGB IX, § 67 SGB IX Rn. 86.
711 BSG, Urt. v. 01.06.1994 – 7 RAr 40/93, juris Rn. 45.
712 BSG, Urt. v. 01.06.1994 – 7 RAr 40/93, juris Rn. 46.
713 BSG, Urt. v. 01.06.1994 – 7 RAr 40/93, juris Rn. 46.

2. Unterschritt: Berechnung des durchschnittlichen Wochenarbeitsentgelts

Formel:
durchschnittliches Stundenarbeitsentgelt ×
regelmäßige wöchentlichen Arbeitsstunden
= durchschnittliches Wochenarbeitsentgelt

Anwendung:
17,80 Euro × 41,15 Stunden = 732,47 Euro/Woche

3. Unterschritt: Berechnung des durchschnittlichen Tagesarbeitsentgelts

Übergangsgeld wird **pro Kalendertag** bezahlt (§ 65 Abs. 6 SGB IX). Aus diesem Grund gibt es keine Unterscheidung nach Arbeits-, Wochen-, Sonn- oder Feiertagen.[714] Da im 2. Unterschritt das Regelentgelt auf den Zeitfaktor „Woche“ berechnet wurde, muss auf den Zeitfaktor „Kalendertag“ zurückgerechnet werden. Dies geschieht nach § 67 Abs. 1 S. 2 SGB IX, indem der ausgerechnete Wochensatz des vorherigen Unterschritts durch sieben (Tage) geteilt wird, sodass das Regelentgelt pro Kalendertag berechnet ist.

Prüfungsschema | Übergangsgeld für Stundenlöhner

1. Schritt: Berechnung des kumulierten Regelentgelts
3. Unterschritt: Berechnung des durchschnittlichen Tagesarbeitsentgelts

Formel:

$$\frac{\text{durchschnittliches Wochenarbeitsentgelt}}{\text{7 Tage}} = \text{Regelentgelt}$$

Anwendung:

714 Reyels in: jurisPK-SGB IX, § 65 SGB IX Rn. 68.

$$\frac{732{,}47\ \text{Euro}}{7\ \text{Tage}} = \text{Regelentgelt}$$

Zwischenergebnis: Das Regelentgelt beträgt 104,64 Euro/Tag.

4. Unterschritt: Berechnung des Bruttohinzurechnungsbetrages

Im letzten Unterschritt werden die Einmalzahlungen berücksichtigt, die im letzten Bemessungsjahr gezahlt wurden, um das **kumulierte Regelentgelt** ermitteln zu können.

Nach § 67 Abs. 1 S. 6 SGB IX wird dafür der 360. Teil des einmalig gezahlten Arbeitsentgelts, das in den letzten zwölf Kalendermonaten vor Beginn der Leistung nach § 23a SGB IV der Beitragsberechnung zugrunde gelegen hat, dem bisher ermittelten Regelentgelt hinzugerechnet.

Die Einmalzahlungen werden also auch hier auf den Faktor „Kalendertag" umgerechnet indem durch 360 (Tage) geteilt wird. Das Ergebnis der auf den Kalendertag berechneten Einmalzahlungen ist der **Bruttohinzurechnungsbetrag**.

Zunächst ist der relevante Zeitraum der zu berücksichtigenden Einmalzahlungen zu ermitteln. Dabei handelt es sich um die **letzten zwölf Kalendermonate** vor Beginn der Reha- oder Teilhabeleistung.[715] Der Zeitraum ist identisch **mit dem Ende** des der Regelentgeltberechnung zugrunde zu legenden Bemessungszeitraums.[716]

Im zweiten Schritt werden nun die relevanten Einmalzahlungen berücksichtigt. Dabei kommt es nicht darauf an, ob diese von unterschiedlichen Arbeitgebern gezahlt worden sind.[717]

Berücksichtigt werden nur solche Einmalzahlungen, die der Beitragsberechnung nach **§ 23a SGB IV** zugrunde gelegen haben.[718] Einmalig gezahltes Arbeitsentgelt sind nach § 23a Abs. 1 S. 1 SGB IV Zuwendungen, die dem Arbeitsentgelt zuzurechnen sind und **nicht für die Arbeit** in einem einzelnen Entgeltabrechnungszeitraum gezahlt werden.

---

715 Stotz in: Hauck/Noftz, SGB IX, § 67 SGB IX Rn. 106.

716 Reyels in: jurisPK-SGB IX, § 67 SGB IX Rn. 71; Stotz in: Hauck/Noftz, SGB IX, § 67 SGB IX Rn. 106.

717 Reyels in: jurisPK-SGB IX, § 67 SGB IX Rn. 71.

718 Reyels in: jurisPK-SGB IX, § 67 SGB IX Rn. 71.

Wissen | Prüfung nach § 23a SGB IV[719]

Ob es sich bei der Einmalzahlung um beitragspflichtiges Arbeitsentgelt handelt, richtet sich nach § 23a SGB IV. Die Prüfung erfolgt in drei Schritten:

1. Schritt: Die Einmalzahlung muss Arbeitsentgelt i.S.d. § 14 SGB IV sein.
Folglich werden „alle geldwerten Zuwendungen aus einer Beschäftigung unabhängig davon erfasst, ob ein Rechtsanspruch auf sie besteht, unter welcher Bezeichnung oder in welcher Form sie geleistet werden und ob sie unmittelbar aus der Beschäftigung oder im Zusammenhang mit ihr erzielt werden."[720]

2. Schritt: Die Einmalzahlung muss nach der SvEV und § 23a Abs. 1 S. 2 SGB IV Arbeitsentgelt sein.
Nach § 23a Abs. 1 S. 2 Nr. 1 SGB IV sind u.a. **kein** einmalig gezahltes Arbeitsentgelt vom Arbeitgeber erbrachte Zuwendungen, wenn sie üblicherweise zur Abgeltung bestimmter **Aufwendungen** des Beschäftigten, die auch im Zusammenhang mit der Beschäftigung stehen.

3. Schritt: Die Einmalzahlung muss für die Arbeit in einem Zeitraum gezahlt werden, der sich über den betreffenden Entgeltabrechnungszeitraum (üblicherweise einen Monat) **hinaus** erstreckt.
Das BSG stellte dazu fest, dass das Sozialversicherungsrecht die Abgrenzung zwischen laufendem Arbeitsentgelt und einmalig gezahltem Arbeitsentgelt danach vornimmt, ob die Zuwendung der konkreten Arbeitsleistung einem bestimmten Entgeltabrechnungszeitraum zugeordnet werden kann.[721]
Sofern das Entgelt eine Vergütung für die in einem einzelnen, also einem bestimmten Abrechnungszeitraum geleistete Arbeit ist, handelt es sich um laufendes Arbeitsentgelt; besteht keine Beziehung zu einem bestimmten einzelnen Abrechnungszeitraum, handelt es sich um eine Einmalzahlung.[722]

---

719 Nach Zieglmeier in: BeckOGK-SGB IV, § 23a SGB IV Rn. 9.
720 Knospe in: Hauck/Noftz, SGB IV, § 23a SGB IV Rn. 22.
721 BSG, Urt. v. 07.02.2002 – B 12 KR 6/01 R, juris Rn. 21.
722 BSG, Urt. v. 07.02.2002 – B 12 KR 6/01 R, juris Rn. 21.

Typische Einmalzahlungen sind danach das zusätzliche 13. und 14. Monatsgehalt, Weihnachts- und Urlaubsgeld oder ein Jahresbonus,[723] Heirats- und Geburtshilfen, Jubiläumsgratifikationen sowie Tantiemen.[724]

Maßgeblich, ob eine Einmalzahlung in den relevanten Bemessungszeitraum fällt, ist **nach dem Wortlaut** des § 23a Abs. 1 S. 3 SGB IV das **Zuflussprinzip**: Die Einmalzahlung ist nach § 23a Abs. 1 S. 3 SGB IV dem Entgeltabrechnungszeitraum zuzuordnen, in dem sie vom Arbeitgeber **gezahlt wurde**. Maßgeblich ist daher der Auszahlungsmonat, nicht der Zeitpunkt der Anspruchsentstehung.[725]

Prüfungsschema | Übergangsgeld für Stundenlöhner

1. Schritt: Berechnung des kumulierten Regelentgelts
4. Unterschritt: Berechnung des Bruttohinzurechnungsbetrags:

Formel:

$$\frac{\text{einmalig gezahltes Arbeitsentgelt (brutto)}}{\text{360 Tage (= 1 Jahr)}} = \text{BHB}$$

Hier: Weihnachtsgeld = 1.200,00 Euro
Anwendung:

$$\frac{1.200,00 \text{ Euro}}{360 \text{ Tage}} = 3,33 \text{ Euro/Tag}$$

5. Unterschritt: Addition des Regelentgelts und des Bruttohinzurechnungsbetrages

Auch beim Übergangsgeld schließt der erste Prüfungsschritt mit der Addition des ausgerechneten Regelentgelts und dem Bruttohinzurechnungsbetrag (BHB) ab. Das Ergebnis ist das **kumulierte Regelentgelt**.

723 BSG, Urt. v. 07.02.2002 – B 12 KR 6/01 R, juris Rn. 21.
724 Knospe in: Hauck/Noftz, SGB IV, § 23a SGB IV Rn. 31.
725 Knospe in: Hauck/Noftz, SGB IV, § 23a SGB IV Rn. 35.

Prüfungsschema | Übergangsgeld für Stundenlöhner

1. Schritt: Berechnung des kumulierten Regelentgelts
5. Unterschritt: Addition des Regelentgelts mit dem Bruttohinzurechnungsbetrag:

Formel:
Regelentgelt + Bruttohinzurechnungsbetrag
= kumuliertes Regelentgelt

Anwendung:
104,64 Euro/Tag + 3,33 Euro/Tag = 107,97 Euro/Tag

Ergebnis: Das kumulierte Regelentgelt beträgt 107,97 Euro pro Kalendertag.

2. Schritt: Vergleich mit dem Höchstregelentgelt

Nach § 67 Abs. 4 SGB IX wird das (kumulierte) Regelentgelt bis zur Höhe der für den Rehabilitationsträger jeweils geltenden Leistungs- oder Beitragsbemessungsgrenze berücksichtigt, in der Rentenversicherung bis zur Höhe des der Beitragsbemessung zugrunde liegenden Entgelts.

In der gesetzlichen Unfallversicherung gibt es **keine** Beitragsbemessungsgrenze; dies ist eine Begrifflichkeit für die Träger der Rentenversicherung oder Arbeitsförderung, die ebenso Übergangsgeld leisten. Für die Unfallversicherung gibt es eine Leistungsbemessungsgrenze. Diese ist der Höchstjahresarbeitsverdienst. Der Höchstjahresarbeitsverdienst war bereits nach § 47 Abs. 1 S. 1 Nr. 1 SGB VII Berechnungsgrundlage für die Begrenzung des kumulierten Regelentgelts beim Verletztengeld.

Das kumulierte Regelentgelt beim Verletztengeld durfte den 360. Teil des Höchstjahresarbeitsverdienstes nicht übersteigen. Die Obergrenze wird daher auch **Höchstregelentgelt** genannt.

Über § 67 Abs. 4 SGB IX findet diese Obergrenze als Leistungsbemessungsgrenze Eingang in die Berechnung des Übergangsgeldes.

Notwendig ist folglich, den Höchstjahresarbeitsverdienst des jeweiligen Unfallversicherungsträgers zu ermitteln. Nach § 85 Abs. 2 S. 1 SGB VII beträgt er das Zweifache der im Zeitpunkt des Versicherungsfalls maßgebenden Bezugsgröße. Die Bezugsgröße ergibt sich aus § 18 SGB IV i.V.m. der jeweiligen, jährlich angepassten Sozialversicherungsrechengrößen-Verordnung. Nach § 85 Abs. 2 S. 2 SGB VII kann jeder Unfallversicherungsträger in seiner Satzung eine **höhere Obergrenze** bestimmen. Die Unfallversicherungsträger haben in der Regel in ihrer Satzung eine abweichende Regelung zum Höchstjahresarbeitsverdienst (z.B. mit einem festen Betrag, § 20 Abs. 2 Satzung 2025 VBG: „Der Höchstbetrag des Jahresarbeitsverdienstes wird auf 120.000,- Euro festgesetzt (§ 85 Abs. 2 Satz 2 SGB VII)" oder dynamisch, § 19 Satzung UVB: „Der Höchstbetrag des Jahresarbeitsverdienstes wird auf das 2,3-fache der Bezugsgröße (§ 18 Absatz 1 SGB IV) festgesetzt (§ 85 Absatz 2 Satz 2 SGB VII).")

Der (aus der Satzung oder ansonsten aus § 85 Abs. 2 S. 1 SGB VII) zu ermittelnde Höchstjahresarbeitsverdienst wird durch 360 geteilt, sodass ein Vergleich „pro Kalendertag" möglich ist. Dieser Vergleichsbetrag ist das Höchstregelentgelt.

Da der Höchstjahresarbeitsverdienst insbesondere bei statischen Wertangaben in der Satzung regelmäßig kontrolliert werden muss, sodass er nicht niedriger als die Grenze nach § 85 Abs. 2 S. 1 SGB VII wird, kommt es regelmäßig zu Satzungsanpassungen. Es ist dann der Höchstjahresarbeitsverdienst maßgeblich, der in dem nach § 67 Abs. 1 S. 1 SGB VII relevanten Bemessungszeitraum galt und zwar zum Zeitpunkt des letzten Tages des Bemessungszeitraums.[726]

Überschreitet das kumulierte Regelentgelt das Höchstregelentgelt, wird mit dem Wert des Höchstregelentgelts weitergerechnet.[727] Das Höchstregelentgelt übernimmt in dem Fall die Rolle des (kumulierten) Regelentgelts.

Prüfungsschema | Übergangsgeld für Stundenlöhner

2. Schritt: Vergleich mit Höchstregelentgelt

1. Schritt: Höchstjahresarbeitsverdienst / 360 = Höchstregelentgelt
Aus dem vorliegenden Sachverhalt ist nicht zu entnehmen, in welchem Gewerbe Caspar tätig war. Es wird unterstellt, dass die VBG zuständig ist, deren Höchstjahresarbeitsverdienst bei 120.000,00 Euro liegt.
120.000,00 Euro / 360 = 333,33 Euro/Tag

726 Stotz in: Hauck/Noftz, SGB IX, § 67 SGB IX Rn. 121.
727 Stotz in: Hauck/Noftz, SGB IX, § 67 SGB IX Rn. 121.

2. Schritt: Vergleich Höchstregelentgelt mit kumulierten Regelentgelt
Das kumulierte Regelentgelt beträgt 107,97 Euro, das Höchstregelentgelt 333,33 Euro.

3. Schritt: Mit dem niedrigeren Wert wird weitergerechnet.
Das kumulierte Regelentgelt ist niedriger als das Höchstregelentgelt. Aus diesem Grund kann mit der Höhe von 107,97 Euro weitergerechnet werden.

3. Schritt: Kürzung auf 80 Prozent

Nach § 66 Abs. 1 S. 1 SGB IX werden der Berechnung des Übergangsgelds 80 Prozent des erzielten regelmäßigen Arbeitsentgelts und Arbeitseinkommens, soweit es der Beitragsberechnung unterliegt, zugrunde gelegt.

Prüfungsschema | Übergangsgeld für Stundenlöhner

3. Schritt: Kürzung auf 80 Prozent
Der Betrag, der im zweiten Schritt niedriger ist (hier: kumulierte Regelentgelt: 107,97 Euro/Tag im Vergleich zum Höchstregelentgelt 266,67 Euro/Tag), also die 107,97 Euro werden auf 80 Prozent gekürzt.
Im Ergebnis besteht ein vorläufiges Verletztengeld in Höhe von 86,38 Euro/Tag.

4. Schritt: Berechnung des Nettoarbeitsentgelts

Bislang wurde auch beim Übergangsgeld allein ein Brutto-Betrag berechnet. Die Berechnungsschritte entsprechen vollständig denen des Verletztengeldes. In der Regel sind die Berechnungen aufgrund des Kontinuitätsgrundsatzes gar nicht notwendig.

Mit den Schritten 4 bis 6 wird nun eine Netto-Berechnung vorgenommen. Diese ist notwendig, da das regelmäßige Nettoarbeitsentgelt, also das Netto ohne die Einmalzahlungen, die Obergrenze für das Übergangsgeld bildet (§ 66 Abs. 1 S. 1 SGB IX).[728]

728 Köllner in: LPK-SGB VII, § 50 SGB VII Rn. 3.

Prüfungsschema | Übergangsgeld für Stundenlöhner

4. Schritt: Berechnung des Nettoarbeitsentgelts

1. Unterschritt: Berechnung des durchschnittlichen Stundenarbeitsentgelts

Formel:

$$\frac{\text{Nettoarbeitsentgelt}}{\text{Monatsstundenarbeitszeit}} = \text{durchschnittlicher Stundenlohn}$$

Anwendung:
2.077,74 Euro / 168,5 Stunden/Monat = 12,33 Euro/Stunde

2. Unterschritt: Berechnung des durchschnittlichen Wochenarbeitsentgelts

Formel:
durchschnittliches Stundenarbeitsentgelt ×
regelmäßige wöchentlichen Arbeitsstunden
= durchschnittliches Wochenarbeitsentgelt

Anwendung:
12,33 Euro × 41,15 Stunden = 507,38 Euro/Woche

3. Unterschritt: Berechnung des täglichen Nettoarbeitsentgelt

Formel:

$$\frac{\text{durchschnittliches Wochenarbeitsentgelt}}{\text{7 Tage}} = \text{Nettoarbeitsentgelt}$$

Anwendung:

$$\frac{507,38 \text{ Euro}}{7 \text{ Tage}} = 72,48 \text{ Euro/Tag}$$

4. Ergebnis: Das tägliche Nettoarbeitsentgelt beträgt 72,48 Euro.

5. Schritt: Berechnung des Nettohinzurechnungsbetrages

Bislang war die Berechnung des Übergangsgeldes identisch mit der Berechnung des Verletztengeldes. Im 5. Schritt, der bewusst ein eigener Einzelschritt ist, erfolgt nun die erste Änderung zur Verletztengeldberechnung. Während beim Verletztengeld kein Nettohinzurechnungsbetrag berechnet werden muss, ist die Berechnung beim Übergangsgeld erforderlich.

Im Gegensatz zum Verletztengeld findet sich für das Übergangsgeld eine Regelung im Gesetz zur Berechnung des Nettohinzurechnungsbetrages. Sie beruht auf den Vorgaben des BVerfG, dass Einmalzahlungen nicht nur beitragsrechtliche, sondern auch leistungsrechtliche Folgen haben müssen.[729]

> **Gesetz** | § 66 SGB IX – Höhe und Berechnung des Übergangsgeldes
>
> Das Nettoarbeitsentgelt nach Absatz 1 Satz 1 berechnet sich, indem der Anteil am Nettoarbeitsentgelt, der sich aus dem kalendertäglichen Hinzurechnungsbetrag nach § 67 Absatz 1 Satz 6 ergibt, mit dem Prozentsatz angesetzt wird, der sich aus dem Verhältnis des kalendertäglichen Regelentgeltbetrages nach § 67 Absatz 1 Satz 1 bis 5 zu dem sich aus diesem Regelentgeltbetrag ergebenden Nettoarbeitsentgelt ergibt. Das kalendertägliche Übergangsgeld darf das kalendertägliche Nettoarbeitsentgelt, das sich aus dem Arbeitsentgelt nach § 67 Absatz 1 Satz 1 bis 5 ergibt, nicht übersteigen.

Das in dieser schwerverständlichen Norm die Einbeziehung des Nettohinzurechnungsbetrages zu finden ist, wird man auch nicht ohne weiteres vermuten.

Dies ergibt sich aus der Aussage, dass sich das (kumulierte) Nettoarbeitsentgelt danach berechnet, dass der Anteil am Nettoarbeitsentgelt, der sich aus dem kalendertäglichen Hinzurechnungsbetrag ergibt (= Bruttohinzurechnungsbetrag) mit dem Prozentsatz angesetzt wird, der sich wiederum aus dem Verhältnis des kalendertäglichen Regelentgeltbetrages (= Regelentgelt) zu dem Nettoarbeitsentgelt ergibt.

Die Berechnung des Nettohinzurechnungsbetrages ist auch aus anderer Sicht notwendig: Beim Verletztengeld ist die Berechnung des kumulierten

729 Jabben/Westphal in: Neumann u.a., SGB IX, § 66 SGB IX Rn. 7.

Nettoentgelts (= Nettoarbeitsentgelt + Nettohinzurechnungsbetrag) nicht erforderlich, da die Netto-Obergrenze des Verletztengeldes das „reine" Nettoarbeitsentgelt, ohne die Berücksichtigung einmalig gezahlten Arbeitsentgelts, ist (§ 47 Abs. 1 S. 1 SGB VII i.V.m. § 47 Abs. 1 S. 4 SGB V). Da das kumulierte Nettoentgelt immer höher als das „reine" Nettoarbeitsentgelt ist, ist ein Ausrechnen unnötig: Niedriger als das „reine" Nettoarbeitsentgelt kann das kumulierte Nettoentgelt nämlich nie sein. Die Berechnung eines Nettohinzurechnungsbetrages hat daher beim Verletztengeld keine Relevanz.

Beim Übergangsgeld kann das kumulierte Nettoentgelt (also: Nettoarbeitsentgelt + Nettohinzurechnungsbetrag) niedriger sein als das „reine" Nettoarbeitsentgelt, da es auf 68 bzw. 75 Prozent reduziert wird (Schritt 11). Die Berechnung des Nettohinzurechnungsbetrages kann also Relevanz haben, weshalb er auszurechnen ist.

Neben der Information, dass also ein Nettohinzurechnungsbetrag zu berechnen und zu berücksichtigen ist, liefert folglich der Gesetzgeber gleich eine Berechnungsmethodik mit ab.

Formel | Berechnung des Nettohinzurechnungsbetrages

1. Schritt:

$$\frac{\text{Nettoarbeitsentgelt}}{\text{Regelentgelt}} = \text{Quotient}$$

2. Schritt:
Quotient × Bruttohinzurechnungsbetrag
= Nettohinzurechnungsbetrag

Die vom Gesetzgeber gewählte Variante der formelmäßigen *Berechnung* des Nettohinzurechnungsbetrages (und damit nicht der *Ermittlung* wie beim Bruttohinzurechnungsbetrages) hat für die Verwaltung deutliche Vorteile: Die Einmalzahlungen müssen nicht auf die Nettohöhe untersucht werden, sondern werden über eine Formel errechnet, deren drei Faktoren (Nettoarbeitsentgelt, Regelentgelt und Bruttohinzurechnungsbetrag) in den Schritten zuvor bereits ausgerechnet wurden.

Unterschiedliche Auffassungen bestehen, wie der Quotient gerundet wird. Aus dem Rechenergebnis des Beispiels der BT-Drs. 18/9522 ergibt sich, dass dort auf **zwei Stellen** nach dem Komma gerundet wurde.[730] Eine andere Auffassung aus der Rentenversicherung rundet – unter Anwendung des § 121 SGB VI – auf **vier Stellen** nach dem Komma:[731] „Bei der Bildung des Verhältniswertes gemäß § 66 Absatz 2 Satz 1 SGB IX (Verhältnis von Regelentgelt zum Nettoarbeitsentgelt) ist nach § 121 Absatz 1 SGB VI auf 4 Dezimalstellen zu berechnen, da es sich nicht um einen Geldbetrag handelt."

In der GUV wird nach § 187 Abs. 1 S. 1 SGB VII bei den allgemeinen Berechnungen ebenso eine Rundung auf vier Dezimalstellen durchgeführt.

Da das SGB IX keine Rundungsregel hierzu trifft (obwohl es an anderer Stelle Rundungsregeln hat) ist nach § 50 SGB VII von der Anwendung des § 187 Abs. 1 S. 1 SGB VII auszugehen und der Quotient **auf vier Stellen** hinter dem Komma zu runden. Damit besteht auch der gewünschte Gleichlauf innerhalb der verschiedenen Träger.

Prüfungsschema | Übergangsgeld für Stundenlöhner

5. Schritt: Berechnung des Nettohinzurechnungsbetrages

Formel:

$$\left(\frac{\text{Nettoarbeitsentgelt}}{\text{Regelentgelt}}\right) \times \text{Bruttohinzurechnungsbetrag}$$

= Nettohinzurechnungsbetrag

Anwendung:
1. Schritt: 72,48 Euro / 104,64 Euro = 0,6927 (gerundeter Quotient)
2. Schritt: 0,6927 × 3,33 Euro = 2,31 Euro

Ergebnis: Der Nettohinzurechnungsbetrag beträgt 2,31 Euro/Tag.

---

730 BT-Drs. 18/9522, S. 258; Bereiter-Hahn/Mehrtens, Anh. Zu § 50 SGB VII – § 67 SGB IX Rn. 5.

731 Gemeinsames Rundschreiben der Rentenversicherungsträger zum Übergangsgeld (Stand: Juli 2023), S. 33; von der Heide in: Kossens/von der Heide/Maaß, SGB IX, § 66 IX Rn. 13.

6. Schritt: Berechnung des kumulierten Nettoarbeitsentgelts
Im nächsten Schritt wird das ausgerechnete Nettoarbeitsentgelt mit dem Nettohinzurechnungsbetrag addiert. Das Ergebnis ist das kumulierte Nettoarbeitsentgelt.

Prüfungsschema | Übergangsgeld für Stundenlöhner

6. Schritt: Berechnung des kumulierten Nettoarbeitsentgelts

Formel:
Nettoarbeitsentgelt + Nettohinzurechnungsbetrag
= kumuliertes Nettoarbeitsentgelt

Anwendung:
72,48 Euro + 2,31 Euro = 74,79 Euro/Tag

Ergebnis: Das kumulierte Nettoarbeitsentgelt beträgt 74,79 Euro/Tag.

7. Schritt: Vergleich: Höhe „80-Prozent-kumuliertes RE" (Ergebnis 3. Schritt) mit Höhe „kumuliertes NAE" (Ergebnis 6. Schritt)
Nach § 66 Abs. 1 SGB IX werden der Berechnung des Übergangsgelds 80 Prozent des erzielten regelmäßigen Arbeitsentgelts und Arbeitseinkommens, soweit es der Beitragsberechnung unterliegt (Regelentgelt), zugrunde gelegt, höchstens jedoch das in entsprechender Anwendung des § 67 SGB IX berechnete (kumulierte) Nettoarbeitsentgelt.

Insofern wird das auf 80 Prozent reduzierte kumulierte Regelentgelt mit dem kumulierten Nettoarbeitsentgelt verglichen. Mit dem niedrigeren Betrag wird dann weitergerechnet.

Die Berücksichtigung des Nettohinzurechnungsbetrages, die dazu führt, dass das auf 80 Prozent reduzierte kumulierte Regelentgelt mit dem *kumulierten* Nettoarbeitsentgelt verglichen wird, lässt sich nur aus § 66 Abs. 2 S. 1 SGB IX verstehen. Der Gesetzestext spricht allein in § 66 Abs. 1 S. 1 SGB IX von dem „Nettoarbeitsentgelt".

Das Nettoarbeitsentgelt des § 66 Abs. 1 S. 1 SGB IX wird aber dann in § 66 Abs. 2 S. 1 SGB IX definiert:

Danach berechnet sich das „Nettoarbeitsentgelt" nach „Absatz 1 Satz 1", „indem der Anteil am Nettoarbeitsentgelt, der sich aus dem kalendertäglichen Hinzurechnungsbetrag nach § 67 Absatz 1 Satz 6 ergibt, mit dem Prozentsatz angesetzt wird, der sich aus dem Verhältnis des kalendertäglichen Regelentgeltbetrages nach § 67 Absatz 1 Satz 1 bis 5 zu dem sich aus diesem Regelentgeltbetrag ergebenden Nettoarbeitsentgelt ergibt."

Somit muss mit dem Nettoarbeitsentgelt nach § 66 Abs. 1 S. 1 SGB IX gemeint sein, dass das Nettoarbeitsentgelt den Nettohinzurechnungsbetrag mitumfasst. Es ist also das *kumulierte* Nettoarbeitsentgelt gemeint.

Denn der Gesetzgeber spricht an anderer Stelle (§ 66 Abs. 2 S. 2 SGB IX) vom kalendertäglichen Nettoarbeitsentgelt, „das sich aus dem Arbeitsentgelt nach § 67 Absatz 1 Satz 1 bis 5 ergibt." Das Nettoarbeitsentgelt *nach § 67 Abs. 1 S. 1–5 SGB IX* ist aber das „reine" Nettoarbeitsentgelt, ohne Nettohinzurechnungsbetrag.

Diese Regelung ergibt nur dann Sinn, wenn hierzu in Abgrenzung mit dem Nettoarbeitsentgelt *nach § 66 Abs. 1 S. 1 SGB IX* das *kumulierte* Nettoarbeitsentgelt gemeint ist.

Das Ergebnis dieses Vergleiches ist die sogenannte **Berechnungsgrundlage**, die im nächsten Schritt eine entscheidende Rolle spielt.

Prüfungsschema | Übergangsgeld für Stundenlöhner

7. Schritt: Vergleich: Höhe 80 Prozent kumuliertes RE (Ergebnis 3. Schritt) mit Höhe kumuliertes NAE (Ergebnis 6. Schritt)

Anwendung:
Das auf 80 Prozent reduzierte Regelentgelt beträgt 86,38 Euro
Das kumulierte Nettoarbeitsentgelt beträgt 74,79 Euro.

Ergebnis: Die Berechnungsgrundlage ist der **niedrigere** Betrag, also 74,79 Euro.

8. Schritt: Fiktive Alternativberechnung nach § 68 Abs. 1 Nr. 1 SGB IX

Der achte Schritt stellt eine weitere signifikante Abweichung der Berechnung des Übergangsgeldes zur Berechnung des Verletztengeldes dar. Denn er sieht eine **fiktive Alternativberechnung** vor, die es bei dem Verletztengeld nicht gibt.

Durch die Regelung soll sichergestellt werden, „dass ein Leistungsempfänger, der im maßgeblichen Bemessungszeitraum nur geringe Entgelte erzielt hat, nicht schlechtergestellt wird als derjenige, der überhaupt kein Arbeitsentgelt erzielt hat."[732] Das Übergangsgeld soll also als Entgeltersatzfunktion **ausreichend** sein.[733] Es wird somit ein Mindeststandard in Form eines Mindestsatzes eingeführt, den es beim Verletztengeld nicht gibt.

In der Praxis wird die fiktive Alternativberechnung teilweise erst zum Abschluss der vollständigen Berechnung des Übergangsgeldes vorgenommen, also nicht wie hier als integrierter Prüfungspunkt.[734] Das bedeutet, dass zunächst vollständig die Regelberechnung durchgeführt wird und als letzter Prüfungspunkt die fiktive Alternativberechnung erfolgt. Im Anschluss wird der zunächst ausgerechnete Betrag der Regelberechnung dem sodann fiktiv ausgerechneten Betrag nach der fiktiven Alternativberechnung gegenübergestellt. Der höhere Betrag ist das finale Übergangsgeld. Die Berechnungsmethodik aus der Praxis dürfte einfacher sein; dem exakten Wortlaut des Gesetzestextes entspricht sie wohl eher nicht. Es dürften beide Rechenmethoden aber zum gleichen Ergebnis kommen.

Welche Fälle sind von der Alternativberechnung betroffen?

Für die Berechnung des Übergangsgeldes während des Bezuges von Leistungen zur Teilhabe am Arbeitsleben wird nach § 68 Abs. 1 SGB IX 65 Prozent eines **fiktiven Arbeitsentgelts** zugrunde gelegt, wenn

1. die Berechnung nach den §§ 66 und 67 SGB IX zu einem geringeren Betrag führt,
2. Arbeitsentgelt oder Arbeitseinkommen nicht erzielt worden ist oder
3. der letzte Tag des Bemessungszeitraums bei Beginn der Leistungen länger als drei Jahre zurückliegt.

Da die Berechnung des Übergangsgeldes in der Regel stets nach den §§ 66, 67 SGB IX erfolgt, ist die Variante des § 68 Abs. 1 Nr. 1 SGB IX stets gegeben. Damit ist eine Alternativberechnung **obligatorisch**. Das bedeutet, sie ist **bei jeder Berechnung** vorzunehmen.[735]

Liegt der letzte Tag des Bemessungszeitraums innerhalb der Frist von drei Jahren, sind zwei Berechnungen durchzuführen: zum einen die Berechnung aus dem tatsächlich erzielten Entgelt und zum anderen aus 65 Prozent des

732 Reyels in: jurisPK-SGB IX, § 68 SGB IX Rn. 12.
733 Reyels in: jurisPK-SGB IX, § 68 SGB IX Rn. 12.
734 Vgl. Köllner in: Lauterbach, § 50 SGB VII Rn. 109
735 GR-ÜG, V., Ziff. 3 (S. 108).

maßgebenden fiktiven Arbeitsentgelts nach § 68 SGB IX.[736] Von „Sonderfällen“, die die Alternativberechnung nach § 68 SGB IX betreffen soll, kann man daher eigentlich nicht mehr sprechen.

Dies liegt an dem Wortlaut des § 68 Abs. 1 Nr. 1 SGB IX, denn dort wird die Alternativberechnung verlangt, wenn die Berechnung nach den §§ 66, 67 SGB IX zu einem **geringeren Betrag** führt. In den §§ 66, 67 SGB IX werden aber die Regelfälle zur Berechnung des Übergangsgeldes aufgeführt. § 67 Abs. 1 SGB IX betrifft den versicherungspflichtigen Arbeitnehmer als Regel-Übergangsgeldberechtigten. Da aber § 68 Abs. 1 Nr. 1 SGB IX pauschal auf §§ 66, 67 SGB IX verweist, ist die Alternativberechnung verpflichtend obligatorisch.[737]

Dadurch hat der Gesetzgeber eine **Mindestberechnungsgrundlage** für das Übergangsgeld bei Leistungen zur Teilhabe am Arbeitsleben eingeführt.[738]

Wie wird die Alternativberechnung vorgenommen?

Für die Berechnung des Übergangsgeldes werden bei der Alternativberechnung 65 Prozent eines **fiktiven Arbeitsentgelts** zugrunde gelegt (§ 68 Abs. 1 SGB IX). Die Alternativberechnung setzt also beim Arbeitsentgelt an und ersetzt dieses mit einem Fiktivbetrag.

Für die Berechnung ist nun § 68 Abs. 2 SGB IX maßgeblich.

Gesetz | § 68 Abs. 2 SGB IX – Berechnungsgrundlage in Sonderfällen

Für die Festsetzung des fiktiven Arbeitsentgelts ist der Leistungsempfänger der Qualifikationsgruppe zuzuordnen, die seiner beruflichen Qualifikation entspricht. Dafür gilt folgende Zuordnung:

1. für eine Hochschul- oder Fachhochschulausbildung (**Qualifikationsgruppe 1**) ein Arbeitsentgelt in Höhe von einem Dreihundertstel der Bezugsgröße,
2. für einen Fachschulabschluss, den Nachweis über eine abgeschlossene Qualifikation als Meisterin oder Meister oder einen Abschluss in einer

736 GR-ÜG, V., Ziff. 3 (S. 108).

737 So auch: Köllner in: Lauterbach, § 50 SGB VII Rn. 99; Reyels in: jurisPK-SGB IX, § 68 SGB IX Rn. 16.

738 Jabben/Westphal in: Neumann u.a., SGB IX, § 68 SGB IX Rn. 3.

> vergleichbaren Einrichtung (**Qualifikationsgruppe 2**) ein Arbeitsentgelt in Höhe von einem Dreihundertsechzigstel der Bezugsgröße,
> 3. für eine abgeschlossene Ausbildung in einem Ausbildungsberuf (**Qualifikationsgruppe 3**) ein Arbeitsentgelt in Höhe von einem Vierhundertfünfzigstel der Bezugsgröße und
> 4. bei einer fehlenden Ausbildung (**Qualifikationsgruppe 4**) ein Arbeitsentgelt in Höhe von einem Sechshundertstel der Bezugsgröße, mindestens jedoch ein Arbeitsentgelt in Höhe des Betrages, der sich ergibt, wenn der Mindestlohn je Zeitstunde nach § 1 Absatz 2 Satz 1 des Mindestlohngesetzes in Verbindung mit der auf der Grundlage des § 11 Absatz 1 Satz 1 des Mindestlohngesetzes jeweils erlassenen Verordnung mit einem Siebtel der tariflichen regelmäßigen wöchentlichen Arbeitszeit, die für Tarifbeschäftigte im öffentlichen Dienst des Bundes gilt, vervielfacht wird.
>
> Maßgebend ist die Bezugsgröße, die für den Wohnsitz oder für den gewöhnlichen Aufenthaltsort der Leistungsempfänger im letzten Kalendermonat vor dem Beginn der Leistung gilt.

Die Alternativberechnung erfolgt nach diesen Vorgaben in drei Schritten.

1. Schritt: Zuordnung in Qualifikationsgruppe

Zunächst ist der Übergangsgeldberechtigte in eine der vier Qualifikationsgruppen einzuordnen.

Insgesamt gibt es vier unterschiedliche Qualifikationsgruppen, die sich an dem jeweiligen **Bildungsabschluss** orientieren. Die Zuordnung in eine Qualifikationsgruppe hat folgende Auswirkung: „Je höher die Qualifikation des Leistungsberechtigten ist, desto höher ist auch das fiktive Arbeitsentgelt, das der Berechnung zugrunde zu legen ist."[739]

Die Qualifikationsgruppen lauten wie folgt:

- Qualifikationsgruppe 1: Abschluss[740] einer Hochschul- oder Fachhochschulausbildung

---

739 Von der Heide in: Kossens/von der Heide/Maaß, SGB IX § 68 SGB IX Rn. 10.

740 Von der Heide in: Kossens/von der Heide/Maaß, SGB IX § 68 SGB IX Rn. 11; Stotz in: Hauck/Noftz, SGB IX, § 68 SGB IX Rn. 38.

- Qualifikationsgruppe 2: Fachschulabschluss, den Nachweis über eine abgeschlossene Qualifikation als Meisterin oder Meister oder einen Abschluss in einer vergleichbaren Einrichtung. Mit der Regelung werden drei verschiedene berufliche Qualifikationen nebeneinandergestellt.[741] Es handelt es sich um eine gleichgeordnete Aufzählung von drei Abschlüssen.[742] Für die zweite und dritte Gruppe (Meister oder Abschluss in vergleichbarer Einrichtung) ist eine abgeschlossene Berufsausbildung, auf die dann eine zusätzliche Aus- und Weiterbildung aufbaut, notwendig.[743]
- Qualifikationsgruppe 3: Abgeschlossene Ausbildung in Ausbildungsberuf[744]
- Qualifikationsgruppe 4: Keine abgeschlossene Ausbildung (z.B. Anlerntätigkeiten oder kurze innerbetriebliche Ausbildungsgänge[745])

Abzustellen ist dabei auf den **förmlichen Berufsabschluss**. Nicht maßgeblich soll sein, welche *Tätigkeit* der Leistungsberechtigte tatsächlich ausübt.[746] Die Berechnungsmethodik des § 68 SGB IX basiere auf einen pauschalisierenden Ansatz, der der Verwaltungsvereinfachung diene, weshalb für eine Bewertung der inhaltlichen Qualität der im Berufsalltag tatsächlich ausgeübten Tätigkeit in die Qualifikationsgruppenzuordnung kein Raum bliebe.[747]

Reyels vertritt eine hiervon abweichende Auffassung: Da es der Arbeitswirklichkeit entspräche, dass Arbeitnehmer in Positionen hineinwüchsen, für die sie die formale Qualifikation nicht vorweisen könnten, sollte hier zusätzlich auch berücksichtigt werden, welche Tätigkeiten in der Vergangenheit – nicht nur für kurze Zeit – ausgeübt wurde.[748]

Dieser Rechtsauffassung wurde von Seiten des LSG Niedersachsen-Bremen explizit widersprochen: „Bezogen auf den vorliegenden Fall dürfte auch ein solcher Ansatz jedoch schon deshalb nicht weiterhelfen, weil eine Tätigkeit als Abteilungsleiter schon im Ausgangspunkt keine ‚formale Qualifikation' im Sinne etwa einer Meisterprüfung voraussetzt, in die ein

741 LSG Schleswig-Holstein, Urt. v. 26.04.2022 – L 7 R 10006/21, juris Rn. 33.

742 LSG Schleswig-Holstein, Urt. v. 26.04.2022 – L 7 R 10006/21, juris Rn. 33.

743 Vgl. LSG Nordrhein-Westfalen, Urt. v. 25.01.2022 – L 2 R 1006/20, juris Rn. 28.

744 Vgl. Verzeichnisses der anerkannten Ausbildungsberufe und des Verzeichnisses der zuständigen Stellen (als „Verzeichnis der anerkannten Ausbildungsberufe 2025“ abrufbar auf der Homepage des BiBB).

745 Stotz in: Hauck/Noftz, SGB IX, § 68 SGB IX Rn. 41.

746 Stotz in: Hauck/Noftz, SGB IX, § 68 SGB IX Rn. 37.

747 LSG Niedersachsen-Bremen, Urt. v. 29.01.2020 – L 2 R 377/19 – juris Rn. 26; ebenso: LSG Schleswig-Holstein, Urt. v. 26.04.2022 – L 7 R 10006/21 – juris Rn. 25.

748 Reyels in: jurisPK-SGB IX, § 68 SGB IX Rn. 25.

Arbeitnehmer ‚hineinwachsen' könnte. Jedenfalls dürfen die tatbestandlichen Voraussetzungen des § 68 Abs. 2 SGB IX angesichts der erläuterten gesetzgeberischen Zielvorstellungen nicht losgelöst von den im Einzelfall auf Seiten des betroffenen Versicherten tatsächlich förmlich erlangten Berufsausbildungsabschlüssen angewandt werden."[749]

Der Gesetzestext ist auf dem ersten Blick eindeutig: Die Rede ist von Ausbildung und Ausbildungs**abschlüssen**, nicht von der tatsächlich-ausgeübten Tätigkeit.

Doch kann ein solches Ergebnis interessengerecht sein? Ein Volljurist, der viele Jahre in einer Bank als Hausmeister arbeitet, würde aufgrund seines Abschlusses in die Qualifikationsgruppe 1 zugeordnet werden, während derjenige ohne Abschluss, der sich in der Bank in die Rechtsabteilung hochgearbeitet hat, in der Qualifikationsgruppe 4 verharren würde. Da davon auszugehen ist, dass die Bank den Mitarbeiter in der Rechtsabteilung im Zweifel höher bezahlt als den Hausmeister, entfernt sich die Gesetzesauslegung, die allein den Ausbildungsabschluss für die Einordnung in eine Qualifikationsgruppe heranzieht, vom Sinn und Zweck des § 68 SGB IX als Absicherungsparagraf, dass die Leistungsberechtigten eine angemessene Einkommensersatzleistung[750] erhalten. Verwaltungsvereinfachung als Argument kann krasse Ungerechtigkeiten nicht (mehr) rechtfertigen.

Insofern überzeugt die Auffassung von *Reyels*[751], dass ergänzend neben dem Abschluss die **tatsächliche Berufsausübung** herangezogen wird, sofern es für den Leistungsberechtigten günstiger ist. Der nichtausgebildete Mitarbeiter der Rechtsabteilung würde demnach **auch** in die Qualifikationsgruppe 1 einzuordnen sein.

Die Deutsche Rentenversicherung löst die Fallkonstellationen nach dem Gesetzeswortlaut: Ein Versicherter ohne abgeschlossene Berufsausbildung, der aufgrund seiner Berufserfahrung als Facharbeiter beschäftigt und bezahlt wird, bleibt dennoch in der Qualifikationsgruppe 4.[752] Denn die nachgewiesene, tatsächliche Beschäftigung und Bezahlung sei bei der Festlegung der Qualifikationsgruppe nicht zu berücksichtigen.[753] Umgekehrt wird ein gelernter Schreiner in der Qualifikationsgruppe 3 verortet, selbst wenn

---

749 LSG Niedersachsen-Bremen, Urt. v. 24.01.2024 – L 2 R 156/23, juris Rn. 34.
750 Vgl. Stotz in: Hauck/Noftz, SGB IX, § 68 SGB IX Rn. 2.
751 Vgl. Reyels in: jurisPK-SGB IX, § 68 SGB IX Rn. 25 ff. (auch mit zahlreichen Nachweisen der gegenteiligen Auffassung).
752 GR-ÜG, V., Ziff. 3.1.1 (S. 109).
753 GR-ÜG, V., Ziff. 3.1.1 (S. 109).

er in den vergangenen Jahren verschiedene ungelernte Tätigkeiten bei unterschiedlichen Arbeitgebern und in verschiedenen Branchen ausübte.[754]

Prüfungsschema | Übergangsgeld für Stundenlöhner

8. Schritt: Alternativberechnung
1. Unterschritt: Zuordnung in Qualifikationsgruppe
Caspar hat einen Ausbildungsabschluss als Fachkraft für Schutz und Sicherheit. Es handelt sich um einen nach § 4 Abs. 1 BBiG i.V.m. § 1 „Verordnung über die Berufsausbildung zur Fachkraft für Schutz und Sicherheit" staatlich anerkannten Ausbildungsberuf.
Folglich ist Caspar der Qualifikationsgruppe 3 („abgeschlossene Ausbildung") nach § 68 Abs. 2 Nr. 3 SGB IX zuzuordnen.

Die berufliche Qualifikation ist von dem Unfallversicherungsträger zu ermitteln, wobei Mitwirkungspflichten des Versicherten bestehen.

Für die Qualifikationsgruppe 4 gilt, dass das fiktive Arbeitsentgelt stets mit dem aktuell gültigen Mindestlohn verglichen werden muss.[755]

2. Schritt: Berechnung des fiktiven Arbeitsentgelts
Im zweiten Schritt wird nun auf Basis der ermittelten Qualifikationsgruppe das fiktive Arbeitsentgelt berechnet.

Maßgeblich dafür ist die Bezugsgröße (§ 18 SGB IV) und zwar nach § 68 Abs. 2 S. 2 SGB IX diejenige, die für den Wohnsitz oder für den gewöhnlichen Aufenthaltsort der Leistungsempfänger im letzten Kalendermonat vor dem Beginn der Leistung gilt.

Mit dem Wert der Bezugsgröße ist eine Division mit dem der jeweiligen Qualifikationsgruppe in § 68 Abs. 2 S. 2 SGB IX zugeordneten Divisor vorzunehmen.[756]

Qualifikations-gruppe	zugeordneter Divisor
Qualifikationsgruppe 1	300

754 GR-ÜG, V., Ziff. 3.1.1 (S. 109).
755 GR-ÜG, V., Ziff. 3.2 (S. 112).
756 Reyels in: jurisPK-SGB IX, § 68 SGB IX Rn. 35.

Qualifikationsgruppe 2	360
Qualifikationsgruppe 3	450
Qualifikationsgruppe 4	600

Formel | Berechnung des fiktiven Arbeitsentgelts

$$\frac{\text{Bezugsgröße}}{\text{zugeordneter Divisor der Qualifikationsgruppe}}$$

Beispiel für Qualifikationsgruppe 1:
Bezugsgröße 2025: 44.940,00 Euro
44.940,00 / 300 = 149,80 Euro

Qualifikations-gruppe	zugeordneter Divisor	ausgerechnetes fiktives Arbeits-entgelt für 2025
Qualifikationsgruppe 1	300	149,80 Euro
Qualifikationsgruppe 2	360	124,83 Euro
Qualifikationsgruppe 3	450	99,87 Euro
Qualifikationsgruppe 4	600	74,90 Euro

Prüfungsschema | Übergangsgeld für Stundenlöhner

8. Schritt: Alternativberechnung

2. Unterschritt: Berechnung des fiktiven Arbeitsentgelts
Caspar war der Qualifikationsgruppe 3 zuzuordnen. Die LTA beginnt am 01.04.2025, sodass die Bezugsgröße 2025 maßgeblich ist, die 44.940,00 Euro beträgt.
44.940,00 Euro / 450 (Qualifikationsgruppe 3, § 68 Abs. 2 Nr. 3 SGB IX) = 99,87 Euro.

Ergebnis: Das fiktive Arbeitsentgelt beträgt 99,87 Euro.

3. Schritt: Kürzung auf 65 Prozent

Im letzten Schritt wird das ausgerechnete fiktive Arbeitsentgelt auf 65 Prozent gekürzt. Die Kürzung auf 65 Prozent beruht auf der Annahme, dass eine Belastungsquote von 35 Prozent wegen Steuern und Sozialversicherungsbeiträgen besteht.[757] Erreicht wird mit der Kürzung um 35 Prozentpunkte auf 65 Prozent ein fiktives Nettoarbeitsentgelt., das mit der in §66 Abs. 1 S. 1 SGB IX enthaltenen Begrenzung auf das Nettoarbeitsentgelt vergleichbar ist.[758]

Formel | Kürzung auf 65 Prozent

$$\frac{\text{fiktives Arbeitsentgelt} \times 65}{100}$$

= Übergangsgeld-Berechnungsgrundlage aus fiktivem Arbeitsentgelt

Beispiel für Qualifikationsgruppe 1 aus 2025:

$$\frac{149,80 \text{ Euro} \times 65}{100} = 97,37 \text{ Euro}$$

Ergebnis: Die vergleichende Übergangsgeld-Berechnungsgrundlage aus fiktivem Arbeitsentgelt beträgt 97,37 Euro.

Qualifikations-gruppe	zugeordneter Divisor	ausgerechnetes fiktives Arbeitsentgelt für 2025	65 Prozent gekürztes Arbeitsentgelt 2025
Qualifikations-gruppe 1	300	149,80 Euro	97,37 Euro
Qualifikations-gruppe 2	360	124,83 Euro	81,14 Euro
Qualifikations-gruppe 3	450	99,87 Euro	64,92 Euro
Qualifikations-gruppe 4	600	74,90 Euro	48,69 Euro

757 Asmalsky in: LPK-SGB IX, § 68 SGB IX Rn. 10.
758 Asmalsky in: LPK-SGB IX, § 68 SGB IX Rn. 10.

Prüfungsschema | Übergangsgeld für Stundenlöhner

8. Schritt: Alternativberechnung

3. Unterschritt: Kürzung auf 65 Prozent
Das für Caspar ermittelte fiktive Arbeitsentgelt betrug 99,87 Euro. Es ist auf 65 Prozent zu kürzen. Dies sind 64,92 Euro.

Ergebnis: Das auf 65 Prozent gekürzte fiktive Arbeitsentgelt beträgt 64,92 Euro.

Ergebnis
Errechnet wurde die Berechnungsgrundlage für das Übergangsgeld auf Basis eines fiktiven Arbeitsentgelts.

Sie dient als Vergleichswert zur zuvor (7. Schritt) ermittelten Berechnungsgrundlage auf Basis des tatsächlichen Arbeitsentgelts.

Diese beiden Werte – tatsächlicher Wert und fiktiver Wert – sind nun im nächsten (neunten) Schritt miteinander zu vergleichen.

Diesmal wird mit dem höheren Wert weitergerechnet, da die fiktive Vergleichsberechnung eine Sozialabsicherung darstellt, die keinesfalls unterschritten werden darf.

9. Schritt: Vergleich tatsächlich-ermittelte Berechnungsgrundlage (7. Schritt) mit fiktiv-errechneter Berechnungsgrundlage (8. Schritt)

Im nächsten Prüfungsschritt wird die tatsächlich-ermittelte Berechnungsgrundlage des siebten Schritts mit der fiktiv-errechneten Berechnungsgrundlage des achten Schritts verglichen. Ziel dieses Schritts ist es, die **maßgebliche Berechnungsgrundlage** für das Übergangsgeld zu ermitteln. Mit der **für den Leistungsberechtigten** günstigeren Berechnungsgrundlage wird weitergerechnet; es erfolgt diesmal also gerade keine Kürzung zu Lasten des Versicherten.

Dieser **Günstigkeitsvergleich** ist die wesentliche Umsetzung des Sinns und Zwecks des § 68 Abs. 1 Nr. 2 SGB IX als soziale Absicherung. Das Mindestmaß der fiktiv-errechneten Berechnungsgrundlage soll nicht unterboten werden.

Da es sich um einen Günstigkeitsvergleich handelt, der der sozialen Absicherung dient, wird also in diesem Fall mit dem höheren Wert weitergerechnet.

Prüfungsschema | Übergangsgeld für Stundenlöhner

9. Schritt: Vergleich tatsächlich-ermittelte Berechnungsgrundlage (7. Schritt) mit fiktiv-errechneter Berechnungsgrundlage (8. Schritt)
Tatsächlich ermittelte Berechnungsgrundlage des 7. Schritts: 74,79 Euro
Fiktiv-errechnete Berechnungsgrundlage des 8. Schritts: 64,92 Euro

Ergebnis: Mit dem höheren Wert wird weitergerechnet. Dieser beträgt hier 74,79 Euro.
Die finale Berechnungsgrundlage für das Übergangsgeld beträgt folglich 74,79 Euro.

Mit der günstigeren Berechnungsgrundlage wird im zehnten Schritt weitergerechnet.

10. Schritt: Ermittlung des Bemessungsergebnisses
Der zehnte Schritt ermittelt nun die **Höhe des Übergangsgeldes**. Ihm folgt noch ein elfter Schritt, in dem die festgestellte Höhe mit der gesetzlich definierten Maximalhöhe des Nettoarbeitsentgelts final verglichen wird.

Die Berechnung des zehnten Schritts ergibt sich aus § 66 Abs. 1 S. 3 SGB IX.

Gesetz | § 66 Abs. 1 S. 3 SGB IX – Höhe und Berechnung des Übergangsgelds

Das Übergangsgeld beträgt
1. 75 Prozent der Berechnungsgrundlage für Leistungsempfänger,
a) die mindestens ein Kind im Sinne des § 32 Absatz 1, 3 bis 5 des Einkommensteuergesetzes haben,
b) die ein Stiefkind (§ 56 Absatz 2 Nummer 1 des Ersten Buches) in ihren Haushalt aufgenommen haben oder
c) deren Ehegatten oder Lebenspartner, mit denen sie in häuslicher Gemeinschaft leben, eine Erwerbstätigkeit nicht ausüben können, weil sie die Leistungsempfänger pflegen oder selbst der Pflege bedürfen

> und keinen Anspruch auf Leistungen aus der Pflegeversicherung haben,
> **2.** 68 Prozent der Berechnungsgrundlage für die übrigen Leistungsempfänger.

Zunächst ist aus dem Inhalt der Vorschrift erkenntlich, dass mit der (im Schritt zuvor ermittelten **höheren**) Berechnungsgrundlage hier weitergerechnet wird, und zwar in der Form, dass die Berechnungsgrundlage gekürzt wird.

Aus der Norm wird deutlich, dass es eine Regelberechnung (§ 66 Abs. 1 S. 3 Nr. 2 SGB IX) und eine Sonderberechnung (§ 66 Abs. 1 S. 3 Nr. 1 SGB IX) gibt. Nach der **Regelberechnung** beträgt das Übergangsgeld 68 Prozent der Berechnungsgrundlage, für die **Sonderfälle** beträgt es 75 Prozent der Berechnungsgrundlage.

Maßgebliche Berechnungsgrundlage ist die im neunten Schritt festgestellte Berechnungsgrundlage, die nun nochmals deutlich reduziert wird. Interessant ist, dass § 66 Abs. 1 S. 4 SGB IX höhere Sätze bei den Trägern der Sozialen Entschädigung vorsieht: Dort beträgt das Übergangsgeld 80 Prozent der Berechnungsgrundlage, wenn die Leistungsempfänger eine der Voraussetzungen von § 66 Abs. 1 S. 3 Nr. 1 SGB IX erfüllen, im Übrigen für den Regelfall 70 Prozent der Berechnungsgrundlage. Im Bereich der Soldatenentschädigung gibt es für das Übergangsgeld nach § 66 Abs. 1 S. 5 SGB IX eine eigenständige Regelung nach § 30 Abs. 2 SEG. Vom Grundgedanken der Vereinheitlichung der Berechnungsweise des Übergangsgeldes rückte der Gesetzgeber also wieder ab.[759]

Die unterschiedlichen Bemessungssätze (Regelsatz: 68 Prozent, Sondersatz: 75 Prozent) werden mit den wirtschaftlichen Verhältnissen und besonderen Belastungen des Rehabilitanden gerechtfertigt.[760]

Viel Logik steckt nicht darin: Zunächst werden in mehreren Stufen die Werte heruntergerechnet, mit dem niedrigeren Wert oftmals weitergerechnet und eine Pauschalkürzung auf 80 Prozent vorgenommen, um dann am Ende wieder eine Anhebung der Sätze vorzunehmen, die wiederum gekürzt werden.

---

759 Reyels in: jurisPK-SGB IX, § 66 SGB IX Rn. 43.2.
760 Vgl. Schweitzer in: BeckOK SozR, § 66 SGB IX Rn. 11.

Der angehobene Satz auf 75 Prozent gilt für folgende Fallkonstellationen:[761]

- der Leistungsempfänger hat mindestens **ein Kind**
- der Leistungsempfänger hat ein **Stiefkind** in seinen Haushalt aufgenommen
- der Leistungsempfänger selbst ist **pflegebedürftig** oder
- der Leistungsempfänger hat einen **pflegebedürftigen Ehegatten** bzw. Lebenspartner.

Der Katalog der Tatbestände mit dem angehobenen Satz ist abschließend.[762] Für eine Analogie ist mangels planwidriger Regelungslücke kein Raum.[763]

Auch wenn die Intention des Gesetzgebers verständlich ist, diesen Gruppen nicht eine Kürzung auf 68 Prozent zumuten zu wollen, so erstaunt doch, dass diese **familiären Bezüge** beim Verletzten- oder Krankengeld keine Rolle spielten, nun aber beim Übergangsgeld eingeführt werden.

Die systematisch ähnlichen Geldleistungen Kranken-, Verletzten- und Übergangsgeld erscheinen so nicht aufeinander abgestimmt.

Sondersatz, 75 Prozent

Den erhöhten Satz von 75 Prozent erhalten die oben genannten Gruppen.

Kinder

Für den Begriff des Kindes wird die steuerrechtliche Definition des § 32 Abs. 1, Abs. 3–5 EStG übernommen.[764] Demnach sind Kinder:

- leibliche Kinder (ehelich, unehelich)
- Adoptivkinder
- Pflegekinder (bei Haushaltsaufnahme nicht zu Erwerbszwecke
- Stiefkinder (bei Haushaltsaufnahme)[765]

Kinder werden aber nur dann berücksichtigt, wenn sie das 18. Lebensjahr noch nicht vollendet haben (§ 32 Abs. 4 S. 1 EStG).[766] § 32 Abs. 4 und 5 EStG

761 Reyels in: jurisPK-SGB IX, § 66 SGB IX Rn. 23.
762 Reyels in: jurisPK-SGB IX, § 66 SGB IX Rn. 42.
763 Reyels in: jurisPK-SGB IX, § 66 SGB IX Rn. 42.
764 Schweitzer in: BeckOK SozR, § 66 SGB IX Rn. 12.
765 Schweitzer in: BeckOK SozR, § 66 SGB IX Rn. 12.
766 Stotz in: Hauck/Noftz, SGB IX, § 66 SGB IX Rn. 42.

sieht Ausnahmeregelungen vor, wonach auch ältere Kinder einen Anspruch auf den erhöhten Bemessungssatz auslösen könnten.[767]

Soweit zumindest an einem Tag im Monat die Voraussetzungen des erhöhten Beitragssatzes erfüllt sind, steht für alle Tage des Kalendermonats, in dem Anspruch auf Übergangsgeld besteht, der erhöhte Bemessungssatz zu (Ableitung des Monatsprinzips aus § 32 Abs. 3 EStG).[768]

Bearbeitungsbeispiel | Anwendung des Monatsprinzips[769]

Übergangsgeldanspruch: 09.09.2025–12.11.2025
Geburt des Kindes: 28.10.2025
Bemessungssatz mit 75 Prozent: 01.10.2025–12.11.2025

Pflegebedürftigkeit

Aufgrund besonderen Unterhaltsbedarfs wird auch bei speziellen Pflegesituationen der erhöhte Bemessungssatz angesetzt.[770]

Bearbeitungsempfehlung | Prüfungsaufbau[771]

1. Leistungsberechtigter ist verheiratet oder hat eine eingetragene Lebenspartnerschaft
2. Leistungsberechtigter lebt mit Ehegatten oder eingetragenen Lebenspartner in häuslicher Gemeinschaft. Für die häusliche Gemeinschaft kommt es auf ein räumliches Zusammenleben in einem gemeinsamen Haushalt an, wobei eine kurzzeitige Trennung z.B. wegen eines Krankenhausaufenthalts unschädlich ist.[772]
3a) Ehegatte oder eingetragener Lebenspartner kann eigene Erwerbstätigkeit nicht ausüben, weil pflegebedürftiger Leistungsberechtigter von ihm gepflegt wird oder
3b) Ehegatte oder eingetragener Lebenspartner des Leistungsberechtigten ist selbst pflegebedürftig und hat keinen Anspruch auf Leistungen

767 Stotz in: Hauck/Noftz, SGB IX, § 66 SGB IX Rn. 42.
768 Marschner in: GK-SGB IX, § 66 SGB IX Rn. 41.
769 Nach Marschner in: GK-SGB IX, § 66 SGB IX Rn. 41.
770 Marschner in: GK-SGB IX, § 66 SGB IX Rn. 71.
771 Nach Marschner in: GK-SGB IX, § 66 SGB IX Rn. 71.
772 Marschner in: GK-SGB IX, § 66 SGB IX Rn. 75.

aus der sozialen Pflegeversicherung. Es kommt hier nicht darauf an, ob der Ehegatte/Lebenspartner vom Leistungsberechtigten selbst oder einer anderen dritten Person gepflegt wird.[773]

Allgemeiner Satz, 68 Prozent

Der allgemeine Bemessungssatz beträgt **68 Prozent** und findet **für alle Fälle** Anwendung, für die nicht der erhöhte Bemessungssatz gilt.

Das bedeutet, dass alle Leistungsberechtigten betroffen sind, die entweder kein Kind haben oder bei denen selbst oder ihrem Ehegatten/Lebenspartner keine Pflegebedürftigkeit besteht.[774]

Ergebnis

Das Bemessungsergebnis ergibt sich nun durch die Multiplikation der Berechnungsgrundlage mit dem allgemeinen oder besonderen Bemessungssatz.

Formel | Berechnung des Bemessungsergebnisses

Berechnungsgrundlage × Bemessungssatz = Bemessungsergebnis

Wichtig ist, dass es sich bei dem Bemessungsergebnis noch nicht um die Höhe des Übergangsgeldes handelt, sondern um einen Wert, der im nächsten Schritt mit dem Nettoarbeitsentgelt verglichen wird. Der niedrigere Wert aus diesem Vergleich ist das Übergangsgeld.

Prüfungsschema | Übergangsgeld für Stundenlöhner

10. Schritt: Ermittlung des Bemessungsergebnisses
Berechnungsgrundlage (Ergebnis 9. Schritt): 74,79 Euro
Bemessungssatz: 68 Prozent, da kein Vorliegen einer Sonderregelung
68 Prozent von 74,79 Euro = 50,86 Euro
Das Bemessungsergebnis beträgt folglich 50,86 Euro.

773 Reyels in: jurisPK-SGB IX, § 66 SGB IX Rn. 39.
774 Marschner in: GK-SGB IX, § 66 SGB IX Rn. 86.

Vergleich Bemessungsergebnis mit Nettoarbeitsentgelt

Im elften Schritt werden wiederum zwei Teil-Ergebnisse miteinander verglichen. Der niedrigere Betrag ist nun die Höhe des kalendertäglichen Übergangsgeldes.

Die Begründung dieses finalen Vergleichs ergibt sich aus § 66 Abs. 2 S. 2 SGB IX: Das kalendertägliche Übergangsgeld darf das kalendertägliche Nettoarbeitsentgelt, das sich aus dem Arbeitsentgelt nach § 67 Abs. 1 S. 1 bis 5 SGB IX ergibt, nicht übersteigen. Damit ist also das Nettoarbeitsentgelt **ohne den Nettohinzurechnungsbetrag** der **Grenzbetrag**.[775]

Die Begrenzung des Übergangsgeldes auf maximal die Höhe des Nettoarbeitsentgelts, ohne die Einmalzahlungen und damit ohne den Nettohinzurechnungsbetrag, wird damit begründet, dass das einmalig gezahlte Arbeitsentgelt zwar auch den durch das Übergangsgeld zu sichernden Lebensstandard mitbestimmt, aber nicht den laufenden Bedarf deckt.[776]

Prüfungsschema | Übergangsgeld für Stundenlöhner

11. Schritt: Vergleich Bemessungsergebnis (10. Schritt) mit Nettoarbeitsentgelt (4. Schritt)
Bemessungsergebnis (10. Schritt): 50,86 Euro
Nettoarbeitsentgelt (4. Schritt): 72,48 Euro
Der niedrigere Betrag ist 50,86 Euro.

In der Berechnung erkennt man nochmals die Bedeutung der Ermittlung des Nettohinzurechnungsbetrages. Denn auch dieser Wert war Berechnungsgrundlage für den finalen Betrag von 50,86 Euro.

Ergebnis

Der niedrigere Betrag stellt die Höhe des kalendertäglichen Übergangsgeldes dar.

775 Marschner in: GK-SGB IX, § 66 SGB IX Rn. 99.
776 Stotz in: Hauck/Noftz, SGB IX, § 66 SGB IX Rn. 73.

Prüfungsschema | Übergangsgeld für Stundenlöhner

12. Schritt: Ergebnis
Das kalendermäßige Übergangsgeld beträgt 50,86 Euro.

2.7.2 Kritik

Das Übergangsgeld ist eine wichtige und sinnvolle Entgeltersatzleistung. Die Berechnung und mithin die Auszahlung bedürfen allerdings einer Überarbeitung.

2.7.2.1 Einfachere Berechnung

Die Berechnung gleicht einem ständigen Kürzen, Erhöhen und Vergleichen. Sicherlich: Dies alles dient der Ermittlung eines äußerst genauen und gerechten Ergebnisses; ohne tiefgehende Kenntnis ist aber eine selbständige Ermittlung nicht möglich.

Wäre ein etwas schlankeres Verfahren, das grobkörniger damit etwas weniger genau und gerecht wäre, nicht sinnvoller, wenn es ohne größere Zusatzkenntnisse von jedem ermittelt und überprüft werden könnte?

Der Hang zur Perfektion und zur Klärung jedes noch so seltenen Einzelfalls führt zu einer Detailtiefe, die kaum noch ohne Vorkenntnisse erkenn- und erklärbar ist.

2.7.2.2 Einheitliche Trägerschaft

Zurecht wird die Berechnung des Übergangsgeldes im SGB IX aufgeführt und damit vereinheitlicht. Doch bedarf es überhaupt der unterschiedlichen Träger? Sollten zumindest Berechnung und Auszahlung nicht in die Hände eines Sozialversicherungsträgers gelegt werden?

Dies würde die Verfahren noch weiter vereinheitlichen und vereinfachen.

2.7.2.3 Anpassungen zu anderen Entgeltersatzleistungen

Mindesthöhe und Familienzuschlag – das Übergangsgeld besitzt Regelungen, die dem (höheren) Verletztengeld fremd sind. Die Unterscheidungen sind inhaltlich kaum erklärbar. Wenn sie dazu dienten, das monetäre Gefälle zwischen Verletzten- und Übergangsgeld zu überwinden, sollten einfach die Sätze beim Übergangsgeld erhöht werden.

2.8 Übergangsgeld für Unternehmer

Das SGB IX sieht keine Regelung für Übergangsgeldzahlungen an Unternehmer vor. Zwar führt § 66 Abs. 1 S. 1 SGB IX aus, dass der Berechnung des Übergangsgeldes 80 Prozent des erzielten regelmäßigen Arbeitsentgelts und Arbeitseinkommens, soweit es der Beitragsberechnung unterliegt, zugrunde gelegt wird.

Es fehlt aber an einer konkretisierenden Berechnungsregel für das Arbeitseinkommen wie sie in § 67 SGB IX für das Arbeitsentgelt besteht. Die Berechnung von Übergangsgeld richtet sich daher nach den bereichsbezogenen Vorschriften.[777] Eine solche vom SGB IX abweichende Regelung ist nach § 7 Abs. 1 S. 1 SGB IX auch zulässig.

Für die Unfallversicherung wird die Berechnung des Übergangsgeldes für Unternehmer über § 50 2. HS SGB VII analog den Vorschriften des Verletztengeldes vorgenommen.[778] Maßgeblich nach den Vorschriften zum Verletztengeld ist nach § 47 Abs. 5 SGB VII der Jahresarbeitsverdienst in Höhe des 450. Teils. Dies entspricht 80 Prozent des 360. Teils.[779] Mit dem Jahresarbeitsverdienst ist bei Unternehmern die **Versicherungssumme** gemeint, die entweder vereinbart wurde oder sich aus der Satzung ergibt.[780]

Die Regelung gilt für alle pflicht-, freiwillig- oder gesetzlich versicherten Unternehmer.[781]

Auch für den Unternehmer findet **§ 66 Abs. 1 Nr. 1 und Nr. 2 SGB IX** Anwendung: hat der Unternehmer also ein Kind oder besteht eine Pflegebedürftigkeit, ist die Versicherungssumme auf 75 Prozent zu reduzieren, in allen anderen Fällen auf 68 Prozent.[782]

---

777 Reyels in: jurisPK-SGB IX, § 66 SGB IX Rn. 15; Stotz in: Hauck/Noftz, SGB IX, § 66 SGB IX Rn. 18.

778 Römer in: Hauck/Noftz, SGB VII, § 50 SGB VII Rn. 8.

779 Römer in: Hauck/Noftz, SGB VII, § 50 SGB VII Rn. 8.

780 Römer in: Hauck/Noftz, SGB VII, § 50 SGB VII Rn. 8.

781 Bereiter-Hahn/Mehrtens, § 50 SGB VII Rn. 3.

782 Römer in: Hauck/Noftz, SGB VII, § 50 SGB VII Rn. 8; Bereiter-Hahn/Mehrtens, § 50 SGB VII Rn. 3.

Formel | Berechnung des Übergangsgeldes für Unternehmer[783]

Ein kraft Satzung pflichtversicherter Unternehmer (unverheiratet, keine Kinder) erleidet einen Arbeitsunfall am 20.10.2024. Er wird nach Abschluss der medizinischen Rehabilitation ab dem 27.06.2025 umgeschult. Als Versicherungssumme hat er mit dem Unfallversicherungsträger 50.000,00 Euro vereinbart.

Berechnung:

1. Schritt: 50.000,00 Euro / 450 = 111,11 Euro
2. Schritt: 111,11 Euro × 68 Prozent = 75,55 Euro
Es ist auf § 70 Abs. 1 SGB IX und die etwaige notwendige Anpassung zu achten.

Die herrschende Meinung[784] geht davon aus, dass für die Unternehmer **keine Vergleichsberechnung nach § 68 Abs. 1 SGB IX** stattfindet.

Die Deutsche Rentenversicherung führt hingegen dazu aus: „§ 68 SGB IX findet auch für freiwillig Versicherte und Selbständige Anwendung. Nach § 20 SGB VI besteht bei der Teilnahme an einer Leistung zur Teilhabe am Arbeitsleben grundsätzlich ein Anspruch auf Übergangsgeld. Zur Vergleichsberechnung ist das fiktive Arbeitsentgelt aus der Qualifikationsgruppe der höchsten nachgewiesenen Qualifikation heranzuziehen."[785]

Eine solche Vergleichsberechnung widerspräche aber dem Sinn und Zweck der Versicherungssumme, die der Unternehmer letztlich selbst bestimmen kann. Insofern ist für eine Vergleichsberechnung zumindest bei der Unfallversicherung kein Raum.

2.9 Kontinuitätsregel, § 69 SGB IX

Bereits zuvor wurde auf die Bedeutung der Kontinuitätsregelung bei der Berechnung des Übergangsgeldes hingewiesen. Nachfolgend wird die Bedeutung nochmals ausführlicher erklärt: Für die Praxis ist die sog. Kontinui-

783 Nach Köllner in Lauterbach, § 50 SGB VII Rn. 81.
784 Köllner in: Lauterbach, § 50 SGB VII Rn. 80 f.; Bereiter-Hahn/Mehrtens, § 50 SGB VII Rn. 3; Römer in: Hauck/Noftz, SGB VII, § 50 SGB VII Rn. 8.
785 GR-ÜG, V., Ziff. 3.4 (S. 116).

tätsregel nach § 69 SGB IX von großer Bedeutung: Haben Leistungsempfänger Krankengeld, Verletztengeld, Krankengeld der Sozialen Entschädigung, Krankengeld der Soldatenentschädigung oder Übergangsgeld bezogen und wird **im Anschluss daran** eine Leistung zur medizinischen Rehabilitation oder zur Teilhabe am Arbeitsleben ausgeführt, so wird bei der Berechnung der diese Leistungen ergänzenden Leistung zum Lebensunterhalt **von dem bisher zugrunde gelegten Arbeitsentgelt** ausgegangen; es gilt die für den Rehabilitationsträger jeweils geltende Beitragsbemessungsgrenze.

Die Bedeutung dieser Regelung für die Praxis erkennt man, wenn nochmals überdacht wird, weshalb Übergangsgeld gezahlt wird. In den meisten Fällen war der Versicherte zuvor arbeitsunfähig und in der Heilbehandlung Aus diesem Grund erhielt er Verletztengeld. Im Anschluss daran nimmt der Versicherte an einer Leistung zur Teilhabe am Arbeitsleben teil und erhält nun statt des Verletztengeldes Übergangsgeld.

An dieser Stelle greift nun der Gesetzgeber ein und lässt § 69 SGB IX anwenden: Statt einer eigenständigen Berechnung des Regelentgelts für das Übergangsgeld wird das Regelentgelt das dem Verletztengeld zugrunde liegt, herangezogen. Die Parteien ersparen sich daher eine erneute Berechnung des Regelentgelts, wenn der Versicherte zuvor Verletztengeld erhalten hat. Auf Basis des Regelentgelts, das bei dem Verletztengeld Berechnungsergebnis war, wird nun also auch das Übergangsgeld berechnet.

Der Leitgedanke in dieser Regelung besteht darin, dass bei vergleichbaren Entgeltersatzleistungen wie Verletzten- und Übergangsgeld die gleichen entgeltlichen Ausgangswerte maßgebend sein sollen.[786] Es entsteht dadurch eine Kontinuität bei den Berechnungsgrundlagen und damit eine gewisse Besitzstandswahrung.[787]

Der Gesetzgeber knüpft allerdings zur Anwendung der Kontinuitätsregel nicht auf die Zahlung des Übergangsgeldes an, sondern verlangt, dass eine Leistung zur Teilhabe am Arbeitsleben „im Anschluss“ an Verletztengeld ausgeführt wird. Bei dem Begriff „im Anschluss“ handelt es sich um einen offenen Rechtsbegriff.

Vertreten wird, dass ein **unmittelbarer, nahtloser Beginn** notwendig sei, um die Voraussetzungen eintreten zu lassen.[788]

---

786 Marschner in: GK-SGB IX, § 69 SGB IX Rn. 1.

787 Marschner in: GK-SGB IX, § 69 SGB IX Rn. 1.

788 Marschner in: GK-SGB IX, § 69 SGB IX Rn. 31; GR-ÜG, VI. Ziff. 3.1; GR-VG, Ziff. 4.1.1.1.12.8 (S. 129).

Diese Auffassung wird von der **herrschenden Meinung** als zu eng angesehen. „Anschluss" sei zunächst nicht gleichbedeutend mit einem nahtlosen Zusammenhang zwischen dem Bezug einer Entgeltersatzleistung und dem Beginn der Maßnahme zur Teilhabe.[789] Mit Anschluss sei eine zügige Anknüpfung von rund vier Wochen gemeint.[790]

Das BSG hatte zwar zu Recht erkannt, dass der Begriff „Anschluss" im allgemeinen Sprachgebrauch die Bedeutung „unmittelbar (da)nach" habe.[791] Allerdings: Ein Verständnis in diesem restriktiven Sinne komme jedoch im vorliegenden Kontext, auf den es für das Verständnis unbestimmter Rechtsbegriffe in besonderer Weise ankäme, **nicht** in Betracht.[792]

Dass die Rechtsprechung gerade nicht dem allgemeinen Sprachverständnis folgt, ist nicht überzeugend und trägt auch nicht zum Verständnis von Rechtsentscheidungen bei.

Andererseits erstaunt es schon sehr, dass die drei Sozialversicherungszweige (nachvollziehbar zwar) Regelungen und Auslegungen entgegen der BSG-Rechtsprechung treffen.[793]

Die unterschiedliche Auslegung führt in der Praxis zu Abweichungen.

Bearbeitungsbeispiel | Kontinuitätsregel[794]

Verletztengeld vom 10.01.2025–19.06.2025
LTA mit Übergangsgeld vom 14.07.2025–31.12.2025

Nach Auffassung der Sozialversicherungsverbände liegt hier kein Anschluss wegen fehlender Unmittelbarkeit vor.
In der Konsequenz muss das Regelentgelt für das Übergangsgeld neu berechnet werden.
Nach Auffassung des BSG und der herrschenden Meinung im Schrifttum erfolgte die Teilhabeleistung zügig, nämlich innerhalb von vier Wochen,

789 BSG, Urt. v. 07.09.2010 – B 5 R 104/08 R, juris Rn. 18.
790 BSG, Urt. v. 07.09.2010 – B 5 R 104/08 R, juris Rn. 21; von der Heide in: Kossens/von der Heide/Maaß, SGB IX, § 69 SGB IX Rn. 4; Schlette in: jurisPK-SGB IX, § 69 SGB IX Rn. 7; Stotz in: Hauck/Noftz, SGB IX, § 69 SGB IX Rn. 22.
791 BSG, Urt. v. 07.09.2010 – B 5 R 104/08 R, juris Rn. 21.
792 BSG, Urt. v. 07.09.2010 – B 5 R 104/08 R, juris Rn. 18.
793 GR-ÜG, VI. Ziff. 3.1; GR-VG, Ziff. 4.1.1.1.1.2.8 (S. 129).
794 Nach Marschner in: GK-SGB IX, § 69 SGB IX Rn. 31.

sodass das Regelentgelt des Verletztengeldes übernommen werden kann und kein neues Regelentgelt zu berechnen ist.

Sofern die Voraussetzungen nach § 69 SGB IX erfüllt sind, sind das für das Verletztengeld ausgerechnete tägliche Regelentgelt sowie das Nettoarbeitsentgelt zu übernehmen.[795] Mit dem Regelentgelt ist hier das kumulierte Regelentgelt gemeint: Denn der Gesetzestext spricht allgemein vom Arbeitsentgelt, der alle laufenden und einmaligen Einnahmen i.S.d. § 14 SGB IV umfasst. Der Bruttohinzurechnungsbetrag ist davon also mitumfasst.[796]

Von der Kontinuitätsregel sind krasse, ins Auge springende Fehler[797] nicht umfasst. Dies wäre im Sinne auf ein rechtmäßiges Verwaltungsverfahren nicht rechtfertigbar.

2.10 Zahlweise

Genauso wie das Verletztengeld wird das Übergangsgeld **pro Kalendertag** gezahlt (§ 65 Abs. 6 1. HS SGB IX).

Übergangsgeld wird damit an **jedem** Kalendertag geleistet, also auch für arbeitsfreie Tage gezahlt, also an Samstagen, Sonntagen oder Feiertagen. Wird die Leistung für einen ganzen Kalendermonat gezahlt, so wird dieser mit 30 Tagen angesetzt (§ 65 Abs. 6 2. HS SGB IX).

Diese Ausnahme gilt aber nur, wenn Übergangsgeld einen **vollen Monat** gezahlt wird. Bei angebrochenen Monaten wird das Übergangsgeld pro Kalendertag bezahlt. Der Faktor 30 für einen vollständigen Monat soll der Vereinfachung dienen. Es kommt also bei einem vollen Monat nicht darauf an, ob der Monat 28, 29, 30 oder 31 Tage hat – alle Monate werden gleich mit dem Faktor 30 berechnet.[798]

795 Köllner in: Lauterbach, § 50 SGB VII Rn. 51.
796 Marschner in: GK-SGB IX, § 69 SGB IX Rn. 36.
797 Köllner in: Lauterbach, § 50 SGB VII Rn. 51.
798 Stotz in: Hauck/Noftz, SGB IX, § 65 SGB IX Rn. 91.

Bearbeitungsbeispiel | Zahlweise[799]

Zahlung von Übergangsgeld vom 28.01.–11.03.2025

Hinweis: Für die Klausur ist es leichter, wenn die Zeiträume i.S.d. § 65 Abs. 6 SGB IX aufgesplittet werden.

1. Zeitraum (§ 65 Abs. 6 1. HS SGB IX): 28.01.–31.01.25 = 4 Tage
2. Zeitraum (§ 65 Abs. 6 2. HS SGB IX): 01.02.–28.02.25 = 30 Tage
3. Zeitraum (§ 65 Abs. 6 1. HS SGB IX): 01.03.–11.03.25 = 11 Tage

Insgesamt besteht daher ein Zahlungsanspruch über 45 Tage.

Umstritten ist, wie die 30-Tage-Regelung (§ 65 Abs. 2 2. HS SGB IX angewandt wird, wenn sich **zwei Entgeltersatzleistungen lückenlos** innerhalb eines Monats aneinander anschließen, also bspw. bis zum 15. des Monats Verletztengeld gezahlt wird und ab dem 16. dann Übergangsgeld.

Wenn dadurch der vollständige Monat mit Entgeltersatzleistungen aus § 65 Abs. 6 SGB IX abgedeckt ist, wird nach der herrschenden Meinung vertreten, dass auch dann mit dem Vereinfachungsfaktor 30 der vollständige Monat berechnet wird.[800]

Dem wird entgegengehalten, dass der Wortlaut des § 65 Abs. 6 2. HS SGB IX von der „Leistung" im Singular spricht: Wäre die Anwendung der 30-Tages-Regelung auch dafür gedacht, wenn mehrere Entgeltersatzleistungen gezahlt würden, hätte der Gesetzgeber den Plural („Leistungen") verwenden müssen.[801] Zudem spräche auch der Vereinfachungszweck gegen die Anwendung.[802]

Für die überzeugende Auffassung, dass bei zwei unterschiedlichen Entgeltersatzleistungen die 30-Tage-Regelung keine Anwendung findet, spricht zudem, dass nicht einzusehen ist, weshalb die eigenständige zweite Sozi-

799 Nach Küppenbender, S. 92.

800 LSG Rheinland-Pfalz, Urt. v. 28.11.2007 – L 4 R 256/07, juris Rn. 20 (aufgehoben und offengelassen durch BSG, Urt. v. 07.09.2010 – B 5 R 16/08 R, juris Rn. 13); Reyels in: jurisPK-SGB IX, § 65 SGB IX Rn.69; Asmalsky in: Dau u.a., SGB IX, § 65 SGB IX Rn. 18; Köllner in: Lauterbach, § 50 SGB VII Rn. 12; Küppenbender, S. 92; GR-ÜG, XII, Ziff. 1 (S. 199).

801 Stotz in: Hauck/Noftz, SGB IX, § 65 SGB IX Rn. 91; im Ergebnis auch: Jabben/Westphal in: Neumann u.a., SGB IX, § 65 SGB IX Rn. 9.

802 Stotz in: Hauck/Noftz, SGB IX, § 65 SGB IX Rn. 91.

alleistung um einen Tag gekürzt werden kann. Es wird dadurch eine Einheitlichkeit der verschiedenen Sozialersatzleistungen suggeriert, die zum einen nicht besteht und spätestens dann willkürlich erscheint, wenn sie von unterschiedlichen Sozialleistungsträgern gezahlt werden.

Bearbeitungsbeispiel | Zahlweise[803]

Zahlung von Übergangsgeld vom 28.01.–11.03.2025

1. Abwandlung: Der Versicherte erhielt vom 01.01.–27.01.2025 Krankengeld von seiner Krankenkasse, ab 28.01.2025 dann Übergangsgeld vom Rentenversicherungsträger

Konsequenz herrschende Meinung:
Krankengeld:
01.01.–27.01.25 = 27 Tage

Übergangsgeld:
1. Zeitraum (§ 65 Abs. 6 2. HS SGB IX): 28.01.–31.01.25 = 3 Tage

Hinweis: Da der ganze Monat Januar (01.01.–31.01.25) mit Entgeltersatzleistungen des § 65 Abs. 6 SGB IX abgedeckt ist, findet der Faktor 30 Anwendung

2. Zeitraum (§ 65 Abs. 6 2. HS SGB IX): 01.02.–28.02.25 = 30 Tage
3. Zeitraum (§ 65 Abs. 6 1. HS SGB IX): 01.03.–11.03.25 = 11 Tage

Insgesamt besteht daher ein Zahlungsanspruch über 44 Tage

Konsequenz zweite Meinung:

Krankengeld:
01.01.–27.01.25 = 27 Tage

Übergangsgeld:
1. Zeitraum (§ 65 Abs. 6 1. HS SGB IX): 28.01.–31.01.25 = 4 Tage

Auch wenn der ganze Monat mit Entgeltersatzleistungen des § 65 Abs. 6 SGB IX abgedeckt ist, gab es zwei unterschiedliche Ersatzleistungen, weshalb die 30-Tage-Regelung keine Anwendung findet

803 Nach Küppenbender, S. 92.

2. Zeitraum (§ 65 Abs. 6 2. HS SGB IX): 01.02.–28.02.25 = 30 Tage
3. Zeitraum (§ 65 Abs. 6 1. HS SGB IX): 01.03.–11.03.25 = 11 Tage

Insgesamt besteht daher ein Zahlungsanspruch über 45 Tage

2. Abwandlung: Die unterschiedlichen Ergebnisse bestehen auch, wenn anstelle des Krankengeldes Verletztengeld gezahlt wurde.
Denn auch wenn dann die beiden Entgeltersatzleistungen vom gleichen Träger der Unfallversicherung, geleistet werden, bleibt es bei völlig unterschiedlichen Ersatzleistungen, die ja auch eine unterschiedliche Höhe haben.

2.11 Zwischenübergangsgeld

Die Detailliebe und Detailtiefe, mit der der Gesetzgeber Sozialleistungen regelt, lässt sich anhand des sogenannten Zwischenübergangsgeldes darstellen, das in § 71 SGB IX mit der Überschrift „Weiterzahlung der Leistung" aufgeführt ist.

§ 71 Abs. 1 SGB IX betrifft zwei unterschiedliche Ausgangslagen: Im ersten Fall sind medizinische Rehabilitationsleistungen abgeschlossen, im zweiten Fall die Leistung zur Teilhabe am Arbeitsleben.

Beiden Fallvarianten gemein ist sodann, dass im Anschluss (weitere) Leistungen zur Teilhabe am Arbeitsleben erforderlich sind, während ein Anspruch auf Übergangsgeld besteht. Kann nun die (spätere) LTA nicht unmittelbar anschließend an die Erstleistung angetreten werden, und zwar aus Gründen, die der Versicherte nicht zu vertreten hat, wird die Geldleistung, die während der Erstleistung gezahlt wurde, für diese Übergangszeit weitergezahlt.

Voraussetzung für die Weiterzahlung ist, dass der Versicherte arbeitsunfähig ist und keinen Anspruch auf Krankengeld mehr hat oder ihm eine zumutbare Beschäftigung aus Gründen, die er nicht zu vertreten hat, nicht vermittelt werden kann.

2.11.1 Anschlussverletztengeld

Es geht hier um seltene Ausnahmefälle:[804] Der Versicherte ist zwar wieder arbeitsfähig, doch kann er seine vorherige konkrete berufliche Tätigkeit trotzdem nicht wieder aufnehmen, weshalb ihm deshalb Leistungen zur Teilhalbe am Arbeitsleben gewährt werden.[805]

Unverschuldet von ihm schließen sich diese Leistungen zur Teilhabe am Arbeitsleben nicht unmittelbar an die abgeschlossene Heilbehandlungsmaßnahme an. Welche Geldleistung erhält er nun in der Zwischenwartezeit?

Maßnahme	Heilbehandlung	Wartezeit	LTA
Geldleistung	Verletztengeld	?	Übergangsgeld

Im Sinne des § 7 Abs. 1 S. 1 SGB IX gehen die Regelungen des § 45 Abs. 2 SGB VII vor,[806] ohne dass sich am Ergebnis etwas ändert: Sofern die Voraussetzungen des § 45 Abs. 2 SGB VII vorliegen, erhält der Versicherte in der Wartezeit **weiterhin Verletztengeld** ausgezahlt.

Maßnahme	Heilbehandlung	Wartezeit	LTA
Geldleistung	Verletztengeld	Verletztengeld	Übergangsgeld

Sinn und Zweck der Regelung ist es, dass der Versicherte während der unverschuldeten Wartezeit dieselben Leistungen zur wirtschaftlichen Sicherung wie unmittelbar davor erhält.[807] Man mag darüber diskutieren, ob es tatsächlich unzumutbar wäre, das niedrigere Übergangsgeld in dieser Zeit zu erhalten. Der Gesetzgeber jedenfalls gewährt die höhere Geldleistung in Form des Verletztengeldes.

2.11.2 Zwischenübergangsgeld

In der zweiten Variante kommt der Versicherte aus der Leistung zur Teilhabe am Arbeitsleben, während der er Übergangsgeld erhalten hat und soll an

804 Feddern in: BeckOGK-SGB VII, § 45 SGB VII Rn. 20.
805 Feddern in: BeckOGK-SGB VII, § 45 SGB VII Rn. 20.
806 Köllner in: Lauterbach, § 50 SGB VII Rn. 118.
807 Feddern in: BeckOGK-SGB VII, § 45 SGB VII Rn. 18.

einer weiteren Leistung zur Teilhabe am Arbeitsleben teilnehmen. Während dieser beiden LTA-Maßnahmen muss er unverschuldet auf den Beginn der zweiten LTA warten.

Maßnahme	1. LTA	Wartezeit	2. LTA
Geldleistung	Übergangsgeld	?	Übergangsgeld

In der Wartezeit soll der Versicherte wirtschaftlich abgesichert sein, da sonst für ihn Versorgungslücken entstehen.[808] Dafür wird der Grundsatz der Akzessorietät aufgegeben, wonach die Geldleistung (Übergangsgeld) eine unselbständige ergänzende Leistung zur Hauptleistung (LTA) darstellt.[809] In dieser Fallvariante gibt es folglich Übergangsgeld ohne LTA.

Maßnahme	1. LTA	Wartezeit	2. LTA
Geldleistung	Übergangsgeld	Übergangsgeld	Übergangsgeld

Zu beachten ist dabei Folgendes:

Zu vertreten hat der Versicherte die Wartezeit zumindest dann, wenn er eine LTA wegen einer aus seiner Sicht zu großer Entfernung ablehnt.[810] Der Gesetzgeber hat dies in § 71 Abs. 2 SGB IX nochmals konkretisiert: Leistungsempfänger haben die Verzögerung von Weiterzahlungen insbesondere dann zu vertreten, wenn sie zumutbare Angebote von Leistungen zur Teilhabe am Arbeitsleben nur deshalb ablehnen, weil die Leistungen in größerer Entfernung zu ihren Wohnorten angeboten werden. Für die Beurteilung der Zumutbarkeit ist § 140 Abs. 4 SGB III (aus personenbezogenen Gründen kann eine Beschäftigung einem Arbeitslosen nicht zumutbar sein, wenn die tägliche Pendelzeit zwischen seiner Wohnung und der Arbeitsstätte im Vergleich zur Arbeitszeit unverhältnismäßig lang ist) entsprechend anzuwenden, wobei eine Einzelabwägung stets erforderlich ist.[811]

808 Conrad-Giese in: Fuchs/Ritz/Rosenow, SGB IX, § 71 SGB IX Rn. 8.
809 Stotz in: Hauck/Noftz, SGB IX, § 71 SGB IX Rn. 2.
810 T. Dunz in: Podzun, Kz. 405 S. 6.
811 Stotz in: Hauck/Noftz, SGB IX, § 71 SGB IX Rn. 31.

Zu vertreten hat der Versicherte nicht die Wartezeit, wenn die zweite LTA mangels ausreichender Kapazitäten zunächst nicht im Anschluss an die erste LTA angetreten werden kann.[812]

Die Zahlung des Zwischenübergangsgelds verlangt zudem, dass dem Versicherten eine zumutbare Beschäftigung in der Wartezeit nicht vermittelt werden kann[813] (oder dass der Versicherte arbeitsunfähig ist und keinen Anspruch auf Krankengeld mehr hat; diese Variante dürfte bei der Unfallversicherung nicht zu tragen kommen).

2.12 Gesundheitsbedingte Unterbrechung

Können Leistungsempfänger Leistungen zur Teilhabe am Arbeitsleben allein aus gesundheitlichen Gründen zeitweise nicht mehr, aber voraussichtlich in absehbarer Zeit wieder in Anspruch nehmen, werden nach § 71 Abs. 3 SGB IX Übergangsgeld und Unterhaltsbeihilfe bis zum Ende dieser Leistungen, höchstens bis zu sechs Wochen weitergezahlt.

Maßnahme	1. LTA	Unterbrechung	1. LTA
Geldleistung	Übergangsgeld	Übergangsgeld	Übergangsgeld

Mit dieser Regelung soll eine wirtschaftliche Absicherung des Versicherten während der ersten Krankheitswochen gewährleistet und ihm zugleich ein Anreiz zur Fortsetzung der unterbrochenen Maßnahme gegeben werden.[814] Die Vorschrift orientiert sich dabei an die Regelung zur Entgeltfortzahlung im Krankheitsfall, von der auch die Leistungsfrist von sechs Wochen übernommen wurde.[815]

Die Regelung findet ausschließlich dann Anwendung, wenn die Gründe der Unterbrechung rein gesundheitlicher Art sind, also krankheitsbedingt oder behinderungsbedingt.[816] Allein und ausschließlich aus diesen Gründen darf es zu einer Unterbrechnung kommen; eine Unterbrechung aus gesundheitlichen und zugleich disziplinarischen Gründen würde daher nicht

812 GR-ÜG, VIII., 2. Abschn., Ziff. 2.2.2 (S. 149).
813 T. Dunz in: Podzun, Kz. 405 S. 6.
814 Stotz in: Hauck/Noftz, SGB IX, § 71 SGB IX Rn. 47.
815 Schlette in: jurisPK-SGB IX, § 71 SGB IX Rn. 21.
816 GR-ÜG, VIII., 3. Abschn., Ziff. 2.1 (S. 153).

den Zahlungsanspruch auslösen.[817] Allerdings sind Art und Ursache der Erkrankung wiederum unerheblich.[818]

Überzeugend ist es trotz des eindeutigen monokausalen Wortlauts, der ausschließlich auf gesundheitliche Gründe abstellt, in Analogie auch vergleichbare wichtige Gründe wie z.B. die Pflege eines Kindes ausreichen zu lassen.[819] Dabei sollte die Vergleichbarkeit sehr eng gezogen werden, da eine planwidrige Regelungslücke nur bei einer vergleichbaren Interessenlage vorliegt. Zumindest die Pflege eines nahen Angehörigen dürfte der eigenen Krankheit gleichgesetzt werden dürfen.

Wesentlich für diesen Anspruch ist des Weiteren, dass der Versicherte voraussichtlich die LTA wieder antreten wird.

Dies bedeutet:

- Die LTA-Maßnahme muss begonnen haben und vom Versicherten angetreten worden sein.[820]
- Es muss absehbar sein, dass der Versicherte die unterbrochene LTA-Maßnahme wieder fortsetzt.[821] Die Gründe der Unterbrechung müssen folglich in einem überschaubaren Zeitraum wegfallen.[822]

Vom Grundsatz her ist auch eine mehrfache, also wiederholte Unterbrechung möglich, sofern jeweils nach der Prognoseentscheidung des Unfallversicherungsträgers es wahrscheinlich bleibt, dass der Versicherte die LTA abschließen wird.[823]

2.13 Anschlussübergangsgeld

Auch wenn das Anschlussverletztengeld dem Zwischenübergangsgeld ähnelt, gibt es ein eigenes Anschlussübergangsgeld. Dieses ist in § 71 Abs. 4 SGB IX geregelt und betrifft einen sehr speziellen Sachverhalt:

Sind die Leistungsempfänger im Anschluss an eine abgeschlossene Leistung zur Teilhabe am Arbeitsleben **arbeitslos**, werden Übergangsgeld und Unterhaltsbeihilfe während der Arbeitslosigkeit bis zu drei Monate weiter-

817 Stotz in: Hauck/Noftz, SGB IX, § 71 SGB IX Rn. 51.
818 Köllner in: Lauterbach, § 50 SGB VII Rn. 132.
819 Vgl. T. Dunz in: Podzun, Kz. 405 S. 7.
820 Stotz in: Hauck/Noftz, SGB IX, § 71 SGB IX Rn. 50.
821 GR-ÜG, VIII., 3. Abschn., Ziff. 2.2 (S. 153).
822 Köllner in: Lauterbach, § 50 SGB VII Rn. 134.
823 Schlette in: jurisPK-SGB IX, § 71 SGB IX Rn. 26.

gezahlt, wenn sie sich bei der Agentur für Arbeit arbeitslos gemeldet haben und einen Anspruch auf Arbeitslosengeld von mindestens drei Monaten nicht geltend machen können; die Anspruchsdauer von drei Monaten vermindert sich um die Anzahl von Tagen, für die Leistungsempfänger im Anschluss an eine abgeschlossene Leistung zur Teilhabe am Arbeitsleben einen Anspruch auf Arbeitslosengeld geltend machen können.

In diesem Fall beträgt das Übergangsgeld entweder **67 Prozent** bei Leistungsempfängern, bei denen die Voraussetzungen des erhöhten Bemessungssatzes nach § 66 Abs. 1 S. 3 Nr. 1 SGB IX (z.B. Kind) vorliegen oder **60 Prozent** bei den übrigen Leistungsempfängern des sich aus § 66 Abs. 1 S. 1 SGB IX oder § 68 SGB IX ergebenden Betrages.

Die Regelung überbrückt damit den Zeitraum, in dem ein Versicherter zwar eine **LTA abgeschlossen** hat, allerdings zunächst arbeitslos ist, sich auch arbeitslos gemeldet hat und noch keinen Anspruch auf Arbeitslosengeld für mindestens drei Monate geltend machen kann. Da der Anspruch erst ab dem ersten Tag der Arbeitslosigkeitsmeldung besteht, sollte der Versicherte frühzeitig darauf hingewiesen werden.[824]

Der Abschluss der LTA bedeutet dabei, dass die vom Rehabilitationsträger geförderte Maßnahme **mit Erfolg** beendet worden ist, sofern es eine Abschlussprüfung gibt.[825] Wenn keine Abschlussprüfung vorgesehen ist, ist von einem erfolgreichen Abschluss dann auszugehen, wenn der Rehabilitand die bewilligte Maßnahme planmäßig durchlaufen und daran bis zu dem vorgesehenen Ende nachweislich teilgenommen hat.[826]

Maßnahme	LTA	Arbeitslosigkeit
Geldleistung	Übergangsgeld	Übergangsgeld

2.14 Übergangsgeld bei stufenweiser Wiedereingliederung

§ 71 Abs. 5 SGB IX regelt noch eine weitere Variante der Zahlung von Übergangsgeld: Ist im unmittelbaren Anschluss an Leistungen zur medizinischen Rehabilitation eine **stufenweise Wiedereingliederung** (§ 44 SGB IX)

824 Römer in: Hauck/Noftz, SGB VII, § 49 SGB VII Rn. 11.
825 BSG, Urt. v. 23.02.2000 – B 5 RJ 38/98 R, juris. Rn. 15.
826 BSG, Urt. v. 23.02.2000 – B 5 RJ 38/98 R, juris. Rn. 17.

erforderlich, wird das Übergangsgeld bis zum Ende der Wiedereingliederung weitergezahlt.

Diese Regelung wird bei den Unfallversicherungsträgern keine Bedeutung haben, da bei diesem Sachverhalt davon auszugehen ist, dass weiterhin ein Verletztengeld-Anspruch besteht,[827] sodass es nicht zu einer Übergangsgeldzahlung kommt.

2.15 Anpassung des Übergangsgeldes

Das Übergangsgeld wird nach der gleichen Rechtsvorschrift angepasst wie das Verletztengeld, also nach § 70 SGB IX. Das bedeutet, dass auch Empfänger von Übergangsgeld einen Ausgleich für Inflation und Preisanstieg erhalten. Dies ist großzügig, da es sich beim Übergangsgeld vom Sinn und Zweck um eine **kurzfristige** Entgeltersatzleistung handelt, sodass Anpassungen nicht die Regel sein sollten. Dennoch hält es der Gesetzgeber für wichtig, dass es auch hier eine Anpassung gibt.

Die Berechnungsgrundlage, die dem Krankengeld, dem Krankengeld der Sozialen Entschädigung, dem Krankengeld der Soldatenentschädigung, dem Verletztengeld und dem Übergangsgeld zugrunde liegt, wird jeweils nach Ablauf eines Jahres ab dem Ende des Bemessungszeitraums an die Entwicklung der Bruttoarbeitsentgelte angepasst und zwar entsprechend der Veränderung der Bruttolöhne und -gehälter je Arbeitnehmer (§ 68 Abs. 2 S. 1 SGB VI) vom vorvergangenen zum vergangenen Kalenderjahr.

Die Anpassung erfolgt nicht statisch wie bei der Rente, also **nicht** stets zum gleichen Zeitpunkt (1. Juli), sondern sie orientiert sich an das Ende des **Bemessungszeitraums**. Der Begriff des Bemessungszeitraums wird in den Vorschriften des Übergangsgeldes definiert: Nach § 67 Abs. 1 S. 1 SGB IX ist der Bemessungszeitraum der **letzte vor Beginn der LTA oder einer vorangegangenen Arbeitsunfähigkeit abgerechnete Entgeltabrechnungszeitraum**, mindestens die letzten abgerechneten vier Wochen.

Das Abstellen auf den Zeitpunkt des Bemessungszeitraums bedeutet, dass es für die Anpassung nicht darauf ankommt, ob die Leistung zur Teilhabe am Arbeitsleben oder die Zahlung des Übergangsgeldes begonnen hat.[828] Denn

827 Vgl. T. Dunz in: Podzun, Kz. 405 S. 11.
828 Vgl. GR-ÜG, IX. Ziff. 2 (S. 170).

gerade wenn sich die Berechnung des Übergangsgeldes auf die Berechnung des Verletztengeldes bezieht, maßgeblich also die Bemessungsgrundlage des Verletztengeldes ist, liegt die Bemessungsgrundlage deutlich vor der Auszahlung des Übergangsgeldes.

Ausgangsfall: Der unverheiratete und kinderlose Caspar, ausgebildete Fachkraft für Schutz und Sicherheit bei einem Sicherheitsdienst, ist aufgrund eines schweren Arbeitsunfalles vom 03.04.2024 auf Dauer nicht in der Lage, seine bisher ausgeübte Tätigkeit wettbewerbsfähig auszuüben. Der zuständige Unfallversicherungsträger hat nach Wegfall der Entgeltfortzahlung bis zum 31.03.2025 Verletztengeld geleistet. Am 01.04.2025 tritt Caspar im Berufsförderungswerk eine Umschulung zum Bürokaufmann an. Im – der Verletztengeldzahlung zugrunde liegenden – Entgeltnachweis werden für den Monat März 2024 (= maßgeblicher Bemessungszeitraum) folgende Angaben gemacht: Im März arbeitete er 168,5 Stunden und verdiente 3.000,00 Euro brutto (= 2.077,74 Euro netto). Seine regelmäßige wöchentliche Arbeitszeit betrug 41,15 Stunden. Er hat als Einmalzahlung Weihnachtsgeld in Höhe von 1.200,00 Euro erhalten.

Anpassung: Bemessungsgrundlage für das Übergangsgeld ist (aufgrund der Kontinuitätsregel) der März 2024.

Ende des Bemessungszeitraums i.S.d. § 70 Abs. 1 SGB IX: 31.03.2024
Beginn der LTA und der Zahlung des Übergangsgeldes: 01.04.2025
Anpassung der Berechnungsgrundlage: 01.04.2025

Die Anpassung erfolgt über eine jährliche Bekanntmachung des Anpassungsfaktors für die Anpassung der dem Krankengeld, Versorgungskrankengeld, Verletztengeld und Übergangsgeld zugrunde liegenden Berechnungsgrundlage gemäß § 70 Abs. 4 SGB IX. Er ändert sich jeweils zum 1. Juli eines jeden Jahres.

Fortsetzung der Anpassung: Bemessungsgrundlage für das Übergangsgeld ist (aufgrund der Kontinuitätsregel) der März 2024.

Ende des Bemessungszeitraums i.S.d. § 70 Abs. 1 SGB IX: 31.03.2024
Beginn der LTA und der Zahlung des Übergangsgeldes: 01.04.2025

Erster Anpassungszeitpunkt der Berechnungsgrundlage 01.04.2025
Anpassungsfaktor 2024 (dieser findet bis zum 30.06.2025 Anwendung):[829] 1,0611

Entsprechend des Wortlauts des § 70 Abs. 1 SGB IX wird nicht das Übergangsgeld angepasst, sondern die Berechnungsgrundlage. Das ist das Ergebnis des 9. Schritts.

Fortsetzung der Anpassung: Anpassung der Berechnungsgrundlage:

Berechnungsgrundlage × Anpassungsfaktor
= angepasste Berechnungsgrundlage

Berechnungsgrundlage (Ergebnis aus 9. Schritt): 74,79 Euro
74,79 Euro × 1,0611 = 79,36 Euro

Angepasste Berechnungsgrundlage: 79,36 Euro

Auf Grundlage der angepassten Berechnungsgrundlage entsteht dann folgende Neu-Berechnung:

10. Schritt: Bemessungsergebnis 68 Prozent von 79,36 Euro = 53,96 Euro
11. Schritt: Vergleich Bemessungsergebnis (10. Schritt) mit Nettoarbeitsentgelt (4. Schritt)

Bemessungsergebnis (10. Schritt): 53,96 Euro
Nettoarbeitsentgelt (4. Schritt): 72,48 Euro
Der niedrigere Betrag ist 53,96 Euro.

12. Schritt: Ergebnis 53,96 Euro

In der Praxis wird häufig **nicht die Bemessungsgrundlage**, sondern der tatsächliche Betrag des Übergangsgeldes direkt angepasst.[830] Dies ist verständlich, da dadurch die Schritte 10 und 11 nicht wiederholt werden müssen.

829 BAnz AT 28.06.2024 B1; Anpassungsfaktor 2025: 1,0533 (BAnz AT 01.07.2025 B1).
830 Köllner in: Lauterbach, § 50 SGB VII Rn. 160.

Diese Praxiserleichterung ist allerdings bedenklich, da **Höchstgrenze** des Übergangsgeldes stets das Nettoarbeitsentgelt sein soll.

Es gibt daher eine Deckelung des kalendertäglichen Übergangsgelds (§ 66 Abs. 2 S. 2 SGB IX) in der Höhe des Nettoarbeitsentgelts. Wenn nun im 11. Schritt das Nettoarbeitsentgelt niedriger wäre als das Bemessungsergebnis, würde das Übergangsgeld die Höhe des Nettoarbeitsentgelts betragen.

Passt man nun das Übergangsgeld direkt an und nicht die Berechnungsgrundlage, würde damit auch das Nettoarbeitsentgelt angepasst. Das Nettoarbeitsentgelt stellt aber unangepasst die maximale Deckelung des Übergangsgeldes dar. Insofern würde die Maximalgrenze durch die Anpassung überschritten.

Anzupassen ist daher die Berechnungsgrundlage, nicht der Zahlbetrag des Übergangsgeldes.[831]

2.16 Abzüge

Während des Bezugs von Übergangsgeld durch den Sozialleistungsträger erhält der Versicherte von diesem auch Zahlungen der entsprechenden **Sozialversicherungsbeiträge** zur Fortführung seines Versicherungsschutzes. Geregelt ist dies in § 64 Abs. 1 Nr. 2 SGB IX.

Getragen werden die Sozialversicherungsbeiträge von dem das Übergangsgeld zahlenden Sozialleistungsträger, hier also der Unfallversicherung. Die vollständige Zahlungsübernahme durch die Sozialleistungsträger gilt – im Gegensatz zum Verletztengeld – auch für die Beiträge in die Rentenversicherung (vgl. § 170 Abs. 1 Nr. 2 lit. b. SGB VI).

Gemäß § 59 Abs. 5 SGB XI wird als Ausnahme der Beitragszuschlag für Kinderlose allein vom Versicherten übernommen.[832]

2.17 Anrechnung von Einkommen

Für das Übergangsgeld, das Unfallversicherungsträger zahlen, gilt statt der allgemeinen Regelung in § 72 SGB IX die spezielle Anrechnungsvorschrift des § 52 SGB VII.

---

831 Küppenbender, S. 87.
832 Köllner in: Lauterbach, § 49 SGB VII Rn. 39.

Gleichzeitig erzieltes Arbeitsentgelt, Arbeitseinkommen oder Entgeltersatzleistungen werden auf die Höhe des Übergangsgeldes angerechnet.[833]

Sinn und Zweck der Regelung ist die Verhinderung einer Überversorgung von Versicherten während des Bezuges von Übergangsgeld.[834] In der Praxis kommt es insbesondere zu folgenden Zusatzverdiensten während des Bezugs von Übergangsgeld:[835]

- Entgeltfortzahlung im Krankheitsfall
- (teilweise) Zahlung von Arbeitsentgelt bei stufenweiser Wiedereingliederung und Arbeitsversuchen bei fortbestehender Arbeitsunfähigkeit
- (teilweise) Zahlung von Arbeitsentgelt während Maßnahmen der Teilhabe am Arbeitsleben

Die Vorschrift sieht eine Anrechnung vor, also kein Ruhen und keine Aufrechnung. Da bedeutet, dass der Auszahlungsanspruch auf Übergangsgeld in seiner Höhe und für die Dauer der Zahlung des Anrechnungsbetrages erlischt.[836]

Nicht anzurechnen sind Einmalzahlungen wie Weihnachts- oder Urlaubsgeld.[837]

Auch die in § 52 Nr. 2 SGB VII aufgeführten Sozialleistungen führen zu einer Anrechnung, also z.B. der Erhalt von Kurzarbeitergeld oder Arbeitslosengeld. Die Auflistung in § 52 Nr. 2 SGB VII ist **abschließend**, sodass keine Analogie gebildet werden kann. Das bedeutet, dass die in § 52 Nr. 2 SGB VII nicht aufgeführte Versichertenrente nicht zu einer Anrechnung führt, mithin der Versicherte gleichzeitig Rente und Übergangsgeld erhalten kann.[838]

2.18 Auszahlung

Die Auszahlung des Übergangsgeldes erfolgt in der Regel durch die **Krankenkassen**.[839] Hierfür haben die Sozialversicherungsverbände eine „Verwaltungsvereinbarung über das Verfahren und die Entschädigung bei Einzelaufträgen der Unfallversicherungsträger nach § 189 SGB VII i.V.m.

833 T. Dunz in: Podzun, Kz. 405 S. 22b.
834 Römer in: Hauck/Noftz, SGB VII, § 52 SGB VII Rn. 1.
835 Nach Römer in: Hauck/Noftz, SGB VII, § 52 SGB VII Rn. 1.
836 Römer in: Hauck/Noftz, SGB VII, § 52 SGB VII Rn. 4.
837 Römer in: Hauck/Noftz, SGB VII, § 52 SGB VII Rn. 7.
838 Römer in: Hauck/Noftz, SGB VII, § 52 SGB VII Rn. 17.
839 T. Dunz in: Podzun, Kz. 405 S. 26.

§§ 88 ff SGB X“ (VV Einzelauftrag)[840] geschlossen. Nach der VV Einzelauftrag erfolgt die Auszahlung des Übergangsgeldes durch die Krankenkasse, anders als beim Verletztengeld nimmt grundsätzlich der Unfallversicherungsträger selbst die Berechnung vor.

840 VV Einzelauftrag v. 01.01.2023.

3 Jahresarbeitsverdienst (JAV)

Die Berechnung **kurzfristiger** Geldleistungen wie dem Verletzten- und dem Übergangsgeld richtet sich in der Regel nach den Einkünften aus dem **letzten abgerechneten Entgeltabrechnungsmonat**. Dadurch soll eine schnelle und unkomplizierte Auszahlung der Erwerbsersatzeinkommen (vgl. § 18a Abs. 3 Nr. 1 SGB IV) gewährleistet werden.

Der Nachteil besteht freilich in der gewissen Beliebigkeit, da das Ergebnis der Berechnung davon abhängt, ob gerade in dem maßgeblichen Monat ausgesprochen viel oder wenig verdient wurde. Das Gesetz sieht beim Verletztengeld keine Korrekturmöglichkeiten vor, sodass bei diesen Zahlungen eine Gefahr der Willkür besteht.

Bei den kurzfristigen Einkommensersatzleistung mag die Geschwindigkeit der Anspruchsprüfung und die Auszahlung wichtiger sein als die Treffgenauigkeit. Bei einer langfristigen oder dauerhaften Geldleistung darf Geschwindigkeit nicht über Genauigkeit gehen. Eine Rente, die ggf. ein Leben lang ausgezahlt wird, sollte auf möglichst repräsentativen Berechnungen beruhen.

Aus diesem Grund wird bei der Berechnung der Rente nicht auf die Einkünfte aus dem letzten Monat abgestellt, sondern auf die des **letzten Jahres**. Die für die Rente heranzuziehenden Einkünfte aus dem letzten Jahr werden als **Jahresarbeitsverdienst** (JAV) bezeichnet.

Der Jahresarbeitsverdienst erfüllt zwei Voraussetzungen: Erstens soll er eine praktikable und nachvollziehbare Berechnung ermöglichen, zweitens soll er den Lebensstandard des Versicherten vor dem Unfall abbilden.[841]

Der Jahresarbeitsverdienst ist somit eine **Bemessungsgrundlage**, die zur Berechnung verschiedener Geldleistungen verwendet wird. Die Vorschriften dazu stehen im dritten Abschnitt des dritten Kapitels des SGB VII (§ 81 SGB VII). Der Jahresarbeitsverdienst gilt **nur für das SGB VII** und ist daher von Berechnungsgrößen anderer Sozialversicherungszweige (wie z.B. der Jahresentgeltgrenze der GKV) zu unterscheiden.[842]

---

841 Bruno in: Schlaeger, § 81 SGB VII Rn. 1.

842 Bruno in: Schlaeger, § 81 SGB VII Rn. 1.

Nicht nur, aber insbesondere die Rente wird im Unfallversicherungsrecht nach dem Jahresarbeitsverdienst berechnet. Insgesamt dient er für folgende Geldleistungen als Berechnungsgrundlage:

- Rente (§ 56 Abs. 3 SGB VII)
- Hinterbliebenenrente ((§§ 65 Abs. 2, 68 Abs. 1, 69 Abs. 4 SGB VII)
- Hinterbliebenenbeihilfe (§ 71 Abs. 1 SGB VII)
- Verletztengeld in speziellen Fällen (§ 47 Abs. 5, Abs. 6, Abs. 8 SGB VII)
- Übergangsgeld in speziellen Fällen (§ 50 2. HS. i.V.m. § 47 Abs. 5, Abs. 6 SGB VII)

Nach § 82 Abs. 1 S. 1 SGB VII ist der Jahresarbeitsverdienst der Gesamtbetrag der Arbeitsentgelte und Arbeitseinkommen des Versicherten in den zwölf Kalendermonaten vor dem Monat, in dem der Versicherungsfall eingetreten ist.

3.1 Versicherter

Grundvoraussetzung ist, dass derjenige, dessen Jahresarbeitsverdienst berechnet werden soll, Versicherter ist.

Der Status des Versicherten ergibt sich aus den §§ 2, 3 und 6 SGB VII.

3.2 Arbeitsentgelt und Arbeitseinkommen

Der Jahresarbeitsverdienst setzt sich zusammen aus dem Arbeitsentgelt und dem Arbeitseinkommen. Verwiesen wird dabei auf die jeweiligen Paragrafen im SGB IV, also §§ 14, 15 SGB IV. § 82 Abs. 1 S. 1 SGB VII verweist (anders als § 45 Abs. 1 SGB VII beim Verletztengeld) direkt auf die beiden Vorschriften des SGB IV. Dieser dynamische Verweis bewirkt, dass stets die gültige Fassung der beiden Paragrafen für den Jahresarbeitsverdienst Anwendung jeweils findet.

Der in § 82 Abs. 1 S. 1 SGB VII genannte „Gesamtbetrag der Arbeitsentgelte und Arbeitseinkommen" beinhaltet das Erwerbseinkommen des Versicherten.[843] Damit sind die Einkünfte gemeint, dass der Versicherte durch seine berufliche Tätigkeit erzielt und zwar gleich welcher Art.[844]

843 Köllner in: Lauterbach, § 82 SGB VII Rn. 5.
844 Köllner in: Lauterbach, § 82 SGB VII Rn. 5.

3.2.1 Arbeitsentgelt

Nach § 14 Abs. 1 S. 1 SGB IV sind Arbeitsentgelt **alle laufenden oder einmaligen Einnahmen** aus einer Beschäftigung, gleichgültig, ob ein Rechtsanspruch auf die Einnahmen besteht, unter welcher Bezeichnung oder in welcher Form sie geleistet werden und ob sie unmittelbar aus der Beschäftigung oder im Zusammenhang mit ihr erzielt werden. Beschäftigung ist nach § 7 Abs. 2 SGB IV die **nichtselbständige Arbeit**, insbesondere in einem Arbeitsverhältnis. Anhaltspunkte für eine Beschäftigung sind eine Tätigkeit nach Weisungen und eine Eingliederung in die Arbeitsorganisation des Weisungsgebers.

§ 14 SGB IV definiert die Auslegung des Begriffs des Arbeitsentgelts sowohl für die beitragsrechtliche als auch für die leistungsrechtliche Seite.[845] Die größte Bedeutung kommt ihr dabei im **Beitragsrecht** zu: Auf die Auslegung wird in den einzelnen Sozialversicherungszweigen sehr häufig als **Beitragsbemessungsgrundlage** für den Gesamtsozialversicherungsbeitrag zurückgegriffen.[846]

Die weite, vom Steuerrecht abweichende Begriffsbestimmung des Arbeitsentgelts dient primär dazu, dass sich Beschäftigte und Arbeitgeber vom Lohn **nicht „arm rechnen"** und dadurch insbesondere Vorschriften zur Versicherungs- und Beitragspflicht umgehen können.[847]

Die Übertragung dieser grundsätzlichen weiten Begriffsbestimmung auf den Jahresarbeitsverdienst hat spiegelbildliche Vorteile für den Versicherten: Er erhält ebenso nach der großzügigen Auslegung des Arbeitsentgelts-Begriffs Zuwendungen als Arbeitsentgelt angerechnet und füllt damit seinen Jahresarbeitsverdienst auf, sodass daraus höhere Geldzahlungen an ihn geleistet werden können.

3.2.1.1 Bruttoprinzip

Beim Arbeitsentgelt nach § 14 Abs. 1 S. 1 SGB IV findet das „**Bruttoprinzip**" Anwendung.[848] Es wird also von einem ungekürzten, nicht um Abgaben,

845 Wagner in: BeckOK SozR, § 14 SGB IV Rn. 3.
846 Zipperer in: Kreikebohm/Dünn, § 14 SGB IV Rn. 1.
847 Werner in: jurisPK-SGB IV, § 14 SGB IV Rn. 37.
848 BSG, Urt. v. 22.09.1988 – 12 RK 36/86, juris Rn. 18.

Werbungskosten, Sonderausgaben und ähnlichen Beträgen geminderter Bruttolohn ausgegangen.[849]

Den Begriff des Arbeitsentgelts umfasst daher das Nettoarbeitsentgelt, die auf das Bruttoarbeitsentgelt entfallenen Steuern (Lohn- und Kirchensteuer sowie Solidaritätszuschlag) und die Arbeitnehmeranteile zur Sozialversicherung.[850]

Nicht umfasst sind die Arbeitgeberanteile zur Sozialversicherung, auch nicht diejenigen zur gesetzlichen Unfallversicherung.[851]

3.2.1.2 Laufende und einmalige Einnahmen

Beim Begriff des Arbeitsentgelts unterscheidet der Gesetzgeber in § 14 Abs. 1 S. 1 SGB IV **nicht** zwischen laufenden und einmaligen Geldleistungen. Notwendig ist allein, dass das Arbeitsentgelt dem Beschäftigten als Gegenwert für seine geleistete Arbeit im Zeitraum des Jahresarbeitsverdienstes zufließt.[852] Arbeitsentgelt wird nach § 14 Abs. 1 SGB IV dann angenommen, wenn die Beschäftigung nicht hinweggedacht werden kann, ohne dass beim Arbeitnehmer die Einnahme entfiele.[853] Es reicht dabei aus, dass die Einnahmen alleine **aus oder im Zusammenhang** mit einer Beschäftigung stehen.[854]

> **Merksatz** | Arbeitsentgelt[855]
>
> Arbeitsentgelt liegt immer dann vor, wenn die Leistung ohne das Beschäftigungsverhältnis nicht gewährt worden wäre.

Gegenleistungen des Arbeitgebers für eine **konkret zu ermittelnde Arbeitsleistung** des Beschäftigten sind deshalb Arbeitsentgelt.[856] Auch „sol-

849 LSG Bayern, Urt. v. 22.09.2021 – L 16 BA 11/20, juris Rn. 28.
850 Reidel in: MHdB-ArbR 1/I, § 62 Rn. 97.
851 Reidel in: MHdB-ArbR 1/I, § 62 Rn. 97.
852 Wagner in: BeckOK SozR, § 14 SGB IV Rn. 6.
853 LSG Nordrhein-Westfalen, Urt. v. 14.09.2016 – L 17 U 210/14, BeckRS 2016, 73657 Rn. 19; vgl. BSG, Urt. v. 18.03.2003 – B 2 U 15/02 R, juris Rn. 28.
854 Vgl. BSG, Urt. v. 31.03.2015 – B 12 R 1/13 R, juris Rn. 24.
855 Nach Reidel in: MHdB-ArbR 1/I, § 62 Rn. 99.
856 LSG Nordrhein-Westfalen, Urt. v. 14.09.2016 – L 17 U 210/14, BeckRS 2016, 73657 Rn. 19); vgl. BSG, Urt. v. 18.03.2003 – B 2 U 15/02 R, juris Rn. 28.

che Vergütungen, die wesentlich von dem Ziel mitbestimmt sind, dem Beschäftigten neben dem laufend gezahlten Arbeitsentgelt eine zusätzliche Vergütung für geleistete Arbeit zukommen zu lassen und zugleich einen Anreiz für weitere erfolgreiche Arbeit zu schaffen, wie etwa Gratifikationen, Gewinnbeteiligungen und sonstige Vorteile," fallen unter dem Begriff.[857]

Bearbeitungsempfehlung | Prüfung Arbeitsentgelt[858]

1. Laufende oder einmalige Einnahmen aus einer Beschäftigung können Arbeitsentgelt sein.
2. Es muss kein Anspruch auf die Einnahmen bestehen: Auch freiwillige Aufwendungen des Arbeitgebers können Arbeitsentgelt sein.
3. Es ist unerheblich, unter welcher Bezeichnung der Arbeitgeber die Einnahmen leistet (z.B. Prämie).
4. Es ist unerheblich, in welcher Form die Einnahmen geleistet werden. Sie können daher als Geld, Gutschein oder auch als Sachwerte geleistet werden.
5. Die Einnahmen können unmittelbar (z.B. Gehalt) oder im Zusammenhang (z.B. Auslandszulage) mit der Beschäftigung erzielt werden.

Für die rechtliche Einordnung kann es von Bedeutung sein, ob es sich um eine laufende Einnahme oder um eine Einmalzahlung handelt.

Merksatz | Laufendes oder einmaliges Arbeitsentgelt[859]

Laufendes Arbeitsentgelt wird **wiederkehrend** gewährt.
Beispiele: Gehalt, Zulagen, Zuschüsse, Feiertags- und Nachtzuschläge

Einmalig gezahltes Arbeitsentgelt wird **nicht** für die Arbeit in einem **einzelnen Entgeltabrechnungszeitraum** gezahlt.
Beispiele: Weihnachtsgelder, Urlaubsgelder, Jubiläumszuwendungen, Tantiemen

857 LSG Nordrhein-Westfalen, Urt. v. 14.09.2016 – L 17 U 210/14, BeckRS 2016, 73657 Rn. 19); vgl. BSG, Urt. v. 18.03.2003 – B 2 U 15/02 R, juris Rn. 28.
858 Nach Wagner in: BeckOK SozR, § 14 SGB IV Rn. 6.
859 Nach v. Koppenfels-Spies in: Knickrehm/Roßbach/Waltermann, § 14 SGB IV Rn. 7.

Laufende Einnahmen

Laufende Einnahmen sind Einnahmen, die regelmäßig geleistet werden und deren Höhe und Fälligkeit von vornherein feststehen.[860] Der Arbeitnehmer hat auf sie in einem feststehenden Zeitrahmen (in der Regel) monatlich einen vereinbarungsmäßigen Anspruch.[861]

Laufende Einnahmen sind daher Gehalt und Lohn sowie die Ausbildungsvergütung[862] und zwar auch, wenn ihre Zahlung auf eventuellen Entgeltfortzahlungsansprüchen im Krankheitsfall beruhen.[863]

Auch Leistungen wie **Zuschläge**, **Zuschüsse** oder **Feiertags- und Nachtzuschläge** werden regelmäßig gezahlt und sind laufende Einnahmen.[864] Sie beziehen sich auf einen bestimmten Entgeltabrechnungszeitraum.[865]

Zu den laufenden Einnahmen gehören auch **vermögenswirksame Leistungen**, da sie in der Regel Bestandteil des laufenden Arbeitsentgelts sind (vgl. § 23a Abs. 1 S. 2 Nr. 4 SGB IV).[866]

Einmalige Einnahmen

Einmalige Einnahmen werden nach § 23a Abs. 1 S. 1 SGB IV **nicht** für die Arbeit in einem einzelnen Entgeltabrechnungszeitraum gezahlt.

Vielmehr handelt es sich um Einnahmen, die **nicht monatlich** geleistet werden, sondern denen besondere Anlässe (z.B. Jubiläum der Betriebszugehörigkeit), ein bestimmter Zweck (z.B. Weihnachtsgeld für Betriebszugehörigkeit) oder eine Anerkennung (z.B. Provision) zu Grunde liegen.[867] Es kann sich dabei um eine einmalige Zahlung auch handeln.[868]

---

860 Bigge in: v. Koppenfels/Wenner, SGB IV, § 14 SGB IV Rn. 18.

861 Zipperer in: Kreikebohm/Dünn, § 14 SGB IV Rn. 8; Zieglmeier in: BeckOGK-SGB IV, § 14 SGB IV Rn. 96.

862 Kunze in: v. Koppenfels-Spies/Wenner, SGB VII, § 82 SGB VII Rn. 9.

863 Zieglmeier in: BeckOGK-SGB IV, § 14 SGB IV Rn. 96.

864 Bigge in: v. Koppenfels/Wenner, SGB IV, § 14 SGB IV Rn. 18; Zieglmeier in: BeckOGK-SGB IV, § 14 SGB IV Rn. 96.

865 Zieglmeier in: BeckOGK-SGB IV, § 23a SGB IV Rn. 11.

866 Zipperer in: Kreikebohm/Dünn, § 14 SGB IV Rn. 8.

867 Wagner in: BeckOK SozR, § 14 SGB IV Rn. 14.

868 Zipperer in: Kreikebohm/Dünn, § 14 SGB IV Rn. 10.

Bearbeitungsempfehlung | Prüfung Einmalzahlung[869]

1. Es muss sich um Arbeitsentgelt i.S.d. § 14 SGB IV handeln.
2. Die Zahlungen dürfen nicht vom Arbeitsentgelt nach der SvEV und nicht nach § 22 Abs. 1 S. 2 SGB IV ausgenommen sein.
3. Die Einmalzahlung muss nach § 23a Abs. 1 S. 1 SGB IV für die Arbeit in einem Zeitraum gezahlt werden, der sich über den üblichen Entgeltabrechnungszeitraum (üblicherweise einen Monat) hinaus erstreckt.

3.2.1.3 SvEV

An anderer Stelle wurde bereits auf die **Sozialversicherungsentgeltverordnung (SvEV)** eingegangen. Die SvEV fasst die frühere Arbeitsentgeltverordnung (ArEV) und die Sachbezugsverordnung in einer Verordnung zusammen. Die Verordnungsermächtigung ergibt sich aus § 17 Abs. 1 S. 1 Nr. 1 SGB IV. Die SvEV wird auch für die Beurteilung des Arbeitsentgelts beim JAV berücksichtigt.[870]

Die Verordnung regelt u.a. in § 1 Abs. 1 S. 1 Nr. 1 SvEV, dass bestimmte **einmalige Einnahmen**, laufende Zulagen, Zuschläge, Zuschüsse sowie ähnliche Einnahmen, die **zusätzlich zu Löhnen oder Gehältern** gewährt werden, soweit sie **lohnsteuerfrei** sind, **nicht** dem Arbeitsentgelt zuzuordnen sind. Nach § 1 Abs. 2 SvEV gelten (abweichend) für die gesetzliche Unfallversicherung lohnsteuerfreie Sonntags-, Feiertags- und Nachtarbeitszuschläge grundsätzlich als Arbeitsentgelt (Ausnahme: Hinterbliebene, siehe 2. Halbsatz).

Zusätzlich zu Löhnen und Gehältern wird Arbeitsentgelt dann gezahlt, wenn die Zuwendung des Arbeitgebers „über den Grundlohn hinausgeht".[871] Zum Beispiel sind freiwillige Arbeitgeberleistungen, auf die der Arbeitnehmer keinen Rechtsanspruch hat, solche zusätzlichen Leistungen.[872]

Lohnsteuerfreiheit lässt nicht den Umkehrschluss zu, „dass Einnahmen im Zusammenhang mit einem Beschäftigungsverhältnis, die steuerpflichtig

869 Nach Zieglmeier in: BeckOGK-SGB IV § 23a SGB IV Rn. 9.
870 Bruno in: Schlaeger, § 82 SGB VII Rn. 4.
871 Zieglmeier in: BeckOGK-SGB IV, § 17 SGB IV Rn. 8.
872 Werner in: jurisPK-SGB IV, § 17 SGB IV Rn. 7.

sind, auf jeden Fall dem versicherungspflichtigen Arbeitsentgelt zuzurechnen sind.“[873]

Die Regelungen des SvEV sind spiegelbildlich beim Beitrags- und Leistungsrecht zu betrachten: Einerseits führt die Bewertung einer Zulage oder eines Zuschlags als Arbeitsentgelt dazu, dass die Einkunft beitragserhöhend ist. Dies gilt genauso für das Leistungsrecht: Ist die Zahlung Arbeitsentgelt, ist sie auch beim Jahresarbeitsverdienst zu berücksichtigen, ist sie kein Arbeitsentgelt, kann sie auch nicht beim Jahresarbeitsverdienst berücksichtigt werden. Zuschläge sind also nicht nur der Beitragsberechnung zugrunde zu legen, sondern auch bei den Leistungen zu berücksichtigen.[874]

Wissen | Widersprüchlichkeit der SvEV

In seiner Kommentierung zu § 17 SGB IV weist *Vor*[875] zu Recht auf eine Widersprüchlichkeit hin: In § 14 SGB IV, also auf Gesetzesebene, definiert der Gesetzgeber, dass nicht nur laufende, sondern gerade auch einmalige Einnahmen Arbeitsentgelt sind.
Die SvEV hebelt diese gesetzliche Pauschalität aus, indem bestimmte Einmalleistungen gerade nicht als Arbeitsentgelt gelten, und dies als nachrangige Rechtsverordnung. Für die Zulässigkeit der Regelung spricht die explizite Erlaubnis nach § 17 Abs. 1 S. 1 Nr. 1 SGB IV, durch Rechtsverordnung zu bestimmen, dass einmalige Einnahmen oder laufende Zulagen, Zuschläge, Zuschüsse oder ähnliche Einnahmen, die zusätzlich zu Löhnen oder Gehältern gewährt werden, und steuerfreie Einnahmen ganz oder teilweise nicht als Arbeitsentgelt gelten. Dennoch ist die Konstellation zumindest sprachlich nicht geglückt.
Die Regelungen der SvEV führen dazu, dass bestimmte Bezüge auch dann nicht als Arbeitsentgelt angesehen werden, obwohl sie an sich den Entgeltbegriff erfüllen.[876]

Neben den einmaligen Einnahmen und laufenden Zulagen schließt die SvEV noch weitere Zahlungen von der Begrifflichkeit des Arbeitsentgelts aus:[877]

873 Knospe in: Hauck/Noftz, SGB IV, § 17 SGB IV FN. 3.
874 BSG, Urt. v. 24.02.1982 – 2 RU 41/80, juris Rn. 18.
875 Vor in: NK-SGB IV § 17 SGB IV Rn. 11.
876 Zipperer in: Kreikebohm/Dünn, § 14 SGB IV Rn. 11.
877 Zipperer in: Kreikebohm/Dünn, § 14 SGB IV Rn. 13.

- pauschalbesteuerte Bezüge (nämlich bestimmte einmalige Zuwendungen) und
- Zuwendungen aus bestimmten betrieblichen Anlässen (z.B. Kantinenverpflegung).

Sachbezüge (z.B. Verpflegung, Unterkunft) werden nach Maßgabe der §§ 2, 3 SvEV bewertet.[878] Nach § 2 Abs. 1 S. 1 SvEV wird der Wert der als Sachbezug zur Verfügung gestellten Verpflegung auf monatlich 345,00 Euro (2026) festgesetzt.

Wenn Arbeitsentgelt die Einnahmen aus der Beschäftigung umfasst, bedeutet dies, dass solche Einnahmen gemeint sind, die dem Beschäftigten im **ursächlichen Zusammenhang mit seiner Beschäftigung** zufließen.[879] In diesem Sinne wird das obligatorische **Gehalt und Lohn**[880] (die auch unter einer anderen Bezeichnung laufen können (z.B. Gage, Heuer[881]) als Arbeitsentgelt angesehen. Auch werden Einnahmen unter dem Begriff des Arbeitsentgelts umfasst, die lediglich im Zusammenhang mit der Beschäftigung erzielt werden.[882] Dies können Leistungen von Dritten sein wie **Trinkgelder**.[883]

3.2.1.4 Kein Arbeitsentgelt

Nicht bei jeder Geldleistung handelt es sich um Arbeitsentgelt. Der Unfallversicherungsträger hat daher stets kritisch zu überprüfen, ob es sich bei einer Leistung um Arbeitsentgelt handelt. Zumindest bei den nachfolgenden Gruppen ist eine genauere Untersuchung notwendig.

Auslagenersatz und Aufwandsentschädigung

Kein Arbeitsentgelt ist der **Auslagenersatz** durch den Arbeitgeber. Mit Auslagenersatz sind vom Arbeitnehmer verauslagte Unkosten gemeint.[884] Diese werden auch als durchlaufende Gelder bezeichnet.[885]

878 Keller in: Hauck/Noftz, § 82 SGB VII Rn. 4.
879 Werner in: jurisPK-SGB IV, § 14 SGB IV Rn. 55.
880 Vgl. Knospe in: Hauck/Noftz, SGB IV, § 14 SGB IV Rn. 25.
881 Knospe in: Hauck/Noftz, SGB IV, § 14 SGB IV Rn. 30.
882 Bigge in: v. Koppenfels-Spies/Wenner, SGB IV, § 14 SGB IV Rn. 13.
883 von Koppenfels-Spies in: Knickrehm/Roßbach/Waltermann, § 14 SGB IV Rn. 10.
884 Barkow v. Creytz in: MHB-SozR, § 9 Rn. 24.
885 Barkow v. Creytz in: MHB-SozR, § 9 Rn. 24.

Durchlaufende Gelder sind Gelder, die der Beschäftigte erhält, um sie für den Arbeitgeber auszugeben, und die Beträge, durch die konkrete und bezifferte Auslagen des Beschäftigten für den Arbeitgeber ersetzt werden.[886] Letztlich legt der Arbeitnehmer also einen Geldbetrag für seinen Arbeitgeber nur vor und erhält den vorgelegten Geldbetrag nachträglich vom Arbeitgeber zurückerstattet. Geldzugänge, die zu keiner spürbaren, nachhaltigen Bereicherung im Vermögen des Arbeitnehmers führen, sind aber **kein** Arbeitsentgelt.[887]

Darunter werden z.B. Beschaffungskosten von Handwerkszeug, Aufwendungen für die Reparatur des Arbeitsmaterials oder Fahrtkosten verstanden.[888]

Beispiel: Kauft der Arbeitnehmer morgens auf seine Kosten ein Zugticket in Höhe von 60,00 Euro, um eine dienstliche Bahnfahrt anzutreten und erhält er später die von ihm vorausveranlagten 60,00 Euro von seinem Arbeitgeber zurückerstattet, handelt es sich nicht um Arbeitsentgelt. Sein Vermögen ist ja nicht um 60,00 Euro gewachsen, sondern weist weiterhin den gleichen Betrag auf.

Ob Aufwandsentschädigungen Arbeitsentgelt darstellen, lässt sich nicht pauschal beantworten. Hier ist stets exakt am Einzelfall zu prüfen, wofür die Entschädigung geleistet wird.

Um eine Aufwandsentschädigung handelt es sich, wenn anfallender Aufwand (z.B. Materialaufwand, Fahrtaufwendungen, Übernachtungskosten bei Dienstreisen) vom Arbeitgeber ausgeglichen wird.[889] Eine Aufwandsentschädigung darf nicht einem marktüblichen Honorar oder Gehalt entsprechen.[890]

Beispiel: Wenn ein Unternehmen seiner Mitarbeiterin die tatsächlich angefallenen Tankkosten (40 Euro) für die Fahrt zu einem Kunden ausgleicht, handelt es sich bei den Tankkosten (40 Euro) nicht um Arbeitsentgelt. Letztlich handelt es sich bei der Aufwandsentschädigung häufig um Auslagenersatz.

---

886 SG Berlin, Urt. v. 14.12.2018 – S 64 AS 14651/16, BeckRS 2018, 47392 Rn. 17; Knospe in: Hauck/Noftz, SGB IV, § 14 SGB IV Rn. 28.

887 Werner in: jurisPK-SGB IV, § 14 SGB IV Rn. 47.

888 Knospe in: Hauck/Noftz, SGB IV, § 14 SGB IV FN. 106.

889 Zieglmeier in: BeckOGK-SGB IV § 14 SGB IV Rn. 13.

890 Zieglmeier in: BeckOGK-SGB IV § 14 SGB IV Rn. 13.

Sozialleistungen

Sozialleistungen wie z.B. eine Erwerbsminderungsrente aus der gesetzlichen Rentenversicherung, Arbeitslosengeld oder Übergangsgeld stellen ebenfalls kein Arbeitsentgelt dar.[891]

Sozialleistungen fallen nicht unter den Begriff des Arbeitsentgelts, da sie nicht als **Gegenleistungen für eine Arbeitstätigkeit** im Rahmen eines Beschäftigungsverhältnisses gezahlt werden.[892]

Sie sind **keine Einnahmen aus einer Beschäftigung**, sondern eine Zahlung aufgrund eines sozialrechtlichen Anspruchs gegen einen Sozialleistungsträger. Sie mögen ihre Ursache in der Beschäftigung haben, doch erfüllen sie nicht direkt oder indirekt Pflichten des Arbeitgebers.

Dass diejenigen Sozialleistungen, die **Einkommensersatzleistungen** sind, kein Arbeitsentgelt darstellen, lässt sich im Übrigen an den Aufzählungen der §§ 45 Abs. 1 Nr. 2, 52 Nr. 2 SGB VII erkennen. Sie stehen dort neben dem Arbeitsentgelt und dem Arbeitseinkommen und können daher bereits durch diese Auflistung kein Arbeitsentgelt darstellen.

3.2.1.5 Beispiele

Exemplarisch sind folgende Einnahmen Arbeitsentgelt:

- Entgeltfortzahlung im Krankheitsfall[893]
- Weihnachtsgeld, Urlaubsgeld und -abgeltungen, Jahresabschlussvergütungen, Jubiläumszuwendungen, Heirats- und Geburtsbeihilfen sowie Erholungs- und Ferienbeihilfen[894], Gratifikationen[895], 13. und 14. Monatsgehalt[896]
- Prämien (Anwesenheits-, Leistungs- oder Pünktlichkeitsprämien)[897]
- Übernahme von Zahlungen zur Abgeltung bestimmter Aufwendungen des Beschäftigten, die auch im Zusammenhang mit der Beschäftigung

---

891 BSG, Urt. v. 18.03.2003 – B 2 U 15/02 R, juris Rn. 33; Schudmann in: jurisPK-SGB VII, § 82 SGB VII Rn. 42.

892 Schudmann in: jurisPK-SGB VII, § 82 SGB VII Rn. 42.

893 Werner in: jurisPK-SGB IV, § 14 SGB IV Rn. 57.

894 Knospe in: Hauck/Noftz, SGB IV, § 14 SGB IV Rn. 30.

895 Knospe in: Hauck/Noftz, SGB IV, § 14 SGB IV Rn. 27.

896 Wagner in: BeckOK SozR, § 14 SGB IV Rn. 14.

897 Marburger, S. 88.

stehen (z.B. Kontoführungsgebühren[898] oder Mitgliedsbeiträge in Berufsverbänden[899])
- Überlassung von Produkten des Arbeitgebers an den Arbeitnehmer (z.B. der Haustrunk der Brauerei)[900] oder Sachbezüge wie Personalrabatte oder die private Nutzung von betrieblichen PCs und Telekommunikationsgeräten[901]
- Beschäftigungsbezogene Zuwendungen eines Dritten (z.B. Trinkgelder)[902]

Nicht als Arbeitsentgelt angesehen werden:

- Echter Auslagenersatz: Einkauf von Werkzeug auf Rechnung des Arbeitgebers[903]
- Tankgeld (nicht für den Eigenverbrauch bestimmt; „durchlaufendes Geld")[904]
- Krankengeld[905]
- Arbeitslosengeld[906]
- Kurzarbeitergeld, das von der Arbeitsagentur gezahlt wird[907]
- Renten[908] (hier: (frühere) Erwerbsunfähigkeitsrente[909] sowie knappschaftliche Rente[910])
- Sozialleistungen der Agentur für Arbeit[911]
- Kindergeld[912]

---

898 Wagner in: BeckOK SozR, § 14 SGB IV Rn. 13.
899 Marburger, S. 87.
900 Vor in: NK-SGB IV, § 14 SGB IV Rn. 33.
901 v. Koppenfels-Spies in: Knickrehm/Roßbach/Waltermann, § 14 SGB IV Rn. 8.
902 Zipperer in: Kreikebohm/Dünn, § 14 SGB IV Rn. 7.
903 Werner in: jurisPK-SGB IV, § 14 SGB IV Rn. 58.
904 Werner in: jurisPK-SGB IV, § 14 SGB IV Rn. 58.
905 LSG Sachsen, Urt. v. 10.12.2020 – L 3 AL 196/17, info also 2021, 120.
906 BSG, Urt. v. 24.07.1985 – 9b RU 28/84, juris Rn. 12.
907 Barkow-v. Creytz in: MAH SozR, § 9 Rn. 24.
908 BSG, Urt. v. 18.03.2003 – B 2 U 15/02 R, juris Rn. 33.
909 BSG, Urt. v. 18.03.2003 – B 2 U 15/02 R, juris Rn. 28.
910 LSG Nordrhein-Westfalen, Urt. v. 14.09.2016 – L 17 U 210/14, BeckRS 2016, 73657 Rn. 20.
911 BSG, Urt. v. 18.03.2003 – B 2 U 15/02 R, juris Rn. 33; Keller in: Hauck/Noftz, SGB VII, § 82 SGB VII Rn. 4 f.
912 Marburger, S. 86.

- Sonderzahlungen des Arbeitgebers neben den laufenden Beiträgen und Zuwendungen an einen Pensionsfonds, eine Pensionskasse oder für eine Direktversicherung für eine betriebliche Altersversorgung[913]
- Aufmerksamkeiten des Arbeitgebers in Form von Sachleistungen bis 60,00 Euro[914]
- (kostenlose oder verbilligte) Parkplatzüberlassung[915]
- Arbeitnehmer-Sparzulage[916]
- Coronaprämie[917]

Wissen | Geldleistungen rund um den Urlaub

Vereinzelt führt die sprachliche Ähnlichkeit von Urlaubsentgelt, Urlaubsgeld und Urlaubsabgeltung zu Verwirrung:

- **Urlaubsentgelt:** Damit ist das für die Dauer des Urlaubs fortgezahlte Arbeitsentgelt gemeint.[918] Es stellt also das gewöhnliche Arbeitsentgelt dar.
- **Urlaubsgeld:** Damit ist eine zusätzliche aufgrund eines Tarifvertrags oder Einzelvertrags gewährte Vergütung gemeint.[919]
- **Urlaubsabgeltung:** Die entstandenen, aber bis zum Ende eines Arbeitsverhältnisses noch nicht gewährten und nicht verfallenen Urlaubstage werden in Geld ersetzt.[920]

Praxis | DGUV-Arbeitsentgeltkatalog

Die DGUV veröffentlicht regelmäßig einen Katalog, in dem beitrags- und nachweispflichtiges Entgelt in der gesetzlichen Unfallversicherung alphabetisch aufgeführt wird. Auf fast 70 Seiten geht der Katalog auf eine Vielzahl von Zahlungen ein. Sofern eine Beitragspflichtigkeit vorliegt, kann daraus im Umkehrschluss geschlossen werden, dass es sich um

913 Werner in: jurisPK-SGB IV, § 14 SGB IV Rn. 188.
914 Werner in: jurisPK-SGB IV, § 14 SGB IV Rn. 129.
915 Marburger, S. 87.
916 Zieglmeier in: BeckOGK-SGB IV, § 14 SGB IV Rn. 127.9 m.w.N.
917 Zieglmeier in: BeckOGK-SGB IV § 23a SGB IV Rn. 10.
918 Linck in: Schaub, § 104 Rn. 97.
919 Linck in: Schaub, § 104 Rn. 97.
920 BSG, Urt. v. 06.09.2017 – B 13 R 21/15 R, BeckRS 2017, 131977 Rn. 28.

zu berücksichtigendes Arbeitsentgelt handelt. Der Katalog ist frei im Internet abrufbar unter: https://www.dguv.de/medien/inhalt/ihrpartner/unternehmen/beitragsberechnung/arbeitsentgeltkatalog_2025.pdf

Dort, wo der Katalog kann, nimmt er Bezug auf Normen oder Rechtsprechung. Dennoch: Es handelt sich bei dem Katalog nicht um eine Vorschrift oder eine verbindliche Regelung.
Er stellt eine wichtige Verwaltungshilfe dar, nicht mehr, nicht weniger.

3.2.1.6 Anspruchsprinzip bei laufendem Arbeitsentgelt

Für die zeitliche Erfassung und damit Berücksichtigung des Arbeitsentgelts gibt es grundsätzlich zwei Methoden:

Berücksichtigung finden könnte jegliches Arbeitsentgelt, das der Arbeitgeber dem Arbeitnehmer schuldet. Das würde in der Konsequenz bedeuten, dass auch solches Arbeitsentgelt berücksichtigt würde, dessen Anspruch zwar entstanden ist, aber das vom Arbeitgeber (noch) nicht an den Arbeitnehmer gezahlt wurde.[921] Dieses Prinzip wird deshalb auch als **Anspruchs- oder Entstehungsprinzip** bezeichnet. Es kommt beim Anspruchs- oder Entstehungsprinzip folglich nicht darauf an, dass dem Arbeitnehmer das Arbeitsentgelt bereits tatsächlich zugeflossen ist. Dieses Prinzip findet im **Beitragsrecht** der Sozialversicherung Anwendung.[922]

Dass diese beitragsrechtliche Bewertung richtig ist, lässt sich anhand eines Beispiels von *Zieglmeier*[923] plausibel darstellen: „Ein Bautrupp, dessen Arbeitgeber Löhne nicht oder erst mit wochenlangen Verzögerungen zahlt: Entstünde der sozialrechtliche Schutz erst mit der Entgeltzahlung (Zuflussprinzip) hieße das: Die Bauarbeiter wären ganz oder zumindest für lange Zeit ohne den Schutz der KV, PV, RV und AV." Dieses Ergebnis kann nicht richtig sein, da es dem Schutzgedanken des Sozialrechts für die Beschäftigten widerspricht. Richtig ist es daher, auf die Entstehung des Anspruchs abzustellen.

921 Knospe in: Hauck/Noftz, SGB IV, § 14 SGB IV Rn. 19.
922 Werner in: jurisPK-SGB IV, § 14 SGB IV Rn. 53.
923 Zieglmeier in: BeckOGK-SGB IV, § 22 SGB IV Rn. 5.1.

Im sozialversicherungsrechtlichen **Leistungsrecht** gilt hingegen das (modifizierte) **Zuflussprinzip**.[924]

Das Zuflussprinzip gilt aber wiederum **nicht** für die Berechnung des **Jahresarbeitsverdienstes**: Entscheidend ist bei der Berechnung des Jahresarbeitsverdiensts allein, dass das Entgelt im JAV-Jahr verdient wurde, also der Anspruch entstanden ist, sodass das **Anspruchsprinzip** bei der Berücksichtigung von Arbeitsentgelt für den Jahresarbeitsverdienst maßgeblich ist.[925]

Die Anwendung des Anspruchsprinzips überzeugt aus zwei Gründen:

- Bei der Anwendung des Zuflussprinzips würden die Berechnung und damit die Höhe einer langfristigen Geldleistung wie der Rente von Zufällen wie dem Zeitpunkt oder der Dauer einer Überweisung abhängen.[926] Fließt das Arbeitsentgelt schneller zu, findet es Berücksichtigung, dauert es länger, bleibt es außer Acht. Eine solche Beliebigkeit ist bei einer langfristigen Geldzahlung willkürlich.
- Für die Anwendung des Anspruchsprinzips spricht des Weiteren die Regelung in § 82 Abs. 1 S. 2 SGB VII.[927] Zum Arbeitsentgelt gehört danach auch das Arbeitsentgelt, auf das ein nach den zwölf Kalendermonaten abgeschlossener Tarifvertrag dem Versicherten **rückwirkend** einen Anspruch einräumt. Die gesetzgeberische Erwähnung, dass eine rückwirkende tarifliche Lohnerhöhung zu berücksichtigen ist, zeigt, dass es dem Gesetzgeber **ansonsten** nicht auf den tatsächlichen Zufluss, sondern auf die Entstehung des Anspruchs ankommt.[928]

Eine erst **nach dem** Versicherungsfall ausgezahlte Gewinnbeteiligung für das Jahr davor ist demnach trotz der verspäteten Zahlung zu berücksichtigen.[929] Ebenso sind zugesagte, aber noch nicht ausgezahlte Bezüge zu berücksichtigen, sofern sie bereits verdient wurden.[930] Im Umkehrschluss

---

924 Knospe in: Hauck/Noftz, SGB IV, § 14 SGB IV Rn. 19; Werner in: jurisPK-SGB IV, § 14 SGB IV Rn. 54; Vor in: NK-SGB IV, § 14 SGB IV Rn. 52.

925 Bereiter-Hahn/Mehrtens, § 82 SGB VII Rn. 4; Bruno in: Schlaeger, § 82 SGB VII Rn. 2; Keller in: Hauck/Noftz, SGB VII, § 82 SGB VII Rn. 5; Kunze in: v. Koppenfels-Spies/Wenner, SGB VII, § 82 SGB VII Rn. 26; Ricke in: BeckOGK-SGB VII, § 82 SGB VII Rn. 19; Zimmermann in: LPK-SGB VII, § 82 SGB VII Rn. 14; Römer, SGb 2003, 592 (593).

926 Römer, SGb 2003, 592 (593).

927 Römer, SGb 2003, 592 (593).

928 Vgl. Römer, SGb 2003, 592 (593).

929 Ricke in: BeckOGK-SGB VII, § 82 SGB VII Rn. 19.

930 Ricke in: BeckOGK-SGB VII, § 82 SGB VII Rn. 19.

sind **erst im JAV-Jahr ausgezahlte**, aber vorher verdiente Bezüge nicht zu berücksichtigen.[931]

3.2.1.7 Zuflussprinzip bei Einmalzahlungen?

Die Praxis nimmt bei der Bewertung und Berücksichtigung von **Einmalzahlungen** eine Abweichung vom Anspruchsprinzip vor. Hier soll nun das Zuflussprinzip angewandt werden.

Dies wird mit der Regelung des § 22 Abs. 1 S. 2 SGB IV begründet: Bei einmalig gezahltem Arbeitsentgelt sowie bei Arbeitsentgelt, das aus dem aus Arbeitszeitguthaben abgeleiteten Entgeltguthaben errechnet wird, entstehen die Beitragsansprüche, **sobald dieses ausgezahlt** worden ist.

Es findet also das **Zuflussprinzip** für Einmalzahlungen Anwendung mit Ausnahme der in § 23a Abs. 1 S. 2 SGB IV genannten Leistungen. Maßgebend ist daher bei Einmalzahlungen grundsätzlich allein, **ob und wann** sie ausgezahlt und mithin zugeflossen sind.[932]

In der Unfallversicherung wird die Anwendung des **Zuflussprinzips bei Einmalzahlungen** mit dem **expliziten Wortlaut** des § 22 Abs. 1 S. 2 SGB IV sowie der dadurch entstehenden **Verwaltungspraktikabilität** für die Anwendung auf den Jahresarbeitsverdienst gerechtfertigt.

Indes ist die Anwendung zweifelhaft. Dies beginnt bereits dogmatisch damit, dass § 82 Abs. 1 S. 1 SGB VII allein auf die §§ 14, 15 SGB IV verweist, also gerade nicht auf § 22 SGB IV. § 22 SGB IV betrifft auch explizit Beitragsansprüche. Dem könnte entgegengehalten werden, dass §§ 22, 23a SGB IV als gemeinsame Vorschrift immer Anwendung findet, sofern nicht das Spezialgesetz etwas anderes regelt. Zudem führt die Auffassung zu einer gleichen Auslegung der Einmalzahlungen zum Verletztengeld (bei dem es aber über § 47 Abs. 1 S. 1 SGB VII einen Verweis auf § 47 Abs. 1 und 2 SGB V und damit auch auf § 47 Abs. 2 S. 6 SGB V und damit auf § 23a SGB IV gibt (sodass die Wertungen des § 22 Abs. 1 S. 2 SGB IV herangezogen werden können).

Es ist aber zum einen nicht am Wortlaut des § 82 Abs. 1 SGB VII zu erkennen, dass der Gesetzgeber für die Berücksichtigung bei Einmalzahlungen eine abweichende Regelung vornehmen will. Zum anderen zeigt die Regelung in § 82 Abs. 1 S. 2 SGB VII (Berücksichtigung rückwirkender Ta-

931 Ricke in: BeckOGK-SGB VII, § 82 SGB VII Rn. 19.
932 Nieder in: Kreikebohm/Dünn, § 22 SGB IV Rn. 7.

rifabschlüsse), dass sich der Gesetzgeber sehr bewusst mit dem Anspruchs- und Zuflussprinzip beschäftigt hat und das Zuflussprinzip allein für die rückwirkenden Tarifabschlüsse als Ausnahme aufnahm.

Insofern ist nicht ersichtlich, weshalb an dieser Stelle vom allgemeinen Anspruchsprinzip bei Einmalzahlungen abgewichen werden kann.

Ergänzend ist folgendes zu erwähnen: In ihrer deutlichen Kritik bezweifeln *Lüdtke/Winkler*[933] die generelle Verfassungsmäßigkeit des Zuflussprinzips bei Einmalzahlungen für die Beitragsberechnung, da sie diejenigen Arbeitgeber begünstige, die ihren arbeitsrechtlichen Pflichten gerade nicht nachkommen.

Vermittelnd wird des Weiteren vertreten, dass zumindest für vorausschauende versicherungsrechtliche Beurteilungen bei Einmalzahlungen das Zuflussprinzip nicht gelten solle.[934]

Vorliegend wird vertreten, dass bei der Berechnung des Jahresarbeitsverdiensts **auch bei Einmalzahlungen das Anspruchsprinzip** gilt.

In Klausuren sollten beide Wege (Anspruchs- und Zuflussprinzip) erlaubt sein, da das Zuflussprinzip mehrheitlich in der Praxis angewandt wird.

3.2.2 Arbeitseinkommen

Gegenstück zum Arbeitsentgelt der abhängig Beschäftigten ist das Arbeitseinkommen der selbstständig Erwerbstätigen, das in § 15 SGB IV definiert wird und für die Definition und Auslegung bei den Geldleistungen herangezogen werden kann.[935]

Arbeitseinkommen ist nach § 15 S. 1 SGB IV der nach den allgemeinen Gewinnermittlungsvorschriften des Einkommensteuerrechts ermittelte Gewinn aus einer selbständigen Tätigkeit.

3.2.2.1 Selbständige Tätigkeit

Die selbständige Tätigkeit ist durch das eigene Unternehmerrisiko, die Verfügungsmöglichkeit über die eigene Arbeitskraft und die im Wesentlichen

---

933 Lüdtke/Winkler in: NK-SGB IV, § 22 SGB IV Rn. 11: „Die Regelung ist willkürlich und verstößt gegen den allgemeinen Gleichheitssatz (Art. 3 Abs. 1 GG)."

934 Nieder in: Kreikebohm/Dünn, § 22 SGB IV Rn. 8.

935 Vgl. (zum Verletztengeld) BSG, Urt. v. 25.03.2025 – B 2 U 2/23 R, juris Rn. 15; Fischer in: jurisPK-SGB IV, § 15 SGB IV Rn. 26.

frei gestaltete Tätigkeit und Arbeitszeit gekennzeichnet.[936] Der Selbständige ist im eigenen Namen und auf eigene Rechnung erwerbstätig.[937] Das setzt voraus, dass er die erforderlichen Willensentscheidungen wirtschaftlich eigenverantwortlich und in persönlicher Unabhängigkeit, also nicht weisungsgebunden, trifft.[938] Auch muss ihm das Verfügungsrecht über die notwendigen Betriebseinrichtungen und Betriebsmittel zustehen.[939] Er muss zudem Gewinn erzielen und das Risiko seiner Tätigkeit selbst tragen.[940] Das wirtschaftliche Ergebnis dieser Tätigkeit muss ihm aus diesem Grund unmittelbar zum Vorteil und zum Nachteil gereichen.[941] Er muss deshalb die Einnahmen aus seiner Tätigkeit erhalten und für die durch diese Tätigkeit entstehenden Verluste aufkommen.[942]

Der Begriff der selbständigen Tätigkeit umfasst:[943]

- Einkünfte aus selbständiger Arbeit (§§ 2 Abs. 1 S. 1 Nr. 3, 18 EStG)
- Einkünfte aus Land- und Forstwirtschaft (§§ 2 Abs. 1 S. 1 Nr. 1, 13 EStG)
- Einkünfte aus Gewerbebetrieb (§§ 2 Abs. 1 S. 1 Nr. 2, 15 EStG)

Bei im Zusammenhang mit einer kommunalpolitischen Tätigkeit in Form von Aufwandsentschädigungen und Sitzungsgeldern erzielten Einkünften handelt es sich ebenfalls um Arbeitseinkommen i.S.v. § 15 SGB IV.[944]

3.2.2.2 Gewinn

Maßgeblich als Arbeitseinkommen ist der Gewinn, der aus den allgemeinen Gewinnermittlungsvorschriften des Einkommenssteuerrechts ermittelt wird. Damit wird Bezug genommen auf § 4 Abs. 1 EStG für buchführende Selbstständige und auf § 4 Abs. 3 EStG für nicht buchführende Selbstständige.[945]

---

936 BSG, Urt. v. 24.10.1978 – 12 RK 58/76, juris Rn. 11.
937 BSG, Urt. v. 12.02.1975 – 12 RJ 58/74, BeckRS 1975, 30410442.
938 BSG, Urt. v. 12.02.1975 – 12 RJ 58/74, BeckRS 1975, 30410442.
939 BSG, Urt. v. 12.02.1975 – 12 RJ 58/74, BeckRS 1975, 30410442.
940 BSG, Urt. v. 12.02.1975 – 12 RJ 58/74, BeckRS 1975, 30410442.
941 BSG, Urt. v. 12.02.1975 – 12 RJ 58/74, BeckRS 1975, 30410442.
942 BSG, Urt. v. 12.02.1975 – 12 RJ 58/74, BeckRS 1975, 30410442.
943 Nach v. Koppenfels-Spies in: Knickrehm/Roßbach/Waltermann, § 15 SGB IV Rn. 4.
944 LSG Nordrhein-Westfalen, Urt. v. 21.03.2024 – L 5 KR 551/21, BeckRS 2024, 23134 Rn. 35 (n. rkr.: bei BSG unter B 6 a/12 KR 12/24 R).
945 Zipperer in: Kreikebohm/Dünn, § 15 SGB IV Rn. 4.

Der Gewinn kann in der Regel unverändert den im Einkommensteuerbescheid ausgewiesenen Einkünften aus Land- und Forstwirtschaft, Gewerbebetrieb bzw. selbstständiger Arbeit entnommen werden.[946] Maßgebend ist deshalb in der Regel das aus dem Einkommensteuerbescheid zu entnehmende „zu versteuernde Einkommen".[947]

Zu beachten ist der **horizontale und vertikale Verlustausgleich** gem. § 2 Abs. 3 EStG:[948] Positive Einkünfte und Verluste werden zunächst innerhalb einer Einkunftsart (horizontal) und bei Verbleiben von Verlusten auch zwischen verschiedenen Einkunftsarten (vertikal) miteinander verrechnet.[949]

3.2.2.3 Einkommen

Einkommen ist nach § 15 S. 2 SGB IV Arbeitseinkommen, wenn es als solches nach dem Einkommensteuerrecht zu bewerten ist.

Kein Einkommen aus einer selbständigen Tätigkeit sind dabei:[950]

- Einkünfte aus Kapitalvermögen (§§ 2 Abs. 1 S. 1 Nr. 5, 20 EStG)
- Einkünfte aus Vermietung und Verpachtung (§§ 2 Abs. 1 S. 1 Nr. 6, 21, 21a EStG)
- Sonstige Einkünfte i.S.d. §§ 2 Abs. 1 S. 1 Nr. 7, 22 EStG

Einkünfte aus Kapitalvermögen und aus Vermietung und Verpachtung sowie sonstige Einkünfte i.S.d § 22 EStG können dann sozialversicherungsrechtliches Arbeitseinkommen sein, wenn sie ihrerseits den Einkünften aus Land- und Forstwirtschaft, aus Gewerbebetrieb oder aus selbstständiger Arbeit zuzuordnen sind.[951]

---

946 Fischer in: jurisPK-SGB IV, § 15 SGB IV Rn. 39.

947 Zipperer in: Kreikebohm/Dünn, § 15 SGB IV Rn. 4.

948 v. Koppenfels-Spies in: Knickrehm/Roßbach/Waltermann, § 15 SGB IV Rn. 5.

949 v. Koppenfels-Spies in: Knickrehm/Roßbach/Waltermann, § 15 SGB IV Rn. 5; das BSG hat zumindest die Anwendung des vertikalen Verlustausgleiches beim Verletztengeld offengelassen, vgl. BSG, Urt. v. 25.03.2025 – B 2 U 2/23 R, juris Rn. 16: „Denn selbst nach vertikalem Verlustausgleich läge das Arbeitseinkommen des Klägers nach den Feststellungen des LSG weit über dem Höchstjahresarbeitsverdienst [...]."

950 Bereiter-Hahn/Mehrtens, § 15 SGB IV Rn. 2.

951 BSG, Urt. v. 30.03.2006 – B 10 KR 2/04 R, BeckRS 2006, 42232 Rn. 27; BSG, Urt. v. 15.12.1977 – 11 RA 38/77, juris Rn. 15.

3.2.2.4 Berechnung

Zum Zwecke der Verwaltungsvereinfachung kann der Gewinn eines selbständig Tätigen unmittelbar dem **Einkommensteuerbescheid** entnommen werden.[952] Maßgeblich sind dabei die Einkommenssteuerbescheide aus den zwölf Monaten vor dem Arbeitsunfall.

In der Regel wird zumindest der aktuelle Einkommensteuerbescheid noch nicht vorliegen. Sofern die Vorlage dieses Bescheids nicht abgewartet werden kann oder soll, könnte eine vorläufige Berechnung vorgenommen werden.

In den Fällen könnte angefordert werden:[953]

- Einkommensteuerbescheide für die letzten endgültig abgerechneten Kalenderjahre
- Einkommenssteuererklärungen für die zurückliegenden Jahre, für die noch kein Bescheid vom Finanzamt erteilt wurde (einschließlich Gewinn- und Verlustrechnung)
- vorläufige Gewinn- und Verlustrechnung für das vorausgegangene und/oder das laufende Kalenderjahr

Testen Sie Ihr Wissen! | Fragen 9

a) Albus Arbeitgeber stellt seinen Mitarbeitern kostenfrei Mineralwasser und Kaffee zur Verfügung. An jedem Arbeitstag nimmt sich Albus zwei Flaschen, um seine 1,5 Liter am Tag zu trinken. Handelt es sich hier um Arbeitsentgelt?

b) Bertha wird wegen zu schnellen Fahrens geblitzt. Sie hat eine Verabredung mit ihrem Arbeitgeber, dass dieser die Kosten der Verwarnungs- und Bußgelder übernimmt. Sind diese als Arbeitsentgelt zu bewerten?

c) Caspar nimmt an der Fortbildungsmaßnahme „Erfolgreich führen – Was Führungskräfte von morgen heute schon wissen müssen“ teil, die 3.000 Euro kostet. Seine Vorgesetzte hat ihn aus Wertschätzung dort angemeldet, da sie in ihm eine potenzielle Führungskraft sieht. Mit der Teilnahme kann eine Beförderung gerechtfertigt werden. Ist dies Arbeitsentgelt?

952 BSG, Urt. v. 25.03.2025 – B 2 U 2/23 R, juris Rn. 15.
953 Nach Köllner in: Lauterbach, § 47 SGB VII Rn. 108 (für Verletztengeld).

3.3 JAV-Zeitraum

Nach § 82 Abs. 1 S. 1 SGB VII bemisst sich der Jahresarbeitsverdienst aus dem Gesamtbetrag der Arbeitsentgelte und des Versicherten in den zwölf Kalendermonaten vor dem Monat, in dem der Versicherungsfall eingetreten ist.

Sinn und Zweck der Berechnung nach dem Jahresarbeitsverdienst ist, dass die Beeinträchtigung des **vor dem Versicherungsfall bestehenden Lebensstandards** in etwa ausgeglichen wird.[954] Dafür soll der **soziale Status**, den der Versicherte vor dem Versicherungsfall hat, annähernd berücksichtigt werden.[955] Der Gesetzgeber will diesem Ansinnen gerecht werden, indem er zur Bemessung des Jahresarbeitsverdienstes die **letzten zwölf Kalendermonate** betrachtet. Damit schafft er es einerseits den aktuellen Lebensstandard des Versicherten abzubilden, andererseits gewährleistet er eine einfache, schnelle und nachvollziehbare Berechnung für die Verwaltungspraxis.[956]

Mit dieser Regelung weicht der Gesetzgeber deutlich von der Bewertung und Betrachtung des Verletzten- und Übergangsgeldes ab, bei der nur der **letzte abgerechnete Kalendermonat** für die Berechnung herangezogen wird.

Allerdings könnte auch bei einer langfristigen Geldzahlung wie der Rente eine Betrachtung der letzten zwölf Monate zu Unbilligkeiten und Ungerechtigkeiten führen. Letztlich ist es wieder eine Abwägung zwischen Verwaltungspraktikabilität und schneller Entscheidungssicherheit einerseits und umfassende Recherche, dadurch ggf. genauere, aber ebenso länger ungeklärte Entscheidung andererseits, die der Gesetzgeber zu treffen hatte. Im Gegensatz zu den Berechnungen des Verletzten- und Übergangsgeldes hat der Gesetzgeber mit § 87 SGB VII eine zusätzliche Regelung geschaffen, **erhebliche Unbilligkeiten** nach billigem Ermessen korrigieren zu können. In dieser Kombination ist die gesetzgeberische Regelung überzeugend. Auch sehen die §§ 90, 91 SGB VII bei Versicherungsfällen im frühen Alter Korrekturmöglichkeiten vor.

Von diesen gesetzlichen Ausnahmen abgesehen, kann der JAV-Zeitraum **nicht erweitert oder verkürzt** werden. Deshalb bleiben grundsätzliche **spätere Erwerbsaussichten** in der Regel bei der Feststellung des JAV

954 Vgl. BSG, Urt. v. 30.04.1979 – 8a RU 56/78, juris Rn. 10.
955 BSG, Urt. v. 29.01.1974 – 8/2 RU 239/72, juris Rn. 23.
956 Bruno in: Schlaeger, § 82 SGB VII Rn. 2.

rechtlich unbeachtlich.[957] Künftige höhere Verdienstmöglichkeiten, die erst nach dem Zeitpunkt des Arbeitsunfalles eintreten, scheiden als Grundlage für die Berechnung des JAV aus.[958]

Der EuGH erkennt keinen Verstoß gegen Unionsrecht, wenn eine Regelung vorsieht, dass die Rente wegen dauerhafter Berufsunfähigkeit infolge eines Arbeitsunfalls auf der **Grundlage des Gehalts** berechnet wird, das der Arbeitnehmer **zum Zeitpunkt des Unfalls** tatsächlich erhalten hat.[959] Es läge **keine unzulässige mittelbare Diskriminierung** vor, wenn es sich um einen Arbeitnehmer handelt, der zu diesem Zeitpunkt eine Maßnahme zur Reduzierung der Arbeitszeit wegen der Betreuung eines Kindes in Anspruch genommen hat und die Gruppe von Arbeitnehmern, die eine solche Maßnahme in Anspruch nehmen, **ganz überwiegend aus Frauen** besteht.[960]

Insofern dürfte auch die deutsche Regelung zum Jahresarbeitsverdienst nicht mittelbar teilzeitbeschäftigte Arbeitnehmer diskriminieren.[961] Es bleibt daher bei einem beitrags- und leistungsbezogenen System wie der deutschen gesetzlichen Unfallversicherung bei dem Grundsatz, dass Sozialleistungen an dem Arbeitsentgelt orientiert sind, für das Beiträge entrichtet worden sind.[962]

Das BSG hat dies in einer Entscheidungsbegründung treffend zusammengefasst: „Die Regelungen zur Berechnung des JAV sollen eine **einfache, schnell praktizierbare und nachvollziehbare Berechnung** des JAV in der Verwaltungspraxis ermöglichen. Um dies zu erreichen, soll die Aufarbeitung einer **langfristigen Erwerbsbiografie** mit ggf. schwierig zu ermittelnden Änderungen von Entgelt und/oder Einkommen gerade vermieden werden. Dieses Regelungskonzept kommt oftmals gerade den Versicherten zugute, insbesondere wenn sie zuletzt in ihrem Erwerbsleben eine vergleichsweise **gute berufliche Position**, einen hohen Ausbildungsstand und damit eine entsprechende Lebensstellung erreicht haben. Andererseits sieht das SGB VII aber gerade **keine Verlängerung** des maßgeblichen Jahreszeitraums vor, wenn die Arbeitszeit und das Arbeitsentgelt außerhalb der Jahresfrist reduziert wurden."[963]

Die Berechnung des JAV-Zeitraums erfolgt in drei Schritten:

---

957 BSG, Urt. v. 07.11.2000 – B 2 U 31/99 R, juris Rn. 15.
958 BSG, Urt. v. 30.10.1980 – 8a RU 16/80, juris Rn. 24.
959 EuGH, Urt. v. 10.04.2025 – C-584/23, NZS 2025, 660.
960 EuGH, Urt. v. 10.04.2025 – C-584/23, NZS 2025, 660.
961 Bokeloh, NZS 2025, 665 (666).
962 Bokeloh, NZS 2025, 665 (666).
963 BSG, Urt. v. 15.09.2011 – B 2 U 24/10 R, juris Rn. 28 (Hervorhebungen nicht im Original).

- **1. Schritt:** Ausgangspunkt Versicherungsfall
  Für die Berechnung ist der Zeitpunkt heranzuziehen, an dem sich der Versicherungsfall ereignete. Dies ist bei einem Arbeitsunfall relativ klar und eindeutig. Für Berufskrankheiten sehen §§ 84, 9 Abs. 5 SGB VII eine Günstigkeitsregelung vor, die an anderer Stelle vorgestellt wird. Wird nach dem JAV Verletzten- oder Übergangsgeld bemessen (vgl. § 47 Abs. 5, 6 SGB VII), ist Bezugspunkt der Eintritt der Arbeitsunfähigkeit.[964]

Bearbeitungsbeispiel | Prüfung des JAV-Zeitraumes

Bertha hatte am 13. Juni 2025 einen Arbeitsunfall.
1. Schritt: Ausgangspunkt Versicherungsfall
Versicherungsfall: 13. Juni 2025

- **2. Schritt:** Festlegung des Endzeitpunkts des JAV-Zeitraumes
  Für die Berechnung des JAV-Zeitraumes gibt es kein offizielles Schema. Im Studium und Ausbildung hat sich herausgestellt, dass es einfacher für manche Studenten und Auszubildende ist, mit der Festlegung des Enddatums zu beginnen. Freilich kann auch chronologisch mit dem Beginn des JAV-Zeitraumes begonnen werden.
  Das Enddatum ist der letzte Tag des Monats, der vor dem Monat liegt, in dem der Versicherungsfall eingetreten ist.
  Es muss immer der letzte Tag des Monats sein, da der Jahresarbeitsverdienst pro (ganzen) Monat bestimmt wird. Aus Vereinfachungsgründen wird daher der JAV-Zeitraum pro (ganzen) Monat bestimmt.

Bearbeitungsbeispiel | Prüfung des JAV-Zeitraumes

Bertha hatte am 13. Juni 2025 einen Arbeitsunfall.

2. Schritt: Festlegung des Endzeitpunktes des JAV-Zeitraums
Letzter Tag des Monats vor dem Monat des Versicherungsfalls:
Der 31. Mai 2025 ist der letzte Tag des Mais vor dem Juni, in dem sich der Versicherungsfall ereignete.

964 Keller in: Hauck/Noftz, SGB VII, § 82 SGB VII Rn. 3a.

- **3. Schritt:** Festlegung des Beginnzeitpunkts des JAV-Zeitraums
  Da in ganzen Monaten gerechnet wird, beginnt der JAV-Zeitraum exakt zwölf Monate vor dem Ende. Der Monat ist daher stets identisch mit dem Monat, in dem sich der Arbeitsunfall ereignete.

Bearbeitungsbeispiel | Prüfung des JAV-Zeitraumes

Bertha hatte am 13. Juni 2025 einen Arbeitsunfall.

3. Schritt: Festlegung des Beginnzeitpunkts des JAV-Zeitraums
Der 1. Juni 2024 ist der erste Tag des zwölfmonatigen JAV-Zeitraums, der am 31. Mai 2025 endet.

4. Schritt: Ergebnis
JAV-Zeitraum: 1. Juni 2024 bis 31. Mai 2025

Für Versicherungsfälle, die vor dem Inkrafttreten des SGB VII eingetreten sind (1. Januar 1997), gibt es in § 214 Abs. 2 SGB VII eine Sondervorschrift[965], auf die hier nicht weiter eigegangen wird.

Bearbeitungsempfehlung | Festlegung des JAV-Zeitraumes

Für die Klausur ist die Festlegung des JAV-Zeitraumes „erste Amtspflicht". Egal, ob explizit danach gefragt wird oder nicht: Stets sollte der JAV-Zeitraum in der Klausur aufgeführt werden und erst danach die Bewertung vorgenommen werden, ob die einzelnen Einkünfte Arbeitsentgelt und Arbeitseinkommen sind.
Regelmäßige vermeidbare Fehlerquellen sind in manchen Klausuren die Unkenntnis über die (unterschiedliche) Länge der einzelnen Monate. Auch ist nicht jeder Person geläufig, wann denn ein Schaltjahr ist und was dies bedeutet. Häufig erhalten die Prüflinge dafür Kalender, nicht aber immer.

---

965 Köllner in: Lauterbach, § 82 SGB VII Rn. 4.

Wer den „Knöcheltrick" nicht kennt, der eine praktische Hilfe darstellt, um sich die unterschiedliche Anzahl an Tagen zu merken, findet nette „Tutorials" auf YouTube.[966]
Ein Dozent, der leidenschaftlicher Fußballfan ist, gibt den Auszubildenen den Tipp, dass ein Schaltjahr immer ein Fußball-EM-Jahr ist.[967]

Testen Sie Ihr Wissen! | Fragen 10

a) Bei Albus ereignet sich der Versicherungsfall am 16.05.2025.
Wie lautet der Bemessungszeitraum?

b) Bei Bertha ereignet sich der Versicherungsfall am 17.03.2024.
Wie lautet der Bemessungszeitraum?

c) Bei Caspar ereignet sich der Versicherungsfall am 01.01.2026.
Wie lautet der Bemessungszeitraum?

Für die Berechnung des JAV-Zeitraumes ist es völlig unerheblich, wann dann die Rente bspw. tatsächlich ausgezahlt wird. Der JAV-Zeitraum ändert sich **nicht durch einen späteren Rentenbeginn**. Dies lässt sich daraus schon erkennen, dass der JAV-Zeitraum immer an dem Zeitpunkt des **Versicherungsfalls** gebunden ist (1. Schritt). Da sich dieser Zeitpunkt nicht ändert, bleibt das JAV-Jahr von einem späteren Rentenbeginn unbenommen.

Bearbeitungsbeispiel | JAV-Zeitraum und Rentenbeginn

Versicherungsfall (Arbeitsunfall): 29. August 2023
Rentenbeginn: 28. Juli 2025
JAV-Zeitraum zur Berechnung der Rente ab 28. Juli 2025:
1. August 2022 bis 31. Juli 2023

---

966 Z.B. unter https://www.youtube.com/watch?v=1ARt1TLzp4w (zuletzt abgerufen: 07.03.2026).

967 Mit Ausnahme des Coronajahrs 2020 passt der Tipp: https://de.wikipedia.org/wiki/Fu%C3%9Fball-Europameisterschaft (zuletzt abgerufen: 07.03.2026).

Hinweise: Im vorliegenden Beispiel sind beim Jahresarbeitsverdienst Anpassungen vorzunehmen auf die später noch eingegangen wird. Dies ändert freilich nichts an dem oben festgesetzten JAV-Zeitraum.
Häufig wird in Vorlesungen die Frage gestellt, wie es denn sein könne, dass jemand einen früheren Versicherungsfall (hier: 2023) hatte, aber erst deutlich später (hier: 2025) Rente bekommt. Dies liegt in der Regel daran, dass der Versicherte in der Zwischenzeit zunächst Entgeltzahlung im Krankheitsfall und danach Verletztengeld erhalten hat. Hier findet die Regelung des § 72 Abs. 1 Nr. 1 SGB VII Anwendung auf die ebenfalls später noch näher eingegangen wird.

3.3.1 Regelberechnung

Die Regelberechnung des Jahresarbeitsverdienstes geht aus § 82 Abs. 1 SGB VII hervor. Das bedeutet, dass zunächst der JAV-Zeitraum festgelegt wird und im weiteren Schritt das zu berücksichtigende Arbeitsentgelt und Arbeitseinkommen addiert wird.

Die Regelberechnung nach § 82 Abs. 1 SGB VII setzt voraus, dass der Versicherte während des vor dem Arbeitsunfall liegenden Jahres **ununterbrochen Arbeitseinkommen** bezogen hat.[968] Nahm der Versicherte also innerhalb des JAV-Zeitraums nur an einem einzigen Tag kein Arbeitsentgelt oder Arbeitseinkommen ein, liegt die Regelberechnung nach § 82 Abs. 1 SGB VII nicht vor; vielmehr sind die nicht mit Arbeitsentgelt oder Arbeitseinkommen belegten Zeiträume nach § 82 Abs. 2 SGB VII aufzufüllen.

Unerheblich ist es, ob das Arbeitsentgelt aus einer Haupt- oder Nebenbeschäftigung stammt.[969]

Ebenso sind sämtliche im JAV-Zeitraum erworbenen Einkünfte zu erfassen, also nicht nur allein die aus dem „Unfallbetrieb“.[970]

968 BSG, Urt. v. 11.02.1981 – 2 RU 65/79, BeckRS 1981, 5324 Rn. 23.
969 Kunze in: v. Koppenfels-Spies/Wenner, SGB VII, § 82 SGB VII Rn. 9.
970 Kunze in: v. Koppenfels-Spies/Wenner, SGB VII, § 82 SGB VII Rn. 9.

Bearbeitungsempfehlung | Prüfung Arbeitsentgelt/-einkommen

In der Klausur empfiehlt es sich, sämtliche Leistungen einzeln tabellarisch oder in einem Zeitstrahl aufzuführen und stichwortartig auf ihre Anerkennung als Arbeitsentgelt oder Arbeitseinkommen hin zu bewerten.

Beispiel (JAV-Zeitraum 01.01.2025–31.12.2025):

01.01.–31.05.25:
Gehalt Firma Delta Logistik 4.000,00 Euro/Monat
5 × 4.000,00 Euro = 20.000,00 Euro
Gehalt ist Arbeitsentgelt i.S.d. § 14 SGB IV

20.03.25:
Rückerstattung für Vorleistung Dienstfahrt mit Bahn
Bahn-Ticketkauf: 60,00 Euro
Kein Arbeitsentgelt, da reiner Auslagenersatz

15.05.25:
Urlaubsgeld 1.000,00 Euro
Urlaubsgeld ist Arbeitsentgelt i.S.d. § 14 SGB IV

01.06.–31.12.25:
Gehalt Firma Epsilon Logistik 5.000,00 Euro/Monat
7 × 5.000,00 Euro = 35.000,00 Euro
Gehalt ist Arbeitsentgelt i.S.d. § 14 SGB IV

14.10.–17.10.25:
Auslandszulage 500,00 Euro
Auslandszulage ist Arbeitsentgelt i.S.d § 14 SGB IV
§ 1 SvEV findet keine Anwendung, da versteuert

14.11.2025:
Weihnachtsgeld 2.500,00 Euro
Weihnachtsgeld ist Arbeitsentgelt i.S.d. § 14 SGB IV

Ergebnis: Jahresarbeitsverdienst = 59.000,00 Euro

3.3.2 Auffüllzeiten

Im **Regel**berechnungsparagrafen 82 sind etwas unglücklich im Absatz 2 **Ausnahmefälle**[971] aufgeführt. Sie weichen gerade von der Regelberechnung ab, sodass eine separate Erfassung übersichtlicher gewesen wäre.

Der Hauptanwendungsfall der unterschiedlichen Sonderregelungen ist in § 82 Abs. 2 S. 1 SGB VII geregelt. Für Zeiten, in denen der Versicherte in dem in § 82 Abs. 1 S. 1 SGB VII genannten Zeitraum, also im JAV-Zeitraum, kein Arbeitsentgelt oder Arbeitseinkommen bezogen hat, wird das Arbeitsentgelt oder Arbeitseinkommen zugrunde gelegt, das seinem durchschnittlichen Arbeitsentgelt oder Arbeitseinkommen belegten Zeiten dieses Zeitraums entspricht. Gemeint ist damit, dass einkommenslose Zeiten im JAV-Jahr mit einem fiktiven Durchschnittswert aufgefüllt werden.

Zur Erinnerung: Die Anwendung des § 82 Abs. 1 S. 1 SGB VII setzt voraus, dass der Versicherte ununterbrochen im JAV-Zeitraum Einkünfte als Arbeitsentgelt oder Arbeitseinkommen hatte. Sofern er bereits nur an einem einzigen Tag nicht solche Einkünfte im JAV-Zeitraum hat, findet die Auffüllung nach § 82 Abs. 2 S. 1 SGB VII Anwendung. Die Tage oder Monate, in denen der Versicherte keine Einkünfte erhielt, werden mit einem Durchschnittswert aufgefüllt.

Die Auffüllung ist eine **sozialgesetzgeberische Großzügigkeit**: Der Gesetzgeber könnte auch diese Zeiten komplett außer Acht lassen mit der Folge, dass der Jahresarbeitsverdienst und damit auch z.B. die Rente niedriger ausfallen würde. Der Gesetzgeber hat sich indes für eine **Auffüllung** dieser Lücken entschieden, um zu verhindern, dass der durch den Ausfall von Arbeitseinkommen im Jahre vor dem Arbeitsunfall bedingte **niedrige Lebensstandard**, der in der Regel nicht lange anhält, **nicht** zum Maßstab für die Berechnung einer langfristigen Geldleistung gemacht wird.[972] Das Auffüllen der Lücken soll daher verhindern, dass sich vorübergehende und oftmals auch nur zufällige Einkommenssituationen auf eine dauerhafte Entschädigungsleistung negativ auswirken.[973] Dadurch soll der Versicherte so behandelt werden, als ob er die versicherte Tätigkeit während des gesamten dem Versicherungsfall vorangehenden Jahre ausgeübt und dafür entsprechendes Arbeitsentgelt bezogen hätte.[974]

971 Vgl. BSG, Urt. v. 30.04.1979 – 8a RU 56/78, juris Rn. 10.
972 BT-Drs. IV/120, S. 57; BSG, Urt. v. 11.02.1981 – 2 RU 65/79, juris Rn. 23.
973 Keller in: Hauck/Noftz, SGB VII, § 82 SGB VII Rn. 18.
974 BSG, Urt. v. 30.04.1979 – 8a RU 56/78, juris Rn. 10.

Sinn und Zweck der Vorschrift ist es, Zeiten, in denen der Versicherte kein Arbeitsentgelt und Arbeitseinkommen bezog, auszugleichen.[975] Dabei muss es sich stets um **individuell begrenzte Umstände** wie z.B. Krankheit oder Arbeitslosigkeit handeln.[976]

Zufällige, strukturelle oder konjunkturelle Einkommensschwankungen, die nicht nur den Versicherten, sondern **alle Betriebsangehörigen** eines Unternehmens oder Versicherte mehrerer Gewerbezweige betreffen, sollen hingegen nicht durch das Auffüllen ausgeglichen werden; für diese Fälle kann die Anwendung des § 87 SGB VII geprüft werden.[977]

Ausfallzeiten sind nur solche Zeiten, in denen der Versicherte **kein** Arbeitsentgelt i.S.d. § 14 SGB IV oder Arbeitseinkommen i.S.d. § 15 SGB IV erhält.

Zeiten, in denen der Versicherte **Entgeltfortzahlung im Krankheitsfall** erhält, sind **keine** Ausfallzeiten, da dem Arbeitnehmer die Zahlung in einem ursächlichen Zusammenhang mit seiner Beschäftigung zufließt.[978]

Zeiten ohne Arbeitsentgelt oder ohne Arbeitseinkommen sind solche, in denen entweder gar **kein Beschäftigungsverhältnis** (mehr) besteht (z.B. durch Kündigung) oder dieses zumindest ruht, sodass der Versicherte keine Arbeitsleistungen erbringen muss und sein Arbeitgeber auch keine fordern kann.[979]

Dies sind in der Regel insbesondere folgende Zeiten:

- Krankheitstage[980] (ohne Anspruch auf Entgeltfortzahlung)
- Arbeitslosigkeit[981]
- unbezahlte Fortbildung[982]
- Haft[983]
- Aufnahme einer unbezahlten Tätigkeit (z.B. Volontariat)[984]

---

975 Köllner in: Lauterbach, § 82 SGB VII Rn. 22a.

976 Köllner in: Lauterbach, § 82 SGB VII Rn. 22a.

977 Köllner in: Lauterbach, § 82 SGB VII Rn. 22a; Bereiter-Hahn/Mehrtens, § 82 SGB VII Rn. 12.5.

978 BSG, Urt. v. 03.12.2002 – B 2 U 23/02 R, juris Rn. 20.

979 LSG Baden-Württemberg, Urt. v. 16.10.2013 – L 3 U 33/13, juris Rn. 35.

980 Ricke in: BeckOGK-SGB VII, § 82 SGB VII Rn. 21.

981 Kunze in: v. Koppenfels-Spies/Wenner, SGB VII, § 82 SGB VII Rn. 27; Bruno in: Schlaeger, § 82 SGB VII Rn. 9.

982 LSG Baden-Württemberg, Urt. v. 16.10.2013 – L 3 U 33/13, juris Rn. 35.

983 Vgl. BSG, Urt. v. 30.04.1979 – 8a RU 56/78, juris Rn. 11.

984 Burchardt in: Krasney u.a., SGB VII, § 82 SGB VII Rn. 33.

- unbezahlter Urlaub[985], z.B. „Sabbatical“
- Arbeitsunwilligkeit[986]

Für den Anspruch des Versicherten auf Auffüllung ist es unerheblich, welche **Umstände** zu den Zeiten ohne Arbeitsentgelt oder Arbeitseinkommen geführt haben.[987] Die Haft des Versicherten ist der Teilnahme an einer unbezahlten Fortbildung folglich gleichgestellt.[988]

Des Weiteren wird nicht zwischen einkommenslosen Zeiten unterschieden, die auf dem **eigenen Willen** des Versicherten zurückzuführen sind und solchen, die unfreiwillig eingetreten sind.[989] Die unverschuldete Erkrankung wird also dem freiwilligen unbezahlten Urlaub gleichgestellt.

Ggf. könnte in bestimmten Fällen **über § 87 SGB VII eine Korrektur** vorgenommen werden, wenn es sich um gewollte und der in der Lebensführung geplante Lücken handelt.[990] Unbillig hoch wäre demnach der Jahresarbeitsverdienst in jedem Fall, wenn die Ausfallzeit nicht nur auf dem freien Willen des Versicherten beruht (weil er auf Reisen war), sondern er auch seine Lebenshaltung auf geringe Einkünfte eingerichtet hat.

Prüfungsschema | Auffüllung eines Jahresarbeitsverdienstes

Ausgangsfall: Albus hatte am 16.01.2025 eine Wegeunfall, der vom Unfallversicherungsträger als versicherter Arbeitsunfall anerkannt wurde. Die Ermittlung des Unfallversicherungsträgers führt zu folgenden Erkenntnissen: Vom 01.01. bis zum 30.06.2024 war Albus als Busfahrer im Unternehmen Sehr Schnell AG angestellt und verdiente insgesamt in den Zeitraum 18.000,00 Euro. In den Monaten Juli und August 2024 war er arbeitslos. Er erhielt pro Monat 1.232,00 Euro Arbeitslosengeld. Seit September 2024 arbeitet er wieder als Busfahrer beim Unternehmen Super Schnell AG und verdiente bis Ende Dezember 2024 12.000,00 Euro.

---

985 BSG, Urt. v. 11.02.1981 – 2 RU 65/79, juris Rn. 23.

986 Benz, NZS 2001, 24 (26).

987 BSG, Urt. v. 30.04.1979 – 8a RU 56/78, juris Rn. 11; Bruno in: Schlaeger, § 82 SGB VII Rn. 9; Kunze in: v. Koppenfels-Spies/Wenner, SGB VII, § 82 SGB VII Rn. 27.

988 Burchardt in: Krasney u.a., SGB VII, § 82 SGB VII Rn. 35.

989 Kunze in: v. Koppenfels-Spies/Wenner, SGB VII, § 82 SGB VII Rn. 27.

990 Bruno in: Schlaeger, § 82 SGB VII Rn. 9; vgl. Plum in: Podzun, Kz. 440 S. 21: Unbilligkeit, wenn der Versicherte über eine längere Zeit unbezahlten Urlaub in Anspruch genommen hat.

Wie hoch ist der Jahresarbeitsverdienst?
Grundvoraussetzung ist (auch hier), dass der JAV-Zeitraum ordnungsgemäß festgelegt wird und die einzelnen Einkünfte untersucht werden, ob es sich um Arbeitsentgelt oder Arbeitseinkommen handelt.

JAV-Zeitraum:
01.01.2024–31.12.2024

Arbeitsentgelt:
01.01.–30.06.24:
Gehalt Sehr Schnell AG 18.000,00 Euro
Gehalt ist Arbeitsentgelt i.S.d. § 14 SGB IV

01.07.–31.08.24:
Arbeitslosengeld, 1.232,00 Euro/Monat
Arbeitslosengeld ist eine Sozialleistung und daher **kein** Arbeitsentgelt i.S.d. § 14 SGB IV

01.09.–31.12.24:
Gehalt Super Schnell AG 12.000,00 Euro
Gehalt ist Arbeitsentgelt i.S.d. § 14 SGB IV

Vorläufige Jahresarbeitsverdienst:
18.000,00 Euro + 12.000,00 Euro = 30.000,00 Euro

Sofern eine Lücke in dem JAV-Zeitraum besteht, wird diese aufgefüllt. Die Auffüllung erfolgt unter Anwendung einer Rechenformel, mit der sich ein Durchschnittswert für den Lücken-Zeitraum errechnen lässt. Diese Methodik verlangt zwangsläufig, dass mindestens während eines Teils des JAV-Zeitraums,[991] **zumindest einen Tag** innerhalb des JAV-Zeitraums Arbeitsentgelt bezogen wurde,[992] sodass auf Basis dieses Wertes der Durchschnittswert errechnet werden kann.

Wurde im ganzen JAV-Zeitraum kein Arbeitsentgelt oder Arbeitseinkommen erzielt, kann auch keine Lücke ausgefüllt werden, da es keinen Basiswert gibt, an dem sich die Auffüllung ausrichtet. In dem Fall wäre zu prüfen, ob der Mindestjahresarbeitsverdienst herangezogen werden kann. Eine

991 Burchardt in: Krasney u.a., SGB VII, § 82 SGB VII Rn. 32.
992 Bruno in: Schlaeger, § 82 SGB VII Rn. 9; Plum in: Podzun, Kz. 440 S. 21.

Ausfüllung der gesamten zwölf Kalendermonate vor dem Versicherungsfall mit fiktivem Arbeitsentgelt ist folglich nicht zulässig.

Unterschieden wird die Berechnung der Lückenauffüllung hinsichtlich der zeitlichen Dauer der Lücken, in denen der Versicherte kein Arbeitsentgelt und kein Arbeitseinkommen erhielt:

- Volle Kalendermonate
- Nicht volle Kalendermonate
- Stunden
- Wochenende
- Einmalzahlungen

3.3.2.1 Auffüllung voller Kalendermonate

Bei der Auffüllung **voller Kalendermonate** hat der Versicherte vollständige Monate kein Arbeitsentgelt und Arbeitseinkommen bezogen. Es muss sich dabei um abgeschlossene Kalendermonate handeln.

Von dieser Rechenmethode sind bspw. umfasst:

- Arbeitslosigkeit vom 01.08.–30.09.2025
- Unbezahlter Urlaub vom 01.01.–31.01. und 01.08.–31.08.2025 sowie 01.12.–31.12.2025
- Krankheit ohne Entgeltfortzahlung vom 01.03.–31.10.2025

In allen drei Beispielen hat der Versicherte jeweils einen oder mehrere volle Kalendermonate kein Arbeitsentgelt oder Arbeitseinkommen bezogen.

Von der nachfolgenden Rechenmethode **nicht** umfasst sind bspw.:

- Arbeitslosigkeit vom 01.08.–15.09.2025
- Unbezahlter Urlaub vom 15.01.–15.02.2025
- Krankheit ohne Entgeltfortzahlung vom 01.03.–01.11.2025

In allen drei Beispielen hat der Versicherte **nicht ausschließlich in vollen** Kalendermonaten kein Arbeitsentgelt oder Arbeitseinkommen bezogen, sodass das Auffüllen nach einer anderer Berechnungsmethodik erfolgt, die später vorgestellt wird.

Beim Auffüllen ganzer Kalendermonate ist zunächst der JAV-Zeitraum festzusetzen, und dort sind die Fehlzeiten herauszuarbeiten.

Prüfungsschema | Auffüllung eines Jahresarbeitsverdienstes

Ermittlung des Jahresarbeitsverdienstes:

A. Einstiegsrechnung
1. JAV-Zeitraum:
01.01.2024–31.01.2024
2. Zeiten mit Arbeitsentgelt/-einkommen:
01.01.–30.06., 01.09.–31.12.24
3. Zeiten ohne Arbeitsentgelt/-einkommen:
01.07.–31.08.2024

Für die Berechnung des Durchschnittswerts mit dem die Lücke, in der kein Arbeitsentgelt und kein Arbeitseinkommen verdient wurde, aufzufüllen ist, gibt es eine **spezielle Formel**:[993]

Formel | Auffüllung voller Kalendermonate[994]

1. Schritt:
Tatsächliche Einnahmen im JAV-Zeitraum × Monate ohne Einnahmen = Teil-Ergebnis

2. Schritt:

$$\frac{\text{Teil–Ergebnis}}{\text{Monate mit Einnahmen}} = \text{Auffüllbetrag}$$

3. Schritt:
Auffüllbetrag + tatsächliche Einnahmen im JAV-Zeitraum = JAV

Mit den tatsächlichen Einnahmen sind die im JAV-Zeitraum tatsächlich erzielten Bruttoeinnahmen gemeint. Bei mehreren Teil-Erwerbszeiträumen ist das jeweilige Teil-Erwerbseinkommen aus jedem einzelnen Teil-Erwerbszeitraum zu ermitteln und dann zu einem Gesamt-Erwerbseinkommen zu addieren.

993 Plum in: Podzun, Kz. 440 S. 22; Schreiber, BG 1998, 226.
994 Keller in: Hauck/Noftz, SGB VII, § 82 SGB VII Rn. 20.

Mit den „Monaten ohne Einnahmen“ ist die Zeit gemeint, in der der Versicherte kein Arbeitsentgelt oder -einkommen erhält.

Mit den „Monaten mit Einnahmen“ ist die Zeit gemeint, in der der Versicherte Arbeitsentgelt oder -einkommen erhält.

Prüfungsschema | Auffüllung eines Jahresarbeitsverdienstes

B. Berechnung

1. Schritt: Multiplizieren
Das tatsächlich im JAV-Zeitraum erzielte Arbeitsentgelt und Arbeitseinkommen wird mit der Zahl der Monate multipliziert, die nicht mit Arbeitsentgelt oder Arbeitseinkommen belegt sind.

Teilformel:
Tatsächliche Einnahmen × Monate ohne Einnahmen
= Teil-Ergebnis

Hier:
Tatsächliche Einnahmen = 30.000,00 Euro
Monate ohne Einnahmen = 01.07.–31.08.2024 = 2 Monate
30.000,00 Euro × 2 Monate = 60.000,00 Euro

2. Schritt: Dividieren
Das 1. Teil-Ergebnis wird durch die Zahl der Monate dividiert, in denen das Arbeitsentgelt und -einkommen erzielt worden ist.

Teilformel:
Teil-Ergebnis / Monate mit Einnahmen = Auffüllbetrag

Hier:
Teil-Ergebnis: 60.000,00 Euro
Monate mit Einnahmen: 01.01.–30.06. sowie 01.09.–31.12.2024 = 10 Monate
60.000,00 Euro / 10 Monate = 6.000,00 Euro
Der **Auffüllbetrag** beträgt 6.000,00 Euro

3. Schritt: Addieren
Die Summe aus dem Auffüllbetrag und dem tatsächlich erzielten Arbeitsentgelt und Arbeitseinkommen ist der nach der Regelberechnung des § 82 SGB VII errechnete JAV.

Teilformel:
Auffüllbetrag + tatsächliche Einnahmen = Ergebnis

Hier:
Auffüllbetrag = 6.000,00 Euro
Tatsächliche Einnahmen = 30.000,00 Euro
6.000,00 Euro + 30.000,00 Euro = 36.000,00 Euro

4. Ergebnis: Der Jahresarbeitsverdienst beträgt bei Albus 36.000,00 Euro.

3.3.2.2 Nicht volle Kalendermonate

In der Praxis gehen die Beispiele meist nicht so glatt auf; Kündigungen, Krankheiten oder selbst Sabbaticals orientieren sich nicht an einem vollen Kalendermonat. Für diese Fallgruppe gibt es eine leicht abgewandelte, aber nicht völlig abweichende Formel. Betroffen sind davon folgende Beispiele:

- Arbeitslosigkeit vom 01.08.–11.08.2025
- Unbezahlter Urlaub vom 15.01.–15.02.2025
- Krankheit ohne Entgeltfortzahlung vom 01.03.–01.11.2025

Selbstverständlich kann es auch mehrere Lücken und damit Auffüllzeiten in einem Jahr geben, z.B. Arbeitslosigkeit vom 01.01.–31.01., 01.05.–30.06. und ab 15.12. Hier reicht es aus, dass zumindest ein Teilbereich keine vollen Monate betrifft (ab 15.12.), weshalb die Formel für nicht volle Kalendermonate anzuwenden ist.

Formel | Auffüllung nicht voller Kalendermonate[995]

1. Schritt:
Tatsächliche Einnahmen im JAV-Zeitraum × Ausfalltage
= Teil-Ergebnis

2. Schritt:
Teil-Ergebnis / (360-Ausfalltage) = Auffüllbetrag

---

995 Schreiber, BG 1998, 226; so auch: Keller in: Hauck/Noftz, SGB VII, § 82 SGB VII Rn. 20; Bereiter/Hahn-Mehrtens, § 82 SGB VII Rn. 12.4.

3. Schritt:
Auffüllbetrag + tatsächliche Einnahmen im JAV-Zeitraum = JAV

Eine andere, für den Versicherten ungünstigere Berechnungsvariante wäre statt der Ausfalltage die Arbeitstage zu berechnen. Die herrschende Meinung wendet die ungünstigere Variante nicht an, sondern die oben dargestellte.[996]

Bei der Formel finden die **Berechnungsvereinfachungen** des § 187 SGB VII Anwendung. Sinn und Zweck der Berechnungsregelung ist eine Systematik, die zur einheitlichen Rechtsanwendung führt. Die Systematik soll die Anwendung vereinfachen. *Ricke* weist zu Recht darauf hin, dass die Berechnungsvorschriften des § 187 SGB VII im sechsten Kapitel „Aufbringung der Mittel" steht, also Fragen des Beitrages betreffen.[997] Er geht aber von der Analogiefähigkeit der Regelung aus, sodass die Norm auch auf Geldleistungen angewandt wird.[998] Ob es sich bei den Berechnungsvorschriften wirklich um Vereinfachungen handelt, darüber mag man geteilter Meinung sein. Es ändert zumindest nichts an ihrer direkten oder zumindest analogen Anwendungsverpflichtung. Es wäre unverständlich, eine Berechnungshilfe, die im Gesetz steht, unangewendet zu lassen, weil sie im „falschen" Kapitel steht. Die Notwendigkeit und Berechtigung einer Regelung zur Vereinheitlichung und Vereinfachung dürfte unstrittig sein.

Die Berechnungsregelungen haben u.a. folgende Hinweise:

- Das volle Kalenderjahr wird mit 360 Tagen berechnet (§ 187 Abs. 4 S. 2 SGB VII).
- Der volle Kalendermonat wird mit 30 Tagen berechnet (ebenfalls § 187 Abs. 4 S. 2 SGB VII).

Dies führt zu folgender Regelung: Hat ein Versicherter Ausfalltage über einen **vollen Monat** hinweg, wird dieser Monat **pauschal mit 30 Tagen** berechnet, egal wie viele Tage der Monat tatsächlich hat. Hat hingegen ein

996 Vgl. Bereiter/Hahn-Mehrtens, § 82 SGB VII Rn. 12.4; Keller in: Hauck/Noftz, SGB VII, § 82 SGB VII Rn. 20; Köllner in: Lauterbach, § 82 SGB VII Rn. 27; Ricke in: BeckOGK-SGB VII, § 82 SGB VII Rn. 27; Schudmann in: jurisPK-SGB VII, § 82 SGB VII Rn. 105; Zimmermann in: LPK-SGB VII, § 82 SGB VII Rn. 31; Benz, NZS 2001, 24 (26).

997 Ricke in: BeckOGK-SGB VII, § 82 SGB VII Rn. 25.

998 Ricke in: BeckOGK-SGB VII, § 82 SGB VII Rn. 27.

Versicherter Ausfalltage nicht ausschließlich über einen vollen Monat, dann zählt jeder Tag für sich allein mit, es gibt also keine pauschale Anrechnung.

Beispiele:

- Arbeitslosigkeit vom 01.08.–11.08.2025
  Hier zählt jeder einzelne Tag, also 11 Ausfalltage
- Unbezahlter Urlaub vom 15.01.–15.02.2025
  Hier zählen auch jeweils die einzelnen Tage, das bedeutet:
  15.01.–31.01.2025 = 17 Tage
  01.02.–15.02.2025 = 15 Tage
  Insgesamt: 32 Ausfalltage
- Krankheit ohne Entgeltfortzahlung vom 01.03.–01.11.2025
  Hier zählen zunächst die vollen Monate:
  01.03.–31.10.2025 = 8 Monate × 30 Tage = 240 Tage
  Zudem gibt es einen angebrochenen, also nicht vollen Monat, der mit der tatsächlichen Anzahl der Ausfalltage berechnet wird:
  01.11.2025 = 1 Tag
  Insgesamt: 241 Ausfalltage

Prüfungsschema | Auffüllung eines Jahresarbeitsverdienstes

Abwandlungsfall: Bertha hatte am 16.01.2026 eine Wegeunfall, der vom Unfallversicherungsträger als versicherter Arbeitsunfall anerkannt wurde. Die Ermittlung des Unfallversicherungsträgers führt zu folgenden Erkenntnissen: Vom 01.01.2025 bis zum 31.01.2025 war Bertha als Taxifahrerin im Unternehmen Taxi Blitz angestellt und verdiente insgesamt in den Zeitraum 4.000,00 Euro. Vom 01.02. bis zum 15.02.2025 war sie arbeitslos. Sie erhielt 1.232,00 Euro Arbeitslosengeld. Seit 16.02.2025 arbeitet Bertha wieder als Taxifahrerin beim Unternehmen Taxi Superblitz und verdiente bis Ende Dezember 2025 53.200,00 Euro.

Ermittlung des Jahresarbeitsverdienstes:

1. Schritt: Multiplizieren
Der tatsächlich erzielte Verdienst wird multipliziert mit der Zahl der Kalendertage, in denen kein Arbeitsentgelt oder Arbeitseinkommen erzielt wurde.

Teilformel:
Tatsächliche Einnahmen × Ausfalltage = Teil-Ergebnis

Hier:
Einnahmen: 4.000,00 Euro + 53.200,00 Euro = 57.200,00 Euro
Ausfalltage: 01.02.–15.02.2025 = 15 Ausfalltage
57.200,00 Euro × 15 Ausfalltage = 858.000,00 Euro

2. Schritt: Dividieren
Das Teil-Ergebnis wird durch die Zahl der Kalendertage dividiert, in denen das Entgelt oder Einkommen erzielt worden ist.

Teilformel:

$$\frac{\text{Teil-Ergebnis}}{360 - \text{Ausfalltage (= Anwesenheitstage)}} = \text{Aufüllbetrag}$$

Hier:
Teil-Ergebnis = 858.000,00 Euro
360 – Ausfalltage = 360 – 15 = 345 Anwesenheitstage
858.000,00 Euro / 345 Anwesenheitstage = 2.486,96 Euro = Auffüllbetrag

3. Schritt: Addieren
Der Auffüllbetrag wird mit dem tatsächlich im JAV-Zeitraum erzielten Arbeitsentgelt und -einkommen addiert
Auffüllbetrag + Einnahmen = Ergebnis
Auffüllbetrag = 2.486,96 Euro
Einnahmen = 57.200,00 Euro
2.486,96 Euro + 57.200,00 Euro = 59.686,96 Euro

4. Ergebnis: Der Jahresarbeitsverdienst beträgt bei Bertha 59.686,96 Euro.

3.3.2.3 Auffüllung von Stunden

Unter Umständen kann es möglich sein, dass der Versicherte **kein ganztägiges** Arbeitsentgelt erzielen kann.[999] In der Praxis und in der Kommentarliteratur wird dabei jeweils auf den Fall der **Kurzarbeit** verwiesen.[1000] Wie ist nun mit der Fallkonstellation umzugehen, wenn bei einem Beschäftigten mit arbeitsvertraglich vereinbarter 40-Stunden-Woche für vier Wochen

999 Benz, NZS 2001, 24 (26).
1000 Vgl. BSG, Urt. v. 30.04.1979 – 8a RU 56/78, juris Rn. 11; Schreiber, BG 1998, 226 (228).

Kurzarbeit angemeldet wird, sodass sich bspw. seine tägliche Arbeitszeit von acht auf sechs Stunden reduziert?[1001]

Würde die Auffüllung nur für ganze Tage gelten, an denen kein Arbeitsentgelt gezahlt würde, wäre ein Auffüllen in der hier genannten Fallkonstellation nicht möglich.[1002] Der Beschäftigte erhält ja weiterhin Lohn für den Arbeitstag, nur eben reduziert auf sechs Stunden. Lediglich über § 87 SGB VII wäre dann eine Korrektur im Ermessen möglich.

Der Gesetzestext in § 82 Abs. 2 S. 1 SGB VII differenziert nicht nach Monaten, Wochen oder Stunden, es heißt dort allein, dass „Zeiten", in denen kein Arbeitsentgelt oder Arbeitseinkommen bezogen wurde, aufzufüllen sind.[1003] Aus dem Wortlaut heraus ist demnach auch beim Ausfall von Stunden ein Auffüllen der Lücken vorzunehmen. Zudem sprechen Gründe der Gleichbehandlung dafür, Stundenausfälle aufzufüllen. Mithin besteht grundsätzlich ein Anspruch auf Auffüllung, auch dann, wenn lediglich einzelne Stunden ausgefallen sind.[1004]

Die Notwendigkeit des Auffüllens tritt insbesondere bei der **Kurzarbeit** auf. Kurzarbeit ist die **vorübergehende Verkürzung** der betriebsüblichen Arbeitszeit.[1005] Rechtsfolge der Kurzarbeit ist, dass der Arbeitnehmer einerseits von der Verpflichtung zur Arbeitsleistung befreit wird, andererseits verliert er seinen Vergütungsanspruch gegenüber seinem Arbeitgeber, wofür er zum Ausgleich einen Anspruch auf Kurzarbeitergeld erhält.[1006] Nach § 104 Abs. 1 S. 1 SGB III wird Kurzarbeitergeld für den Arbeitsausfall für eine Dauer von längstens zwölf Monaten von der Agentur für Arbeit geleistet.

Wie bei der Arbeitslosigkeit können auch die Kurzarbeitertage grundsätzlich aufgefüllt werden. Das BSG sah eine unterschiedliche rechtliche Bewertung der Kurzarbeit von der Arbeitslosigkeit als nicht gerechtfertigt an.[1007]

Das Auffüllen bei ausgefallenen Stunden ist etwas komplizierter. Denn die kleinste Zeiteinheit ist nach § 187 SGB VII der Tag.[1008] Stunden eines Arbeits-

1001 Nach Schreiber, BG 1998, 226 (228).
1002 Schreiber, BG 1998, 226 (228).
1003 Schreiber, BG 1998, 226 (228).
1004 Bereiter-Hahn/Mehrtens, § 82 SGB VII Rn. 12.4; Kunze in: v. Koppenfels-Spies/Wenner, SGB VII, § 82 SGB VII Rn. 30; Plum in: Podzun, Kz. 440, S. 22; Benz, NZS 2001, 24 (26).
1005 Kreitner in: Küttner, Kurzarbeit, Rn. 1.
1006 Kreitner in: Küttner, Kurzarbeit, Rn. 13.
1007 BSG, Urt. v. 30.04.1979 – 8a RU 56/78, juris Rn. 12.
1008 Plum in: Podzun, Kz. 440, S. 22.

tages, in denen das Arbeitsentgelt wegen der Anordnung von Kurzarbeit ausgefallen ist, müssen deshalb so addiert werden, dass sich der tariflich vorgesehene Stundeninhalt **eines ganzen Kalendertages** ergibt.[1009]

Prüfungsschema | Auffüllung eines Jahresarbeitsverdienstes

Weiterer Abwandlungsfall:[1010] Caspar hatte am 16.12.2025 eine Wegeunfall, der vom Unfallversicherungsträger als versicherter Arbeitsunfall anerkannt wurde. Die Ermittlung des Unfallversicherungsträgers führt zu folgenden Erkenntnissen:
Vom 01.12.2024 bis zum 31.03.2025 arbeitete Caspar Vollzeit und erhielt 3.000,00 Euro/Monat. Wegen einer wirtschaftlichen Schieflage musste sein Betrieb Kurzarbeit anmelden. Vom 01.04.2025 bis zum 30.04.2025 hatte er seine Arbeitskraft wegen Kurzarbeit um 50 Prozent zu reduzieren; in dieser Zeit erhielt er monatlich 1.500,00 Euro.
Vom 01.05.2025 bis zum 30.11.2025 arbeitete er wieder Vollzeit, diesmal für 2.800,00 Euro/Monat.

Ermittlung des Jahresarbeitsverdienstes:

A. Vorermittlung

1. JAV-Zeitraum: 01.12.2023–30.11.2024
2. Zeiten mit Arbeitsentgelt/-einkommen: 01.12.2024–31.03.2025, 01.05.–30.11.2025
3. Zeiten ohne Arbeitsentgelt/-einkommen: 01.04.–31.04.2025

B. Berechnung

Einnahmen:
4 Monate × 3.000,00 Euro = 12.000,00 Euro
1 Monat × 1.500,00 Euro = 1.500,00 Euro
7 Monate × 2.800.00 Euro = 19.600,00 Euro
Insgesamt: 33.100,00 Euro

1009 Benz, NZS 2001, 24 (26).

1010 Nach Köllner in: Lauterbach, § 82 SGB VII Rn. 29; siehe auch Bereiter-Hahn/Mehrtens, § 82 SGB VII Rn. 12.4.

Das **Kurzarbeitergeld**, das von der Agentur für Arbeit geleistet und vom Arbeitgeber ausgezahlt wird (§§ 104 Abs. 1 S. 1, 320 Abs. 1 S. 2 SGB III), ist **kein Arbeitsentgelt**, sondern stellt eine **Lohnersatzleistung**[1011] dar. Das Kurzarbeitergeld ist daher bei der Berechnung des Jahresarbeitsverdiensts **nicht** zu berücksichtigen.
Zu berücksichtigen ist aber das reduzierte Arbeitsentgelt, das der Arbeitgeber (weiterhin) seinem Arbeitnehmer zahlt (im vorliegenden Fall die 1.500,00 Euro).

Vorüberlegung: Die Arbeitszeit von Caspar wurde um 50 Prozent für einen vollen Monat reduziert. Aus diesem Grund kann der pauschale Monatssatz von 30 Tagen um 50 Prozent auf 15 Tage reduziert werden. Es bestehen folglich 15 Ausfalltage.

1. Schritt: Multiplizieren

Teilformel:
Einnahmen × Auffülltage = Teil-Ergebnis

Hier:
Einnahmen: 33.100,00 Euro
Ausfalltage: 15 Tage
33.100,00 Euro × 15 Tage = 496.500,00 Euro

2. Schritt: Dividieren

Teilformel:
Teil-Ergebnis / (360 – Ausfalltage = Anwesenheitstage) = Auffüllbetrag

Hier:
Teil-Ergebnis = 496.500,00 Euro
360 – Ausfalltage = 360 – 15 = 345 Anwesenheitstage
496.500,00 Euro / 345 Anwesenheitstage = 1.439,13 Euro = Auffüllbetrag

3. Schritt: Addieren

Auffüllbetrag + Einnahmen = Ergebnis
Auffüllbetrag = 1.439,13 Euro
Einnahmen = 33.100,00 Euro

1011 Bieback in: BeckOK-SozR, § 95 SGB III Rn. 1; Plum in: Podzun, Kz. 440, S. 23.

1.439,13 Euro + 33.100,00 Euro = 34.539,13 Euro

4. Ergebnis: Der Jahresarbeitsverdienst beträgt bei Caspar 34.539,13 Euro.

Generell gilt beim Auffüllen von Stunden:

- Gemäß § 187 Abs. 4 S. 2 SGB VII (i.V.m. § 96 Abs. 5 SGB VII)[1012] ist die Berechnung auf Kalendertage abzustellen, sodass die durch Kurzarbeit ausgefallenen Stunden **auf Kalendertage hochzurechnen** sind.[1013] Es muss sich also durch Addition der Stunden die tariflich vorgesehene Stundenzahl eines ganzen Kalendertages ergeben[1014] (gibt der Tarifvertrag also acht Stunden/Tag vor, müssen die Stunden auf acht insgesamt addiert werden). Deshalb ist auch die (Auf)Rundungsregelung des § 187 Abs. 2 SGB VII zu beachten.[1015]
  Im eingangs genannten Beispiel (sechs statt acht Stunden pro Tag Arbeitszeit) würde wie folgt gerechnet:[1016]
  30 Tage (da voller Monat) × 2 Stunden (Ausfallzeit) / 8 Stunden vereinbarte Arbeitszeit) = 7,5 Auffülltage
- Das Auffüllen verlangt, dass es zumindest einen Zeitraum gegeben hat (mindestens einen Kalendertag), in dem das volle Arbeitsentgelt verdient wurde.[1017] Würde also im ganzen Zeitraum Kurzarbeit geleistet, wäre kein Auffüllen möglich.

Zu beachten ist des Weiteren, dass bei **Teilzeitbeschäftigten keine Auffüllung** für die der Teilzeit geschuldeten freien Arbeitszeiten stattfinden kann.[1018] Sinn und Zweck ist, wie oben bereits dargestellt, dass ein niedriger Lebensstandard, der während der Zeit des Ausfalls von Arbeitsentgelt im Allgemeinen besteht und in der Regel nicht lange anhält, zum Maßstab für die gesamte Laufzeit der nach dem Jahresarbeitsverdienst berechneten Geldleistung gemacht wird.[1019] Bei einem Teilzeitbeschäftigten besteht schon

1012 Keller in: Hauck/Noftz, SGB VII, § 82 SGB VII Rn. 20b.
1013 Köllner in: Lauterbach, § 82 SGB VII Rn. 29.
1014 Keller in: Hauck/Noftz, SGB VII, § 82 SGB VII Rn. 20b.
1015 Köllner in: Lauterbach, § 82 SGB VII Rn. 29.
1016 Nach Schudmann in: jurisPK-SGB VII, § 82 SGB VII Rn. 106.
1017 Keller in: Hauck/Noftz, SGB VII, § 82 SGB VII Rn. 19.
1018 Keller in: Hauck/Noftz, SGB VII, § 82 SGB VII Rn. 19.
1019 BT-Drs. IV/120, S. 57; BSG, Urt. v. 30.04.1979 – 8a RU 56/78, juris Rn. 10.

kein Ausfall von Arbeitsentgelt; es kann nichts ausfallen, was gar nicht arbeitsvertraglich vereinbart wurde. Auch ist der Lebensstandard ja gerade auf die Teilzeitbezahlung ausgerichtet.

Das LSG Bayern hatte über einen ähnlichen, aber eben nicht gleichen Fall zu entscheiden:[1020] Eine ursprünglich in Vollzeit beschäftigte Versicherte, erlitt während ihrer Teilzeit einen Arbeitsunfall. Wegen der Anfertigung ihrer Promotion war eine befristete, flexible Teilzeittätigkeit vereinbart worden. Es war dabei erkennbar, dass nach Abschluss der Promotion die bisherige Lebensstellung erreicht werden soll.

Das LSG Bayern löste überzeugend den Fall nicht über das Auffüllen nach § 82 Abs. 2 S. 1 SGB VII. Die „flexible Teilzeitarbeit“ könne nicht Zeiten einer Krankheit, einer Arbeitslosigkeit oder eines unbezahlten Urlaubs gleichgestellt werden.[1021] Aufzufüllen gab es hier nichts, da keine Lücke vorlag. Teilzeit ist keine Lücke.

Dennoch: Zugunsten der Versicherten korrigierte das LSG sein Ergebnis schließlich über § 87 SGB VII, da es im vorliegenden Fall **unbillig** gewesen sei, bei der Bemessung des Jahresarbeitsverdienstes die tatsächlichen Einkünfte aus der befristeten Teilzeittätigkeit zugrunde zu legen.[1022]

3.3.2.4 Auffüllen beim Wochenende

Problematisch ist, wenn ein Wochenende oder ein Feiertag zwischen zwei Beschäftigungsverhältnissen liegt. Zählt das Wochenende dann auch als Lücke und ist deshalb aufzufüllen?

Prüfungsschema | Auffüllung eines Jahresarbeitsverdienstes

Zusätzlicher Abwandlungsfall:[1023] Albus hatte am 30. Juli 2025 einen Wegeunfall, der vom Unfallversicherungsträger als versicherter Arbeitsunfall anerkannt wurde. Die Ermittlung des Unfallversicherungsträgers führt zu folgenden Erkenntnissen:

1020 LSG Bayern, Urt. v. 10.01.2012 – L 3 U 181/09, juris Rn. 21 ff.
1021 LSG Bayern, Urt. v. 10.01.2012 – L 3 U 181/09, juris Rn. 23.
1022 LSG Bayern, Urt. v. 10.01.2012 – L 3 U 181/09, juris Rn. 26 f.
1023 Nach Schreiber, BG 1998, 226 (228).

Am Freitag, 31. Januar 2025 beendete Albus sein Arbeitsverhältnis bei der Agentur Alfa. Am Montag, 3. Februar 2025 begann er sein neues Arbeitsverhältnis bei der Agentur Bravo.

JAV-Zeitraum:
01.07.2024–30.06.2025
Einnahmen:
01.07.2024–31.01.2025: Gehalt Firma Alfa: 4.000,00 Euro/Monat
03.02.2025–28.02.2025: Gehalt Firma Bravo: 4.178,57 Euro
01.03.2025–30.06.2025: Gehalt Firma Bravo: 4.500,00 Euro/Monat

Besteht für zwei Tage (Samstag, 1. Februar bis Sonntag, 2. Februar 2025) eine Lücke, die aufzufüllen ist?
Wenn das Beschäftigungsverhältnis am Freitag endete, erhält der Versicherte für Samstag und Sonntag folgerichtig kein Gehalt. Das neue Beschäftigungsverhältnis beginnt erst am Montag. In dem Fall ist das Wochenende als Ausfallzeit zu berücksichtigen.[1024]
Das Ergebnis ist auch – hinsichtlich des Sinns und Zwecks der Vorschrift betrachtet – korrekt: Im vorliegenden Fall erhält Albus im Februar auch nicht das vollständige Gehalt, sondern „nur“ den anteiligen Monatslohn. Der volle Monatslohn beträgt 4.500,00 Euro, Albus erhält 26/28 davon (= 4.178,57 Euro), da er erst zum 3. Februar 2025 anfängt. Insofern ist ihm eine Ausfallzeit entstanden, in der er kein Gehalt erhält (01.–02.02.2025), die aufgefüllt wird.
Anders wäre hingegen der Fall zu entscheiden, wenn die Firma Bravo großzügigerweise im Februar bereits den vollen Monatslohn in Höhe von 4.500,00 Euro geleistet hätte. Zwar wäre auch dann arbeitsvertraglich betrachtet eine Lücke entstanden, da das Arbeitsverhältnis erst am 03.02.2025 begonnen hatte. Dies hätte sich aber monetär betrachtet nicht negativ bei Albus ausgewirkt, sodass keine Notwendigkeit zum Auffüllen bestanden hätte.
Hier hätte es deshalb dann keine Zeit ohne Arbeitsentgelt gegeben (§ 82 Abs. 1 S. 1 SGB VII), zumindest wäre eine Korrektur nach § 87

1024 Keller in: Hauck/Noftz, SGB VII, § 82 SGB VII Rn. 20a; Köllner in: Lauterbach, § 82 SGB VII Rn. 27; Kunze in: v. Koppenfels-Spies/Wenner, SGB VII, § 82 SGB VII Rn. 30; Schudmann in: jurisPK-SGB VII, § 82 SGB VII Rn. 100; Zimmermann in: LPK-SGB VII, § 82 SGB VII Rn. 30.

SGB VII (Vermeidung einer Berücksichtigung einer Doppelzahlung) vorzunehmen.

3.3.2.5 Auffüllung bei Einmalzahlungen

Abschließend wenden wir uns nochmals den **Einmalzahlungen** zu. Hier sei daran erinnert, dass grundsätzlich Einmalzahlungen auch Arbeitsentgelt i.S.d. § 14 Abs. 1 SGB IV sind und damit – von den Ausnahmen des SvEV abgesehen – in der Berechnung des Jahresarbeitsverdienstes berücksichtigt werden.

Es stellt sich nun die Folgefrage, ob dann in der Konsequenz **auch Einmalzahlungen** aufgefüllt werden?

Da Einmalzahlungen – wie oben bereits dargelegt – genauso Arbeitsentgelt i.S.d. § 14 Abs. 1 SGB IV sind wie Löhne und Gehälter, fallen sie genauso unter den Wortlaut des § 82 Abs. 2 S. 1 SGB VII. Grundsätzlich erfüllen sie somit als Geldleistung die Voraussetzungen zum Auffüllen.

Die Auffüllung von Gehalt und Lohn wird damit begründet, dass ein niedriger Lebensstandard, der während der Zeit des Ausfalls von Arbeitsentgelt im Allgemeinen besteht und in der Regel nicht lange anhält, nicht Maßstab einer langfristigen Geldleistung wie der Rente werden soll.[1025] Der Versicherte soll daher so behandelt werden, als ob er die versicherte Tätigkeit während des gesamten Jahres ausgeübt und das ihm dann zustehende Arbeitsentgelt bezogen hätte.[1026]

Bei Anwendung dieses Leitbildes, das das Auffüllen von Lohn und Gehalt rechtfertigt, ist es folgerichtig, auch die Einmalzahlungen nach den gleichen Kriterien zu bewerten.

Das bedeutet folgende Prüfung: Führt die Leistung des Arbeitgebers einer Einmalzahlung beim Versicherten zu einem (höheren) Lebensstandard, der ohne die Zahlung nicht bestehen würde?

In der Praxis und Literatur haben sich zwei unterschiedliche Meinungen dazu gebildet:[1027]

1025 BT-Drs. IV/120, S. 57; BSG, Urt. v. 30.04.1979 – 8a RU 56/78, juris Rn. 10.

1026 BSG, Urt. v. 30.04.1979 – 8a RU 56/78, juris Rn. 10.

1027 Keller in: Hauck/Noftz, SGB VII, § 82 SGB VII Rn. 21; Köllner in: Lauterbach, § 82 SGB VII Rn. 32; Kunze in: v. Koppenfels-Spies/Wenner, SGB VII, § 82 SGB VII Rn. 31; Zimmermann in: LPK-SGB VII, § 82 SGB VII Rn. 33.

In der Praxis wurde (zumindest auf Basis einer älteren Verlautbarung aus dem Jahr 1997) von Seiten des damaligen Hauptverbandes der gewerblichen Berufsgenossenschaften vertreten, dass **generell** Einmalzahlungen beim Auffüllen **nicht** zu berücksichtigen seien.[1028] Nochmals zur Klarstellung: Es ist **unstrittig, dass die Einmalzahlungen grundsätzlich für die Berechnung des Jahresarbeitsverdienstes berücksichtigt** werden, es geht allein darum, ob bei Lücken diese Zahlungen **für die Auffüllung** ebenso Berücksichtigung finden müssen.

Namhafte Stimmen im Schrifttum[1029] schlagen eine **differenziertere Betrachtung** vor:

Hat der Beschäftigte die Einmalzahlung **in einem Monat und auch für diesen Monat** erhalten, soll die Einmalzahlung **nicht** für das Auffüllen berücksichtigt werden.[1030] Es sei nicht nachvollziehbar, dass ein einmaliger, für eine einzelne Arbeitsleistung gezahlter Betrag bei einer Auffüllung einer einkommenslosen Zeit im JAV-Jahr berücksichtigt würde und somit den Jahresarbeitsverdienst um einen Bruchteil dieser Einmalzahlung erhöhe.[1031] Als Beispiele werden Einmalzahlungen in Form der **Montagebeteiligung, Auslandszulage** oder **Erfindervergütung** genannt.[1032]

Einmalzahlungen könnten dann beim Auffüllen berücksichtigt werden, wenn es sich um Leistungen handle, die **zeitraumbezogen bzw. abhängig von einer entsprechenden Betriebszugehörigkeit** gezahlt würden.[1033] Habe der Versicherte bspw. nach einer Zeit der Arbeitslosigkeit wieder eine Beschäftigung aufgenommen und würde er aufgrund der erst kurzen Betriebszugehörigkeit nur eine **anteilige Sonderzuwendung** erhalten, wäre es nicht gerechtfertigt, diese bei der Auffüllberechnung des Jahresarbeitsverdienstes unberücksichtigt zu lassen.[1034] Als Beispiele werden hier **Urlaubsgeld** und **Weihnachtsgeld** genannt.[1035]

Würde bspw. jeder Beschäftigte, der das ganze Jahr über in dem Unternehmen beschäftigt war, ein Weihnachtsgeld von 1.300,00 Euro erhalten, der im

1028 Vgl. Köllner in: Lauterbach, § 82 SGB VII Rn. 32.
1029 Keller in: Hauck/Noftz, SGB VII, § 82 SGB VII Rn. 21; Köllner in: Lauterbach, § 82 SGB VII Rn. 32; Kunze in: v. Koppenfels-Spies/Wenner, SGB VII, § 82 SGB VII Rn. 31.
1030 Köllner in: Lauterbach, § 82 SGB VII Rn. 32
1031 Köllner in: Lauterbach, § 82 SGB VII Rn. 32
1032 Köllner in: Lauterbach, § 82 SGB VII Rn. 32
1033 Keller in: Hauck/Noftz, SGB VII, § 82 SGB VII Rn. 21.
1034 Köllner in: Lauterbach, § 82 SGB VII Rn. 32
1035 Köllner in: Lauterbach, § 82 SGB VII Rn. 32

Laufe des Jahres neu in die Beschäftigung Eingetretene „nur“ 1.050,00 Euro (anteilig aufgrund seines späteren Eintritts), wäre die Einmalzahlung aufzufüllen.[1036] Dabei ist aber darauf zu achten, dass bei dem Neu-Eingetretenen durch die Auffüllung am Ende nicht zu mehr Weihnachtsgeld führt als bei den Durchgehend-Beschäftigten. Die Auffüllung dürfte den Gesamtbetrag des Weihnachtsgeldes in Höhe von 1.300,00 Euro nicht übersteigen.

Anders ausgedrückt: Würde der Beschäftigte genauso viel erhalten, wie wenn er das ganze Jahr über gearbeitet hätte (hier also 1.300,00 Euro), bestände auch bei diesen Einmalzahlungen keine Notwendigkeit des Auffüllens.

Prüfungsschema | Auffüllung des Jahresarbeitsverdienstes

01.01.–31.05.25: Gehalt Firma Delta Logistik: 20.000,00 Euro
15.05.2025: Urlaubsgeld 1.000,00 Euro
01.06.–30.06.25: Arbeitslosigkeit
01.07.–31.12.25: Gehalt Firma Epsilon Logistik: 35.000,00 Euro
14.10.–17.10.25: Auslandszulage 500,00 Euro
15.11.2025: Weihnachtsgeld 1.200,00 Euro
Vorläufiger Jahresarbeitsverdienst = 57.900,00 Euro

Das Urlaubsgeld wurde vollständig geleistet, das Weihnachtsgeld nur anteilig (volles Weihnachtsgeld: 2.400,00 Euro)

Auffüllen:
1. Gehalt
55.000,00 Euro × 1 Monat / 11 Monate = 5.000,00 Euro

2. Einmalzahlungen (nach herrschendem Schrifttum):
a) Urlaubsgeld ist nicht zu berücksichtigen, da nicht anteilig
b) Auslandszulage ist nicht zu berücksichtigen, da einmalig
c) Weihnachtsgeld ist zu berücksichtigen, da anteilig

1.200,00 Euro × 1 Monat / 11 Monate = 109,09 Euro

Ergebnis:
Tatsächliche Leistungen:

1036 Köllner in: Lauterbach, § 82 SGB VII Rn. 32

55.000,00 Euro + 1.000,00 Euro + 500,00 Euro + 1.200,00 Euro = 57.700,00 Euro

Auffüllbeträge:
5.000,00 Euro + 109,09 Euro = 5.109,09 Euro

Insgesamt:
57.700,00 Euro + 5.109,09 = 62.809,09 Euro

Ergebnis: Der Jahresarbeitsverdienst beträgt 62.809,09 Euro

Hinweis: Für das Weihnachtsgeld wird insgesamt ein Betrag von 1.200,00 Euro (Auszahlung) und 109,09 Euro (Auffüllung), zusammen 1.309,09 Euro angesetzt. Die maximale Grenze, die durch die Auffüllung erreicht werden dürfte, läge bei 2.400,00 Euro. Das ist der Betrag, der an alle Beschäftigten gezahlt wird, die das ganze Jahr über in dem Unternehmen gearbeitet haben.

An der herrschenden Meinung ist folgendes zu kritisieren: Ob eine Einmalzahlung beim Auffüllen berücksichtigt wird oder nicht, soll davon abhängen, ob Einmalzahlungen für den gesamten JAV-Zeitraum oder nur für einen bestimmten Zeitraum geleistet werden. Eine Jubiläumsprämie, die der Versicherte als Einmalzahlung erhält, ist auch zeitraumbezogen bzw. abhängig von einer entsprechenden Betriebszugehörigkeit.[1037] Sie zu berücksichtigen wäre aber verzerrend, da sie in voller Höhe gezahlt wird und der Anspruch nur zufällig im JAV-Zeitraum liegt.

Deshalb geht es bei der Bewertung der Arbeitsentgelte nicht darum, *wann* sie bezogen wurden, sondern darum, w*eshalb* sie bezogen wurden.

Die Auslandszulage oder die Erfinderprämie sind **einmalige Einmalzahlungen**. Sie werden aufgrund eines einmaligen, abgeschlossenen Ereignisses gezahlt.

Beispiel: Versicherter war im Februar 2026 auf Dienstreise in Italien und erhält für diese Reise eine Zulage. Die Zulage wurde für ein einmaliges, abgeschlossenes Ergebnis geleistet (Italien-Dienstreise im Februar 2026)

Die Höhe dieser Einmalzahlungen ändert sich nicht daran, wie lange der Versicherte im Unternehmen beschäftigt ist.

1037 Köllner in: Lauterbach, § 82 SGB VII Rn. 32.

Konsequenz: Keine Auffüllung notwendig, da die Einmalzahlung bereits im JAV vollständig berücksichtigt ist.

Anders sind **regelmäßige Einmalzahlungen** zu betrachten wie das Urlaubs- oder Weihnachtsgeld, also Leistungen, die der Arbeitgeber regelmäßig in Form einer Einmalzahlung seinen Beschäftigten zahlt und die damit auch ein einplanbarer Bestandteil des persönlichen Budgets werden können. Diese sind zu berücksichtigen, wobei es nicht zu einer Über-Berücksichtigung kommen darf. Der einmalige Maximalbetrag der Geldleistung darf nicht überschritten werden.

Beispiel: Versicherter ist seit Juli 2025 beim Unternehmen angestellt und erhält 50 Prozent des Weihnachtsgeldes für seine Zugehörigkeit, 500 Euro von sonst 1.000 Euro

Die Höhe dieser Einmalzahlung ändert sich bezüglich der Länge der Beschäftigung.

Konsequenz: Auffüllung notwendig, da die Einmalzahlung nur anteilig im JAV berücksichtigt wird.

Abwandlungsbeispiel: Der Versicherte erhält, obwohl er erst seit Juli 2025 im Unternehmen arbeitet, das volle Weihnachtsgeld von 1.000 Euro.

Die Höhe dieser Einmalzahlung ändert sich nicht daran, wie lange der Versicherte im Unternehmen beschäftigt ist.

Konsequenz: Keine Auffüllung notwendig, da die Einmalzahlung bereits im JAV vollständig berücksichtigt ist.

Vom Ergebnis her ist somit der herrschenden Meinung zuzustimmen. Einleuchtender wäre es aber die Einmalzahlungen in einmalige und regelmäßige Einmalzahlungen zu unterscheiden.[1038] Die Differenzierung nach einer Zeitraumbezogenheit der Einmalzahlung überzeugt nicht,[1039] auch wenn es zu den gleichen Ergebnissen am Ende führt.

3.4 JAV für Unternehmer

In § 83 SGB VII ist für Unternehmer eine Sonderreglung für den Jahresarbeitsverdienst geregelt.

Dort heißt es, dass für kraft Gesetzes versicherte selbständig Tätige, für kraft Satzung versicherte Unternehmer und Ehegatten oder Lebenspartner

---

1038 Vgl. Zimmermann, jurisPR-SozR 11/2024 Anm. 2.
1039 Zimmermann in: LPK-SGB VII, § 82 SGB VII Rn. 33.

und für freiwillig Versicherte die **Satzung des Unfallversicherungsträgers** die Höhe des Jahresarbeitsverdienstes zu bestimmen hat.

Sie hat ferner zu bestimmen, dass und unter welchen Voraussetzungen die kraft Gesetzes versicherten selbständig Tätigen und die kraft Satzung versicherten Unternehmer und Ehegatten oder Lebenspartner auf ihren Antrag mit einem höheren Jahresarbeitsverdienst versichert werden.

Der Jahresarbeitsverdienst nach § 83 SGB VII wird an anderer Stelle im Gesetz (§ 154 Abs. 1 S. 1 SGB VII) als **Versicherungssumme** bezeichnet. Die Bezeichnung aus dem Beitragsrecht ist auch für das Geldleistungsrecht üblich.[1040]

Der große Unterschied zwischen dem Jahresarbeitsverdienst für Beschäftigte und der Versicherungssumme der Unternehmer besteht darin, dass sich der Jahresarbeitsverdienst an den tatsächlichen Einkünften ausrichtet, während sich die Versicherungssumme aus der Satzung des Unfallversicherungsträgers bzw. der freien Wahl des Unternehmers ergibt.[1041]

Der Hintergrund liegt darin, dass letztlich der Jahresarbeitsverdienst für die **Beschäftigten** die Berechnungsgrundlage für eine Geldleistung wie der Rente darstellt und somit der **Ablösung der Unternehmerhaftpflicht** dient.[1042]

Wissen | Ablösung der Unternehmerhaftpflicht

Die gesetzliche Unfallversicherung wurde 1884 eingeführt, weil Beschäftigte im Zusammenhang mit ihrer abhängigen Arbeit durch Arbeitsunfälle oder Berufskrankheiten gefährdet waren.[1043]
Durch die fortschreitende Industrialisierung stiegen Arbeitsunfälle mit schweren Verletzungen drastisch an.[1044] Das bestehende Haftungsrecht sicherte die Arbeitnehmer nicht ausreichend ab: Das Verschulden des Arbeitgebers war oft nicht nachweisbar oder ein etwaiger Schadensersatzanspruch wurde aus Sorge vor einem Verlust des Arbeitsplatzes vom Arbeitnehmer erst gar nicht geltend gemacht.[1045]

1040 Keller in: Hauck/Noftz, SGB VII, § 83 SGB VII Rn. 1.
1041 Keller in: Hauck/Noftz, SGB VII, § 83 SGB VII Rn. 1.
1042 Bereiter-Hahn/Mehrtens, § 83 SGB VII Rn. 2.
1043 Molkentin in: LPK-SGB VII, § 1 SGB VII Rn. 2.
1044 v. Koppenfels-Spies, Rn. 398.
1045 v. Koppenfels-Spies, Rn. 398.

Die Lösung dieses Problems sah vor, dass das Risiko eines Arbeitsunfalls nicht mehr vom einzelnen Unternehmer getragen werden sollte oder über einen zivilrechtlichen Schadensersatzanspruch ausgeglichen werden sollte, sondern dass anstelle dessen eine kollektive Haftungsübernahme im Form einer gesetzlichen Unfallversicherung der Gesamtunternehmerschaft eingeführt wurde.[1046]
Durch die Einführung eines Unfallversicherungsrechts sollte die Haftung insbesondere des Arbeitgebers gegenüber seinen Arbeitnehmern (Unternehmerhaftung) abgelöst werden.[1047] Dies wird auch als **„Prinzip der Haftungsersetzung durch Versicherungsschutz"** bezeichnet.[1048]
Die gesetzliche Unfallversicherung verfolgt zwei Hauptanliegen:[1049]

- Schutz der Versicherten durch eine leistungsfähige Versicherung
- Ausschluss der privatrechtlichen Schadensersatzhaftung des Unternehmers

Für die **Unternehmer** handelt es sich bei ihrem Jahresarbeitsverdienst hingegen um eine versicherungsrechtliche Eigenhilfe auf Basis einer genossenschaftlichen Grundlage.[1050]

Die nicht notwendige Ermittlung des Arbeitseinkommens hat für die Verwaltung einen recht pragmatischen positiven Effekt: Die oft für die Verwaltung bei Unternehmern schwierige Ermittlung des tatsächlichen jährlichen Arbeitsverdienstes erübrigt sich.[1051]

3.4.1 Betroffener Personenkreis

Der von § 83 SGB VII umfasste Personenkreis sind:

- die kraft Gesetzes versicherten selbständig Tätigen (§ 2 Abs. 1 SGB VII):
  Nr. 5: Landwirtschaftliches Unternehmen: Sonderreglung, 93 SGB VII
  Nr. 6: Hausgewerbetreibende und Zwischenmeister (§ 12 SGB IV)
  Nr. 7: Küstenschiffer und Küstenfischer: Sonderreglung, § 92 SGB VII

1046 v. Koppenfels-Spies, Rn. 398.
1047 Molkentin in: LPK-SGB VII, § 1 SGB VII Rn. 4.
1048 Molkentin in: LPK-SGB VII, § 1 SGB VII Rn. 4.
1049 Molkentin in: LPK-SGB VII, § 1 SGB VII Rn. 3.
1050 BSG, Urt. v. 04.12.2007 – B 2 U 33/06 R, juris Rn. 12.
1051 BSG, Urt. v. 04.12.2007 – B 2 U 33/06 R, juris Rn. 12.

Nr. 9: Personen in Gesundheitswesen oder Wohlfahrtspflege
Nr. 16: Eigenheim-Bauherren fallen nicht darunter, da die selbstständige Tätigkeit nur eine berufliche Tätigkeit sein kann[1052]

- die kraft Satzung versicherten Unternehmer und Ehegatten (§ 3 SGB VII):
Die Unfallversicherungsträger können somit den Kreis der Versicherten in ihrer Satzung erweitern.
Beispiel: § 50 Satzung BGW: „Die Versicherung wird auf Unternehmer und Unternehmerinnen des Friseurhandwerks und der Haarbearbeitung sowie ihre im Unternehmen mitarbeitenden Ehegatten, Ehegattinnen, Lebenspartner bzw. Lebenspartnerinnen ausgedehnt, die nicht schon kraft Gesetzes versichert sind (§ 3 Absatz 1 Nummer 1 SGB VII)."
- die freiwillig Versicherten (§ 6 SGB VII):
Dazu gehören Ehrenamtsträger bzw. Ehrenamtliche i.S.d. § 6 Abs. 1 Nr. 3–5 SGB VII[1053]
Beispiel: § 52 Nr. 1 Satzung BGW: „Gegen die Folgen von Arbeitsunfällen und Berufskrankheiten (§§ 7 bis 12 SGB VII) können sich freiwillig versichern, soweit sie nicht kraft Gesetzes oder Satzung versichert sind (§ 6 Absatz 1 SGB VII) selbstständig tätige Ärzte und Ärztinnen, Zahnärzte und Zahnärztinnen, Tierärzte und Tierärztinnen, Psychologische Psychotherapeuten und Psychotherapeutinnen, Kinder- und Jugendlichenpsychotherapeuten und -psychotherapeutinnen, Heilpraktiker und Heilpraktikerinnen, Apotheker und Apothekerinnen und ihre im Unternehmen unentgeltlich mitarbeitenden Ehegattinnen, Ehegatten, Lebenspartnerinnen bzw. Lebenspartner"

Das BSG stellte zu den drei unterschiedlichen Personengruppen fest, dass es sich bei der freiwilligen Versicherung, der Versicherung aufgrund Satzung sowie der Versicherung kraft Gesetzes jeweils um qualitativ unterschiedliche Versicherungsverhältnisse handelt, die unterschiedliche Rechtsfolgen auslösen.[1054]

1052 Keller in: Hauck/Noftz, SGB VII, § 83 SGB VII Rn. 3.
1053 Bereiter-Hahn/Mehrtens, § 83 SGB VII Rn. 3.
1054 BSG, Urt. v. 03.04.2014 – B 2 U 26/12 R, juris Rn. 14.

3.4.2 Höhe der Versicherungssumme

Der Gesetzgeber verpflichtet („hat“) die Unfallversicherungsträger, in ihren Satzungen die Höhe der Versicherungssumme zu bestimmen. Dieser besitzt also kein Ermessen über das Ob, aber einen weiten Gestaltungsspielraum über das Wie.[1055]

3.4.2.1 Freiwillige Versicherung

Der Gestaltungsspielraum bei der freiwilligen Versicherung beinhaltet folgende Satzungsoptionen:[1056]

- Wahl der Versicherungssumme bis zum Höchst-JAV[1057]
- Mindestversicherungssumme, wenn eine frei wählbare Summe im Antrag nicht genannt wird
- Aufrundung einer beantragten Versicherungssumme in angemessenem Umfang, z.B. auf volle 1.000 Euro
- Festbetrag (auch wenn dieser vom tatsächlichen Einkommen erheblich abweicht)[1058]
- Festlegung nach realen Einkommen des Versicherten durch Abstellen auf die Festsetzungen des jeweils aktuellen Steuerbescheids[1059]
- Bestimmung von Ober- und Untergrenzen, die am Mindest- und Höchst-JAV ausgerichtet sind
- Unterschiedliche Höhen für die Selbstständigen und Unternehmer einerseits und mitarbeitende Ehegatten/Lebenspartner andererseits

3.4.2.2 Gesetzliche und satzungsgemäße Versicherung

Das Gesetz geht bei der Gruppe der pflichtversicherten Selbstständigen von der Vorstellung eines grundsätzlich am Einkommen orientierten Versicherungssumme aus, die auf Antrag durch eine **Höherversicherung** aufgestockt werden kann.[1060]

1055 Bereiter-Hahn/Mehrtens, § 83 SGB VII Rn. 4.
1056 Nach Ricke in: BeckOGK-SGB VII, § 83 SGB VII Rn. 19 f.
1057 BSG, Urt. v. 04.12.2007 – B 2 U 33/06 R, juris Rn. 12.
1058 BSG, Urt. v. 04.12.2007 – B 2 U 33/06 R, juris Rn. 12.
1059 BSG, Urt. v. 04.12.2007 – B 2 U 33/06 R, juris Rn. 12.
1060 BSG, Urt. v. 04.12.2007 – B 2 U 33/06 R, juris Rn. 12.

Gemäß § 83 S. 2 SGB VII müssen die Unfallversicherungsträger für die kraft Gesetzes versicherten Selbstständigen sowie die kraft Satzung versicherten Unternehmer (und deren Ehegatten oder eingetragenen Lebenspartner) in ihren Satzungen die Möglichkeit einer Höherversicherung vorsehen. Auch hier haben die Unfallversicherungsträger kein Ermessen („hat"), können die Voraussetzungen aber frei wählen. Notwendig ist ein Antrag des Versicherten.

Die Grenze für die Höherversicherung bildet der Höchst-JAV (unter Anwendung des § 85 Abs. 2 S. 2 SGB VII).[1061]

Maßgeblich ist stets die Höhe der Versicherungssumme zum Zeitpunkt des Versicherungsfalls.[1062]

Beispiel: § 47 Abs. 1 Satzung BG ETEM („Versicherungssumme, Beitragsberechnung"): „Für die Berechnung der Beiträge und der Geldleistungen gelten als Jahresarbeitsverdienst (Versicherungssumme) für kraft Satzung versicherte Unternehmer und Unternehmerinnen 70 vom Hundert der jeweiligen Bezugsgröße (§ 18 Abs. 1 SGB IV); ist der hiernach sich ergebende Betrag nicht durch 1.200 teilbar, gilt als Versicherungssumme der nächsthöhere durch 1.200 teilbare Betrag. Arbeitsentgelte und Versicherungssummen aus anderen versicherten Erwerbstätigkeiten werden der Versicherungssumme bei der Berechnung von Geldleistungen bis zur Höhe des Höchstjahresarbeitsverdienstes hinzugerechnet."

§ 48 Abs. 1 Satzung BG ETEM („Höherversicherung"): „Die Berufsgenossenschaft hat der Versicherung auf schriftlichen oder elektronischen Antrag eine höhere Versicherungssumme als die in § 47 Abs. 1 der Satzung bestimmte zugrunde zu legen (§ 83 Satz 2 SGB VII). Der Betrag darf den Höchstbetrag des Jahresarbeitsverdienstes (§ 38 Abs. 2 der Satzung) nicht übersteigen. Für die Beitragsberechnung gilt § 47 der Satzung."

3.5 Zusammentreffen von Arbeitsentgelt und Arbeitseinkommen

Die modernen Arbeits- und Familienverhältnisse ermöglichen es, dass Personen nicht nur einer Arbeit nachgehen, sondern mehrere Arbeitsverhältnisse besitzen. Auch gibt es zuweilen, wenn auch seltener, Personen, die

1061 Keller in: Hauck/Noftz, SGB VII, § 83 SGB VII Rn. 5a; Ricke in: BeckOGK-SGB VII, § 83 SGB VII Rn. 25; so auch letztlich Plum in: Podzun, Kz. 440 S. 30

1062 Bereiter-Hahn/Mehrtens, § 83 SGB VII Rn. 8.

sowohl angestellt als auch selbständig sind. Nicht immer und regelmäßig erfolgen solche Mehrfachbeschäftigungen freiwillig und allein aus dem Grund etwas dazu verdienen zu wollen. Oftmals sind sie erforderlich, um ein zufriedenstellendes Leben führen zu können.

Im Falle eines Arbeitsunfalls (oder einer Berufskrankheit) stellt sich daher die Frage, welche Auswirkungen die unterschiedlichen Einkünfte auf den Jahresarbeitsverdienst haben.

Nach § 82 Abs. 1 S. 1 SGB VII ist der Jahresarbeitsverdienst der Gesamtbetrag der Arbeitsentgelte und Arbeitseinkommen. Insofern nimmt der Gesetzestext bereits Bezug auf die unterschiedlichen Einkunftsarten und geht von einer Gesamtsumme aus.

Nicht damit geklärt ist die Frage, ob der Jahresarbeitsverdienst nur aus den Einkünften derjenigen Beschäftigung oder Tätigkeit errechnet werden soll, bei der sich der Unfall ereignete.[1063]

Der Jahresarbeitsverdienst soll die wirtschaftlichen und sozialen Verhältnisse des Verletzten **vor dem Versicherungsfall** widerspiegeln.[1064] Der Lebensstandard eines Unternehmers, der noch eine abhängige Zweitbeschäftigung ausübt, wird durch den **Gesamtverdienst** aus beiden Tätigkeiten geprägt.[1065] Voraussetzung dafür ist, dass sich der Versicherungsfall auf beide Tätigkeiten auswirkt und damit beide Erwerbsquellen betrifft.[1066] Der Jahresarbeitsverdienst hat sich deshalb aus dem Arbeitsentgelt aller Beschäftigungen und dem Einkommen aus allen selbständigen Tätigkeiten zu errechnen.[1067]

Merksatz | Zusammentreffen von verschiedenen Einkünften

Es ist die gesamte Einkommenssituation des Versicherten zu ermitteln, da die Verdienstverhältnisse nicht nur durch die Einkünfte im Unfallbetrieb geprägt werden, sondern durch sämtliche Einkünfte.[1068]

1063 BSG, Urt. v. 04.07.1995 – 2 RU 33/94, juris Rn. 17.
1064 BSG, Urt. v. 04.07.1995 – 2 RU 33/94, juris Rn. 17
1065 BSG, Urt. v. 04.07.1995 – 2 RU 33/94, juris Rn. 17.
1066 Bereiter-Hahn/Mehrtens, § 82 SGB VII Rn. 8.
1067 BSG, Urt. v. 04.07.1995 – 2 RU 33/94, juris Rn. 17.
1068 Plum in: Podzun, Kz. 440 S. 16.

3.5.1 Konstellation: Beschäftigter/Beschäftigter, Arbeitsunfall in erster Beschäftigung

In der ersten Konstellation hat der Beschäftigte zwei unterschiedliche Beschäftigungsverhältnisse. Im ersten Beschäftigungsverhältnis hat er einen Arbeitsunfall.

Prüfungsschema | Zusammentreffen verschiedener Einkünfte

Fallvariante 1: Bertha arbeitet vormittags als angestellte Kassiererin in einem Supermarkt und nachmittags als angestellte Kellnerin in einem Restaurant. Sie bricht sich im Supermarkt das Bein. Aufgrund des Beinbruchs kann sie beide Tätigkeiten nicht ausführen. Wie berechnet sich der Jahresarbeitsverdienst?

Rechtsgrundlage ist § 82 Abs. 1 S. 1 SGB VII.

Das Arbeitsentgelt aus dem Supermarkt und das Arbeitsentgelt aus dem Restaurant sind zu addieren und stellen den Gesamtbetrag für den Jahresarbeitsverdienst dar.

3.5.2 Konstellation: Beschäftigter/nichtversicherter Selbständiger, Arbeitsunfall in Beschäftigung

In der zweiten Konstellation hat der Versicherte ein Anstellungsverhältnis und ist zusätzlich noch selbständig. Im Beschäftigungsverhältnis ereignet sich der Arbeitsunfall. Er ist nicht als Selbständiger versichert.

Dem **Arbeitsentgelt** aus der Beschäftigung wird das tatsächlich erzielte **Arbeitseinkommen** der selbständigen Tätigkeit hinzugerechnet.[1069]

Prüfungsschema | Zusammentreffen verschiedener Einkünfte

Fallvariante 2: Bertha arbeitet vormittags als angestellte Kassiererin in einem Supermarkt und betreibt nachmittags selbständig einen Online-Weinhandel. Sie bricht sich im Supermarkt das Bein. Aufgrund des Beinbruchs kann sie beide Tätigkeiten nicht ausführen. Sie ist als

1069 Bereiter-Hahn/Mehrtens, § 82 SGB VII Rn. 8.1.

Selbständige nicht versichert. Wie berechnet sich der Jahresarbeitsverdienst?

Rechtsgrundlage ist § 82 Abs. 1 S. 1 SGB VII.

Maßgeblich für den Jahresarbeitsverdienst ist das Arbeitsentgelt aus dem Supermarkt und das Arbeitseinkommen aus der selbständigen Tätigkeit.[1070] Es kommt daher nicht darauf an, ob es sich hier um eine versicherte und unversicherte Tätigkeit handelt, da beide Tätigkeiten die wirtschaftlichen Verhältnisse von Bertha widerspiegeln.[1071]

3.5.3 Konstellation: Beschäftigter/versicherter Selbständiger, Arbeitsunfall in Beschäftigung

In der dritten Konstellation hat der Versicherte ein Anstellungsverhältnis und ist zusätzlich noch selbständig. Im Beschäftigungsverhältnis ereignet sich der Arbeitsunfall. Er ist freiwillig als Selbständiger versichert.

Das Arbeitsentgelt aus der Beschäftigung wird zum tatsächlichen Arbeitseinkommen addiert.[1072] Die Versicherungssumme ist unbedeutend, weil es sich nicht um den Jahresarbeitsverdienst eines versicherten Unternehmers i.S.d. § 83 SGB VII handelt, sondern um den des Beschäftigten.[1073]

Prüfungsschema | Zusammentreffen verschiedener Einkünfte

Fallvariante 3: Bertha arbeitet vormittags als angestellte Kassiererin in einem Supermarkt und betreibt nachmittags selbständig einen Online-Weinhandel. Sie hat einen Arbeitsunfall als Kassiererin. Aufgrund des Arbeitsunfalls kann sie beide Tätigkeiten nicht ausführen. Sie ist als Selbständige freiwillig versichert (§ 6 Abs. 1 S. 1 SGB VII i.V.m. § 43 Abs. 1 S. 1 Satzung BGHW). Wie berechnet sich der Jahresarbeitsverdienst?

Rechtsgrundlage ist § 82 Abs. 1 S. 1 SGB VII.

1070 Plum in: Podzun, Kz. 440 S. 17.
1071 Bereiter-Hahn/Mehrtens, § 82 SGB VII Rn. 8.
1072 Bereiter-Hahn/Mehrtens, § 82 SGB VII Rn. 8.2.
1073 Schudmann in: jurisPK-SGB VII, § 82 SGB VII Rn. 76.

Maßgeblich für den Jahresarbeitsverdienst ist das Arbeitsentgelt aus dem Supermarkt und das Arbeitseinkommen aus dem Onlinehandel, die zu einem Gesamtbetrag addiert werden.[1074] Die Versicherungssumme wird nicht herangezogen.[1075]
Einwenden könnte man hier, wo denn nun der Mehrwert für Bertha bzgl. der freiwilligen Versicherung besteht. Der Jahresarbeitsverdienst betrage genauso viel, wie wenn sie nicht versichert wäre (Fallvariante 2). Dieser Einwand übersieht, dass sich das Versicherungsrisiko (Arbeitsunfall beim Onlinehandel) gar nicht verwirklicht hat und sich die Versicherte als Selbständige für die vorliegende Konstellation (Arbeitsunfall in der Beschäftigung) nicht freiwillig versichert hat.

3.5.4 Konstellation: Beschäftigter/nichtversicherter Selbständiger, Arbeitsunfall in Selbständigkeit

In der vierten Konstellation besteht ein Anstellungsverhältnis und zusätzlich noch eine Selbständigkeit. In der Selbständigkeit ereignet sich der Arbeitsunfall, der sich auf beide Tätigkeiten auch auswirkt. Es besteht keine freiwillige Versicherung als Selbständiger.

Es liegt bereits kein Versicherungsfall vor, da der Unfall außerhalb eines Versicherungsverhältnisses eintrat. Dies wirkt sich zwar auf die Beschäftigung aus, führt aber nicht zu einem Versicherungsschutz durch die Unfallversicherung.

Prüfungsschema | Zusammentreffen verschiedener Einkünfte

Fallvariante 4: Bertha arbeitet vormittags als angestellte Kassiererin in einem Supermarkt und betreibt nachmittags selbständig einen Online-Weinhandel. Sie bricht sich beim Einkauf von Weinflaschen für den Onlinehandel das Bein. Aufgrund des Arbeitsunfalls kann sie beide Tätigkeiten nicht ausführen. Sie ist als Selbständige nicht versichert. Wie berechnet sich der Jahresarbeitsverdienst?

1074 Vgl. Plum in: Podzun, Kz. 440 S. 17.
1075 Plum in: Podzun, Kz. 440 S. 17.

Mangels Arbeitsunfalls (Bertha ist keine Versicherte i.S.d. 6 SGB VII) kann kein Jahresarbeitsverdienst gebildet werden.[1076]

3.5.5 Konstellation: Beschäftigter/versicherter Selbständiger, Arbeitsunfall in Selbständigkeit

In der fünften Konstellation besteht wie zuvor ein Anstellungsverhältnis und zusätzlich noch eine Selbständigkeit. In der Selbständigkeit ereignet sich der Versicherungsfalll, der sich auf beide Tätigkeiten auch auswirkt. Doch dieses Mal besteht für die Selbständigkeit eine freiwillige Versicherung.

Fallvariante 5: Bertha arbeitet vormittags als angestellte Kassiererin in einem Supermarkt und betreibt nachmittags selbständig einen Online-Weinhandel. Sie bricht sich beim Einkauf von Weinflaschen für den Onlinehandel das Bein. Aufgrund des Arbeitsunfalls kann sie beide Tätigkeiten nicht ausführen. Sie ist als Selbständige freiwillig versichert (§ 6 Abs. 1 S. 1 SGB VII i.V.m. § 43 Abs. 1 S. 1 Satzung BGHW. Wie berechnet sich der Jahresarbeitsverdienst?

Rechtsgrundlage ist § 83 S. 1 SGB VII.

Die Höhe der Versicherungssumme bestimmt sich aus der Satzung. Nach § 43 Abs. 2 S. 2 Satzung BGHW werden Arbeitsentgelte und Versicherungssummen aus anderen versicherten Erwerbstätigkeiten der Versicherungssumme bei der Berechnung von Geldleistungen bis zur Höhe des Höchstjahresarbeitsverdienstes hinzugerechnet. Insofern errechnet sich der Jahresarbeitsverdienst aus der Versicherungssumme und dem Arbeitsentgelt aus dem Supermarkt.
In dieser Konstellation erkennt man den Vorteil der freiwilligen Versicherung (Vergleich zu Fallkonstellation 4).
Die Berücksichtigung des Arbeitsentgelts ist eine Regelung der Satzung; ein Unfallversicherungsträger kann daher auch eine andere Regelung treffen.

1076 Vgl. Plum in: Podzun, Kz. 440 S. 17.

Dieser Ansicht wird entgegengehalten, dass der Versicherungssumme unabhängig von einer Satzungsbestimmung des Unfallversicherungsträgers immer das Arbeitsentgelt hinzuzurechnen sei.[1077] Demnach wäre die richtige Antwort, dass es gar nicht auf die Satzung des Unfallversicherungsträgers ankomme, sondern immer die Versicherungssumme und das Arbeitsentgelt zu addieren sind.

Diese Kritik ist nicht berechtigt: Der Unternehmer hat es selbst in der Hand durch die Wahl der Höhe der Versicherungssumme sich optimal abzusichern und damit auch Auswirkungen eines Versicherungsfalls auf ein Beschäftigungsverhältnis mitzuberücksichtigen.[1078] Der herrschenden Meinung, die keinen Automatismus erkennt, das Arbeitsentgelt hinzuzurechnen und die Hinzurechnung von der Satzung abhängig macht, ist zuzustimmen.[1079]

3.5.6 Konstellation: Beschäftigter/nichtversicherter Selbständiger, Arbeitsunfall in beiden Tätigkeiten

Ob solche Fälle häufig vorkommen, darf angezweifelt werden: Ein Versicherter ist beschäftigt und gleichzeitig selbständig. Die zum Arbeitsunfall führende Tätigkeit dient sowohl wesentlich dem Tätigkeitsbereich, für den keine Versicherungssumme bestimmt ist als auch der abhängigen Beschäftigung.[1080] Allerdings ist der Versicherte nicht als Selbständiger freiwillig versichert.

Fallvariante 6: Bertha arbeitet vormittags als angestellte Schreinerin in einer Schreinerei und ist zudem selbständige Innenarchitektin. Sie hat auf dem Weg zu einer Baustelle einen Wegeunfall. Auf dem Weg zur Baustelle war sie sowohl als Schreinerin als auch als Innenarchitektin. Aufgrund des Arbeitsunfalls kann sie beide Tätigkeiten nicht ausführen. Sie ist als Selbständige nicht versichert. Wie berechnet sich der Jahresarbeitsverdienst?

1077 Ricke in: BeckOGK-SGB VII, § 83 SGB VII Rn. 11.

1078 Bereiter-Hahn/Mehrtens, § 82 SGB VII Rn. 8.3.

1079 Vgl. Bereiter-Hahn/Mehrtens, § 82 SGB VII Rn. 8.3; Bruno in: Schlaeger, § 83 SGB VII Rn. 3; Köllner in: Lauterbach, § 82 SGB VII Rn. 19; Schudmann in: jurisPK-SGB VII, § 82 SGB VII Rn. 81; Plum in: Podzun, Kz. 440 S. 18.

1080 Keller in: Hauck/Noftz, SGB VII, § 82 SGB VII Rn. 16.

Rechtsgrundlage ist § 82 Abs. 1 S. 1 SGB VII.

Aufgrund der fehlenden freiwilligen Versicherung sind hier Arbeitsentgelt und Arbeitseinkommen zu addieren.[1081]

3.5.7 Konstellation: Beschäftigter/versicherter Selbständiger, Arbeitsunfall in beiden Tätigkeiten

Die zum Versicherungsfall führende Tätigkeit dient sowohl wesentlich dem Tätigkeitsbereich, für den die Versicherungssumme bestimmt ist als auch einer abhängigen Beschäftigung.[1082] Der Versicherte ist als Selbständiger versichert.

Für die hier beschriebene Fallkonstellation gilt § 135 Abs. 7 SGB VII.[1083] Je nachdem, ob der Versicherungsfall als Ergebnis der Anwendung dieser Vorschrift vorrangig der Arbeitnehmer- oder der Unternehmertätigkeit zuzurechnen ist, ist der JAV entweder aus Addition von Arbeitsentgelt und Arbeitseinkommen (Vorrang Beschäftigung) oder aus der Versicherungssumme (Vorrang Selbständigkeit) zu bilden. Kriterium für die Zurechnungsentscheidung ist insbesondere die Handlungstendenz des Versicherten.[1084]

Möglich wäre auch ein pauschaler Günstigkeitsvergleich zwischen Arbeitsentgelt/Arbeitseinkommen einerseits und Versicherungssumme andererseits.[1085] Dies überzeugt, da die Beweisbarkeit eines Vorrangs schwierig sein dürfte.

Fallvariante 7: Bertha arbeitet vormittags als angestellte Schreinerin in einer Schreinerei und ist zudem selbständige Innenarchitektin. Sie hat auf dem Weg zu einer Baustelle einen Wegeunfall. Auf dem Weg zur Baustelle war sie sowohl als Schreinerin als auch als Innenarchitektin. Sie ist als Selbständige freiwillig versichert (§ 6 Abs. 1 S. 1 SGB VII i.V.m.

1081 Plum in: Podzun, Kz. 440 S. 18.

1082 Keller in: Hauck/Noftz, SGB VII, § 82 SGB VII Rn. 16.

1083 Schudmann in: jurisPK-SGB VII, § 82 SGB VII Rn. 90; Plum in: Podzun, Kz. 440 S. 18.

1084 Schudmann in: jurisPK-SGB VII, § 82 SGB VII Rn. 90.

1085 Bereiter-Hahn/Mehrtens, § 82 SGB VII Rn. 8.4.

§ 6 Abs. 1 Nr. 1 Satzung VBG). Wie berechnet sich der Jahresarbeitsverdienst?
Es überzeugt ein Günstigkeitsvergleich.[1086] Das Arbeitsentgelt aus der Beschäftigung zuzüglich des Arbeitseinkommens (§ 82 Abs. 1 S. 1 SGB VII) ist der Versicherungssumme (§ 83 S. 1 SGB VII) gegenüberzustellen.[1087] Der günstigere, also hier der höhere Betrag, ist der für die Leistungsberechnung maßgebende Jahresarbeitsverdienst.[1088]

3.5.8 Konstellation: versicherter Selbständiger/ nichtversicherter Selbständiger, Arbeitsunfall in erster Selbständigkeit

In der achten Konstellation ist der Versicherte Unternehmer zweier Unternehmen. In der versicherten Tätigkeit ereignet sich der Versicherungsfall, der sich auch auf seine unversicherte Tätigkeit als Unternehmer im zweiten Unternehmen auswirkt.

Fallvariante 8: Bertha ist selbständige Innenarchitektin und betreibt zusätzlich selbständig einen Online-Weinhandel. Sie hat auf dem Weg zu einer Baustelle einen Wegeunfall. Aufgrund des Versicherungsfalls kann sie beide Tätigkeiten nicht ausüben. Sie ist als selbständige Onlinehändlerin nicht freiwillig versichert, aber als selbständige Innenarchitektin. Wie berechnet sich der Jahresarbeitsverdienst?

Rechtsgrundlage ist § 83 S. 1 SGB VII.

Die Versicherungssumme als Innenarchitektin ist hier maßgeblich.

1086 Keller in: Hauck/Noftz, SGB VII, § 82 SGB VII Rn. 16.
1087 Keller in: Hauck/Noftz, SGB VII, § 82 SGB VII Rn. 16.
1088 Keller in: Hauck/Noftz, SGB VII, § 82 SGB VII Rn. 16 (mit weiteren Hinweisen).

3.5.9 Konstellation: versicherter Selbständiger/ nichtversicherter Selbständiger, Arbeitsunfall in zweiter Selbständigkeit

In der neunten Konstellation hat der Versicherte zwei Selbständigkeiten. In der unversicherten Tätigkeit ereignet sich der Arbeitsunfall.

Fallvariante 9: Bertha ist selbständige Innenarchitektin und betreibt zusätzlich selbständig einen Online-Weinhandel. Sie bricht sich beim Einkauf von Weinflaschen für den Onlinehandel das Bein. Aufgrund des Versicherungsfalls kann sie beide Tätigkeiten nicht ausüben. Sie ist als selbständige Onlinehändlerin nicht freiwillig versichert, aber als selbständige Innenarchitektin. Wie berechnet sich der Jahresarbeitsverdienst?
Mangels Versicherung besteht hier kein Arbeitsunfall.

3.5.10 Konstellation: versicherter Selbständiger/ nichtversicherter Selbständiger, Arbeitsunfall in beiden Tätigkeiten

In der weiteren Konstellation hat der Versicherte zwei Selbständigkeiten, wobei er nur in einer versichert ist. Der Versichgerungsfall umfasst beide Tätigkeiten.

Die Versicherungssumme aus der versicherten Tätigkeit bildet den Jahresarbeitsverdienst.[1089]

Fallvariante 10: Bertha arbeitet vormittags als selbständige Schreinerin und ist zudem selbständige (gewerbliche) Innenarchitektin. Sie hat auf dem Weg zu einer Baustelle einen Wegeunfall. Auf dem Weg zur Baustelle war sie sowohl als Schreinerin als auch als Innenarchitektin. Aufgrund des Versicherungsfalls kann sie beide Tätigkeiten nicht ausüben. Sie ist als selbständige Schreinerin nicht freiwillig versichert, aber als selbständige Innenarchitektin. Wie berechnet sich der Jahresarbeitsverdienst?

1089 Plum in: Podzun, Kz. 440 S. 18.

Rechtsgrundlage ist § 83 S. 1 SGB VII.

Maßgeblich ist allein die Versicherungssumme als Innenarchitektin.

3.5.11 Konstellation: versicherter Selbständiger/ versicherter Selbständiger, Arbeitsunfall in beiden Tätigkeiten

In dieser Konstellation hat der Versicherte zwei Selbständigkeiten, wobei er in beiden versichert ist. Der Versicherungsfall umfasst beide Tätigkeiten.

Aus dem Rechtsgedanken nach § 135 Abs. 7 i.V.m. Abs. 6 SGB VII heraus erfolgt nach der herrschenden Meinung keine Addition beider Versicherungssummen, sondern ist zu prüfen, welchem Unternehmen die Tätigkeit vorrangig zuzurechnen ist; die für dieses Unternehmen vereinbarte Versicherungssumme stellt den Jahresarbeitsverdienst dar.[1090]

Fallvariante 11: Bertha arbeitet vormittags als selbständige Schreinerin und ist zudem selbständige (gewerbliche) Innenarchitektin. Sie hat auf dem Weg zu einer Baustelle einen Wegeunfall. Auf dem Weg zur Baustelle war sie sowohl als Schreinerin als auch als Innenarchitektin. Sie ist für beide Tätigkeiten jeweils freiwillig versichert. Wie berechnet sich der Jahresarbeitsverdienst?

Rechtsgrundlage ist § 83 S. 1 SGB VII.

Aus dem Rechtsgedanken des § 135 Abs. 7 i.V.m. Abs. 6 SGB VII heraus ist eine Addition nicht gerechtfertigt. In diesem Sinne könnte dann ein Vorrangprinzip Anwendung finden.
Da dies in der Praxis schwer beweisbar sein dürfte (welche Tätigkeit hatte Vorrang?), sollte auch hier das Günstigkeitsprinzip Anwendung finden.

1090 Plum in: Podzun, Kz. 440 S. 18 f.

3.6 Mindest- und Höchstjahresarbeitsverdienst

In § 85 SGB VII wird ein Mindest- und ein Höchstjahresarbeitsverdienst festgelegt. Der Gesetzgeber verfolgt damit das Ziel, unangemessen niedrige und unangemessen hohe Jahresarbeitsverdienste zu vermeiden.[1091]

Die Norm erfüllt eine doppelte Funktion: Sie ist eine Bemessungs- und Berechnungsvorschrift soweit sie den Mindestjahresarbeitsverdienst und eine Begrenzungsvorschrift soweit sie den Höchstjahresarbeitsverdienst festlegt.[1092]

- Durch den Mindestjahresarbeitsverdienst wird eine Grundversorgung sichergestellt, sofern Versicherte im JAV-Zeitraum nur geringe (oder ggf. gar keine) Einkünfte hatten.
- Durch den Höchstjahresarbeitsverdienst wird die Solidargemeinschaft vor unverhältnismäßig hohen Leistungen geschützt.

3.6.1 Mindestjahresarbeitsverdienst

Der Mindestjahresarbeitsverdienst (Mindest-JAV) ist in § 85 Abs. 1, 1a und 1b SGB VII geregelt.

Sinn und Zweck liegt in der Sicherung eines Mindest-Lebensstandards und die Vermeidung unangemessen niedriger Geldleistungen.[1093]

Bedeutend ist die Regelung insbesondere für junge Versicherte, Auszubildene und Berufsanfänger sowie Rentner.[1094]

Nach § 85 Abs. 1 SGB VII beträgt der Jahresarbeitsverdienst für Versicherte, die im Zeitpunkt des Versicherungsfalls das **18. Lebensjahr** vollendet haben, **mindestens** 60 Prozent der im Zeitpunkt des Versicherungsfalls maßgebenden Bezugsgröße.

§ 85 Abs. 1a SGB VII modifiziert und konkretisiert die allgemeine Regelung wie folgt: Der Jahresarbeitsverdienst beträgt mindestens:

- für Versicherte, die im Zeitpunkt des Versicherungsfalls das 6. Lebensjahr nicht vollendet haben, 25 Prozent

1091 Schudmann in: jurisPK-SGB VII, § 85 SGB VII Rn. 16.
1092 Krasney in: Krasney u.a., SGB VII, § 85 SGB VII Rn. 6.
1093 Schudmann in: jurisPK-SGB VII, § 85 SGB VII Rn. 20; Bruno in: Schlaeger, § 85 SGB VII Rn. 1.
1094 Bruno in: Schlaeger, § 85 SGB VII Rn. 1.

- für Versicherte, die im Zeitpunkt des Versicherungsfalls das 6., aber nicht das 15. Lebensjahr vollendet haben, 33 1/3 Prozent
- für Versicherte, die im Zeitpunkt des Versicherungsfalls das 15., aber noch nicht das 18. Lebensjahr vollendet haben, 40 Prozent
- für Versicherte, die im Zeitpunkt des Versicherungsfalls das 25., aber noch nicht das 30. Lebensjahr vollendet haben, 75 Prozent

Nach § 85 Abs. 1b SGB VII finden die Regelungen zum Mindest-JAV (also die Absätze 1 und 1a) **keine** Anwendung auf Versicherte nach § 3 Abs. 1 Nr. 3 SGB VII. Damit sind deutsche und nichtdeutsche **Ortskräfte** gemeint. Ortskräfte sind „Personen, die eine im **öffentlichen Interesse** liegende Tätigkeit bei **staatlichen deutschen Einrichtungen im Ausland** wahrnehmen oder von diesen anderen Staaten zur Arbeitsleistung zur Verfügung gestellt werden."[1095] Die Ortskräfte wären nach den örtlichen Verhältnissen entsprechend abgesichert, und die nach deutschen Gegebenheiten bemessene Bezugsgröße würde nicht passen.[1096] Bedarf es dafür tatsächlich eines eigenen Absatzes im Gesetz? Das ist zu kleinteilig, etwas mehr Mut zur Lücke und damit zu schlankeren, dafür aber verständlicheren Gesetzen wäre schön.

Am Mindest-JAV ist zu kritisieren, dass seine Pauschalität zu einer Überkompensation führen kann. Gerade bei Personen mit geringem oder keinem Einkommen (z.B. Hausmänner und -frauen, Altersrentner ohne weitere entgeltliche Tätigkeiten, Mini-Jobber, Schüler) wird deren Jahresarbeitsverdienst durch die pauschalen Werte deutlich aufgewertet.[1097] Ein Lohnabstandsgebot zu Versicherten mit niedrigem Arbeitseinkommen besteht dadurch faktisch nicht mehr. Freilich ist eine verhältnismäßigere Regelung angesichts der sehr unterschiedlichen Lebensverhältnisse schwierig zu finden.[1098]

Der Mindest-JAV berechnet sich anhand der **Bezugsgröße** zum **Zeitpunkt des Versicherungsfalls**. Bewusst wird damit ein sozialrechtlich eingeführter (§ 18 SGB IV) **Durchschnittswert** zur Berechnung verwendet. Die Bezugsgröße ist eine statistisch ermittelte jährlich angepasste einheitliche Rechengröße bzw. ein Geldbetrag in Euro.[1099]

Einziges Kriterium für die Bemessung des Mindest-JAV ist das Alter des Versicherten im Zeitpunkt des Versicherungsfalls.

1095 Ziegler in: LPK-SGB VI, § 3 SGB VII Rn. 16.
1096 Ricke in: BeckOGK-SGB VII, § 85 SGB VII Rn. 11.
1097 Ricke in: BeckOGK-SGB VII, § 85 SGB VII Rn. 3.1.
1098 Ricke in: BeckOGK-SGB VII, § 85 SGB VII Rn. 4.
1099 Vor in: Winkler, § 18 SGB IV Rn. 1.

Es ergeben sich folgende Altersstufen:

- bis 6 Jahre: 25 Prozent der Bezugsgröße
- 6–15 Jahre: 33 1/3 Prozent der Bezugsgröße
- 15–18 Jahre: 40 Prozent der Bezugsgröße
- Ab 18 Jahre: 60 Prozent der Bezugsgröße
- 25–30 Jahre: 75 Prozent der Bezugsgröße

Die Sondergruppe der 25–30-Jährigen überrascht: Offensichtlich sieht der Gesetzgeber bei Versicherten mit einem Versicherungsfall nach dem 30. Lebensjahr nicht mehr typisierte Erwerbshindernisse, die er für die Gruppe der 25–30-Jährigen erkennt und ausgleicht.[1100]

Zu Recht wird die Sondergruppierung der 25–30-Jährigen kritisiert: Weder ist eine besondere Schutzbedürftigkeit der Altersgruppe erkennbar, noch lässt sich erklären, warum die 29-Jährigen einer erheblich höheren Mindest-Absicherung als die ab 30-Jährigen bedürfen.[1101] 30-Jährigen und Älteren wird daher unterstellt, dass sie ihren beruflichen Werdegang insofern abgeschlossen haben, dass sie nicht im selben Maße schutzbedürftig sind.[1102] In der Konsequenz wäre auch diese Altersgruppe mit 60 Prozent einzuordnen.

Der Mindest-JAV findet nur dann Anwendung, wenn die Berechnung nach den allgemeinen Vorschriften des § 82 Abs. 1, Abs. 2 SGB VII einen niedrigeren Betrag ergibt oder wenn im JAV-Zeitraum überhaupt keine Einkünfte angefallen sind.[1103] Das bedeutet, dass nach jeder Berechnung des Jahresarbeitsverdienstes eine Prüfung, ob der Mindest-JAV unterboten wurde, obligatorisch ist.

Der Mindest-JAV soll **nicht anteilig** für einzelne Zeiten im JAV-Zeitraum mit niedrigeren oder fehlenden Bezügen gelten, z.B. bei Teilzeitarbeit.[1104] Richtig erscheint es, wenn hier die Hälfte der Bezugsgröße für die Berechnung herangezogen würde. Das ist aber nicht der Fall; Ausgangspunkt ist auch für den Teilzeit-Beschäftigten die volle Bezugsgröße. Ob dies systemgerecht ist, darf hinterfragt werden, da dadurch Teilzeitbeschäftigte

---

1100 Ricke in: BeckOGK-SGB VII, § 85 SGB VII Rn. 7.1.

1101 Schudmann in: jurisPK-SGB VII, § 85 SGB VII Rn. 20.

1102 Bruno in: Schlaeger, § 87 SGB VII Rn. 4.

1103 Ricke in: BeckOGK-SGB VII, § 85 SGB VII Rn. 9.

1104 Keller in: Hauck/Noftz, SGB VII, § 85 SGB VII Rn. 3; Krasney in: Krasney u.a., SGB VII, § 85 SGB VII Rn. 14; Ricke in: BeckOGK-SGB VII, § 85 SGB VII Rn. 9; Schudmann in: jurisPK-SGB VII, § 85 SGB VII Rn. 18;

wie Vollzeitbeschäftigte gestellt werden. Eine solche Gleichstellung dürfte eine Ungleichbehandlung darstellen. Eine Korrektur nach § 87 SGB VII wäre allemal erforderlich (doch hat § 87 SGB VII gerade selbst als unteren Rahmen den Mindest-JAV); einfach wäre es, § 85 Abs. 1 SGB VII entsprechend auszulegen und anzuwenden.

Satzungen können den Mindest-JAV nicht unterbieten.

Bearbeitungsbeispiel | Mindest-JAV

Caspar, 32 Jahre alt, lebt in München und ist „Hausmann". Er betreut die beiden Kinder, die zwei und vier Jahre alt sind, putzt, wäscht, bügelt und kocht. Regelmäßig geht Caspar zur Blutspende. Er hat kein Arbeitsentgelt oder Arbeitseinkommen. Auf dem Weg von der Blutspende nach Hause verunglückt er am 31. Juli 2025. Wie hoch ist ein Jahresarbeitsverdienst?
Caspar ist nach § 2 Abs. 1 Nr. 13 lit. b SGB VII als Blutspender grundsätzlich Versicherter. Versichert ist dabei der Eingriff selbst und alle dazu erforderlichen Handlungen des Spenders, also auch der Wege vom und zum Ort des Spendens.[1105]
Ein Jahresarbeitsverdienst lässt sich aufgrund der fehlenden Einkünfte nicht ermitteln oder vergleichen.

Deshalb ist der Mindest-JAV direkt zu berechnen:
Maßgeblich ist die Bezugsgröße zum Zeitpunkt des Versicherungsfalls. Da es seit 2025 nur noch eine Bezugsgröße in Deutschland gibt, ist es egal, wo der Fall spielt (München = früher: Bezugsgröße West). Die Bezugsgröße beträgt 2025 nach § 18 Abs. 1 SGB IV i.V.m. § 1 Sozialversicherungsrechengrößen-Verordnung 2025: 44.940,00 Euro.
Aufgrund seines Alters (32 Jahre) findet § 85 Abs. 1 SGB VII Anwendung mit einer Berücksichtigung von 60 Prozent.

Somit beträgt der Mindest-JAV bei Caspar:
60 Prozent von 44.940,00 Euro = 26.964,00 Euro
Geldleistungen wie die Rente werden bei Caspar also auf Basis dieses (Mindest-)JAV berechnet.

1105 Hedermann in: LPK-SGB VII, § 2 SGB VII Rn. 147.

Testen Sie Ihr Wissen! | Fragen 11

a) Die 16-jährige Schülerin Bertha aus Frankfurt an der Oder erleidet am 20.01.2025 einen Arbeitsunfall. Im JAV-Zeitraum bezog sie kein Arbeitsentgelt. Wie hoch ist der JAV?

b) Der 42-jährige Albus aus Köln bezieht seit Jahren kein Arbeitsentgelt mehr, sondern lediglich Arbeitslosengeld II, später dann: Bürgergeld. Am 05.01.2024 erleidet sie einen Arbeitsunfall. Wie hoch ist der JAV?

c) Der 28-jährige Caspar, ohne Schulabschluss oder Ausbildung, aus Leipzig hatte am 05.01.2024 einen Versicherungsfall. Er erhielt im JAV-Zeitraum vom 01.01.2023–31.12.2023 Arbeitsentgelt von insgesamt 17.200,00 Euro. Wie hoch ist der JAV?

3.6.2 Höchstjahresarbeitsverdienst

Der Höchstjahresarbeitsverdienst (Höchst-JAV) ist in § 85 Abs. 2 SGB VII definiert. Der Jahresarbeitsverdienst beträgt höchstens das 2-fache der im Zeitpunkt des Versicherungsfalls maßgebenden Bezugsgröße. Die Satzung kann eine höhere Obergrenze bestimmen.

Es gibt folglich keinen fixen, festen Betrag, sondern zunächst orientiert sich der Höchst-JAV an der **dynamischen Bezugsgröße**. Somit wird er an die jeweilige Einkommensentwicklung angepasst.[1106] Bei der aktuellen Bezugsgröße (2026) von 47.460,00 Euro beträgt der Höchst-JAV nach § 85 Abs. 2 S. 1 SGB VII folglich 94.920,00 Euro.

Allerdings können die Unfallversicherungsträger von dieser Regelung abweichen (§ 85 Abs. 2 S. 2 SGB VII) und zwar in der Form, dass sie eine **höhere Obergrenze** bestimmen. Einen niedrigeren Betrag als den aus § 85 Abs. 1 S. 1 SGB VII dürfen sie nicht festlegen.

Bei ihrer Ermessensentscheidung, wie hoch sie den Höchst-JAV in ihrer Satzung festlegen, haben die Unfallversicherungsträger einerseits die realen Entgeltgegebenheiten in ihren Gewerbszweigen zu berücksichtigen,

1106 Krasney in: Krasney u.a., SGB VII, § 85 SGB VII Rn. 17.

andererseits aber auch den Normzweck der zu vermeidenden Unverhältnismäßigkeit zu beachten.[1107]

Dabei kann der Unfallversicherungsträger in der Satzung einen **höheren festen Betrag** bestimmen

Beispiel: § 20 Abs. 2 Satzung 2025 VBG: „Der Höchstbetrag des Jahresarbeitsverdienstes wird auf 120.000,00 Euro festgesetzt (§ 85 Abs. 2 Satz 2 SGB VII)."

oder auch ein **höheres Vielfaches der Bezugsgröße** als Höchst-JAV:[1108]

Beispiel: § 19 Satzung UVB: „Der Höchstbetrag des Jahresarbeitsverdienstes wird auf das 2,3-fache der Bezugsgröße (§ 18 Absatz 1 SGB IV) festgesetzt (§ 85 Absatz 2 Satz 2 SGB VII)."

Für einen festen, statischen Wert spricht die Transparenz; jeder Versicherte kann den Wert direkt aus der Satzung heraus erlesen. Für einen dynamischen Wert, der auf die Bezugsgröße verweist, spricht wiederum die Verwaltungspraktikabilität: Der Unfallversicherungsträger hat damit einmalig festgelegt, dass sein Höchst-JAV nicht unter den Wert des § 85 Abs. 2 S. 1 SGB VII fallen kann. Er muss daher nicht regelmäßig seine Satzung an dieser Stelle überprüfen und ggf. neu anpassen.

Eine jährliche Übersicht der verschiedenen Höchst-JAV aller Berufsgenossenschaften und Unfallkassen veröffentlich die DGUV auf ihrer Homepage.[1109]

Sofern der Unfallversicherungsträger seinen Höchst-JAV erhöht, gilt dieser nur für nach dem Inkrafttreten der jeweiligen Änderung eintretende Versicherungsfälle.[1110] Im Rahmen der Anpassungen (§§ 89, 95 SGB VII) ist der Höchst-JAV stets zu berücksichtigen und einzuhalten.[1111] Der Höchst-JAV darf daher auch durch die Anpassungen nicht überschritten werden.

3.7 Anpassungen

Der Jahresarbeitsverdienst wird jährlich angepasst. Das bedeutet, dass es jährlich in der Regel zu einer kleinen Erhöhung kommt. Hintergrund der

1107 Ricke in: BeckOGK-SGB VII, § 85 SGB VII Rn. 12.

1108 Keller in: Hauck/Noftz, SGB VII, § 85 SGB VII Rn. 4.

1109 https://www.dguv.de/medien/inhalt/reha_leistung/geldleistung/rente/jav/jav-hoechstgrenzen-25_26_internet_barrierefrei_stand-16-12-2025.pdf (zuletzt abgerufen: 07.03.2026).

1110 Keller in: Hauck/Noftz, SGB VII, § 85 SGB VII Rn. 4a.

1111 Bruno in: Schlager, § 86 SGB VII Rn. 6.

Anpassung ist, dass die Geldleistungen nur dann ihre Funktion erfüllen, wenn sie der allgemeinen Einkommensentwicklung entsprechen.[1112] Die Ausblendung von Inflation und allgemeine Teuerungen würde gerade bei einer langfristigen Geldleistung zu Ungerechtigkeiten führen und den Sinn und Zweck der Leistung als Sicherung des Lebensstandards konterkarieren.

Der Gesetzgeber hat deshalb in § 95 SGB VII eine allgemeine Regelung zur Anpassung von Geldleistungen eingeführt. Von dieser Anpassungsvorschrift **nicht** umfasst sind das Verletzten- und Übergangsgeld (für die es die spezielle Anpassungsvorschrift in § 70 SGB IX gibt).

Jeweils zum gleichen Zeitpunkt, zu dem die Renten der gesetzlichen Rentenversicherung angepasst werden, werden (mit Ausnahme des Verletzten- und Übergangsgeldes) die vom Jahresarbeitsverdienst abhängigen Geldleistungen für Versicherungsfälle, die im vergangenen Kalenderjahr oder früher eingetreten sind, entsprechend dem Vomhundertsatz angepasst, um den sich die Renten aus der gesetzlichen Rentenversicherung verändern (§ 95 Abs. 1 SGB VII).

Die Renten der gesetzlichen Rentenversicherung werden **zum 1. Juli** eines jeden Jahres (vgl. §§ 65, 69 Abs. 1 SGB VI) angepasst. Dazu wird jährlich eine Rentenwertbestimmungsverordnung erlassen, die den Anpassungsfaktor veröffentlicht.[1113]

Es ist dabei auf § 95 Abs. 2 S. 2 SGB VII hinzuweisen: Die Leistungen dürfen nicht den zum **Anpassungszeitpunkt** jeweils geltenden gesetzlichen oder satzungsmäßigen Höchst-JAV überschreiten.[1114] Das bedeutet: Der Höchst-JAV zum Zeitpunkt des **Versicherungsfalls** hat **keine** Bedeutung mehr.[1115] Ausgangs-JAV für die Anpassung ist der JAV nach der jeweils letzten Anpassung, auch wenn zwischen ihr und der nächsten Anpassung der Höchst-JAV angehoben wurde.[1116]

Der Jahresarbeitsverdienst wird mit dem Anpassungsfaktor multipliziert. Daraus ergibt sich dann der neue, angepasste Jahresarbeitsverdienst. Die Geldleistungen werden auf Grundlage des neuen, angepassten Jahresarbeitsverdienstes berechnet.

1112 I. Palsherm in: v. Koppenfels-Spies/Wenner, SGB VII, § 95 SGB VII Rn. 4.
1113 Rentenwertbestimmungsverordnung 2025, BGBl. I 2025, Nr. 148 (§ 5 Abs. 1: 1,0374).
1114 Ricke in: BeckOGK-SGB VII, § 95 SGB VII Rn. 7.
1115 Ricke in: BeckOGK-SGB VII, § 95 SGB VII Rn. 7.
1116 Ricke in: BeckOGK-SGB VII, § 95 SGB VII Rn. 7.

Beispiel | JAV: 60.000,00 Euro

Anpassungsfaktor: 1,0374
Umrechnung: 60.000,00 Euro × 1,0374 = 62.244,00 Euro
Neuer JAV: 62.244,00 Euro

Möglich ist eine Anpassung immer erst zum **1. Juli im nächsten Kalenderjahr** nach dem **Versicherungsfall**: Abgestellt wird damit nicht auf dem Rentenbeginn und auch nicht auf den JAV-Zeitraum.

1. Beispiel:
Versicherungsfall 10.01.2024, Rentenbeginn: 14.04.2025
Anpassung des JAV zum 01.07.2025

2. Beispiel:
Versicherungsfall 10.01.2024, Rentenbeginn: 14.07.2025
Anpassung des JAV zum 14.07.2025. Hier findet § 89 SGB VII Anwendung (im folgenden dazu gleich mehr): Beginnt die vom Jahresarbeitsverdienst abhängige Geldleistung nach dem 30. Juni eines Jahres und ist der Versicherungsfall im vergangenen Kalenderjahr oder früher eingetreten, wird der Jahresarbeitsverdienst entsprechend den für diese Geldleistungen geltenden Regelungen angepasst.

Zur Wiederholung nochmals: Nach § 95 Abs. 2 S. 1 SGB VII wird **nicht** die Leistung selbst, also z.B. die Rentenhöhe, mit dem Anpassungsfaktor vervielfältigt, sondern der zugrundeliegende **Jahresarbeitsverdienst**, aus dem die Leistung dann neu berechnet wird.

In der Praxis geschieht dies oftmals anders: Dort wird direkt die monatliche Rente angepasst. Rechnerisch macht das in der Regel keinen Unterschied.

Bearbeitungsbeispiel | Anpassungen

Bertha hat am 31. Dezember 2022 einen Versicherungsfall. Im JAV-Zeitraum beträgt ihr Jahresarbeitsverdienst 60.000,00 Euro. Rente erhält sie ab dem 6. August 2025. Wie hoch ist der Jahresarbeitsverdienst für die Rente ab 6. August 2025?

§ 95 Abs. 1 SGB VII ermöglicht eine erste Anpassung zum 1. Juli 2023, da es sich bei 2023 um das nächste Kalenderjahr handelt.
Aufgrund § 89 SGB VII werden alle Anpassungen von 2023 an bis 2025 berücksichtigt.

01.07.2023: 60.000,00 Euro × 1,0439 = 62.634,00 Euro
01.07.2024: 62.634,00 Euro × 1,0457 = 65.496,37 Euro
01.07.2025: 65.496,37 Euro × 1,0374 = 67.945,93 Euro

Die Rente am 6. August 2025 wird auf Basis des Jahresarbeitsverdienstes von 67.945,93 Euro errechnet.

Nach § 89 SGB VII wird der Jahresarbeitsverdienst entsprechend den für diese Geldleistungen geltenden Regelungen angepasst, wenn die vom Jahresarbeitsverdienst abhängige Geldleistung nach dem 30. Juni eines Jahres beginnt und der Versicherungsfall im vergangenen Jahr oder früh eingetreten ist.

§ 89 SGB VII ist daher die Vorschrift zur **Berücksichtigung von Anpassungen**. Sie führt dazu, dass bei Erstfeststellungen des Jahresarbeitsverdienstes für Leistungen, die **erst nach dem 30.6. eines Jahres** beginnen, vorher liegende Rentenanpassungen dennoch berücksichtigt werden, als ob die Leistung bereits vorher begonnen hätte und nach § 95 SGB VII anzupassen gewesen wäre.

Sinn und Zweck auch dieser Vorschrift ist es, dass der Versicherte an der allgemeinen Einkommensentwicklung teilnimmt[1117] und nicht durch einen späteren Rentenbeginn benachteiligt wird.[1118] Versicherte, bei denen eine größere Zeitspanne zwischen dem JAV-Erhebungszeitraum und der Auszahlungsbeginn der Geldleistung liegt, werden dadurch nicht schlechter gestellt.[1119]

Bearbeitungsbeispiel | Anpassung nach § 89 SGB VII[1120]

Tag des Versicherungsfalls: 10.09.2024
Rentenbeginn: 01.08.2025
JAV-Anpassung zum 01.07.2025 nach § 89 SGB VII.

1117 Keller in: Hauck/Noftz, SGB VII, § 89 SGB VII Rn. 1.
1118 Ricke in: BeckOGK-SGB VII, § 89 SGB VII Rn. 3.
1119 Bruno in: Schlaeger, § 89 SGB VII Rn. 1.
1120 Nach Schudmann in: jurisPK-SGB VII, § 89 SGB VII Rn. 7.

3.8 Neufestsetzungen

Mitunter können Kinder und Jugendliche, oftmals als Mitglieder der Schülerversicherung, einen Arbeitsunfall mit dauerhaften Schädigungen erleiden. Die Rentenzahlung basiert dann regelmäßig auf dem Mindest-JAV. Denn Kinder und Jugendliche haben kein Einkommen, beziehen in der Regel weder Lohn, noch Gehalt. Das führt zu einer doppelten Benachteiligung: Zum einen werden sie aufgrund der dauerhaften Schädigung auf dem Arbeitsmarkt benachteiligt, zum anderen erhalten sie eine geringe Rente.

Der Gesetzgeber hat Regelungen geschaffen, die zu Neufestsetzungen des Jahresarbeitsverdienstes führen sollen, wenn sich der Versicherungsfall in jungen Jahren ereignete. Der Gesetzgeber schafft für die Betroffenen eine finanzielle Rehabilitation, indem er pauschale Neufestsetzungen des JAV, gekoppelt an dem Lebensalter, festlegt.

Die Regelungen in §§ 90, 91 SGB VII traten zum 1. Januar 2021 in Kraft.[1121] Auf Fallkonstellationen, die die Rechtslage zuvor betrafen sowie auf die Übergangsregelung in § 214 Abs. 2 SGB VII wird hier nicht weiter eingegangen.

3.8.1 Neufestsetzung nach Altersstufen

§ 90 SGB VII regelt in drei Absätzen folgendes: Ist der Versicherungsfall **vor Vollendung des 30. Lebensjahres** eingetreten, wird, wenn es für die Versicherten günstiger ist, der Jahresarbeitsverdienst **mit Vollendung des 30. Lebensjahres** auf **100 Prozent** der zu diesem Zeitpunkt maßgebenden Bezugsgröße neu festgesetzt. Wurde die Hochschul- oder Fachhochschulreife erworben, tritt an die Stelle des Wertes 100 Prozent der Wert 120 Prozent der Bezugsgröße.

Der Jahresarbeitsverdienst wird mit Vollendung der in § 85 SGB VII genannten weiteren Lebensjahre entsprechend dem Prozentsatz der zu diesen Zeitpunkten maßgebenden Bezugsgröße neu festgesetzt.

In den Fällen des § 82 Abs. 2 S. 2 SGB VII sind die Absätze 1 und 2 des § 90 SGB VII entsprechend anzuwenden.

Die Vorschrift enthält somit einen **Günstigkeitsvergleich**. Es wäre möglich, dass die Betroffenen einen tatsächlich höheren Jahresarbeitsverdienst haben, der dann natürlich weiterhin gelten soll. Bei Kindern und

1121 BGBl. I 2020, 1248 (1267 ff.).

Jugendlichen mag dies zwar eher selten vorkommen, bei Mitarbeit von ihnen in Film, in der Musik, im Sport oder in der Werbung[1122] ließe sich dies aber vorstellen, bei jungen Erwachsenen unter 30 Jahren scheint dies nicht abwegig.

Nach Erreichen einer bestimmten Altersgrenze, die in § 85 SGB VII aufgeführt ist, erhält der Versicherte pauschal den Jahresarbeitsverdienst angehoben.[1123] Die Neufestsetzung findet also nicht ein einziges Mal statt, sondern regelmäßig i.S.d. § 90 Abs. 2 SGB VII i.V.m. § 85 SGB VII.

Prüfungsschema | Neufestsetzung nach § 90 SGB VII

Ausgangsfall: Caspar ist 16-jähriger Schüler des Goethe-Gymnasiums in Frankfurt/Main. Am 24. Januar 2023 hat er einen Unfall auf dem Weg zur Schule, der vom Unfallversicherungsträger als versicherter Wegeunfall („Schülerunfallversicherung“) anerkannt wird. Aufgrund des Versicherungsfalls verbleibt ein dauerhafter Schaden. Wie hoch ist der Jahresarbeitsverdienst?

Vorüberlegungen: Caspar ist am 1. Januar 2007 geboren und Schüler, verdient also kein Gehalt oder Lohn, auch sonstige Einkünfte sind nicht bekannt, die i.S.d. § 82 Abs. 1 SGB VII berücksichtigt werden könnten. Maßgeblich ist daher der Mindest-JAV. Die Bezugsgröße betrug (für Frankfurt/Main, also den Westen) 2023 40.740,00 Euro.[1124]
Nach § 85 Abs. 1a Nr. 3 SGB VII macht der Jahresarbeitsverdienst für einen 16-Jährigen 40 Prozent der Bezugsgröße im Zeitpunkt des Versicherungsfalls aus.
Demnach betrug 2023 der Jahresarbeitsverdienst bei Caspar als Mindest-JAV 40 Prozent von 40.740,00 Euro, mithin: 16.296,00 Euro.

Erste Überprüfung: Über § 90 Abs. 2 SGB VII findet nach den in § 85 SGB VII aufgeführten Lebensjahren eine stetige Neufestsetzung statt. Die erste Überprüfung erfolgt gemäß § 85 Abs. 1 SGB VII, wenn Caspar 18 Jahre alt wird, also am 1. Januar 2025. Dann beträgt der Mindest-JAV

1122 Vgl. Ricke in: BeckOGK-SGB VII, § 90 SGB VII Rn. 5.
1123 Bereiter-Hahn/Mehrtens, § 91 SGB VII Rn. 2.
1124 Vgl. § 1 Abs. 1 Sozialversicherungsrechengrößen-Verordnung 2023.

60 Prozent. Maßgeblich ist die aktuelle Bezugsgröße 2025, also 44.940,00 Euro.[1125]
Demnach ändert sich der Jahresarbeitsverdienst auf 26.964,00 Euro (60 Prozent von 44.940,00 Euro). Dieser gilt nur dann, wenn der tatsächliche Jahresarbeitsverdienst (= sofern Caspar Einkünfte gehabt hat) von Caspar nicht günstiger wäre.

Zweite Überprüfung: Die zweite Überprüfung findet statt, wenn Caspar 25 Jahre alt wird, also am 1. Januar 2032.
Nach § 85 Abs. 1a Nr. 4 SGB VII wird der Mindest-JAV auf 75 Prozent angehoben. Auch hier wird der ausgerechnete Wert maßgeblich, wenn Caspar keinen höheren tatsächlichen Jahresarbeitsverdienst hat.

Dritte Überprüfung: Die dritte Überprüfung findet statt, wenn Caspar 30 Jahre alt wird, also am 1. Januar 2037.
Nach § 90 Abs. 1 S. 1 SGB VII wird der JAV dann auf die volle Bezugsgröße (100 Prozent) erhöht. Sofern Caspar die Hochschul- oder Fachhochschulreife vor seinem 30. Lebensjahr erreicht hat, wird von 120 Prozent ausgegangen.

Unter der **Hochschul- und Fachhochschulreife** werden Hochschulzugangsberechtigungen verstanden, also die Berechtigung zur Zulassung zum Studium an einer Universität bzw. an einer (Fach)Hochschule.[1126] Im Allgemeinen wird die (Fach)Hochschulreife mit dem (Fach)Abitur nachgewiesen.[1127]

Der Erwerb der Hoch- oder Fachhochschulreife muss nicht vor dem Versicherungsfall erfolgt sein.[1128] Allerdings werden Versicherte nicht davon umfasst, die ohne den Versicherungsfall die Hochschul- oder Fachhochschulreife erreicht hätten, ihn aber aufgrund des Versicherungsfalls nicht erwerben konnten.[1129] Begründet wird dies mit dem Verwaltungsaufwand: die Ermittlung **fiktiver Lebensläufe und Berufsverläufe** soll gerade vermieden werden.[1130]

1125 Vgl. § 1 Sozialversicherungsrechengrößen-Verordnung 2025.
1126 Schudmann in: jurisPK-SGB VII, § 90 SGB VII Rn. 32.
1127 Hofmann-Hoeppel in: Eiding/Hofmann-Hoeppel, § 58 Rn. 4.
1128 Keller in: Hauck/Noftz, SGB VII, § 90 SGB VII Rn. 13.
1129 Keller in: Hauck/Noftz, SGB VII, § 90 SGB VII Rn. 13.
1130 Plum in: Podzun, Kz. 440 S. 43.

Verwaltungshandeln | Neufestsetzung nach § 90 SGB VII

Die Neufestsetzungen nach § 90 SGB VII haben stets **von Amts wegen** zu erfolgen (vgl. § 19 S. 2 SGB IV).[1131] Es bedarf folglich keines Antrags. Die Unfallversicherungsträger haben daher die betreffenden Akten auf Wiedervorlage zu legen und dürfen sie nicht aussteuern.
Der betroffene Versicherte erhält vom Unfallversicherungsträger einen **Rentenerhöhungsbescheid** wegen Änderung der Verhältnisse nach § 48 Abs. 1 S. 1 und 2 Nr. 1 SGB X.[1132]

Gegen § 90 SGB VII bestehen **verfassungsmäßige Bedenken**, dass das Benachteiligungsverbot wegen Behinderung aus Art. 3 Abs. 3 S. 2 GG nicht eingehalten wird.[1133] Dies liegt an § 90 Abs. 1 S. 2 SGB VII, der einen Wert von 120 Prozent (statt 100 Prozent) der Bezugsgröße annimmt, sofern der Versicherte die Hochschul- oder Fachhochschulreife erworben hat. Gymnasiasten, die vor dem Abitur oder vor dem Fachabitur einen Versicherungsfall erlitten und deshalb die gymnasiale Schulausbildung nicht abschließen könnten, wären damit im Vergleich zu denen, die trotz Versicherungsfall die Hochschul- oder Fachhochschulreife erlangten, deutlich schlechter gestellt, bei einer Vollrente betragsmäßig immerhin um 1/5 von 2/3 der Bezugsgröße.[1134]

Auch ließe sich die Zusammenfassung der Versicherten mit Hochschul- und Fachhochschulreife in einer Gruppe sowie ihre Besserstellung hinsichtlich des JAV gegenüber anderen Versichertengruppen dem Grunde und der Höhe nach nicht ohne Weiteres mit typischerweise besseren Verdienstmöglichkeiten erklären.[1135]

3.8.2 Neufestsetzung nach Schul- oder Berufsausbildung

Eine weitere Neufestsetzungsregel findet sind in § 91 SGB VII.

1131 Ricke in: BeckOGK-SGB VII, § 90 SGB VII Rn. 9.
1132 Ricke in: BeckOGK-SGB VII, § 90 SGB VII Rn. 9.
1133 Schudmann in: jurisPK-SGB VII, § 90 SGB VII Rn. 32; Keller in: Hauck/Noftz, SGB VII, § 90 SGB VII Rn. 13.
1134 Schudmann in: jurisPK-SGB VII, § 90 SGB VII Rn. 32.
1135 Schudmann in: jurisPK-SGB VII, § 90 SGB VII Rn. 33.

Ist der Versicherungsfall **während einer Berufsausbildung** eingetreten, wird, wenn es für die Versicherten günstiger ist, der Jahresarbeitsverdienst schon **vor Vollendung des 25. Lebensjahres** auf **75 Prozent** der Bezugsgröße neu festgesetzt, entweder von dem Zeitpunkt an, in dem die Berufsausbildung beendet worden ist oder drei Jahre, im Fall einer Hochschul- oder Fachhochschulausbildung fünf Jahre, nach Beginn der Berufsausbildung, wenn diese verzögert oder abgebrochen wurde, es sei denn, dass die Berufsausbildung ohne den Versicherungsfall ebenfalls keinen regelmäßigen Verlauf genommen hätte.

Ist der Versicherungsfall **während einer Schul- oder Berufsausbildung nach Vollendung des 30. Lebensjahres** eingetreten (§ 91 Abs. 2 SGB VII), wird, wenn es für die Versicherten günstiger ist, der Jahresarbeitsverdienst auf 100 Prozent der Bezugsgröße neu festgesetzt, entweder von dem Zeitpunkt an, in dem die Schul- oder Berufsausbildung beendet worden ist oder drei Jahre nach Beginn der Schul- oder Berufsausbildung, wenn diese verzögert oder abgebrochen wurde, es sei denn, dass die Schul- oder Berufsausbildung ohne den Versicherungsfall ebenfalls keinen regelmäßigen Verlauf genommen hätte.

Schließlich (§ 91 Abs. 3 SGB VII): Ist der Versicherungsfall **während einer Hochschul- oder Fachhochschulausbildung nach Vollendung des 30. Lebensjahres** eingetreten, wird, wenn es für die Versicherten günstiger ist, der Jahresarbeitsverdienst auf 120 Prozent der Bezugsgröße neu festgesetzt, entweder von dem Zeitpunkt an, in dem die Hochschul- oder Fachhochschulausbildung beendet worden ist, oder fünf Jahre nach Beginn der Hochschul- oder Fachhochschulausbildung, wenn diese verzögert oder abgebrochen wurde, es sei denn, dass die Hochschul- oder Fachhochschulausbildung ohne den Versicherungsfall ebenfalls keinen regelmäßigen Verlauf genommen hätte.

Für die Neufestsetzungen gilt nach § 91 Abs. 4 SGB VII die zum jeweiligen Zeitpunkt maßgebende Bezugsgröße. § 67 Abs. 3 Nr. 2 lit. b SGB VII, eine Vorschrift aus dem Hinterbliebenenrecht, ist für Übergangszeiten entsprechend anzuwenden.

Die DGUV erklärt die Vorschrift zum leichteren Verständnis in einer übersichtlichen Darstellung:[1136]

1136 Nach DGUV-RS 0270/2023 v. 27.07.2023, S. 3.

Lebensalter bei VF	vor 30. Lebensjahr		nach 30. Lebensjahr		
Ausbildungsform	Berufsausbildung	Fachhochschule, Hochschule	Schule	Berufsausbildung	Fachhochschule, Hochschule
Fiktionszeitraum	3 Jahre	5 Jahre	3 Jahre	3 Jahre	5 Jahre
Gesetz	§ 91 Abs. 1 SGB VII		§ 91 Abs. 2 SGB VII		§ 91 Abs. 3 SGB VII

Hintergrund der Regelung ist, dass sich gerade der betroffene Personenkreis (Schüler, Auszubildende, Studierende) nicht auf geringere Einkünfte eingestellt hat, sondern Ausbildung und Studium deshalb betreiben, um ihre Erwerbschancen zu erhöhen.[1137] Durch die eingetretene Minderung der Erwerbsfähigkeit könnte dieses Ziel ggf. nicht mehr erreicht werden, weshalb eine Korrektur angezeigt ist.

Die Vorschrift ist wie folgt zu prüfen:

3.8.2.1 Ereignete sich der Versicherungsfall vor oder nach dem 30. Lebensjahr?

Der Versicherte muss einen Versicherungsfall erlitten haben. Zum Zeitpunkt des Versicherungsfalls befand er sich in einer Schul- oder Berufsausbildung oder im Studium.

Das bedeutet nicht, dass sich der Versicherungsfall infolge der Schul- oder Berufsausbildung oder des Studiums ereignet haben muss.[1138] Zwischen dem schädigenden Ereignis und der Ausbildung muss nur ein **zeitlicher**, aber kein innerer Zusammenhang bestehen.[1139] Der Unfall kann daher im Rahmen

1137 DGUV-RS 0270/2023 v. 27.07.2023, S. 3.

1138 Bereiter-Hahn/Mehrtens, § 91 SGB VII Rn. 3; Bruno in: Schlaeger, § 91 SGB VII Rn. 3; Schudmann in: jurisPK-SGB VII, § 91 SGB VII Rn. 21.

1139 Keller in: Hauck/Noftz, SGB VII, § 91 SGB VII Rn. 19; Bereiter-Hahn/Mehrtens, § 91 SGB VII Rn. 3.

der (Schul-)Ausbildung, des Studiums oder während einer Nebenbeschäftigung gleichermaßen erfolgen.[1140]

Maßgeblich ist nun, ob der Versicherte im Zeitpunkt des Versicherungsfalls **vor Vollendung des 30. Lebensjahres** (Absatz 1) oder **nach Vollendung des 30. Lebensjahres** (Absatz 2 und 3) stand.

3.8.2.2 Welche Ausbildungsform: Schule, Berufsausbildung, Hochschule?

Nächste Prüfungsfrage ist, in welcher Ausbildungsform sich der Versicherte befand. Die Norm verwendet hier bewusst unterschiedliche Begriffe:

Schulausbildung: Unter der Schulausbildung ist der Besuch allgemeinbildender und weiterführender Schulen zu verstehen.[1141] Sie muss deshalb an allgemeinbildenden öffentlichen oder privaten Schulen erfolgen und der Unterricht nach staatlich genehmigten Lehrplänen erteilt werden.[1142]

Berufsausbildung: Unter der Berufsausbildung wird die Vermittlung bzw. der Erwerb von Kenntnissen und Fähigkeiten, die zur späteren Ausübung des Berufes benötigt werden, verstanden.[1143] Dies ist eine geregelte, zu einem qualifizierten beruflichen Abschluss führende Ausbildung (wie z.B. Ausbildung zum Steuerberater)[1144] oder ein Studium.[1145] Eine Fort- und Weiterbildungsmaßnahme ist keine Berufsausbildung.[1146] Die Berufsausbildung ist daher ein weit zu verstehender Begriff, der die Hochschul- und Fachhochschulausbildung mitumfasst.

Hochschul-/Fachhochschulausbildung: Für Teilabschlüsse innerhalb der Berufsausbildung bestehen eigene Regelungen, nämlich für die Hochschul- und Fachhochschulabschlüsse, die gesetzlich gleichgesetzt werden. Es handelt sich um Studiengänge an Universitäten oder (Fach)Hochschulen, die zu einem berufsqualifizierenden Abschluss führen (auch ein duales Studium oder ein Fernstudium).[1147]

1140 DGUV-RS 0270/2023 v. 27.07.2023, S. 3.
1141 BSG, Urt. v. 26.01.2000 – B 13 RJ 53/99 R, juris Rn. 20.
1142 BSG, Urt. v. 26.01.2000 – B 13 RJ 53/99 R, juris Rn. 20.
1143 BSG, Urt. v. 07.02.2006 – B 2 U 3/05 R, juris Rn. 16.
1144 BSG, Urt. v. 07.02.2006 – B 2 U 3/05 R, juris Rn. 16.
1145 BSG, Urt. v. 05.08.1993 – 2 RU 24/92, juris Rn. 20.
1146 Bereiter-Hahn/Mehrtens, § 91 SGB VII Rn. 4.1.
1147 Schudmann in: jurisPK-SGB VI, § 91 SGB VII Rn. 39.

3.8.2.3 Ausbildung beendet?

Abschließend ist zu prüfen, ob die Ausbildung beendet wurde (Nr. 1) oder nicht (Nr. 2).

Wenn der Versicherte die Ausbildung erfolgreich beendete, wird die Geldleistung von dem Zeitpunkt an, in dem die Ausbildung erfolgreich abgeschlossen wurde, neu festgesetzt. Es kann auf das Datum der mündlichen Prüfung/des Abschlusszeugnisses abgestellt werden.[1148]

Wenn der Versicherte die Ausbildung aus unfallbedingten Gründen abgebrochen hat oder das Ende dadurch verzögert wurde, erfolgt die Neufestsetzung drei (fünf) Jahre nach Beginn der Ausbildung. Das gilt auch, wenn die tatsächliche planmäßige Dauer der Ausbildung länger oder kürzer als die im Gesetz genannten drei (fünf) Jahre angesetzt war.

Dies gilt freilich nicht, wenn aus anderen, versicherungsfremden Gründen die Ausbildung ebenso nicht beendet worden wäre.

3.8.2.4 Übersicht

Vereinfacht und ohne auf die Vielzahl an Ausnahmen speziell nochmals hinzuweisen, lässt sich folgende Übersicht erstellen:

	vor 30. Lebensjahr		**nach 30. Lebensjahr**	
	beendet	**nicht beendet**	**beendet**	**nicht beendet**
Schule	40/75 %	40/75 %	100 %	100 %
Berufsausbildung	75 % (vor 25)	75 % (vor 25)	100 %	100 %
Hochschule	75 % (vor 25)	75 % (vor 25)	120 %	120 %

1148 Ricke in: BeckOGK-SGB VII, § 91 SGB VII Rn. 19.

Verwaltungshandeln | Neufestsetzung nach § 91 SGB VII

Die Neufestsetzungen nach § 91 SGB VII haben stets **von Amts wegen** zu erfolgen (vgl. § 19 S. 2 SGB IV).[1149] Da der Abschluss der Berufsausbildung eine wesentliche Änderung darstellt, ist vom Unfallversicherungsträger eine Neuberechnung vorzunehmen.[1150]
Sofern die Neuberechnung zu einem für den Versicherten günstigeren Jahresarbeitsverdienst führt, ist der Ursprungsbescheid nach § 48 Abs. 1 S. 2 Nr. 1 SGB X durch einen Rentenerhöhungsbescheid aufzuheben.[1151]

3.8.3 Günstigkeitsvergleich nach Ausbildungsabschluss

Keine Neufestsetzung, aber einen Günstigkeitsvergleich sieht schließlich § 82 Abs. 2 S. 3 SGB VII vor. Hier erfolgt die Korrektur über eine Auffüllung. Dogmatisch ist die Regelung daher den Auffüllungsregelungen aus § 82 Abs. 2 SGB VII zuzuordnen (wo freilich die Vorschrift auch steht).

Ereignet sich der Versicherungsfall innerhalb eines Jahres **seit Beendigung einer Berufsausbildung**, bleibt das während der Berufsausbildung erzielte Arbeitsentgelt **außer Betracht**, wenn es für den Versicherten **günstiger** ist.

Die Vorschrift soll verhindern, dass Versicherte, die den Versicherungsfall in dem Jahr nach der Beendigung einer Berufsausbildung erlitten haben, schlechter stehen als Personen, die den Versicherungsfall während der Berufsausbildung erleiden.[1152] Denn diese erhalten in der Regel eine Neufestsetzung des Jahresarbeitsverdienstes nach § 90 SGB VII.

Außer Betracht bedeutet, dass der Gesetzgeber eine **fiktive Lücke** hier unterstellt, obwohl in dem Zeitraum Arbeitsentgelt in Gestalt der Ausbildungsvergütung erzielt wird. Zu Gunsten des Versicherten wird dieser Zeitraum aber nicht in die Berechnung miteinbezogen, sondern vielmehr wie eine Lücke behandelt und dadurch aufgefüllt.

Grundvoraussetzung dafür ist, dass eine Berufsausbildung **beendet** wurde und sich der Versicherungsfall innerhalb eines Jahres seit Beendigung

1149 Schudmann in: jurisPK-SGB VII, § 91 SGB VII Rn. 17.
1150 Schudmann in: jurisPK-SGB VII, § 91 SGB VII Rn. 17.
1151 Vgl. Schudmann in: jurisPK-SGB VII, § 91 SGB VII Rn. 17.
1152 Bruno in: Schlaeger, § 82 SGB VII Rn. 11.

ereignete. Der Begriff der **Berufsausbildung** ist weiter zu sehen als derjenige aus dem BBiG[1153] und erfasst pauschal die Erlangung von Fertigkeiten, Kenntnissen und Fähigkeiten, die die zukünftige Ausübung eines Berufs ermöglichen.[1154] Das sind dann keine Fort- und Weiterbildungsmaßnahmen, die in der Regel davon ausgehen, dass der Teilnehmer einen Beruf bereits ausübt.

Die **herrschende Meinung** geht davon aus, dass eine **Beendigung** keinen erfolgreichen Abschluss voraussetzt, sodass auch ein vorzeitiger Abbruch zur Anwendung der Vorschrift führen soll.[1155] Es ist widersprüchlich, wenn in § 91 SGB VII auf den erfolgreichen Abschluss abgestellt wird, in § 82 Abs. 2 S. 3 SGB VII aber nicht.[1156] Entgegen der herrschenden Meinung wird daher hier vertreten, dass die Anwendung der Vorschrift einen erfolgreichen Abschluss voraussetzt.[1157]

Die niedrigere Ausbildungsvergütung wird folglich in der Vergleichsberechnung nicht als Arbeitsentgelt bewertet,[1158] sondern als einkommenslose Zeit angesehen. In der Konsequenz entsteht somit ein Zeitraum ohne zu berücksichtigendes Arbeitsentgelt, also eine künstliche Lücke, die aufgefüllt wird.[1159]

Im Günstigkeitsvergleich ist zu prüfen, welche Berechnung zu einem höheren Jahresarbeitsverdienst führt.

Ins Leere geht hingegen der Günstigkeitsvergleich, wenn der gesamte JAV-Zeitraum mit Ausbildungsvergütung belegt wurde (Versicherungsfall ereignet sich zwar nach Ausbildungsende, aber noch in dem Monat, in dem die Ausbildung endet): In dem Fall steht kein (höherer) Durchschnittsverdienst zur Verfügung, auf den zur Lückenberechnung zugegriffen werden könnte.[1160]

Richtig erscheint in den Fällen eine Prüfung nach § 87 SGB VII.[1161]

1153 Keller in: Hauck/Noftz, SGB VII, § 91 SGB VII Rn. 14.

1154 Keller in: Hauck/Noftz, SGB VII, § 91 SGB VII Rn. 13.

1155 Vgl. Bereiter-Hahn/Mehrtens, § 82 SGB VII Rn. 15; Keller in: Hauck/Noftz, SGB VII, § 82 SGB VII Rn. 22b; Schudmann in: jurisPK-SGB VII, § 82 SGB VII Rn. 113; Plum in: Podzun, Kz. 440 Rn. 24.

1156 Siehe Zimmermann in: LPK-SGB VII, § 82 SGB VII Rn. 38.

1157 So auch Bruno in: Schlaeger, § 82 SGB VII Rn. 11.

1158 Kunze in: v. Koppenfels-Spies/Wenner, SGB VII, § 82 SGB VII Rn. 40.

1159 Plum in: Podzun, Kz. 440 S. 24.

1160 Plum in: Podzun, Kz. 440 S. 24a.

1161 Schudmann in: jurisPK-SGB VII; § 82 SGB VII Rn. 113; Plum in: Podzun, Kz. 440 S. 25.

3.9 JAV-Korrektur nach § 87 SGB VII

Obwohl der Jahresarbeitsverdienst bereits mit einem Mindest- und Höchst-JAV soziale Absicherungsgrenzen besitzt, hat der Gesetzgeber eine weitere Korrekturmöglichkeit aufgenommen, die in § 87 SGB VII aufgeführt ist.

Ist ein nach der Regelberechnung, nach den Vorschriften bei Berufskrankheiten oder nach der Regelung über den Mindestjahresarbeitsverdienst festgesetzter Jahresarbeitsverdienst **in erheblichem Maße unbillig**, wird er nach **billigem Ermessen** im Rahmen von Mindest- und Höchstjahresarbeitsverdienst festgesetzt. Hierbei werden insbesondere die Fähigkeiten, die Ausbildung, die Lebensstellung und die Tätigkeit der Versicherten im Zeitpunkt des Versicherungsfalls berücksichtigt.

Sinn und Zweck der Regelung ist, dass ein nach den §§ 82, 84 oder 85 Abs. 1, 1a SGB VII ermittelter Jahresarbeitsverdienst dann **nicht** für die Berechnung einer Geldzahlung zu Grunde verwendet werden soll, wenn er nicht das Spiegelbild der **normalen Lebenshaltung** des Versicherten darstellt.[1162] Die Vorschrift soll also atypische Fallgestaltungen erfassen und zu einer gerechten Lösung führen.[1163] Positiv ausgedrückt: Ziel des § 87 SGB VII ist es, den Jahresarbeitsverdienst als Grundlage der Rente so zu bemessen, dass **der Lebensstandard gesichert** wird, den der Versicherte zeitnah vor dem Versicherungsfall erreicht und auf den er **sich eingerichtet** hat.[1164] Die Anwendung des § 87 SGB VII kann deshalb im Einzelfall sowohl **eine Erhöhung** als auch **eine Reduzierung** des berechneten Jahresarbeitsverdienstes bewirken.[1165]

Die Korrektur über § 87 SGB VII erfolgt allein in JAV-Ermittlungen nach den §§ 82, 84 und 85 Abs. 1, 1a SGB VII.[1166]

Im Umkehrschluss findet folglich § 87 SGB VII **keine Anwendung** auf:

- § 83 SGB VII – JAV kraft Satzung (Ausnahme, wenn die Satzung die Anwendung des § 87 SGB VII vorsieht oder eine JAV-Festsetzung nach den §§ 82 ff. SGB VII vorschreibt)[1167]

1162 Kunze in: v. Koppenfels-Spies/Wenner, SGB VII, § 87 SGB VII Rn. 3.

1163 Schudmann in: jurisPK-SGB VII, § 87 SGB VII Rn. 6.

1164 BSG, Urt. v. 15.09.2011 – B 2 U 24/10 R, NJOZ 2012, 513 Rn. 24.

1165 BSG, Urt. v. 15.09.2011 – B 2 U 24/10 R, NJOZ 2012, 513 Rn. 24.

1166 Kunze in: v. Koppenfels-Spies/Wenner, SGB VII, § 87 SGB VII Rn. 5.

1167 BSG, Urt. v. 03.04.2014 – B 2 U 26/12 R, BeckRS 2014, 71803 Rn. 21; Keller in: Hauck/Noftz, SGB VII, § 85 SGB VII Rn. 3.

- § 85 Abs. 2 SGB VII – Höchst-JAV[1168]
- §§ 90, 91 SGB VII – Neufestsetzungen nach Altersstufen/Berufsbildung[1169]
- §§ 92, 93 SGB VII – JAV für Seeleute und landwirtschaftliche Unternehmer[1170]
- Verletztengeld (in Analogie)[1171]

§ 87 SGB VII ist **nur bei der erstmaligen Festsetzung** eines Jahresarbeitsverdienstes anzuwenden.[1172] Für die **Neufestsetzung** entfällt eine Billigkeitsprüfung.[1173]

§ 87 SGB VII ist eine Kopplungsvorschrift:[1174] Sie enthält einerseits einen unbestimmten Rechtsbegriff (in erheblichem Maße unbillig) und des Weiteren eine Ermessensregelung.[1175] Beide Vorgaben sind jeweils für sich, also getrennt voneinander, zu prüfen.[1176] Bei der Bewertung der erheblichen Unbilligkeit hat der Unfallversicherungsträger kein Ermessen.[1177]

3.9.1 Erhebliche Unbilligkeit

Beim Begriff der erheblichen Unbilligkeit handelt es sich um einen unbestimmten Rechtsbegriff, Änderungen der Lebenssituation z.B. Beförderungen sind unbeachtlich und können nicht Gegenstand der Unbilligkeitsprüfung sein.[1178]

Die Rechtsprechung hat dazu einige wichtige Auslegungshinweise getroffen:

- Eine „Unbilligkeit" bei der Feststellung des Jahresarbeitsverdienstes ist dann gegeben, wenn der ermittelte Jahresarbeitsverdienst in einem

1168 Keller in: Hauck/Noftz, SGB VII, § 85 SGB VII Rn. 3.
1169 Ricke/Kellner in: BeckOGK-SGB VII, § 87 SGB VII Rn. 5.4.
1170 Schudmann in: jurisPK-SGB VII, § 87 SGB VII Rn. 10.
1171 Kunze in: v. Koppenfels-Spies/Wenner, SGB VII, § 87 SGB VII Rn. 7.
1172 BSG, Urt. v. 15.09.2011 – B 2 U 24/10 R, juris Rn. 23.
1173 Schudmann in: jurisPK-SGB VII, § 87 SGB VII Rn. 10.
1174 Keller in: Hauck/Noftz, SGB VII, § 87 SGB VII Rn. 5.
1175 Keller in: Hauck/Noftz, SGB VII, § 87 SGB VII Rn. 5.
1176 Keller in: Hauck/Noftz, SGB VII, § 87 SGB VII Rn. 5.
1177 BSG, Urt. v. 15.09.2011 – B 2 U 24/10 R, NJOZ 2012, 513 Rn. 24.
1178 Keller in: Hauck/Noftz, SGB VII, § 87 SGB VII Rn. 6.

offensichtlichen und erheblichen Widerspruch zu den tatsächlichen Verhältnissen steht.[1179]

- Es sind die in § 87 S. 2 SGB VII aufgeführten Wertungsgesichtspunkte[1180] in die Bewertung einfließen zu lassen, also: Fähigkeiten, Ausbildung, Lebensstellung des Verletzten, seine oder eine vergleichbare Tätigkeit.[1181] Die Aufzählung ist allerdings nicht abschließend („insbesondere"), kann daher auch um weitere Punkte ergänzt werden.
- Die Frage der Unbilligkeit ist nur nach den besonderen Umständen des Einzelfalles zu entscheiden und betrifft nur Ausnahmefälle.[1182]

Bei der Prüfung des § 87 SGB VII ist eine **Grundvorgabe wesentlich**: Es reicht **nicht** aus, dass der ermittelte Jahresarbeitsverdienst **unbillig** ist. Um es etwas plakativ zu formulieren: Der Gesetzgeber hat keine Einwände, dass ein ermittelter Jahresarbeitsverdienst unbillig ist. Eine Korrektur nach § 87 SGB VII darf nur dann stattfinden, wenn er in **erheblichem Maße** unbillig ist. Insofern ist es wichtig und wesentlich, dass die in **erheblichem Maße vorliegende** Unbilligkeit dargestellt wird. Es muss sich also um eine „schreiende Ungerechtigkeit" handeln, die jeder Vernunft und jedem Anstand widerspricht.

3.9.2 Festsetzung nach billigem Ermessen

Sofern der ermittelte Jahresarbeitsverdienst in erheblichem Maße unbillig ist, hat der Unfallversicherungsträger über eine verhältnismäßige Höhe ermessensfehlerfrei zu entscheiden. Folglich hat der Unfallversicherungsträger einen korrigierten Jahresarbeitsverdienst **nach billigem Ermessen** festzustellen.[1183]

Für die Festsetzung des korrigierten Jahresarbeitsverdienstes besteht die Vorgabe, dass sich dieser innerhalb des Mindest- und Höchst-JAV bewegen muss.[1184]

Bei seiner Ermessensentscheidung hat der Unfallversicherungträger die in § 87 S. 2 SGB VII aufgeführten Kriterien ebenso zu berücksichtigen.[1185]

1179 BSG, Urt. v. 24.04.1975 – 8 RU 36/74, juris Rn. 35.
1180 Vgl. Keller in: Hauck/Noftz, SGB VII, § 87 SGB VII Rn. 6a.
1181 BSG, Urt. v. 24.04.1975 – 8 RU 36/74, juris Rn. 35.
1182 BSG, Urt. v. 24.04.1975 – 8 RU 36/74, juris Rn. 35.
1183 BSG, Urt. v. 30.10.1991 – 2 RU 61/90, juris Rn. 18.
1184 Bruno in: Schlaeger, § 87 SGB VII Rn. 9; Dahm in: Lauterbach, § 87 SGB VII Rn. 9.
1185 Keller in: Hauck/Noftz, SGB VII, § 87 SGB VII Rn. 15.

Es ist dann ein fiktiver Vergleichs-JAV festzusetzen, der sich bspw. an Tariflöhnen orientiert.[1186]

3.9.3 Prüfungsschema

Prüfungsschema | Obligatorische Prüfung des Jahresarbeitsverdienstes

Sowohl für die Klausur als auch für die Praxis empfiehlt es sich, obligatorisch **für jeden Fall**, die Ermittlung des Jahresarbeitsverdienstes mit dem nachfolgenden Prüfungsschema abzuschließen.
In der Praxis wird damit dokumentiert, dass sich der Unfallversicherungsträger mit allen Korrekturfragen zur Höhe des ermittelten Jahresarbeitsverdienstes beschäftigt hat. In der Klausur zeigt der Prüfling, dass ihm sämtliche Korrekturmöglichkeiten bekannt sind.
Die nachfolgende Korrektur-Überprüfungstrias wird daher als **zwingender Abschluss** einer Jahresarbeitsverdienst-Ermittlung empfohlen.

1. Ermittlung des tatsächlichen Jahresarbeitsverdienstes
2. Vergleich mit dem Mindest-JAV (§ 85 Abs. 1, 1a SGB VII)
3. Vergleich mit dem Höchst-JAV (§ 85 Abs. 2 SGB VII)
4. Überprüfung einer Korrektur nach § 87 SGB VII

a) Liegt ein in erheblichem Maße unbilliger JAV vor?
b) Wenn ja: Festsetzung nach billigem Ermessen der Behörde

3.10 JAV für Berufskrankheiten

Neben den Arbeitsunfällen (§ 8 SGB VII) handelt es sich auch bei **Berufskrankheiten** (§ 9 SGB VII) um Versicherungsfälle der gesetzlichen Unfallversicherung (§ 7 Abs. 1 SGB VII).

1186 Bruno in: Schlaeger, § 87 SGB VII Rn. 9; Zimmermann/Becker in: LPK-SGB VII, § 87 SGB VII Rn. 13.

Wissen | Berufskrankheiten

Mit Einführung eines Unfallversicherungsgesetzes 1885 war zunächst allein die Entschädigung von Arbeitsunfällen vorgesehen.[1187] Über berufsbedingte Erkrankungen wurde allerdings bereits im 17. Jahrhundert berichtet,[1188] doch wurden sie zunächst von der Kranken- bzw. Invalidenversicherung abgedeckt.[1189]

Seit 1925 gibt es eine **Berufskrankheiten-Verordnung**, zunächst mit insgesamt elf anerkannten Krankheiten in gewerblichen Betrieben, die den Körperschäden durch Arbeitsunfälle gleichgestellt waren (z.B. Erkrankungen durch Blei oder seine Verbindungen, durch Phosphor, durch Quecksilber oder seine Verbindungen, durch Arsen oder seine Verbindungen[1190]).[1191] Nicht jede Erkrankung führte (und führt) folglich zur Anerkennung als Berufskrankheit.[1192]

Für die Anerkennung einer Berufskrankheit kommen nur solche Krankheiten in Frage, die nach den Erkenntnissen der medizinischen Wissenschaft durch besondere Einwirkungen verursacht sind, denen bestimmte Personengruppen durch ihre berufliche Tätigkeit in erheblich höherem Grade als die übrige Bevölkerung ausgesetzt sind (vgl. § 9 Abs. 1 S. 2 SGB VII).[1193] Berufskrankheiten unterscheiden sich in der Regel (aber nicht zwingend) von Arbeitsunfällen: Letztere müssen plötzlich auftreten, während sich in aller Regel Berufskrankheiten über einen längeren Zeitraum entwickeln.[1194]

Mit Einführung des SGB VII im Jahr 1997 wurde die Berufskrankheit nicht mehr wie bislang als fingierter Arbeitsunfall angesehen, sondern als eigenständiger, in § 9 SGB VII geregelter Versicherungsfall.[1195] Nach § 9 Abs. 1 S. 1 SGB VII i.V.m. § 1 Abs. 1 BKV sind bestimmte Krankheiten als Berufskrankheiten zu bezeichnen. Sie sind in die Berufskrankheiten-Liste aufzunehmen (Anlage 1 der BKV). Aktuell gibt es **85 anerken-**

1187 Brandenburg in: LPK-SGB VII, § 9 SGB VII Rn. 1.
1188 Vgl. Altena, DGUV Forum 6/2025, S. 3.
1189 Brandenburg in: LPK-SGB VII, § 9 SGB VII Rn. 1.
1190 Altena, DGUV Forum 6/2025, S. 6 (FN. 11).
1191 Brandenburg in: LPK-SGB VII, § 9 SGB VII Rn. 1.
1192 Pitz in: vom Stein u.a., § 29 Rn. 19.
1193 Pitz in: vom Stein u.a., § 29 Rn. 19.
1194 Schmitt, § 9 SGB VII Rn. 3.
1195 Brandenburg in: jurisPK-SGB VII, § 9 SGB VII Rn. 4.

nungsfähige Berufskrankheiten,[1196] darunter die Lärmschwerhörigkeit, Silikose oder Hautkrankheiten.
Für die Entschädigung einer Berufskrankheit reicht es indes nicht aus, dass der Versicherte an einer Erkrankung leidet, die in der Berufskrankheiten-Liste erfasst ist, sondern vielmehr, dass die Erkrankung beim Versicherten **aufgrund der versicherten Tätigkeit** entstanden ist.[1197]

Anders als beim Arbeitsunfall entwickeln sich Berufskrankheiten oftmals langfristig. Häufig haben sie eine **längere Entwicklungsphase** bis sie bemerkt werden (**Beispiel:** Asbestose beginnt als sog Minimalasbestose und führt erst nach Jahren zur Behandlungsbedürftigkeit[1198]). Der Beginn einer Berufskrankheit ist daher in der Regel **kaum eindeutig identifizierbar**. Bei Berufskrankheiten lässt sich ein bestimmter Zeitpunkt für den Eintritt des schädigenden Ereignisses nur schwer bestimmen.

3.10.1 Allgemeine Günstigkeitsregelung des § 9 Abs. 5 SGB VII

Aus diesem Grund hat der Gesetzgeber mit § 9 Abs. 5 SGB VII eine Günstigkeitsregelung geschaffen. Soweit Vorschriften über Leistungen auf den Zeitpunkt des Versicherungsfalls abstellen, ist bei Berufskrankheiten auf den **Beginn der Arbeitsunfähigkeit** oder der **Behandlungsbedürftigkeit** oder, wenn dies für den Versicherten günstiger ist, auf den **Beginn der rentenberechtigenden Minderung der Erwerbsfähigkeit** abzustellen

Mögliche Zeitpunkte des Versicherungsfalls sind der Beginn von Arbeitsunfähigkeit, Behandlungsbedürftigkeit oder rentenberechtigender Minderung der Erwerbsfähigkeit.

Definitionen | Arbeitsunfähigkeit, Behandlungsbedürftigkeit, rentenberechtigende MdE

1. **Arbeitsunfähigkeit:** Wer infolge der Krankheit nicht oder nur mit der Gefahr der alsbaldigen Verschlimmerung in der Lage ist, seiner

---

1196 Altena, DGUV Forum 6/2025, S. 6.
1197 Römer in: Podzun, Kz. 150 S. 11.
1198 Schmitt, § 9 SGB VII Rn. 34.

bisherigen ausgeübten Erwerbstätigkeit nachzugehen, ist arbeitsunfähig.[1199]

2. Behandlungsbedürftigkeit: Sie liegt bei einem regelwidrigen Körperzustand vor, der zu seiner Besserung, Linderung oder Vermeidung einer Verschlimmerung ärztliche Behandlung erfordert.[1200] Zur Behandlung gehört auch die Verordnung von Arznei-, Heil- oder Hilfsmitteln, die wegen einer Gesundheitsstörung erforderlich werden (z.B. Verordnung eines Hörsystems).[1201]

3. Rentenberechtigende MdE: Erforderlich ist eine den Rentenanspruch auslösende MdE von mindestens 20 Prozent (unter den Voraussetzungen des § 56 Abs. 1 S. 3 SGB VII („Stützrente") auch von mindestens 10 Prozent).[1202]

Soweit der Zeitpunkt des Beginns der **Behandlungsbedürftigkeit** nicht mit dem Zeitpunkt des Beginns der **Arbeitsunfähigkeit** zusammenfällt, ist von **dem zuerst eintretenden Ereignis** auszugehen.[1203] Zwischen dem Beginn der Arbeitsunfähigkeit und der Behandlungsbedürftigkeit findet folglich keine Günstigkeitsprüfung statt, sondern wird darauf abgestellt, welches der beiden Merkmale zuerst erfüllt ist.[1204] Dieser Zeitpunkt wird dann bei der Günstigkeitsprüfung mit dem Zeitpunkt des Beginns der rentenberechtigenden MdE verglichen.[1205]

Maßgeblich ist das **wirtschaftlich günstigere Gesamtergebnis** unter Berücksichtigung der tatsächlich zu erbringenden Leistung.[1206] Sowohl Vergleichsberechnungen als auch Prognosen können dafür herangezogen werden.[1207]

Das bedeutet:[1208] Liegt der Beginn der Berufskrankheit zeitlich vor dem Eintritt einer rentenberechtigenden MdE, ist wegen der Notwendigkeit, Heilbehandlung und ggf. Verletztengeld zu gewähren, auf die **Behandlungsbe-**

1199 Römer in: Hauck/Noftz, SGB VII, § 9 SGB VII Rn. 244.
1200 Römer in: Hauck/Noftz, SGB VII, § 9 SGB VII Rn. 244.
1201 Brandenburg in: LPK-SGB VII, § 9 SGB VII Rn. 66.
1202 Brandenburg in: LPK-SGB VII, § 9 SGB VII Rn. 68.
1203 Römer in: Hauck/Noftz, SGB VII, § 9 SGB VII Rn. 245.
1204 Brandenburg in: jurisPK-SGB VII, § 9 SGB VII Rn. 220.
1205 Brandenburg in: jurisPK-SGB VII, § 9 SGB VII Rn. 220.
1206 Brandenburg in: LPK-SGB VII, § 9 SGB VII Rn. 71.
1207 Forchert in: Schlaeger, § 9 SGB VII Rn. 106.
1208 Nach Brandenburg in: LPK-SGB VII, § 9 SGB VII Rn. 71.

dürftigkeit abzustellen. In dem Fall ist also der frühere Zeitpunkt der Behandlungsbedürftigkeit für den Versicherten günstiger als der spätere Zeitpunkt der rentenberechtigenden MdE. Er bekommt bereits ab dem Zeitpunkt seiner Behandlungsbedürftigkeit Heilbehandlung und ggf. Verletztengeld und muss nicht warten, dass eine rentenberechtigende MdE festgestellt wird.

Liegt allerdings der **Eintritt einer rentenberechtigenden MdE** im Einzelfall vor dem Beginn der Krankheit, der Behandlungsbedürftigkeit oder Arbeitsunfähigkeit, so ist die Abwägung der Rechtsfolgen bei der Rentengewährung maßgebend: Bei einem früheren Rentenbeginn könnten die Gesamtzahlungen höher sein, allerdings könnte der Jahresarbeitsverdienst dann noch niedriger gewesen sein.[1209]

Deshalb hat der Unfallversicherungsträger den Günstigkeitsvergleich **vorausschauend** auf das **wirtschaftlich günstigste Gesamtergebnis** (Verletztengeld, Beginn und Höhe der Rente, Höhe des JAV usw.) unter Berücksichtigung der tatsächlich zu erbringenden Leistung abzustellen.[1210]

Aber: Der Zeitpunkt des Versicherungsfalls ist für alle Leistungen **einheitlich festzulegen;** eine einmal erfolgte Festlegung des Zeitpunktes kann folglich im Nachhinein **nicht mehr geändert** werden, auch wenn sich die Prognose nicht erfüllt hat.[1211] Die Entscheidung des Unfallversicherungsträgers bindet folglich für die Zukunft: Werden daher später vom Unfallversicherungsträger weitere Leistungen gewährt, ist eine abweichende Feststellung auch dann ausgeschlossen, wenn sie für den Versicherten günstiger wäre.[1212]

Die Feststellung des Tags des Versicherungsfalls kann durch einen Bescheid erfolgen, aber auch konkludent durch Kostenübernahme (Übernahme der Kosten für ein Hörsystem bei Lärmschwerhörigkeit).[1213]

Die Günstigkeitsprüfung für Berufskrankheiten nach § 9 Abs. 5 SGB VII findet u.a. in folgenden Leistungsfällen Anwendung:[1214]

- § 47 Abs. 6 SGB VII – Bemessung des Verletztengeldes
- § 56 Abs. 1 S. 1 SGB VII – Mindestdauer des MdE
- §§ 82 Abs. 1 S. 1, 85, 87 SGB VII – Jahresarbeitsverdienst

1209 Brose in: v. Koppenfels-Spies/Wenner, SGB VII, § 9 SGB VII Rn. 106.
1210 Römer in: Podzun, Kz. 150 S. 87
1211 Römer in: Hauck/Noftz, SGB VII, § 9 SGB VII Rn. 246.
1212 Forchert in: Schlaeger, § 9 SGB VII Rn. 105.
1213 Forchert in: Schlaeger, § 9 SGB VII Rn. 105.
1214 Nach Schmitt, § 9 SGB VII Rn. 35 und Forchert in: Schlaeger, § 9 SGB VII Rn. 101.

- § 71 Abs. 1 Nr. 2 SGB VII – Rentenbeginn
- § 62 Abs. 2 SGB VII – späteren Beginn der Rente auf unbestimmte Zeit

3.10.2 Spezielle Günstigkeitsregelung nach § 84 SGB VII

Ausschließlich für die Berechnung des Jahresarbeitsverdienstes sieht § 84 S. 1 SGB VII eine weitere Günstigkeitsvariante vor.

Bei Berufskrankheiten gilt für die **Berechnung des Jahresarbeitsverdienstes** als Zeitpunkt des Versicherungsfalls als zusätzliche weitere Variante **der letzte Tag, an dem die Versicherten versicherte Tätigkeiten verrichtet haben**, die ihrer Art nach geeignet waren, die Berufskrankheit zu verursachen, wenn diese Berechnung für die Versicherten günstiger ist als eine Berechnung auf der Grundlage des in § 9 Abs. 5 SGB VII genannten Zeitpunktes.

Voraussetzung für die Variante aus § 84 SGB VII ist, dass die gefährdende Tätigkeit aufgegeben wurde.[1215]

Insofern bestehen nach § 84 S. 1 i.V.m. § 9 Abs. 5 SGB VII für die JAV-Berechnung drei Varianten:

- **1. Variante:** Beginn der Arbeitsunfähigkeit oder Behandlungsbedürftigkeit (hier: Keine Günstigkeitsprüfung, sondern Beginn des zuerst eintretenden Ereignisses
- **2. Variante:** Beginn der rentenberechtigenden MdE
- **3. Variante:** Letzter Tag der schädigenden Tätigkeit (nach § 84 S. 2 SGB VII ist es irrelevant, aus welchen Gründen die schädigende Tätigkeit aufgegeben wurde)

Sinn und Zweck eine dritte Variante speziell für den Jahresarbeitsverdienst einzuführen ist, dass Versicherte, die nach vorsorglicher Aufgabe einer gefährdenden Tätigkeit kein oder nur ein geringes Arbeitsentgelt beziehen als zu dem Zeitpunkt als sie noch die gefährdende Tätigkeit ausübten, nicht benachteiligt werden.[1216]

Maßgeblich ist für die dritte Variante die letzte Tätigkeit, die ihrer Art nach geeignet war, eine Berufskrankheit zu verursachen.[1217] Die Aufgabe der gefährdenden Tätigkeit muss **vor dem Eintritt** des nach § 9 Abs. 5

1215 Bruno in: Schlaeger, § 84 SGB VII Rn. 4.

1216 Vgl. Kunze in: v. Koppenfels-Spies/Wenner, SGB VII, § 84 SGB VII Rn. 3.

1217 Brandenburg in: LPK-SGB VII, § 84 SGB VII Rn. 4.

SGB VII festgestellten Leistungsfalles liegen: § 84 SGB VII bezweckt keine Neufestsetzung des JAV, sondern beinhaltet einen Günstigkeitsvergleich zum Zeitpunkt der erstmaligen Feststellung des JAV.[1218] Aus diesem Grund ist zunächst (**1. Schritt**) nach Maßgabe des § 9 Abs. 5 SGB VII der Eintritt des Versicherungsfalles festzusetzen und die Höhe des Jahresarbeitsverdienstes zu ermitteln (und ggf. auch anzupassen).[1219] Dann ist der Jahresarbeitsverdienst nach § 84 i.V.m. § 82 SGB VII (**2. Schritt**) festzustellen (und entsprechend § 89 i.V.m. § 95 SGB VII bis zum Zeitpunkt des Beginns der Leistung anzupassen).[1220]

Der im Vergleich für den Versicherten günstigere JAV (**3. Schritt**) ist dann als Berechnungsgrundlage heranzuziehen, wobei maßgebend das wirtschaftlich günstigere im Gesamtergebnis ist.[1221]

Bearbeitungsbeispiel | Prüfung des JAV nach § 84 SGB VII

Fall: Durch regelmäßiges Hocken und Knieen während ihrer Arbeit zog sich die Bonner Fliesenlegerin Bertha die Berufskrankheit 2102 zu (primäre Meniskopathie). Wegen ständiger Kniebeschwerden gab sie die Fliesenlegertätigkeit am 15. Juni 2016 auf und arbeitete sodann in einem Callcenter eines Versicherungskonzerns. Ihr Jahresarbeitsverdienst betrug vor dem Wechsel 38.000,00 Euro.
Am 1. Juli 2021 wurde sie erstmals arbeitsunfähig wegen der Erkrankung geschrieben aufgrund einer Operation am Kniegelenk. Der Jahresarbeitsverdienst betrug zu diesem Zeitpunkt 34.000,00 Euro.
Der zuständige Unfallversicherungsträger stellte ab dem 2. Januar 2025 eine MdE von 20 Prozent fest. Der Jahresarbeitsverdienst betrug zu diesem Zeitpunkt 29.000,00 Euro. Mit welchem Jahresarbeitsverdienst ist die Rente zu berechnen?

1. Schritt: Günstigkeitsvergleich nach § 9 Abs. 5 SGB VII

Vergleich:
Beginn der Behandlungsbedürftigkeit/Arbeitsunfähigkeit mit dem Beginn der MdE

1218 Brandenburg in: LPK-SGB VII, § 84 SGB VII Rn. 7.
1219 Brandenburg in: LPK-SGB VII, § 84 SGB VII Rn. 9.
1220 Brandenburg in: LPK-SGB VII, § 84 SGB VII Rn. 9.
1221 Brandenburg in: LPK-SGB VII, § 84 SGB VII Rn. 9.

a) Beginn der Arbeitsunfähigkeit: 1. Juli 2021 = 34.000,00 Euro
Abweichender Beginn der Behandlungsbedürftigkeit ist nicht bekannt
b) Beginn der MdE: 2. Januar 2025 = 29.000,00 Euro

Wichtig: Der JAV ist noch anzupassen (§ 95 Abs. 1 SGB VII):
01.07.2021: 34.000,00 Euro
01.07.2022: 1,0535 × 34.000,00 Euro = 35.819,00 Euro
01.07.2023: 1,0439 × 35.819,00 Euro = 37.391,45 Euro
01.07.2024: 1,0457 × 37.391,45 Euro = 39.100,24 Euro
Angepasster JAV = 39.100,24 Euro

c) Der günstigere JAV ist der Beginn der Arbeitsunfähigkeit.

2. Schritt: Günstigkeitsvergleich: Ergebnis § 9 Abs. 5 SGB VII mit § 84 S. 1 SGB VII

a) Beginn der Arbeitsunfähigkeit: 1. Juli 2021 = 39.100,24 Euro
b) Letzter Tag der Verrichtung: 15. Juni 2016 = 38.000,00 Euro

Der zweite JAV ist anzupassen (§ 95 Abs. 1 SGB VII):
01.07.2016: 38.000,00 Euro
01.07.2017: 1,0190 × 38.000,00 Euro = 38.722,00 Euro
01.07.2018: 1,0322 × 38.722,00 Euro = 39.968,85 Euro
01.07.2019: 1,0318 × 39.968,85 Euro = 41.239,86 Euro
01.07.2020: 1,0345 × 41.239,86 Euro = 42.662,64 Euro
01.07.2021: 1,0000 × 42.662,64 Euro = 42.662,64 Euro
01.07.2022: 1,0535 × 42.662,64 Euro = 44.945,09 Euro
01.07.2023: 1,0439 × 44.945,09 Euro = 46.918,18 Euro
01.07.2024: 1,0457 × 46.918,18 Euro = 49.062,34 Euro

Angepasster JAV = 49.062,34 Euro
Der JAV nach § 84 S. 1 SGB VII ist der günstigere.

3. Schritt: Ergebnis
Maßgeblich ist der JAV in Höhe von 49.062,34 Euro.

§ 84 SGB VII und die Günstigkeitsprüfung mit ihm findet allerdings nur dann Anwendung, wenn der **letzte Tag der verrichteten Tätigkeit vor dem Eintritt eines Versicherungsfalls** im Sinne des § 9 Abs. 5 SGB VII – d.h. vor dem Beginn der Arbeitsunfähigkeit bzw. Behandlungsbedürftigkeit und vor dem Beginn der rentenberechtigenden Minderung der Erwerbsfähigkeit – liegt.[1222] Anders ausgedrückt: § 84 SGB VII findet dann keine Anwendung, wenn der Versicherungsfall vor der Tätigkeitsaufgabe liegt.[1223]

3.11 JAV-Ausnahmen

Das Gesetz sieht für verschiedene Personengruppen Sonderregelungen vor, auf die hier nicht weiter eingegangen werden soll:

Für **Zeitsoldaten**, Wehr- und **Zivildienstleistende**, Entwicklungshelfer, beim besonderen Einsatz des Zivilschutzes oder bei einem Dienst nach dem Jugendfreiwilligendienstegesetz oder dem Bundesfreiwilligendienstgesetz besteht in § 82 Abs. 2 S. 2 SGB VII eine Günstigkeitsregelung.

Die Regelung berücksichtigt, dass einerseits der Personenkreis während seiner Dienstzeit eher geringe Einkünfte hat, andererseits aber eine Tätigkeit im öffentlichen Interesse ausübt.[1224] Die Günstigkeitsregelung soll dem gerecht werden: Wenn die Einkünfte aus der letzten Tätigkeit vor der genannten Zeit höher und damit günstiger für den Betroffenen waren, sind diese der Berechnung zugrunde zu legen.[1225]

Der Anwendungsbereich ist aber begrenzt, da Zeitsoldaten, Wehr- und Zivildienstleistende versicherungsfrei sind, sodass nur Versicherungsfälle **außerhalb des genannten Dienstes** gemeint sind,[1226] zum Beispiel ein Versicherungsfall bei einer ehrenamtlichen Tätigkeit in der Freizeit.[1227]

Ebenso gibt es eine Sonderreglung für **Beamte und Berufssoldaten** in § 82 Abs. 4 SGB VII. Auch diese Regelung betrifft Versicherungsfälle außerhalb der aktiven Dienstverhältnisse.[1228] Ereignet sich der Versicherungsfall beim Beamten, der gleichzeitig selbständig ist, in der Selbständigkeit, ist die Versicherungssumme nach § 83 SGB VII maßgebend, und die Satzungsbestimmung des Unfallversicherungsträgers findet für die weitere Berücksichtigung Anwendung.[1229]

1222 LSG Schleswig-Holstein, Urt. v. 10.05.2017 – L 8 U 28/14; Plum in: Podzun, Kz. 440 S. 31.
1223 Bruno in: Schlaeger, § 84 SGB VII Rn. 1.
1224 Plum in: Podzun, Kz. 440 S. 25.
1225 Bruno in: Schlaeger, § 82 SGB VII Rn. 10.
1226 Plum in: Podzun, Kz. 440 S. 25.
1227 Bruno in: Schlaeger, § 82 SGB VII Rn. 11.
1228 Bruno in: Schlaeger, § 82 SGB VII Rn. 14.
1229 Bereiter-Hahn/Mehrtens, § 82 SGB VII Rn. 18.2.

Erstaunlich und übertrieben erscheint die Sonderregelung für Strafgefangene nach § 82 Abs. 3 SGB VII: Da die Arbeitsentgelte im Strafvollzug niedriger sind als vergleichbare Entgelte außerhalb der Freiheitsentziehung, sollen die Zeiten des Strafvollzugs außer Acht bleiben.[1230] Sie werden daher wie eine Einkommenslücke bewertet und sind entsprechend aufzufüllen.[1231]

Im Ergebnis sollen sich folgende JAV-Fallgestaltungen ergeben:[1232]

- Im JAV-Jahr erhielt der Strafgefangene ausschließlich Bezüge nach dem StVollzG: Mindest-JAV nach § 85 Abs. 1, 1a SGB VII.
- Im JAV-Jahr gab es (ggf. wegen Arbeitslosigkeit) keine Verdienstzeiten: Mindest-JAV nach § 85 Abs. 1, 1a SGB VII.
- Im JAV-Jahr hatte der Strafgefangene zunächst in Freiheit noch Verdienstzeiten, danach StVollzG-Bezüge (oder umgekehrt): Für die Zeit der Bezüge nach dem StVollzG ist eine Auffüllung nach § 85 Abs. 2 S. 1 SGB VII vorzunehmen; im Übrigen sind die Verdienste anzusetzen (so auch bei Bezügen nach dem StVollzG zwischen Zeiten von Arbeitsentgelt)

Zu guter Letzt sind Unbilligkeiten nach § 87 SGB VII auszugleichen.

Für diese gesetzlichen JAV-Atomisierungen besteht keine Notwendigkeit. Es würde ausreichen, dass ohne weitere Regelung allein § 87 SGB VII als Korrekturmöglichkeit angewendet würde.[1233]

Für **Seeleute** gibt es in § 92 SGB VII eine eigene JAV-Vorschrift; für **landwirtschaftliche Unternehmer**, ihre Ehegatten und Familienangehörigen wiederum findet sich in § 93 SGB VII eine spezielle Vorschrift zum Jahresarbeitsverdienst.

3.12 Ausblick

Die sogenannte Ampel-Bundesregierung hatte 2024 einen „Entwurf eines Gesetzes zur Weiterentwicklung der gesetzlichen Unfallversicherung“ auf den Weg gebracht und einen Regierungsentwurf verabschiedet.

Mit dem Gesetz sollte das Recht der gesetzlichen Unfallversicherung an die veränderte Lebens- und Arbeitswelt angepasst und auf neue Schutzbe-

1230 Bruno in: Schlaeger, § 82 SGB VII Rn. 13.
1231 Köllner in: Lauterbach, § 82 SGB VII Rn. 37.
1232 Nach Ricke in: BeckOGK-SGB VII, § 82 SGB VII Rn. 35.
1233 Kritisch bereits Zimmermann in: LPK-SGB VII, § 82 SGB VII Rn. 41.

darfe reagiert werden.[1234] Außerdem sollen Verwaltungsverfahren beschleunigt und bürokratische Lasten abgebaut werden.[1235] Das Gesetzgebungsverfahren konnte aufgrund der vorzeitigen Neuwahlen nicht abgeschlossen werden, weshalb der Gesetzentwurf nicht rechtskräftig geworden (sachliche Diskontinuität) ist.[1236]

§ 82 Abs. 1 SGB VII-E sollte um folgendes ergänzt werden: „Wenn an weniger als 150 Tagen des nach Satz 1 maßgeblichen Zeitraums Arbeitsentgelt oder Arbeitseinkommen erzielt wurde, ist für die Berechnung des Jahresarbeitsverdienstes der maßgebliche Zeitraum auf 24 Kalendermonate zu erweitern. Das nach Satz 3 ermittelte Ergebnis ist bei der Bestimmung des Jahresarbeitsverdienstes zu halbieren."[1237]

Begründet wird diese Änderung wie folgt: „Für die Auffüllung gilt bislang keine zeitliche Untergrenze, so dass auch ein einziger mit Arbeitsentgelt oder Arbeitseinkommen belegter Tag für die Auffüllung herangezogen werden muss. Dabei ist es möglich, dass extreme oder nicht repräsentative Verdienstsituationen zu verzerrten Ergebnissen der Berechnung des JAV führen. Die Ergebnisse müssen auf Plausibilität geprüft und ggf. über § 87 korrigiert werden. Dabei ist die Ausübung des Ermessens besonders zu begründen.

Mit der Erweiterung des Bemessungszeitraumes auf 24 Kalendermonate, sofern im ursprünglichen 12-Monats-Zeitraum weniger als 150 Tage mit Anspruch auf Arbeitsentgelt oder Arbeitseinkommen belegt sind, soll mehr Rechtssicherheit sowie eine Verwaltungsvereinfachung erreicht werden. Die Regelung orientiert sich an § 150 Absatz 3 des Dritten Buches. Der JAV kann auf diese Weise die tatsächliche Verdienstsituation der Versicherten treffender abbilden und es werden weniger Korrekturen nach § 87 erforderlich sein. Die Erweiterung des Bemessungszeitraumes auf 24 Kalendermonate bezieht sich nur auf die Berechnungsgrundlage zur Ermittlung des JAV.

1234 🔗 https://www.bmas.de/DE/Service/Gesetze-und-Gesetzesvorhaben/gesetz-zur-weiterentwicklung-der-gesetzlichen-unfallversicherung.html?cms_documentType_=law&cms_showNoDocType=true (zuletzt abgerufen: 07.03.2026).

1235 🔗 https://www.bmas.de/DE/Service/Gesetze-und-Gesetzesvorhaben/gesetz-zur-weiterentwicklung-der-gesetzlichen-unfallversicherung.html?cms_documentType_=law&cms_showNoDocType=true (zuletzt abgerufen: 07.03.2026).

1236 🔗 https://www.bmas.de/DE/Service/Gesetze-und-Gesetzesvorhaben/gesetz-zur-weiterentwicklung-der-gesetzlichen-unfallversicherung.html?cms_documentType_=law&cms_showNoDocType=true (zuletzt abgerufen: 07.03.2026).

1237 BReg, „Entwurf eines Gesetzes zur Weiterentwicklung der gesetzlichen Unfallversicherung", S. 7.

Sie führt nicht dazu, dass der JAV auf 24 Kalendermonate ausgedehnt wird. Insofern ist das Berechnungsergebnis zu halbieren."[1238]

Einerseits überzeugt die Argumentation inhaltlich, dass bei kurzen Arbeitszeiten im bisherigen JAV-Zeitraum eine Ausdehnung des Zeitraums auf 24 Monate zu aussagekräftigen und repräsentativeren Ergebnisse kommt. Andererseits findet eine Verwaltungsvereinfachung dadurch sicherlich nicht statt. Letztlich wird in der Regel eher mehr als weniger geprüft werden müssen.

Es ist davon auszugehen, dass sich die aktuelle Bundesregierung des Entwurfs noch einmal annehmen und diesen – ggf. in modifizierter Form – einbringen wird.

1238 BReg, „Entwurf eines Gesetzes zur Weiterentwicklung der gesetzlichen Unfallversicherung", S. 38.

4 Versichertenrente

Mit „der Rente“ wird in der Regel die Geldleistung der Deutschen Rentenversicherung verbunden und nicht unbedingt an die Unfallversicherung gedacht. Das ist auch kaum verwunderlich, gibt doch die Rentenversicherung rund 340 Milliarden Euro[1239] jährlich für die Rente aus. Bei den Unfallversicherungsträgern sind die Ausgaben deutlich geringer. Bei ihnen machen die Renten rund 6 Milliarden Euro[1240] jährlich aus.

Im dritten Kapitel des SGB VII „Leistungen nach Eintritt eines Versicherungsfalls“ gibt es den zweiten Abschnitt, der die drei unterschiedlichen Geldleistungen „Renten, Beihilfen, Abfindungen“ (§§ 56–80a SGB VII) zusammenfasst. Der erste Unterabschnitt dieses Abschnitts (§§ 56–62 SGB VII) trägt die Überschrift „Rente an Versicherte“. In dem Abschnitt wird die langfristige Geldleistung der Unfallversicherung als „Rente“ bezeichnet. Zur Abgrenzung von „der“ Rente (der Deutschen Rentenversicherung) wird „die“ Rente der Unfallversicherung meist in der Praxis nicht allein als „Rente“ bezeichnet. Üblich sind die Bezeichnungen **Verletztenrente** (so insbesondere die Rechtsprechung[1241]), **Versichertenrente** und **Unfallrente**.[1242]

Einstiegsfall[1243] | Abstrakte oder konkrete Schadensbemessung

Albus absolvierte eine Matrosenausbildung und begann danach zur See zu fahren (Heuer (= Gehalt) von 40.000 Euro/Jahr). Sein Wunsch war es, die Offizierslaufbahn zum Offizier (Jahresgehalt: 60.000 Euro) einzuschlagen und dafür das Patent (= Führerschein) „auf kleiner Fahrt“ in einem Lehrgang zu erwerben für den er sich verbindlich anmeldete und die Lehrgangskosten der Bildungseinrichtung bezahlte.

1239 BMAS, Rentenversicherungsbericht 2024 (Bericht der Bundesregierung), S. 28 f. (für 2023).

1240 DGUV-Statistiken für die Praxis 2023, S. 86 (für 2023).

1241 Vgl. BSG, Urt. v. 26.09.2024 – B 2 U 1/22 R, NJW 2025, 1435 Rn. 13.

1242 Kritisch zur Begrifflichkeit: Kunze in: LPK-SGB VII, § 56 SGB VII Rn. 8: „Bemerkenswert und falsch ist, dass auch Jahrzehnte nach der rechtlichen Änderung immer noch von neu festzustellenden Verletztenrenten gesprochen wird, obwohl Versichertenrenten gemeint sind.“

1243 Vereinfacht nach BSG, Urt. v. 27.05.1970 – 2 RU 168/67.

Am 14. Februar 2025 ereignete sich ein Arbeitsunfall: Ein zurückschnellendes Jolltauende traf Albus an der linken Gesichtshälfte und verletzte das linke Auge irreparabel. Den Lehrgang konnte Albus nicht besuchen, weil die Folgen des Arbeitsunfalls den Erwerb von Patenten und eine Tätigkeit als Offizier nicht zuließen. Seit Mai 2025 arbeitet Albus nach einer hausinternen Umschulung zum gleichen Gehalt (40.000 Euro/Jahr) als Stewart auf einem Schiff seines bisherigen Arbeitgebers.
Albus hat zwei Freunde: Die Bankangestellte Bertha sowie Caspar, der sich im ersten Ausbildungsbildungsjahr zum Schiffsmechaniker befindet. Wie es der Zufall will: Beide verletzten sich auf der Arbeit am Auge und haben dadurch – ebenso wie Albus – die gleiche irreparable Schädigung. Bei beiden liegt ebenso ein Arbeitsunfall vor.
Für Bertha hat die Verletzung keine größere Auswirkung in der Praxis. Sie kann ihren Job in der Bank genauso ausüben wie bislang. Sie erleidet folglich weder einen unmittelbaren Einkommensverlust, noch mindern die Unfallfolgen ihre beruflichen Entwicklungsmöglichkeiten. Ihr Einkommen beträgt pro Jahr 60.000,00 Euro.
Nach medizinischer Behandlung und beruflicher Rehabilitation hat Caspar seine Ausbildung abgebrochen und kommt in seinem neuen Beruf auf ein monatliches Arbeitsentgelt, das um 500 Euro höher liegt als das als Schiffsmechaniker zu erwartende Entgelt (insgesamt: 46.000,00 Euro).
Wie wäre eine gerechte Rente für Albus, Bertha und Caspar zu berechnen?

Für die Berechnung einer Rente bestehen grundsätzlich zwei Möglichkeiten: Die Renten könnten abstrakt berechnet werden und sie könnten konkret berechnet werden.

Das BVerfG stellte fest, dass es sich bei der Rente der gesetzlichen Unfallversicherung zum einen um eine **abstrakt berechnete Verdienstausfallentschädigung** handelt, die ebenso wie der Arbeitslohn selbst der **Sicherung des Lebensunterhalts** dient.[1244] Zum anderen wird ihr die Funktion zugesprochen, **Nichterwerbsschäden abzugelten**, also **imma-**

1244 BVerfG, Beschl. v. 16.03.2011 – 1 BvR 591/08, 1 BvR 593/08, NZS 2011, 895 (896).

terielle Schäden auszugleichen und verletzungsbedingte **Mehraufwendungen zu decken.**[1245]

Das **Prinzip der abstrakten Schadensbemessung** bedeutet folgendes:

- Es wird allein auf den abstrakt bemessenen schädigungsbedingten Verlust von Erwerbsmöglichkeiten auf dem allgemeinen Arbeitsmarkt abgestellt.[1246]
- Es ist unerheblich, ob und wie sich der Schaden tatsächlich im Entgeltbezug auswirkt.[1247] Es bedarf daher keiner konkreten Schadensfeststellung in Form eines tatsächlichen Minderverdienstes.[1248]

Dieses Prinzip weicht von der **zivilrechtlichen** Schadensbemessung ab: Schadensersatz statt der Leistung ist dort grundsätzlich **anhand der besonderen Umstände des Einzelfalls** zu berechnen.[1249] Das grundsätzliche Prinzip der zivilrechtlichen Schadensbemessung wird daher auch als **konkrete Schadensberechnung** bezeichnet.[1250] Die vorhandene Vermögenslage wird mit der, die sich bei ordnungsgemäßer Erfüllung ergeben hätte, verglichen.[1251]

Für das Prinzip der abstrakten Schadensbemessung im Bereich der gesetzlichen Unfallversicherung sprechen folgende Argumente:[1252]

- Durch die abstrakte Schadensbemessung ist es nicht notwendig, wie im Zivilrecht einen exakten Vorher-/Nachher-Vergleich vorzunehmen. Bei Personenschäden im Berufsleben wird dies auch schwer und unter Umständen rein hypothetisch möglich sein: Hätte der Verletzte eine Beförderung erhalten, hätte er beruflich aufsteigen können? Vielmehr erfolgt nach der abstrakten Schadensbemessung der bemessene Schaden pauschal.
  Diese Pauschalisierung hat den Vorteil, dass sowohl der tatsächlich entstandene Schaden als auch die immateriellen Schäden (z.B. Schmerzen, Mehraufwand, Erschwerungen bei den Verrichtungen des täglichen

1245 BVerfG, Beschl. v. 16.03.2011 – 1 BvR 591/08, 1 BvR 593/08, NZS 2011, 895 (896).
1246 Ricke in: BeckOGK-SGB VII, § 56 SGB VII Rn. 3.
1247 Ricke in: BeckOGK-SGB VII, § 56 SGB VII Rn. 3.
1248 Scholz in: jurisPK-SGB VII, § 56 SGB VII Rn. 17.
1249 Dauner-Lieb in: Dauner-Lieb/Langen, § 281 BGB Rn. 60.
1250 Dauner-Lieb in: Dauner-Lieb/Langen, § 281 BGB Rn. 60.
1251 Dauner-Lieb in: Dauner-Lieb/Langen, § 281 BGB Rn. 60.
1252 Nach Kranig in: Hauck/Noftz, SGB VII, § 56 SGB VII Rn. 3.

Lebens) **ganzeinheitlich und damit zusammen** ausgeglichen werden können.[1253]

Zum Einstiegsfall | Bei allen drei Personen ist ein körperlicher Schaden entstanden, und alle drei Personen werden als Folge des Unfalls Schmerzen haben. Somit könnte für alle drei ein Anspruch bestehen, dass sowohl der Schaden ausgeglichen wird als auch, dass für die entstandenen Schmerzen ein Ersatz geleistet wird. Allerdings ist nicht bei allen ein finanzieller Schaden entstanden. Auf Bertha wirkte sich der Unfall gar nicht finanziell aus, Caspar hat am Ende sogar eine höhere Vergütung.
Statt unterschiedlicher Berechnungsmethoden, um einerseits den objektiven Schaden auszugleichen und andererseits die subjektiven Schmerzen zu ersetzen, findet durch die abstrakte Schadensbemessung eine pauschale Betrachtung und Schadensbemessung statt. Es wird am Ende keine Pauschale ausbezahlt; dies liegt aber an den unterschiedlichen Einkünften, nicht an den unterschiedlichen Folgen der Schädigung.

- Die abstrakte Schadensbemessung führt dazu bei gleichen Ausgangsbedingungen (keine Vorschädigung vor dem Versicherungsfall, gleiche Schwere der gesundheitlichen Beeinträchtigung infolge des Versicherungsfalls) zur **Gleichbehandlung** der Versicherten nach allgemeinen, für alle Betroffenen gleichen und nachvollziehbaren Kriterien.[1254]

Zum Einstiegsfall | Was bedeutet für eine Person individuell ein Augenverlust: Ist ein jüngerer Mensch (Caspar) davon mehr betroffen als ein Älterer? Ist jemand, der kurz vor einem beruflichen Aufstieg steht (Albus) mehr betroffen als jemand am Ende seiner Berufslaufbahn? Wirkt sich ein Augenverlust in einer prestigeträchtigen Stellung (Bertha) mehr oder weniger aus als bei jemand anderes? Was bedeutet es, wenn der Schaden gar nicht zu finanziellen Einbußen führt (Bertha) oder sogar zu finanziellen Vorteilen (Caspar)? Diese Fragen zu prüfen, zu bewerten und zu beantworten, ist nicht einfach.

1253 Kranig in: Hauck/Noftz, SGB VII, § 56 SGB VII Rn. 3.
1254 Kranig in: Hauck/Noftz, SGB VII, § 56 SGB VII Rn. 3.

Einfach und gerecht ist es hingegen, wenn „alle Augen" gleich behandelt werden. Das Auge von Albus, Bertha oder Caspar ist bei allen ein Auge und daher bei niemanden mehr oder weniger Wert.

- Die konkrete Schadensbemessung würde zu einem großen Ermittlungsaufwand und auch zu großer Entscheidungsunsicherheit führen. Nicht immer ist exakt abgrenzbar, worauf eine eingetretene Minderung des Erwerbseinkommens oder der Verlust eines Arbeitsplatzes zurückzuführen ist.[1255] Nicht immer liegt das an dem Arbeitsunfall. Dies wiederum führt zu Entscheidungsblockaden und -verzögerungen und damit auch zu Rechtsunsicherheiten für die Beteiligten.

Zum Einstiegsfall | Gerade bei Albus und Caspar wäre es schwierig zu ermitteln, wie hoch ihr Verdienst ohne den Arbeitsunfall gewesen wäre. Hätte Albus den Lehrgang erfolgreich abgelegt? Hätte Caspar seine Ausbildung erfolgreich beendet? Solche Bewertungen sind quasi Vermutungen ins Blaue hinein.

- Die abstrakte Schadensbemessung führt des Weiteren dazu, dass der Versicherte unbegrenzt zur Rente hinzuzuverdienen kann, ohne eine Reduzierung oder Entziehung der Rente befürchten zu müssen.[1256]

Zum Einstiegsfall | Die abstrakte Schadensbemessung gleicht allein den Schaden aus; sie „bestraft" nicht, wenn der Schaden für jemanden persönlich weniger gravierender Auswirkungen hat. Insofern erhält Bertha keine Abzüge, „nur" weil sich der Schaden bei ihrer Tätigkeit nicht bemerkbar macht. Hier gilt wieder das Prinzip der Gleichbehandlung.

Es ergeben sich daraus folgende Feststellungen:

- Es ist grundsätzlich **unerheblich**, welchen konkreten Beruf der Verletzte ausübte.

1255 Kranig in: Hauck/Noftz, SGB VII, § 56 SGB VII Rn. 3.
1256 Kranig in: Hauck/Noftz, SGB VII, § 56 SGB VII Rn. 3.

- Es ist versicherungsrechtlich grundsätzlich **unerheblich**, welchen Beruf der Verletzte nach seinen Lebensverhältnissen, Kenntnissen und Fähigkeiten ohne die Beeinträchtigung durch Unfallfolgen hätte erreichen können.[1257]
- Verdienstmöglichkeiten, die dem Verletzten **nicht** zufließen, weil er durch Unfallfolgen am erstrebten beruflichen Aufstieg gehindert worden ist, werden **nicht berücksichtigt**.[1258]

Ob die abstrakte Schadensbemessung bei allen unbestrittenen Vorteilen nicht doch auch verbesserungswürdig ist, soll an dieser Stelle nicht weiter dargestellt werden.[1259]

Testen Sie Ihr Wissen! | Frage 12

Überlegen Sie, welche Argumente gegen die abstrakte und für die konkrete Schadensbemessung sprechen!

4.1 Voraussetzungen für den Anspruch auf Versichertenrente

Die Voraussetzungen für den Anspruch auf Versichertenrente sind in § 56 Abs. 1 S. 1 SGB VII aufgeführt. In § 56 Abs. 1 S. 2 SGB VII wird ein Abweichungsfall davon dargestellt („Stützrente"), auf den später nochmals genauer eingegangen wird. Zunächst wird allein der Regelfall betrachtet.

Versicherte, deren Erwerbsfähigkeit infolge eines Versicherungsfalls über die 26. Woche nach dem Versicherungsfall hinaus um wenigstens 20 Prozent gemindert ist, haben nach § 56 Abs. 1 S. 1 SGB VII Anspruch auf eine Rente.

1257 BSG, Urt. v. 27.05.1970 – 2 RU 168/67, juris Rn. 20.
1258 BSG, Urt. v. 27.05.1970 – 2 RU 168/67, juris Rn. 21.
1259 Siehe dazu: Kranig, DGUV Forum 1–2/2010, S. 46 ff.; Diel/Szymczak, DGUV Forum 1–2 2010, S. 54 ff.

Wissen | Prozent ist „vom Hundert"

Ein Blick ins Gesetz erleichtert die Rechtsfindung. Dieser bekannte und oft bemühte Juristenspruch führt zu gewissen Unsicherheiten bei der Versichertenrente. Denn im Gesetzestext ist in § 56 Abs. 1 S. 1 SGB VII nicht von „20 Prozent", sondern von „20 vom Hundert" (und zwar im Dativ „vom", nicht „von", da es sich bei Hundert um ein Substantiv („das Hundert") handelt[1260]), die Rede.

Im SGB VII findet man an vielen Stellen die Angabe „vom Hundert" (vgl. §§ 47 Abs. 1 S. 1 Nr. 2, 52 Nr. 1, 56 Abs. 1 S. 1 oder 57 SGB VII). Häufig sieht man in der Praxis die entsprechende Abkürzung „v. H.".

Vertreten wird dazu, dass die rechtliche Bewertung in einem vom Hundertsatz als **Grad** (vom Hundert) ausgedrückt wird, „nicht Prozent (!)" (sic.).[1261]

Ebenso häufig wird regelmäßig und gebräuchlich in Wissenschaft und Praxis von „20 Prozent" gesprochen, häufig auch mit dem gängigen Symbol „%". Was ist denn nun richtig: „v.H." oder „%"?

Vom Grundsatz her sollten sich Sachbearbeiter und Prüflinge immer am Gesetzestext halten – der Gesetzgeber hat sich in der Regel bei seinen Formulierungen etwas gedacht.

Hierzu muss man nun wissen, dass **Prozent** nichts anderes ist als die Übersetzung aus dem Italienischen von „vom Hundert" (*per cento*).[1262]

Insofern entspricht der Begriff „Prozent" dem „vom Hundert".

Der Gesetzgeber hat in (späteren) Paragrafen dann auch den Begriff „vom Hundert" vermieden und stattdessen Prozent verwendet (z.B. §§ 85 Abs. 1, 90 Abs. 1 SGB VII).

Beide Begrifflichkeiten (vom Hundert (v.H.) und Prozent (§)) werden daher gleichermaßen genutzt.

Aus Sicht der Sachbearbeitung spricht mehr dafür, das geläufige und bekannte **Prozent** zu verwenden.

Wichtig ist allerdings für Bescheid und Klausur eines: Es sollte möglichst **eine** Bezeichnung dauerhaft verwendet und nicht zwischen den beiden Bezeichnungen gewechselt und gesprungen werden. Das gilt wiederum

---

1260 Näheres dazu: 🔗 https://gfds.de/x-vom-hundert/# (zuletzt abgerufen: 07.03.2026).

1261 Bultmann in: MAH-SozR, § 42 Rn. 69.

1262 🔗 https://gfds.de/x-vom-hundert/# (zuletzt abgerufen: 07.03.2026).

nicht, wenn der Gesetzestext zitiert wird. Hier sollte dieser genau wiedergegeben werden.

Wie beim Verletztengeld bedeutet ein **Anspruch** auf Versichertenrente nicht zwangsläufig, dass damit auch vom ersten Tag des Anspruchs die Versichertenrente ausgezahlt wird. In § 72 Abs. 1 SGB VII ist der Beginn der Rentenzahlung geregelt. Zu unterscheiden ist daher auch hier zwischen dem Anspruch auf Versichertenrente und dem Beginn der Zahlung der Versichertenrente.

Begonnen werden muss mit dem Anspruch dem Grunde nach. Besteht dieser, kann sodann die Höhe der Zahlung überprüft werden.

Anspruch auf Versichertenrente

Ausgangsfall: Die angestellte Englischdozentin Bertha stürzt am 3. Februar 2025 auf dem direkten Weg zur Arbeit von ihrem Fahrrad und zieht sich eine Ellenbogenfraktur links zu.
Nach 12 Wochen nimmt Bertha ihre Arbeit wieder auf. Am 11. August 2025 stellt eine von der Unfallversicherung beauftragte Gutachterin fest, dass Bertha „bis auf weiteres" in ihrer Erwerbsfähigkeit aufgrund der Fraktur mit 20 Prozent gemindert ist. Eine Nachuntersuchung wegen einer möglichen Besserung der Unfallfolgen wird für Mai 2026 vorgesehen. Der maßgebliche Jahresarbeitsverdienst (JAV) beträgt 48.000,00 Euro.

Zu prüfen sind bei einer Versichertenrente als erstes, ob die Voraussetzungen auf einen Anspruch vorliegen. Dies beinhaltet folgende vier Prüfpunkte:

- Versicherter i.S.d. §§ 2, 3, 6 SGB VII
- Minderung der Erwerbsfähigkeit (MdE) des Versicherten infolge eines Versicherungsfalls
- MdE von mindestens 20 Prozent
- MdE über die 26. Woche hinaus

4.1.1 Erste Voraussetzung: Versicherter

Einen Anspruch auf Versichertenrente kann nur ein nach §§ 2, 3 oder 6 SGB VII Versicherter sein. Der Verletzte muss zum Zeitpunkt des Versicherungsfalls Versicherter sein.[1263]

Anspruch auf Versichertenrente

Prüfung: Handelt es sich bei Bertha um eine Versicherte?
Bertha ist angestellte Englischdozentin und damit Beschäftigte. Als Beschäftigte ist sie versicherte Person i.S.d. § 2 Abs. 1 Nr. 1 SGB VII.

Die Versicherteneigenschaft ist häufig gar nicht zu problematisieren. Ein späterer Wegfall dieser Eigenschaft ist im Übrigen unschädlich.[1264] Diese Frage stellt sich bspw. bei Erkrankungen mit langer Latenzzeit (z.B. Krebs): Der Anerkennung als Berufskrankheit spricht dann nicht entgegen, wenn der Versicherte zum Zeitpunkt des Ausbruchs der Erkrankung nicht mehr seiner versicherten Beschäftigung nachgeht.[1265] Maßgeblich und entscheidend ist allein, dass die die Erkrankung verursachende schädigende Einwirkung während der versicherten Tätigkeit stattfand.[1266]

Bei der Prüfung des Versichertenstatus ist auf die **Ausnahme in § 80a SGB VII** hinzuweisen: Für Versicherte i.S.d. § 2 Abs. 1 Nr. 5 lit. a und b SGB VII (u.a. Unternehmer eines landwirtschaftlichen Unternehmens) bestehen bei der Höhe der MdE (30 statt 20 Prozent) sowie beim Rentenbeginn (Wartezeit) Abweichungen.

4.1.2 Zweite Voraussetzung: MdE des Versicherten infolge eines Versicherungsfalls

Die Erwerbsfähigkeit muss aufgrund eines Versicherungsfalls (Kausalität) gemindert sein.

1263 Heinz in: Krasney u.a., § 56 SGB VII Rn. 14.
1264 Scholz in: jurisPK-SGB VII, § 56 SGB VII Rn. 28.
1265 Scholz in: jurisPK-SGB VII, § 56 SGB VII Rn. 28.
1266 Scholz in: jurisPK-SGB VII, § 56 SGB VII Rn. 28.

4.1.2.1 Minderung der Erwerbsfähigkeit (MdE)

Grundvoraussetzung für ein Anspruch auf Versichertenrente ist, dass eine **Minderung der Erwerbsfähigkeit** (MdE) vorliegt.

Die MdE ist ein unfallversicherungsrechtlicher Begriff, der allerdings zuvor auch im Schwerbehindertenrecht verwendet wurde. Dort änderte man mit Einführung des damaligen, mittlerweile vom SGB IX abgelösten Schwerbehindertengesetzes die bislang verwendete Begrifflichkeit der „Minderung der Erwerbsfähigkeit“ zum **„Grad der Behinderung“**. Durch die Begriffsänderung sollten sich die Bewerbungs- und Einstellungschancen Schwerbehinderter verbessern, da angenommen wurde, dass der Begriff der MdE die Einstellung und Ausbildung eher hemme als fördere.[1267] Ein GdB sollte gerade nicht eine Minderung der Erwerbsfähigkeit bedeuten.[1268]

Wissen | MdE, GdB, GdS, Erwerbsminderung

Gesundheitsbeeinträchtigungen sind nicht nur in der Unfallversicherung notwendige Voraussetzung für einen Anspruch auf Sozialleistungen. Allerdings unterscheiden sich bei anderen Sozialversicherungsträgern die Voraussetzungen, weshalb der Gesetzgeber auch unterschiedliche Begriffe verwendet.
Im **Schwerbehindertenrecht** wird gemäß §§ 2, 152 SGB IX vom **„Grad der Behinderung“** (GdB) gesprochen. Im Alltag dürfte dies die geläufigste Bezeichnung für eine Gesundheitsbeeinträchtigung sein. Bekannt ist z.B. der Schwerbehindertenausweis (§ 152 SGB IX) und die besonderen Parkberechtigungen (§ 229 SGB IX).
Das **Recht der sozialen Entschädigung** kennt nach § 5 Abs. 1 SGB XIV den Begriff des **„Grades der Schädigungsfolgen“** (GdS).
GdS und GdB werden nach den **gleichen Grundsätzen** bemessen (Ziff. 2 lit. a Anlage d. VersMedV). Beide Begriffe haben die Auswirkungen von Funktionsbeeinträchtigungen in **allen Lebensbereichen** und nicht nur die Einschränkungen im allgemeinen Erwerbsleben zum Inhalt (Ziff. 2 lit. a Anlage d. VersMedV).
Der GdB unterscheidet sich vom GdS dadurch, dass bei ihm **kein schädigendes Ereignis** Anknüpfungspunkt und Beurteilungsmaßstab

1267 Kleiser in: Widder u.a., Kap. 15.2.1 (S. 208).
1268 Ludolph in: Ludolph, Kap. 15.3.4 (S. 466).

bildet[1269] Betrachtet wird beim GdB **allein die Gesundheitsbeeinträchtigung** als solche.[1270] Eine Minderung der Erwerbsfähigkeit, also eine berufliche Einschränkung, ist für einen GdB nicht notwendig.[1271] Dem Gesetzgeber ging es gerade darum, Personen zu erfassen und Rechte zu gewähren, die ohne Kriegsverletzung oder Arbeitsunfall zu Schaden gekommen waren (z.B. durch einen privaten Unfall, ein Krebsleiden oder Schlaganfall).[1272]

Beim GdS werden zwar auch **alle Lebensbereiche** wie beim GdB betrachtet; es kommt also auch hier nicht nur auf Einschränkungen im allgemeinen Erwerbsleben an.[1273] Allerdings muss ein **schädigendes Ereignis** i.S.d. § 1 Abs. 2 SGB XIV vorgelegen haben (z.B. eine Gewalttat).

GdB und GdS werden in Zehnerstufen festgesetzt und nicht in Prozent angegeben. Die Grundsätze für die medizinische Bewertung von Schädigungsfolgen und die Feststellung des GdS werden durch die Versorgungsmedizin-Verordnung (VersMedV) geregelt.

Die VersMedV und damit die Ermittlungen eines GdB oder GdS sind **nicht mit einer MdE gleichzusetzen.**[1274]

Der GdB und der GdS berücksichtigt eben nicht allein eine Minderung der Erwerbsfähigkeit, sondern die Auswirkungen der Gesundheitsstörung in allen Lebensbereichen.[1275] Es muss sich daher bereits von der Logik heraus um eine andere Bewertungsmethodik handeln. Auch eine hilfsweise Bezugnahme in Einzelfällen[1276] erscheint nicht erklärbar aufgrund der unterschiedlichen Parameter (alle Lebensbereiche bei GdS/GdB; allgemeine Arbeitsmarkt bei MdE), die zur Schätzung herangezogen werden.

1269 Greiner in: BeckOGK-SGB IX, § 152 SGB IX Rn. 5.

1270 Greiner in: BeckOGK-SGB IX, § 152 SGB IX Rn. 5.

1271 Brusis, LRO 2022, 906 (908).

1272 Brusis, LRO 2022, 906 (908).

1273 Greiner in: BeckOGK-SGB IX, § 152 SGB IX Rn. 5.

1274 Vgl. Jahnke in: Jahnke/Burmann, Rn. 1002.

1275 Bereiter-Hahn/Mehrtens, § 56 SGB II Rn. 10.4; LSG Bayern, Urt. v. 24.02.2010 – L 17 U 329/07, BeckRS 2010, 70537 Rn. 29: „Bei dieser Argumentation verkennt der Kläger, dass im Bereich der gesetzlichen Unfallversicherung andere Einschätzungskriterien für die Bemessung der MdE gelten als im sozialen Entschädigungsrecht und nach dem Schwerbehindertenrecht."

1276 Vgl. Holstraeter in: Knickrehm/Roßbach/Waltermann, § 56 SGB VII Rn. 17.

Eine semantische Ähnlichkeit zur MdE weist das **Rentenversicherungsrecht** auf: § 33 Abs. 2 Nr. 1 und 2 SGB VI definiert als **Renten wegen verminderter Erwerbsfähigkeit:**

- Rente wegen teilweiser Erwerbsminderung und die
- Rente wegen voller Erwerbsminderung.

Die Rente wegen teilweiser Erwerbsminderung kommt bei einem Restleistungsvermögen auf dem allgemeinen Arbeitsmarkt von drei bis sechs Stunden (§ 43 Abs. 1 S. 1 Nr. 1, S. 2 SGB VI), Rente wegen voller Erwerbsminderung bei einem Restleistungsvermögen auf dem allgemeinen Arbeitsmarkt von unter drei Stunden (§ 43 Abs. 2 S. 1 Nr. 1, S. 2 SGB VI) in Betracht.[1277]
Der Rentenanspruch bei der gesetzlichen Rentenversicherung wird folglich nicht allein vom Gesundheitszustand der Versicherten abhängig gemacht, sondern ob Versicherte bei der konkreten Lage des (Teilzeit-)Arbeitsmarkts die verbliebene Erwerbsfähigkeit zur Erzielung eines Erwerbseinkommens einsetzen kann.[1278]
Der Begriff der MdE ist dabei **nicht identisch** mit dem Begriff der Erwerbsminderung nach § 43 SGB VI.[1279] Die Anforderung an die MdE sind im Vergleich zum Bereich der gesetzlichen Rentenversicherung strenger.[1280]

Versichertes Rechtsgut ist bei der gesetzlichen Unfallversicherung die Unversehrtheit der **individuellen Erwerbsfähigkeit**.[1281] Unter ihr versteht man die gesundheitlich-funktionelle Fähigkeit der Versicherten, sich unter Nutzung der Arbeitsgelegenheiten, die sich ihnen auf dem gesamten Gebiet des Erwerbslebens bieten, einen Erwerb zu verschaffen.[1282] Denklogisch ist es richtig, dass sich die Unfallversicherung, die für Arbeitsunfälle und Be-

1277 Kolakowski in: Kreikebohm/Roßbach, § 43 SGB VI Rn. 4.
1278 Kolakowski in: Kreikebohm/Roßbach, § 43 SGB VI Rn. 4.
1279 SG Frankfurt (Oder), Urt. v. 06.03.2019 – S 18 U 170/16, BeckRS 2019, 10387 Rn. 30; Jahnke in: Jahnke/Burmann, Rn. 1006.
1280 SG Frankfurt (Oder), Urt. v. 06.03.2019 – S 18 U 170/16, BeckRS 2019, 10387 Rn. 30; Jahnke in: Jahnke/Burmann, Rn. 1006.
1281 Bereiter-Hahn/Mehrtens, § 56 SGB VII Rn. 3.
1282 Kranig in: Hauck/Noftz, SGB VII, § 56 SGB VII Rn. 34.

rufskrankheiten zuständig ist, auf einen *arbeitsbezogenen* Wertungsmaßstab abstellt.

Da der Wertungsmaßstab die Erwerbsfähigkeit ist, kommen Leistungen der Unfallversicherung in Frage, wenn aufgrund eines Arbeitsunfalls oder einer Berufskrankheit eine *Minderung* der Erwerbsfähigkeit vorliegt. Der Gesetzgeber definiert in § 56 Abs. 2 S. 1 SGB VII, dass sich eine Minderung der Erwerbsfähigkeit nach dem Umfang der sich aus der Beeinträchtigung des körperlichen und geistigen Leistungsvermögens ergebenden verminderten Arbeitsmöglichkeiten auf dem gesamten Gebiet des Erwerbslebens richtet.

Bei **jugendlichen Versicherten** wird die Minderung der Erwerbsfähigkeit nach den Auswirkungen bemessen, die sich bei Erwachsenen mit gleichem Gesundheitsschaden ergeben würden (§ 56 Abs. 2 S. 2 SGB VII).

Die Bemessung der Minderung der Erwerbsfähigkeit hängt zum einen von den **verbliebenen Beeinträchtigungen** des körperlichen und geistigen Leistungsvermögens und zum anderen von dem **Umfang der dadurch verschlossenen Arbeitsmöglichkeiten** ab.[1283] Entscheidend ist deshalb nicht der Gesundheitsschaden als solcher, sondern vielmehr sein **Funktionsverlust** unter medizinischen, juristischen, sozialen und wirtschaftlichen Gesichtspunkten.[1284]

Gegenübergestellt wird somit die unmittelbar vor dem Versicherungsfall bestehende **individuelle Erwerbsfähigkeit** (einschließlich etwaiger Vorschädigungen) der Situation nach dem Versicherungsfall, wobei unabhängig von dem Versicherungsfall eintretende Änderungen der Erwerbsfähigkeit außer Betracht bleiben.[1285]

Bei der Prüfung der MdE ist zunächst zu prüfen, ob das aktuelle körperliche oder geistige Leistungsvermögen des Versicherten aufgrund des Arbeitsunfalls oder der Berufskrankheit beeinträchtigt wurde.[1286]

Im zweiten Schritt wird geprüft, ob und in welchem Umfang dadurch die Arbeitsmöglichkeiten der versicherten Person auf dem gesamten Gebiet des Erwerbslebens vermindert werden.[1287]

1283 BSG, Urt. v. 20.12.2016 – B 2 U 11/15 R, juris Rn. 14.

1284 BSG, Urt. v. 20.12.2016 – B 2 U 11/15 R, juris Rn. 14.

1285 Scholz in: jurisPK-SGB VII, § 56 SGB VII Rn. 48.

1286 LSG Baden-Württemberg, Urt. v. 19.07.2018 – L 6 U 2309/17, juris Rn. 34; LSG Nordrhein-Westfalen, Urt. v. 07.03.2024 – L 4 U 147/24.

1287 LSG Baden-Württemberg, Urt. v. 19.07.2018 – L 6 U 2309/17, juris Rn. 34; LSG Nordrhein-Westfalen, Urt. v. 07.03.2024 – L 4 U 147/24.

Der Funktionsverlust bezieht sich folglich auf das **gesamte Gebiet des Erwerbslebens**. Dies ist die erste Hürde, die zum Verständnis genommen werden muss: Maßgebliche Ausgangsbasis ist nicht der konkrete Beruf des Versicherten, sondern das gesamte Gebiet des Erwerbslebens. Damit ist der **allgemeine Arbeitsmarkt** gemeint.[1288] Entscheidend ist, in welchem Ausmaß der Versicherte durch die Folgen des Versicherungsfalls in seiner Fähigkeit gehindert wurde, zuvor offenstehende Arbeitsmöglichkeiten zu ergreifen.[1289]

Hierzu gibt es vier Prüfungsgebote:

- Es kommt nicht darauf an, welchen bisherigen Beruf oder welche bisherige Tätigkeit der Versicherte ausübte (Ausnahmen in § 56 Abs. 2 S. 3 SGB VII)[1290]

Zum Einstiegsfall | Für die Bemessung der MdE ist es völlig unerheblich, dass Albus Matrose, Bertha Bankerin und Caspar Auszubildender war. Sie werden alle gleich behandelt.

- Es kommt nicht auf mögliche Aufstiegschancen oder künftige höhere Verdienstmöglichkeiten an.[1291]

Zum Einstiegsfall | Für die Bemessung der MdE ist es völlig unerheblich, dass Albus möglicherweise Offizier geworden wäre und dadurch eine höhere Heuer erhalten hätte.

- Sofern keine **besonderen** Fähigkeiten und Kenntnisse vorliegen (dann: ggf. unbillige Härte i.S.d. § 56 Abs. 2 S. 3 SGB VII), spielen die erworbenen Fähigkeiten und Kenntnisse für die Bemessung der MdE keine Rolle.[1292]

1288 Marschner in: BeckOK-SozR, § 56 SGB VII Rn. 26.

1289 BSG, Urt. v. 30.05.1988 – 2 RU 54/87, juris Rn. 18; LSG Baden-Württemberg, Urt. v. 19.07.2018 – L 6 U 2309/17, juris Rn. 34; LSG Nordrhein-Westfalen, Urt. v. 07.03.2024 – L 4 U 147/24.

1290 Ricke in: BeckOGK-SGB VII, § 56 SGB VII Rn. 17.

1291 BSG, Urt. v. 27.05.1970 – 2 RU 168/67, juris Rn. 20.

1292 Scholz in: jurisPK-SGB VII, § 56 SGB VII Rn 49.

Zum Einstiegsfall | Dass Bertha ggf. als Bankerin ein größeres mathematisches Wissen als Albus und Caspar haben könnte und ggf. über betriebswirtschaftliche Kenntnisse verfügt und wiederum Albus ggf. über bessere handwerkliche Fähigkeiten als Bertha verfügt, ist ebenso unbeachtlich.

- Auf einen konkreten Einkommensverlust kommt es nicht an.[1293] Selbst wenn kein wirklicher Verdienstausfall vorliegt, kann ein Anspruch auf Versichertenrente bestehen (weshalb ihr auch ein „Zubrot-Charakter" zugesprochen wird).[1294]

Zum Einstiegsfall | Dass Bertha gar keinen Einkommensverlust hat, Albus genauso viel verdient wie bislang und Caspar sogar mehr als zuvor, ist für die Bemessung der MdE unbeachtlich.

4.1.2.2 Methodische Berechnung der MdE

Um die MdE infolge eines Versicherungsfalls festzustellen, wird die **vor dem Versicherungsfall** bestehende Erwerbsfähigkeit des Versicherten (1. Schritt) mit derjenigen **nach dem Versicherungsfall** vergleichen (2. Schritt).[1295] Die Differenz beider Werte ist die MdE (3. Schritt).

Berechnungsfall | Dina verliert ihr linkes Auge in Folge eines Arbeitsunfalls, bei uneingeschränktem Sehvermögen des rechten Auges.

Erster Schritt: Erwerbsfähigkeit vor Versicherungsfall 100 Prozent
Notwendige Grundvoraussetzung für den Vergleich ist, dass der Versicherte in irgendeiner Form noch **erwerbsfähig** ist.

Bestand bei dem Verletzten bereits **vor dem Versicherungsfall keine** (auch nur geringe) Erwerbsfähigkeit, war er also „dauernd völlig erwerbs-

1293 BSG, Urt. v. 30.05.1988 – 2 RU 54/87, juris Rn. 18; Kunze in: LPK-SGB VII, § 56 SGB VII Rn. 18.
1294 Heinz in: Krasney u.a., § 56 SGB VII Rn. 53.
1295 Kranig in: Hauck/Noftz, SGB VII, § 56 SGB VII Rn. 35.

unfähig“ im Sinne des Unfallversicherungsrechts, kann **keine** Minderung der Erwerbsfähigkeit infolge eines Versicherungsfalls mehr vorliegen.[1296] **Dauernd völlige Erwerbsunfähigkeit** wird dann angenommen, wenn dem Versicherten die Fähigkeit fehlt, sich trotz Nutzung aller Kenntnisse und Fähigkeiten im gesamten Wirtschaftsleben einen nennenswerten Verdienst verschaffen zu können.[1297]

Im ersten Schritt wird die vor dem Versicherungsfall bestehende Erwerbsfähigkeit des Versicherten **mit 100 Prozent** angesetzt.[1298]

Mit der pauschalen und generellen Ansetzung für jeden Versicherten von 100 Prozent wird dem Grundsatz Rechnung getragen, dass **jeder** Versicherte alters- und krankheitsunabhängig **denselben** Versicherungsschutz genießt.[1299] Der Berechnungsansatz mit 100 Prozent besteht auch dann, wenn der Versicherte bereits aufgrund gesundheitlicher Beeinträchtigungen in seiner Erwerbsfähigkeit gemindert war.[1300]

Das bedeutet: Grundsätzlich wird auch der Rollstuhlfahrer, die Gehörlose oder der Allergiker immer im ersten Schritt mit pauschal 100 Prozent Erwerbsfähigkeit angesetzt.

Auszubildenen und Studierenden bereitet dieser pauschale Ansatz ein Störgefühl: Es kann doch nicht sein, dass eine Person vor dem Versicherungsfall als Rollstuhlfahrer, als Gehörlose oder als Allergiker 100 Prozent erwerbsfähig ist. Aufgrund ihrer Leiden können sie vor dem Versicherungsfall bereits gar nicht sämtliche Tätigkeiten auf dem allgemeinen Arbeitsmarkt ausüben.

Dieser Gedankengang ist mehr als nachvollziehbar, und etwaige Vorschäden werden (an anderer Stelle) berücksichtigt (wobei sie nicht zwangsläufig MdE mindernd sind). Im ersten Schritt sind solche Gedanken fehl am Platze. Denn bei der Annahme von 100 Prozent handelt es sich allein um einen

---

1296 BSG, Urt. v. 24.02.1977 – 8 RU 58/76, juris Rn. 16; Brandenburg in: Schönberger/Mehrtens/Valentin, Kap. 4.1 (S. 158)

1297 Plum in: Podzun, Kz. 500 S. 10.

1298 BSG, Urt. v. 24.02.1977 – 8 RU 58/76, juris Rn. 16; das., Urt. v. 17.03.1992 – 2 RU 20/91, BeckRS 1992, 30740520 Rn. 13; Heinz in: Krasney u.a., § 56 SGB VII Rn. 58; Holstraeter in: Knickrehm/Roßbach/Waltermann, § 56 SGB VII Rn. 15; Marschner in: beckSozR, § 56 SGB VII Rn. 18: Ricke in: BeckOGK-SGB VII, § 56 SGB VII Rn. 18; Tintner in: Schlaeger, § 56 SGB VII Rn. 25; Brandenburg in: Schönberger/Mehrtens/Valentin, Kap. 4.1 (S. 158); Plum in: Podzun, Kz. 500 S. 7.

1299 Holstraeter in: Knickrehm/Roßbach/Waltermann, § 56 SGB VII Rn. 15.

1300 Plum in: Podzun, Kz. 500 S. 7.

theoretischen **Beziehungswert**.[1301] Er dient allein als Verhältniswert für den zweiten Schritt. Die 100 Prozent drücken aus, dass der Versicherte in dem körperlichen, geistigen und psychischen Zustand unfallversichert ist, in dem er sich zum Zeitpunkt des Versicherungsfalls befindet.[1302] Des Weiteren beinhaltet diese Grundannahme, dass ein Vorgeschädigter durch die Auswirkungen eines Versicherungsfalls in der Regel stärker betroffen ist als eine Person ohne Vorschaden.[1303] Deshalb kommt es auch zu diesem Zeitpunkt nicht darauf an, ob ein Vorschaden vorliegt oder nicht. Es handelt sich also bei dem Beziehungswert um einen reinen **Rechenwert**.

Berechnungsfall | 1. Schritt

Die Erwerbsfähigkeit von Dina beträgt vor dem Versicherungsfall 100 Prozent.

Zweiter Schritt: Erwerbsfähigkeit nach dem Versicherungsfall
Im zweiten Schritt wird nun die Erwerbsfähigkeit nach dem Versicherungsfall ermittelt.

Diese Ermittlung verlangt die Überprüfung, welche Auswirkung der durch den Versicherungsfall ausgelöste Schaden auf die Erwerbsfähigkeit hat.

Grundvoraussetzung dafür ist, dass zunächst die durch den Versicherungsfall eingetretene gesundheitliche Beeinträchtigung ermittelt wird.[1304] Entscheidend ist nicht der Gesundheitsschaden als solcher, sondern der **Funktionsverlust** unter medizinischen, juristischen, sozialen und wirtschaftlichen Gesichtspunkten.[1305] Geprüft wird also die Folge der Funktionsbeeinträchtigung auf das Erwerbsleben.

Achtung! Maßstab ist auch hier wieder der **allgemeine Arbeitsmarkt**. Es wird also nicht geprüft, welche Auswirkung die konkrete Funktionsbeein-

---

1301 Vgl. LSG Berlin-Brandenburg, Urt. v. 06.08.2009 – L 3 U 58/06, juris Rn. 34; SG Koblenz, Gerichtsbescheid v. 05.07.2019 – S 2 U 222/18, BeckRS 2019, 68719 Rn. 26; Kunze in: LPK-SGB VII, § 56 SGB VII Rn. 19; Brandenburg in: Schönberger/Mehrtens/Valentin, Kap. 4.1 (S. 158); Gitter, VersR 1976, 505 ff.

1302 Heinz in: Krasney u.a., § 56 SGB VII Rn. 60.

1303 Heinz in: Krasney u.a., § 56 SGB VII Rn. 60.

1304 Kranig in: Hauck/Noftz, SGB VII, § 56 SGB VII Rn. 35.

1305 BSG, Urt. v. 20.12.2016 – B 2 U 11/15 R, juris Rn. 14; Tintner in: Schlaeger, § 56 SGB VII Rn. 27.

trächtigung bei dem Versicherten **individuell** hat. Geprüft wird vielmehr welche Auswirkung die konkrete Funktionsbeeinträchtigung für den Versicherten auf dem allgemeinen Arbeitsmarkt hat. Das BSG führt dazu aus, dass Vergleichsmaßstab „die Beeinträchtigung des körperlichen und geistigen Leistungsvermögens des Verletzten durch Unfallfolgen und der Umfang der auf dem gesamten Gebiet des Erwerbslebens verbliebenen Arbeitsmöglichkeiten" sind.[1306] Es spricht daher von **Erwerbsmöglichkeiten**.[1307] Entscheidungsfrage ist daher, welche Erwerbsmöglichkeiten dem Versicherten aufgrund des Versicherungsfalls auf dem Gesamtarbeitsmarkt verschlossen bleiben[1308] bzw. welche Erwerbsmöglichkeiten auf dem allgemeinen Arbeitsmarkt trotz der Funktionsbeeinträchtigung weiterhin bestehen.

Berechnungsfall | 2. Schritt

Gutachterlich wird überprüft, welche Auswirkung der Augenverlust hat. Es wird festgestellt, dass 75 Prozent des allgemeinen Arbeitsmarktes weiterhin Dina zur Verfügung stehen.

Für die Bewertung sind ärztliche Diagnosen und Gutachten in der Regel notwendig. Die Frage nach dem Grad der unfallbedingten MdE ist allerdings in erster Linie eine Rechtsfrage, weshalb keine Bindung des Unfallversicherungsträgers oder des Gerichts an die ärztlichen Gutachten besteht.[1309] Unfallversicherungsträger haben daher ärztliche Gutachten kritisch auf ihre Plausibilität hin zu würdigen.[1310]

Dritter Schritt: Minderung der Erwerbsfähigkeit

Die Minderung der Erwerbsfähigkeit stellt somit die Differenz des ersten vom zweiten Schritt dar.

Das Ergebnis bedeutet, dass um diese Prozentzahl der Versicherte infolge des Versicherungsfalls auf dem allgemeinen Arbeitsmarkt in seinen Erwerbsmöglichkeiten beeinträchtigt ist.

1306 BSG, Urt. v. 27.05.1970 – 2 RU 168/67, juris Rn. 20.
1307 BSG Urt. v. 23.06.1983 – 2 RU 13/82, BeckRS 1983, 30710224.
1308 Holstraeter in: Knickrehm/Roßbach/Waltermann, § 56 SGB VII Rn. 15.
1309 SG Gießen, Urt. v. 29.05.2009 – S 1 U 237/07, juris Rn. 18.
1310 Plum in: Podzun, Kz. 500 S. 4.

Berechnungsfall | 3. Schritt

100 Prozent – 75 Prozent = 25 Prozent MdE

Diese Methodik kann zu der Annahme führen, dass es sich bei der Ermittlung der MdE um ein rechnerisch-ermittelbares Ergebnis handeln müsste. Dem ist aber gerade **nicht** so. Die MdE kann in der Regel gerade nicht mathematisch-exakt festgelegt werden, sondern ist nur annähernd zu bestimmen.[1311]

Berechnungsfall | Hinweis

Dieser Ermittlungsweg erklärt allein die Methodik, die hinter der MdE steckt. Tatsächlich gibt es keine arbeitsmarktpolitische Erfassung oder Begutachtung, die seriös aussagen kann, wie viele Tätigkeiten eine Einäugige ausüben kann und wie viele Tätigkeiten ihr durch den Versicherungsfall verschlossen bleiben.
Die Prozent-Angabe bei der MdE könnte eine Exaktheit oder Berechnungsfähigkeit vermuten lassen, die es tatsächlich in dieser Genauigkeit nicht geben kann.

Bevor nun die praktischen MdE-Berechnungsarten dargestellt werden, sind folgende **Grundaussagen zur MdE** wichtig:

- Die Prozentsätze, mit denen der Grad der MdE ausgedrückt wird, können **nicht exakt rechnerisch** ermittelt werden. MdE sind keine Mathematik! Die Angabe in Prozent darf nicht für eine „Scheingenauigkeit“[1312] missbraucht werden.
- Bei den MdE-Graden handelt es sich um **Schätzungen**. Wie bei jeder Schätzung ist auch den MdE-Werten eine gewisse Schwankungsbreite eigentümlich.[1313] Jede Schätzung gilt insofern als rechtmäßig, soweit dabei bestimmte Grenzen innerhalb einer Toleranzspanne nicht überschritten werden.[1314] Abweichungen von 5 Prozentpunkten nach oben

---

1311 BSG, Urt. v. 07.12.1976 – 8 RU 14/76, juris Rn. 12.
1312 BSG, Urt. v. 14.02.2001 – B 9 V 12/00 R, juris Rn. 23.
1313 BSG, Urt. v. 07.12.1976 – 8 RU 14/76, juris Rn. 12.
1314 BSG, Urt. v. 07.12.1976 – 8 RU 14/76, juris Rn. 12.

oder nach unten liegen innerhalb eines zu tolerierenden Beurteilungs- bzw. „Irrtumsspielraums".[1315]

- Weil es sich bei der Bemessung der MdE allein um eine Schätzung handelt, ist es zulässig, allein die Werte in 5er-Schritten anzugeben, also 10, 15, 20 usw. Ausnahmen sind die Werte 33 1/3 (ein Drittel) und 66 2/3 (zwei Drittel).[1316] Es gibt also **keine MdE** von 21 Prozent oder 25,5 Prozent.
- Eine MdE unter 10 Prozent ist medizinisch und wirtschaftlich nicht messbar.[1317]
- Die höchste MdE für *einen* Versicherungsfall beträgt 100 Prozent. Es kann keine MdE über 100 Prozent geben bei *einem* Versicherungsfall.

4.1.2.3 Berechnung der MdE nach dem BSG

Der oben skizzierte methodische Berechnungsweg wurde vom BSG konkretisiert. Es hat ein dreistufiges Verfahren entwickelt, nach dem für jede einzelne Arbeitsunfallfolge und Berufskrankheit ermittelt wird, welche tatsächlichen Voraussetzungen für eine MdE-Bewertung nach empirisch-wissenschaftlichen Erkenntnissen gegeben sind.[1318]

Die nachfolgende Darstellung ist aus der BSG-Entscheidung vom 14. November 1984 entnommen.[1319]

Grundvoraussetzung ist hierfür, dass es aufgrund eines Versicherungsfalls zu einer gesundheitlichen Beeinträchtigung kommt. [1320]

1. Stufe: Ermittlung der Funktionsbeeinträchtigung im Erwerbsleben durch Versicherungsfall

In der ersten Stufe ist medizinisch festzustellen, welche **Funktionen**, die für die Leistungsfähigkeit **im Erwerbsleben** bedeutsam sein können, durch die anerkannte Arbeitsunfallfolge oder Berufskrankheit **beeinträchtigt** werden und in **welchem Ausmaß** das eingetreten ist.

1315 BSG, Urt. v. 07.12.1976 – 8 RU 14/76, juris Rn. 12; Brandenburg in: Schönberger/Mehrtens/Valentin, Kap. 4.3 (S. 163).
1316 Ricke in: BeckOGK-SGB VII, § 56 SGB VII Rn. 19.
1317 BSG, Urt. v. 02.03.1971 – 2 RU 39/70, juris Rn. 11.
1318 BSG, Urt. v. 14.11.1984 – 9b RU 38/84, juris Rn. 16.
1319 BSG, Urt. v. 14.11.1984 – 9b RU 38/84, juris Rn. 17 ff.
1320 Vgl. Kranig in: Hauck/Noftz, SGB VII, § 56 SGB VII Rn. 36.

Zusammengefasst lautet die erste Stufe: Welche körperlichen, geistigen und seelischen Funktionen, die für die Erwerbsfähigkeit Bedeutung haben, sind beeinträchtigt und in welchem Maß?[1321]

Maßgebend dafür sind die individuellen Funktionseinbußen beim einzelnen Versicherten.

Der Nachweis erfolgt auf medizinischen Sachverstand und damit regelmäßig aufgrund eines ärztlichen Gutachtens.[1322]

2. Stufe: Ermittlung der Auswirkungen der Funktionsbeeinträchtigungen auf gesamtes Erwerbsleben

In der zweiten Stufe wird ermittelt, inwieweit die festgestellten Funktionsbeeinträchtigungen den Leistungsanforderungen **im gesamten Erwerbsleben nicht gerecht** werden.

Zusammengefasst lautet die zweite Stufe: Inwiefern entspricht der einzelne Versicherte aufgrund der festgestellten Funktionsbeeinträchtigungen nicht mehr den Leistungsanforderungen im gesamten Erwerbsleben?[1323]

Notwendig ist eine Beurteilung aufgrund sozialwissenschaftlicher Erkenntnisse über die auf dem Arbeitsmarkt angebotenen Erwerbstätigkeiten und ihre gesundheitlichen Leistungsanforderungen.[1324]

3. Stufe: Ermittlung des Anteils der nicht mehr erfüllbaren Anforderungen auf gesamtes Erwerbsleben

In der dritten Stufe wird ermittelt, welchen **Anteil die Tätigkeiten** am gesamten Erwerbsleben haben, mit denen die **nicht mehr erfüllbaren** Anforderungen verbunden sind, das heißt wie häufig sie im Verhältnis zu anderen vorkommen.

Zusammengefasst lautet die dritte Stufe: Wie hoch ist der Anteil der Erwerbstätigkeiten im gesamten Erwerbsleben, die dem Versicherten aufgrund der festgestellten Beeinträchtigungen verschlossen sind?[1325]

Auch hier ist eine Beurteilung aufgrund sozialwissenschaftlicher Erkenntnisse über die auf dem Arbeitsmarkt angebotenen Erwerbstätigkeiten und ihre gesundheitlichen Leistungsanforderungen notwendig.

1321 Kranig in: Hauck/Noftz, SGB VII, § 56 SGB VII Rn. 36.
1322 Kranig in: Hauck/Noftz, SGB VII, § 56 SGB VII Rn. 36.
1323 Kranig in: Hauck/Noftz, SGB VII, § 56 SGB VII Rn. 36.
1324 Kranig in: Hauck/Noftz, SGB VII, § 56 SGB VII Rn. 36.
1325 Kranig in: Hauck/Noftz, SGB VII, § 56 SGB VII Rn. 36.

Ergebnis

Das Ergebnis stellt die MdE dar.

Kritik

Das Prüfschema des BSG von 1984 stellt eine „idealtypische Vorgehensweise“ dar.[1326] Doch in der Praxis würde ein solches gestuftes Vorgehen die Ermittlungs- und Erkenntnismöglichkeiten eines Unfallversicherungsträgers übersteigen.[1327] Auch würde diese Vorgehensweise eher zu Verschlechterungen der Entschädigungspraxis führen.[1328]

Im Ergebnis würden Verwaltungen, Gerichte und Gutachter überlastet und erhebliche Verfahrensverzögerungen für alle Beteiligte eintreten.[1329]

In jedem Fall wären zeitintensive Gutachten notwendig, die prüfen müssten, was der allgemeine Arbeitsmarkt für Anforderungen beinhaltet. Dies bedeutet für den Versicherten, dass er länger auf eine rechtsverbindliche Entscheidung des Unfallversicherungsträgers warten müsste.

Problematisch erscheint aber vielmehr noch die nahezu Undurchführbarkeit der Prüfung: Wie will ein Sachverständige den ganzen dynamischen, ständig sich weiterentwickelnden Arbeitsmarkt in Deutschland kennen, also sämtliche Berufe, die ausgeübt werden und darauf basierend einschätzen können, ob ein Augenverlust, ein hinkendes Bein, Dauermigräne oder ein Posttraumatisches Belastungssyndrom aufgrund eines Versicherungsfalls die Ausübung einzelner Berufe einschränkt?

Das BSG hat 1996 seine Entscheidung aus 1984 konkretisiert und eingeschränkt, dass eine abstrakte Einschätzung der MdE in einem dreistufigen Verfahren **nicht obligatorisch** erfolgen muss, eine MdE-Bewertung folglich nicht stets ein dreistufiges vorausgehendes Verfahren erfordert.[1330]

1326 Vgl. Bereiter-Hahn/Mehrtens, § 56 SGB VII Rn. 10.2.

1327 LSG Nordrhein-Westfalen, Beschl. v. 07.01.2004 – L 17 U 49/03, BeckRS 2004, 157461 Rn. 12; Bereiter-Hahn/Mehrtens, § 56 SGB VII Rn. 10.2; Kranig in: Hauck/Noftz, SGB VII, § 56 SGB VII Rn. 36; Brandenburg in: Schönberger/Mehrtens/Valentin, Kap. 4.3 (S. 161); Wiester, NZS 2001, 630 (631).

1328 LSG Nordrhein-Westfalen, Beschl. v. 07.01.2004 – L 17 U 49/03, BeckRS 2004, 157461 Rn. 12.

1329 Kranig in: Hauck/Noftz, SGB VII, § 56 SGB VII Rn. 36.

1330 BSG, Beschl. v. 19.05.1996 – 2 BU 161/95.

Wissen | Das Bundessozialgericht

Das BSG ist das höchste deutsche Sozialgericht und hat seinen Sitz in Kassel. Es entscheidet über das Rechtsmittel der Revision.
Das BSG ist für „Angelegenheiten der sozialen Sicherung" zuständig, das sind Fragen aus Rechtsgebieten wie dem Renten-, Kranken-, Unfall- oder Pflegeversicherungsrecht.[1331]
Durch das BSG werden Rechtsfragen überprüft; Tatsachenfeststellungen des Vordergerichts sind für das BSG bindend, soweit die Grenzen der freien Beweiswürdigung nicht überschritten wurden.[1332]
Jedes Rechtsgebiet wird von einem eigenen Spruchkörper betreut. Der Vorteil: Die Richterinnen und Richter sind Experten auf diesem Rechtsgebiet und sorgen für eine einheitliche und widerspruchsfreie Rechtsprechung.
Beim BSG heißen die Spruchkörper Senate. Derzeit gibt es 12 Senate am BSG.[1333] Grundsätzlich entscheiden aus dem Senat fünf Mitglieder (drei Berufsrichter, zwei ehrenamtlichen Richter) über die vorgelegten Rechtsfragen.
Zu der oben dargestellten Frage, ob das MdE-Prüfungsschema obligatorisch anzuwenden ist, hatte der damals zuständige **9b-Senat** 1984 entschieden. Im späteren Verlauf ging die Zuständigkeit für Unfallversicherungsrecht auf den **2. Senat** über. Der 2. Senat hatte nun 1996 festgestellt, dass die Einhaltung des Prüfschemas nicht obligatorisch ist.
Wenn ein Senat von der Rechtsprechung eines anderen Senates abweichen will, muss er dafür den sogenannten **Großen Senat** anrufen. Der Große Senat setzt sich etwas vereinfacht gesagt aus allen Senaten des BSG zusammen.
Die Vorlage war hier nicht notwendig, weil der neu-zuständige 2. Senat darauf hinwies, dass selbst der 9b-Senat nicht davon ausgegangen wäre, dass in allen Fällen die drei Stufen durchzuprüfen wären.[1334]

1331 🔗 https://www.bsg.bund.de/DE/Gericht/Aufgaben-und-Zustaendigkeit/aufgaben-und-zustaendigkeit_node.html (zuletzt abgerufen: 07.03.2026).
1332 Bieresborn in: Francke/Gagel/Bieresborn, § 2 Rn. 54.
1333 🔗 https://www.bsg.bund.de/DE/Gericht/Rechtsprechung/rechtsprechung_node.html (zuletzt abgerufen: 07.03.2026).
1334 BSG, Beschl. v. 19.05.1996 – 2 BU 161/95.

Wenn von „dem BSG“ gesprochen wird, ist also stets zu berücksichtigen, dass „das BSG“ aus verschiedenen Fachsenaten besteht und durchaus innerhalb der Senate unterschiedliche Rechtsauffassungen bestehen können. Auch kann eine personelle Neubesetzung innerhalb eines Fachsenats zu einer Änderung der bisherigen Rechtsprechung des Senats führen.

Es bleibt folglich festzuhalten, dass eine Verpflichtung, im Rahmen der Feststellung der MdE bei Arbeitsunfällen und Berufskrankheiten nach dem dreistufigen Verfahren vorzugehen, **nicht besteht**.[1335]

4.1.2.4 Berechnung der MdE in der Praxis

Bei einer Vielzahl von Unfallfolgen und Berufskrankheiten haben sich in der Praxis für die Schätzung der MdE **Erfahrungswerte** herausgebildet.[1336] Sie sind in Form von **Tabellen oder Empfehlungen** zusammengefasst und dienen als Anhaltspunkte für die MdE-Einschätzung im Einzelfall.[1337] Die in den Tabellen und Empfehlungen enthaltenen Richtwerte bilden in der Regel die Basis für einen Vorschlag, den der medizinische Sachverständige zur Höhe der MdE unterbreitet und gewährleisten, dass alle Betroffenen bei der medizinischen Begutachtung nach **einheitlichen Kriterien** beurteilt werden.[1338]

Bei den MdE-Tabellen oder -Empfehlungen handelt es sich nicht um Normen! Sie sind daher nicht mit Gesetzen, Verordnungen, Richtlinien oder anderen normativen Vorschriften gleichzusetzen. Vielmehr sind sie als **antizipierte Sachverständigengutachten** anzusehen, um den unbestimmten Rechtsbegriff der MdE auszufüllen.[1339] Unter einem antizipierten, also vorweggenommenen Sachverständigengutachten ist ein Gutachten zu verstehen, das unabhängig vom konkreten Einzelfall angefertigt wird.[1340]

1335 BSG, Urt. v. 02.05.2001 – B 2 U 24/00 R, juris Rn. 24.

1336 BSG, Urt. v. 02.05.2001 – B 2 U 24/00 R, juris Rn. 28.

1337 BSG, Urt. v. 02.05.2001 – B 2 U 24/00 R, juris Rn. 28.

1338 BSG, Urt. v. 02.05.2001 – B 2 U 24/00 R, juris Rn. 28.

1339 BSG, Urt. v. 30.06.1998 – B 2 U 41/97 R, juris Rn. 21; **a.A.** Kranig in: Hauck/Noftz, SGB VII, § 56 SGB VII Rn. 36d: „Die MdE-Tabellen zu Arbeitsunfällen erfüllen die Anforderungen an antizipierte Sachverständigengutachten überwiegend nicht“. Vgl. zum Streitstand: Tintner in: Schlaeger, § 56 SGB VII Rn. 35.

1340 Keller, SGb 2003, 254.

Durch ein solches Gutachten soll eine möglichst einheitliche Fallbearbeitung gewährleistet werden.[1341]

Bearbeitungsbeispiel | MdE-Werte aus Tabellen[1342]

Verlust beider Arme: 100 Prozent
Verlust einer Hand: 60 Prozent
Verlust des Daumens: 30 Prozent
Verlust eines Langfingers: 10 Prozent

Bei den Werten handelt es sich nicht um eine verbindliche „Gliedertaxe", sondern sie stellen Erfahrungswerte dar.[1343] Es sind daher Schätzungen, die durch einen Toleranzbereich gekennzeichnet sind und bei denen ein gewisser Unsicherheitsfaktor besteht.[1344] Die MdE-Tabellen stellen dabei Anhaltspunkte und Hilfsmittel dar, doch kann stets in jedem Einzelfall davon abgewichen werden.[1345]

Das bedeutet im Umkehrschluss, dass sie auch regelmäßig zu überprüfen sind. Dies wiederum bedeutet, dass sich auch Änderungen ergeben können.

Bearbeitungsbeispiel | Wandel der MdE-Werte[1346]

Verlust des Daumens: Aktuell 30 Prozent

Jahr	1910	1930	1951	1967	1980	1992
%	25	15	25	20	20	20

Der Wandel und seine Berücksichtigung liegen in der Sache selbst begründet, dass Maßstab für die MdE der allgemeine Arbeitsmarkt ist. Dieser ändert

1341 Keller, SGb 2003, 254.
1342 Konsenspapier der MdE-Expertengruppe „Gliedmaßenverlusten", S. 32; Bereiter-Hahn/Mehrtens, Anh. 12 (Ziff. 17.2); Mehrhoff/Ekkernkamp/Wich, S. 171.
1343 Mehrhoff/Ekkernkamp/Wich, S. 28.
1344 Brandenburg in: Schönberger/Mehrtens/Valentin, Kap. 4.3 (S. 163)
1345 Tintner in: Schlaeger, § 56 SGB VII Rn. 41.
1346 Ludolph in: Ludolph, S. 196 (Tabelle 8.1).

sich und ist einem stetigen Prozess unterzogen. Verbesserte Techniken, der Einsatz von Computern und ganz allgemein die Abnahme von körperlichen Tätigkeiten sind daher bei der MdE-Bewertung zu berücksichtigen.[1347] Regelmäßig entstehen neue Berufsbilder bzw. verlieren andere an Bedeutung.

Die Anwendung der MdE-Tabellen entbindet weder den ärztlichen Gutachter noch den Sachbearbeiter der Unfallversicherung von einer einzelfallgerechten Prüfung der jeweilige MdE. Die allgemeinen Erfahrungssätze aus den MdE-Tabellen und -Erfahrungswerten sind daher als **Grundlage** für eine gleiche und gerechte Bewertung zu beachten, aber für die Entscheidung im Einzelfall nicht bindend sind.[1348] Sie ersetzen also nicht eine eigenständige Betrachtung und Bewertung.

Das BSG wendet zwar einerseits im oben dargestellten Maße die MdE-Tabellen an, doch sparte es in einer Entscheidungsbegründung nicht mit deutlich kritischen Worten: „Kritisch anzumerken bleibt, dass aufgrund der Regelungsstruktur des § 56 Abs. 2 SGB VII prinzipiell unklar bleibt, welche medizinischen Referenzgrößen und welche arbeitsmarktpolitischen bzw. soziologischen Erkenntnisse die Verfasser der MdE-Tabellen in ihre Überlegungen grundsätzlich einzustellen haben. Es würde einen Gewinn an Rechtssicherheit und -klarheit darstellen, wenn der **Gesetzgeber selbst** in § 56 Abs. 2 SGB VII eine **Delegation zum Erlass von MdE-Tabellen** aussprechen würde, die den Kriterien des Art. 80 Abs 1 S. 2 GG genügen würde. Dabei wäre der Gesetz- bzw. Verordnungsgeber auch berufen, die **allgemeinen Maßstäbe und das Verfahren der Erstellung der MdE-Tabellen** – wie es etwa durch die Versorgungsmedizin-Verordnung vom 10.12.2008 (BGBl I 2412) für die Bestimmung des Grades der Behinderung iS von § 69 Abs 1 S 5 SGB IX und im sozialen Entschädigungsrecht für den Grad der Schädigungsfolgen nach § 30 Abs 1 BVG geschehen ist – zu normieren.“[1349]

Da der Gesetzgeber diese Aufgabe bislang nicht angetreten ist, hat die DGUV 2019 ein **Eckwertepapier bei Gliedmaßenverlusten** herausgegeben, das von einer multidisziplinär, neutral und unabhängig zusammengesetzten Expertengruppe verfasst wurde. [1350] Das sogenannte Konsenspapier

1347 Kunze in: LPK-SGB VII, § 56 SGB VII Rn. 38.
1348 Bultmann in: MAH-SozR, § 42 Rn. 72.
1349 BSG, Urt. v. 20.12.2016 – B 2 U 11/15 R, juris Rn. 25 (Hervorhebungen nicht im Original).
1350 Konsenspapier der MdE-Expertengruppe „Gliedmaßenverlusten“ (abrufbar auf der Homepage der DGUV).

wurde bereits von der Rechtsprechung bei seiner Entscheidungsfindung positiv berücksichtigt.[1351]

Abschließend lassen sich folgende vier Feststellungen zusammenfassend zur Anwendung von MdE-Erfahrungswerten und -Tabellen sagen:

- Tabellenwerte müssen Erfahrungswerte sein und darstellen. Sie sollten von einer neutralen und unabhängigen, gleichzeitig aber fachkundigen und bestenfalls multidisziplinär besetzten Gruppe verfasst sein.[1352] Zielführend wäre es, wenn die Tabellen nicht nur die einzelne Werte aufführen, sondern (in welcher Form auch immer) den Weg zu dem Wert beschreiben würden. MdE-Tabellen sollten ihre Werte erklären können und nicht an Bingo erinnern. Dies ist zugegebenermaßen schwierig, da belastbare Untersuchungen zum „allgemeinen Arbeitsmarkt“ schwierig sein dürften. Die Expertengruppen der beiden MdE-Konsenspapiere zeigen aber auf, dass nachvollziehbare und damit überprüfbare Erklärungen der Werte durchaus möglich sind.
- Nochmals: Tabellenwerte sind keine Normen! Sie sollten weder von den Unfallversicherungsträgern so angesehen werden, noch so mit ihnen gegenüber den Versicherten argumentiert werden.
- Die Folge: Die Tabellenwerte sind nicht bindend. Einzelne Tabellen gehen den Weg und geben deshalb die aufgeführten Werte nicht in 5er-Schritten, sondern in 10er-Schritten an (also statt MdE von 25 Prozent dann MdE von 20 oder 30 Prozent).[1353] Dies soll dazu dienen, dass Ärzte und Unfallversicherungsträger die dadurch bestehende Spanne für sich nutzen.[1354] In der Praxis besteht aber oftmals der Eindruck, dass die

1351 Vgl. LSG Baden-Württemberg, Urt. v. 13.12.2023 – L 3 U 865/22, juris Rn. 60; LSG Nordrhein-Westfalen, Urt. v. 22.01.2025 – L 17 U 386/24, juris Rn. 42; siehe auch: Becker, jurisPR-SozR 4/2024, Anm. 4; mittlerweile gibt es seit Dezember 2025 ein zweites MdE-Konsenspapier der DGUV, das sich mit muskuloskelettalen Verletzungen beschäftigt. Abrufbar: https://publikationen.dguv.de/versicherungleistungen/allgemeine-informationen/5202/konsenspapier-der-mde-kommission-mde-erfahrungswerte-nach-muskuloskelettalen-verletzungen-mde-ec (zuletzt abgerufen: 07.03.2026).

1352 Vgl. Keller, SGb 2003, 254 (256).

1353 So z.B. Konsenspapier der MdE-Expertengruppe „Gliedmaßenverlusten“, S. 27.

1354 So z.B. Konsenspapier der MdE-Expertengruppe „Gliedmaßenverlusten“, S. 27.: „Die in der gesetzlichen Unfallversicherung zulässige MdE-Einschätzung im 5 Prozentbereich kann und soll in einer Eckwerte-Tabelle allgemeingültig nicht abgebildet werden und bleibt deshalb im Verantwortungsbereich des medizinischen Gutachters bzw. der Entscheidung des UV-Trägers oder der Sozialgerichte dem Einzelfall vorbehalten.“

gewollte Freiheit zur Abweichung und Nutzung der Spannbreiten nicht angewandt wird.

- Tabellenwerte können dynamisch sein. Das bedeutet, dass es durchaus erlaubt und auch sinnvoll ist, bei bestimmten Erkrankungen abweichende Werte für eine gewisse Zeitspanne zuzulassen.

Beispiel: Schädel-Hirn-Trauma ohne Nachweis einer Hirnschädigung, leichten Grades: 2–6 Wochen = 100 Prozent, dann 2–6 Wochen = 50 Prozent, dann 1–3 Monate = 20 Prozent.

Wissen | Der Sachverständige

Sofern die eigene medizinische Sachkunde des Unfallversicherungsträgers (oder des Gerichts) nicht ausreicht oder der Sachverhalt nicht eindeutig geklärt werden kann, ist ein Sachverständiger zur Sachverhaltsermittlung (§ 20 Abs. 1 SGB X) oder zur Beweiserhebung (§ 21 Abs. 1 SGB X) zu beauftragen.[1355]
Mit seinem Gutachten ermöglicht der Sachverständige die Entscheidung einer rechtlich erheblichen Frage.[1356]
Bei der Gutachterbeauftragung hat der Unfallversicherungsträger ein **Benennungsrecht** und der Versicherte das **Auswahlrecht** (vgl. § 200 Abs. 2 SGB VII).[1357] Konkret soll der Unfallversicherungsträger mehrere, in der Regel drei Sachverständige dem Versicherten vorschlagen.[1358]
Grundsätzlich hat der Versicherte nicht das Recht einen anderen Gutachter zu verlangen.[1359]
Versicherte haben zwar ein eigenes Vorschlagsrecht, doch ist der Vorschlag für den Unfallversicherungsträger nicht bindend und muss ihm nicht folgen.[1360]

1355 Mehrtens in: Schönberger/Mehrtens/Valentin, Kap. 3.1 (S. 129).
1356 Mehrtens in: Schönberger/Mehrtens/Valentin, Kap. 3.1 (S. 129).
1357 Mehrtens in: Schönberger/Mehrtens/Valentin, Kap. 3.1 (S. 129).
1358 Mehrtens in: Schönberger/Mehrtens/Valentin, Kap. 3.1 (S. 129).
1359 Strothmann in: Schlaeger, § 200 SGB VII Rn. 19.
1360 Strothmann in: Schlaeger, § 200 SGB VII Rn. 19.

4.1.3 Dritte Voraussetzung: MdE von mindestens 20 Prozent

Die dritten Rentenvoraussetzung ist eine MdE von **mindestens 20 Prozent**.

Dazu ist Folgendes festzustellen:

- Eine MdE **unter 10 Prozent**, also von 5 Prozent, bleibt **generell unberücksichtigt**.[1361] Sie ist medizinisch und wirtschaftlich nicht messbar.[1362] Es handelt sich hier um Kleinst- oder Bagatellverletzungen, die keine Bedeutung für das Erwerbsleben einnehmen.
- Eine MdE **unter 20 Prozent**, also von 10 oder 15 Prozent bleibt **grundsätzlich unberücksichtigt**. Das Gesetz sieht hier Ausnahmeregelungen vor (vgl. § 56 Abs. 1 S. 2 bis 4 SGB VII), die an späterer Stelle noch dargestellt werden, bei denen ausnahmsweise eine Berücksichtigung erlaubt ist. Alleine reicht aber eine MdE von 10 oder 15 Prozent nicht für eine Rentenberechtigung aus. Es handelt sich auch bei diesen Größen noch um weniger gravierenden Gesundheitsschäden,[1363] die nicht zu einer Rentenzahlung ausreichen.

Bearbeitungsbeispiel | MdE-Werte unter 20 Prozent[1364]

Einseitiger Leistenbruch: 10 Prozent
Verlust eines Zeigefingers: 10 Prozent
Teilverlust der Geruchsempfindung: 10 Prozent

Für das Verwaltungsverfahren ist auf Folgendes zu achten: Bei einer MdE von weniger als 20 Prozent ist die MdE **nicht in dem Verfügungssatz** des Bescheids festzustellen, da sich eine solche Bescheidung zu Ungunsten des Versicherten auswirken könnte (z.B. bei einem späteren Stützrentenanspruch).[1365]

Dies lässt sich an folgendem Beispiel darstellen: Eine Änderung einer Rentenentscheidung nach § 48 Abs. 1 SGB X ist gemäß § 73 Abs. 3 SGB VII nur dann möglich, wenn sie wesentlich ist. Wesentlich ist aber eine Änderung erst, wenn sie mehr als 5 Prozent beträgt. Würde nun der Unfall-

---

1361 Kunze in: LPK-SGB VII, § 56 SGB VII Rn. 10.

1362 BSG, Urt. v. 02.03.1971 – 2 RU 39/70, juris Rn. 11.

1363 Vgl. Kranig in: Hauck/Noftz, SGB VII, § 56 SGB VII Rn. 24.

1364 Mehrhoff/Ekkernkamp/Wich, S. 162, 166, 171,

1365 BSG, Urt. v. 22.03.1983 – 2 RU 37/82, juris Rn. 18; Bereiter-Hahn/Mehrtens, § 56 SGB VII Rn. 5.3; Scholz in: jurisPK-SGB VII, § 53 SGB VII Rn. 103.

versicherungsträger in dem Verfügungssatzes seines Bescheides eine MdE von 15 Prozent verbindlich feststellen und würde sich nachträglich die MdE auf 20 Prozent ändern, erhielt der Versicherte keine Rente, da die Änderung in Höhe von 5 Prozentpunkten (15 auf 20) nicht wesentlich wäre und nicht zur Änderung berechtigt.[1366] Für eine unabhängig von der Rentengewährung getroffene Feststellung des Grades der MdE in einem Verfügungssatz hat der Unfallversicherungsträger deshalb keine Ermächtigung, weshalb dies rechtswidrig wäre.[1367]

Ausgangsfall

Prüfung: Liegt eine MdE von mindestens 20 Prozent vor?
Die Minderung der Erwerbsfähigkeit von Bertha wurde mit 20 Prozent angegeben.

4.1.4 Vierte Voraussetzung: Über die 26. Woche hinaus

Neben der Mindesthöhe von 20 Prozent gibt es auch eine **Mindestdauer**, die erreicht werden muss, um einen Rentenanspruch zu erwerben: Die Minderung der Erwerbsfähigkeit muss über die 26. Woche hinaus bestehen. Die Frist berechnet sich nach § 26 SGB X und § 187 BGB, weshalb sie mit dem Tag, der auf den Versicherungsfall folgt, beginnt.[1368]

Mit dieser Vorgabe soll der Bezug kurzfristiger Renten vermieden werden,[1369] sodass nur längerdauernde Beeinträchtigungen zu einer Rentenberechtigung führen.[1370] Der Gesetzgeber ist der Ansicht, dass bei einer Minderung der Erwerbsfähigkeit bis zu 26 Wochen nicht davon auszugehen ist, dass der Versicherungsfall nennenswerte wirtschaftliche Nachteile verursacht haben kann, die durch eine Rente ausgeglichen werden müssten.[1371]

Die Vorgabe, dass die MdE über die 26. Woche hinaus bestehen muss, um einen Rentenanspruch hervorzurufen, darf nicht mit dem Rentenbeginn verwechselt werden.

1366 BSG, Urt. v. 22.03.1983 – 2 RU 37/82, juris Rn. 18.
1367 BSG, Urt. v. 22.03.1983 – 2 RU 37/82, juris Rn. 18.
1368 Scholz in: jurisPK-SGB VII, § 56 SGB VII Rn. 30.
1369 BT-Drs. 13/2204, S. 90.
1370 Bereiter-Hahn/Mehrtens, § 56 SGB VII Rn. 5.
1371 BT-Drs. 13/2204, S. 90.

Der Anspruch auf Rente besteht vom ersten Tag an. Der **Rentenbeginn** richtet sich nach § 72 Abs. 1 SGB VII und beginnt in der Regel (Nr. 1) am Tag nach dem Ende des Anspruchs auf Verletztengeld (vgl. § 46 Abs. 3 SGB VII). Der Rentenbeginn betrifft die Zahlung der Rente; der Anspruch selber kann vorher bereits entstanden sein, ohne dass es zu einer Zahlung kommt.

Wenn ein Versicherter ein Körperteil dauerhaft verliert (Verlust eines Auges, Beines oder Arms), müssen keine 26 Wochen abgewartet werden: Es ist vom ersten Tag des Verlusts klar, dass es sich um eine dauerhafte Minderung der Erwerbstätigkeit handelt. Es wäre fehlerhaft und dem Versicherten unzumutbar, 26 Wochen abzuwarten.

Anders ist freilich vorzugehen, wenn nicht klar und eindeutig ist, wie lange die Minderung der Erwerbstätigkeit vorliegt. In dem Fall sind zwingend die 26 Wochen abzuwarten.

Ausgangsfall

Prüfung: Liegt eine MdE von mindestens 20 Prozent über die 26 Woche hinaus vor?
Die Gutachterin geht „bis auf weiteres" von einer MdE von 20 Prozent aus. Die Nachuntersuchung ist erst für Mai 2026 vorgesehen, sodass von einer MdE über die 26. Woche hinaus ausgegangen wird.

4.2 Rentenberechnung

Die Rentenberechnung ist deutlich einfacher als die Berechnungsmethodik des Verletzten- oder Übergangsgeldes.

Der Gesetzgeber hat die Berechnungsmethodik für die Versichertenrente in § 56 Abs. 3 SGB VII aufgeführt: Bei Verlust der Erwerbsfähigkeit (= MdE von 100 Prozent) wird **Vollrente** geleistet; sie beträgt zwei Drittel des Jahresarbeitsverdienstes. Bei einer Minderung der Erwerbsfähigkeit wird **Teilrente** geleistet; sie wird in der Höhe des Vomhundertsatzes der Vollrente festgesetzt, der dem Grad der Minderung der Erwerbsfähigkeit entspricht.

Insofern bestehen drei Schritte für die Rentenberechnung.

4.2.1 Erster Schritt: Kürzung des JAV auf 2/3

Im ersten Schritt wird der Jahresarbeitsverdienst auf 2/3 gekürzt. Hier ist das Zusammenspiel zwischen Jahresarbeitsverdienst und Rente erkennbar: Wer den Jahresarbeitsverdienst nicht richtig ausgerechnet hat, kann auch keine Rente ordnungsgemäß berechnen.

Ausgangsfall

Prüfung: Wie hoch ist die Versichertenrente?
Erster Schritt: Kürzung des JAV auf 2/3
JAV = 48.000,00 Euro
2/3 von 48.000,00 Euro = 32.000,00 Euro

Die Kürzung des Jahresarbeitsverdienstes auf Zweidrittel hatte ursprünglich den Zweck einer Reduzierung der Rente gegenüber dem zuvor erzielten Arbeitsentgelt.[1372] Heute wird er als pauschale Berücksichtigung der Abzüge vom Arbeitsentgelt gerechtfertigt.[1373]

4.2.2 Zweiter Schritt: Multiplikation mit MdE-Wert

Im zweiten Schritt wird der gekürzte JAV mit dem festgestellten MdE-Wert multipliziert.

Dieser Schritt entfällt bei der sogenannten **Vollrente**. Eine Vollrente setzt eine MdE von 100 Prozent heraus. Eine Multiplikation mit 100 Prozent ist nicht notwendig, kann daher entfallen.

Bei allen anderen MdE-Werten spricht man nicht mehr von einer Vollrente, sondern von einer **Teilrente**. Für diese findet der zweite Schritt Anwendung.

1372 Kranig in: Hauck/Noftz, SGB VII, § 56 SGB VII Rn. 51.
1373 Kranig in: Hauck/Noftz, SGB VII, § 56 SGB VII Rn. 51.

Ausgangsfall

Prüfung: Wie hoch ist die Versichertenrente?
Zweiter Schritt: Multiplikation mit MdE-Wert
32.000,00 Euro × 20 Prozent = 32.000,00 Euro × 20 / 100 = 6.400,00 Euro

4.2.3 Dritter Schritt: Division durch 12

Die Rente wird nicht wie das Verletzten- oder Übergangsgeld pro Kalendertag, sondern **pro Monat** gezahlt. Die Zahlung erfolgt nicht im Voraus, sondern im Nachhinein (§ 96 Abs. 1 SGB VII). Der späteste Auszahlungstag ist der letzte Arbeitstag im Monat, wobei frühere Auszahlungen möglich sind.[1374]

Aus diesem Grund muss der „Jahresrentenbetrag" durch zwölf geteilt werden, um auf die **Monatsrente** zu kommen.

Ausgangsfall

Prüfung: Wie hoch ist die Versichertenrente?
Dritter Schritt: Division durch 12
6.400,00 Euro / 12 Monate = 533,33 Euro/Monat

Ergebnis: Bertha erhält eine Monatsrente in Höhe von 533,33 Euro.

4.2.4 Berechnung einer Gesamtabrechnung

Zu beachten ist, dass der Rentenanspruch des Versicherten nicht zwingend zum Monatsanfang beginnt, sondern durchaus im Laufe des Monats anfangen kann.

Für den Fall ist zu beachten, dass bei der Berechnung von Teilmonatsrenten von den **tatsächlich auf den betreffenden Monat entfallenden Kalendertagen** auszugehen ist.[1375] Dies ergibt sich aus § 96 Abs. 5 SGB VII: Die Berechnungsgrundsätze des § 187 BGB gelten mit der Maßgabe, dass

1374 Schlaeger in: Schlaeger, § 96 SGB VII Rn. 2.
1375 BSG, Urt. v. 24.08.1978 – 5 RKn 1/77, BeckRS 1978, 537 Rn. 13.

bei der anteiligen Ermittlung einer Monatsrente der Kalendermonat mit der Zahl seiner tatsächlichen Tage anzusetzen ist.

Bearbeitungsbeispiel | Anteilige Berechnung einer Monatsrente

Rente vom 13.–29. Februar 2024 = 17/29 des Monatsbetrages
Rente vom 15.–31. März 2025 = 17/31 des Monatsbetrages
Es ist zu beachten, dass die Monatsrente nicht noch einmal durch 30 geteilt werden muss! Die Rente wird pro Monat und nicht pro Kalendertag gezahlt – der dritte Schritt schließt daher die Berechnung ab.

4.3 Gesamt-MdE

Nicht immer führt *ein* Arbeitsunfall zu *einer* Schädigung, sondern kann auch mehrere Schädigungen zur Folge haben. So kann ein Sturz von einer Leiter sowohl zu einem Hirnschaden als auch zu einem Knochenbruch des Versicherten führen. Zwei Schädigungen – ein Arbeitsunfall. In dem Fall werden zwar die Schädigungen getrennt betrachtet, allerdings gibt es einen gemeinsamen MdE-Wert für beide Schädigungen zusammen. Dies ist die Gesamt-MdE.

Bei der Gesamt-MdE wird demnach das **Gesamtbild aller Funktionseinschränkungen** mit *einem* MdE-Wert im Ganzen gewürdigt.[1376] Nochmals: Grundvoraussetzung für die Gesamt-MdE ist, dass **ein** Versicherungsfall Schäden an **mehreren** Körperteilen oder Organen hervorrief.

Davon abzugrenzen ist der Fall, dass **mehrere Versicherungsfälle** zu **mehreren Schäden** führten. Gesundheitsschäden, die auf mehreren Versicherungsfällen beruhen, werden hingegen jeweils getrennt beurteilt.[1377] Eine Gesamt-MdE kommt in dieser Konstellation **nicht** in Betracht, selbst dann, wenn durch mehrere Versicherungsfälle dasselbe Organ betroffen wird und wenn für die Entschädigung dieser Fälle derselbe Unfallversicherungsträger zuständig ist.[1378] In dem Fall hat der sachlich und örtlich zuständige Unfall-

1376 Brandenburg in: Schönberger/Mehrtens/Valentin, Kap. 4.7 (S. 171).
1377 BSG, Urt. v. 19.08.2003 – B 2 U 50/02 R, juris Rn. 21.
1378 BSG, Urt. v. 19.08.2003 – B 2 U 50/02 R, juris Rn. 21.

versicherungsträger für jeden Arbeitsunfall die MdE und die Rente jeweils gesondert und einzelnen festzusetzen.[1379]

Das bedeutet:

- Jeder Versicherungsfall ist eigenständig zu prüfen und mit einer eigenen MdE zu bewerten.
- Deshalb können mehrere, eigenständige Rentenansprüche entstehen. Eine gesetzgeberische Korrektur erfolgt über die Höhe der Rentenzahlung, da diese ggf. gekürzt werden könnte (§ 59 SGB VII).
- In der Summe können die MdE-Sätze mehrerer Versicherungsfälle den Gesamtwert von 100 Prozent überschreiten.[1380]

Merksatz | Unterschied Gesamt-MdE, mehrere MdEen

Ein Versicherungsfall löst *mehrere* Schädigungen aus = Eine Gesamt-MdE ist zu bilden.
Mehrere Versicherungsfälle lösen *mehrere* Schädigungen aus = Für jede Schädigung ist eine einzelne MdE zu bilden.

Beispiel | Gesamt-MdE[1381]

Caspar fällt am 21. August 2025 von der Leiter und erleidet eine leichte Hirnleistungsschwäche sowie eine Handverletzung.

Ein Versicherungsfall = Fallen von der Leiter
Mehrere Verletzungen =
a) leichte Hirnleistungsschwäche
b) Handverletzung

Folge: Bildung einer Gesamt-MdE

1379 BSG, Urt. v. 19.08.2003 – B 2 U 50/02 R, juris Rn. 21.
1380 Tintner in: Schlaeger, § 56 SGB VII Rn. 58; Plum in: Podzun, Kz. 500 S. 7.
1381 Nach Ricke in: BeckOGK-SGB VII, § 56 SGB VII Rn. 22.

Gegenbeispiel | mehrere MdEs

Albus fällt am 21. August 2025 von der Leiter und erleidet eine leichte Handverletzung. Am nächsten Tag steigt er wieder auf die Leiter, fällt wieder herunter und erleidet eine Hirnleistungsschwäche.

Zwei Versicherungsfälle =
1. Fall am 25. August 2025
2. Fall am 26. August 2025

Mehrere Verletzungen =
a) leichte Hirnleistungsschwäche
b) Handverletzung

Folge: Da es sich um mehrere Versicherungsfälle handelt, wird keine Gesamt-MdE gebildet, sondern werden die Fälle und Rentenansprüche eigenständig und separat geprüft.

Folgende Grundaussagen sind zur Gesamt-MdE von Bedeutung:

- Im ersten Schritt sind zunächst die für den jeweils eingetretenen Gesundheitsschaden bzw. das jeweils verletzte Organ maßgeblichen MdE-Werte **getrennt voneinander** zu bemessen.[1382]
- Der Höchstwert einer Gesamt-MdE beträgt **100 Prozent**.
- Es gibt keine gesetzliche Vorgabe zur Berechnung einer Gesamt-MdE.[1383]
- Die einzelnen MdE-Werte dürfen **nicht schematisch zusammengerechnet** werden.[1384] Eine automatische Addition der einzelnen MdE-Werte ist nicht erlaubt. Allerdings ist es erlaubt und zulässig, dass die Gesamt-MdE den addierten Wert ergibt. Im Vergleich mit der Summe der Einzel-MdE-Werte kann die Gesamt-MdE daher niedriger, gleich hoch oder höher sein.[1385]

1382 Scholz in: jurisPK-SGB VII, § 56 SGB VII Rn. 71.

1383 Plum in: Podzun, Kz. 500 S. 5.

1384 LSG Bayern, Urt. v. 05.03.2026 – 3 U 138/23, BeckRS 2026, 9054 Rn. 66); dass., Urt. v. 10.03.2010 – L 2 U 177/07, juris Rn. 50; Brandenburg in: Schönberger/Mehrtens/Valentin, Kap. 4.7 (S. 171).

1385 Kranig in: Hauck/Noftz, SGB VII, § 56 SGB VII Rn. 44.

In der Regel wird die Gesamt-MdE etwas niedriger sein als die Addition der Einzel-MdE-Werte.[1386] Denn oftmals überschneiden sich die Folgen für das Erwerbsleben aufgrund des Versicherungsfalls.[1387]

Ob eine Gesamt-MdE niedriger, gleich hoch oder höher ist, ergibt sich jeweils aus dem Einzelfall.

- **Niedrigere Gesamt-MdE:** Die Funktionseinbußen überschneiden sich in ihren Auswirkungen[1388] oder eine Funktionseinschränkung überlagert die andere.[1389]
  Beispiel:[1390] Bewegungseinschränkung im Handgelenk und Versteifung eines Fingers der gleichen Hand.
- **Gleich hohe Gesamt-MdE:** Wenn keine Überschneidungen der Funktionseinbußen vorliegen, kann die Gesamt-MdE der Summe der Einzel-MdE-Werte entsprechen.[1391]
  Beispiel:[1392] Neuralgie mit Richtwert 10 Prozent und Doppelsehen mit Richtwert 10 Prozent = MdE von 20 Prozent
- **Höhere Gesamt-MdE:** Wenn die einzelnen Gesundheitsschäden in einer Wechselwirkung zueinander stehen, die zu einer Verstärkung der gesamten Funktionseinbußen führen, kann dic Gesamt-MdE die EInzel-MdE-Werte auch übersteigen.[1393]
  Beispiel:[1394] Verlust des linken Daumens (30 Prozent) und des rechten Zeigefingers (10 Prozent): Da sich die Funktionseinbußen gegenseitig verstärken, wird eine Gesamt-MdE von 45 Prozent gebildet.

Allgemein lassen sich folgende Prüfungsschritte zur Bildung der Gesamt-MdE feststellen:[1395]

1386 LSG Bayern, Urt. v. 10.03.2010 – L 2 U 177/07, juris Rn. 50; Bereiter-Hahn/Mehrtens, § 56 SGB VII Rn. 10.6.

1387 Tintner in: Schlaeger, § 56 SGB VII Rn. 56.

1388 Kranig in: Hauck/Noftz, SGB VII, § 56 SGB VII Rn. 44.

1389 Brandenburg in: Schönberger/Mehrtens/Valentin, Kap. 4.7 (S. 171).

1390 Nach Kranig in: Hauck/Noftz, SGB VII, § 56 SGB VII Rn. 44.

1391 Kranig in: Hauck/Noftz, SGB VII, § 56 SGB VII Rn. 44.

1392 Nach Kranig in: Hauck/Noftz, SGB VII, § 56 SGB VII Rn. 44.

1393 Kranig in: Hauck/Noftz, SGB VII, § 56 SGB VII Rn. 44; ebenso bei einer Schädigung der vier großen Gelenke der unteren Gliedmaßen (Knie und Hüften) sowie einer Großzehe. Diese vier großen Gelenke stehen in einer Wechselwirkung zueinander, LSG Bayern, Urt. v. 05.03.2026 – 3 U 138/23, BeckRS 2026, 9054 Rn. 66.

1394 Vgl. Kranig in: Hauck/Noftz, SGB VII, § 56 SGB VII Rn. 44.

1395 Nach Holstraeter in: Knickrehm/Roßbach/Waltermann, § 56 SGB VII Rn. 19.

- **1. Schritt:** Ausgegangen wird von dem weitreichendsten Funktionsschaden.
- **2. Schritt:** Bewertung, ob und um wie viel sich das Ausmaß der Erwerbsstörung aufgrund des weitreichendsten Funktionsschadens durch den Hinzutritt des zweiten Funktionsschadens vergrößert. Durch die Berücksichtigung des weitreichenderen Funktionsschadens ist in der Regel der Hinzutritt des zweiten Funktionsschadens weniger hoch.
- **3. Schritt:** Gesamtbeeinträchtigung der Erwerbsfähigkeit = Gesamt-MdE

Beispiel[1396] | Bertha greift in eine offene Kreissäge und verliert dadurch den Daumen und den Zeigefinger derselben Hand.
Daumenverlust: Einzel-MdE 30 Prozent
Zeigefinger: Einzel-MdE 10 Prozent

Da es sich um einen einzelnen Versicherungsfall handelt (Griff in die Kreissäge), der zu zwei Schäden führte (Daumen- und Zeigefingerverlust), ist eine Gesamt-MdE zu bilden.

1. Schritt: Ausgegangen wird vom Daumenverlust mit Einzel-MdE von 30 Prozent

2. Schritt: Berücksichtigung des Zeigefingerverlusts mit Einzel-MdE von 10 Prozent

Überlegung: Die Einschränkungen auf das Erwerbsleben überschneiden sich, da Bertha bereits mit dem Verlust eines Fingers nicht mehr den Spitzgriff ausüben kann. Aus diesem Grund ist die Gesamt-MdE niedriger als eine Addition der Einzel-MdE, also niedriger als 30 + 10 = 40 Prozent.

3. Schritt: Gesamtbeeinträchtigung der Erwerbsfähigkeit = Gesamt-MdE hier 35 Prozent

Eine Einzel-MdE unter 10 Prozent gilt einerseits zwar als nicht messbar, andererseits können sie in ihrer Gesamtheit gesehen zu einer messbaren Gesamt-MdE führen (**Beispiel**: Teilverlust des Mittelfingers rechts 0 Pro-

1396 Nach Plum in: Podzun, Kz. 500 S. 6.

zent, Teilverlust des Zeigefingers links 0 Prozent, Gesamt-MdE: 10 Prozent wegen der im Gesamtbild bestehenden Funktionseinschränkung).[1397]

4.4 Vorschaden

Bei der MdE-Bemessung sind auch **Vorschäden** zu berücksichtigen.

Vorschäden sind bereits vor dem Versicherungsfall bestandene gesundheitliche, auch altersbedingte Beeinträchtigungen der Erwerbsfähigkeit.[1398]

Diese können sein:[1399]

- Vorerkrankungen
- Alters- oder Verbrauchserscheinungen (z.B. Arthrosen)
- angeborene oder durch Arbeitsunfall/Berufskrankheit erworbene Behinderungen

Vorschäden werden für die Bemessung der MdE berücksichtigt, wenn die Folgen des Versicherungsfalles **durch die Vorschäden beeinflusst** werden.[1400] Allerdings gilt auch bei einem Vorschaden, dass als Beziehungswert im ersten Schritt 100 Prozent angesetzt werden. Hintergrund ist auch hier, dass Versicherte mit **ihrem individuellen Gesundheitszustand vor Eintritt des Versicherungsfalls** dem Versicherungsschutz in der gesetzlichen Unfallversicherung unterliegen.[1401] Hatte also der Versicherte vor seinem Versicherungsfall einen Vorschaden, dann ist *das* sein individueller Gesundheitszustand, mit dem er zum Zeitpunkt des Versicherungsfalls versichert ist.

Der Vorschaden spiegelt sich in der Höhe der MdE wider, da ein Vorgeschädigter in der Regel in höherem Maße von den Auswirkungen eines Versicherungsfalls betroffen ist als jemand ohne Vorschaden.[1402] Das hat aber zur Konsequenz, dass ein Vorschaden zu einer höheren, aber auch zu einer niedrigeren MdE führen kann.[1403]

1397 Brandenburg in: Schönberger/Mehrtens/Valentin, Kap. 4.7 (S. 171).

1398 BSG, Urt. v. 05.09.2006 – B 2 U 25/05 R, juris Rn. 11.

1399 Nach Brandenburg in: Schönberger/Mehrtens/Valentin, Kap. 4.8 (S. 172).

1400 BSG, Urt. v. 05.09.2006 – B 2 U 25/05 R, juris Rn. 11.

1401 BSG, Urt. v. 05.09.2006 – B 2 U 25/05 R, juris Rn. 11.

1402 Heinz in: Krasney u.a., § 56 SGB VII Rn. 59.

1403 Tintner in: Schlaeger, § 56 SGB VII Rn. 42.

4.4.1 Gruppe 1: Funktionale Wechselbeziehung

Wird bei einem Vorschaden an einem **paarigen Körperteil oder Organ** durch einen Versicherungsfall auch das bislang gesunde Körperteil oder Organ beschädigt, ist häufig die **MdE höher** als im Regelfall einzuschätzen.[1404]

Dies liegt an folgendem: Wenn ein verbleibendes Körperteil oder Organ den Vorschaden in der Regel zumindest teilweise ausgleichen kann, wird der Funktionsverlust für den Versicherten umso größer, wenn das verbleibende Körperteil oder Organ durch den Versicherungsfall so geschädigt wird, dass zusätzlich zu dem weiteren Funktionsschaden auch die bisher wahrgenommene Kompensationsfunktion wegfällt.[1405] Vorschaden und hinzutretenden Gesundheitsstörung stehen daher in einer funktionalen Wechselbeziehung.

Beispiele: Verlust des zweiten Armes eines Einarmigen oder Verlust des zweiten Beines eines Einbeinigen

Es gehört zum Risiko der gesetzlichen Unfallversicherung, auch für solche Versicherungsfälle einzustehen, in denen sich die unmittelbaren Folgen des Versicherungsfalls wegen des Vorschadens verstärken.[1406]

Ausgangsfall | Ernie hat privat sein rechtes Auge verloren. Bei einem Arbeitsunfall verliert er sein linkes Auge.
Wie hoch ist die Minderung der Erwerbsfähigkeit (MdE) für Ernie?

1. Schritt: Die individuelle Erwerbsfähigkeit für Ernie wird auch bei dem Vorschaden mit 100 Prozent angesetzt.

2. Schritt: Der Vorschaden (rechtes Auge verloren) und die hinzutretende Gesundheitsstörung (linke Auge verloren) stehen in einer **funktionellen Wechselbeziehung**. Die Wechselwirkung der betroffenen Organe führt zu einer Verstärkung der gesamten Funktionseinbuße (Erblindung).
Die Erwerbsfähigkeit bei Ernie beträgt 0 Prozent.

3. Schritt: Die MdE beträgt folglich 100 Prozent.

1404 Heinz in: Krasney u.a., § 56 SGB VII Rn. 62; Tintner in: Schlaeger, § 56 SGB VII Rn. 43.
1405 Brandenburg in: Schönberger/Mehrtens/Valentin, Kap. 4.9 (S. 173).
1406 Heinz in: Krasney u.a., § 56 SGB VII Rn. 62.

Hinweise: Im Berechnungsfall Dina hatten wir bei dem Verlust eines Auges eine MdE von 25 Prozent angenommen. Letztlich hat Ernie durch einen Versicherungsfall auch ein Auge verloren. Im Wege der abstrakten Schadensberechnung, die alle Fälle gleiche behandeln will, müssten in der Konsequenz Dina und Ernie gleich mit einer MdE von 25 Prozent bewertet werden.
Das geht aber an der Sache vorbei: Während Dina weiterhin ein gesundes Auge hat, mit dem sie ihren Augenverlust kompensieren kann, ist Ernie durch den Augenverlust erblindet. Anders ausgedrückt: Der Versicherungsfall machte Dina zu einer Einäugigen, Ernie aber zu einem vollständig Erblindeten. Diese Folgen lassen eine unterschiedliche MdE rechtfertigen.
Entscheidend ist freilich stets der Einzelfall und die Bedeutung des vorgeschädigten Körperteils für das Leistungsvermögen und damit für die Erwerbsfähigkeit des Versicherten.[1407]
Während Dina aufgrund ihrer Einäugigkeit bestimmte Berufe versperrt sind (z.B. Pilotin oder Busfahrerin), sie umgekehrt aber weiterhin viele Berufe dennoch ausüben kann (z.B. Rechtsanwältin oder Lehrerin), wird bei einem vollständig Erblindeten eine vollständige Erwerbsminderung angenommen.

Abwandlungsbeispiel | Fausto verlor durch einen Arbeitsunfall sein linkes Auge. Durch einen weiteren Arbeitsunfall verliert er sein zweites Auge.
Wie hoch ist die Minderung der Erwerbsfähigkeit (MdE) für Fausto?
Hier erhält Fausto zunächst eine Versichertenrente aufgrund seines ersten Arbeitsunfalls. Die MdE beträgt 25 Prozent dafür.
Beim zweiten Arbeitsunfall gilt das oben gesagte: Fausto ist nun vollständig erblindet und hat damit eine MdE von 100 Prozent. Hierfür erhält er eine eigene Versichertenrente.
Fausto erhält folglich zwei Renten: Einmal mit einer MdE von 25 Prozent und einmal mit einer MdE von 100 Prozent.
Die Renten werden ggf. nach § 59 SGB VII in der Höhe gekürzt.

1407 Heinz in: Krasney u.a., § 56 SGB VII Rn. 62.

Die funktionelle Wechselwirkung ist nicht auf paarige Organe beschränkt:[1408]

Beispiel:[1409] Zunächst privater Verlust des rechten Mittelfingers (MdE von 10 Prozent), dann als Versicherungsfall Verlust des rechten Ringfingers (MdE von 10 Prozent): Aufgrund des eingeschränkten funktionellen Zusammenwirkens kann der Verlust des Ringfingers zu einer MdE von 20 Prozent führen.

4.4.2 Gruppe 2: Betroffenheit desselben Organs

Möglich ist es des Weiteren, dass ein bereits vorgeschädigtes Körperteil durch einen Versicherungsfall weitergehend beschädigt wird.[1410] In der Regel wird die MdE bei paarigen Körperorganen dann für die zweite Schädigung **niedriger angesetzt** als beim Regelfall ohne Vorschaden.[1411] Denn es wird davon ausgegangen, dass sich eine durch einen Versicherungsfall verursachte weitere Schädigung desselben, bereits vorgeschädigten Körperteils weniger gravierend auswirkt; das Körperteil ist durch den Vorschaden bereits beschädigt und in seiner Funktion eingeschränkt.

Ausgangsfall[1412] | Gina hat privat ihre linke Hand verloren. Bei einem Arbeitsunfall verliert sie ihren linken Oberarm. Einzel-MdE bei Handverlust 60 Prozent, Einzel-MdE Oberarmverlust 75 Prozent.
Wie hoch ist die Minderung der Erwerbsfähigkeit (MdE) für Gina?

1. Schritt: Die individuelle Erwerbsfähigkeit für Gina wird auch bei dem Vorschaden mit 100 Prozent angesetzt.

2. Schritt: Der Vorschaden (rechte Hand verloren) und die hinzutretende Gesundheitsstörung (rechten Oberarm verloren) stehen in keiner funktionellen Wechselbeziehung. Vielmehr wirkt sich der Verlust des Oberarmes für Gina weitaus geringer aus, als wenn jemand ohne die Vorschädigung den Oberarm (und damit auch die Hand) komplett verliert.

1408 Brandenburg in: Schönberger/Mehrtens/Valentin, Kap. 4.9 (S. 174).
1409 Nach Tintner in: Schlaeger, § 56 SGB VII Rn. 44.
1410 Heinz in: Krasney u.a., § 56 SGB VI Rn. 62.
1411 Heinz in: Krasney u.a., § 56 SGB VI Rn. 62.
1412 Nach Plum in: Podzun, Kz. 500 S. 8.

3. Schritt: Die MdE für den linken Oberarm beträgt folglich 35–40 Prozent.

Hinweis: Der Schaden ist für Gina geringer, da sie bereits die Hand verloren hat und damit der Oberarm vor dem zweiten Schaden nur noch eingeschränkt für sie nutzbar war.

Abwandlungsbeispiel[1413] | Hillu verliert durch einen Arbeitsunfall zunächst ihre linke Hand und dann durch einen weiteren Arbeitsunfall ihren linken Oberarm.
Hillu erhält für den ersten Arbeitsunfall eine Versichertenrente auf Basis der MdE von 60 Prozent und für den zweiten Arbeitsunfall eine neue, eigene, zweite Versichertenrente auf Basis der MdE von 35–40 Prozent.

Testen Sie Ihr Wissen! | Fragen 13

a) Albus verliert zunächst durch einen Arbeitsunfall die linke Hand (MdE: 60 Prozent) und dann später, ebenfalls durch einen Arbeitsunfall, den linken Oberarm (MdE: 70 Prozent). Wie hoch ist MdE des Oberarms?

b) Bertha wurde aufgrund eines privaten Autounfalls das linke Beim im Oberschenkel nicht kniegelenksnah amputiert (MdE: 70 Prozent). Durch einen Versicherungsfall verliert sie auch ihr rechtes Bein (im Oberschenkel nicht kniegelenksnah)?

4.5 Nachschaden

Unter einem Nachschaden wird eine **nach** dem Versicherungsfall hinzutretende Schädigung verstanden.[1414]

Vorschaden und Nachschaden werden bei ihrer Berücksichtigung auf die MdE nicht gleichgesetzt.[1415]

1413 Nach Plum in: Podzun, Kz. 500 S. 8.
1414 Plum in: Podzun, Kz. 500 S. 8a.
1415 BSG, Urt. v. 21.9.1967 – 2 RU 65/66, BeckRS 1967, 30807924.

Dies liegt daran, dass mit dem Gesundheitsschaden durch einen Arbeitsunfall die unfallversicherungsrechtlich erhebliche Ursachenkette **bereits abgeschlossen** ist; ein später eintretender Nachschaden kann die Verhältnisse, die für die **Feststellung der Unfallentschädigung** maßgebend gewesen sind, nicht mehr beeinflussen.[1416]

Etwas anderes gilt für den Nachschaden (= nach dem Versicherungsfall hinzutretende Schädigung) dann, wenn die weitere Schädigung kausal auf den Versicherungsfall zurückzuführen ist (= die Unfallfolgen selbst verschlimmern sich).[1417]

Ausgangsfall | Idris hat bei einem Arbeitsunfall sein rechtes Auge verloren. Bei einem privaten Unfall verliert er danach sein linkes Auge. Wie hoch ist die Minderung der Erwerbsfähigkeit (MdE) für Idris?

I. Verlust des ersten Auges

1. Schritt: Die Erwerbsfähigkeit von Idris beträgt vor dem Versicherungsfall 100 Prozent.

2. Schritt: Gutachterlich wird überprüft, welche Auswirkung der Augenverlust hat. Es wird festgestellt, dass 75 Prozent des allgemeinen Arbeitsmarktes weiterhin Idris zur Verfügung stehen.

3. Schritt: 100 Prozent-75 Prozent = 25 Prozent MdE (genauso wie Fall „Dina“).

II. Verlust des zweiten Auges

Der Nachschaden wird **nicht** als nachträgliche funktionelle Verschlimmerung (vollständige Erblindung) der Folgen des Versicherungsfalls berücksichtigt, da die versicherungsrechtlich erhebliche Kausalkette mit dem zeitlich zurückliegenden Versicherungsfall **abgeschlossen** war.[1418] Der zweite Unfall, der zum Verlust des zweiten Auges führte, erfolgte nicht infolge eines Versicherungsfalls.

1416 BSG, Urt. v. 21.9.1967 – 2 RU 65/66, BeckRS 1967, 30807924.

1417 Plum in: Podzun, Kz. 500 S. 8a.

1418 Brandenburg in: Schönberger/Mehrtens/Valentin, Kap. 4.9 (S. 176).

Hinweis: Gerade bei dem hier vorliegenden Beispiel finden sich wiederholt Stimmen in der Literatur, die dieses Ergebnis als nicht gerecht ansehen. Es sei ein Unterschied, ob jemand nur noch ein Auge habe oder gar nichts mehr sehen könne. Für die Erblindung war der Verlust des ersten Auges kausal.[1419] Folglich läge nicht der weitere „Verlust eines Auges" vor, sondern vielmehr der Verlust „des Sehvermögens"; dafür sei der unfallbedingte Verlust des ersten Auges eine „gleichwertige oder annähernd gleichwertige" Mitursache bzw. rechtlich wesentliche Folgewirkung.[1420]

Dem ist folgendes entgegenzuhalten: Der Erst-Verlust des rechten Auges von Idris durch einen Arbeitsunfall ist für den weiteren Augenverlust weder im Sinne der Entstehung noch der Verschlimmerung rechtlich wesentlich. Die Ursache des Arbeitsunfalls setzt sich nicht über das schädigende Ereignis hinaus ganz oder teilweise fort; die versicherungsrechtlich erhebliche Ursachenkette endet mit dem unfallbedingten Verlust des ersten Auges.[1421]

Der Verlust des ersten Auges trägt nicht bereits von vornherein die spätere Erblindung in sich. Der Eintritt der Blindheit ist daher nicht schon durch den Verlust des ersten Auges in seiner Grundlage geschaffen.

4.6 Besondere berufliche Betroffenheit

An anderer Stelle wurde bereits darauf hingewiesen, dass der Gesetzgeber **besondere berufliche Nachteile**, die bei dem Verletzten individuell durch den Versicherungsfall eintreten, berücksichtigt.

Diese Berücksichtigung erfolgt durch eine **Anhebung der MdE**. Eine besondere berufliche Betroffenheit gibt daher das Prinzip der abstrakten Schadensberechnung nicht auf, sondern verbleibt bei diesem. Die besondere berufliche Betroffenheit führt somit nicht zu einer konkreten Berechnung und Berücksichtigung der individuellen Beeinträchtigung. Ausfallende Verdienstmöglichkeiten bleiben folglich weiterhin unbeachtlich.[1422]

1419 Mehrtens in: Schönberger/Mehrtens/Valentin, Kap. 6.4.9 (S. 319).
1420 Vgl. Mehrtens in: Schönberger/Mehrtens/Valentin, Kap. 6.4.9 (S. 319).
1421 Mehrtens in: Schönberger/Mehrtens/Valentin, Kap. 6.4.9 (S. 319).
1422 Brandenburg in: Schönberger/Mehrtens/Valentin, Kap. 4.10 (S. 177).

Bei der Bemessung dieser MdE werden nach § 56 Abs. 2 S. 3 SGB VII Nachteile berücksichtigt, die die Versicherten dadurch erleiden, dass sie bestimmte von ihnen erworbene besondere berufliche Kenntnisse und Erfahrungen infolge des Versicherungsfalls nicht mehr oder nur noch in vermindertem Umfang nutzen können, soweit solche Nachteile nicht durch sonstige Fähigkeiten, deren Nutzung ihnen zugemutet werden kann, ausgeglichen werden.

Die MdE wird im Fall der besonderen beruflichen Betroffenheit um 10 bis 20 Prozentpunkte erhöht.[1423]

Die Vorschrift wird eng ausgelegt und kommt in der Praxis nur sehr selten zum Tragen.[1424] Dies ist anhand der nachfolgend dargestellten vier-Stufen-Prüfung nicht verwunderlich.

4.6.1 Erste Stufe: Besondere berufliche Kenntnisse oder Erfahrungen vor Versicherungsfall

Grundvoraussetzung ist, dass der Versicherte besondere berufliche Kenntnisse oder Erfahrungen vor dem Versicherungsfall besaß.

Demnach müssen berufsspezifische Fertigkeiten und Fähigkeiten beim Versicherten vorliegen, die sich von den üblichen beruflichen Kenntnissen und Erfahrungen dadurch abheben, dass der Versicherte sie sich durch eine spezielle Ausbildung, eine vorhandene Begabung und meist jahrelange Übung angeeignet hat und die für einen anderen Beruf nicht verwertbar sind.[1425]

Als **Beispiele** kommen hier in Betracht:

- Musiker (z.B. Geiger[1426] oder Posaunist[1427])
- Lebensmittelprüfer (z.B. Kaffeeröster, Olivenöltester, Weinkontrolleur)[1428]
- Profisportler (z.B. Tänzer)

1423 BSG, Urt. v. 04.12.1991 – 2 RU 47/90, NZA 1992, 671 (672); Brandenburg in: Schönberger/Mehrtens/Valentin, Kap. 4.10 (S. 178).
1424 Scholz in: jurisPK-SGB VII, § 56 SGB VII Rn. 80.
1425 LSG Berlin-Brandenburg, Beschl. v. 16.3.2022 – L 21 U 181/18, BeckRS 2022, 7112 Rn. 38; Scholz in: jurisPK-SGB VII, § 56 SGB VII Rn. 82.
1426 BSG, Urt. v. 26.02.1957 – 2 RU 45/54, BeckRS 1957, 103417.
1427 LSG Thüringen, Urt. v. 30.10.2025 – L 1 U 565/22, BeckRS 2025, 41559 Rn. 53.
1428 Scholz in: jurisPK-SGB VII, § 56 SGB VII Rn. 82.

4.6.2 Zweite Stufe: Ausübungsfähigkeit der besonderen beruflichen Kenntnisse oder Erfahrungen nach dem Versicherungsfall

In der zweiten Stufe ist zu prüfen, ob der Versicherte seine speziellen Fertigkeiten und Fähigkeiten nicht mehr oder nur noch in vermindertem Umfang nutzen kann.

Die Stufe ist indes nicht schon deshalb erfüllt, weil der Versicherte seinen erlernten Beruf in Folge des Versicherungsfalls nicht mehr oder nur eingeschränkt ausüben kann.[1429] Kann der Versicherte seine erworbenen beruflichen Kenntnisse und Erfahrungen in angemessener Weise im allgemeinen Erwerbsleben weiterverwenden, liegt keine besondere berufliche Betroffenheit vor.[1430] Das schließt nicht aus, dass sich der Versicherte trotzdem in eine neue Tätigkeit einarbeiten oder umschulen lassen muss.[1431]

Negativ-Beispiel: Der Tänzer kann seine Tätigkeit nicht mehr als Tänzer ausüben, aber als Tanzlehrer tätig werden.

Positiv-Beispiel: Der Posaunist kann aufgrund seines Tinnitus oder einer Handverletzung weder als Posaunist, noch als Musiklehrer arbeiten.

4.6.3 Dritte Stufe: Aufgabe der bisherigen beruflichen Tätigkeit wegen äußerer Begleitumstände?

Auszuschließen ist, dass die Aufgabe der bisherigen beruflichen Tätigkeit an äußeren Begleitumständen lag und nicht an den Auswirkungen des Versicherungsfalls. Positiv ausgedrückt: Die Aufgabe der bisherigen beruflichen Tätigkeit muss am Versicherungsfall liegen.

Ist die Ursache für die (nahezu vollständige) Aufgabe aller Tätigkeiten des Versicherten nicht in dem Versicherungsfall begründet, sondern in anderen Gründen, liegt keine besondere berufliche Betroffenheit vor.[1432]

Negativ-Beispiel: Nahezu vollständige Aufgabe aller Tätigkeiten des mit Hepatitis-C-infizierten Arztes liegt nicht an der Infizierung selbst, sondern

---

1429 LSG Thüringen, Urt. v. 30.10.2025 – L 1 U 565/22, BeckRS 2025, 41559 Rn. 49; Scholz in: jurisPK-SGB VII, § 56 SGB VII Rn. 83.

1430 LSG Bayern, Urt. v. 05.04.2006 – L 2 U 418/05, juris Rn. 33.

1431 LSG Bayern, Urt. v. 05.04.2006 – L 2 U 418/05, juris Rn. 33.

1432 LSG Berlin-Brandenburg, Urt. v. 30.09.2008 – L 3 U 229/07, juris Rn. 43; Scholz in: jurisPK-SGB VII, § 56 SGB VII Rn. 84.

allein an der mangelnden Bereitschaft des damaligen Arbeitgebers und dessen Versicherers, das Infektionsrisiko für die Patienten des Klägers zu tragen.[1433]

Argumentiert wird in diesen Fällen, dass der Versicherte den Nachteil nicht infolge eines Versicherungsfalls erlitt, sondern aufgrund anderer Umstände.[1434]

4.6.4 Vierte Stufe: Liegt eine unbillige Härte vor?

Die Rechtsprechung verlangt – entgegen dem Gesetzeswortlaut – noch ein weiteres Kriterium für das Vorliegen einer besonderen beruflichen Betroffenheit. Es muss eine **unbillige Härte** für den Versicherten bestehen.

Für das Vorliegen einer unbilligen Härte werden folgende Merkmale herangezogen:[1435]

- Hohes Lebensalter: Bei einem 32-jährigen Profifußballer oder einer 26-jährigen Tänzerin wurde aufgrund des Alters keine unbillige Härte erkannt[1436]
- Dauer der Ausbildung
- Dauer der Ausübung des Berufes: Damit verbunden ist eine Entfremdung aus dem übrigen Erwerbsleben
- Soziale Stellung im Erwerbsleben

Maßgeblich für die unbillige Härte ist folglich, ob eine berufliche Umstellung und damit eine Verweisung auf den allgemeinen Arbeitsmarkt für den Versicherten zumutbar ist oder ob dies bei ihm zu erheblichen Schwierigkeiten führt, die aufgrund seines Versicherungsfalls nicht mehr zugemutet werden können.[1437] Die einzelnen Merkmale werden in ihrer Gesamtheit betrachtet und bewertet.[1438]

Die Zurückhaltung bei der Annahme der besonderen beruflichen Betroffenheit ist nachvollziehbar, da bereits begrifflich eine berufliche Betroffenheit oftmals mit den Folgen eines Versicherungsfalls verbunden ist und dazu führen kann, dass der Beruf nicht mehr ausgeübt werden kann. Die einfache berufliche Betroffenheit soll aber nicht ausreichen, sondern es muss eine *besondere* berufliche Betroffenheit vorliegen.

Aus diesem Grund kann es nicht für die Annahme einer besonderen beruflichen Betroffenheit ausreichend sein, wenn der Versicherte seinen

1433 LSG Berlin-Brandenburg, Urt. v. 30.09.2008 – L 3 U 229/07, juris Rn. 43
1434 Scholz in: jurisPK-SGB VII, § 56 SGB VII Rn. 84.
1435 Nach Brandenburg in: Schönberger/Mehrtens/Valentin, Kap. 4.10 (S. 177).
1436 Bereiter-Hahn/Mehrtens, § 56 SGB VII Rn. 12.2 f.
1437 Brandenburg in: Schönberger/Mehrtens/Valentin, Kap. 4.10 (S. 178).
1438 Brandenburg in: Schönberger/Mehrtens/Valentin, Kap. 4.10 (S. 178).

erlernten Beruf nicht mehr ausüben kann.[1439] Es läge zwar eine berufliche Betroffenheit vor, *besonders* wäre sie indes nicht.

4.7 Mehrere Renten

Bei verschiedenen Versicherungsfällen wird keine Gesamt-MdE gebildet, sondern es bestehen mehrere, selbständige Rentenansprüche.

Beispiel:[1440] Der Versicherte erlitt 2022 einen Arbeitsunfall, der zur Amputation des Unterarms (MdE: 60 Prozent) führte. 2026 erleidet er einen zweiten Arbeitsunfall, der zur totalen Erblindung führte (MdE: 100 Prozent). Der Versicherte hat grundsätzlich einen Anspruch auf zwei Versichertenrenten. Das bedeutet aber nicht, dass er diese auch in voller Höhe ausgezahlt erhält.

Der Gesetzgeber hat sich dazu entschieden, die Gesamtrentenhöhe zu begrenzen. Nach § 59 Abs. 1 S. 2 SGB VII werden mehrere Renten dann gekürzt, wenn sie einen Höchstbetrag übersteigen. Der Höchstbetrag beträgt zwei Drittel des höchsten der Jahresarbeitsverdienste. Soweit die Renten den Höchstbetrag übersteigen, werden sie verhältnismäßig gekürzt.

Hinter der Maßnahme steht eine eindeutige Feststellung des Gesetzgebers: Nach den dem Gesetzgeber vorliegenden Erfahrungen würden in der Regel die in ihrer Erwerbsfähigkeit geminderten Verletzten nach Wiedereingliederung in den Arbeitsprozess den **gleichen Verdienst** wie vor dem Versicherungsfall erzielen.[1441] Durch den Erhalt mehrerer Renten könnten sie dann den jemals erzielten höchsten Arbeitsverdienst übersteigen.[1442] Der Gesetzgeber bezeichnete diese Möglichkeit als „ungerechtfertigt und sozialpolitisch unerwünscht."[1443] Die Regelung des § 59 SGB VII kappt daher die Ansprüche aus verschiedenen Renten auf einen Höchstbetrag. Allerdings werden die Kürzungen nur bei relativ hohen MdE-Graden und entsprechend hohen Einzelrenten in Betracht kommen.[1444]

Der Inhalt des § 59 Abs. 1 SGB VII lässt sich wie folgt zusammenfassen:

- Grundvoraussetzung ist, dass ein Versicherte einen Anspruch auf mehrere Versichertenrenten hat. Rechtsfolge ist die Prüfung, ob die Renten nach § 59 Abs. 1 SGB VII zu kürzen sind.

1439 Kranig in: Hauck/Noftz, SGB VII, § 56 SGB VII Rn. 47.
1440 Nach Kunze in: LPK-SGB VII, § 56 SGB VII Rn. 12.
1441 BT-Drs. IV/120, S. 58.
1442 BT-Drs. IV/120, S. 58.
1443 BT-Drs. IV/120, S. 58.
1444 Kunze in: LPK-SGB VII, § 59 SGB VII Rn. 4.

- Dazu muss der gesetzlich zulässige Höchstbetrag bei Bezug mehrerer Renten ausgerechnet werden. Dieser beträgt zwei Drittel des höchsten der zugrundeliegenden Jahresarbeitsverdienste. Das bedeutet: Für jede Versichertenrente wird einzeln der Jahresarbeitsverdienst errechnet.
- Alle Renten werden gekürzt und zwar im Verhältnis zueinander, sobald ihr Gesamtbetrag mehr als zwei Drittel des höchsten der zugrunde liegenden Jahresarbeitsverdienste beträgt.

Bislang war für die Berechnung der auszuzahlenden Monatsrente die „Jahresrente" nur ein rechnerischer Zwischenschritt. Für die Rentenkürzung nach § 59 Abs. 1 SGB VII wird auf den Jahresrentenbetrag abgestellt. Freilich ändert diese **Berechnungsmethodik** nichts daran, dass weiterhin die Versichertenrente **pro Monat** bezahlt wird.

Von der Kürzungsvorschrift des § 59 SGB VII sind allein Versichertenrenten aus der gesetzlichen Unfallversicherung umfasst.[1445]

Dies sind nicht nur alle **Renten auf unbestimmte Zeit**, sondern auch die Renten als vorläufigen Entschädigung.[1446] Abfindungen werden wie laufende Renten behandelt.[1447] Nicht hingegen werden Hinterbliebenenrenten berücksichtigt (siehe hier aber § 70 SGB VII).[1448] Beim Zusammentreffen mit Renten aus der gesetzlichen Rentenversicherung findet § 93 SGB VI Anwendung.[1449]

Ausgangsfall | Caspar hatte einen Arbeitsunfall, bei dem er seinen linken Oberarm verlor (MdE von 60 Prozent). Sein Jahresarbeitsverdienst lag damals bei 54.000 Euro. Nun hat er einen weiteren Arbeitsunfall und verliert dadurch sein rechtes Bein (MdE von 50 Prozent). Sein Jahresarbeitsverdienst liegt nunmehr bei 45.000 Euro.

1. Frage: Müssen die Renten gekürzt werden?

1. Schritt: Bezieht der Versicherte mehrere Versichertenrenten?
Ja. Caspar bezieht aktuell eine Rente „Oberarm" und hat nun durch den zweiten Arbeitsunfall einen Anspruch auf eine weitere Rente „Bein".

1445 Tintner in: Schlaeger, § 59 SGB VII Rn. 3.
1446 Tintner in: Schlaeger, § 59 SGB VII Rn. 4.; Kunze in: LPK-SGB VII, § 59 SGB VII Rn. 3.
1447 Plum in: Podzun, Kz. 480 S. 32.
1448 Plum in: Podzun, Kz. 480 S. 32.
1449 Tintner in: Schlaeger, § 59 SGB VII Rn. 3.

Hinweis: Da es sich um zwei unterschiedliche Versicherungsfälle handelt, ist keine Gesamt-MdE zu bilden.

2. Schritt: Wie hoch wären die beiden Renten zusammen? (Hier wird der Jahresrentenwert als Berechnungsgrundlage herangezogen.)

Die beiden Renten zusammen betragen:
Rente „Oberarm":
54.000,00 Euro = JAV
2/3 von 54.000,00 Euro = 36.000,00 Euro
60 Prozent MdE = 21.600,00 Euro/Jahr

Hinweis: Bei der monatlichen Rente wäre nun dieser Betrag durch zwölf zu teilen (= 1.800,00 Euro/Monat)

Rente „Bein": 45.000,00 Euro
2/3 von 45.000,00 Euro = 30.000,00 Euro
50 Prozent MdE = 15.000,00 Euro/Jahr

Hinweis: Bei der monatlichen Rente wäre nun dieser Betrag durch zwölf zu teilen (= 1.250,00 Euro/Monat)

Addition Jahresrenten:
21.600,00 Euro/Jahr + 15.000,00 Euro/Jahr = 36.600,00 Euro/Jahr

3. Schritt: Kürzung auf 2/3 des höchsten der Jahresarbeitsverdienste
Rente „Oberarm" 2/3 von 54.000,00 Euro = 36.000,00 Euro
Rente „Bein" 2/3 von 45.000,00 Euro = 30.000,00 Euro
Hier: 36.000,00 Euro, da der höhere der beiden JAVe .

Hinweis: Der höchste JAV ist für den **Zeitpunkt des erstmaligen Zusammentreffens** der Renten zu ermitteln, wobei die bis zu diesem Zeitpunkt vorzunehmenden Rentenanpassungen nach § 95 SGB VII[1450] sowie Neufestsetzungen nach § 90 SGB VII[1451] zu berücksichtigen sind.

Zwischenergebnis: 36.000,00 Euro = Höchstbetrag

Folge: Die Renten dürfen diesen Jahres-Höchstbetrag nicht überschreiten.

1450 Kranig in: Hauck/Noftz, SGB VII, § 59 SGB VII Rn. 10.
1451 Padé in: jurisPK-SGB VII, § 59 SGB VII Rn. 23.

4. Schritt: Vergleich der addierten Jahresrenten mit dem Höchstbetrag
Die Summe der Renten in Höhe von 36.600,00 Euro übersteigt den zulässigen Höchstbetrag von 36.000,00 Euro.

Ergebnis: Die Renten sind im Verhältnis zu kürzen.

- Bei der Ermittlung des Höchstbetrags ist die **Schwerverletztenzulage** (auf die später noch eingegangen wird) **nicht** zu berücksichtigen. Das bedeutet, dass der Erhöhungsbetrag trotz etwaiger Kürzungen zur Auszahlung kommt.[1452]
- Indes kommt eine Erhöhung wegen Arbeitslosigkeit (§ 58 SGB VII) in Fällen der Kürzung nicht in Betracht.[1453]
- Ungemindert werden Renten bei der Kürzung berücksichtigt, auch wenn sie nach § 60 SGB VII aufgrund von Heimpflege gemindert werden; über die (Höhe der) Minderung ist anhand der gekürzten Rente zu entscheiden.[1454]

Die Unfallversicherungsträger sind von Amts wegen verpflichtet, zu ermitteln, ob die Voraussetzungen für eine Rentenkürzung vorliegen und haben die Kürzung auch vorzunehmen.[1455] Kenntnis von einem Erstrentenbezug erlangen sie regelmäßig durch Befragung der Versicherten oder durch Arztberichte.[1456]

Wenn festgestellt wurde, dass der Höchstbetrag an Jahresrente überschritten wurde, sind im nächsten Schritt die Renten zu kürzen. Jede einzelne Jahresrente ist **im Verhältnis** zum Gesamtbetrag zu kürzen.

Formel | Rentenkürzung[1457]

$$\frac{\text{Höchstrentenbetrag} \times \text{Einzelrentenbetrag}}{\text{Gesamtrentenbetrag}}$$

= gekürzter Betrag der Einzelrente

1452 Tintner in: Schlaeger, § 59 SGB VII Rn. 6.
1453 Tintner in: Schlaeger, § 59 SGB VII Rn. 6 m.w.N.
1454 Tintner in: Schlaeger, § 59 SGB VII Rn. 6.
1455 Kranig in: Hauck/Noftz, SGB VII, § 59 SGB VII Rn. 8.
1456 Kranig in: Hauck/Noftz, SGB VII, § 59 SGB VII Rn. 8.
1457 Bereiter-Hahn/Mehrtens, § 59 SGB VII Rn. 4; Kunze in: LPK-SGB VII, § 59 SGB VII Rn. 3.

Die Formel findet auf jede Einzel-Rente Anwendung, also bei drei Rentenansprüchen auf alle drei usw.

Ausgangsfall | Caspar hatte einen Arbeitsunfall, bei dem er seinen linken Oberarm verlor (MdE von 60 Prozent). Sein Jahresarbeitsverdienst lag damals bei 54.000 Euro. Nun hat er einen weiteren Arbeitsunfall und verliert dadurch sein rechtes Bein (MdE von 50 Prozent). Sein Jahresarbeitsverdienst lag nunmehr bei 45.000 Euro.

2. Frage: Wie werden die beiden Renten im Verhältnis gekürzt?

1. Schritt: Multiplikation Hochstrentenbetrag mit Einzelrentenbetrag
Rente „Oberarm“: 36.000,00 Euro/Jahr (= Höchstrentenbetrag) × 21.600,00 Euro/Jahr (= Einzelrentenbetrag) = Zwischenergebnis (hier: 777.600.000,00 Euro)
Rente „Bein“: 36.000,00 Euro/Jahr (= Höchstrentenbetrag) × 15.000,00 Euro/Jahr (= Einzelrentenbetrag) = Zwischenergebnis (hier: 540.000.000,00 Euro)

2. Schritt: Division des Zwischenergebnisses durch Gesamtrentenbetrag
Rente „Oberarm“: Zwischenergebnis / 36.600,00 Euro/Jahr (= Gesamtrentenbetrag) = 21.245,90 Euro/Jahr
Rente „Bein“: Zwischenergebnis/36.600,00 Euro/Jahr (= Gesamtrentenbetrag) = 14.754,10 Euro/Jahr

Hinweise: An dieser Stelle kann immer eine Gegenprüfung vorgenommen werden, ob man sich verrechnet hat. Die beiden anteilig gekürzten Jahresrentenbeträge müssen den Höchstbetrag ergeben, also:

21.245,90 + 14.754,10 = 36.000,00 Euro

Aufgrund der Rundungen ist es möglich, dass die Beträge um einen Cent auch einmal abweichen.[1458] Dies ist aufgrund der Kürzungsregelungen hinzunehmen und muss nicht korrigiert werden.

3. Schritt: Berechnung der Einzelrenten
Rente „Oberarm“: 21.245,90 Euro/Jahr / 12 Monate = 1.770,49 Euro/Monate
Rente „Bein“: 14.754,10 Euro/Jahr / 12 Monate = 1.229,51 Euro/Monate

1458 Vgl. das Beispiel bei Plum in Podzun, Kz. 480 S. 33: Höchstbetrag 40.000,00 Euro/ Gekürzte Renten zusammen: 40.000,01 Euro.

Hinweis: Caspar bezog bislang für den „Oberarm" eine Versichertenrente in Höhe von monatlich 1.800,00 Euro/Monat. Nunmehr erhält er für diesen Versicherungsfall eine Versichertenrente in Höhe 1.770,49 Euro/Monat. Allerdings erhält er auch noch eine weitere Rente.

Das Ausrechnen der Kürzungen ist insbesondere aus folgendem Aspekt wichtig: Es kann durchaus sein, dass verschiedene Unfallversicherungsträger die Versichertenrenten auszahlen, sodass ein eigenes Interesse an der Kürzung besteht.

Verwaltungshandeln | Auswirkungen der Rentenkürzung

Durch den Hinzutritt eines weiteren Versicherungsfalls kann es zu einer Rentenkürzung bei der Erst-Rente kommen.
Erst-Rente: Nach § 39 Abs. 2 SGB X bleiben Verwaltungsakte wirksam, solange und soweit sie nicht u.a. anderweitig aufgehoben sind. Für den ersten Versicherungsfall („Oberarm") bedeutet das, dass die ungekürzte Rente solange zu zahlen ist, solange der Bescheid nicht – teilweise – aufgehoben wird.
Die Kürzung der ersten Versichertenrente stellt einen Verwaltungsakt des Unfallversicherungsträgers nach § 31 S. 1 SGB X dar. Es muss folglich ein Kürzungsbescheid an den Versicherten ergehen. Vor Erlass des Bescheids ist der Unfallversicherungsträger verpflichtet, den Versicherten anzuhören (§ 24 SGB X). Die Kürzung ergibt sich aus § 48 Abs. 1 S. 2 Nr. 3 SGB X i.V.m. § 73 Abs. 1 SGB VII. Das bedeutet, dass der erste Bescheid vom Zeitpunkt des Eintritts der Änderung an, also in der Regel auch für die Vergangenheit, aufzuheben ist.[1459] Die bereits laufende Rente wird nach § 73 Abs. 1 SGB VII mit Wirkung ab dem Ende des Monats gekürzt, in dem der Anspruch auf die zweite Rente begonnen hat.[1460]
Zweit-Rente: Bei der hinzutretenden weiteren, zweiten Versichertenrente besteht keine Notwendigkeit für eine Anhörung. Auch kann diese Rente direkt in gekürzter Form geleistet werden.

1459 Plum in: Podzun, Kz. 480 S. 33.
1460 Plum in: Podzun, Kz. 480 S. 33.

Verschiedene Unfallversicherungsträger: Sind verschiedene Unfallversicherungsträger betroffen, arbeiten sie gemäß § 86 SGB X zusammen. Informationen können untereinander nach § 69 SGB X übermittelt werden. Der Erst-Unfallversicherungsträger, der die bereits laufende Erst-Rente zahlt, erwirbt ggf. einen Erstattungsanspruch nach § 103 Abs. 1 SGB X.

4.8 Rentenbeginn

Der *Anspruch* auf Versichertenrente nach § 56 Abs. 1 SGB VII begründet nicht zwingend die *Zahlung* der Versichertenrente. Der Hintergrund dafür dürfte verständlich sein: Sofern der Versicherte eine andere Geldleistung der Unfallversicherung erhält (z.B. Verletztengeld, weil er sich noch in Heilbehandlung befindet), sollte die Zahlung einer Versichertenrente als weitere Geldleistung des Unfallversicherungsträgers möglichst vermieden werden.

Das BSG hat in seiner „Spinningtrainer“-Entscheidung zwar einerseits festgestellt, dass es in der gesetzlichen Unfallversicherung kein Ausschlussprinzip geben würde, dem „Doppelentgeltleistungen“ entgegenständen.[1461] Der Bezug von Versichertenrente und einer anderen Geldleistung ist daher nicht generell verboten; die Möglichkeit des parallelen Bezugs von Versichertenrente und der weiteren Geldleistung Übergangsgeld ergibt sich quasi sogar aus dem Gesetz. Allerdings sollten Doppelleistungen in Form von Verletztengeld einerseits und Versichertenrente andererseits **vermieden** werden.[1462]

Gesetzgeberisch drückt sich dies – recht clever gemacht – in § 72 Abs. 1 SGB VII aus, der den Beginn der Rentenzahlung regelt. Renten an Versicherte werden demnach von dem Tag an gezahlt, der auf den Tag folgt, an dem (Nr. 1) der **Anspruch auf Verletztengeld endet** oder (Nr. 2) der Versicherungsfall eingetreten ist, wenn **kein** Anspruch auf Verletztengeld entstanden ist. Der Gesetzgeber koppelt folglich den Beginn der Rentenzahlung an das Ende des Verletztengeldanspruchs. Diese Regelung umfasst zwar nicht jeden Fall, deckt aber doch viel ab, um Doppelzahlungen zu vermeiden.

Für den Versicherten dürfte es in der Regel günstiger sein, so lange wie möglich Verletztengeld als Versichertenrente zu erhalten. Denn das Verletztengeld wird meist höher als die Versichertenrente sein. Bei geringem

1461 BSG, Urt. v. 23.07.2015 – B 2 U 6/14 R, BeckRS 2015, 73439 Rn. 16.
1462 BSG, Urt. v. 20.08.2019 – B 2 U 7/18 R, juris Rn. 17.

Einkommen (z.B. aus geringfügiger Beschäftigung) wird in der Regel die Versichertenrente höher sein als das Verletztengeld,[1463] doch auch dann ist zunächst das (niedrigere) Verletztengeld zu zahlen.[1464]

4.8.1 Rentenbeginn nach Verletztengeld (Nr. 1)

§ 72 Abs. 1 Nr. 1 SGB VII verbindet den **Beginn der Rentenzahlung** mit dem **Ende des Anspruchs** (nicht der Zahlung) auf Verletztengeld. Maßgeblich ist daher nicht, ob tatsächlich Verletztengeld vom Unfallversicherungsträger ausgezahlt wurde, sondern ob der Anspruch auf Verletztengeld bestand. Aufgrund § 52 SGB VII könnte der Anspruch bestanden haben, aber durch die Anrechnung nicht zur Auszahlung gekommen sein.

Da sich der Rentenbeginn an dem Ende des Anspruchs auf Verletztengeld richtet, finden die unterschiedlichen Beendigungszeitpunkte des § 46 Abs. 3 SGB VII Anwendung.

Bearbeitungsempfehlung | Bestimmung des Beginns der Versichertenrente

In einer Klausur ist es relevant, dass § 46 Abs. 3 SGB VII vollständig zitiert wird. Wenn der Anspruch (und meist auch die Zahlung) auf Verletztengeld aufgrund der wiederhergestellten Arbeitsfähigkeit endet, ist der Rentenbeginn mit § 72 Abs. 1 Nr. 1 i.V.m. § 46 Abs. 3 S. 1 Nr. 1 Var. 1 SGB VII zu zitieren (häufiger wird statt „Var. 1“ „Alt. 1“ oder „1. Alt.“ gewählt).
Ausschließlich die Benennung des Rentenbeginns nach § 72 Abs. 1 Nr. 1 SGB VII ist in der Klausur unvollständig, denn mittelbar soll ebenso dargestellt werden, *warum* der Anspruch auf Verletztengeld endet.

- Hauptsächlich dürfte der Anspruch auf Verletztengeld nach § 46 Abs. 3 S. 1 Nr. 1 Var. 1 SGB VII dann enden, wenn der Versicherte wieder **arbeitsfähig** geworden ist.

1463 Ricke in: BeckOGK-SGB VII, § 72 SGB VII Rn. 5.
1464 Vgl. BSG, Urt. v. 20.08.2019 – B 2 U 7/18 R, BeckRS 2019, 31187 Rn. 12.

- Ebenso endet der Anspruch auf Verletztengeld mit dem letzten **Tag der Behandlungsmaßnahme**, die eine ganztägige Erwerbstätigkeit verhinderte (§ 46 Abs. 3 S. 1 Nr. 1 Var. 2 SGB VII).
- Zudem endet das Verletztengeld, wenn mit dem Wiedereintritt der Arbeitsfähigkeit nicht zu rechnen ist, keine LTA zu erbringen ist und die Heilbehandlung so weit abgeschlossen ist, dass der Versicherte eine **zumutbare**, zur Verfügung stehende Berufs- oder Erwerbstätigkeit aufnehmen kann (§ 46 Abs. 3 S. 2 Nr. 1 SGB VII), mit dem Beginn eines der in **§ 50 Abs. 1 S. 1 SGB V** genannten Zeitpunktes (§ 46 Abs. 3 S. 2 Nr. 2 SGB VII) sowie mit **Ablauf der 78. Woche** nach Beginn der Arbeitsunfähigkeit (§ 46 Abs. 3 S. 2 Nr. 3 SGB VII).

Aus der Bindung des Beginns der Rentenzahlung an das **Ende** des Verletztengeldanspruchs wird zudem deutlich, dass der Gesetzgeber keine Bedenken hat, wenn **Rente neben Übergangsgeld** gezahlt wird.

Denn in der Regel schließt sich das Übergangsgeld mit der LTA an dem Verletztengeld und der Heilbehandlung an. Beginnt die Rente also mit Ende des Verletztengeldes und bedeutet das Ende des Verletztengeldes häufig den Beginn der Zahlung von Übergangsgeld, ist im Umkehrschluss der gleichzeitige Bezug von Rente und Übergangsgeld erlaubt.

Begründet wird diese Doppelzahlung damit, dass ansonsten eine Gerechtigkeitslücke entstehen könne. Während nach Ende der Heilbehandlung die Arbeitsfähigen wieder ihr Gehalt oder ihren Lohn neben der Rente bezögen, würden diejenigen, die eine LTA absolvieren, lediglich Übergangsgeld erhalten.[1465]

Einerseits entspricht dies dem Gedanken, den die Rechtsprechung entsprechend aus dem Gesetz herausgearbeitet hat, wonach es **kein Ausschlussprinzip** vom Erhalt mehrerer Geldleistungen geben soll,[1466] andererseits zeigt sich eine gewisse Beliebig- und Widersprüchlichkeit:

- Erstens ist es erstaunlich, dass zumindest eine Rente neben Verletztengeld vermieden werden soll,[1467] dann aber generell eine Doppelleistung des Übergangsgeldes neben der Rente ausdrücklich erlaubt ist.

1465 Vgl. Grüner/Ziegler in: LPK-SGB VII, § 72 SGB VII Rn. 2.

1466 Vgl. BSG, Urt. v. 23.07.2015 – B 2 U 6/14 R, juris Rn. 16; BSG, Urt. v. 20.08.2019 – B 2 U 7/18 R, juris Rn. 17.

1467 Vgl. BSG, Urt. v. 20.08.2019 – B 2 U 7/18 R, juris Rn. 17.

- Zweitens ist dies widersprüchlich, da dem Bezieher von Übergangsgeld ohne Rentenanspruch (und dies muss ja nicht zwingend an einer niedrigen MdE, sondern könnte an der fehlenden Dauer von über 26 Wochen liegen) „nur“ eine Zahlung des Übergangsgeldes zusteht und dies auch als ausreichend hingenommen wird.

Auch wenn die Rente nicht nur Einkommensersatz ist, sondern gleichzeitig immaterielle Schäden kompensieren soll[1468] und damit keinen deckungsgleichen Zweck erfüllt wie das Übergangsgeld, ist ihre vollständige Gewährung neben dem Übergangsgeld, ohne (teilweise) Anrechnung, eine gesetzgeberische Großzügigkeit, die sich ein Sozialstaat leisten kann, nicht aber leisten muss.

Wissen | Der Spinningtrainer-Fall des BSG[1469]

Zu einer gewissen Berühmtheit hat sich die Entscheidung des BSG entwickelt, die sich mit der Frage des Rentenbeginns auseinandersetzte, bei der ein Versicherter einer Haupt- und einer Nebentätigkeit nachging und bei der seine Arbeitsfähigkeit nicht zeitgleich für beide Tätigkeiten eintrat.
Der Versicherte arbeitete in diesem Verfahren in einem Getränkegroßhandel als Fahrer (Einkommen im JAV-Zeitraum rund 37.000 Euro) und daneben als Spinningtrainer (Einkommen im JAV-Zeitraum über 3.000 Euro).
Während seiner Tätigkeit als Fahrer stürzte er und erlitt einen Bruch seines Fußgelenks. Bis zum 29. Mai 2011 war er in beiden Beschäftigungen arbeitsunfähig. Danach konnte er als Staplerfahrer wieder im Getränkehandel arbeiten, als Spinningtrainer blieb er zunächst arbeitsunfähig.
Das **Verletztengeld** berechnete der Unfallversicherungsträger ab dem 30. Mai 2011 auf Basis des (niedrigen) Einkommens als Spinningtrainer. Er erhielt folglich seitdem ein sehr niedriges Verletztengeld.
Gleichzeitig erhielt er aber (noch) **keine Versichertenrente**. Der Unfallversicherungsträger argumentierte, dass nach dem Wortlaut des § 72 Abs. 1 Nr. 1 SGB VII erst nach Ende des Anspruchs auf Verletztengeld

1468 Vgl. BSG, Urt. v. 20.03.2018 – B 2 U 6/17 R, juris Rn. 28.
1469 Nach BSG, Urt. v. 23.07.2015 – B 2 U 6/14 R.

die Rente zu zahlen sei. Da der Versicherte aber noch Verletztengeld erhielt (wenn auch einen niedrigen Betrag), sperre diese Zahlung einen Rentenbezug.
Der Versicherte ging dagegen vor, da er es als ungerecht ansah, dass seine (gering entlohnte) Nebentätigkeit den (im Vergleich hohen) Rentenbezug aus der Haupttätigkeit verhindere.
Während das erstinstanzliche SG der Klage des Versicherten Recht gab, bestätigte in der Berufungsinstanz das LSG Baden-Württemberg[1470] die Rechtsauffassung des Unfallversicherungsträgers. Mit § 72 Abs. 1 SGB VII habe der Gesetzgeber zum Ausdruck gebracht, dass im Falle einer Ersterkrankung eine Rente grundsätzlich nicht parallel zu dem Bezug von Verletztengeld als Leistung mit Entgeltersatzfunktion bezogen können werden soll.[1471]
Die Revision des Versicherten gegen das Urteil des LSG Baden-Württemberg hatte vor dem BSG Erfolg. Wie bereits an anderer Stelle dargestellt, geht das BSG davon aus, dass ein Doppelbezug von Rente und Verletztengeld nicht generell verboten sei.[1472]
Unter anderem rügt das BSG einen Verstoß gegen das Gleichheitsgebot nach Art. 3 Abs. 1 GG:[1473] Die Gruppe der Versicherten mit mehreren Beschäftigungen würde bei der Auslegung des § 72 Abs. 1 Nr. 1 SGB VII nach dem LSG Baden-Württemberg gegenüber der Gruppe der Versicherten mit nur einer Beschäftigung hinsichtlich des Rentenbeginns ungleich behandelt:
Versicherte mit **nur einer Beschäftigung** erhielten nach Eintritt der Arbeitsfähigkeit und dem Ende des Verletztengeldanspruchs unmittelbar am darauf folgenden Tag bei einer rentenberechtigenden MdE die Rentenzahlung. Im vorliegenden Fall hätten in ihrer Hauptbeschäftigung ebenfalls arbeitsfähige Versicherte, wenn sie eine **Nebenbeschäftigung** ausgeübt haben, solange keinen Anspruch auf eine Versichertenrente, wie sie wegen der in der Nebenbeschäftigung weiter bestehenden Arbeitsunfähigkeit einen Anspruch auf Zahlung eines (Rest-)Verletztengeldes hätten, auch wenn dieses deutlich geringer als die sonst

1470 LSG Baden-Württemberg, Urt. v. 31.03.2014 – L 1 U 4557/13.
1471 LSG Baden-Württemberg, Urt. v. 31.03.2014 – L 1 U 4557/13, juris Rn. 31.
1472 Vgl. BSG, Urt. v. 23.07.2015 – B 2 U 6/14 R, juris Rn. 16.
1473 BSG, Urt. v. 23.07.2015 – B 2 U 6/14 R, juris Rn. 19.

zu gewährende Versichertenrente sei.[1474] Mehrfachbeschäftigte, zumal mit einer geringfügigen Beschäftigung, würden dadurch gegenüber Einfachbeschäftigten schlechter gestellt.

Die Entscheidung des BSG stieß teilweise auf Zustimmung im Schrifttum,[1475] teilweise aber auch auf Ablehnung.[1476]

Mit der Formulierung des § 72 Abs. 1 Nr. 1 SGB VII habe der Gesetzgeber ein Nebeneinander von Verletztengeld und Rente und damit eine Doppelleistung ersichtlich ausschließen wollen.[1477] Hiervon solle nicht ohne Not aus (vermeintlichen) Gründen der Einzelfallgerechtigkeit abgewichen werden.[1478] Es erscheine systemwidrig, aufgrund desselben Versicherungsfalls gleichzeitige Zahlungen von kurzfristigem und langfristigem Erwerbsersatzeinkommen zuzulassen.[1479]

Die Entscheidung stieß bei den Unfallversicherungsträgern auf rechtliche Bedenken, aber wird (wohl mehr zähneknirschend als überzeugt) als Körperschaften des öffentlichen Rechts und damit mittelbare Staatsverwaltung angewandt.[1480]

Kritik und Bedenken überzeugen und lassen den Rechtsanwender etwas ratlos zurück: Derjenige mit einer Haupttätigkeit erzielt nach seiner Arbeitsfähigkeit Gehalt und Rente, derjenige mit einer gleichzeitigen Nebentätigkeit, in der er arbeitsunfähig zunächst bleibt, „nur" Gehalt und (niedriges) Verletztengeld. Ist das gefühlt ungerecht? Wohl ja. Doch sieht dies nun einmal der Wortlaut des Gesetzes genauso vor und zwar zu Recht, da es sich um Sozialleistungen handelt und nicht um Gewinnbeteiligungen.

Muss ein Sozialstaat solche „gefühlten" Ungerechtigkeiten nicht auch aushalten können, wenn er sich nicht verzetteln will und keine ausufernde Leistungen bringen will? Immerhin: Der Fahrer erhält neben

1474 BSG, Urt. v. 23.07.2015 – B 2 U 6/14 R, juris Rn. 19.

1475 Vgl. Meibom in: jurisPK-SGB VII, § 72 SGB VII Rn. 21; Dahm in: Lauterbach, § 72 SGB VII Rn. 9a.

1476 Vgl. Kranig in: Hauck/Noftz, SGB VII, § 72 SGB VII Rn. 11a; Ricke in: BeckOGK-SGB VII, § 72 SGB VII Rn. 8.

1477 Kranig in: Hauck/Noftz, SGB VII, § 72 SGB VII Rn. 11a.

1478 Kranig in: Hauck/Noftz, SGB VII, § 72 SGB VII Rn. 11a.

1479 Kranig in: Hauck/Noftz, SGB VII, § 72 SGB VII Rn. 11a.

1480 Vgl. Plum in: Podzun, Kz. 480 S. 16a.

seinen Lohn noch Verletztengeld und zwar exakt im Verhältnis zur (niedrigen) Höhe des (niedrigen) Lohnausfalls. Ist das nicht ausreichend? Der Sinn und Zweck der Geldleistungen wird mit dieser Rechtsprechung ausgehöhlt, wenn allein ein Einnahmenvergleich („was wäre wenn ...") vorgenommen wird und dieser Ansprüche begründet.

4.8.2 Rentenbeginn nach Versicherungsfall (Nr. 2)

Renten an Versicherte werden des Weiteren von dem Tag an gezahlt, der auf den Tag folgt, an dem der Versicherungsfall eingetreten ist, wenn **kein Anspruch auf Verletztengeld** entstanden ist (§ 72 Abs. 1 Nr. 2 SGB VII).

4.8.2.1 Erste Gruppe: Keine Arbeitsunfähigkeit

In der ersten Gruppe nach § 72 Abs. 1 Nr. 2 SGB VII handelt es sich um Versicherte, die einerseits alle Voraussetzungen für eine Rentenberechtigung erfüllen, also insbesondere die erforderliche MdE von 20 Prozent haben, die über die 26. Woche hinaus andauert, andererseits aber **nicht arbeitsunfähig** wurden, sodass der Anspruch auf Verletztengeld nach § 45 Abs. 1 Nr. 1 SGB VII nicht entstehen konnte.

Der Einschätzung, dass diese Konstellation in der Praxis nicht häufig vorkommt,[1481] ist nichts hinzuzufügen.

Als Beispiele werden genannt:

- Der leitende Angestellter, der trotz Speichenbruchs weiterarbeitet: Arbeitsunfähig ist er dann nicht, aber der Bruch bedingt sofort eine MdE.[1482]
- Der Wegeunfall des Büroangestellten mit Bruch der Hand auf dem Rückweg, dessen sofortiger ärztlichen Versorgung, der dann am nächsten Tag – als ob nichts geschehen ist – weiterarbeitet.[1483]
- Eher vorstellbar: die Weiterarbeit des Bauarbeiters nach Eintritt einer rentenberechtigenden BK Nr. 2301 (Lärmschwerhörigkeit).[1484]

1481 Vgl. Kranig in: Hauck/Noftz, SGB VII, § 72 SGB VII Rn. 12.
1482 Ricke in: BeckOGK-SGB VII, § 72 SGB VII Rn. 9.
1483 Kranig in: Hauck/Noftz, SGB VII, § 72 SGB VII Rn. 12.
1484 Kranig in: Hauck/Noftz, SGB VII, § 72 SGB VII Rn. 12.

- Ebenso nachvollziehbar: Der Versicherte, der zwar an einer Heilbehandlungsmaßnahme teilnimmt, die ihn aber nicht an seiner ganztägigen Erwerbstätigkeit hindert.[1485]

4.8.2.2 Zweite Gruppe: Kein Anspruch auf Arbeitsentgelt oder Ersatzleistungen

Durchaus häufiger ist die zweite Gruppe: Es geht um Personen, die einerseits **keinen Anspruch auf Verletztengeld** haben, andererseits aber eine Rentenberechtigung besitzen. Auch für diese Gruppe gilt: die MdE muss mindestens 20 Prozent betragen und über die 26. Woche hinaus andauern, um einen Anspruch auf Rente zu besitzen.

Dies sind u.a. die Hausfrauen, Hausmänner, Schülerinnen, Schüler, Rentnerinnen und Rentner, die einen Versicherungsfall haben, aber alle unmittelbar vor Beginn ihrer Arbeitsunfähigkeit keinen Anspruch auf Arbeitsentgelt oder eine andere Ersatzleistung nach § 45 Abs. 1 Nr. 2 SGB VII hatten.

Für sie beginnt demnach am Tag nach dem Versicherungsfall die Rentenzahlung.

4.8.2.3 Dritte Gruppe Verschlimmerung nach Geringfügigkeit

Nicht geregelt ist die Fallkonstellation, dass ein Versicherter, der keinen Anspruch auf Verletztengeld hat (z.B. eine Schülerin oder ein Hausmann), einen Versicherungsfall hat, der aber zunächst nur zu einer geringfügigen (nicht rentenberechtigenden) Schädigung führt, die sich dann aber im Verlauf der Zeit **verschlimmert** und zu einer rentenberechtigenden MdE führt.

§ 72 Abs. 1 SGB VII stellt entweder auf das Ende des Anspruchs auf Verletztengeld ab (was hier nicht passt, da der Versicherte eine Schülerin oder ein Hausmann war und damit keinen Anspruch auf Verletztengeld hatte) oder auf den Tag nach dem Versicherungsfall (was hier auch nicht passt, da am Tag nach dem Versicherungsfall die MdE noch nicht 20 Prozent betrug).

Die herrschende Meinung bedient sich hier eine Analogie des § 72 Abs. 1 Nr. 2 SGB VII, geht dabei davon aus, dass maßgeblicher Beginn der Tag

1485 Grüner/Ziegler in: LPK-SGB VII, § 72 SGB VII Rn. 3.

ist, der auf dem Tag folgt, an dem die rentenberechtigende MdE eingetreten ist.[1486]

4.8.3 Rentenbeginn für Unternehmer

Für Unternehmer sieht § 72 Abs. 3 SGB VII noch eine spezielle Modifikationsmöglichkeit vor: Die Satzung des Unfallversicherungsträgers kann demnach bestimmen, dass für Unternehmer, ihre im Unternehmen mitarbeitenden Ehegatten oder mitarbeitenden Lebenspartner und für den Unternehmern im Versicherungsschutz Gleichgestellte Rente für die ersten **13 Wochen** nach dem sich aus § 46 Abs. 1 SGB VII ergebenden Zeitpunkt ganz oder teilweise **nicht** gezahlt wird. Die Rente beginnt dann spätestens am Tag **nach Ablauf** der 13. Woche, sofern Verletztengeld nicht zu zahlen ist. Die Zeit vor dem späteren Rentenbeginn ist eine Karenzzeit.[1487]

Sinn und Zweck dieser § 46 Abs. 2 SGB VII gleichenden Regelung ist, dass eine solche Karenzzeit Unternehmern zugemutet wird, da ihre fehlende Mitarbeit sich nicht sofort in einem verminderten Einkommen niederschlagen soll.[1488]

Sofern der Unfallversicherungsträger verpflichtet ist, Verletztengeld zu zahlen, ergeben sich zwei Varianten:

Entweder endet das Verletztengeld vor Ablauf der Karenzzeit, sodass die Rente erst ab Ende der Karenzzeit beginnt (**Beispiel 1**:[1489] Bei einer zweiwöchigen Arbeitsunfähigkeit mit Verletztengeldbezug beträgt die Karenzzeit noch 11 Wochen) oder das Verletztengeld endet mit oder nach Ablauf der Karenzzeit, sodass die Rente am Tag nach Ende des Verletztengelds beginnt (**Beispiel 2**:[1490] Bei einer Dauer der Arbeitsunfähigkeit von 15 Wochen fällt keine Karenzzeit mehr an).[1491]

Es erscheint im Sinne der Satzungsautonomie gerechtfertigt, dass der Unfallversicherungsträger zu Gunsten der Versicherten eine kürzere Frist

---

1486 Bereiter-Hahn/Mehrtens, § 72 SGB VII Rn. 5.1; Dahm in: Lauterbach, § 72 SGB VII Rn. 11; Kranig in: Hauck/Noftz, SGB VII, § 72 SGB VII Rn. 13; Tintner in: Schlaeger, § 72 SGB VII Rn. 7; **a.A.** Grüner/Ziegler in: LPK-SGB VII, § 72 SGB VII Rn. 4: Tag des Bestehens einer rentenberechtigenden MdE.

1487 Tintner in: Schlaeger, § 72 SGB VII Rn. 11.

1488 Grüner/Ziegler in: LPK-SGB VII, § 72 SGB VII Rn. 6.

1489 Nach Ricke in: BeckOGK-SGB VII, § 72 SGB VII Rn. 14.1.

1490 Nach Ricke in: BeckOGK-SGB VII, § 72 SGB VII Rn. 14.1.

1491 Kranig in: Hauck/Noftz, SGB VII, § 72 SGB VII Rn. 17.

festsetzen kann; die 13 Wochen sind als Höchstdauer zu verstehen, nicht als feststehende Frist[1492], sondern sie stehen damit im Gleichklang zu § 46 Abs. 2 SGB VII.[1493] Im **Beispiel 1** führt dies dazu, dass der Versicherte früher seine Rente erhalten würde.

Für landwirtschaftliche Unternehmer besteht eine spezielle Regelung in § 80a SGB VII.[1494]

Testen Sie Ihr Wissen! | Frage 14

a) Der 19-jährige Albus stürzte am 9. September 2024 auf dem Weg zur Arbeit mit seinem Motorrad und zog sich hierbei den Bruch des Knöchels zu. Das Heilverfahren wurde am 16. Januar 2025 abgeschlossen. Arbeitsfähigkeit bestand ab 17. Januar 2025. Eine MdE in Höhe von 20 Prozent besteht jedenfalls bis Ende August 2025.
Wann beginnt die Zahlung der Versichertenrente?

b) Die 18-jährige Schülerin Bertha brach sich am 13. Februar 2025 beim Schulsport ein Bein. Nach stationärer Behandlung und Versorgung mit einem Gehgips konnte sie die Schule ab 28. April 2025 wieder besuchen. Es verbleibt eine dauerhafte MdE von 20 Prozent.
Wann beginnt die Zahlung der Versichertenrente?

c) Der 32-jährige Maler Caspar stürzte am 5. Januar 2025 von einer Leiter und zog sich einen komplizierten Unterschenkelbruch zu. Der zuständige UVT zahlte Verletztengeld. Nach abgeschlossenem Heilverfahren wird die MdE auf 60 Prozent geschätzt. Auch kann Caspar seinen Beruf nicht weiter ausüben und beginnt am 1. Juni 2025 eine Umschulung zum Programmierer.
Wann beginnt die Zahlung der Versichertenrente?

1492 **A.A.** Ricke in: BeckOGK-SGB VII, § 72 SGB VII Rn. 14: „Die Formulierung ‚für die ersten 13 Wochen' schließt einen kürzeren Zeitraum aus."

1493 Vgl. Feddern: in BeckOGK-SGB VII, § 46 SGB VII Rn. 8.

1494 Vgl. Tintner in: Schlaeger, § 72 SGB VII Rn. 11.

4.9 Stützrente

Eine Rentenberechtigung verlangt, dass eine Minderung der Erwerbsfähigkeit von mindestens 20 Prozent vorliegt, um geringfügige Schädigungen von einer Rentenzahlungspflicht auszuschließen.

Von diesem Grundsatz gibt es eine Ausnahme: Auch Schädigungen mit einer MdE von 10 oder 15 Prozent können zu einem Rentenanspruch ausnahmsweise führen. Dies verlangt, dass es mehrere Schädigungen gibt, die dann zusammen die MdE von 20 % (oder mehr) erreichen oder übertreffen. Die Ausnahme verlangt folglich mehrere Schädigungen. Diese Rentenfälle werden in der Praxis als „kleine Renten" oder „Stützrenten" bezeichnet.

Das Gesetz sieht dazu drei Regelungen vor:

- Erstens: Eine Addition aller einzelnen Schadensfälle muss zu einer addierten MdE von mindestens 20 Prozent führen (Achtung: Dies ist keine Gesamt-MdE!). Im Gesetz heißt es: Ist die Erwerbsfähigkeit infolge **mehrerer Versicherungsfälle** gemindert und erreichen die Vomhundertsätze zusammen wenigstens die Zahl 20, **besteht für jeden**, auch für einen früheren Versicherungsfall, Anspruch auf Rente (§ 56 Abs. 1 S. 2 SGB VII).
- Zweitens: Es bleibt die Grundvorgabe, dass es keine MdE unter 10 Prozent gibt. Im Gesetz heißt es dazu: Die Folgen eines Versicherungsfalls sind nur zu berücksichtigen, wenn sie die Erwerbsfähigkeit um wenigstens 10 v. H. mindern (§ 56 Abs. 1 S. 3 SGB VII).
- Drittens: Ein Versicherungsfall mit einer MdE von 10 oder 15 Prozent muss nicht zwingend durch einen anderen Versicherungsfall *aus der Unfallversicherung* gestützt werden. Im Gesetz heißt es: Den Versicherungsfällen stehen gleich Unfälle oder Entschädigungsfälle nach den Beamtengesetzen, dem SGB XIV, dem Soldatenentschädigungsgesetz, dem Gesetz über den zivilen Ersatzdienst, dem Gesetz über die Abgeltung von Besatzungsschäden, dem Häftlingshilfegesetz und den entsprechenden Gesetzen, die Entschädigung für Unfälle oder Beschädigungen gewähren (§ 56 Abs. 1 S. 4 SGB VII).

Wichtig ist, dass die Stützrente nicht dazu führt, dass die MdEs aus den verschiedenen Versicherungsfällen angehoben werden. Eine MdE von 10 Prozent bleibt eine MdE von 10 Prozent. Ein Rentenanspruch mit einer MdE von 10 Prozent, der von einem zweiten Versicherungsfall gestützt wird, besteht daher auf einer MdE von 10 Prozent.

Ausgangsfall | Bertha hatte am 1. Februar 2025 einen Arbeitsunfall, der zu einem Fersenbeinbruch führt und eine dauerhafte MdE von 10 Prozent mit sich bringt.

Teil-Ergebnis: Rente wird ihr nicht gewährt: Sie ist zwar Versicherte mit einer MdE infolge eines Versicherungsfalls, die MdE besteht auch über die 26. Woche, doch erreicht die Schädigung nicht eine MdE von mindestens 20 Prozent.

Fortsetzung: Am 1. September 2025 hat Bertha einen weiteren Arbeitsunfall. Diesmal verliert sie ihren linken Ringfinger. Die MdE wird von der befragten Gutachterin für den UV-Träger nachvollziehbar mit 10 Prozent geschätzt.

Teil-Ergebnis: Für sich betrachtet kann auch dieser Versicherungsfall **keinen** Rentenanspruch auslösen, da auch hier die Mindest-MdE von 10 Prozent nicht erfüllt wurde.

Stützrenten-Korrektur: An dieser Stelle greift nun die Stützrenten-Möglichkeit nach § 56 Abs. 1 S. 2 SGB VII ein: Es bestehen zwei Versicherungsfälle. Zusammen erreichen sie eine MdE von 20 Prozent, für sich betrachtet sind und bleiben sie jeweils bei einer MdE von 10 Prozent.

Ergebnis: Bertha hat zwei getrennte Rentenansprüche, jeweils über 10 Prozent.

Wesentliche Voraussetzung für die Stützrente ist, dass sich die Zeiten der MdE **zumindest teilweise überschneiden**. Die Stützrenten lösen erst dann und nur dann einen Rentenanspruch in der Zeit der zeitlichen Überschneidung aus.

Die Zeit der Überschneidung muss nicht die Frist von 26 Wochen erreichen oder gar überschreiten, es reicht vielmehr aus, dass das Erfordernis der Mindestdauer für jeden Versicherungsfall gesondert erfüllt ist.[1495] Wichtig ist allein, *dass* es eine zeitliche Überschneidung gibt. Denn nur für diesen Zeitraum besteht dann der gestützte Rentenanspruch.

1495 Kranig in: Hauck/Noftz, SGB VII, § 56 SGB VII Rn. 27.

Auch ist die **zeitliche Folge** von den beiden Versicherungsfällen **ohne Bedeutung**: Eine Stützrente ist daher auch zu gewähren, wenn der erste Versicherungsfall bereits zur Zeit des zweiten Versicherungsfalls bestand.[1496]

Bearbeitungsbeispiele | Zeitliche Überschneidung bei Stützrenten

Positiv-Beispiel: Versicherungsfall 1 mit MdE von 10 Prozent:
Vom 1. Januar 2025 bis 15. August 2025, danach keine MdE mehr feststellbar
Versicherungsfall 2 mit MdE von 10 Prozent:
Vom 1. August 2025 dauerhaft wegen dauerhaften Verlusts

Ergebnis: Zeitliche Überschneidung vom 1. bis 15. August 2025

Für diesen Zeitraum bestehen zwei eigenständige Rentenansprüche, jeweils in Höhe von 10 Prozent.

Negativ-Beispiel: Versicherungsfall 1 mit MdE von 10 Prozent:
Vom 1. Januar 2025 bis 15. August 2025, danach keine MdE mehr feststellbar
Versicherungsfall 2 mit MdE von 10 Prozent:
Vom 16. August 2025 dauerhaft wegen dauerhaften Verlusts

Ergebnis: Keine zeitliche Überschneidung.
Es bestehen keine Rentenansprüche

Für die Stützrenten-Tatbestände sind somit folgende Grundaussagen zu treffen:

- Der Stützrententatbestand setzt voraus, dass **jeder Versicherungsfall** über die 26. Woche nach seinem jeweiligen Eintritt hinaus eine MdE von mindestens 10 Prozent hat.
- Entscheidend ist, ob beide (oder mehrere) Arbeitsunfälle für sich allein betrachtet, abgesehen vom Grad der MdE, geeignet sind, den Anspruch auf eine Versichertenrente zu begründen.
  Es schadet für den Anspruch auf die Stützrente nicht, wenn der Versicherte zunächst nach dem Arbeitsunfall zugleich arbeitsunfähig ist und

1496 Ricke in: BeckOGK-SGB VII, § 56 SGB VII Rn. 10.

deshalb zunächst Verletztengeld erhält und noch keine Rente.[1497] Es reicht aus, dass die Tatbestandsvoraussetzungen für die (Stütz)Rente erfüllt sind; auf eine tatsächliche Auszahlung kommt es nicht an.

- In dem Fall stützen sich die beiden unterschiedlichen Versicherungsfälle gegenseitig, sodass durch beide Versicherungsfälle die Mindest-MdE von 20 Prozent erreicht wird.
- Dennoch: Es handelt sich weiterhin um zwei **eigenständige** Versicherungsfälle. Es wird daher **keine Gesamt-MdE** gebildet. Es gibt zwei Rentenansprüche und damit zwei Rentenzahlungen (jeweils über mindestens 10 Prozent).
- Die Stützrenten ändern nichts an der (ggf. unterschiedlichen) Zuständigkeit der Unfallversicherungsträger für jeweils „ihre" Versicherungsfälle.[1498]

Da nach § 56 Abs. 1 S. 3 SGB VII Grundvoraussetzung ist, dass die jeweiligen Versicherungsfälle für sich eine MdE von mindestens 10 Prozent besitzen, kann eine MdE von 5 Prozent nicht mit einem zweiten Versicherungsfall mit einer MdE von 15 Prozent gestützt werden.

In der Konsequenz können drei verschiedene Stützrenten-Tatbestände bestehen:

- **Variante 1:** Versicherungsfall 1 mit einer MdE von 10 Prozent, späterer Versicherungsfall 2 mit einer MdE von 10 Prozent
  Konsequenz: Bei zwei Versicherungsfällen mit MdE-Sätzen von jeweils 10 Prozent ist für jeden Versicherungsfall eine „gestützte" Rente zu zahlen, solange sie sich zeitlich überschneiden und damit gegenseitig stützen. Sobald das Stützen wegfällt, wird für beide Fälle keine Rente mehr bezahlt.
- **Variante 2a:** Versicherungsfall 1 mit einer MdE von 20 Prozent (oder mehr), späterer Versicherungsfall 2 mit einer MdE von 10 Prozent
  Konsequenz: Versicherungsfall 1 ist eigenständig schon rentenberechtigt und führt zu einer eigenständigen Rentenzahlung. Der später dazukommende Versicherungsfall 2 wird durch den Versicherungsfall 1 gestützt und führt (solange sie sich zeitlich überschneiden) zu einem gestützten, aber eigenständigen Rentenanspruch für Versicherungsfall 2.

1497 BSG, Urt. v. 29.01.1971 – 2 RU 154/68, juris Rn. 19.
1498 Tintner in: Schlaeger, § 56 SGB VII Rn. 14.

- **Variante 2b:** Versicherungsfall 1 mit einer MdE von 10 Prozent, späterer Versicherungsfall 2 mit einer MdE von 20 Prozent (oder mehr)
  Konsequenz: Es gilt das gleiche wie in Variante 2a). Nur stützt in dem Fall Versicherungsfall 2 den Versicherungsfall 1. Versicherungsfall 2 hat einen eigenständigen Rentenanspruch, Versicherungsfall 1 wird solange es die zeitliche Überschneidung gibt von Versicherungsfall 2 gestützt und hat so lange auch einen eigenständigen Rentenanspruch.
- **Variante 3:** Versicherungsfall 1 mit einer MdE von 10 Prozent; daneben wird eine Rente aus einem Leistungsfall im Sinne von § 56 Abs. 1 S. 4 SGB VII gewährt.
  Dies sind Leistungsfälle nach den Beamtengesetzen, dem SGB XIV, dem Soldatenentschädigungsgesetz, dem Gesetz über den zivilen Ersatzdienst, dem Gesetz über die Abgeltung von Besatzungsschäden, dem Häftlingshilfegesetz und den entsprechenden Gesetzen (z.B. das Infektionsschutzgesetz[1499]).
  Wird von einem der für die Rechtsgebiete in § 56 Abs. 1 S. 4 SGB VII zuständigen Träger eine Rente bzw. einen Unfallausgleich festgestellt, ist sein zugrundeliegender MdE- bzw. GdS-Wert für den Unfallversicherungsträger bindend.[1500]
  Wurde hingegen von dem Fremdträger gerade keine Rente bzw. kein Unfallausgleich festgestellt (und ist auch kein Feststellungsverfahren anhängig), ist der Unfallversicherungsträger befugt, die aktuell bestehende Höhe der stützenden MdE bzw. des stützenden GdS nach den Regelungen des Unfallversicherungsrechts selbst zu ermitteln.[1501]

Verwaltungshandeln | Umgang mit Stützrenten

Möglich ist es, dass sich die beiden Versicherungsfälle in unterschiedlichen Tätigkeiten ereigneten und damit unterschiedliche Unfallversicherungsträger zuständig sind.
Bei den Stützrenten führt dies dazu, dass der zweite Unfallversicherungsträger an das Ergebnis bzw. an die Feststellungen des ersten Unfallversicherungsträgers gebunden ist.[1502]

1499 Tintner in: Schlaeger, § 56 SGB VII Rn. 20.
1500 Kranig in: Hauck/Noftz, SGB VII, § 56 SGB VII Rn. 33.
1501 Kranig in: Hauck/Noftz, SGB VII, § 56 SGB VII Rn. 33.
1502 Kunze in: LPK-SGB VII, § 56 SGB VII Rn. 14.

Wenn bei einem der beiden Versicherungsfälle die MdE unter 10 Prozent sinkt, so ist die entsprechende Rente nach erfolgter Anhörung gemäß § 48 Abs. 1 S. 1 SGB X i.V.m. § 73 Abs. 2 SGB VII zu entziehen.[1503]
Um eine Stützrentenzahlung als solche ohne größeren Aufwand einstellen zu können, sollte eine auflösende Bedingung (vgl. § 73 Abs. 4 SGB VII) in den Bescheid aufgenommen werden.[1504] Der Stützrentenbescheid könnte dann die Regelung enthalten, dass die Rente zeitgleich mit dem Ende der stützenden Rente ebenso entfällt.[1505]

Der Rentenbeginn richtet sich zwar grundsätzlich auch bei den Stützrenten nach den Vorgaben des § 72 SGB VII. Besonders ist hier die Konstellation, dass der erste Versicherungsfall für sich noch nicht rentenberechtigend war und erst durch den stützenden zweiten Versicherungsfall zur Rentenberechtigung führte. Die Rente des ersten Versicherungsfalls wird erst von dem Tag an gezahlt, an dem durch das Hinzutreten der MdE aus dem zweiten Versicherungsfall die MdE-Zahl 20 erreicht wird.[1506] Das ist in der Regel der Tag des neuen, also hinzutretenden zweiten Versicherungsfalls, der die zusätzliche MdE begründet.[1507]

4.10 Rentenanpassungen

Anpassungen der Versichertenrente sind als langzeitige Geldleistung notwendig.

Der **Jahresarbeitsverdienst**, nicht die Rente selbst, wird jährlich an die aktuelle Einkommensentwicklung angeglichen. Dies erfolgt nach § 95 SGB VII über einen jährlich neu festgesetzten **Anpassungsfaktor**, mit dem der Jahresarbeitsverdienst multipliziert wird, sodass auf der Grundlage des angepassten Jahresarbeitsverdienst die monatliche Rente neu berechnet wird.

1503 Kranig in: Hauck/Noftz, SGB VII, § 56 SGB VII Rn. 30.
1504 Kranig in: Hauck/Noftz, SGB VII, § 56 SGB VII Rn. 30.
1505 Kranig in: Hauck/Noftz, SGB VII, § 56 SGB VII Rn. 30.
1506 Sacher in: Lauterbach, § 56 SGB VII Rn. 41.
1507 Sacher in: Lauterbach, § 56 SGB VII Rn. 41.

Die Anpassung erfolgt jeweils **zum 1. Juli** und beginnt erstmalig im Kalenderjahr **nach** dem Versicherungsfall. Danach erfolgt sie obligatorisch jedes Jahr zum 1. Juli.

Bearbeitungsbeispiel | Rentenanpassung[1508]

Jahresarbeitsverdienst: 50.000,00 Euro
Tag des Versicherungsfalls: 1. April 2024
Anpassung zum 1. Juli 2025
Anpassungsfaktor 2025: 1,0374[1509]
Anpassung: 50.000,00 Euro × 1,0374 = 51.870,00 Euro
Neuer, angepasster Jahresarbeitsverdienst: 51.870,00 Euro

Auf Basis des neuen Jahresarbeitsverdienstes wird ab 1. Juli 2025 die Rente neu berechnet.

Nach § 89 SGB VII sind auch die Anpassungen zu berücksichtigen, wenn zwischen dem Versicherungsfall und dem Rentenbeginn ein Anpassungstermin liegt. Auch in dem Fall findet die Anpassung statt, sodass ein späterer Rentenbeginn (bspw. wegen bestehender Arbeitsunfähigkeit) nicht für den Versicherten nachteilig ist.

Bearbeitungsbeispiel | Rentenbeginn nach Anpassungstermin[1510]

Tag des Versicherungsfalls: 1. April 2024
Rentenbeginn: 1. August 2025
Anpassung des Jahresarbeitsverdienstes zum 1. Juli 2025 nach § 89 SGB VII, sodass die Rente ab 1. August 2025 mit dem angepassten Jahresarbeitsverdienst bereits berechnet wird.

1508 Nach K. Palsherm in: jurisPK-SGB VII, § 95 SGB VII Rn. 31.
1509 Vgl. § 5 Abs. 1 Rentenwertbestimmungsverordnung 2025 – RWBestV 2025.
1510 Nach Schudmann in: jurisPK-SGB VII, § 89 SGB VII Rn. 7.

4.11 Rentenfeststellungen

Die Auswirkungen und Folgen von Versicherungsfällen sind meist deutlich schwieriger zu beurteilen und weniger eindeutig als es für eine abschließende Rentenprüfung und Rentenberechnung notwendig ist:

- Wird die Minderung der Erwerbsfähigkeit in ihrer Höhe dauerhaft so verbleiben wie sie aktuell ist oder wird sie sich verbessern oder verschlechtern?
- Wird eine rentenberechtigende Minderung der Erwerbsfähigkeit von mindestens 20 Prozent über die 26. Woche hinaus bestehen?

Für die Sachbearbeitung in der Unfallversicherung und für die betroffenen Versicherten erschweren diese offenen Fragen oftmals eine abschließende Einschätzung und Bearbeitung.

Kein Sachbearbeiter will den Versicherten um seine Versichertenrente bringen, keiner will aber auch zu Unrecht (zu viel) Rente auszahlen. Aus Sicht der Sachbearbeitung wäre daher die einfachste Methode dieses Problem anzugehen, indem die Frage nach der Rentenberechtigung ausgesessen und abgewartet würde, ob nach 26 Wochen noch eine ausreichende MdE besteht.

Selbst aber wenn die MdE weiterhin 20 oder mehr Prozent beträgt, könnte sie sich ja noch ändern. Immerhin sollen Rehabilitationsmaßnahmen und Behandlungen ja gerade den Zweck der Besserung erfüllen. Anpassungen und Gewöhnung sollten sich daher positiv auf die MdE bemerkbar machen. Doch ob eine MdE 30 oder aufgrund eingetretener Besserungen und Gewöhnungen „nur" 20 Prozent beträgt, ist für die Höhe der Rente wesentlich. In der Praxis gehen Unfallversicherungsträger eher von einer etwas höheren MdE zunächst bei der Ersteinschätzung aus und passen diese im Laufe der Zeit dann an, um Gewöhnungseffekten gerecht zu werden.

Während der ersten drei Jahre nach dem Versicherungsfall soll der Unfallversicherungsträger die **Rente als vorläufige Entschädigung** (§ 62 Abs. 1 SGB VII) festsetzen, wenn der Umfang der Minderung der Erwerbsfähigkeit noch nicht abschließend festgestellt werden kann. Innerhalb dieses Zeitraums kann der Vomhundertsatz der Minderung der Erwerbsfähigkeit jederzeit ohne Rücksicht auf die Dauer der Veränderung neu festgestellt werden. Spätestens mit Ablauf von drei Jahren nach dem Versicherungsfall wird die vorläufige Entschädigung als **Rente auf unbestimmte Zeit** (§ 62 Abs. 2 SGB VII) geleistet.

Insofern gibt es zwei unterschiedliche Rentenarten, die **Rente als vorläufige Entschädigung (RvE)** und die **Rente auf unbestimmte Zeit (RuZ)**.

Nicht ganz so glücklich gewählt ist die Bezeichnung der RvE als Rente als „vorläufige Entschädigung“. Missverständlich könnte sie als Nicht-Rente und bloße Entschädigungsleistung missinterpretiert werden. Freilich ist die RvE „genauso viel“ Rente wie die RuZ, mit gleicher Rechtsqualität und gleicher Gültigkeit.

Nicht geglückt ist die Wahl der Gesetzesüberschrift: § 62 SGB VII trägt die Überschrift „Rente als vorläufige Entschädigung“. Dass § 62 Abs. 2 SGB VII die RuZ regelt, kann dadurch leicht untergehen.

Die RuZ wird vereinzelt (noch aus der RVO kommend) auch als **Dauerrente** bezeichnet. Vom Grundsatz her ist die Bezeichnung verständlich, doch könnte ein Versicherter irrtümlich aufgrund der Begrifflichkeit dies so verstehen, als dass die Rente nicht (mehr) entzogen werden kann und es sich um eine Rente auf Dauer, also auf Lebenszeit handle. Doch auch die RuZ kann nach § 48 SGB X entzogen werden. Insofern sollte der Begriff vermieden werden.

4.11.1 Rente als vorläufige Entschädigung (RvE)

Während der ersten drei Jahre nach dem Versicherungsfall soll der Unfallversicherungsträger die Rente als vorläufige Entschädigung festsetzen, wenn der Umfang der Minderung der Erwerbsfähigkeit noch nicht abschließend festgestellt werden kann.

Dieser Konditionalsatz zeigt auf, dass **nicht eine generelle** Anwendungsvorfahrt der Rente als vorläufige Entschädigung besteht, sondern dass diese Rentenfeststellung **nur dann** zum Tragen kommen soll, wenn der Umfang der MdE noch nicht abschließend festgestellt werden kann.

Es handelt sich zunächst einmal um eine „Soll“-Vorschrift. Die „Soll“-Vorschrift bindet einerseits den Unfallversicherungsträger für den Regelfall, lässt aber andererseits in Ausnahmefällen ein Abweichen davon zu.[1511]

Des Weiteren findet die Vorschrift nur für die Fälle Anwendung, sofern der Umfang der MdE **noch nicht abschließend** festgestellt werden kann. Kann der Umfang der MdE abschließend festgestellt werden, ist folgerichtig daher keine RvE festzusetzen, sondern direkt und ohne Umweg eine RuZ.

1511 Vgl. Kranig in: Hauck/Noftz, SGB VII, § 62 SGB VII Rn. 3.

Der Umfang der MdE ist dann abschließend festgestellt, wenn nach dem konkret eingetretenen Gesundheitsschaden eine Änderung der MdE nicht (mehr) zu erwarten ist.[1512] Die MdE kann vom Unfallversicherungsträger **endgültig** beurteilt werden.[1513]

Dies liegt (ohne eine Einzelfallbetrachtung vorwegnehmen zu wollen) vor bei:

- irreversiblen Schwerstverletzungen, bei denen auf Dauer die **Vollrente** zu zahlen ist wegen einer MdE von 100 Prozent wie Blindheit oder Querschnittslähmungen[1514]
- Amputationen von Gliedmaßen nach der Gewöhnungsphase ohne weitere Komplikationen[1515]

In diesen Fällen wäre es daher in der Regel fehlerhaft, eine RvE festzusetzen. Vielmehr ist eine RuZ zu erlassen; der Unfallversicherungsträger hat dann kein Ermessen, sondern muss eine RuZ erlassen.[1516]

Im Umkehrschluss bedeutet dies, dass eine RvE immer dann festzustellen ist in folgenden Fällen:

- ein stabiler Dauerzustand liegt noch nicht vor[1517]
- bleibende Folgen des Versicherungsfalls sind noch nicht absehbar[1518]
- eine Zeit der Anpassung und Gewöhnung wird benötigt[1519]
- weitere, insbesondere operative Eingriffe sind noch notwendig

Die RvE hat für die Behörde einen entscheidenden Vorteil: Bei einer Änderung der MdE kann die Rente als vorläufige Entschädigung **jederzeit** und zwar **mehrfach**, ohne Rücksicht auf die Dauer der Veränderung neu festgestellt werden.[1520]

Notwendig ist allein, dass es sich um eine **wesentliche Änderung** i.S.d. § 73 Abs. 3 HS. 1 SGB VII handelt. Bei der Feststellung der Minderung der

1512 Padé/Brandenburg in: jurisPK-SGB VII, § 62 SGB VII Rn. 20.
1513 Vgl. Marschner in: BeckOK SozR, § 62 SGB VII Rn. 3.
1514 Kranig in: Hauck/Noftz, SGB VII, § 62 SGB VII Rn. 3.
1515 Padé/Brandenburg in: jurisPK-SGB VII, § 62 SGB VII Rn. 20.
1516 Ricke in: BeckOGK-SGB VII, § 62 SGB VII Rn. 6.
1517 Sacher in: Lauterbach, § 62 SGB VII Rn. 6; Mehrtens in: Schönberger/Mehrtens/Valentin, Kap. 3.4 (S. 150).
1518 Sacher in: Lauterbach, § 62 SGB VII Rn. 6.
1519 Plum in: Podzun, Kz. 480 S. 6.
1520 Plum in: Podzun, Kz. 480 S. 6.

Erwerbsfähigkeit ist eine Änderung im Sinne des § 48 Abs. 1 SGB X nur wesentlich, wenn sie **mehr als 5 Prozent** beträgt.

Das LSG Hessen geht indes davon aus, dass keine wesentliche Änderung vorliegen muss.[1521] § 73 Abs. 3 SGB VII sei für die Fälle der RvE nicht anwendbar.[1522] § 62 Abs. 1 S. 2 SGB VII erlaube als *lex specialis* auch eine Abänderung der Verwaltungsentscheidung, wenn die Erhöhung der MdE nur 5 Prozent betrage.[1523] Die Begründung des LSG Hessen überzeugt, entspricht aber derzeit nicht der herrschenden Meinung,[1524] die eine wesentliche Änderung verlangt. In der Praxis sollte daher eine Entscheidung des BSG abgewartet werden und solange der herrschenden Meinung gefolgt werden.

Bei einer RvE bedarf es keiner Änderung von mindestens drei Monaten (§ 73 Abs. 3 HS. 2 SGB VII) und auch nicht der Einhaltung der Jahresfrist bzw. des Schutzjahres nach § 74 Abs. 1 SGB VII.

Wird die RvE-Rente aufgrund einer wesentlichen Änderung herabgesetzt, bedarf es einer Anhörung.[1525] Sinkt dabei die MdE unter 20 Prozent, ist die Rente zu entziehen.[1526] Eine nach § 24 Abs. 1 SGB X erforderliche Anhörung ist nur dann ordnungsgemäß und wirksam, wenn die Behörde dem Beteiligten die Erkenntnisse mitteilt, die sie nach Abschluss der Sachverhaltsaufklärung und Würdigung des Gesamtergebnisses des Verfahrens gewonnen hat und auf die sie ihren Eingriff stützen will; es besteht folglich eine Informationspflicht des Unfallversicherungsträgers an den Versicherten.[1527]

1521 LSG Hessen, Urt. v. 14.06.2019 – L 9 U 167/18, juris Rn. 48.

1522 LSG Hessen, Urt. v. 14.06.2019 – L 9 U 167/18, juris Rn. 48.

1523 Grüner/Ziegler in: LPK-SGB VII, § 62 SGB VII, § 62 SGB VII Rn. 13.

1524 Vgl. Bereiter-Hahn/Mehrtens, § 62 SGB VII Rn. 7; Holstraeter in: Knickrehm/Roßbach/Waltermann, § 62 SGB VII Rn. 7; Kranig in: Hauck/Noftz, SGB VII, § 62 SGB VII Rn. 8; Lange/Richter in: v. Koppenfels-Spies/Wenner, SGB VII § 62 SGB VII Rn. 11; Marschner in: BeckSozR, § 62 SGB VII Rn. 6; Padé/Brandenburg in: jurisPK-SGB VII, § 62 SGB VII Rn. 25; Schmitt, § 62 SGB VII Rn. 7; Tintner in: Schlaeger, § 62 SGB VII Rn. 10; Plum in: Podzun, Kz. 480 S. 6.

1525 Padé/Brandenburg in: jurisPK-SGB VII, § 62 SGB VII Rn. 25.

1526 Padé/Brandenburg in: jurisPK-SGB VII, § 62 SGB VII Rn. 26.

1527 BSG, Urt. v. 03.12.2024 – B 2 U 13/22 R, BeckRS 2024, 44998 Rn. 15.

Bearbeitungsempfehlung | Prüfung der Rentenfeststellung

Bei der Frage, ob eine Rente als RvE oder als RuZ festzustellen ist, kann es zu Unsicherheiten und Verwechselungen kommen.

1. Die erste Frage, die sich die Sachbearbeitung zu stellen hat, ist, ob der Versicherte einen **Anspruch auf Rente** hat. Dafür müssen alle Voraussetzungen des § 56 Abs. 1 S. 1 SGB VII vorliegen. Dazu gehört, dass die MdE mindestens über die 26. Woche hinaus mindestens 20 Prozent beträgt.
Die Mindestdauer von 26 Wochen ist Voraussetzung für den Anspruch auf Versichertenrente, hat aber keine unmittelbare Bedeutung für den Rentenbeginn (§ 72 Abs. 1 Nr. 1 SGB VII).
Grundsätzlich ist der Ablauf der Frist von 26 Wochen abzuwarten, bevor über die Rente entschieden werden kann. Dies gilt nicht, wenn aufgrund der Schwere der Folgen des Versicherungsfalls feststeht, dass die Mindestdauer jedenfalls erfüllt wird. Deshalb kann bei dauerhafter rentenberechtigender MdE bereits vor Ablauf der 26. Woche über den Rentenanspruch entschieden werden.
Beispiel: Für die Anerkennung des Anspruch Dinas auf eine Rente wegen ihres Augenverlustes müssen nicht 26 Wochen abgewartet werden. Die Anerkennung könnte direkt erfolgen, da sich der Gesundheitszustand von Dina nicht mehr ändern wird.

2. Ob nun 26 Wochen abgewartet werden oder nicht, hat nichts mit der **Rentenfeststellung** zu tun. Die Höhe der MdE kann häufig noch nicht dauerhaft eingeschätzt werden, weil der Versicherte eine gewisse Zeit der Anpassung und Gewöhnung an die verbliebenen Funktionseinschränkungen benötigt.
Aus diesem Grund sollte die MdE im Zweifel zunächst etwas höher eingeschätzt werden. Um aber diese zunächst etwas höhere Einschätzung ohne größeren Aufwand und Bindung rückgängig machen zu können, wird die Rente als RvE festgesetzt.
Beispiel: Der Verlust eines Auges wird in der Regel stets mit einer MdE von 25 Prozent bewertet. Da dem Versicherten zunächst eine Gewöhnung an diesen Zustand zugebilligt wird, erhält er erst eine höhere MdE (z.B. in Höhe von 33 1/3 Prozent) und im späteren Verlauf den üblichen

Wert von 25 Prozent. Um die Änderung jederzeit vornehmen zu können, wird die Rentenfestsetzung mit 33 1/3 Prozent als RvE erfolgen.
Dina erhält daher zunächst eine RvE. Die Veränderung von 33 1/3 auf 25 Prozent ist wesentlich, da sie mehr als 5 Prozentpunkte (§ 73 Abs. 3 HS. 1 SGB VII) beträgt.
Anders ist es bei Ernie, der vollständig erblindet ist und eine MdE von 100 Prozent hat. Er kann direkt eine RuZ bekommen, da sich die MdE bei ihm nicht mehr verändern wird.

Im Rentenbescheid muss eine RvE auch explizit als „Rente als vorläufige Entschädigung“ bezeichnet werden, sonst ist sie als RuZ zu bewerten.

Eine bloße Bezugnahme auf § 62 Abs. 1 SGB VII dürfte im Sinne der Rechtsklarheit genauso wenig ausreichen[1528] wie die ausschließliche Verwendung der Abkürzung „RvE“. Eine Begründung muss der Bescheid über die vorläufige Entschädigung nicht enthalten.[1529] Besonders vertrauenserweckend und bürgerfreundlich ist dies indes nicht: Insofern sollte jeder Unfallversicherungsträger nicht nur die RvE klar und deutlich als „Rente als vorläufige Entschädigung“ in seinem Bescheid benennen, sondern auch die Entscheidung begründen.

Die RvE kann innerhalb eines Zeitraums von drei Jahren nach dem Versicherungsfall jederzeit und ohne Rücksicht auf die Dauer neu festgestellt werden.[1530] Die drei Jahre beginnen „nach dem Versicherungsfall“, folglich mit dem Tag danach (**Beispiel**: Versicherungsfall am 28. März 2025, Fristbeginn 29. März 2025, Fristablauf 28. März 2028).[1531] Die Neufeststellung beinhaltet Erhöhung, Herabsetzung und Entziehung.[1532]

Der Rentenbescheid über eine RvE enthält:[1533]

- Anerkennung des Versicherungsfalls
- Folgen des Versicherungsfalls
- Jahresarbeitsverdienst des Versicherten
- Zuständigkeit des Unfallversicherungsträgers

1528 **A.A.** Bereiter-Hahn/Mehrtens, § 62 SGB VII Rn. 5.1.
1529 Ricke in: BeckOGK-SGB VII, § 62 SGB VII Rn. 5.
1530 Kunze in: LPK-SGB VII, § 62 SGB VII Rn. 2.
1531 Ricke in: BeckOGK-SGB VII, § 62 SGB VII Rn. 7.
1532 Kunze in: LPK-SGB VII, § 62 SGB VII Rn. 2.
1533 Nach Kunze in: LPK-SGB VII, § 62 SGB VII Rn. 2.

4.11.2 Rente auf unbestimmte Zeit (RuZ)

Spätestens mit Ablauf von drei Jahren nach dem Versicherungsfall wird die vorläufige Entschädigung als **Rente auf unbestimmte Zeit** geleistet (§ 62 Abs. 2 S. 1 SGB VII). Die drei Jahre richten sich nach § 62 Abs. 1 S. 1 SGB VII. Es handelt sich also um den Zeitraum, in dem die RvE jederzeit geändert werden kann.

Die verwaltungsrechtliche Besonderheit der RuZ geht aus § 62 Abs. 2 S. 2 SGB VII hervor: Bei der erstmaligen Feststellung der RuZ kann der Vomhundertsatz der MdE **abweichend von dem MdE-Wert der RvE** festgestellt werden, auch wenn sich die Verhältnisse nicht geändert haben.

Aus der Formulierung, dass die RvE spätestens mit Ablauf von drei Jahren zu einer RuZ wird, ergeben sich zwei Aussagen:

Erstens kommt mit dem Begriff „spätestens" zum Ausdruck, dass auch vor dem Ablauf von drei Jahren aus einer RvE eine RuZ werden kann.

Zweitens besteht mit Ablauf der drei Jahre ein Automatismus der Umwandlung von einer RvE zu einer RuZ, sofern der Unfallversicherungsträger keine Entscheidung trifft. Die RvE wandelt sich automatisch kraft Gesetzes in eine Rente auf unbestimmte Zeit um.[1534]

Trotz des gesetzlichen Automatismus sollten Behörden nicht auf eine Neubescheidung verzichten. Rechtsklarheit und Rechtsvertrauen der Behörde sollten im Vordergrund stehen, sodass die Behörde einen Bescheid erlassen sollte. Der Unfallversicherungsträger hat daher die Feststellung der RuZ „auch bei gleichbleibenden Folgen des Versicherungsfalls in unveränderter Minderung der Erwerbsfähigkeit vorzunehmen."[1535]

Sofern die Behörde keine Änderung des Bescheids vornimmt, tritt folgende Rechtswirkung ein: Nach § 74 Abs. 1 S. 1 SGB VII darf eine Änderung zu Ungunsten des Versicherten frühestens nach Ablauf des nächsten Jahres erfolgen (**Schutzjahr**).

Für die Behörde stellt somit der **Übergang nach drei Jahren** von einer RvE auf eine RuZ einen verfahrenstechnisch **wichtigen Zeitpunkt** dar. Sie hat daher ihre Akten rechtzeitig auf Wiedervorlage zu legen und zu prüfen, ob sie an der MdE-Feststellung festhält oder nicht. Hier sind Beauftragung eines Gutachters sowie eine mögliche Anhörung des Versicherten einzubeziehen, sodass das Ende des drei-Jahres-Zeitraums mit

1534 Lange/Richter in: v. Koppenfels-Spies/Wenner, SGB VII, § 62 SGB VII Rn. 12.
1535 Kunze in: LPK-SGB VII, § 62 SGB VII Rn. 4.

der automatischen Umstellung nicht versäumt wird. Im Übrigen dürfen die drei Jahre nicht bis zum letzten Tag von der Behörde abgewartet werden. Sobald innerhalb des drei-Jahres-Zeitraums der Dauerzustand eingetreten ist, ist eine Neufestsetzung vorzunehmen. Der Dreijahreszeitraum ist allein ein Maximalzeitraum.

Das BSG hat sich zur Verpflichtung des Unfallversicherungsträgers, nicht obligatorisch die drei Jahre abzuwarten, zu Recht sehr deutlich erklärt: „§ 62 Abs. 1 S. 1 SGB VII ermächtigt und **verpflichtet** den Unfallversicherungsträger, die Rente auf unbestimmte Zeit stets, also **auch im Dreijahreszeitraum**, dann festzustellen, wenn in tatsächlicher Hinsicht der Umfang der MdE **abschließend festgestellt werden kann** und die weiteren Voraussetzungen vorliegen. **Nur** wenn dies nicht möglich ist, soll der zuständige Träger vorläufig entscheiden. Eine abschließende Feststellung des Umfangs der MdE hat er zu treffen, wenn die MdE, die aufgrund des bei Abschluss des Verwaltungsverfahrens festgestellten Sachverhalts zu schätzen ist, voraussichtlich **über den verbliebenen Dreijahreszeitraum** nach dem Versicherungsfall hinaus fortbestehen wird."[1536]

Nach § 62 Abs. 2 S. 2 SGB VII kann bei der erstmaligen Feststellung der Rente nach der vorläufigen Entschädigung der Vomhundertsatz der Minderung der Erwerbsfähigkeit abweichend von der vorläufigen Entschädigung festgestellt werden, auch wenn sich die Verhältnisse nicht geändert haben. Die gesetzgeberische Ermächtigung befugt den Unfallversicherungsträger dazu, über das Recht des Versicherten auf eine RuZ ohne Bindung an den Regelungsgehalt der letzten Anspruchsfeststellung erstmals und ggf. unter deren Aufhebung oder Änderung zu entscheiden.[1537] Ausschließlich über die Höhe der MdE darf der Unfallversicherungsträger entscheiden, ohne dass dafür eine wesentliche Änderung gegenüber den Verhältnissen eingetreten sein müsste.[1538] Was bedeutet dies konkret?

Nach § 48 SGB X i.V.m. § 73 Abs. 3 SGB VII kann der Unfallversicherungsträger nur aufgrund **wesentlicher Änderungen** der Folgen des Versicherungsfalls den Rentenbescheid ändern.[1539] § 62 Abs. 2 S. 2 SGB VII stellt eine Abweichung von diesem Grundsatz dar, gilt deshalb als *lex specialis* zu § 48 SGB X.[1540] Der Unfallversicherungsträger kann unabhängig

---

1536 BSG, Urt. v. 19.12.2013 – B 2 U 1/13 R, juris Rn. 18 (Hervorhebungen nicht im Original).
1537 BSG, Urt. v. 16.03.2010 – B 2 U 2/09 R, juris Rn. 15.
1538 BSG, Urt. v. 16.03.2010 – B 2 U 2/09 R, juris Rn. 15.
1539 Kranig in: Hauck/Noftz, SGB VII, § 62 SGB VII Rn. 10.
1540 Kranig in: Hauck/Noftz, SGB VII, § 62 SGB VII Rn. 10.

von der Erstbescheidung die MdE neu bewerten, sodass in diesem Fall auch eine Abweichung um 5 Prozent von der zuletzt festgestellten MdE zulässig ist.[1541] Die verwaltungsrechtlichen Möglichkeiten gehen sogar noch weiter: Die MdE kann selbst dann niedriger festgestellt werden als im Bescheid über Rente als vorläufige Entschädigung, wenn sich die Verhältnisse überhaupt nicht veränderten.[1542] Es bedarf dann einer Anhörung nach § 24 SGB VII.[1543] Denn bei einer Minderung von Sozialleistungen besteht grundsätzlich ein erhebliches Interesse des Versicherten an seiner Anhörung, bevor gegen ihn ein Verwaltungsakt erlassen wird.[1544] Der Beteiligte soll sich vor allem zu dem betreffenden ärztlichen Gutachten äußern können, das zur Absenkung der MdE führte.[1545]

Die weitgehende Berechtigung der MdE-Änderung hat die Behörde nur deshalb, weil sich der Versicherte nicht auf einen Vertrauensschutz in die Ergebnisse des Erst-Bescheids beziehen kann. Durch die explizite Bezeichnung der Rente „als vorläufige Entschädigung“ besteht ein „Vorläufigkeitsvorbehalt“, der ein schutzwürdiges Vertrauen des Versicherten insoweit ausschließt, als die Regelungen des Erst-Bescheids auf der Tatsache der noch nicht „abschließend“ einschätzbaren MdE beruht.[1546]

Wichtig: Die Bindungswirkung aller übrigen Feststellungen bleibt erhalten, insbesondere darf damit die Höhe des Jahresarbeitsverdienstes und Erstschadensfeststellung nicht geändert werden.[1547]

Für die Festsetzung einer RuZ gibt es folgende vier Möglichkeiten:[1548]

- Die Rente wird direkt als RuZ festgestellt, da es sich bei der MdE um einen Dauerzustand handelt (z.B. MdE von 100 Prozent), der sich nicht mehr ändern wird.
- Da eine Änderung der MdE z.B. wegen Anpassungen und Gewöhnung möglich ist, wird die Rente zunächst als RvE festgesetzt und dann innerhalb der drei Jahren als RuZ neufestgesetzt, sobald ein Dauerzustand erreicht ist.

1541 Kranig in: Hauck/Noftz, SGB VII, § 62 SGB VII Rn. 10.
1542 Kranig in: Hauck/Noftz, SGB VII, § 62 SGB VII Rn. 10.
1543 BSG, Urt. v. 09.03.1978 – 2 RU 99/77, juris Rn. 13.
1544 BSG, Urt. v. 09.03.1978 – 2 RU 99/77, juris Rn. 13.
1545 BSG, Urt. v. 09.03.1978 – 2 RU 99/77, juris Rn. 13.
1546 BSG, Urt. v. 16.03.2010 – B 2 U 2/09 R, juris Rn. 15.
1547 Holstraeter in: Knickrehm/Roßbach/Waltermann, § 62 SGB VII Rn. 10.
1548 Nach Kranig in: Hauck/Noftz, SGB VII, § 62 SGB VII Rn. 9.

- Automatische Umwandlung der zunächst als RvE festgestellten Rente in eine RuZ-Rente mit Ablauf des Dreijahreszeitraums kraft der gesetzlichen Regelung in § 62 Abs. 2 S. 1 SGB VII (dieser Automatismus sollte möglichst vermieden werden; er spricht nicht für ein sorgfältiges Behördenverhalten).
- Eher ungewöhnlich, aber doch möglich ist die erstmalige Feststellung der als RuZ nach Ablauf des Dreijahreszeitraums (**Beispiele**:[1549] verspätete Meldung oder anfänglicher Nichtanerkennung des Versicherungsfalls, langdauernden Ermittlungen)

Richtig ist es, im Zweifel eher eine Rente als RvE festzustellen, da damit der Unfallversicherungsträger jederzeit Änderungen der MdE innerhalb des Dreijahreszeitraums vornehmen kann. Obligatorisch kann aber nicht ein Unfallversicherungsträger jeden Fall zunächst als eine RvE feststellen

Bei **Änderungen der RuZ** ist auf Folgendes zu achten:

- Bei der Feststellung der MdE ist eine Änderung im Sinne des § 48 Abs. 1 SGB X nur wesentlich, wenn sie **mehr als 5 Prozent** beträgt. Die Regelung findet sowohl beim Anstieg als auch beim Absinken der MdE Anwendung.[1550]
- Zudem muss die Veränderung der MdE **länger als 3 Monate** andauern. Kurzzeitige Schwankungen sollen daher nicht sofort zu einer Änderung führen.[1551] Diese Regelung findet keine Anwendung auf RvE.

Verwaltungsverfahren | Rentenausschüsse, § 36a Abs. 1 S. 1 SGB IV

Der **Erlass von Widerspruchsbescheiden** (Nr. 1) und (allein in der Unfallversicherung) die **erstmalige Entscheidung über Renten**, Entscheidungen über Rentenerhöhungen, Rentenherabsetzungen und Rentenentziehungen wegen Änderung der gesundheitlichen Verhältnisse (Nr. 2 lit. a) und Entscheidungen über Abfindungen mit Gesamtvergütungen, Renten als vorläufige Entschädigungen, laufende Beihilfen und Leistungen bei Pflegebedürftigkeit (Nr. 2 lit. b) können durch die Satzung besonderen Ausschüssen übertragen werden. Es handelt sich dabei um Widerspruchs- und Rentenausschüsse.

1549 Ricke in: BeckOGK-SGB VII, § 62 SGB VII Rn. 17.
1550 Lange/Richter in: v. Koppenfels-Spies/Wenner, § 73 SGB VII Rn. 16.
1551 Lange/Richter in: v. Koppenfels-Spies/Wenner, § 73 SGB VII Rn. 18.

In einem **Rentenausschuss** werden Vertreter der Unternehmer (i.d.R. Arbeitgeber) und der Versicherten (i.d.R. Beschäftigte) paritätisch und ehrenamtlich tätig.[1552]
Die Regelung stärkt die Selbstverwaltung und gewährleistet, dass die Rentenentscheidungen von Praktikern getroffen werden.
Die erstmaligen Entscheidungen über Renten auf unbestimmte Zeit, auch wenn zuvor eine RvE gewährt wurde und sich die MdE nicht ändert[1553] wird genauso wie Entscheidungen über eine Rente als vorläufige Entschädigung durch Satzungsbestimmung von ihnen vorgenommen.[1554]

4.12 Rentenänderungen

Die Rentenhöhe bemisst sich rechnerisch gemäß § 56 Abs. 3 SGB VII nach dem Jahresarbeitsverdienst und der MdE. Insbesondere wenn sich die MdE ändert, kann es daher auch zu Änderungen der Rentenhöhe kommen und damit zu Aufhebungen der Rentenbescheide. Die Rechtsgrundlage für die Aufhebung des Rentenbescheids findet sich im allgemeinen Verwaltungsrecht, in § 48 SGB X.

Ändern sich aus **tatsächlichen oder rechtlichen Gründen** die Voraussetzungen für die Höhe einer Rente nach ihrer Feststellung, wird die Rente nach § 73 Abs. 1 SGB VII in neuer Höhe nach Ablauf des Monats geleistet, in dem die Änderung wirksam geworden ist:

- Tatsächliche Gründe sind u.a. Änderungen in den Folgen des Versicherungsfalls mit Auswirkungen auf die MdE[1555]
- Rechtliche Gründe ist u.a. die JAV-Neufestsetzung nach § 90 SGB VII[1556]

Nach § 73 Abs. 1 SGB VII wirken sich diese Änderungen erst nach Ablauf des Monatsendes aus (**Monatsprinzip**).

1552 Molkentin in: LPK-SGB VII, Anhang Rn. 7.
1553 Bereiter-Hahn/Mehrtens, § 36a SGB IV Rn. 5.
1554 Ricke in: BeckOGK-SGB VII, § 62 SGB VII Rn. 28.
1555 Dahm in: Lauterbach, § 73 SGB VII Rn. 9.
1556 Dahm in: Lauterbach, § 73 SGB VII Rn. 9.

Beispiel:[1557] Der UVT stellt am 15.02.2025 fest, dass sich die MdE des Versicherten von 30 auf 20 Prozent verringert hat. Der UVT erlässt am 28.03.2025 den Änderungsbescheid, der dem Versicherten am 02.04.2025 bekannt gegeben wird. Folge: Rente wird bis Ende April weiterhin auf Grundlage einer MdE von 30 Prozent gezahlt. Ab dem 01.05.2025 besteht die Rente auf Höhe einer MdE von 20 Prozent.

Der Anspruch auf eine Rente, die auf **unbestimmte Zeit** geleistet wird, kann nach § 74 Abs. 1 S. 1 SGB VII aufgrund einer Änderung der Minderung der Erwerbsfähigkeit **zu Ungunsten der Versicherten** nur in Abständen von mindestens einem Jahr geändert werden. Dies wird als **Schutzjahr** bezeichnet.

Die Regelung betrifft nach dem Wortlaut:

- allein die RuZ, nicht die RvE
- allein Änderungen der MdE zu Ungunsten des Versicherten (Änderungen zu Gunsten des Versicherten sind immer möglich; Änderungen zu Ungunsten des Versicherten, die nicht die MdE betreffen, sind immer möglich)[1558]

Die Einräumung des Schutzjahres soll dem Versicherten Planungssicherheit bieten, der sich auf die Rentenzahlung eingerichtet hat und – entgegen dem Bezieher einer RvE-Rente – von einer Rente auf unbestimmte Zeit ausgeht. Diese sehr versichertenfreundliche Regelung stellt eine Großzügigkeit des Sozialstaats dar. Durchaus ließe sich vertreten, dass ein Absinken der MdE-Werte eine gesundheitliche Verbesserung zur Folge hat, sodass der Sinn und Zweck einer Rentenzahlung (teilweise) ab sofort nicht mehr besteht.

Das Jahr beginnt mit dem Zeitpunkt, von dem an die Rente als vorläufige Entschädigung zur Rente auf unbestimmte Zeit geworden oder die letzte Rentenfeststellung bekannt gegeben worden ist (§ 74 Abs. 1 S. 2 SGB VII). Renten als vorläufige Entschädigung können nach wesentlicher Änderung der Verhältnisse indes **jederzeit** geändert werden.

Nach Ablauf des Schutzjahres darf eine Neufeststellung **jederzeit** zu Ungunsten des Versicherten vorgenommen werden.[1559] Entgegen dem allgemeinen Sprachgefühl schließt sich nicht automatisch ein neues Schutzjahr

---

1557 Nach Meibom in: jurisPK-SGB VII, § 73 SGB VII Rn. 17.
1558 Lange/Richter in: v. Koppenfels-Spies/Wenner, § 74 SGB VII Rn. 4.
1559 Lange/Richter in: v. Koppenfels-Spies/Wenner, § 74 SGB VII Rn. 4.

an, wenn ein Schutzjahr endet, sondern nur nach entsprechender (neuer) Rentenfeststellung durch den Versicherungsträger.[1560]

Das bedeutet: Nach Ablauf des Schutzjahres kann daher jederzeit eine Änderung vorgenommen werden, die dann aber ihrerseits den Beginn eines **neuen Schutzjahres** auslöst.

§ 74 Abs. 2 SGB VII sieht vor, dass Renten nicht für die Zeit neu festgesetzt werden, in der Verletztengeld zu zahlen ist oder ein Anspruch auf Verletztengeld wegen des Bezugs von Einkommen oder des Erhalts von Betriebs- oder Haushaltshilfe oder wegen der Erfüllung der Voraussetzungen für den Erhalt von Betriebs- und Haushaltshilfe nicht besteht.

Hintergrund für diese Regelung ist, dass der Versicherte Verletztengeld und Rente gleichzeitig bezieht – also eine Doppelleistung erhält, die vermieden werden soll. Zumindest soll dann nicht noch dazu die Rente erhöht werden.

Die Vorschrift betrifft sowohl die RvE als auch die RuZ.[1561]

4.13 Rentenende

Für die Beendigung der Rentenzahlung bestehen grundsätzlich zwei Optionen:

- Eine der in § 56 Abs. 1 SGB VII aufgeführten Tatbestandsvoraussetzungen fällt weg (Rentenwegfall). Dies betrifft insbesondere das Absinken der MdE unter 20 Prozent.
  In dem Fall findet § 73 Abs. 2 S. 1 SGB VII Anwendung. Fallen aus tatsächlichen oder rechtlichen Gründen die Anspruchsvoraussetzungen für eine Rente weg, wird die Rente bis zum Ende des Monats geleistet, in dem der Wegfall wirksam geworden ist.
- Der Rentenbezieher verstirbt. In dem Fall findet § 73 Abs. 6 SGB VII Anwendung: Renten werden bis zum Ende des Kalendermonats geleistet, in dem die Berechtigten gestorben sind.

1560 Meibom in: jurisPK-SGB VII, § 74 SGB VII Rn. 18.
1561 Kranig in: Hauck/Noftz, SGB VII, § 74 SGB VII Rn. 14.

4.13.1 Rentenwegfall, § 73 Abs. 2 SGB VII

Sofern eine Voraussetzung für die Rentenberechtigung wegfällt, besteht der Anspruch auf eine Rentenzahlung nicht mehr. Die Rentenzahlung kann vom Unfallversicherungsträger aber nicht automatisch eingestellt werden, da der Versicherte auf den Inhalt des Rentenbescheids vertrauen darf. Der Rentenbescheid als Verwaltungsakt mit Dauerwirkung hat das Verwaltungsverfahren abgeschlossen und soll gerade Rechtssicherheit für alle Beteiligten bieten.

Aus diesem Grund ist es notwendig, dass der positive Rentenbescheid aufgehoben wird. Notwendig ist dafür ein Vollzugsbescheid nach § 48 Abs. 1 S. 1 SGB X.[1562] Ein Aufhebungsgrund besteht nur dann, wenn es sich um eine wesentliche Änderung i.S.d. § 48 Abs. 1 S. 1 SGB X i.V.m. § 73 Abs. 3 SGB VII handelt. Insofern bedarf es einer Änderung um mehr als 5 Prozent, und zwar sowohl bei Verschlimmerungen als auch bei Verbesserungen.[1563]

Beispiel:[1564] Der Versicherte bezieht eine Rente auf unbestimmte Zeit mit einer MdE von 20 Prozent. Bei einer Untersuchung wird eine Besserung der MdE festgestellt und diese mit 10 Prozent geschätzt. Nach Anhörung des Versicherten beschließt der Rentenausschuss des Unfallversicherungsträgers (vgl. § 36a Abs. 1 S. 1 Nr. 2 lit. a SGB IV) am 3. September 2025 die Entziehung der Rente. Am 4. September 2025 geht der Bescheid zu Post und wird am 5. September 2025 dem Versicherten bekanntgegeben. Die Rente ist mit Wirkung vom 1. Oktober 2025 aufzuheben.

4.13.2 Tod des Berechtigten, § 73 Abs. 6 SGB VII

Die Rentenzahlung endet mit dem Tod des Berechtigten. Das Monatsprinzip findet auch hier Anwendung, sodass die Rente mit Ablauf des Sterbemonats ohne eigenen Bescheid einzustellen ist.[1565]

Beispiel:[1566] Der Versicherte bezieht eine Rente auf unbestimmte Zeit. Er stirbt am 5. September 2025. Die Rente ist mit Wirkung vom 1. Oktober 2025 einzustellen.

1562 Ricke in: BeckOGK-SGB VII, § 73 SGB VII Rn. 13.
1563 Bereiter-Hahn/Mehrtens, § 73 SGB VII Rn. 5.2.
1564 Nach Plum in: Podzun, Kz. 480 S. 16e.
1565 Plum in: Podzun, Kz. 480 S. 16e.
1566 Plum in: Podzun, Kz. 480 S. 16e.

4.14 Schwerverletztenrente

Der Gesetzgeber definiert in § 57 SGB VII den Begriff des Schwerverletzten: Können Versicherte mit Anspruch auf eine Rente nach einer Minderung der Erwerbsfähigkeit von 50 Prozent oder mehr oder auf mehrere Renten, deren Vomhundertsätze zusammen wenigstens die Zahl 50 erreichen (**Schwerverletzte**), infolge des Versicherungsfalls einer Erwerbstätigkeit nicht mehr nachgehen und haben sie keinen Anspruch auf Rente aus der gesetzlichen Rentenversicherung, erhöht sich gemäß § 57 SGB VII die Rente um 10 Prozent.

Schwerverletzter ist folglich derjenige, der einen Anspruch auf Rente nach einer **MdE von mindestens 50 Prozent** hat. Da der Gesetzgeber es ausreichen lässt, dass der Schwerverletzte einen Anspruch hat, kommt es auf einen tatsächlichen Rentenbezug nicht an.

Systemgleich gibt es hier eine Regelung, die an die Stützrente erinnert: Sofern ein Versicherter zwar nicht durch einen Versicherungsfall die MdE von 50 Prozent erfüllt, aber mehrere Rentenansprüche besitzt, die zusammen zu einer MdE von 50 Prozent führen, erfüllt dies ebenso die Schwerverletzteneigenschaft. Anders aber als bei Stützrente werden allein die Ansprüche aus der gesetzlichen Unfallversicherung addiert, Ansprüche anderer Träger bleiben außen vor.[1567]

Zweite Voraussetzung für eine Erhöhung der MdE ist neben der Erfüllung der Eigenschaft als Schwerverletzter, dass einer **Erwerbsfähigkeit nicht mehr nachgegangen** werden kann.

Zur Auslegung des Begriffs kann auf die Regelungen über die Erwerbsminderung in der Gesetzlichen Rentenversicherung (§ 43 SGB VI) nicht abgestellt werden.[1568] Vielmehr zeigen die Vorschriften über den Hinzuverdienst in der gesetzlichen Rentenversicherung, dass eine Rente wegen verminderter Erwerbsfähigkeit nach dem SGB VI nicht erfordert, dass der Versicherte „einer Erwerbstätigkeit nicht mehr nachgehen kann".[1569] Zumindest wenn der Versicherte noch ein Restleistungsvermögens von wenigstens drei Stunden täglich besitzt, erfüllt er nicht die Voraussetzung einer Erhöhung nach § 57 SGB VII.[1570] Die Voraussetzung verlangt folglich, dass es

1567 Kunze in: LPK-SGB VII, § 57 SGB VII Rn. 2.
1568 BSG, Urt. v. 27.10.2009 – B 2 U 30/08 R, juris Rn. 15.
1569 BSG, Urt. v. 27.10.2009 – B 2 U 30/08 R, juris Rn. 15.
1570 BSG, Urt. v. 27.10.2009 – B 2 U 30/08 R, juris Rn. 19.

dem Versicherten unmöglich ist, einer Erwerbstätigkeit nachzugehen, auch nicht einer geringfügigen Beschäftigung.[1571]

Neben dieser bereits hohen Hürde darf der Versicherte keinen Anspruch auf Rente aus der gesetzlichen Rentenversicherung haben. Es sollen daher nur diejenigen von der Erhöhung profitieren, die keine Beiträge zur Rentenversicherung bezahlt haben und somit im Alter von der Versichertenrente leben müssen.[1572] Auch hier gilt: Allein der Anspruch auf Rente aus der gesetzlichen Rentenversicherung reicht aus, auf einen tatsächlichen Bezug kommt es nicht an.[1573]

Sofern diese Voraussetzungen erfüllt sind, besteht ein Anspruch auf Erhöhung der Rente (**nicht der MdE**) um 10 Prozentpunkte. Das bedeutet, dass selbst bei einer MdE von 100 Prozent die Rente um 10 Prozent zu erhöhen ist.

Wissen | Wenn-Dann-Technik

Die Erschließung eines fremden Gesetzestextes kann manchmal schwierig sein. Lange, kaskadenhafte Sätze, Passiv und Nominalstil machen das Verständnis für den Erstleser schwierig.
Eine sinnvolle Technik zur Erschließung eines fremden Gesetzestextes ist die Anwendung der sogenannten Wenn-Dann-Technik. Diese besagt, dass ein Gesetzestext aufzuspalten ist in seine Voraussetzungen, die sämtlich erfüllt sein müssen („Wenn“) und in die sich bei Erfüllung sämtlicher Voraussetzungen ergebender Rechtsfolge („Dann“). Der Gesetzestext ist daher nach Voraussetzungen und Rechtsfolgen zu untersuchen. Durch diese Systematisierung kann der Text einfacher erschlossen werden, und bei der Prüfung wird keine Voraussetzung vergessen. Es entwickelt sich dadurch ein belastbares Prüfungsschema.
Bei § 57 SGB VII bedeutet dies:

A. Voraussetzungen („Wenn“)

1. Versicherter
2. Anspruch auf Versichertenrente

1571 Scholz in: jurisPK-SGB VII, § 57 SGB VII Rn. 9.
1572 Kunze in: LPK-SGB VII, § 57 SGB VII Rn. 4.
1573 Kunze in: LPK-SGB VII, § 57 SGB VII Rn. 4.

3. MdE von mindestens 50 Prozent oder bei mehreren Renten zusammen mindestens 50 Prozent
4. Nicht mehr Nachgehen einer Erwerbstätigkeit
5. Nicht mehr Nachgehen infolge Versicherungsfalls
6. Kein Anspruch auf Rente aus der gesetzlichen Rentenversicherung

B. Rechtsfolge („Dann")

Erhöhung der Rente um 10 Prozent

4.15 Arbeitslosenrente

Lediglich informatorisch wird an dieser Stelle auf die Sonderregelung des § 58 SGB VII hingewiesen, die eine Erhöhung der Rente bei Arbeitslosigkeit beinhaltet.

Notwendige Voraussetzung ist ein ursächlicher Zusammenhang zwischen dem Versicherungsfall und dem Fehlen von Arbeitsentgelt und Arbeitseinkommen.[1574] Dies bedeutet im Umkehrschuss, dass vor dem Versicherungsfall ein Anspruch des Versicherten auf Arbeitsentgelt und Arbeitseinkommen bestand. Aufgrund des Versicherungsfalls kann nun der Versicherte seine bisher ausgeübte Tätigkeit nicht mehr ausüben mit der Folge, dass er kein Arbeitsentgelt und Arbeitseinkommen hat und deshalb Arbeitslosengeld oder Bürgergeld bzw. Grundsicherungsgeld bezieht.

Die Summe aus der Rente nach § 56 SGB VII und dem Arbeitslosengeld oder Bürgergeld muss das Übergangsgeld nach § 66 Abs. 1 SGB IX unterschreiten. Anderes Erwerbsersatzeinkommen i.S.d. § 18a Abs. 3 SGB IV wird ebenso angerechnet.

Die Erhöhung erfolgt maximal für die ersten zwei Jahre.

4.16 Rente bei Heimpflege

Der Unfallversicherungsträger kann nach § 60 SGB VII die Rente für die Dauer einer Heimpflege von mehr als einem Kalendermonat um bis

1574 Plum in: Podzun, Kz. 480 S. 36.

zur Hälfte mindern, soweit dies nach den persönlichen Bedürfnissen und Verhältnissen der Versicherten angemessen ist.

Unter der Heimpflege wird nach § 44 Abs. 5 S. 1 SGB VII die erforderliche Hilfe mit Unterkunft und Verpflegung in einer geeigneten Einrichtung verstanden. Der Unfallversicherungsträger übernimmt in dem Fall die erforderlichen Kosten von Pflege- oder Altersheimen, wozu die Verpflegung, soziale Betreuung und Investitionskosten gehören.[1575]

Sinn und Zweck von § 60 SGB VII ist die Vermeidung von Doppelleistungen, also die Zahlung der Heimpflege und der vollständigen Versichertenrente. Denn alternativ könnte der Versicherte in seinem eigenen Haus gepflegt werden, was nicht den Kürzungstatbestand des § 60 SGB VII auslösen würde.

Die Minderung der Rente um höchstens die Hälfte steht im Ermessen des Unfallversicherungsträgers, und zwar sowohl bezüglich des „Ob" („kann") als auch des Umfangs („höchstens die Hälfte").[1576] Hierbei hat eine Prüfung der persönlichen, individuellen Verhältnisse zu erfolgen (Familienstand, persönliche Verpflichtungen, Einsparungen des eigenen Lebensunterhaltes).[1577]

4.17 Rente für Beamte und Berufssoldaten

Hinzuweisen ist schließlich auf die Regelung des § 61 SGB VII, die sich mit dem Rentenbezug von Beamten und Soldaten beschäftigt. Die Regelung soll eine **Überversorgung** der beiden Berufsgruppen vermeiden, die ansonsten Anspruch auf Dienst- und Versorgungsbezügen haben.[1578]

Grundvoraussetzung ist freilich, dass ein Versicherungsfall vorliegt, der bei diesen Berufsgruppen bei einer versicherten ehrenamtlichen oder nebenberuflichen Tätigkeit ausgelöst werden könnte.[1579] Die JAV-Berechnung ergibt sich aus § 82 Abs. 4 SGB VII.

1575 Baron/Lüder in: LPK-SGB VII, § 44 SGB VII Rn. 27.
1576 Tintner in: Schlaeger, § 60 SGB VII Rn. 5.
1577 Kunze in: LPK-SGB VII, § 60 SGB VII Rn. 4.
1578 Plum in: Podzun, Kz. 480 S. 41.
1579 Plum in: Podzun, Kz. 480 S. 41.

5 Abfindung

Unter dem allgemeinen Begriff der „Abfindung“ wird meist eine Geldzahlung aus dem Rechtsbereich des Arbeitsrechts verstanden: Durch einen Aufhebungsvertrag verpflichtet sich der Arbeitgeber seinem Arbeitnehmer eine einmalige Geldleistung zu zahlen. Auch das Recht der gesetzlichen Unfallversicherung kennt die Einmalzahlung als Abfindung.

Insgesamt finden sich im SGB VII sechs Paragrafen, die sich mit der unfallversicherungsrechtlichen Abfindung beschäftigen. Unter der Gesamtüberschrift „Abfindung“ wird zwischen der Gesamtvergütung und der Abfindung unterschieden. Die Gesamtvergütung ist für Versicherte vorgesehen, die eine Rente als vorläufige Entschädigung erhalten, die sonstigen Abfindungen betreffen Renten auf unbestimmte Zeit. Zudem gibt es noch eine Abfindung bei Wiederheirat (auf die im Kapitel der Hinterbliebenenleistungen eingegangen wird).

5.1 Gesamtvergütung

Mit der Vorschrift zur Gesamtvergütung beginnen die Abfindungsnormen im SGB VII. In § 75 SGB VII heißt es: Ist nach allgemeinen Erfahrungen unter Berücksichtigung der besonderen Verhältnisse des Einzelfalles zu erwarten, dass nur eine Rente als vorläufige Entschädigung zu zahlen ist, kann der Unfallversicherungsträger die Versicherten nach Abschluss der Heilbehandlung mit einer Gesamtvergütung in Höhe des voraussichtlichen Rentenaufwandes abfinden. Nach Ablauf des Zeitraumes, für den die Gesamtvergütung bestimmt war, wird auf Antrag Rente als vorläufige Entschädigung oder Rente auf unbestimmte Zeit gezahlt, wenn die Voraussetzungen hierfür vorliegen.

Sinn und Zweck der Gesamtvergütung ist, dass Bezieher einer zeitlich kurzen Rente statt einer monatlichen Rentenzahlung eine **Einmalzahlung** in Form der Gesamtvergütung erhalten.

Für die Verwaltung besteht der Vorteil darin, dass sie den Vorgang schnell und relativ einfach mit einer Einmalzahlung erledigen kann. Aufgrund der Einmalzahlung spart sich die Verwaltung aufwendige und kostenintensive Nachuntersuchungen, Anhörungen nach § 24 SGB X sowie Änderungs- und

Entziehungsbescheide.[1580] Allerdings schließt eine Gesamtvergütung nicht eine spätere Nachuntersuchung und wiederauflebende Rentengewährung aus.[1581]

Der Versicherte soll sich des Weiteren nicht an eine regelmäßige Rentenzahlung gewöhnen, da diese voraussichtlich nicht dauerhaft ist.

Die Gesamtvergütung stellt eine Vorauszahlung in Höhe eines voraussichtlichen Rentenaufwandes dar.[1582]

5.1.1 Erwartung einer RvE

Grundvoraussetzung für die Gesamtvergütung ist die Erwartung, dass eine Rente in Form der vorläufigen Entschädigung vom Unfallversicherungsträger gezahlt werden müsste.

Das wiederum verlangt, dass zunächst überhaupt ein Rentenanspruch nach § 56 Abs. 1 S. 1 SGB VII bestehen muss. Der Versicherte muss folglich eine MdE von mindestens 20 Prozent infolge eines Versicherungsfalls über die 26. Woche hinaus haben (oder alternativ sind die Voraussetzungen für eine Stützrente erfüllt). Liegen alle Voraussetzungen vor, besteht ein Anspruch auf Versichertenrente dem Grunde nach.

Die Verwaltung wird nun prüfen, ob sie dem Versicherten eine Rente als vorläufige Entschädigung oder auf unbestimmte Zeit zahlt. Sofern sie die Prognose trifft, dass der Rentenanspruch vor Ablauf von drei Jahren nach dem Versicherungsfall enden wird,[1583] könnte auch **anstelle der Rente** als vorläufige Entschädigung eine **Gesamtvergütung** ausgezahlt werden.

Ein Ende des Rentenanspruchs vor Ablauf von drei Jahren wird in der Regel bei niedrigen MdE-Werten bestehen. In der Regel dürfte es sich also um Fälle mit einer MdE von 20 Prozent handeln, bei denen angenommen wird, dass sich die MdE innerhalb der drei Jahre, in der die Rente als vorläufige Entschädigung geleistet wird, noch zurückgehen wird, sodass nach Ablauf der drei Jahre ggf. gar keine Rentenberechtigung mehr besteht.

Das heißt im Umkehrschluss auch: Für die Auszahlung einer Gesamtvergütung ist alleine ein niedriger MdE in Höhe von 20 Prozent nicht ausreichend. Denn es muss neben der niedrigen MdE mit einer Verbesserung zu rechnen sein.

1580 Kranig in: Hauck/Noftz, SGB VII, § 75 SGB VII Rn. 2.
1581 Mehrtens in: Schönberger/Mehrtens/Valentin, Kap. 3.4 (S. 151).
1582 Plum in: Podzun, Kz. 630 S. 1.
1583 Kranig in: Hauck/Noftz, SGB VII, § 75 SGB VII Rn. 4.

Eine dauerhafte Schädigung mit einer niedrigen MdE kommt daher für eine Gesamtvergütung **nicht** in Betracht.

Beispiel: Eine Beinverkürzung zwischen 4 und 6 cm bedingt eine MdE von 20 Prozent.[1584] Diese MdE wird sich nicht mehr ändern (die Beinverkürzung bleibt ja dauerhaft), sodass mit einer Verbesserung nicht zu rechnen ist. Aus diesem Grund eignet sich dieser Versicherungsfall nicht für eine Einmalzahlung in Form der Gesamtvergütung, da der Versicherte keine RvE, sondern direkt eine RuZ erhalten würde.

Gegenbeispiel: Bei einem Schädel-Hirn-Trauma leichten Grades ohne Nachweis einer Hirnschädigung wird anfänglich bis zu sechs Wochen von einer MdE von 100 Prozent ausgegangen, nach ein bis drei Monaten beträgt die MdE indes regelmäßig nur noch 20 Prozent.[1585] Es wird in solchen Fällen in der Regel von keiner dauerhaften Beeinträchtigung ausgegangen, weshalb eine Rente als vorläufige Entschädigung in Betracht kommt.[1586]

5.1.2 Abschluss der Heilbehandlung

Weitere Voraussetzung für eine Gesamtvergütung ist der Abschluss der Heilbehandlung.

In der Regel kann erst, wenn die Heilbehandlung abgeschlossen ist, verbindlich eine MdE eingeschätzt und vor allem die Frage beantwortet werden, ob eine Rente als vorläufige Entschädigung für maximal drei Jahre zu zahlen ist.

5.1.3 Höhe der Gesamtvergütung

Zu zahlen ist die Gesamtvergütung in Höhe des voraussichtlichen Rentenaufwandes.

Der Rentenaufwand ist vom Unfallversicherungsträger zu ermitteln. Das bedeutet aber nicht, dass er sich immer genau berechnen lässt, sodass er auch abgeschätzt werden kann.[1587]

Dies bedeutet, dass der Unfallversicherungsträger folgendes zu ermitteln und zu entscheiden hat:

1584 Grosser/Mehrtens in: Schönberger/Mehrtens/Valentin, Kap. 8.12.8 (S. 716).

1585 Gonschorek/Drechsel-Schlund in: Schönberger/Mehrtens/Valentin, Kap. 5.2.11.1 (S. 237).

1586 Gonschorek/Drechsel-Schlund in: Schönberger/Mehrtens/Valentin, Kap. 5.2.11.1 (S. 236 f.).

1587 Kranig in: Hauck/Noftz, SGB VII, § 75 SGB VII Rn. 9.

- Festlegung des Zeitraums, für den die Gesamtvergütung bezahlt wird (dieser ist im Bescheid auch konkret anzugeben)[1588]
- Ermittlung des Jahresarbeitsverdienstes;[1589] wahrscheinliche Änderungen des Jahresarbeitsverdienstes sind direkt miteinzubeziehen.[1590] Rentenanpassungen sind ebenso zu berücksichtigen, wenn sie absehbar sind.[1591]
- Ermittlung der MdE;[1592] wahrscheinliche Änderungen der MdE sind direkt einzubeziehen.[1593] Abstufungen (z.B. für das erste halbe Jahr 30 Prozent, danach für ein weiteres halbes Jahr 20 Prozent) sind möglich.[1594]

Auf Basis dieser Daten ist die Höhe der Gesamtvergütung zu ermitteln. Der Unfallversicherungsträger kann sich insbesondere bezüglich des Zeitraums, für den eine Rentenberechtigung prognostiziert wird und der Höhe der MdE entsprechende ärztliche Sachverständigengutachten zu eigen machen.[1595] Selbstredend darf der geschätzte Zeitraum nicht drei Jahre übersteigen, weil damit die Grundvoraussetzung für eine Gesamtvergütung wegfallen würde.

5.1.4 Ermessen

Bei der Gesamtvergütung handelt es sich um eine **Ermessensentscheidung** („kann") des Unfallversicherungsträgers, die er **von Amts wegen** vorzunehmen hat.[1596]

Das bedeutet folgendes:

- Der Versicherte besitzt bei Erfüllung aller Abfindungsvoraussetzungen **keinen Rechtsanspruch** auf die Gewährung einer Abfindung.[1597]

1588 Jung in: jurisPK-SGB VII, § 75 SGB VII Rn. 10.

1589 Kellner in: BeckOGK-SGB VII, § 75 SGB VII Rn. 6.

1590 Schmitt, § 75 SGB VII Rn. 8; Zimmermann in: LPK-SGB VII, § 75 SGB VII Rn. 8.

1591 Zimmermann in: LPK-SGB VII, § 75 SGB VII Rn. 8; **a.A.** Bereiter-Hahn/Mehrtens, die eine Verkündung im Bundesgesetzblatt einfordern. Dies erscheint als zu eng. Der Kabinettsentwurf der Bundesregierung dürfte schon ausreichen, da mit ihm der Anpassungsfaktor bekannt ist und es nur noch um eine rechtliche Umsetzung geht.

1592 Kellner in: BeckOGK-SGB VII, § 75 SGB VII Rn. 6.

1593 Schmitt, § 75 SGB VII Rn. 8; Zimmermann in: LPK-SGB VII, § 75 SGB VII Rn. 8.

1594 Kranig in: Hauck/Noftz, SGB VII, § 75 SGB VII Rn. 8.

1595 Kranig in: Hauck/Noftz, SGB VII, § 75 SGB VII Rn. 8.

1596 Plum in: Podzun, Kz. 630 S. 1.

1597 Marschner in: BeckOK SozR, § 75 SGB VII Rn. 6.

- Der Versicherte besitzt indes einen **Anspruch auf pflichtgemäße Ermessenausübung** durch den Unfallversicherungsträger (vgl. § 39 Abs. 1 S. 2 SGB I).[1598]
- Ein Antrag des Versicherten auf Gesamtvergütung ist nicht notwendig, aber auch nicht schädlich.

Kommt der Unfallversicherungsträger zum Ergebnis, dass er anstelle einer RvE eine Gesamtvergütung einmal auszahlt, muss der Versicherte der Gesamtvergütung nicht zustimmen.[1599]

Was ist nun, wenn der Versicherte gar keine Gesamtvergütung möchte, sondern vielmehr eine Rentenzahlung verlangt? Ob gegen die Auszahlung der Rente als Gesamtvergütung Widerspruch eingelegt werden kann, ist umstritten.[1600] In jedem Fall empfiehlt sich hier ein pragmatisches Vorgehen des Unfallversicherungsträgers: Wenn der Versicherte die Gesamtvergütung nicht will, sollte ihm ohne weitere Auseinandersetzung die Rente als vorläufige Entschädigung gewährt werden.

5.1.5 Anschlussrente

Aus Versichertensicht ist die Gesamtvergütung eine fantastische Geldleistung. Zunächst erhält er eine Einmalzahlung und muss nicht eine monatliche Rentenzahlung stets abwarten. Sofern **nach Ablauf** des vom Unfallversicherungsträgers prognostizierten Zeitraums noch ein Rentenanspruch besteht, erhält der Versicherte weiter Rente ausgezahlt. Denn: Mit Zahlung der Gesamtvergütung hat der Unfallversicherungsträger noch keine Entscheidung darüber getroffen, ob **für den nachfolgenden Zeitraum** weitere Leistungen zu gewähren sind.[1601]

Allerdings bedarf es hier ausnahmsweise eines **Antrags des Versicherten** (§ 75 S. 2 SGB VII). Wohlbemerkt müssen dann sämtliche Voraussetzungen für eine Rente nach § 56 Abs. 1 SGB VII (weiterhin) vorliegen, also insbesondere eine MdE über 20 Prozent.

Der Antrag ist erst **nach Ablauf des Gesamtvergütungszeitraums** zulässig, kann aber vor dem absehbaren Ablauf bereits beachtet werden.[1602]

1598 Marschner in: BeckOK SozR, § 75 SGB VII Rn. 6.
1599 Plum in: Podzun, Kz. 630 S. 1.
1600 Vgl. Kranig in: Hauck/Noftz, SGB VII, § 75 SGB VII Rn. 14.
1601 Jung in: jurisPK-SGB VII, § 75 SGB VII Rn. 13.
1602 Bereiter-Hahn/Mehrtens, § 75 SGB VII Rn. 8.

Einer bestimmten **Form** bedarf es nicht; freilich ist in solchen Fällen wie immer dem Versicherten zu raten, solche Anträge zu Beweiszwecken schriftlich zu stellen. Auch deutlich nach Ablauf des Gesamtvergütungszeitraums kann der Antrag noch gestellt werden, doch besteht die Gefahr, dass der Unfallversicherungsträger die **Einrede der Verjährung** erhebt.[1603] Ansprüche auf Sozialleistungen verjähren nach § 45 Abs. 1 SGB I in vier Jahren nach Ablauf des Kalenderjahres, in dem sie entstanden sind. Dabei verjährt **nicht das Stammrecht**, sondern der einzelne auf eine zurückliegende Zeit entfallende Leistungsanspruch, der mit der Erfüllung aller Voraussetzungen des Rentenanspruches entsteht.[1604]

Nicht möglich ist es, dass der Versicherte **nochmals** eine Gesamtvergütung erhält: Die Gesamtvergütung wird nur einmal gewährt.[1605] Einer zweiten Abfindung stehen Gesetzeszweck und Gesetzwortlaut (§ 75 S. 2 SGB VII) entgegen.[1606]

Bearbeitungsablauf | Gesamtvergütung

1. Prognoseentscheidung
Grundvoraussetzung für die Abfindung mit einer Gesamtvergütung ist, dass voraussichtlich nur eine Rente als vorläufige Entschädigung zu zahlen ist.
Der Unfallversicherungsträger muss daher – begründet – erwarten, dass der Rentenanspruch vor Ablauf von drei Jahren nach dem Versicherungsfall endet.

2. Abschluss der Heilbehandlung
Die Abfindung mit einer Gesamtvergütung setzt weiter voraus, dass die Heilbehandlung abgeschlossen ist. Hierunter fällt auch die ambulante ärztliche Behandlung.

3. Ermessensausübung
Der Unfallversicherungsträger kann Versicherte mit einer Gesamtvergütung abfinden, wenn die o. g. Voraussetzungen vorliegen. Es ist kein Antrag des Versicherten notwendig. Die Entscheidung steht also im

---

1603 LSG Rheinland-Pfalz, Urt. v. 05.11.1975 – L 3 U 40/75, juris LS. 3.
1604 BSG, Urt. v. 22.10.1996 – 13 RJ 17/96, BeckRS 1996, 30764574.
1605 Kranig in: Hauck/Noftz, SGB VII, § 75 SGB VII Rn. 13.
1606 Sacher in: Lauterbach, § 75 SGB VII Rn. 12.

pflichtgemäßen Ermessen der UVT. Die Ermessensausübung muss im Bescheid zum Ausdruck kommen und ist zu begründen.

4. Berechnung der Höhe
Die Höhe der Gesamtvergütung hat der Höhe des voraussichtlichen Rentenaufwands zu entsprechen. Die voraussichtliche Dauer des Rentenanspruchs sowie die in diesem Zeitraum voraussichtlich zu erwartende Höhe der MdE sind dafür maßgeblich. Das bedeutet: Der voraussichtliche Rentenaufwand ist der Betrag, der bei üblicher Berechnung der Rente nach der MdE sowie dem Jahresarbeitsverdienst für die angenommene Dauer ab ihrem Beginn nach § 72 SGB VII anfallen würde bis zum Monatsende des Ablaufs der prognostizierten Dauer, die bis zu drei Jahre betragen kann (§ 73 Abs. 1 SGB VII).

5.2 Abfindung bei MdE unter 40 Prozent

Versicherte, die Anspruch auf eine Rente wegen einer Minderung der Erwerbsfähigkeit **von weniger als 40 Prozent** haben, können nach § 76 Abs. 1 SGB VII auf **ihren Antrag** mit einem dem Kapitalwert der Rente entsprechenden Betrag abgefunden werden. Dies betrifft **keine** Renten als vorläufige Entschädigung, **sondern** allein **Renten auf unbestimmte Zeit**.

Versicherte, die Anspruch auf mehrere Renten aus der Unfallversicherung haben, deren Vomhundertsätze zusammen die Zahl 40 nicht erreichen, können auf ihren Antrag mit einem Betrag abgefunden werden, der dem Kapitalwert einer oder mehrerer dieser Renten entspricht.

Die Bundesregierung bestimmt durch Rechtsverordnung mit Zustimmung des Bundesrates die Berechnung des Kapitalwertes.

Der große Unterschied zur Gesamtvergütung besteht bei der Abfindung darin, dass die **gesamte** Rente auf Lebenszeit abgefunden wird. Es handelt sich deshalb um eine **Totalabfindung**.[1607] Das bedeutet, dass die Rente (anders als bei der Abfindung nach den §§ 78, 79 SGB VII) in vollem Umfang abgefunden wird.[1608] Die Abfindung eines Teilbetrages ist deshalb auch nicht zulässig.[1609] Der Begriff der Totalabfindung ist im Kontext des § 76 Abs. 3

1607 Lange/Richter in: v. Koppenfels-Spies/Wenner, SGB VII, § 76 SGB VII Rn. 19.
1608 Jung in: jurisPK-SGB VII, § 76 SGB VII Rn. 18.
1609 Jung in: jurisPK-SGB VII, § 76 SGB VII Rn. 18.

SGB VII zu verstehen, dass es bei einer wesentlichen Verschlimmerung zu einer ergänzenden Rentenzahlung kommen kann.

Eine Abfindung darf gemäß § 76 Abs. 2 SGB VII nur bewilligt werden, wenn nicht zu erwarten ist, dass die Minderung der Erwerbsfähigkeit wesentlich sinkt. Tritt dennoch, entgegen der Prognose, nach der Abfindung eine wesentliche Verschlimmerung der Folgen des Versicherungsfalls (§ 73 Abs. 3 SGB VII) ein, wird insoweit Rente gezahlt (§ 76 Abs. 3 SGB VII).

Grundvoraussetzungen für die Abfindung nach § 76 Abs. 1 SGB VII sind folglich:

- Es muss eine Rente auf unbestimmte Zeit vorliegen.
- Die MdE muss unter 40 Prozent (oder bei mehreren Renten zusammen unter 40 Prozent) liegen.
- Ein wesentliches Absinken der MdE darf nicht zu erwarten sein.

Dies bedeutet: Die Abfindung nach § 76 Abs. 1 SGB VII betrifft vergleichsweise eher niedrigere Gesundheitsschäden mit einer maximalen MdE von 35 Prozent. Daher werden die Renten auch als „**kleine Renten**“ bezeichnet.[1610]

Die Vorteile bestehen auch hier wieder für den Versicherten im Erhalt eines (relativ hohen) Einmalbetrages und für die Verwaltung in der Verringerung des Verwaltungsaufwands.[1611]

5.2.1 RuZ mit MdE unter 40 Prozent

Erste Voraussetzung für die Abfindung nach § 76 Abs. 1 S. 1 SGB VII ist, dass die Voraussetzungen für eine **Rente auf unbestimmte Zeit** erfüllt sind.

Dies ergibt sich nicht aus dem Wortlaut der Vorschrift, aber aus der inhaltlichen Abgrenzung zu § 75 SGB VII und aus § 1 Abs. 1 Verordnung über die Berechnung des Kapitalwertes bei Abfindung von Leistungen aus der gesetzlichen Unfallversicherung (UVKapWertV):

„Wird ein Verletzter, der **Anspruch auf eine Rente auf unbestimmte Zeit** nach § 62 Abs. 2 Satz 1 des Siebten Buches Sozialgesetzbuch wegen einer Minderung der Erwerbsfähigkeit durch Folgen des Arbeitsunfalls **um weniger als 40 vom Hundert** hat, innerhalb von 15 Jahren nach dem Unfall abgefunden, so richtet sich der Kapitalwert nach der Anzahl der zur Zeit des Unfalls vollendeten Lebensjahre des Verletzten und nach der seit dem Unfall

---

1610 Ricke in: BeckOGK-SGB VII, § 76 SGB VII Rn. 4.

1611 Lange/Richter in: v. Koppenfels-Spies/Wenner, SGB VII, § 76 SGB VII Rn. 3.

vergangenen Zeit. Das Abfindungskapital ist die mit dem Kapitalwert aus der Tabelle der Anlage 1 vervielfältigte Jahresrente."

Zweite Voraussetzung ist, dass die MdE (alleine oder zusammen) unter 40 Prozent liegt. Dies bedeutet, dass eine MdE von insgesamt maximal 35 Prozent besteht.

Dritte Voraussetzung: Nach § 76 Abs. 2 SGB VII darf eine Abfindung nur bewilligt werden, wenn nicht zu erwarten ist, dass die MdE wesentlich sinkt. Bei der Auslegung des unbestimmten Rechtsbegriffs der Wesentlichkeit ist auf § 73 Abs. 3 SGB VII zurückzugreifen: Wesentlich ist eine Änderung der MdE nur dann, wenn sie mehr als 5 Prozentpunkte beträgt und wenn sie – es handelt sich um eine RuZ! – länger als drei Monate andauert.

Aufgrund der Tragweite der Entscheidung sollte diese Prognose durch ein ärztliches Gutachten abgesichert werden.[1612]

5.2.2 Antrag

Notwendig für die Abfindung ist ein Antrag des Versicherten. Die Einleitung eines Abfindungsverfahrens ist daher ausschließlich von der Initiative des Versicherten abhängig und bedarf einer ausführlichen Beratung des Unfallversicherungsträgers.[1613] Die komplexen Zusammenhänge machen es erforderlich, dass die Versicherten vom Unfallversicherungsträger eine umfassende Beratung erhalten, auf deren Basis sie eine möglichst gut fundierte Abwägung treffen können.[1614] Den Unfallversicherungsträgern ist zu raten, die Beratung zu dokumentieren.

Ein Minderjähriger, der nach § 36 Abs. 1 S. 1 SGB I handlungsfähig ist, bedarf für seine wirksame Willenserklärung der Zustimmung des gesetzlichen Vertreters.[1615]

Die Notwendigkeit des Antrags ergibt sich daraus, dass sich der Gesamtbetrag der künftigen Rentenzahlungen nicht genau im Voraus bestimmen lassen kann. Denn entscheidend hängen künftige Rentenzahlungen von der Lebensdauer des Versicherten ab. Da niemand weiß, wie alt er wird, kann dies nur eine grobe Schätzung sein. Aus diesem Grund sollte der Versicherte (nach erfolgter Beratung durch den Unfallversicherungsträger) selbst prüfen

---

1612 Jung in: jurisPK-SGB VII, § 76 SGB VII Rn. 11.
1613 Sacher in: Lauterbach, § 76 SGB VII Rn. 9.
1614 Kranig, NZS 2018, 967.
1615 Jung in: jurisPK-SGB VII, § 76 SGB VII Rn. 8.

und überlegen, ob sich eine Einmalzahlung für ihn wirtschaftlich lohnt. Mit seinem Antrag dokumentiert er, dass die Abfindung genau seinem Willen entspricht. Im Unterschied zur Gesamtvergütung kann die Abfindung für den Versicherten auch finanziell nachteilig sein.

Der Antrag kann jederzeit gestellt werden. Die Anhänge 1 und 2 der UVKapWertV sehen vor, dass der Antrag auf Abfindung auch erst viele Jahre nach dem Versicherungsfall gestellt werden kann, in denen der Versicherte zunächst Versichertenrente erhielt. Je später indes der Antrag auf Abfindung erfolgt, desto mehr Rente wurde an den Versicherten schon ausgezahlt, sodass im Umkehrschluss der Abfindungsbetrag kleiner wird.

Der Antrag ist formlos und wirkt nur in die Zukunft.[1616] Beim Antrag ist darauf zu achten, dass die Abfindung eines Teilbetrages nicht möglich ist.[1617]

5.2.3 Ermessen

Der Unfallversicherungsträger trifft die Entscheidung über den Antrag auf Abfindung nach pflichtgemäßem Ermessen. Dabei hat er die Vorteile für den Versicherten, einen höheren Geldbetrag als Einmalzahlung unmittelbar zu erhalten sowie die Verfahrensvereinfachung für die Verwaltung in seiner Entscheidung mit zu berücksichtigen.[1618]

Bei der Ermessensentscheidung hat die Behörde folgende Gesichtspunkte zu beachten:[1619]

- das Interesse der Versicherten an der Einmalzahlung
- das Interesse des Unfallversicherungsträgers, dass der Abfindungsbetrag nicht über die Summe der im Einzelfall zu erwartenden Rentenzahlungen hinausgeht
- das Interesse der Allgemeinheit, dass durch die einmalige Abfindungsleistung nicht in Zukunft Belastungen für die öffentlichen Kassen entstehen

1616 Sacher in: Lauterbach, § 76 SGB VII Rn. 13.
1617 Lange/Richter in: v. Koppenfels-Spies/Wenner, SGB VII, § 76 SGB VII Rn. 19.
1618 Lange/Richter in: v. Koppenfels-Spies/Wenner, SGB VII, § 76 SGB VII Rn. 11.
1619 Nach Kranig in: Hauck/Noftz, SGB VII, § 76 SGB VII Rn. 12.

Nach herrschender Meinung[1620] wird deshalb vertreten, dass der Unfallversicherungsträger im Rahmen seiner Ermessensentscheidung zu berücksichtigen hat, ob der Versicherte durch den Wegfall der monatlichen Rentenzahlung in absehbarer Zeit Bezug anderer steuerfinanzierter Sozialleistungen oder eine sonstige Belastung der Allgemeinheit droht.[1621]

Die **Lebenserwartung des Versicherten** hat der Unfallversicherungsträger in seine Prüfung miteinzubeziehen: Eine Ablehnung der Abfindung kommt in Betracht, wenn die Lebenserwartung des Versicherten erheblich geringer ist als diejenige des Durchschnitts der Gleichaltrigen.[1622]

Ebenso ist die Abfindung bei Alkohol- oder Drogenabhängigkeit sowie geistiger Erkrankung abzulehnen.[1623] In der Praxis dürfte der Nachweis schwierig sein, sofern dies nicht bereits aktenkundig ist.

Kein Ablehnungsgrund ist ein aus Sicht der Behörde fragwürdiger Verwendungszweck, z.B. eine Weltreise oder die Anschaffung eines Sportwagens. Es besteht **kein Gebot der nützlichen Verwendung** der Abfindung.[1624] Anderes würde ohne sachlichen Grund in die wirtschaftliche Dispositionsfreiheit der „mündigen" Versicherten eingreifen.

Sofern also kein offensichtlicher „Ausreißer" wie Drogen-, Spiel- oder Alkoholsucht vorliegt (ebenso: Verschwendungssucht oder die Gefahr, Unterhaltszahlungen nicht nachzukommen) und sofern kein hohes Lebensalter vorliegt, hat die Behörde in der Regel und unter Beachtung des jeweiligen Einzelfalls im Rahmen ihrer Ermessensprüfung allein zu prüfen, ob der Lebensunterhalt auch ohne die monatliche Rentenzahlung gesichert ist.[1625]

Die Ermessensentscheidung ist nach § 35 Abs. 1 SGB X zu begründen. Die Begründung muss nach § 35 Abs. 1 S. 3 SGB X die Gesichtspunkte erkennen lassen, von denen die Behörde bei der Ausübung ihres Ermessens ausgegangen ist (Heilungsmöglichkeit: § 41 Abs. 1 Nr. 2, Abs. 2 SGB X).

1620 Vgl. BSG, Urt. v. 09.11.2010 – B 2 U 10/10 R, BeckRS 2011, 68540 Rn. 19; Bereiter-Hahn/Mehrtens, § 76 SGB VII Rn. 3.1; Ricke in: BeckOGK-SGB VII, § 76 SGB VII Rn. 7.1; Plum in: Podzun, Kz. 640 S. 6.

1621 Vgl. Lange/Richter in: v. Koppenfels-Spies/Wenner, SGB VII, § 76 SGB VII Rn. 12 m.w.N., selber aber kritisch; ebenso kritisch: Holstraeter in: Knickrehm/Roßbach/Waltermann, §76 SGB VII Rn. 6.

1622 Sacher in: Lauterbach, § 76 SGB VII Rn. 21.

1623 Ricke in: BeckOGK-SGB VII, § 76 SGB VII Rn. 7.2.

1624 Ricke in: BeckOGK-SGB VII, § 76 SGB VII Rn. 7.2.

1625 Lange/Richter in: v. Koppenfels-Spies/Wenner, SGB VII, § 76 SGB VII Rn. 17; differenzierter: Kranig in: Hauck/Noftz, SGB VII, § 76 SGB VII Rn. 12a ff.

5.2.4 Berechnung

Die Höhe der Abfindung hat dem Kapitalwert der Rente zu entsprechen. Zur Berechnung dieses Kapitalwerts erließ die Bundesregierung mit Zustimmung des Bundesrats die UVKapWertV, die die Kapitalwerte in zwei Anlagen aufführt.

Die UVKapWertV unterscheidet:

- Kapitalwerte bei Abfindung innerhalb von 15 Jahren nach dem Unfall (Anlage 1)
- Kapitalwerte bei Abfindung nach Ablauf von 15 Jahren nach dem Unfall (Anlage 2)

Bearbeitungshinweis | Anlagen 1 und 2 der UVKapWertV

Abfindungen nach § 76 SGB VII können nur mit den beiden Anlagen berechnet werden. Insofern ist es zwingend notwendig, diese beiden Anlagen zu besitzen.
Für eine Geldleistungsklausur, in der mit Abfindungen zu rechnen ist, ist daher die (ansonsten vortreffliche) Gesetzessammlung „Sozialgesetzbuch (SGB)“ des dtv-Verlages (Beck-Texte im dtv) ungeeignet, da dort die Anlagen nicht abgedruckt sind. Die Gesetzessammlung „Aichberger“ des Beck-Verlages hat die beiden Anlagen (Kz. 7/20) abgedruckt. Bei einem „digitalen“ SGB sollte die Verordnung ebenso enthalten sein.

Die beiden Anlagen berücksichtigen, dass der Versicherte möglicherweise schon länger Versichertenrente bezogen hat. Je länger er Rente bezogen hat, desto niedriger ist seine Abfindungssumme. Andernfalls würde der Rentenbezieher besser gestellt als derjenige, der direkt die Abfindung geltend macht.

Bearbeitungsbeispiel | Vergleich der Abfindungssumme

Katie, am 11.09.1980 geboren, erleidet am 10.09.2010 einen Arbeitsunfall mit einer dauerhaften MdE von 35 Prozent. Sie erhält eine (jeweils angepasste) Jahresrente von 14.000,00 Euro.

a) Sie stellt im September 2010 ihren Antrag auf Abfindung, dem der Unfallversicherungsträger zustimmt.

Berechnung:
Kapitalwert nach Anlage 1: 19,7
Jahresrente: 14.000,00 Euro
Rechenweg: 14.000,00 Euro × 19,7 = 275.800,00 Euro

b) Sie stellt am 20.09.2020 ihren Antrag auf Abfindung, dem der Unfallversicherungsträger zustimmt.

Berechnung:
Kapitalwert nach Anlage 1: 17,7
Jahresrente: 14.000,00 Euro (der Wert wäre nach § 95 SGB VII anzupassen, was hier außeracht gelassen wird)
Rechenweg: 14.000,00 Euro × 17,7 = 247.800,00 Euro

Hinweis: Bei der Gegenüberstellung zu beachten ist, dass Katie im Beispiel b) rund zehn Jahre monatlich Versichertenrente bezogen hat, im Beispiel a) hat sie gar keine Versichertenrente bezogen. Insofern soll der Unterschied in der Abfindungshöhe den bisherigen Rentenbezug widerspiegeln und die Möglichkeit, deutlich früher über einen hohen Einmalbetrag frei verfügen zu können.

Für die Berechnung der Abfindung stellt das BSG nicht auf die Antragstellung, sondern auf die **Leistungsbewilligung** im Abfindungsbescheid ab.[1626] Dies ergäbe sich aus dem Wortlaut der UVKapWertV, die auf die „Zeit der Abfindung“ abstelle, womit der Zeitpunkt gemeint sei, in dem die Abfindung stattfinde und nicht der Zeitpunkt der Antragstellung.[1627] Als Ermessensleistung entstehe der Anspruch erst, in dem die Entscheidung über die Leistung bekannt gegeben würde.[1628] Dadurch stelle sich der Versicherte auch nicht schlechter, da er ja weiterhin bis zur Abfindung Versichertenrente beziehe.[1629]

Als konkreten Zeitpunkt der Leistungsbewilligung bezieht sich das BSG auf § 40 Abs. 2 SGB I: Ansprüche auf Ermessensleistungen entstehen gemäß § 40 Abs. 2 HS. 1 SGB I erst mit der **Bekanntgabe der Bewilligungsentscheidung**, sofern nicht in dieser Entscheidung ein früherer

1626 BSG, Urt. v. 28.04.2004 – B 2 U 10/03 R, juris Rn. 14.
1627 BSG, Urt. v. 28.04.2004 – B 2 U 10/03 R, juris Rn. 14.
1628 BSG, Urt. v. 28.04.2004 – B 2 U 10/03 R, juris Rn. 14.
1629 BSG, Urt. v. 28.04.2004 – B 2 U 10/03 R, juris Rn. 14.

Zeitpunkt festgesetzt wird. Die Entscheidung wird hinterfragt, da durch eine „bummelnde" Behörde eine Abfindung verschleppt werden könnte.[1630]

Da der Leistungsträger im Rahmen seines Ermessens verpflichtet ist, die Feststellung eines früheren Entstehungszeitpunkts zu prüfen,[1631] könnte es durchaus zulässig sein, den Zeitpunkt des Antrags in Betracht zu ziehen.

Wissen | Kritik an den Tabellenwerten

Die Anlagen 1 und 2 der UVKapWertV werden kritisiert. Die Abfindung kleiner Versichertenrenten stelle für Versicherte ein schlechtes Geschäft, weshalb von der Beantragung derzeit abzuraten sei.[1632]
Die Kritik ist beachtlich:
Die Tabellenwerte stammen aus dem Jahr 1965 (!), verwendet wurden dabei Sterbetafeln von 1932/34 (!).[1633] Das Problem: Damals bestand eine andere, verringerte Lebenserwartung als heute.[1634]
Als Zinssatz bei der Berechnung der Kapitalwerte wurden 4 Prozent zugrunde gelegt; ein Wert, der heute kaum noch zu erzielen ist.[1635]
Die Sterbetafeln der männlichen Bevölkerung wurden zugrunde gelegt.[1636] Übersehen wird, dass die Lebenserwartung geschlechtsspezifische Unterschiede aufweist (die durchschnittliche Lebenserwartung von Frauen übersteigt diejenige von Männern, weshalb Frauen benachteiligt werden).[1637]
In jedem Fall wäre eine regelmäßige Überprüfung und ggf. Anpassung der Tabellenwerte notwendig.[1638]

1630 Schaller, jurisPR-SozR 46/2004 Anm. 4: „Gleichwohl bleibt das Gefühl, dem Verwaltungsgang hilflos gegenüberzustehen."
1631 Vgl. dazu Groth in: jurisPK-SGB I, § 40 SGB I Rn. 49.
1632 Kranig, NZS 2018, 967 (973).
1633 Kranig in: Hauck/Noftz, SGB VII, § 76 SGB VII Rn. 21b.
1634 Kranig in: Hauck/Noftz, SGB VII, § 76 SGB VII Rn. 21b.
1635 Kranig in: Hauck/Noftz, SGB VII, § 76 SGB VII Rn. 21b.
1636 Kranig in: Hauck/Noftz, SGB VII, § 76 SGB VII Rn. 21b.
1637 Kranig in: Hauck/Noftz, SGB VII, § 76 SGB VII Rn. 21b.
1638 Kranig in: Hauck/Noftz, SGB VII, § 76 SGB VII Rn. 21.

5.2.4.1 Abfindung innerhalb von 15 Jahren nach dem Unfall

Wird vom Versicherten innerhalb von 15 Jahren nach seinem Versicherungsfall eine Abfindung beantragt, berechnet sich dies aus einem Kapitalwert, der mit der Jahresrentensumme multipliziert wird. Das Rechenergebnis ist der Abfindungsbetrag.

Der Kapitalwert bestimmt sich gemäß der Anlage 1 durch das Alter des Verletzten zur Zeit des Unfalls (Y-Achse) und der seit dem Unfall vergangenen Zeit (X-Achse), die in Jahren berechnet wird.

Die Kapitalwerte sind den Ergebnissen aus X- und Y-Achse zu entnehmen.

Bearbeitungsbeispiel | Bestimmung der Abfindungssumme

Katie, am 11.09.1980 geboren, erleidet am 10.09.2010 einen Arbeitsunfall mit einer dauerhaften MdE von 35 Prozent. Sie erhält eine (angepasste) Jahresrente von 14.000,00 Euro. Am 01.08.2024 stellt sie den Antrag auf Abfindung, der dem Unfallversicherungsträger am 05.08.2024 zugeht. Der Unfallversicherungsträger gibt dem Antrag am 02.09.2024 statt, der Bescheid geht Katie am 06.09.2024 zu.
Frage: Wie hoch ist die Abfindung?

Anwendungsklärung: Antrag auf Abfindung innerhalb von 15 Jahren nach dem Unfall (Anlage 1) oder nach Ablauf von 15 Jahren (Anlage 2)? Hier: Innerhalb von 15 Jahren, daher Zuständigkeit der Anlage 1

1. Schritt: Alter der Versicherten zur Zeit des Unfalls:
Am 10.09.2010 war Katie 29 Jahre alt.
Hier: Altersgruppe 25 bis unter 30

2. Schritt: Seit dem Unfall vergangene Zeit:
Maßgeblich für die Prüfung ist nach der BSG-Entscheidung[1639] der Zeitpunkt der Leistungsbewilligung. Abgestellt wird nach § 40 Abs. 2 SGB I auf die Bekanntgabe. Dies ist hier der 06.09.2024.[1640]
Demnach sind vom Unfalltag (10.09.2010) 13 Jahre vergangen.

1639 Die BSG-Entscheidung v. 28.04.2004 (B 2 U 10/03 R) betraf die Auslegung des Wortlauts der Anlage 2, nicht der Anlage 1. Durchaus ließe sich vertreten, dass die Argumentation aus Rn. 4 nicht auf die Anlage 1 übertragbar ist.

1640 Vgl. Sacher in: Lauterbach, § 76 SGB VII Rn. 32.

3. Schritt: Anwendung der Anlage 1
X-Achse: Unfallabstand 13 Jahre
Y-Achse: Altersgruppe 25–30
Ergebnis = 17,0 (= Tabellenwert der Anlage 1 der UVKapWertV)

4. Schritt: Berechnung: 14.000,00 Euro (ohne weitere Prüfung und Berücksichtigung einer etwaigen Anpassung) × 17,0 Kapitalwert = 238.000,00 Euro.

Ergebnis: Katie erhält eine Abfindung in Höhe von 238.000,00 Euro.

Die Anwendung der Anlage 1 endet folglich, wenn seit dem Unfall mehr als 15 Jahre vergangen sind. In dem Fall findet die Anlage 2 Anwendung.

5.2.4.2 Abfindung nach Ablauf von 15 Jahren nach dem Unfall

Sofern die Abfindung erst nach 15 Jahren oder später nach dem Unfall beantragt wird, findet die **Anlage 2** Anwendung.

Diese hat eine andere, einfachere Berechnungsmethodik.

Abgestellt wird nun nicht mehr auf das Alter zum Zeitpunkt des Versicherungsfalls (Y-Achse), sondern allein auf das Alter des Verletzten zur Zeit der Abfindung. Ein der X-Achse vergleichbarer Wert, wie lange die Zeit nach dem Unfall vergangen ist, gibt es nicht.

Bearbeitungsbeispiel | Bestimmung der Abfindungssumme

Ludo, am 11.09.1960 geboren, erleidet am 10.09.2005 einen Arbeitsunfall mit einer dauerhaften MdE von 30 Prozent. Er erhält eine (angepasste) Jahresrente von 14.000,00 Euro. Am 01.06.2020 beantragt er die Abfindung der Rente. Der Unfallversicherungsträger gibt dem Antrag am 13.12.2020 statt, der Bescheid geht Ludo am 17.12.2020 zu.
Frage: Wie hoch ist die Abfindung?

Anwendungsklärung:
Entscheidung über die Abfindung innerhalb von 15 Jahren nach dem Unfall (Anlage 1) oder nach Ablauf von 15 Jahren (Anlage 2)?
Hier: Nach Ablauf von 15 Jahren, daher Zuständigkeit der Anlage 2

1. Schritt: Alter des Versicherten zum Zeitpunkt der Abfindung
Abgestellt wird auf die Bekanntgabe des Bescheids, also auf den 17.12.2020. Am 17.12.2020 war Ludo 60 Jahre alt.

2. Schritt: Anwendung der Anlage 2
Alter des Verletzten zur Zeit der Abfindung 60 bis unter 65
Ergebnis = 10,0 (= Tabellenwert der Anlage 2 der UVKapWertV)

3. Schritt: Berechnung: 14.000,00 Euro (ohne weitere Prüfung und Berücksichtigung einer etwaigen Anpassung) × 10,0 Kapitalwert = 140.000,00 Euro.

Ergebnis: Ludo erhält eine Abfindung in Höhe von 140.000,00 Euro.

Hinweis: Der Fall stellt auf die Entscheidung des BSG vom 28.04.2004 (B 2 U 10/03 R) ab.
Im Sinne der Entscheidung des vorinstanzlichen LSG Bayern (Urt. v. 19.09.2002 – L 17 U 48/02) und des Vortrags des Klägers wäre auf den Zeitpunkt der Antragstellung, also auf den 01.06.2020 abzustellen.
Zu diesem Zeitpunkt war Ludo noch 59 Jahre alt, sodass der Kapitalwert 11,8 betrug.

Berechnung: 14.000,00 Euro × 11,8 Kapitalwert = 165.200,00 Euro.

5.2.5 Rechtsfolgen

Wie bereits oben erwähnt, handelt es sich bei der Abfindung nach § 76 SGB VII um eine Totalabfindung.[1641]

- Die bislang bewilligte und ausgezahlte Versichertenrente wird bis zum Ende des Monats, in dem der Abfindungsbescheid zugestellt wird, weiter ausgezahlt (vgl. § 73 Abs. 2 S. 1 SGB VII).[1642] Danach erlischt der Rentenanspruch auf Dauer.[1643]
- Der Versicherte nimmt durch die Abfindung nicht mehr an Rentenanpassungen teil.[1644]

1641 Lange/Richter in: v. Koppenfels-Spies/Wenner, SGB VII, § 76 SGB VII Rn. 19.
1642 Jung in: jurisPK-SGB VII, § 76 SGB VII Rn. 18.
1643 Jung in: jurisPK-SGB VII, § 76 SGB VII Rn. 18.
1644 Lange/Richter in: v. Koppenfels-Spies/Wenner, SGB VII, § 76 SGB VII Rn. 19.

- Von der Abfindung sind alle anderen Ansprüche aus dem SGB VII, z.B. auf Rehabilitation, **nicht** betroffen.[1645]

5.2.6 Verschlimmerungen

Tritt eine **wesentliche Verschlimmerung** der Unfallfolgen beim Versicherten nach Erhalt der Abfindung auf, lebt **nicht** die vollständige Rente wieder auf, sondern wird „insoweit" Rente bezahlt (§ 76 Abs. 3 SGB VII).

Eine wesentliche Verschlimmerung liegt bei den hier betroffenen Tatbeständen vor, wenn die MdE um mehr als 5 Prozente angestiegen ist und für mehr als drei Monate bestehen bleibt. Konkret bedeutet das: Die Abfindung bleibt ausbezahlt, hinzu tritt eine Rentenzahlung.

Beispiel:[1646] Eine Rente mit einer MdE von 20 Prozent wurde abgefunden. Es kommt zu einer Verschlimmerung mit der Folge, dass nunmehr die MdE 30 Prozent beträgt.

Folge: Es bleibt bei der Abfindung. Zudem ist zusätzlich eine Rente mit einer MdE von 10 Prozent festzustellen.

Hinweis: Bei der Rentenzahlung sind etwaige Rentenanpassungen und Rentenerhöhungen zu beachten.

Anders ist der Fall zu bewerten, wenn sich nachträglich herausstellt, dass beim Versicherten ein höherer MdE-Grad bestanden hat, als bei der Abfindung zugrunde gelegt wurde.

Beispiel:[1647] Eine Rente mit einer MdE von 20 Prozent wurde abgefunden. Nachträglich wird festgestellt, dass die zutreffende MdE 30 Prozent beträgt. Der Versicherte hat Anspruch auf eine höhere Abfindung unter teilweiser Aufhebung des Abfindungsbescheids nach § 44 SGB X.

Werden Versicherte nach einer Abfindung durch Verschlimmerung der Folgen des Versicherungsfalls oder durch Hinzutreten eines weiteren Versicherungsfalls **Schwerverletzte** (§ 57 SGB VII), lebt auf Antrag der Anspruch auf Rente **in vollem Umfang** wieder auf (§ 77 Abs. 1 SGB VII).

Betroffen sind drei Fallgruppen:[1648]

- Verschlimmerung der Folgen des abgefundenen Versicherungsfalls

---

1645 Lange/Richter in: v. Koppenfels-Spies/Wenner, SGB VII, § 76 SGB VII Rn. 19.
1646 Nach Jung in: jurisPK-SGB VII, § 76 SGB VII Rn. 26.
1647 Nach Kranig in: Hauck/Noftz, SGB VII, § 76 SGB VII Rn. 17.
1648 Nach Sacher in: Lauterbach, § 77 SGB VII Rn. 6 ff.

- Verschlimmerung der Folgen früherer Versicherungsfälle: Der erste Versicherungsfall (MdE von z.B. 20 Prozent) wurde abgefunden, der zweite Versicherungsfall (MdE von z.B. ebenso 20 Prozent) nicht. Bei Verschlimmerung der Folgen des zweiten Versicherungsfalls (z.B. MdE steigt auf 30 Prozent) liegen die Voraussetzungen vor.
- Hinzutreten eines neuen Versicherungsfalls

Allerdings besteht nun die Problematik, dass der Versicherte bereits eine Abfindungssumme erhalten hat. Um eine Doppelleistung zu vermeiden, findet für diesen Fall § 77 Abs. 2 SGB VII Anwendung: Die Abfindungssumme wird auf die Rente angerechnet, soweit sie die Summe der Rentenbeträge übersteigt, die den Versicherten während des Abfindungszeitraumes zugestanden hätten. Die Anrechnung hat so zu erfolgen, dass den Versicherten monatlich mindestens die halbe Rente verbleibt.

Das volle Wiederaufleben der Rente wird damit erklärt, dass Schwerverletzte eher auf eine laufende Rentenzahlung angewiesen sein könnten als andere Verletzte.[1649]

Notwendig ist allein, dass der Versicherte die Voraussetzung als Schwerverletzter erfüllt; nicht notwendig ist es daher, dass er sämtliche Voraussetzungen für eine Schwerverletztenrente erfüllt. Aus diesem Grund ist allein auf die Legaldefinition des Schwerverletzten aus § 57 SGB VII zurückzugreifen: Der Versicherte muss eine MdE von 50 Prozent oder mehr haben oder bei mehreren Versicherungsfällen eine MdE, deren Vomhundertsätze zusammen wenigstens die Zahl 50 erreicht. Die übrigen Eigenschaften der Schwerverletztenrente müssen folglich nicht erfüllt werden.

Nicht notwendig ist, dass es sich bei der Verschlimmerung um eine wesentliche Veränderung handeln muss, also dass sie über 5 Prozentpunkte ausmacht.[1650]

Der Gesetzestext sieht ebenso keine Mindestdauer (von drei Monaten) vor. Die herrschende Meinung geht indes davon aus, dass diese dem Sinn und Zweck des Gesetzes entspräche, da eine so gravierende und auf Dauer angelegte Rechtsfolge nur bei Erreichen einer Mindestdauer vorzusehen ist.[1651]

1649 Ricke in: BeckOGK-SGB VII, § 77 SGB VII Rn. 3.

1650 Bereiter-Hahn/Mehrtens, § 77 SGB VII Rn. 3.

1651 Vgl. Bereiter-Hahn/Mehrtens, § 77 SGB VII Rn. 3; Kranig in: Hauck/Noftz, SGB VII, § 77 SGB VII Rn. 3.

Konsequent erscheint dies nicht: Wenn auf der einen Seite keine *wesentliche* Änderung der MdE an dieser Stelle verlangt wird, weil es keinen Gesetzesbezug zu § 73 Abs. 3 SGB VII gibt, kann die in § 73 Abs. 3 SGB VII hergeleitete Dauer ebenso nicht eingefordert werden, da es auch hier weiterhin an einem Bezug zu § 73 Abs. 3 SGB VII fehlt. Allerdings dürfte es in der Praxis in der Regel nur Fälle geben, die das Kriterium der Dauer auch erfüllen.

Wesentlich für das Wiederaufleben der Rente ist der Antrag des Versicherten. Ohne Antrag bleibt es also bei der Abfindungszahlung (ggf. bei Verschlimmerung die Rechtsfolge des § 76 Abs. 3 SGB VII).

Wird der Antrag vom Versicherten gestellt, muss dieser berücksichtigen, dass seine Rente zumindest anteilig gekürzt werden kann (§ 77 Abs. 2 S. 1 SGB VII), wobei ein sozialer Schutz auf mindestens die Hälfte der Rente besteht (§ 77 Abs. 2 S. 2 SGB VII). Das Wort „mindestens" lässt der Verwaltung ein Ermessen zu, auch einen höheren Wert als Rente dem Versicherten zu belassen.

5.3 Abfindung bei MdE von 40 Prozent oder mehr

Versicherte mit einer MdE von 40 oder mehr Prozent können eine Abfindung statt einer Rentenzahlung beantragen. Die Voraussetzungen sind in den §§ 78, 79 SGB VII geregelt. Es muss sich dabei stets um eine Rente auf unbestimmte Zeit handeln.[1652] In Abgrenzung zur Abfindung der Rente nach § 76 SGB VII wird die abzufindende Rente als „große Rente" bezeichnet.[1653]

§ 78 Abs. 1 SGB VII lautet: „Versicherte, die Anspruch auf eine Rente wegen einer Minderung der Erwerbsfähigkeit von 40 vom Hundert oder mehr haben, können auf ihren Antrag durch einen Geldbetrag abgefunden werden. Das gleiche gilt für Versicherte, die Anspruch auf mehrere Renten haben, deren Vomhundertsätze zusammen die Zahl 40 erreichen oder übersteigen."

Für die Abfindung der großen Rente nach § 78 Abs. 2 SGB VII bestehen zwei Besonderheiten:

- **Besonderheit 1:** Abfindungsmindestalter! Diese Abfindung kann nur bewilligt werden, wenn die Versicherten **das 18. Lebensjahr** vollen-

1652 Sacher in: Lauterbach, § 78 SGB VII Rn. 11.
1653 Bereiter-Hahn/Mehrtens, § 78 SGB VII Rn. 2.

det haben. Der Gesetzestext stellt auf die Bewilligung ab, sodass bei korrekter Gesetzesanwendung auf das Alter zum Zeitpunkt der Abfindung (Abfindungszeitraum) abgestellt wird.[1654] Diese Anwendung kann aber nicht zur Erfüllung des Sinns und Zweck der Regelung führen: Minderjährige sollen von einer Entscheidung abgehalten werden, deren Tragweite und deren Konsequenzen sie nur schwer absehen können.[1655] Dann sollte aber die Volljährigkeit bereits beim Antrag und nicht erst zum Zeitpunkt der Bewilligung vorliegen. Mit der Antragstellung ist daher Volljährigkeit zu verlangen, um den Sinn und Zweck des Schutzes gerecht zu werden.[1656]
Es gibt allerdings kein im Gesetz festgelegtes Abfindungshöchstalter.
Es darf im Übrigen nicht zu erwarten sein, dass innerhalb des Abfindungszeitraumes die MdE **wesentlich sinkt** (§ 78 Abs. 2 SGB VII). Wesentlich bedeutet auch hier wieder eine Änderung von über 5 Prozent und zwar über einen Zeitraum von drei Monaten hinaus. Die Wesentlichkeit ist nicht daran gekoppelt, dass die MdE von 40 Prozent unterschritten wird! Ist also mit einem Absinken der MdE von 60 auf 50 Prozent zu rechnen, kann die Abfindung nicht erteilt werden, auch wenn weiterhin die MdE 40 oder (wie hier: 50 Prozent) mehr Prozent ausmacht.[1657]

- **Besonderheit 2:** Begrenzter Abfindungsumfang! Eine Rente kann in den Fällen einer Abfindung bei einer MdE ab 40 Prozent bis zur Hälfte für einen **Zeitraum von zehn Jahren** abgefunden werden (§ 79 S. 1 SGB VII). Als Abfindungssumme wird das 9-fache des der Abfindung zugrunde liegenden Jahresbetrages der Rente gezahlt. Der Anspruch auf den Teil der Rente, an dessen Stelle die Abfindung tritt, erlischt mit Ablauf des Monats der Auszahlung für 10 Jahre.

Die Abfindung der großen Rente hat damit einen wesentlichen Unterschied zur Abfindung der kleinen Rente: Während bei Abfindung nach § 76 SGB VII die Rente vollständig und auf Dauer (vorbehaltlich der wesentlichen Verschlimmerung der Folgen und des Eintritts der Schwerverletzteneigen-

1654 Vgl. Holstraeter in: Knickrehm/Roßbach/Waltermann, § 78 SGB VII Rn. 4.
1655 Kunkel in: GK-SRB, § 78 SGB VII Rn. 3.
1656 Wie hier: Marschner in: BeckSozR, § 78 SGB VII Rn. 6.
1657 Bereiter-Hahn/Mehrtens, § 78 SGB VII Rn. 5.

schaft) erlöscht, ist die Abfindung nach § 78 SGB VII hinsichtlich des Umfangs (bis zur Hälfte) und der Dauer (10 Jahre) beschränkt.[1658]

Die Unterscheidung wird damit begründet, dass Versicherte mit einer MdE von 40 oder mehr Prozent eine gravierende Gesundheitsschädigung haben und deshalb zur Ergänzung ihres sonstigen Einkommens auf den laufenden Bezug von UV-Rente angewiesen sind.[1659]

Nach § 78 Abs. 1 S. 1 SGB VII wird die Abfindung **nur auf Antrag** des Versicherten abgefunden. Sie steht im pflichtgemäßen Ermessen des Unfallversicherungsträgers.[1660] Versagensgrund soll auch hier der mögliche Tod vor Ablauf des Abfindungszeitraums sein.[1661] Eine Zweckbindung oder eine Pflicht zur nützlichen Verwendung besteht auch hier nicht,[1662] wobei auch bei dieser Abfindung gewichtige Gründe (z.B. Sucht, siehe Ausführungen zur kleinen Rente zuvor) zu einer Ablehnung führen können.

Da die Rente nicht vollständig abgefunden werden kann, sondern **höchstens bis zur Hälfte** und für einen Zeitraum von zehn Jahren, handelt es sich um eine zeitlich beschränkte Rentenkapitalisierung.[1663] Allerdings ist es möglich, dass der Versicherte während des Zehn-Jahres-Zeitraums mehrfache Abfindungen beantragen kann, solange nicht der Höchstbetrag, die Hälfte des Rentenanspruchs, erfüllt wurde.[1664]

Der Wortlaut des § 79 SGB VII bedeutet:

- Der Versicherte kann einen Antrag auf weniger als die Hälfte der Rente stellen. Die Hälfte ist der Maximalbetrag, eine Abweichung nach unten ist erlaubt.
- Vom Abfindungszeitraum von **zehn Jahren** kann nicht abgewichen werden, auch wenn dies der Versicherte beantragt.

Die Berechnung der Abfindungssumme erfolgt mit dem Jahresbetrag des abzufindenden Rentenanteils von maximal der Hälfte, der mit neun multipliziert wird.[1665] Die Multiplikation mit dem Neunfachen des der Abfindung zugrundeliegenden Jahresbetrages begründet sich in dem Zinsvorteil, den

1658 Kranig in: Hauck/Noftz, SGB VII, § 78 SGB VII Rn. 7.
1659 Kranig in: Hauck/Noftz, SGB VII, § 78 SGB VII Rn. 7.
1660 Kranig in: Hauck/Noftz, SGB VII, § 78 SGB VII Rn. 1.
1661 Bereiter-Hahn/Mehrtens, § 78 SGB VII Rn. 6.
1662 Plum in: Podzun, Kz. 640 S. 18.
1663 Bereiter-Hahn/Mehrtens, § 79 SGB VII Rn. 3.
1664 Plum in: Podzun, Kz. 640 S. 21.
1665 Jung in: jurisPK-SGB VII, § 79 SGB VII Rn. 6.

der Versicherte durch die Abfindung als Einmalzahlung erlangt.[1666] Die Rentenhöhe zur Zeit der Bewilligung der Abfindung wird bei der Berechnung zugrunde gelegt.[1667] Das bedeutet, dass sich spätere Rentenanpassungen nicht auf die **Höhe der Abfindung** auswirken.[1668]

Der Anspruch auf den Teil der Rente, an dessen Stelle die Abfindung tritt, **erlischt** mit Ablauf des Monats der Auszahlung für zehn Jahre. Für diesen abgefundenen Rententeil verliert der Versicherte Rentenanpassungen und Rentenfeststellungen bezüglich des abgefundenen Teils (§§ 90, 95 SGB VII).[1669]

Bearbeitungsbeispiel | Bestimmung der Abfindungssumme

Myrthe, am 11.09.1960 geboren, erleidet am 10.09.2025 einen Arbeitsunfall mit einer dauerhaften MdE von 40 Prozent; der JAV beträgt 52.500,00 Euro. Sie erhält eine (angepasste) Jahresrente (auf unbestimmte Zeit) von 14.000,00 Euro. Sie beantragt die Abfindung der Rente in Höhe der Hälfte. Der Unfallversicherungsträger gibt dem Antrag statt.
Frage: Wie hoch ist die Abfindung?

1. Prüfungspunkt: Hat die Versicherte einen Anspruch auf eine Rente auf unbestimmte Zeit mit einer MdE von 40 oder mehr Prozent (oder mehrere Renten, die auf 40 oder mehr zusammenkommen)?
Myrthe hat einen Anspruch auf eine Rente auf unbestimmte Zeit mit einer MdE von 40 Prozent.

2. Prüfungspunkt: Liegt ein Antrag der Versicherten auf Abfindung vor?
Ein Antrag der Versicherten liegt vor.

3. Prüfungspunkt: Alter der Versicherten zum Zeitpunkt der Abfindung
Sowohl zum Zeitpunkt der Bewilligung (herrschende Meinung) als auch zum Zeitpunkt des Antrags (Gegenansicht) war die Versicherte volljährig.

1666 Kunkel in: GK-SRB, § 78 SGB VII Rn. 6.
1667 Jung in: jurisPK-SGB VII, § 79 SGB VII Rn. 7.
1668 Jung in: jurisPK-SGB VII, § 79 SGB VII Rn. 7.
1669 Plum in: Podzun, Kz. 640 S. 20.

4. Prüfungspunkt: Ist kein wesentliches Absinken der MdE während des Abfindungszeitraums zu erwarten?
Es liegen keine Hinweise vor, dass mit einem wesentlichen Absinken zu rechnen ist.

5. Prüfungspunkt: Berechnung der Abfindung und Berechnung der Rente

a) Berechnung der Abfindung
Die Abfindungssumme einer Versicherten, die eine Rente nach einer MdE von 40 Prozent bei einem JAV von 52.500,00 Euro bezieht, errechnet sich bei einer Abfindungsquote von 50 Prozent wie folgt:[1670]
aa) Jahresrentenbetrag = 40 Prozent von 2/3 des JAV = 14.000.00 Euro
bb) Abfindungsquote × Jahresrentenbetrag × 9 = Abfindungssumme
Abfindungsquote: 50 Prozent
Jahresrentenbetrag: 14.000,00 Euro
50 Prozent × 14.000,00 Euro × 9 = 63.000,00 Euro
Abfindungssumme: 63.000,00 Euro

b) Berechnung der Rente nach Abfindung
Jahresrentenbetrag: 7.000,00 Euro (Hälfte von 14.000,00 Euro)
Monatsrente: 7.000,00 Euro / 12 Monate = 583,33 Euro/Monat
Monatsrente: 583,33 Euro
Myrthe bezieht folglich bis 2035 eine Monatsrente in Höhe von 583,33 Euro (zzgl. Rentenanapassungen).

c) Ergebnis
Myrthe erhält eine Abfindung in Höhe von einmalig 63.000,00 Euro und bezieht eine Monatsrente in Höhe von 583,33 Euro.

Abwandlung: Myrthe beantragt die Abfindung in Höhe von 25 Prozent.

a) Berechnung der Abfindung
Jahresrentenbetrag: 14.000,00 Euro
Abgefunden: 25 Prozent von 14.000,00 Euro = 3.500,00 Euro
3.500,00 Euro × 9 = 31.500 Euro
Abfindungssumme: 31.500,00 Euro

1670 Nach Sacher in: Lauterbach, § 79 SGB VII Rn. 7.

b) Berechnung der Rente nach Abfindung
Jahresrentenbetrag: 10.500,00 Euro (75 Prozent von 14.000,00 Euro)
Monatsrente: 10.50,00 Euro / 12 Monate = 875,00 Euro/Monat
Monatsrente: 875,00 Euro
Myrthe bezieht folglich bis 2035 eine Monatsrente in Höhe von 875,00 Euro (zzgl. Rentenanpassungen) und erhält als Einmalzahlung einen Betrag von 31.500,00 Euro.

c) Ergebnis
Myrthe erhält eine Abfindung in Höhe von einmalig 31.500,00 Euro und bezieht eine Monatsrente in Höhe von 875,00 Euro.

Auf den abgefundenen Teil der Rente wirken sich wesentliche Verschlimmerungen oder wesentliche Besserungen **nach der Entscheidung über die Abfindung** nicht aus; sie betreffen allerdings die nicht abgefundene Rentenzahlung.[1671]

Bearbeitungsbeispiel | Auswirkung einer Verschlimmerung nach Abfindung

Myrthes MdE von 40 Prozent verschlechtert sich auf 50 Prozent; sie hat zuvor eine Abfindung erhalten. Die Abfindungshöhe betrug 50 Prozent.

Auswirkungen:

a) Auf die ausgezahlte Abfindung hat die Verschlimmerung keine Auswirkung. Es erfolgt keine Korrektur in Form einer Nachzahlung.
b) Die Anhebung der MdE um 10 Prozentpunkte wird vollständig auf die Rente durchgereicht.[1672]
Teilrente (MdE 40 Prozent): 1.166,67 Euro/Monat (ohne Berücksichtigung der Abfindung)
Abfindung: 50 Prozent
Zahlbetrag nach Abfindung: 583,33 Euro (s.o.)
Verschlimmerung: 10 Prozent

1671 Jung in: jurisPK-SGB VII, § 79 SGB VII Rn. 11.
1672 Nachfolgende Berechnung auf Basis von Bereiter-Hahn/Mehrtens, § 79 SGB VII Rn. 7 und Sacher in: Lauterbach, § 79 SGB VII Rn. 10.

Fiktiver Jahresrentenbetrag bei MdE 50 Prozent: 17.500,00 Euro (Erklärung: 2/3 von 52.500,00 Euro × 50 %)
Differenz: (Jahresrentenbetrag 50 Prozent =) 17.500,00 Euro – (Jahresrentenbetrag 40 Prozent =) 14.000,00 Euro = 3.500,00 Euro
3.500,00 Euro /12 = 291,67 Euro
Die 291,67 Euro werden vollständig auf die Rente zugeschlagen.
Neuer Zahlbetrag der Rente nach Erhöhung: 583,33 Euro + 291,67 Euro = 875,00 Euro

Nach Ablauf des Abfindungszeitraums von zehn Jahren lebt der Anspruch auf vollständige Rente, ohne dass es eines Antrags des Versicherten bedarf, wieder auf. Die wiederaufgelebte Rente wird **mit allen Rentenerhöhungen und Rentenanpassungen** berechnet.[1673] Der Versicherte hat die Möglichkeit unter den gleichen Bedingungen erneut eine Abfindung zu beantragen.[1674]

1673 Jung in: jurisPK-SGB VII, § 79 SGB VII Rn. 12.
1674 Jung in: jurisPK-SGB VII, § 79 SGB VII Rn. 12.

6 Hinterbliebenenleistungen

Der Erfolg der Arbeit von Sozialversicherungsträgern ist nur begrenzt dem Beweis zugänglich. Oftmals hängt der Erfolg von der Qualität und Qualifikation externer Leistungserbringer ab, und das Mitwirken der Versicherten ist eine wichtige Unterstützung zum Erfolg. Die Aufgaben der Unfallversicherung liegen in der Prävention, Rehabilitation und Entschädigung. Es besteht dabei der Vorrang der Prävention und Rehabilitation vor der Entschädigung.[1675] Griffig lässt sich dies mit der Losung „Prävention vor Rehabilitation vor Rente“ zusammenfassen.

In der jährlichen Ermittlung der tödlichen Arbeitsunfälle und Berufskrankheiten wird zumindest ein Teil des Erfolges der Arbeit der gesetzlichen Unfallversicherung sichtbar: 1994 gab es 2.300 tödliche Arbeits- und Wegeunfälle, 2004 gab es noch 1.274, 2014 nur noch 805 und 2023 599.[1676] Bei den Berufskrankheiten gab es 2022 2.148 Todesfälle infolge einer Berufskrankheit, 2024 waren es 1.888. Die rückläufigen Zahlen zeigen den Erfolg der Präventionsleistungen.

Dennoch: Todesfälle gibt es auch auf dem Weg zur Arbeit oder während der Arbeit oder infolge einer Berufskrankheit. Sie können Ansprüche der Hinterbliebenen auslösen.

Hinterbliebene können nach § 64 Abs. 1 SGB VII sein:

- Witwen, Witwer, Lebenspartner (§ 63 Abs. 1a SGB VII)
- Kinder, Stiefkinder, Pflegekinder
- Enkel
- Geschwister
- frühere Ehegatten
- Verwandte der aufsteigenden Linie (z.B. Eltern, Urgroßeltern[1677])

Wissen | Eingetragene Lebenspartnerschaften

Im Jahr 2000 verabschiedeten die Regierungsfraktionen SPD und Bündnis 90/Die Grünen ein sog. Lebenspartnerschaftsgesetz (LPartG), dessen

1675 Molkentin in: LPK-SGB VII, § 1 SGB VII Rn. 1.
1676 DGUV-Statistiken für die Praxis 2023, S. 44.
1677 Marschner in: BeckOK-SozR, § 69 SGB VII Rn. 3.

Kern die **Eingetragene Lebenspartnerschaft** war.[1678] Mit der Eingetragenen Lebenspartnerschaft sollte für gleichgeschlechtliche Paare ein gesicherter Rechtsrahmen für ihr auf Dauer angelegtes Zusammenleben unter Einbeziehung ihrer gleichgeschlechtlichen Identität geschaffen werden.[1679] Nach § 1 Abs. 1 S. 1 LPartG können zwei Personen gleichen Geschlechts, die gegenüber dem Standesbeamten persönlich und bei gleichzeitiger Anwesenheit erklären, miteinander eine Partnerschaft auf Lebenszeit führen zu wollen (Lebenspartnerinnen oder Lebenspartner), eine Lebenspartnerschaft begründen.
Infolgedessen wurde 2001 in § 33b SGB I die Klarstellung eingefügt, dass Lebenspartnerschaften im Sinne des Sozialgesetzbuches Lebenspartnerschaften nach dem Lebenspartnerschaftsgesetz sind. Mit der Regelung des § 63 Abs. 1 a SGB VII stellte der Gesetzgeber 2004 klar, dass die Regelungen von Hinterbliebenenleistungen an Witwen und Witwer auch für Lebenspartner gelten.
Mit dem Inkrafttreten des „Gesetzes zur Einführung des Rechts auf Eheschließung für Personen gleichen Geschlechts“ vom 20.07.2017 können Lebenspartnerschaften **nach dem 30.09.2017** zwischen zwei Personen gleichen Geschlechts **nicht** mehr begründet werden.[1680]
An die Stelle der eingetragenen Lebenspartnerschaft ist die **gleichgeschlechtliche Ehe** getreten. Nach § 1353 Abs. 1 S. 1 BGB kann nunmehr **die Ehe** von zwei Personen **verschiedenen oder gleichen** Geschlechts auf Lebenszeit geschlossen werden.
Aufgrund der prinzipiellen zivilrechtlichen Gleichstellung hat die Eingetragene Lebenspartnerschaft nur noch eine geringe Bedeutung.[1681]

Hinterbliebene haben Anspruch auf verschiedene Leistungen, die in § 63 Abs. 1 S. 1 SGB VII aufgeführt sind:

- Sterbegeld
- Erstattung der Kosten der Überführung an den Ort der Bestattung

1678 Hahn in: BeckOK BGB, § 1 LPartG Rn. 1.
1679 BT-Drs. 14/3751, S. 1.
1680 Hahn in: BeckOK BGB, § 1 LPartG Rn. 6; Grüner/Ziegler in: LPK-SGB VII, § 63 SGB VII Rn. 16.
1681 Vgl. Grüner/Ziegler in: LPK-SGB VII, § 63 SGB VII Rn. 16.

- Hinterbliebenenrenten
- Beihilfe

Aus § 63 Abs. 3 und 4 SGB VII geht hervor, dass die Hinterbliebenenleistungen Sterbegeld und die Überführungskosten auch gegenüber Dritten (also z.B. Nachbarn, Freunde, Arbeitgeber) erbracht werden können.[1682] Dritte sind dann die tatsächlichen Kostenträger.[1683]

Während es knapp 540.000 Rentenbezieher wegen Arbeitsunfällen gibt und über 66.000 Rentenbezieher wegen einer Berufskrankheit, ist die Anzahl der Hinterbliebenen-Rentenbezieher deutlich geringer: über 52.000 Hinterbliebene erhalten eine Rente wegen eines tödlichen Arbeitsunfalls ihres Angehörigen, fast 36.000 beziehen eine Rente wegen einer tödlichen Berufskrankheit ihres Angehörigen.[1684]

Trotz dieser etwas geringeren Fallzahlen sollte die Außenwirkung nicht übersehen werden: An dieser Stelle wird die Unfallversicherung, ihr Sinn und Zweck in einfacher Weise Dritten gegenüber auf einmal sichtbar und konkret. Sie kann sich daher als selbständiger Sozialversicherungszweig mit kürzeren und schnelleren Wegen empfehlen.

§ 63 SGB VII stellt die **Einweisungsvorschrift** zum Hinterbliebenenrecht dar. Dort sind die Leistungen, die der Unfallversicherungsträger an Hinterbliebene im Todesfall eines Versicherten erbringt, aufgeführt. Die Vorschrift räumt den Hinterbliebenen einen **Rechtsanspruch** auf die aufgeführten Leistungen ein.

In der Einweisungsvorschrift wird zwischen Sterbegeld, Überführungskosten und Rente auf der einen Seite und der Beihilfe auf der anderen Seite unterschieden. Der Unterschied ergibt sich aus § 63 Abs. 1 S. 2 SGB VII: Der Anspruch auf Leistungen nach § 63 Abs. 1 S. 1 Nr. 1 bis 3 SGB VII, also Sterbegeld, Überführungskosten und Rente, besteht nur, wenn der Tod **infolge eines Versicherungsfalls** eingetreten ist. Zwischen dem Tod des Versicherten und dem Versicherungsfall muss folglich **Kausalität** bestehen.[1685]

1682 Jentsch in: jurisPK-SGB VII, § 63 SGB VII Rn. 16.
1683 Jentsch in: jurisPK-SGB VII, § 63 SGB VII Rn. 16.
1684 DGUV-Statistiken für die Praxis 2023, S. 79.
1685 Jentsch in: jurisPK-SGB VII, § 63 SGB VII Rn. 12.

Wissen | Infolge – kleines Wort, große Bedeutung

Im Sozialversicherungsrecht mit unterschiedlichen Leistungsträgern wie Krankenkassen, Rentenversicherung oder Unfallversicherungsträgern ist die Abgrenzung, ob ein Leistungsfall vorliegt, der die eigene Zuständigkeit hervorruft, bedeutend.

Zur Leistungsvoraussetzung der Unfallversicherung bei einem Arbeitsunfall gehört, dass der Unfall vom Versicherten *infolge* einer den Versicherungsschutz nach §§ 2, 3 oder 6 SGB VII begründenden Tätigkeit erfolgte (§ 8 Abs. 1 S. 1 SGB VII).

Bei der Berufskrankheit muss der Versicherte die Krankheit *infolge* einer den Versicherungsschutz nach §§ 2, 3 oder 6 SGB VII begründenden Tätigkeit erlitten worden sein (§ 9 Abs. 1 S. 1 SGB VII). Verletztengeld wird erbracht, wenn Versicherte *infolge* des Versicherungsfalls arbeitsunfähig sind (§ 45 Abs. 1 Nr. 1 SGB VII), und für den Rentenanspruch muss die Erwerbsfähigkeit des Versicherten *infolge* eines Versicherungsfalls über die 26. Woche nach dem Versicherungsfall hinaus um wenigstens 20 Prozent gemindert sein.

Durch das Wort „infolge" wird eine Bedingung dargestellt. Diese Bedingung wird als „Kausalität" bezeichnet. Vereinfacht gesagt versteht man unter der Kausalität die Beziehung zwischen **Ursache und Wirkung**, die Wirkung erfolgt infolge der Ursache. Die Kausalität wird dabei nicht nur im Sozialversicherungsrecht, sondern auch in anderen Rechtsgebieten (z.B. im Zivil- oder Strafrecht) geprüft.

Im Unterschied zum Zivilrecht werden im Sozialversicherungsrecht als kausal und damit als rechtserheblich **nur solche Ursachen** angesehen, die wegen ihrer besonderen Beziehung zum Erfolg zu dessen Eintritt **wesentlich mitgewirkt** haben.[1686]

Die Wesentlichkeit wird anhand der „Theorie von der wesentlichen Bedingung" geprüft.[1687] Die Theorie beruht auf der naturwissenschaftlich-philosophischen Bedingungstheorie als Ausgangsbasis.[1688]

1686 Bieresborn in: Francke/Gagel/Bieresborn, § 4 Rn. 15.

1687 Vgl. BSG, Urt. v. 01.12.1960 – 5 RKn 66/59, juris Rn. 23; Tintner in: Schlaeger, § 63 SGB VII Rn. 5.

1688 Bieresborn in: Francke/Gagel/Bieresborn, § 4 Rn. 15.

Nach dieser Theorie ist **jedes Ereignis** Ursache eines Erfolges, das **nicht hinweggedacht** werden kann, ohne dass der Erfolg entfiele (*conditio-sine-qua-non*).[1689]
Aufgrund der Unbegrenztheit der naturwissenschaftlich-philosophischen Ursachen für einen Erfolg ist für die praktische Rechtsanwendung in einer **zweiten Prüfungsstufe** die Unterscheidung zwischen solchen Ursachen notwendig, die rechtlich für den Erfolg verantwortlich gemacht werden bzw. denen der Erfolg zugerechnet wird, und den anderen, für den Erfolg **rechtlich unerheblichen** Ursachen.[1690]

Anspruchsvoraussetzung für Hinterbliebenenleistungen ist nicht allein der **Tod eines Versicherten**, sondern die **Kausalität** des ursprünglichen Versicherungsfalles für seinen Tod.[1691] Der Tod des Versicherten muss daher **wesentlich** durch den Versicherungsfall verursacht worden sein.

Wesentlich bedeutet im Umkehrschluss, dass der Tod des Versicherten nicht allein im Versicherungsfall begründet sein muss. Der Versicherungsfall muss neben anderen, vom Versicherungsfall unabhängigen Ursachen die wesentliche Bedingung für den Tod des Versicherten sein.[1692]

Bei mehreren Todesursachen (von denen auch versicherungsfallunabhängige dabei sind) können daher Kausalitätsfragen und -probleme entstehen. Diese Problematik tritt insbesondere dann auf, wenn ein versicherungsfallunabhängiges Leiden zum Tod des Versicherten führen wird, der Tod dann aber durch einen Versicherungsfall eintritt. Die Frage einer **versicherungsfallbedingten Lebenszeitverkürzung** stellt sich allerdings überhaupt nur dann, wenn die feststehende tödliche Folge der versicherungsfallabhängigen Krankheit **bereits absehbar** ist.[1693]

Beispiel:[1694] Bauarbeiter A verunglückt durch einen Sturz von einem Hochhaus tödlich. Unabhängig von dem Arbeitsunfall wäre er aufgrund eines Krebsleidens mit Sicherheit innerhalb eines Jahres nach diesem Unfall verstorben.

1689 BSG, Urt. v. 09.05.2006 – B 2 U 1/05 R, NJOZ 2006, 4294 (4296 Rn. 13).
1690 BSG, Urt. v. 09.05.2006 – B 2 U 1/05 R, NJOZ 2006, 4294 (4296 Rn. 13).
1691 Holstraeter in: Knickrehm/Roßbach/Waltermann, § 63 SGB VII Rn. 3.
1692 Plum in: Podzun, Kz. 570 S. 10.
1693 BSG, Urt. v. 27.10.1987 – 2 RU 35/87, BeckRS 1987, 4327 Rn. 27.
1694 Nach BSG, Urt. v. 27.10.1987 – 2 RU 35/87, BeckRS 1987, 4327 Rn. 27.

Trotz der Wahrscheinlichkeit, dass der A unfallunabhängig an Krebs sterben wird, haben die Unfallfolgen den Tod des Verletzten verursacht.[1695] Voraussetzung ist lediglich, dass die Unfallfolgen den Eintritt des Todes wesentlich mitbewirkt haben.[1696]

Aus diesem Grund erhält die Witwe des A Witwenrente.

Weiteres Beispiel:[1697] Die B leidet an Magenkrebs, der zu ihrem Tode führen wird. Aufgrund eines Arbeitsunfalls erleidet sie solche Unterleibsverletzungen, dass sich der Magenkrebs so verschlimmert, dass sie ein Jahr früher stirbt als bei natürlichem Verlauf.

Der Witwer der B erhält Witwerrente, da der Arbeitsunfall wesentlich für den Tod war.

Maßgeblich ist, dass der Versicherungsfall den Eintritt des Todes **um wenigstens ein Jahr beschleunigt** hat.[1698] Dies bedeutet, dass der Tod ein Jahr früher eingetreten ist als aufgrund des bestehenden Leidens zu erwarten war.[1699] Im Umkehrschluss bedeutet dies aber auch: Wäre der Tod auch allein infolge der bestehenden Leiden innerhalb eines Jahres nach dem Versicherungsfall eingetreten, läge keine Verkürzung vor.[1700]

Warum wird nun bei B geprüft, ob der Versicherungsfall zu einer Beschleunigung des Todes führte? Der Unterschied zum vorherigen Beispiel mit dem Bauarbeiter A liegt darin, dass vorliegend bei B der Versicherungsfall (Unterleibsverletzung) mit seinen Folgen das vorhandene Leiden (Magenkrebs) verschlimmerte und diese Verschlimmerung (Unterleibsverletzung) zum Tod führte. Ein vorhandenes Leiden am Magen der B wurde durch den Versicherungsfall verschlimmert. Anders bei Bauarbeiter A: Sein Sturz führte nicht zur Verschlimmerung seines Krebsleidens. Sturz und Krebsleiden stehen in gar keiner Beziehung zueinander. Zwar trifft der Versicherungsfall (Sturz) mit seinen Folgen auf ein bereits vorhandenes Leiden (Krebs). Der Krebs wird aber durch den Sturz nicht verschlimmert. Der Tod des A ist Folge des Versicherungsfalls (Sturz), da der Sturz den Tod zumindest in nicht unerheblichem Maß mitverursacht hat.

1695 BSG, Urt. v. 27.10.1987 – 2 RU 35/87, BeckRS 1987, 4327 Rn. 27.

1696 BSG, Urt. v. 27.10.1987 – 2 RU 35/87, BeckRS 1987, 4327 Rn. 27.

1697 Nach Plum in: Podzun, Kz. 570 S. 10.

1698 Ricke in: BeckOGK-SGB VII, § 63 SGB VII 6.2; vgl. auch Grüner/Ziegler in: LPK-SGB VII, § 63 SGB VII Rn. 13; Tintner in: Schlaeger, § 63 SGB VII Rn. 5.

1699 Ricke in: BeckOGK-SGB VII, § 63 SGB VII 6.2.

1700 Ricke in: BeckOGK-SGB VII, § 63 SGB VII 6.2.

Beispiel:[1701] Die C leidet an fortgeschrittenem Magenkrebs, weshalb mit ihrem Tod innerhalb des nächsten halben Jahres gerechnet wird. Sie erleidet einen Arbeitsunfall, der das Krebsleiden verschlimmert, weshalb sie nach einem Monat verstirbt.

Der Witwer der C erhält keine Witwerrente.

Weiteres Beispiel:[1702] Der D leidet an fortgeschrittenen Magenkrebs, weshalb mit seinem Tod innerhalb des nächsten halben Jahres gerechnet wird. Er erleidet auf dem Weg zur Arbeit einen tödlichen Verkehrsunfall.

Die Witwe des D erhält Witwenrente, da der Verkehrsunfall als versicherter Wegeunfall alleiniger Grund für den Tod war.[1703] Denn hier steht der tödliche Magenkrebs nicht neben dem Versicherungsfall als mögliche Todesursache.

Der Unfallversicherungsträger hat die Kausalität von Versicherungsfall und Tod des Versicherten eigenständig zu prüfen und zu bewerten. Denn Ansprüche auf Hinterbliebenenleistungen sind **eigenständige Rechtsansprüche**: Sie leiten sich zwar vom Recht des Versicherten ab, aber sind hinsichtlich aller Voraussetzungen gesondert zu prüfen.[1704]

Das bedeutet, dass die gegenüber dem verstorbenen Versicherten ergangenen Bescheide und gerichtlichen Entscheidungen keine Bindungswirkung gegenüber dem Hinterbliebenen entfalten.[1705] Das gilt hinsichtlich der Anerkennung bzw. Ablehnung des Versicherungsfalles und der Feststellung oder Ablehnung der Verletzungsfolgen.[1706] Deshalb haben sowohl Verwaltungen als auch Gerichte nach dem Tod des Versicherten **neu zu prüfen** und zu bewerten, ob bei diesem ein Versicherungsfall vorgelegen hat und er infolgedessen verstorben ist.[1707]

Problematisch ist es, wenn allein durch eine **Obduktion** des Versicherten geklärt werden kann, ob zwischen Versicherungsfall und Tod ein Zusammenhang besteht. Einerseits besteht für die Hinterbliebenen keine Pflicht, einer Obduktion des Versicherten zustimmen zu müssen.[1708] Andererseits

---

1701 Nach Plum in: Podzun, Kz. 570 S. 10.

1702 Nach Plum in: Podzun, Kz. 570 S. 10.

1703 Grüner/Ziegler in: LPK-SGB VII, § 63 SGB VII Rn. 13.

1704 LSG Hessen, Urt. v. 28.06.2022 – L 3 U 12/20, BeckRS 2022, 18640 Rn. 21.

1705 BSG, Urt. v. 22.11.1984 – 2 RU 34/83, juris Rn. 13; LSG Hessen, Urt. v. 28.06.2022 – L 3 U 12/20, BeckRS 2022, 18640 Rn. 21; LSG Hamburg, Urt. v. 04.12.2019 – L 2 U 40/18, juris Rn. 37.

1706 LSG Hessen, Urt. v. 28.06.2022 – L 3 U 12/20, BeckRS 2022, 18640 Rn. 21.

1707 LSG Hessen, Urt. v. 28.06.2022 – L 3 U 12/20, BeckRS 2022, 18640 Rn. 21.

1708 Grüner/Ziegler in: LPK-SGB VII, § 63 SGB VII Rn. 7.

kann eine Versagung der Obduktion dazu führen, dass der Zusammenhang nicht nachgewiesen wird, sodass die Hinterbliebenen keine Leistungen erhalten.[1709]

Bei tödlichen Unfällen kann der Unfallversicherungsträger nach § 63 Abs. 3 SGB VII die Entnahme einer **Blutprobe** anordnen, um zu prüfen, ob die versicherte Tätigkeit wesentliche Ursache, Mitursache oder ob z.B. alkoholbedingtes Fehlverhalten die alleinige Ursache war.[1710] Einer Einwilligung durch die Hinterbliebenen bedarf es – nicht wie bei der Obduktion – nicht. Bedeutung hat die Vorschrift zur Blutalkoholbestimmung, da der Alkoholkonsum zum Verlust des Versicherungsschutzes führen kann.[1711]

Ebenso problematisch ist es, wenn der Versicherte aufgrund eines Versicherungsfalls in ein Krankenhaus eingeliefert wird, aber (z.B. aus religiösen Gründen) lebensrettende Maßnahmen (wie eine Bluttransfusion) ablehnt.

Das BSG entschied mit einer ausführlichen, abwägenden und nachvollziehbaren Begründung, dass Leistungen an Hinterbliebene nicht zu gewähren sind, wenn der Versicherte einen wegen der Folgen eines Arbeitsunfalls notwendigen operativen Eingriff nur deshalb nicht überlebt, weil er aus religiösen Gründen eine Fremdbluttransfusion verweigert.[1712]

Bearbeitungshilfe | Grundaussagen zu den Hinterbliebenenleistungen

1. Ansprüche der Hinterbliebenen sind Ansprüche aus **eigenem Recht**.[1713] Es handelt sich folglich **nicht** um einen vom Versicherten abgeleiteten Anspruch, sondern um einen eigenen Anspruch.[1714] Daher besteht **keine Bindung** an bestandskräftige Verwaltungsakte oder Urteile gegenüber den Verstorbenen (z.B. Entscheidung des UVT über die Anerkennung oder Ablehnung eines Versicherungsfalls).[1715]
2. Ansprüche der einzelnen Hinterbliebenen untereinander (z.B. Witwe gegenüber ihren Kindern, den Halbwaisen) sind **selbstständig**.[1716] Das

1709 Grüner/Ziegler in: LPK-SGB VII, § 63 SGB VII Rn. 7.
1710 Plum in: Podzun, Kz. 570 S. 2.
1711 Grüner/Ziegler in: LPK-SGB VII, § 63 SGB VII Rn. 23.
1712 BSG, Urt. v. 09.12.2003 – B 2 U 8/03 R, juris Rn. 19.
1713 Ricke in: BeckOGK-SGB VII, § 63 SGB VII Rn. 3.
1714 Tintner in: Schlaeger, § 63 SGB VII Rn. 4.
1715 Ricke in: BeckOGK-SGB VII, § 63 SGB VII Rn. 3; Tintner in: Schlaeger, § 63 SGB VII Rn. 4.
1716 Ricke in: BeckOGK-SGB VII, § 63 SGB VII Rn. 4.

bedeutet, dass die gegenüber dem einen Hinterbliebenen erlassene Verwaltungsakte (z.B. der Witwe) gegenüber anderen (z.B. den Halbwaisen) **nicht** bindend sind.[1717]

6.1 Kausalitätsvermutung bei Berufskrankheiten

Bei dem Tod eines Versicherten infolge besonderer Berufskrankheiten gibt es mit § 63 Abs. 2 SGB VII eine Sonderregelung. Es handelt sich dabei um folgende Berufskrankheiten:

- BK 4101 Silikose (Quarzstaublungenerkrankung)
- BK 4102 Siliko-Tuberkolose (Quarzstaublungenerkrankung mit aktiver Lungentuberkulose)
- BK 4103 Asbestose (Asbeststaublungenerkrankung) oder durch Asbeststaub verursachte Erkrankungen der Pleura
- BK 4104 Lungenkrebs, Kehlkopfkrebs oder Eierstockkrebs in Verbindung mit Asbestose (usw.)

Bei diesen Berufskrankheiten handelt es sich durch die Kausalitätsvermutung nach § 63 Abs. 2 SGB VII um sog. **privilegierte Berufskrankheiten.**[1718] Denn: Stirbt der Versicherte, dessen Erwerbsfähigkeit durch die Folgen einer dieser aufgeführten Berufskrankheiten um 50 oder mehr Prozent gemindert ist, gilt die **Rechtsvermutung**, dass der Tod durch diese Berufskrankheit verursacht wurde.[1719] Die Rechtsvermutung führt zu einer Beweislastverlagerung; sie ist somit widerlegbar (sofern offenkundig eine andere Todesursache vorliegt, § 63 Abs. 2 S. 2 Hs. 1 SGB VII).[1720] Die Regelung stellt folglich **keine Fiktion** dar. Die Rechtsvermutung führt dazu, dass das Vorliegen einer der genannten Berufskrankheiten bei der durch die Höhe der MdE um mindestens 50 Prozent indizierten Schwere der Erkrankung in aller Regel zumindest eine rechtlich wesentliche Ursache für den Tod bildet.[1721]

Voraussetzungen für die Anwendung des § 63 Abs 2 SGB VII sind folglich:

1717 Ricke in: BeckOGK-SGB VII, § 63 SGB VII Rn. 4.
1718 Grüner/Ziegler in: LPK-SGB VII, § 63 SGB VII Rn. 17.
1719 Plum in: Podzun, Kz. 570 S. 16.
1720 Grüner/Ziegler in: LPK-SGB VII, § 63 SGB VII Rn. 17.
1721 BSG, Urt. v. 07.02.2006 – B 2 U 31/04 R, juris Rn. 17.

- Erkrankung an einer der privilegierten Berufskrankheiten; auf die Anerkennung oder beschiedene Feststellung der Berufskrankheit bzw. die Gewährung oder Feststellung einer Versichertenrente wegen dieser MdE zum Todeszeitpunkt kommt es nicht an.[1722]
- Die MdE von 50 Prozent muss allein wegen der spezifischen Erscheinungen der genannten Berufskrankheit gegeben sein.[1723] Das bedeutet: Die MdE-Anteile aus anderen Gesundheitsschäden führen nicht zur Anwendung des § 63 Abs. 2 SGB VII.[1724]

Die Rechtsvermutung gilt nach § 63 Abs. 2 S. 2 SGB VII als widerlegt, wenn **offenkundig** ist, dass der Tod mit der Berufskrankheit nicht in ursächlichem Zusammenhang steht. Dies wäre bspw. bei einem tödlichen Verkehrsunfall, den der Versicherte erlitten hat, offenkundig.[1725] Die Beweislast für die Offenkundigkeit liegt beim Unfallversicherungsträger.[1726]

Eine Obduktion zum Zwecke einer solchen Feststellung darf nicht gefordert werden. Durch die Regelung zu Gunsten der Hinterbliebenen soll der **soziale Rechtsfrieden** gefördert werden, der durch einen posthumen Streit mit dem Unfallversicherungsträger über die tatsächliche Todesursache erheblich gestört werden könnte.[1727] Allerdings kann der Unfallversicherungsträger dann auf die Ergebnisse der Obduktion zurückgreifen, wenn diese mit Einwilligung der Hinterbliebenen auf Veranlassung eines Dritten wie dem Krankenhaus oder der Staatsanwaltschaft durchgeführt wurde.[1728]

6.2 Sterbegeld

Witwen, Witwer, Kinder, Stiefkinder, Pflegekinder, Enkel, Geschwister, frühere Ehegatten und Verwandte der aufsteigenden Linie der Versicherten erhalten Sterbegeld in Höhe eines Siebtels der im Zeitpunkt des Todes geltenden Bezugsgröße (§ 64 Abs. 1 SGB VII) – doch was ist Sterbegeld?

1722 BSG, Urt. v. 07.02.2006 – B 2 U 31/04 R, juris Rn. 17.
1723 Ricke in: BeckOGK-SGB VII, § 63 SGB VII Rn. 10.
1724 Ricke in: BeckOGK-SGB VII, § 63 SGB VII Rn. 10.
1725 Grüner/Ziegler in: LPK-SGB VII, § 63 SGB VII Rn. 20.
1726 Bereiter-Hahn/Mehrtens, § 63 SGB VII Rn. 7.4.
1727 BSG, Urt. v. 07.02.2006 – B 2 U 31/04 R, juris Rn. 21.
1728 Tintner in: Schlaeger, § 63 SGB VII Rn. 19.

Aus dem Gesetzestext geht das nicht klar hervor. § 64 Abs. 1 SGB VII sagt allein aus, wer Sterbegeld bekommt und wie hoch es ist, doch nicht, was es beinhaltet.

Sterbegeld grenzt sich nach § 64 Abs. 2 SGB VII von **Überführungskosten** ab, sodass es nicht für die Überführung erbracht wird. § 64 Abs. 4 SGB VII erklärt dann den Sinn und Zweck des Sterbegeldes indirekt: Ist einer der oben genannten Anspruchsberechtigten nicht vorhanden, werden die Bestattungskosten bis zur Höhe des Sterbegeldes an denjenigen gezahlt, der diese Kosten trägt. Daraus lässt sich schließen, dass das Sterbegeld für die **Bestattungskosten** gezahlt wird. Mit den Bestattungskosten sind die Aufwendungen gemeint, die durch den unfallbedingten Tod des Versicherten entstanden sind.[1729]

Unter Berücksichtigung der im Todesfall zu beachtenden Pietät soll durch das Sterbegeld das nach den Gesamtumständen mutmaßlich Übliche und Angemessene für eine Bestattung pauschal beglichen werden.[1730]

Erstaunlich ist, dass **nicht die tatsächlichen Kosten** für die Bestattung gezahlt werden, sondern pauschal ein Siebtel der im Zeitpunkt des Todes (**nicht des Versicherungsfalls**!) geltenden Bezugsgröße. Das Sterbegeld wird folglich **unabhängig vom tatsächlichen Bestattungsaufwand** gezahlt, also auch dann, wenn die Aufwendungen geringer waren. Es wird daher **ohne Prüfung der tatsächlichen Bestattungskosten** an die Hinterbliebenen gezahlt.

Gezahlt wird es dabei grundsätzlich an den oben genannten Personenkreis. Nicht zum Personenkreis gehören z.B. nicht mit dem Verstorbenen verheiratete Lebensgefährten, Freunde, Nachbarn oder Arbeitgeber.

Grundvoraussetzung ist allein die Vorgabe aus § 64 Abs. 3 SGB VII: Das Sterbegeld und die Überführungskosten werden an denjenigen Berechtigten gezahlt, der die Bestattungs- und Überführungskosten zahlt. Das bedeutet einerseits zwar nicht, dass eine Bestattung des Versicherten stattgefunden haben muss (der Versicherte könnte bspw. verschollen oder ertrunken sein).[1731] Andererseits müssen irgendwelche Aufwendungen im Rahmen des Todes tatsächlich entstanden sein.[1732] Auch ohne eine Bestattung können

---

1729 Bereiter-Hahn/Mehrtens, § 64 SGB VII Rn. 3.

1730 BSG, Urt. v. 04.12.1974 – 5 RKn 48/73, juris Rn. 14.

1731 Bereiter-Hahn/Mehrtens, § 64 SGB VII Rn. 3.

1732 Holstraeter in: Knickrehm/Roßbach/Waltermann, § 64 SGB VII Rn. 2; Ricke in: BeckOGK-SGB VII, § 64 SGB VII Rn. 3; Tintner in: Schlaeger, § 64 SGB VII Rn. 7; Plum in: Podzun, Kz. 570 S. 4.

Kosten für Todesanzeigen, Benachrichtigungen oder Gedenkgottesdienste anfallen.[1733]

Der Unfallversicherungsträger soll sich von demjenigen, der Sterbegeld einfordert, einen Nachweis vorlegen lassen, aus dem hervorgeht, dass die Person Bestattungskosten getragen hat.

Problematisch ist es, wenn **mehrere Anspruchsberechtigte** Sterbegeld geltend machen, z.B. weil sie sich die Bestattungskosten geteilt haben. Das Gesetz trifft dazu keine Regelung.[1734] Nicht möglich ist es, dass jeder Anspruchsberechtigte dann jeweils das volle Sterbegeld erhält. Richtig erscheint es, dass Sterbegeld im Verhältnis zu den jeweils entstandenen Kosten den Anspruchsberechtigten aufzuteilen.[1735]

Die vom Gesetzgeber angesetzte Höhe von einem Siebtel soll in etwa den üblichen Ausgaben für eine Bestattung entsprechen.[1736] Er stellt eine einmalige Geldleistung in Form einer **Pauschale** gestaltet. Die Pauschale dient der Verwaltungsvereinfachung und soll gleichzeitig Anreize verhindern, eine aufwendige Bestattungsart zu wählen, würden auch deren Kosten ersetzt werden. Mit der Bezugnahme an die Bezugsgröße besteht eine automatische Anpassung des Betrages.

Berechnungsbeispiel | Höhe des Sterbegeldes

Versicherungsfall: 01.12.2024
Tod des Versicherten: 22.09.2025
Bezugsgröße 2025: 44.940,00 Euro
1/7 von 44.940,00 Euro = 6.420,00 Euro
Sterbegeld: 6.420,00 Euro

Bestattungskosten umfassen z.B.:[1737]

- Zahlung an Bestattungsunternehmen
- Friedhofsgebühren (auch für eine Gruft)

1733 Holstraeter in: Knickrehm/Roßbach/Waltermann, § 64 SGB VII Rn. 2.
1734 Plum in: Podzun, Kz. 570 S. 5.
1735 Vgl. Plum in: Podzun, Kz. 570 S. 5, **a.A.** Tintner in: Schlaeger, § 64 SGB VII Rn. 15: Sterbegeld allein an Hinterbliebenen, selbst wenn dessen Kosten im Verhältnis zu den Kosten des „unberechtigten“ Dritten unverhältnismäßig niedrig waren.
1736 Riebel in: Hauck/Noftz, SGB VII, § 64 SGB VII Rn. 9.
1737 Nach Ricke in: BeckOGK-SGB VII, § 64 SGB VII Rn. 4.

- Verbringen der Urne vom Krematorium zum Friedhof
- Todesanzeige
- Danksagungen
- Grabstein
- Erstbepflanzung des Grabes

Keine Bestattungskosten sind:

- Regelmäßige Grabpflege[1738]
- Aufwendungen für Trauerkleidung und Bewirtung der Trauergäste[1739]

Aus der Praxis wird folgendes berichtet: Es kommt zunehmend vor, dass Versicherte eine private Sterbe(-geld)versicherung oder Bestattungsversicherung abgeschlossen haben. Im Todesfall des Versicherten wird dann eine vorher festgelegte Geldsumme auszahlt, um die Kosten für eine Beerdigung auszugleichen und damit die Hinterbliebenen finanziell zu entlasten. Diese private Sterbe(-geld)versicherung führt nicht dazu, dass der Anspruch auf Sterbegeld nicht besteht. Auch ist der ausgezahlte Betrag aus der Sterbe(-geld)versicherung nicht auf das Sterbegeld anzurechnen. Hierzu gibt es keinen Rechtsgrund; auch würde der umsichtige Versicherte, der auf seine Kosten eine Versicherung abschließt, schlechter gestellt als derjenige, der sich nicht darum kümmert.

Unter bestimmten Voraussetzungen kann auch ein Dritter das Sterbegeld erhalten. Der Dritte kann die angefallenen Kosten der Bestattung **bis zur Höhe des Sterbegeldes** nach § 64 Abs. 4 SGB VII verlangen, sofern er die Bestattungskosten getragen hat.[1740]

Dritter kann dabei jeder sein, z.B. jeder Freund, Nachbar oder der Arbeitgeber oder Verein.[1741] In dem Fall haben die in § 64 Abs. 1 SGB VII genannten Personen keinen Anspruch auf das Sterbegeld. Für den Dritten ist das Sterbegeld einerseits in der Höhe gedeckelt, andererseits keine Pauschale; er erhält nur die tatsächlich entstandenen Kosten ersetzt, maximum bis zu einem Siebtel der Bezugsgröße.

1738 Ricke in: BeckOGK-SGB VII, § 64 Rn. 4.

1739 LSG Baden-Württemberg, Urt. v. 23.05. 2003 – L 4 KR 1658/01 zum SGB V; **a.A.** Ricke in: BeckOGK-SGB VII, § 64 Rn. 4.

1740 Holstraeter in: Knickrehm/Roßbach/Waltermann, § 64 SGB VII Rn. 7.

1741 Holstraeter in: Knickrehm/Roßbach/Waltermann, § 64 SGB VII Rn. 7.

Prüfungsschema | Sterbegeld

1. Schritt: Gibt es einen Anspruchsberechtigten i.S.d. § 64 Abs. 1 SGB VII?
Wenn nein: Gibt es einen anspruchsberechtigten Dritten i.S.d. § 64 Abs. 4 SGB VII?
Hinweis: Der Dritte ist nur dann anspruchsberechtigt, wenn keine Hinterbliebenen/Anspruchsberechtigten i.S.d. § 64 Abs. 1 SGB VII vorhanden sind oder keiner von diesen die Bestattungskosten trägt, der Dritte aber die Kosten übernimmt.

2. Schritt: Sind Kosten angefallen?
Notwendig, aber auch ausreichend ist es, dass Kosten angefallen sind. Nicht notwendig ist es, dass die Kosten (in etwa) der Pauschale entsprechen. Nur wenn gar keine Kosten angefallen sind, erscheint es unbillig Kosten zu zahlen.

6.3 Überführungskosten

Neben den Bestattungskosten ersetzt die Unfallversicherung Überführungskosten des verstorbenen Versicherten. Nach § 64 Abs. 2 SGB VII werden die Kosten der Überführung an den Ort der Bestattung erstattet, wenn der Tod nicht am Ort der ständigen Familienwohnung der Versicherten eingetreten ist und die Versicherten sich dort aus Gründen aufgehalten haben, die im Zusammenhang mit der versicherten Tätigkeit oder mit den Folgen des Versicherungsfalls stehen.

Überführungskosten sind **neben dem Sterbegeld** zu erstatten.[1742]

Für die Überführungskosten gilt die Finanzierungsregelung aus § 64 Abs. 3 SGB VII, wonach sie an denjenigen gezahlt werden, der sie trägt. Anspruchsberechtigt können daher sowohl Hinterbliebene (Berechtigte) als auch Dritte (wie Freunde oder Arbeitgeber) sein.[1743]

Im Gegensatz zum Sterbegeld wird für die Überführungskosten **also keine Pauschale** bezahlt, sondern die tatsächlich entstandenen Kosten für

---

1742 Tintner in: Schlaeger, § 64 SGB VII Rn. 12.
1743 Plum in: Podzun, Kz. 570 S. 8.

die Überführung. Dabei sind die Wünsche bzw. auch die religiösen Vorgaben des Verstorbenen und seiner Hinterbliebenen zu berücksichtigen.[1744]

Erstattungsfähige Überführungskosten sind:[1745]

- Transportsarg
- Einbalsamierung
- Leichenpass
- Transport
- Exhumierung
- Umbettung

Keine erstattungsfähigen Überführungskosten sind:

- Bergungskosten eines tödlich verunglückten Versicherten[1746]
- Transport des Versicherten am Ort der Familienwohnung z.B. zur Leichenhalle[1747]

Maßgeblich für die Bewertung, ob Überführungskosten übernommen werden, ist die **ständige Familienwohnung**. Mit der ständigen Familienwohnung ist die Wohnung gemeint, die für nicht unerhebliche Zeit den Mittelpunkt der Lebensverhältnisse des Versicherten bildet.[1748] Die Bewertung richtet sich nach der tatsächlichen Gestaltung der Verhältnisse des Versicherten zur Unfallzeit.[1749] Bei verheirateten Versicherten befindet sich der Mittelpunkt der Lebensverhältnisse im Allgemeinen an dem Ort, an dem sich der Ehepartner und ggf. die gemeinsamen Kinder nicht nur vorübergehend aufhalten.[1750] Die ständige Familienwohnung wird von der **Gemeindegrenze** umschlossen.[1751]

Das bedeutet:

- Verstirbt der Versicherte **am Ort der ständigen Familienwohnung**, werden etwaige Überführungskosten **nicht** eigenständig von dem Unfallversicherungsträger beglichen, sondern sind ggf. aus dem Sterbegeld

1744 Tintner in: Schlaeger, § 64 SGB VII Rn. 13.
1745 Ricke in: BeckOGK-SGB VII, § 64 SGB VII Rn. 8.
1746 Jentsch in: jurisPK-SGB VII, § 64 SGB VII Rn. 16.
1747 Tintner in: Schlaeger, § 64 SGB VII Rn. 11.
1748 BSG, Urt. v. 31.05.1996 – 2 RU 28/95, NZS 1997, 36.
1749 BSG, Urt. v. 31.05.1996 – 2 RU 28/95, NZS 1997, 36.
1750 BSG, Urt. v. 31.05.1996 – 2 RU 28/95, NZS 1997, 36 (37).
1751 Ricke in: BeckOGK-SGB VII, § 64 SGB VII Rn. 1.

zu bezahlen.[1752] Der Transport des Verstorbenen vom Ort der ständigen Familienwohnung zur Leichenhalle ist aus dem Sterbegeld zu bestreiten.[1753]

- Verstirbt der Versicherte **außerhalb des Ortes der ständigen Familienwohnung**, können die tatsächlich entstandenen Überführungskosten unter folgenden Umständen von der gesetzlichen Unfallversicherung übernommen werden:[1754]
  - Der Versicherte ist **infolge eines Versicherungsfalls** verstorben.
  - Der Verstorbene hat sich aus Gründen, die **mit der Arbeit in einem rechtlich wesentlichen Zusammenhang** stehen, an dem Sterbeort aufgehalten.
    Beispiele: Geschäfts-/Dienstreise, Montage oder Baustellenunterkunft
    Alternativ: Der Verstorbene hat sich aus Gründen, die mit den **Folgen eines Versicherungsfalls** in einem rechtlich wesentlichen Zusammenhang stehen, an dem Sterbeort aufgehalten.
    Beispiele: Krankenhaus in einer anderen Gemeinde, in dem der Versicherte behandelt wird
- Ist der verstorbene Versicherte **Ausländer**, liegt der Ort der ständigen Familienwohnung zumindest dann weiterhin für ihn im Ausland, solange seine engeren Familienangehörigen (Ehepartner, ggf. Kinder) dort leben, vom Verdienst des Verstorbenen unterhalten werden und die Familienbindungen fortbestehen.[1755] Eine jährlich einmal durchgeführte Fahrt zur Familie kann ausreichen, um die Familienwohnung noch im Ausland zu haben.[1756]
  Lebt aber die Familie am Todesort und kehrt nach dem Tod ins Heimatland zurück, werden die Überführungskosten **nicht** übernommen.[1757]

Wie sieht die Regelung aus, wenn der **Ort der Bestattung** nicht der **Ort des ständigen Familiensitzes** ist?

1752 Plum in: Podzun, Kz. 570 S. 7.
1753 Schmitt, § 64 SGB VII Rn. 10.
1754 Nach Plum in: Podzun, Kz. 570 S. 7.
1755 Plum in: Podzun, Kz. 570 S. 7.
1756 BSG, Urt. v. 28.07.1983 – 2 RU 19/83, BeckRS 1983, 5736 Rn. 8; vgl. aber differenzierter LSG Hessen, Urt. v. 24.09.2019 – L 3 U 156/16, BeckRS 2019, 30887 Rn. 22 f.
1757 Bereiter-Hahn/Mehrtens, § 64 SGB VII Rn. 4.2.

Beispiel: Der Versicherte V. verstirbt in der BG-Unfallklinik im bayerischen Murnau, ständiger Familiensitz ist München, aber die Familiengruft liegt in Hamburg?

Vertreten wird, dass nur die Erstattung der Überführungskosten zum **Ort der ständigen Familienwohnung** übernommen wird,[1758] hier: München. Begründet wird die Ansicht damit, dass beim Tod am Ort der ständigen Familienwohnung auch kein Anspruch auf Überführungskosten für Bestattungen anderswo bestände und eine unterschiedliche Behandlung der Fälle nicht gerechtfertigt sei.[1759]

Gegensätzlich wird vertreten, dass sich aus dem Gesetz nicht ergäbe, welcher Ort als Ort der Bestattung und damit als Ziel der Überführung fungiere.[1760] Maßgeblich sei deshalb allein, welcher Ort als Bestattungsort von demjenigen bestimmt wurde, dem nach bürgerlichem Recht die sog. Totenfürsorge zusteht,[1761] hier: Hamburg.

Dies letzte Auffassung überzeugt. Der Gesetzgeber will allein, dass die Kosten an den Ort der Bestattung erstattet werden. Er nimmt gerade keine Einschränkung vor, dass er die Kosten an den Ort der ständigen Familienwohnung erstatten will. Folgerichtig kommt es ihn bei dieser großzügigen Regelung auch nicht darauf an, ob Familienwohnung und Bestattungsort auseinanderfallen. Im vorliegenden Fall wären daher nach hiesiger Rechtsauffassung die Kosten zur Familiengruft in Hamburg vom Unfallversicherungsträger zu übernehmen.

Nach dieser Auffassung sind dann in der Konsequenz auch die Kosten zu übernehmen, wenn die Fahrt ins Ausland geht, weil dort der Bestattungsort ausgewählt wurde.

6.4 Witwen- und Witwerrente

Verstirbt der Ehegatte aufgrund eines Versicherungsfalls, erhält der verbliebene Ehegatte eine Witwen- oder Witwerrente von der Unfallversicherung ausgezahlt. Die Rente soll damit eine **Unterhaltsersatzfunktion**

1758 Vgl. Bereiter-Hahn/Mehrtens, § 64 SGB VII Rn. 4.2; Holstraeter in: Knickrehm/Roßbach/Waltermann, § 64 SGB VII Rn. 3; Ricke in: BeckOGK-SGB VII, § 64 SGB VII Rn. 14; Sacher in: Lauterbach, § 64 SGB VII Rn. 21; Plum in: Podzun, Kz. 570 S. 8.

1759 Ricke in: BeckOGK-SGB VII, § 64 SGB VII Rn. 14.

1760 Marschner in: BeckOK SozR, § 64 SGB VII Rn. 9.

1761 Marschner in: BeckOK SozR, § 64 SGB VII Rn. 9.

erfüllen.[1762] Dabei wird indes nicht geprüft, ob durch den Tod ein Unterhaltsausfall vorliegt, sondern dieser vielmehr pauschal unterstellt oder fiktiv angenommen, selbst wenn der Verstorbene gar keinen Unterhalt leisten konnte.[1763] Ob eine solche pauschale, ungeprüfte Auszahlung aus dem Füllhorn noch zeitgemäß und verhältnismäßig ist, darf angezweifelt werden.

Witwen oder Witwer von Versicherten erhalten nach § 65 Abs. 1 S. 1 SGB VII eine Witwen- oder Witwerrente, solange sie **nicht wieder geheiratet** haben. Grundvoraussetzung ist, dass der Versicherte infolge eines Versicherungsfalls verstarb.

6.4.1 Anspruchsberechtigte

Anspruch auf Witwen- und Witwerrente haben selbstredend Witwen und Witwer.

Witwen und Witwer sind Personen, die mit dem verstorbenen Versicherten zum Zeitpunkt seines Todes in einer rechtsgültigen Ehe gelebt haben.[1764] Der Rentenanspruch beginnt folglich mit dem Todestag des Versicherten (§ 72 Abs. 2 S. 1 SGB VII) und endet ggf. mit der **Wiederheirat** (§ 65 Abs. 1 S. 1 SGB VII) oder automatisch mit dem Ende des Kalendermonats, in dem der Anspruchsberechtigte **gestorben** ist (§ 73 Abs. 6 SGB VII).[1765] Nach der Wiederheirat kann der Anspruch nach § 65 Abs. 5 SGB VII auf Antrag wieder aufleben.

- Anspruchsvoraussetzung ist eine **Ehe** zwischen Verstorbenen und Anspruchsberechtigten. Nach § 1353 Abs. 1 S. 1 BGB kann eine Ehe von zwei Personen **verschiedenen oder gleichen Geschlechts** auf Lebenszeit geschlossen werden. Die Regelungen finden auch auf Lebenspartner nach den früheren Regelungen des LPartG Anwendung.
- Es muss sich um eine **rechtsgültige Ehe** handeln.
  - Ehe im Inland nach deutschem Recht: Darunter fällt eine in Deutschland nach den §§ 1303 ff. BGB geschlossene Ehe.[1766] Mit der rechtskräftigen Scheidung liegt keine rechtsgültige Ehe mehr

1762 Ricke in: BeckOGK-SGB VII, § 65 SGB VII Rn. 4.
1763 Ricke in: BeckOGK-SGB VII, § 65 SGB VII Rn. 4.
1764 Grüner/Ziegler in: LPK-SGB VII, § 65 SGB VII Rn. 2.
1765 Lange/Richter in: v. Koppenfels-Spies/Wenner, SGB VII, § 65 SGB VII Rn. 5; Tintner in: Schlaeger, § 73 SGB VII Rn. 24.
1766 Grüner/Ziegler in: LPK-SGB VII, § 65 SGB VII Rn. 3.

vor.[1767] Im Umkehrschluss reicht eine eheähnliche Lebensgemeinschaft nicht aus.[1768]

- Ehe im Ausland nach ausländischem Recht: Eine im Ausland geschlossene Ehe wird als rechtsgültig angesehen, wenn die Form der Eheschließung entweder dem für den Heiratsort maßgeblichen Recht oder dem Recht des Staates entsprach, dessen Staatsangehörigkeit die Eheschließenden zur Zeit der Eheschließung besaßen.[1769]
- Ehe im Inland nach ausländischem Recht: Von einer „**hinkenden Ehe**" wird gesprochen, wenn eine Ehe im Inland nach ausländischem Recht geschlossen wird. Wird die Ehe nach dem Recht des Landes zumindest eines Ehepartners geschlossen und ist sie nach diesem Recht wirksam zustande gekommen, werden die Hinterbliebenen Witwen und Witwern gleichgestellt.[1770]
- Polygame Ehen werden als rechtsgültig eingestuft, sofern sie nach ausländischem Recht wirksam geschlossen wurden und eine den Rechtsverhältnissen in Deutschland entsprechende sozial- und familienrechtliche Einordnung gewährleisten.[1771] Verwiesen wird dabei auf § 34 Abs. 2 SGB I. Die unstrittige, herrschend angesehene Anerkennung von Doppel- oder Mehrehen, trotz „der dem deutschem Recht fremden Mehrehe",[1772] irritiert.

• Es wird keine häusliche Gemeinschaft der Ehepartner verlangt.[1773]

6.4.2 Keine Wiederheirat

Die Witwen- oder Witwerrente soll dem überlebenden Ehegatten, der durch den Tod seines Ehepartners auch einen wirtschaftlichen Verlust erleidet und das Einkommen des Ehepartners, das er zu dessen Lebzeiten mitgenießen

1767 Riebel in: Hauck/Noftz, SGB VII, § 65 SGB VII Rn. 21.

1768 BSG, Urt. v. 04.03.1982 – 4 RJ 13/81, juris Rn. 11; Riebel in: Hauck/Noftz, SGB VII, § 65 SGB VII Rn. 21.

1769 Riebel in: Hauck/Noftz, SGB VII, § 65 SGB VII Rn. 18.

1770 Bereiter-Hahn/Mehrtens, § 65 SGB VII Rn. 3.3.

1771 Holstraeter in: Knickrehm/Roßbach/Waltermann, § 65 SGB VII Rn. 6 so auch: Grüner/Ziegler in: LPK-SGB VII, § 65 SGB VII Rn. 3, 5; Riebel in: Hauck/Noftz, SGB VII, § 65 SGB VII Rn. 19; Sacher in: Lauterbach, § 65 SGB VII Rn. 16.

1772 BSG, Urt. v. 30.08.2000 – B 5 RJ 4/00 R, BeckRS 2001, 40220 Rn. 27.

1773 Lange/Richter in: v. Koppenfels-Spies/Wenner, SGB VII, § 65 SGB VII Rn. 4.

konnte, verliert, einen ausgleichenden Schutz darstellen.[1774] Dieser gesetzliche Schutz endet, wenn die hinterbliebene Person wieder heiratet.[1775] Aus diesem Grund ist die Voraussetzung für Witwen- und Witwerrente, dass die Witwe oder der Witwer nicht wieder geheiratet hat.

Gleichgültig ist dabei, ob sich die wirtschaftliche Lage durch die neue Heirat verbessert oder verschlechtert.[1776] Denn mit der Wiederheirat ist der überlebende Ehegatte nicht mehr Witwe oder Witwer des bzw. der verstorbenen Versicherten.[1777]

6.4.3 Tod infolge Versicherungsfalls

Der Anspruch auf Witwen- und Witwerrente besteht nur, wenn der Tod infolge eines Versicherungsfalls eingetreten ist (§ 63 Abs. 1 S. 2 i.V.m. S. 1 Nr. 3 SGB VII.

6.4.4 Höhe der Renten

Für einen Anspruch auf Witwen- und Witwerrente bestehen drei unterschiedliche Varianten, die zu unterschiedlichen Rentenhöhen führen.

Unterschieden wird zwischen

- Witwen- und Witwerrente im Sterbevierteljahr (§ 65 Abs. 2 Nr. 1 SGB VII)
- Kleine Witwen- und Witwerrente (§ 65 Abs. 2 Nr. 2 SGB VII)
- Große Witwen- und Witwerrente (§ 65 Abs. 2 Nr. 3 SGB VII)

Zunächst erhalten alle Witwen und Witwer bis zum Ablauf des dritten Kalendermonats nach Ablauf des Monats, in dem der Ehegatte verstorben ist, eine Monatsrente in Höhe von zwei Drittel des Jahresarbeitsverdienstes.

Danach erhalten alle Witwen- und Witwer die kleine Witwen- und Witwerrente, sofern nicht die in § 65 Abs. 2 Nr. 3 lit. a-c SGB VII aufgeführten besonderen Voraussetzungen für den Bezug einer großen Witwen- und Witwerrente vorliegen.

1774 BSG, Urt. v. 21.06.1995 – 5 RJ 14/95, juris Rn. 19 (zur Rentenversicherung).
1775 BSG, Urt. v. 21.06.1995 – 5 RJ 14/95, juris Rn. 19 (zur Rentenversicherung).
1776 BSG, Urt. v. 21.06.1995 – 5 RJ 14/95, juris Rn. 19 (zur Rentenversicherung).
1777 BSG, Urt. v. 21.06.1995 – 5 RJ 14/95, juris Rn. 19 (zur Rentenversicherung).

Die Berechnung entspricht einer Vollrente (100 Prozent MdE) eines Versicherten.

Prüfungsschema | Reihenfolge der verschiedenen Witwen- und Witwerrenten

1. Zunächst sollte die Rente für das Sterbevierteljahr ausgerechnet werden, da diese Rente losgelöst von besonderen Bedingungen jede Witwe und jeder Witwer erhält.
2. Als nächstes sollten die Voraussetzungen der großen Witwen- und Witwerrente geprüft werden, und zwar einzeln die Voraussetzungen des § 65 Abs. 2 Nr. 3 lit. a-c SGB VII. Sofern eine dieser Voraussetzungen vorliegt, besteht ein Anspruch auf große Witwen- und Witwerrente, sodass die kleine Witwen- und Witwerrente nicht mehr geprüft werden muss.
3. Nur wenn die Voraussetzungen für die große Witwen- und Witwerrente nicht vorliegen, ist im Anschluss als drittes die kleine Witwen- und Witwerrente zu prüfen.

6.4.4.1 Witwen- und Witwerrente im Sterbevierteljahr

Die Witwen und Witwerrente beträgt nach § 65 Abs. 2 Nr. 1 SGB VII zwei Drittel des Jahresarbeitsverdienstes bis zum Ablauf des dritten Kalendermonats nach Ablauf des Monats, in dem der Ehegatte verstorben ist.

Der Zeitraum wird auch als Sterbeübergangszeit oder Gnadenvierteljahr bezeichnet.[1778] Sämtliche Bezeichnungen sind nicht geglückt: Ein Vierteljahr deckt drei Monate ab. Die Rente im sog. Sterbevierteljahr kann aber bis zu vier Monate bezahlt werden.[1779] Denn bereits für den Monat, in dem der Versicherte verstorben ist, erhalten die Witwen und Witwer die Rente.

Im Rentenbescheid wird die Witwen- und Witwerrente im Sterbevierteljahr von vornherein befristet vorgenommen, sodass sie also von selbst endet.[1780]

1778 Vgl. Marschner in: BeckOK-SozR, § 65 SGB VII Rn. 10.
1779 Grüner/Ziegler in: LPK-SGB VII, § 65 SGB VII Rn. 12.
1780 Ricke in: BeckOGK-SGB VII, § 65 SGB VII Rn. 7.

Bearbeitungsbeispiel | Berechnung der Rente im Sterbevierteljahr (Zeitdauer)

O verstirbt am 1. August 2025.
Die Witwe von O erhält nach § 65 Abs. 2 Nr. 1 SGB VII Rente bis zum Ablauf des dritten Kalendermonats nach Ablauf des Monats, in dem der Ehegatte verstorben ist. Das bedeutet

1. Anspruch: 1. August-31. August 2025

Der Anspruch beginnt also bereits im Monat, in dem der Ehegatte verstorben ist. Die Witwe erhält also vom 1.–31. August 2025 Rente. Der Todestag wird aufgrund § 72 Abs. 2 SGB VII mitgerechnet: Renten an Hinterbliebene werden **vom Todestag an** gezahlt. Nur Hinterbliebenenrenten, die auf Antrag geleistet werden (wozu die Witwen- und Witwerrente **nicht** zählt), werden vom Beginn des Monats an gezahlt, der der Antragstellung folgt.

2. Anspruch: 1. September-30. November 2025

Diese Rente wird des Weiteren bis zum Ablauf des dritten Kalendermonats nach dem Sterbemonat weitergezahlt.
Aus diesem Grund erhält die Witwe für drei Monate (September, Oktober und November) Rente.
Das Beispiel zeigt, dass die Witwe auch für vier Monate diese Rente im sogenannten Sterbevierteljahr erhalten kann.

Die Rente im Sterbevierteljahr ist die höchste, die Witwen und Witwer erhalten. Begründet wird dies damit, dass dem Überlebenden die Anpassung an die durch den Tod des Versicherten geänderten wirtschaftlichen Verhältnisse erleichtert wird.[1781] Unberücksichtigt bleibt dabei, ob der Hinterbliebene über eigenes Einkommen verfügt[1782] und ob für ihn der Tod des Versicherten überhaupt eine wirtschaftliche Verschlechterung darstellt – eine sehr großzügige Regelung.

1781 Schmitt, § 65 SGB VII Rn. 14.
1782 Schmitt, § 65 SGB VII Rn. 15.

Berechnet wird die Rente im Sterbevierteljahr auf Basis des Jahresarbeitsverdienstes des Versicherten. Dieser wird auf zwei Drittel – wie bei der Vollrente bei einer MdE von 100 Prozent bei der Versichertenrente – gekürzt.

Den Gesetzestext könnte man so verstehen wollen, als dass der Hinterbliebene zwei Drittel des Jahresarbeitsverdienstes als Rente erhielt. Er bekommt davon allerdings ein Zwölftel pro Monat, da die Rente pro Monat gezahlt wird.

Bearbeitungsbeispiel | Berechnung der Rente im Sterbevierteljahr (Höhe)

O verstirbt am 1. August 2025. Sein Jahresarbeitsverdienst vom 1. August 2024 bis 31. Juli 2025 betrug 48.000,00 Euro.[1783]

1. Schritt: Der Jahresarbeitsverdienst wird um zwei Drittel gekürzt.
48.000,00 Euro × 2/3 = 32.000,00 Euro/Jahr

2. Schritt: Der Jahresbetrag wird pro Monat berechnet.
32.000,00 Euro /12 Monate = 2.666,67 Euro/Monat

3. Schritt: Der Betrag ist auf den Zeitraum des Sterbevierteljahres zu berechnen.
2.666,67 Euro/Monat × 4 Monate = 10.666,68 Euro

Ergebnis: Die Witwe von O erhält für insgesamt 4 Monate je 2.666,67 Euro/Monat, insgesamt also 10.666,68 Euro.

Hinweis: Im vorliegenden Beispiel verstarb O am Monatsersten (01.08.), sodass der ganze Monat August für die Hinterbliebenenrente zu berücksichtigen war. Das Beispiel zeigt, dass für **bis zu vier** volle Monate Rente im Sterbevierteljahr geleistet werden kann.
Häufiger wird es vorkommen, dass Versicherte **im Laufe des Monats**, also nicht am Monatsersten, versterben. **In dem Fall** ist die Monatsrente für den angebrochenen ersten Monat anteilig i.S.d. § 96 Abs. 5 i.V.m. § 187 Abs. 5 SGB VII auszurechnen. Das bedeutet, es sind genau die Tage auszurechnen, für die Rente bezahlt wird.

1783 Nach Jentsch in: jurisPK-SGB VII, § 65 SGB VII Rn. 21.

Beispiel: Am 2. Mai 2025 verstirbt A bei einem Arbeitsunfall. Er hinterlässt seine 30-jährige Ehefrau. Der Jahresarbeitsverdienst von A beträgt 45.000,00 Euro.

Sterbevierteljahr vom 2. Mai 2025 – 31. August 2025
a) 45.000,00 Euro × 2/3 = 30.000,00 Euro
b) 30.000,00 Euro / 12 Monate = 2.500,00 Euro/Monat
c) Berechnung der Zeiträume:
aa) Zeitraum 2. Mai-31. Mai 2025:
2.500,00 Euro × 30/31 Tage = 2.419,35 Euro
Der Unterschied zum vorherigen Beispiel ist also, dass aufgrund des Versterbens im Laufe des Monats die Rente **anteilig** i.S.d. § 96 Abs. 5 SGB VII auf die tatsächlichen Bezugstage auszurechnen ist (hier: Der Mai hat 31 Tage, Rente wird ab dem 2. Mai, also für 30 Tage im Mai noch gezahlt, also 30/31 Tage im Mai).
bb) Zeitraum 1. Juni-31. August 2025:
3 Monate × 2.500,00 Euro = 7.500,00 Euro
cc) Ergebnis: 2.419,35 Euro + 7.500,00 Euro = 9.919,35 Euro
Die Witwen- und Witwerrente im Sterbevierteljahr ist sowohl von der Einkommensanrechnung (Umkehrschluss aus § 65 Abs. 3 S. 1 SGB VII) als auch von der Höchstbetragskürzung (§ 70 Abs. 1 S. 2 1. HS SGB VII) ausgenommen.[1784]

Da die Hinterbliebenenrenten auf Grundlage des Jahresarbeitsverdienstes berechnet werden und nach § 81 SGB VII *die Vorschriften des dritten Abschnitts* im dritten Kapitel des SGB VII für Leistungen in Geld gelten, die nach dem Jahresarbeitsverdienst berechnet werden, finden auch die Regelungen zum Mindest- (§ 85 Abs. 1, 1a SGB VII) und Höchst-JAV (§ 85 Abs. 2 SGB VII) Anwendung.[1785] Das bedeutet, dass auch bei der Witwen- und Witwerrente im Sterbevierteljahr (genauso wie bei den kleinen und großen Witwen- und Witwerrente) ein obligatorischer Vergleich mit dem Mindest- und Höchst-JAV sowie mit § 87 SGB VII vorzunehmen ist. Hinzuweisen ist auf § 88 SGB VII, der eine Erhöhung des JAV vorsieht.

1784 Sacher in: Lauterbach, § 65 SGB VII Rn. 27.
1785 Jentsch in: jurisPK-SGB VII, § 65 SGB VII Rn. 22.

6.4.4.2 Große Witwen- und Witwerrente

Nach dem Sterbevierteljahr erhalten Witwe und Witwer weiterhin eine Unterstützung von der gesetzlichen Unfallversicherung. Diese ist entweder die kleine oder die große Witwen- und Witwerrente (vgl. § 65 Abs. 2 Nr. 2, Nr. 3 SGB VII).

Der Vorteil der großen Witwen- und Witwerrente im Vergleich zur kleinen Witwen- und Witwerrente ist, dass sie zum einen höher ist und zum anderen in der Regel über einen längeren Zeitraum, bis zu lebenslang, bezogen werden kann.

Die große Witwen- und Witwerrente beträgt 40 Prozent des Jahresarbeitsverdienstes des Versicherten (§ 65 Abs. 2 Nr. 3 SGB VII).

Bearbeitungsbeispiel | Berechnung der großen Witwenrente

O verstirbt am 1. August 2025. Sein Jahresarbeitsverdienst vom 1. August 2024 bis 31. Juli 2025 betrug 48.000,00 Euro. Seine Witwe ist 50 Jahre alt.

1. Schritt: Berechnung der Rente im Sterbevierteljahr (s.o.)

2. Schritt: Prüfung, ob Anspruch auf große Witwenrente besteht
Hier: Die Witwe ist 50 Jahre alt, sodass sie die Voraussetzung nach § 65 Abs. 2 Nr. 3 lit. b SGB VII erfüllt.

3. Schritt: Berechnung der großen Witwenrente
48.000,00 Euro = JAV von O
a) 40 Prozent von 48.000,00 Euro = 48.000,00 Euro × 40/100 = 19.200,00 Euro
b) 19.200,00 Euro / 12 Monate = 1.600,00 Euro/Monat
c) Die Witwe erhält bis an ihr Lebensende oder bis zu einer Wiederheirat 1.600,00 Euro/Monat als Hinterbliebenenrente.

Hinweise:
a) Der Jahresarbeitsverdienst wird hier – im Gegensatz zum Sterbevierteljahr – nicht um zwei Drittel gekürzt.
b) Die Rente ist auch hier wieder pro Monat auszurechnen.

Der Bezug der großen Witwen- und Witwerrente ist daran geknüpft, dass zumindest eine von drei zusätzlichen Voraussetzungen erfüllt ist:

- Kindererziehung (§ 65 Abs. 2 Nr. 3 lit. a SGB VII)
- Vollendung des 47. Lebensjahres (§ 65 Abs. 2 Nr. 3 lit. b SGB VII)
- eingeschränkte Erwerbsfähigkeit (§ 65 Abs. 2 Nr. 3 lit. c SGB VII)

Die Zahlung **beginnt** unmittelbar im Anschluss an die Zahlung der Rente im Sterbevierteljahr, sodass ein **nahtloser Übergang** besteht.

Bei allen drei Voraussetzungen, also auch bei den Witwen und Witwern, die das 47. Lebensjahr vollendet haben, **endet** immer der **Anspruch bei Wiederheirat**. Bei der Wiederheirat besteht einerseits ein Anspruch auf Abfindung nach § 80 SGB VII, andererseits endet die große Witwen- und Witwerrente mit Ablauf des Monats, in dem die Witwe oder der Witwer rechtswirksam geheiratet haben.[1786]

Verwaltungshandeln | Auflösende Bedingung

Für den Fall der Wiederheirat des Witwers oder der Witwe wird von dem Unfallversicherungsträger eine sogenannte **auflösende Bedingung** in den Rentenbescheid aufgenommen.[1787]
Die auflösende Bedingung ist eine **Nebenbestimmung** zum Verwaltungsakt. Nach § 32 Abs. 2 Nr. 2 SGB X darf ein Verwaltungsakt nach pflichtgemäßem Ermessen mit einer Bestimmung erlassen werden, nach der der Eintritt oder der Wegfall einer Vergünstigung oder einer Belastung von dem ungewissen Eintritt eines zukünftigen Ereignisses abhängt (Bedingung).
Die Regelung beinhaltet die phonetisch sehr ähnlich klingende aufschiebende und auflösende Bedingung. Beide sind aber zu unterscheiden.
Tritt die Rechtsfolge erst aufgrund eines zukünftigen ungewissen Ereignisses ein, handelt es sich in diesem Fall um eine **aufschiebende Bedingung**.[1788] Eine aufschiebende Bedingung läge vor, wenn der Unfallversicherungsträger die Auszahlung einer Abfindung auf Antrag eines 17-Jährigen bewilligt, aber davon abhängig macht, dass er das 18. Lebensjahr erreicht. Rechtsfolge ist hier die Auszahlung der Abfindung,

1786 Plum in: Podzun, Kz. 580 S. 9.

1787 Sacher in: Lauterbach, § 65 SGB VII Rn. 25; Bereiter-Hahn/Mehrtens, § 65 SGB VII Rn. 4.

1788 Engelmann in: Schütze, § 32 SGB X Rn. 23.

sie hängt davon ab und tritt erst ein, wenn die Bedingung (Alter von 18 Jahren) erfüllt ist.
Fällt hingegen die Rechtsfolge beim Eintritt eines Ereignisses weg, liegt eine auflösende Bedingung vor.[1789]
„Die Rechtsfolge“ ist beim positiven Rentenbescheid an den Hinterbliebenen der Anspruch und damit die Zahlung der großen Witwen- und Witwerrente.
In dem Bescheid, der ein Verwaltungsakt ist, wird als Nebenbestimmung eingefügt, dass die Rechtsfolge (Anspruch und Zahlung der Rente) bei Wiederheirat wegfällt. Deshalb handelt es sich bei dieser Nebenbestimmung um eine auflösende Bedingung. In der Konsequenz erlischt mit Ablauf des entsprechenden Monats der Rentenanspruch (§ 73 Abs. 2 S. 1 SGB VII).[1790]

Die erhöhte Witwen- und Witwenrente wird so lange bezahlt, wie eine der drei Voraussetzungen aus § 65 Abs. 2 Nr. 3 SGB VII erfüllt ist.[1791]

Freilich betrifft dies die Vollendung des 47. Lebensjahres nur begrenzt; mit Erreichung dieses Lebensjahres besteht der Anspruch auf Witwen- und Witwerrente grundsätzlich bis zum Lebensende.

Testen Sie Ihr Wissen! | Frage 15

P erlitt am 29. September 2025 einen tödlichen Arbeitsunfall. In den zwölf Kalendermonaten vor dem Unfall hat sie ein Bruttoentgelt in Höhe von insgesamt 36.000,00 Euro erzielt. P ist mit Q verheiratet, der 52 Jahre alt ist.

a) Wie hoch ist die Rente im Sterbevierteljahr?

b) Hat Q einen Anspruch auf große Witwerrente? Wenn ja, wie lange und in welcher Höhe?

1789 Engelmann in: Schütze, § 32 SGB X Rn. 23.
1790 Ricke in: BeckOGK-SGB VII, § 65 SGB VII Rn. 29.
1791 Grüner/Ziegler in: LPK-SGB VII, § 65 SGB VII Rn. 14.

Kinderbetreuung

Der Anspruch auf große Witwen- und Witwerrente besteht, solange Witwen oder Witwer

- ein waisenrentenberechtigtes Kind erziehen
- für ein Kind sorgen, das wegen körperlicher, geistiger oder seelischer Behinderung Anspruch auf Waisenrente hat oder keinen Anspruch auf Waisenrente hat, weil das 27. Lebensjahr vollendet wurde

Durch die Erhöhung der Rente im Falle der Kindererziehung wird den Hinterbliebenen ein finanzieller Ausgleich dafür gewährt, dass sie ihre **Zeit für die Erziehung** eines oder mehrerer Kinder einsetzen, **anstatt einer Berufstätigkeit** nachzugehen.[1792] Denn der Tod des anderen Elternteils führt dazu, dass dieser seinen Anteil an der Erziehung nicht mehr wahrnehmen kann, wodurch sich die Belastung des verbliebenen Elternteils erhöht.[1793]

Die Grundkonstellation verlangt folglich:

- der Ehepartner des Leistungsberechtigten ist aufgrund eines Versicherungsfalls verstorben
- das Kind hat seine Eltern bzw. einen Elternteil aufgrund eines Versicherungsfalls verloren[1794]

Erziehung eines waisenberechtigten Kindes (Var. 1)

Waisenrentenberechtigt ist ein Kind, das die persönlichen Voraussetzungen zum Bezug einer Waisenrente aus der gesetzlichen Unfallversicherung erfüllt.[1795] Notwendig ist, dass das Kind einen Anspruch auf eine Waisenrente aus § 67 SGB VII hat; ein Rentenanspruch aus der gesetzlichen Rentenversicherung soll nicht ausreichen.[1796]

Die Witwe/der Witwer muss das waisenrentenberechtigte Kind erziehen. Erziehung bedeutet Unterstützung und Förderung des Kindes.[1797] Konkret versteht man darunter alle Maßnahmen, die auf die Entwicklung des Kindes in körperlicher, geistiger, seelischer, sittlicher und charakterlicher Weise

1792 BSG, Urt. v. 05.11.1980 – 4 RJ 97/79, juris Rn. 15.
1793 Jentsch in: jurisPK-SGB VII, § 65 SGB VII Rn. 26.
1794 Jentsch in: jurisPK-SGB VII, § 65 SGB VII Rn. 26.
1795 Bereiter-Hahn/Mehrtens, § 65 SGB VII Rn. 8.
1796 Bereiter-Hahn/Mehrtens, § 65 SGB VII Rn. 8; Ricke in: BeckOGK-SGB VII, § 65 SGB VII Rn. 13; Tintner in: Schlaeger, § 65 SGB VII Rn. 22.
1797 Sacher in: Lauterbach, § 65 SGB VII Rn. 33.

positiv einwirken und sie fördern.[1798] Bei Kleinkindern wird dies durch die noch erforderliche körperliche Pflege und Betreuung ergänzt.[1799]

Eine Erziehung in dem Bereich soll auch dann noch möglich sein, wenn das Kind in einem **Internat** untergebracht ist und der verbliebene Ehepartner persönlich auf das Kind einwirkt oder durch Einflussnahme auf die Anstaltsleitung oder durch Beendigung des auswärtigen Aufenthaltes.[1800]

Überzeugend sind diese Beispiele nicht: Wenn der auswärtige Internatsaufenthalt des Kindes vom Ehepartner beendet wird, spricht nichts gegen eine mögliche Einwirkungsmöglichkeit. Aber die Einflussnahme auf die Anstaltsleitung dürfte nicht ausreichend sein, um von einer Erziehung des Kindes sprechen zu können. Ebenso vage und unbestimmt ist die persönliche Einwirkung auf das Kind: Wie geschieht das denn bei einem Kind im Internat? Die „weite Auslegung“[1801] führt zu Ungleichbehandlungen.

Nachvollziehbar ist, dass **keine häusliche Gemeinschaft** zwingend nötig sein muss,[1802] die Unterbringung in einem Internat erscheint dann aber doch sehr weit weg für konkrete Einfluss- und Erziehungsmöglichkeiten. Freilich ist auch hier jeder Einzelfall zu prüfen und zu bewerten (z.B. Absprachen mit Internat über Freizeit, Taschengeldverwaltung, regelmäßige Heimfahrten).

Die Erziehung eines Kindes endet mit dem Eintritt seiner Volljährigkeit,[1803] also mit dem 18. Lebensjahr.

Sorge für behindertes Kind mit Waisenrentenanspruch (Var. 2)

Zur großen Witwen- und Witwerrente berechtigt auch die Sorge für ein behindertes Kind, das einen Waisenrentenanspruch besitzt (§ 65 Abs. 2 Nr. 3 Var. 2 SGB VII).

Das Kind muss an einer körperlichen, geistigen oder seelischen Behinderung leiden. Darunter werden u.a. Blindheit, Taubheit, starke Verkrüppelung, Geisteskrankheit, schwere Neurose oder Lähmung verstanden.[1804]

1798 Grüner/Ziegler in: LPK-SGB VII, § 65 SGB VII Rn. 18.
1799 Sacher in: Lauterbach, § 65 SGB VII Rn. 33.
1800 BSG, Urt. v. 29.03.1978 – 5 RJ 4/77, juris Rn. 19; Grüner/Ziegler in: LPK-SGB VII, § 65 SGB VII Rn. 18; Plum in: Podzun, Kz. 580 S. 6.
1801 BSG, Urt. v. 29.03.1978 – 5 RJ 4/77, juris Rn. 19.
1802 BSG, Urt. v. 29.03.1978 – 5 RJ 4/77, juris Rn. 19.
1803 BSG, Urt. v. 11.09.1980 – 5 RJ 40/80, juris Rn. 17.
1804 Vgl. Sacher in: Lauterbach, § 65 SGB VII Rn. 38.

Die Sorge betrifft die tatsächliche Betreuung, Beaufsichtigung und Versorgung des behinderten Kindes durch den verbliebenen Ehepartner.[1805]

Sorge für behindertes Kind ohne Waisenrentenanspruch wegen 27. Lebensjahr (Var. 3)

Entgegen des Waisenrentenanspruchs des Kindes, der mit Vollendung des 27. Lebensjahres endet, kann die Sorge auch darüber hinaus, ggf. bis zum Lebensende gehen und die Voraussetzung erfüllen.[1806] Erhöhte Witwen- oder Witwerrente wird folglich auch dann bezahlt, wenn der Waise das 27. Lebensjahr vollendet hat, der verbliebene Ehepartner sich um ihn aber weiterhin sorgt. Durch die Sorge ist der Ehepartner weiterhin in seinen Erwerbsmöglichkeiten eingeschränkt, weshalb er die Unterstützung erhält.[1807]

Nach herrschender Meinung[1808] reicht es aus, dass die Waisen einen Anspruch auf Waisenrente haben. Das bedeutet, dass hier auch ein Anspruch aus der Rentenversicherung ausreicht.

Die große Witwen- und Witwerrente wird folglich dann bezahlt, wenn die Witwe/der Witwer für ein behindertes Kind sorgen, das aufgrund seines Alters nicht mehr waisenrentenberechtigt ist.

Vollendung des 47. Lebensjahres

Mit Vollendung des 47. Lebensjahres erhält die Witwe oder der Witwer pauschal den erhöhten Rentensatz (vgl. dazu die gleichen Regelungen im Rentenversicherungsrecht, § 46 Abs. 2 S. 1 Nr. 2 SGB VI).

Warum das so ist, ist nicht erkenn- und erklärbar. Offensichtlich wollte der Gesetzgeber einen gleichen Abstand von 20 Jahren zum Renteneintrittsalter: Denn vormals reichte die Vollendung des 45. Lebensjahres aus. Als die Regelaltersgrenze von 65 auf 67 Lebensjahre erhöht wurde, wurde auch die Altersgrenze für die große Witwen- und Witwerrente erhöht.[1809]

Für nach dem 31. Dezember 2011 verstorbene Ehegatten ist eine schritt- bzw. monatsweise Erhöhung der Altersgrenze von 45 auf 47 Jahren geregelt

1805 Plum in: Podzun, Kz. 580 S. 6; vgl. Grüner/Ziegler in: LPK-SGB VII, § 65 SGB VII Rn. 19.

1806 Plum in: Podzun, Kz. 580 S. 6.

1807 Bereiter-Hahn/Mehrtens, § 65 SGB VII Rn. 13.

1808 Bereiter-Hahn/Mehrtens, § 65 SGB VII Rn. 12; Riebel in: Hauck/Noftz, SGB VII, § 65 SGB VII Rn. 35; Sacher in: Lauterbach, § 65 SGB VII Rn. 39; Tintner in: Schlaeger, § 65 SGB VII Rn. 26; Ricke in: BeckOGK-SGB VII, § 65 SGB VII Rn. 14.

1809 Vgl. Bereiter-Hahn/Mehrtens, § 65 SGB VII Rn. 13a.

(§ 218a Abs. 2 S. 2 SGB VII i.V.m. § 242a Abs. 5 SGB VI), weshalb die „neue" Altersgrenze von 47 Lebensjahren erst für alle Todesfälle **ab 2029** gilt.[1810]

Versorgungsnotwendigkeiten bestehen für jemanden, der noch zwanzig Jahre im Beruf stehen wird, nicht. Ein erhöhter Versorgungsbedarf ist nicht erkennbar.

Die Regelung könnte ersatzlos gestrichen werden.

Erwerbsminderung

Eine erhöhte Rente erhalten Witwen oder Witwer ferner im Falle der Erwerbsminderung, Berufsunfähigkeit oder Erwerbsunfähigkeit im Sinne des SGB VI. Die Begrifflichkeiten werden auch in §§ 43, 44 SGB VI definiert.

Der Unfallversicherungsträger ist dabei an die Entscheidung der Rentenversicherung gebunden.[1811] Ein tatsächlicher Bezug dieser Renten aus der Rentenversicherung ist nicht notwendig.

6.4.4.3 Kleine Witwen- und Witwerrente

Sofern kein Anspruch auf die große Witwen- und Witwerrente besteht, haben Witwen und Witwer nach der Rente im Sterbevierteljahr einen Anspruch auf die kleine Witwen- und Witwerrente (§ 65 Abs. 2 Nr. 2 SGB VII).

Die kleine Witwen- und Witwerrente zeichnet sich durch folgendes aus:

- Niedrigere Höhe: Statt 40 Prozent beträgt die kleine Witwen- und Witwerrente 30 Prozent des Jahresarbeitsverdienstes nach Ablauf des dritten Kalendermonats (§ 65 Abs. 2 Nr. 2 SGB VII). Begründet wird dies damit, dass bei einer kinderlosen, nicht erwerbsgeminderten Person im Alter von unter 47 Jahren nach Ablauf von 24 Monaten erwartet wird, für seinen persönlichen Unterhalt selbst zu sorgen.[1812]
- Zeitliche Befristung: Der Anspruch besteht längstens für 24 Kalendermonate nach Ablauf des Monats, in dem der Ehegatte verstorben ist (§ 65 Abs. 1 S. 2 SGB VII). Aufgrund der zwingenden Berücksichtigung des Sterbevierteljahrs kommen maximal 21 Kalendermonate zum Tragen.[1813]

1810 Tintner in: Schlaeger, § 218a SGB VII Rn. 4; Bereiter-Hahn/Mehrtens, § 218a SGB VII Rn. 2.

1811 Plum in: Podzun, Kz. 580 S. 8.

1812 Holstraeter in: Knickrehm/Roßbach/Waltermann, § 65 SGB VII Rn. 9.

1813 Sacher in: Lauterbach, § 65 SGB VII Rn. 29.

- Bei Wiederheirat (§ 65 Abs. 1 2. HS SGB VII) gilt, dass der Rentenanspruch wegfällt.
- Sofern innerhalb der 24 Kalendermonate oder im Anschluss darauf die Witwe oder der Witwer das 47. Lebensjahr erreicht (§ 65 Abs. 2 Nr. 3 lit. b SGB VII oder eine Behinderung i.S.d. § 65 Abs. 2 Nr. 3 lit. c SGB VII eintritt oder ein Kind unter den Voraussetzungen des § 65 Abs. 2 Nr. 3 lit. a SGB VII nachgeboren wird), ist **von Amts wegen zum nächsten Monatsersten** eine Erhöhung auf die große Witwen- und Witwerrente vorzunehmen.[1814]

Die zeitliche Begrenzung entspricht der kleinen Witwen- und Witwerrente im Rentenversicherungsrecht, § 46 Abs. 1 S. 2 SGB VI.

Bearbeitungsbeispiel | Berechnung der kleinen Witwerrente

Durch einen Arbeitsunfall verstirbt P am 1. August 2025. Ihr Jahresarbeitsverdienst vom 1. August 2024 bis 31. Juli 2025 betrug 48.000,00 Euro. Ihr Ehemann ist 30 Jahre alt.

1. Schritt: Berechnung der Rente im Sterbevierteljahr

2. Schritt: Prüfung, ob Anspruch auf **große Witwerrente** besteht

Hier: Es liegen keine Hinweise dafür vor.

3. Schritt: Berechnung der kleinen Witwerrente

48.000,00 Euro = JAV von P
a) 30 Prozent von 48.000,00 Euro = 48.000,00 Euro × 30/100 = 14.400,00 Euro
b) 14.400,00 Euro / 12 Monate = 1.200,00 Euro/Monat
c) Der Witwer erhält für bis zu 24 Monate oder bis zu einer Wiederheirat 1.200,00 Euro/Monat als Hinterbliebenenrente.

1814 Ricke in: BeckOGK-SGB VII, § 65 SGB VII Rn. 8 f.; Grüner/Ziegler in: LPK-SGB VII, § 67 SGB VII Rn. 13.

Konkret:
01.08.2025–30.11.2025: Rente im Sterbevierteljahr 2.666,67 Euro/Monat
01.12.2025–31.07.2027: Kleine Witwerrente 1.200,00 Euro

Hinweise:
a) Der Jahresarbeitsverdienst wird hier – im Gegensatz zum Sterbevierteljahr – nicht um zwei Drittel gekürzt.
b) Die Rente ist pro Monat auszurechnen.

Für **Alt-Fälle** (der Ehegatte ist vor dem 1. Januar 2002 verstorben oder die Ehe wurde vor diesem Tag geschlossen und mindestens ein Ehegatte ist vor dem 2. Januar 1962 geboren) besteht in **§ 218a SGB VII** eine Übergangsregelung.

Verwaltungshandeln | Auflösende Befristung

Die kleine Witwen- und Witwerrente wird regelmäßig vom Unfallversicherungsträger von vornherein auf die Dauer von 24 Kalendermonate nach Ablauf des Monats, in dem der Ehegatte verstorben ist, befristet.[1815]
Der positive Rentenbescheid enthält mit der Ankündigung des automatischen Wegfalls nach Ablauf der 24 Kalendermonate eine **Nebenbestimmung**.
Es handelt sich hierbei um eine **Befristung**.[1816] Befristungen sind nach § 32 Abs. 2 Nr. 1 SGB X Bestimmungen, nach der eine Vergünstigung oder Belastung zu einem bestimmten Zeitpunkt beginnt, endet oder für einen bestimmten Zeitraum gilt. Im Unterschied zur Bedingung hängt die Befristung daher von einem **künftigen gewissen Ereignis** ab.[1817]
Im vorliegenden Rentenfall endet die Vergünstigung (Rentenzahlung) zu einem bestimmten Zeitpunkt (nach 24 Kalendermonaten). Mit Ablauf der Frist fällt die Rente ohne weiteren Aufhebungs-Verwaltungsakt weg.[1818]

1815 Ricke in: BeckOGK-SGB VII, § 65 SGB VII Rn. 8; Plum in: Podzun, Kz. 580 S. 5.
1816 Vgl. Bereiter-Hahn/Mehrtens, § 73 SGB VII Rn. 6.1.
1817 Engelmann in: Schütze, § 32 SGB X Rn. 19.
1818 Ricke in: BeckOGK-SGB VII, § 65 SGB VII Rn. 8; Plum in: Podzun, Kz. 580 S. 5.

§ 73 Abs. 4 S. 1 SGB VII sieht vor, dass Renten befristet werden können. Sie enden danach mit Ablauf der Frist. Dies führt dazu, dass der Rentenwegfall wirksam wird und die Rente von selbst endet, ohne dass ein Verwaltungsakt ergeht.[1819] Einer vorherigen Anhörung bedarf es nicht.[1820] Allerdings ist im Rentenbescheid die Dauer der Befristung, also dem Zeitpunkt, das Ereignis, für den Betroffenen erkennbar festzulegen.[1821]

6.4.4.4 Versorgungsehe

Witwen oder Witwer haben **keinen Anspruch** auf Rente, wenn die Ehe erst **nach dem Versicherungsfall** geschlossen wurde und der Tod innerhalb des **ersten Jahres dieser Ehe** eingetreten ist (§ 65 Abs. 6 SGB VII), es sei denn, dass nach den besonderen Umständen des Einzelfalls die Annahme nicht gerechtfertigt ist, dass es der alleinige oder überwiegende Zweck der Heirat war, einen Anspruch auf Hinterbliebenenversorgung zu begründen.

Die Regelung findet sich auch im Hinterbliebenenrecht der gesetzlichen Rentenversicherung wieder (§ 46 Abs. 2a SGB VI).

Die Ehe zur reinen Versorgungssicherung des Ehepartners führt folglich zu keinen Rentenansprüchen. Dies wird als **rechtsmissbräuchlich** angesehen.[1822]

Prüfungsschema:

- Die Ehe wurde nach dem Versicherungsfall geschlossen.
- Der Tod des Versicherten trat innerhalb des ersten Jahres nach Eheschließung ein.

Rechtsfolge: Es wird vermutet, dass es sich um eine Versorgungsehe handelt. Folge ist, dass kein Rentenanspruch besteht.

- **Abwehr der Rechtsfolge:** Der Ehegatte hat die Möglichkeit, die Vermutung zu widerlegen. Die Vermutung ist dann widerlegt, wenn sich bei Abwägung aller zur Eheschließung führenden Motive beider

1819 Ricke in: BeckOGK-SGB VII, § 73 SGB VII Rn. 29.
1820 Meibom in: jurisPK-SGB VII, § 73 SGB VII Rn. 57.
1821 Bereiter-Hahn/Mehrtens, § 73 SGB VII Rn. 6.
1822 Grüner/Ziegler in: LPK-SGB VII, § 65 SGB VII Rn. 38.

Personen ergibt, dass die Versorgungsabsicherung nicht der alleinige oder überwiegende Zweck der Heirat war.[1823]

- Gegen die Annahme einer Versorgungsehe spricht, wenn vor dem Tod des Versicherten kein gesundheitliches Risiko eines bevorstehenden Ablebens bekannt war und damit unvermittelt („plötzlich" und „unerwartet") eingetreten ist.[1824] Mit jedem Grad der Lebensbedrohlichkeit einer Krankheit und jedem Grad der Offenkundigkeit steigt die Annahme einer Versorgungsehe.[1825]

6.4.4.5 Witwen- und Witwerrente an frühere Ehegatten

Frühere Ehegatten von Versicherten haben ebenfalls die Möglichkeit, Rente von der gesetzlichen Unfallversicherung zu erhalten.

Voraussetzungen:

1. Notwendig ist nach § 66 Abs. 1 S. 1 SGB VII, dass der Begünstigte den Versicherten rechtsgültig geheiratet hatte, sodass eine rechtsgültige Ehe bestanden hatte.[1826]
2. Diese Ehe muss geschieden sein oder für nichtig erklärt oder aufgehoben worden sein.
3. Der Versicherte muss dem Begünstigten während des letzten Jahres vor seinem Tod Unterhalt geleistet haben oder es muss im letzten wirtschaftlichen Dauerzustand vor dem Tod des Versicherten ein Anspruch auf Unterhalt bestanden haben (z.B. Scheidungsurteil). Unter Unterhalt versteht man alle Leistungen, die dazu bestimmt und geeignet sind, den Lebensunterhalt eines anderen wesentlich zu sichern.[1827] Es muss sich dabei um einen „sozialrechtlich bedeutsamen Unterhalt" handeln, der bei einem Betrag in Höhe von mindestens 25 Prozent des zeitlich und örtlich maßgeblichen Regelsatzes der Hilfe zum Lebensunterhalt nach dem SGB XII angenommen wird.[1828]

1823 Riebel in: Hauck/Noftz, SGB VII, § 65 SGB VII Rn. 85.
1824 BSG, Urt. v. 05.05.2009 – B 13 R 55/08 R, juris Rn. 26.
1825 BSG, Urt. v. 05.05.2009 – B 13 R 55/08 R, juris Rn. 27.
1826 Tintner in: Schlaeger, § 66 SGB VII Rn. 5.
1827 Grüner/Ziegler in: LPK-SGB VII, § 66 SGB VII Rn. 2.
1828 BSG, Urt. v. 31.08.2000 – B 4 RA 44/99 R, juris Rn. 15; Grüner/Ziegler in: LPK-SGB VII, § 66 SGB VII Rn. 3.

4. Notwendig für den Anspruch ist des Weiteren, dass sich die früheren Ehegatten nach Auflösung der Ehe mit dem Verstorbenen nicht wiederverheiratet haben, selbst wenn die Neu-Ehe wieder aufgelöst wurde.[1829] Das BSG entschied dazu (zum BVG): Die geschiedene Ehefrau, die zu Lebzeiten ihres früheren Ehegatten wieder geheiratet hat, ist – auch nach ihrer zweiten Scheidung – nicht mehr seine „frühere Ehefrau“; ihr steht daher keine Hinterbliebenenrente zu.[1830]

Rechtsfolge: Die früheren Ehegatten erhalten Rente „entsprechend § 65 SGB VII“. Das bedeutet, dass die Vorgaben über den Anspruch auf kleine oder große Witwen- und Witwerrente auch hier Anwendung finden. Das betrifft auch die in § 65 SGB VII aufgeführte Leistungshöhe.[1831]

Ausgenommen ist hingegen explizit die Anwendung des § 65 Abs. 2 Nr. 1 SGB VII, der keine Anwendung findet: Im Sterbevierteljahr erhalten folglich die früheren Witwen und Witwer **nicht** den erhöhten Rentensatz. Begründet wird dies damit, dass es sich bei dieser erhöhten Rente um eine Übergangsleistung handeln soll, um die Beendigung des Zusammenlebens besser auffangen zu können.[1832] Für frühere Ehegatten stellt sich diese Notwendigkeit nicht.

Sind mehrere Berechtigte vorhanden (egal ob mehrere frühere Ehegatten oder frühere und aktuelle Ehegatten), erhält jeder von ihnen den Teil der für ihn nach § 65 Abs. 2 SGB VII zu berechnende Rente, **der im Verhältnis zu den anderen Berechtigten der Dauer seiner Ehe** mit dem Verletzten entspricht (§ 66 Abs. 2 SGB VII). Anschließend ist die Einkommensanrechnung nach § 65 Abs. 3 SGB VII entsprechend anzuwenden.

Diese Minderung wird damit gerechtfertigt, dass es der Solidargemeinschaft nicht zumutbar ist, wenn die einzelnen Ansprüche ungekürzt befriedigt würden.[1833]

1829 Bereiter-Hahn/Mehrtens, § 66 SGB VII Rn. 3; Tintner in: Schlaeger, § 66 SGB VII Rn. 5 (m.w.N. in FN. 7).

1830 BSG, Urt. v. 06.07.1971 – 9 RV 776/70, juris LS.

1831 Riebel in: Hauck/Noftz, SGB VII, § 66 SGB VII Rn. 12.

1832 Ricke in: BeckOGK-SGB VII, § 66 SGB VII Rn. 6.

1833 Bereiter-Hahn/Mehrtens, § 66 SGB VII Rn. 14.

Berechnungsbeispiel | Rentenminderung bei mehreren Berechtigten[1834]

Fall: Q war mit der 50-jährigen R sechs Jahre verheiratet und hat sich dann scheiden lassen. Sodann heiratete er die 30-jährige S, mit der er seit vier Jahren verheiratet ist. Q stirbt wegen eines Versicherungsfalls. Sein Jahresarbeitsverdienst beträgt 60.000,00 Euro.

Berechnung:

1. Ansprüche von R (frühere Ehegattin)

Ehedauer 6 von 10 Jahren = 60 Prozent
60 Prozent von 60.000,00 Euro = 36.000,00 Euro
Maßgeblicher JAV für die Berechnung der Rente von R ist 36.000,00 Euro.
R hat einen Anspruch auf große Witwenrente nach § 66 Abs. 1 S. 1 i.V.m. § 65 Abs. 2 Nr. 3 lit. b SGB VII:
40 Prozent von 36.000,00 Euro = 14.400,00 Euro
14.400,00 Euro / 12 Monate = 1.200,00 Euro/Monat
R bekommt nach ihrer Antragstellung 1.200,00 Euro Rente pro Monat.

Alternative Berechnungsmethode:

40 Prozent von JAV = 24.000,00 Euro
60 Prozent Ehezeit × 24.000,00 Euro = 14.400,00 Euro
14.400,00 Euro / 12 = 1.200,00 Euro/Monat

2. Ansprüche von S (Ehegattin)

Ehedauer 4 von 10 Jahren = 40 Prozent
40 Prozent von 60.000,00 Euro = 24.000,00 Euro
Maßgeblicher JAV für die Berechnung der Rente von S ist 24.000,00 Euro.
S hat einen Anspruch auf kleine Witwenrente nach § 66 Abs. 1 S. 1 i.V.m. § 65 Abs. 2 Nr. 2 SGB VII:
30 Prozent von 24.000,00 Euro = 7.200,00 Euro
7.200,00 Euro / 12 Monate = 600,00 Euro/Monat
S bekommt nach ihrer Antragstellung 600,00 Euro Rente bis zum 24. Monat nach dem Tod des Q.

1834 Nach Ricke in: BeckOGK-SGB VII, § 66 SGB VII Rn. 15.1; siehe auch Berechnungsbeispiel bei Plum in: Podzun, Kz. 590 S. 8.

Alternative Berechnungsmethode:

30 Prozent von JAV = 18.000,00 Euro
40 Prozent Ehezeit × 18.000,00 Euro = 7.200,00 Euro
7.200,00 Euro / 12 = 600,00 Euro/Monat

Hinweise: Im Fall der Überschreitung des Höchstbetrags nach § 70 SGB VII ist der Hinterbliebenenrentengrundanspruch vorab zu kürzen.[1835] Nach dem 24. Monat fällt der Anspruch von S auf Witwenrente weg. Das bedeutet, dass dann der R die ungekürzte Hinterbliebenenrente zu zahlen ist.[1836]
Für R erfolgt erst dann wieder eine Minderung, wenn S das 47. Lebensjahr erreicht. Dann hat auch S wieder einen Rentenanspruch aufgrund ihres Alters.

Nach § 66 Abs. 3 SGB VII sind Renten nach § 66 Abs. 1 und § 65 SGB VII ebenso nach § 66 Abs. 2 SGB VII zu mindern, wenn nach Feststellung der Rente einem **weiteren früheren Ehegatten** Rente zu zahlen ist.

Die Rente wird nur auf Antrag gewährt. Die Rentenzahlung beginnt vom Beginn des Monats, der der Antragstellung folgt.[1837]

Wissen | Antrag oder von Amts wegen?

In der Regel werden Leistungen der gesetzlichen Unfallversicherung **von Amts wegen** erbracht. Der Vorteil für den Versicherten: Er muss keinen Antrag stellen, sondern darf darauf vertrauen, dass der Unfallversicherungsträger als Körperschaft des öffentlichen Rechts selbständig Ermittlungen anstellt und Leistungen gewährt.
Kenntnis von Versicherungsfällen erhalten die Unfallversicherungsträger in der Regel wie folgt:

- Meldungen der Arbeitgeber von Arbeitsunfällen (§ 193 SGB VII)
- Anzeige von Berufskrankheiten durch Ärzte (§ 202 SGB VII)

1835 Sacher in: Lauterbach, § 66 SGB VII Rn. 51.
1836 Vgl. Plum in Podzun, Kz. 590 S. 8.
1837 Bereiter-Hahn/Mehrtens, § 66 SGB VII Rn. 15.

- Anträge der Versicherten oder Hinterbliebenen[1838]

Von der Leistung von Amts wegen sind die Leistungen **nach Antrag** zu unterscheiden. Hier bedarf es der expliziten Handlung in Form des Antrags, um eine Leistung zu erhalten.
In § 19 SGB IV heißt es hierzu: Leistungen in der gesetzlichen Kranken- und Rentenversicherung, nach dem Recht der Arbeitsförderung sowie in der sozialen Pflegeversicherung werden **auf Antrag** erbracht, soweit sich aus den Vorschriften für die einzelnen Versicherungszweige nichts Abweichendes ergibt. Leistungen in der gesetzlichen Unfallversicherung werden **von Amts wegen** erbracht, soweit sich aus den Vorschriften für die gesetzliche Unfallversicherung nichts Abweichendes ergibt.
Es gibt folglich eine explizite gesetzgeberische Unterscheidung innerhalb der Sozialversicherungszweige. Während bei der gesetzlichen Unfallversicherung die Leistung von Amts wegen die Regel ist, wird in den anderen Sozialversicherungszweigen in der Regel nur auf Antrag eine Leistung gewährt.
Ein wesentlicher Grund des antraglosen Verfahrens in der gesetzlichen Unfallversicherung soll darin liegen, dass im Unfallversicherungsrecht nur bei unverzüglichem Handeln gerade im Bereich der medizinischen Rehabilitation eine vollständige oder wenigstens weitergehende Wiederherstellung der Gesundheit möglich wäre, da die Folgen zu Beginn unterlassener Behandlungen häufig gar nicht mehr oder nur mit hohem finanziellem Aufwand zu beseitigen wären.[1839]
Die Argumentation ist nachvollziehbar: Warum dies im Bereich des Krankenversicherungsrechts anders ist, ist hingegen nicht erklärbar.

6.4.5 Einkommensanrechnung

Bei dem Bezug von Witwen- und Witwerrenten ist zu beachten, dass ggf. **gleichzeitig erzieltes Einkommen** auf die Rente angerechnet wird. Die Regelung dient dazu, Überversorgungen von Witwen und Witwen zu vermeiden.[1840]

1838 Lüdtke/Winkler in: NK-SGB IV, § 19 SGB IV Rn. 15.
1839 Zieglmeier in: BeckOGK-SGB IV, § 19 SGB IV Rn. 21.
1840 Tintner in: Schlaeger, § 65 SGB VII Rn. 37.

Einkommensanrechnung bedeutet daher, dass bei Hinterbliebenen, die gleichzeitig Einkommen (z.B. Lohn oder Gehalt) erzielen, ihr Einkommen bei der Rentenzahlung berücksichtigt wird und nach einem bestimmten Berechnungssatz abgezogen wird.

Eine Einkommensanrechnung findet **nicht** statt:

- für die Rente im Sterbevierteljahr (§ 65 Abs. 2 Nr. 1 SGB VII)

Die Einkommensanrechnung findet statt:

- für die kleine Witwen- und Witwerrente (§ 65 Abs. 2 Nr. 2 SGB VII)
- für die große Witwen- und Witwerrente (§ 65 Abs. 2 Nr. 3 SGB VII)

Einkommen von Witwen oder Witwern, das mit einer Witwenrente oder Witwerrente nach § 65 Abs. 2 Nr. 2 und 3 SGB VII zusammentrifft, wird gemäß § 65 Abs. 3 SGB VII angerechnet.

Bei dem überlebenden Ehepartner muss es sich dabei um **eigenes** Erwerbseinkommen, Erwerbsersatzeinkommen oder Vermögenseinkommen handeln.[1841]

Das erstmalige Zusammentreffen von Rentenbezug und Einkommen kann zu jedem beliebigen Zeitpunkt erfolgen, frühstens kann es aber beim Todestag des Versicherten nach dem Sterbevierteljahr beginnen.[1842]

Die Anrechnung erfolgt nach § 65 Abs. 3 S. 2 ff. SGB VII wie folgt: Anrechenbar ist das Einkommen, das monatlich das 26,4-fache des aktuellen Rentenwerts der gesetzlichen Rentenversicherung übersteigt. Das nicht anrechenbare Einkommen erhöht sich um das 5,6-fache des aktuellen Rentenwerts für jedes waisenrentenberechtigte Kind von Witwen oder Witwern. Von dem danach verbleibenden anrechenbaren Einkommen werden 40 Prozent angerechnet. Diese Detailtiefe ist nicht mehr erklärbar.

Folge der Anrechnung ist, dass die Rente nicht in ihrer Höhe vollständig geltend gemacht werden kann; dem Grunde nach bleibt der Rentenanspruch aber vollständig erhalten.[1843]

1841 Jentsch in: jurisPK-SGB VII, § 65 SGB VII Rn. 37 (Anrechnung, wenn es sich um einen so genannten Neufall, d.h. um einen Tod nach dem 31.12.2001 handelt).

1842 Bereiter-Hahn/Mehrtens, § 65 SGB VII Rn. 15.

1843 Bereiter-Hahn/Mehrtens, § 65 SGB VII Rn. 16.1.

Auf Übergangsfälle (bei Todeseintritt des Versicherten nach dem 31.12.1985 und vor dem 01.01.2002)[1844] und sog. Altfälle (Tod vor dem 01.01.1986)[1845] wird hier **nicht** eingegangen.

Die nachfolgende Darstellung ist vereinfacht und allein exemplarisch zu sehen.

Prüfungsschema | Einkommensanrechnung

Ausgangsfall: Herr M (Wohnort Köln) verstirbt am 18.04.2015 an den Folgen eines schweren Arbeitsunfalls vom 14.01.2015. Er hinterlässt seine Ehefrau. Kinder sind nicht vorhanden.
Zur Überprüfung der Einkommensanrechnung ab 01.07.2025 wurden folgende Feststellungen gemacht:
Geburtsdatum Herr M: 18.09.1962
Geburtsdatum Frau M: 06.11.1972 (52 Jahre)
JAV ab 01.07.2025: 42.000,00 Euro
Rentenwert ab 01.07.2025: 40,79 Euro[1846]
Frau M ist seit November 2023 als Verkäuferin in einem Supermarkt in Köln beschäftigt und hat im Jahr 2024 ein Bruttoarbeitsentgelt in Höhe von 36.000,00 Euro erzielt.

Frage: In welcher Höhe ist die Hinterbliebenenrente ab 01.07.2025 an Frau M auszuzahlen?

Vorüberlegung: Frau M hat einen Anspruch auf große Witwenrente nach § 65 Abs. 2 Nr. 3 lit. b. SGB VII.
Die monatliche Rente beträgt demnach: 1.400,00 Euro.

1. Schritt: Bestimmung der Einkommensarten

Das Einkommen ist in § 18a SGB IV definiert.

Die Regelung ist im SGB IV verortet, da sich aus ihr abschließend das bei Witwen- und Witwerrenten sowie Erziehungsrenten **in der gesetzlichen**

1844 Vgl. Jentsch in: jurisPK-SGB VII, § 65 SGB VII Rn. 39; Sacher in: Lauterbach, § 65 SGB VII Rn. 49.

1845 Vgl. Jentsch in: jurisPK-SGB VII, § 65 SGB VII Rn. 40 f.; Sacher in: Lauterbach, § 65 SGB VII Rn. 50.

1846 Vgl. § 1 Rentenwertbestimmungsverordnung 2025.

Unfall- und Rentenversicherung sowie **Alterssicherung der Landwirte** zu berücksichtigende Einkommen ergibt.[1847] Durch die Regelung in den **gemeinsamen Vorschriften** wird gewährleistet, dass die Einkommensanrechnung nach den **gleichen Vorschriften** vorgenommen wird.

Nach § 18a Abs. 1 S. 1 SGB IV werden die nachfolgenden Einkommensarten bei der Berechnung der Hinterbliebenenrente berücksichtigt:

- Erwerbseinkommen
- Leistungen, die erbracht werden, um Erwerbseinkommen zu ersetzen (Erwerbsersatzeinkommen)
- Vermögenseinkommen
- Elterngeld
- Aufstockungsbeträge und Zuschläge nach § 3 Nr. 28 EStG

Die Einkommensarten werden in § 18a SGB IV jeweils näher definiert. Exemplarisch lässt sich dies an dem **Erwerbseinkommen** darstellen.

Unter Erwerbseinkommen wird das Arbeitsentgelt, Arbeitseinkommen und vergleichbares Einkommen verstanden (§ 18a Abs. 2 SGB IV). Der Begriff des Arbeitsentgelts entspricht wieder § 14 SGB IV. Auch die Abgrenzungsregelungen des Arbeitsentgelts aus der SvEV findet wiederum Anwendung.[1848]

Nicht berücksichtigt werden:

- Arbeitsentgelt, das eine Pflegeperson von dem Pflegebedürftigen erhält, wenn das Entgelt das dem Umfang der Pflegetätigkeit entsprechende Pflegegeld nach § 37 SGB XI nicht übersteigt
- Einnahmen aus Altersvorsorgeverträgen, soweit sie nach § 10a oder Abschnitt XI des Einkommensteuergesetzes gefördert worden sind
- Renten nach § 3 Nr. 8a EStG
- Arbeitsentgelt, das ein behinderter Mensch von einem Träger einer in § 1 S. 1 Nr. 2 SGB VI genannten Einrichtung erhält

Prüfungsschema | Einkommensanrechnung

Ausgangsfall: In welcher Höhe ist die Hinterbliebenenrente ab 01.07.2025 an Frau M auszuzahlen?

1847 Fattler in: Hauck/Noftz, SGB IV, § 18a SGB IV Rn. 1.
1848 Fattler in: Hauck/Noftz, SGB IV, § 18a SGB IV Rn. 22.

1. Schritt: Bestimmung der Einkommensarten
Frau M verdient 36.000,00 Euro/Jahr. Dies ist ihr Gehalt, folglich handelt es sich um Arbeitsentgelt i.S.d. § 14 Abs. 1 S. 1 SGB IV und damit um Erwerbseinkommen i.S.d. § 18 Abs. 1 S. 1 Nr. 1 i.V.m. Abs. 2 SGB IV.

Nach § 18c Abs. 1 SGB IV hat der Empfänger der Rentenleistung bei erstmaliger Ermittlung des Einkommens das zu berücksichtigende Einkommen nachzuweisen. Kommt er allerdings dieser Mitwirkungspflicht nicht nach, kann die Rente ganz oder teilweise entsprechend §§ 66 und 67 SGB I versagt oder entzogen werden.[1849]

Der Unfallversicherungsträger macht in der Regel dafür beim Arbeitgeber eine entsprechende Einkommensabfrage.

2. Schritt: Höhe des zu berücksichtigenden Einkommens

§ 18b SGB IV regelt die Grundsätze, nach denen die Höhe des bei der Rente wegen Todes zu berücksichtigenden Einkommens zu bestimmen ist.[1850] Insbesondere wird festgelegt, ob das laufende Einkommen oder das Einkommen aus dem Kalenderjahr vor dem Zusammentreffen mit der Rente zu berücksichtigen ist.[1851]

Nach § 18b Abs. 1 SGB IV ist das für **denselben Zeitraum** erzielte **monatliche Einkommen** maßgeblich. Mehrere zu berücksichtigende Einkommen sind zusammenzurechnen. Wird die Rente nur für einen Teil des Monats gezahlt, ist das entsprechend gekürzte monatliche Einkommen maßgebend. Einmalig gezahltes Vermögenseinkommen gilt als für die dem Monat der Zahlung folgenden zwölf Kalendermonate als erzielt. Einmalig gezahltes Vermögenseinkommen ist Einkommen, das einem bestimmten Zeitraum nicht zugeordnet werden kann oder in einem Betrag für mehr als zwölf Monate gezahlt wird.

Bei Erwerbseinkommen und **kurzfristigem** Erwerbsersatzeinkommen (z.B. Verletztengeld, Krankengeld, Übergangsgeld[1852]) gilt nach § 18b Abs. 2 S. 1 SGB IV als monatliches Einkommen das **im letzten Kalenderjahr** aus

1849 Viergutz, S. 53.
1850 Paulus/Wildenhain in: jurisPK-SGB IV, § 18b SGB IV Rn. 19.
1851 Plum in: Podzun, Kz. 580 S. 22.
1852 Bereiter-Hahn/Mehrtens, § 18b SGB IV Rn. 8.

diesen Einkommensarten erzielte Einkommen, geteilt durch die Zahl der Kalendermonate, in denen es erzielt wurde.

Anders bei **auf Dauer gerichteten Erwerbsersatzeinkommen**: Dort ist vom „laufenden Einkommen“ auszugehen, also vom Einkommen, das im Monat des Zusammentreffens mit der Rente bzw. bei Einkommensänderungen im Monat der nächsten Rentenanpassung erzielt wurde.[1853]

Beide Zahlungen – Rente und Einkommen – müssen **für denselben Zeitpunkt** geleistet werden.[1854] Dadurch soll eine **Kongruenz von Rentenbezug und anzurechnendem Einkommen** erreicht werden.[1855] Deshalb ist das monatliche Einkommen für denselben Zeitraum wie die (monatliche) Rente zu ermitteln, sodass auch eine taggenaue Einkommensanrechnung erzielt werden kann.[1856] Maßgeblich ist auch hier nicht das Zufluss-, sondern das **Anspruchs- oder Entstehungsprinzips**.[1857]

Achtung! Auch wenn für das **Sterbevierteljahr** keine Einkommensanrechnung vorgenommen wird, ist für die Bestimmung von Art und Höhe des Einkommens das **erstmalige Zusammentreffen** von Rente und Einkommen maßgeblich, mithin der erste Zeitpunkt im Sterbevierteljahr.[1858]

Prüfungsschema | Einkommensanrechnung

Ausgangsfall: In welcher Höhe ist die Hinterbliebenenrente ab 01.07.2025 an Frau M auszuzahlen?

2. Schritt: Höhe der Einkommensarten
Frau M. verdient 36.000,00 Euro/2024; 01.07.2025: 3.000,00 Euro/Monat.

Hinweis: Der 2. Schritt erscheint zunächst überflüssig, da dies bereits im ersten Schritt festgestellt wurde. Dies liegt aber an der einfachen Fallkonstellation von Frau M, die keine Einmalzahlungen, keine Einkommensersatzleistungen oder Rente bezogen hat.

1853 Bereiter-Hahn/Mehrtens, § 18b SGB IV Rn. 17.
1854 Grüner/Ziegler in: LPK-SGB VII, § 65 SGB VII Rn. 24.
1855 Zieglmeier in: BeckOGK-SGB IV, § 18b SGB IV Rn. 6.
1856 Zieglmeier in: BeckOGK-SGB IV, § 18b SGB IV Rn. 6.
1857 Zieglmeier in: BeckOGK-SGB IV, § 18b SGB IV Rn. 9.
1858 Grüner/Ziegler in: LPK-SGB VII, § 65 SGB VII Rn. 25.

3. Schritt: Kürzung der Höhe des zu berücksichtigenden Einkommens

Da es sich bei dem Einkommen in der Regel um Bruttobeträge handelt, ist – um eine Schlechterstellung der Rentenberechtigten zu vermeiden – eine **pauschalierte Kürzung** auf die Nettobeträge vorzunehmen.[1859] Die Kürzung erfolgt nach den in § 18b Abs. 5 SGB IV aufgeführten Pauschalen.

Prüfungsschema | Einkommensanrechnung

Ausgangsfall: In welcher Höhe ist die Hinterbliebenenrente ab 01.07.2025 an Frau M auszuzahlen?

3. Schritt: Kürzung der Höhe des zu berücksichtigenden Einkommens
Frau M. verdient 36.000,00 Euro/2024 als Arbeitseinkommen.
Maßgeblich ist hier § 18 Abs. 5 Nr. 1 SGB IV: Kürzungshöhe: 40 Prozent
36.000,00 Euro / 40 Prozent = 14.400,00 Euro
Der Kürzungsbetrag beträgt 14.400,00 Euro
Das zu berücksichtigende Einkommen beträgt folglich:
36.000,00 Euro-14.400,00 Euro = 21.600,00 Euro
Auf den Monat berechnet:
21.600,00 Euro / 12 Monate = 1.800,00 Euro/Monat

4. Schritt: Vergleich mit laufenden Einkommen

Da § 18b Abs. 2 SGB IV als Zeitpunkt des Zusammentreffens der Rente mit Erwerbseinkommen das letzte Kalenderjahr bestimmt, können größere Nachteile für den Rentenempfänger entstehen, wenn das im Zeitpunkt des Zusammentreffens **vorliegende tatsächliche Einkommen** niedriger ist als das des letzten Kalenderjahres.[1860]

Nach § 18b Abs. 3 S. 2 SGB IV ist an Stelle des Einkommens des letzten Kalenderjahres von dem tatsächlich laufenden Einkommen auszugehen, wenn dieses Einkommen voraussichtlich im Durchschnitt **um 10 Prozent geringer** ist als das Vorjahreseinkommen.[1861]

1859 Viergutz, S. 50.
1860 Viergutz, S. 50.
1861 Viergutz, S. 50.

Prüfungsschema | Einkommensanrechnung

Ausgangsfall: In welcher Höhe ist die Hinterbliebenenrente ab 01.07.2025 an Frau M auszuzahlen?

4. Schritt: Vergleich mit laufendem Einkommen
Es ergeben sich keine notwendigen Änderungen i.S.d. § 18b Abs. 3 S. 2 SGB IV.

5. Schritt: Abzug des Freibetrages

Anrechenbar ist allein das Einkommen, das einen **Freibetrag** übersteigt.[1862]

Der Freibetrag dient der Sicherstellung des Sozialstaatsprinzips: Bezieher kleinerer Einkommen werden dadurch in der Regel die vollständige Rente, ohne Kürzung erhalten können, da ihr Einkommen die Höhe des Freibetrages abdeckt.[1863] Allerdings ist der Freibetrag ein pauschaler Betrag, der für kleine und höhere Einkommen gleich ist.

Dieser Prüfungspunkt führt zurück ins SGB VII: Anrechenbar ist nach § 65 Abs. 3 S. 2 SGB VII das Einkommen, das monatlich das 26,4-fache des aktuellen Rentenwerts der gesetzlichen Rentenversicherung übersteigt. Zudem gilt: Das nicht anrechenbare Einkommen erhöht sich um das 5,6-fache des aktuellen Rentenwerts **für jedes waisenrentenberechtigte Kind** von Witwen oder Witwern.

Übersteigt das Einkommen den ermittelten Betrag, sind 40 Prozent des verbliebenen Einkommens anzurechnen.

Das Einkommen wird von dem Tag an angerechnet, an dem es mit der Hinterbliebenenrente erstmals zusammentrifft.[1864]

Prüfungsschema | Einkommensanrechnung

Ausgangsfall: In welcher Höhe ist die Hinterbliebenenrente ab 01.07.2025 an Frau M auszuzahlen?

5. Schritt: Abzug des Freibetrages

1862 Bereiter-Hahn/Mehrtens, § 65 SGB VII Rn. 16.1.
1863 Bereiter-Hahn/Mehrtens, § 65 SGB VII Rn. 16.1.
1864 Tintner in: Schlaeger, § 65 SGB VII Rn. 39.

1. Unterschritt: Anrechenbar ist das Einkommen, das monatlich das 26,4-fache des aktuellen Rentenwerts der gesetzlichen Rentenversicherung übersteigt.
Rentenwert ab 01.07.2025: 40,79 Euro[1865]
Hier: 40,79 Euro × 26,4 = 1.076,86 Euro
Ergebnis: Der Freibetrag beträgt 1.076,86 Euro.
2. Unterschritt: Freibetrag-Abzug:
Hier: Zu berücksichtigende Einkommen von Frau M 1.800,00 Euro
1.800,00 Euro – 1.076,86 Euro = 723,14 Euro
Folge: 40 Prozent des verbleibenden Einkommens sind anzurechnen.
3. Unterschritt: Von dem danach verbleibenden anrechenbaren Einkommen werden 40 Prozent angerechnet.
Hier: 40 Prozent von 723,14 Euro = 289,26 Euro
Der Abzugsbetrag beträgt 289,26 Euro.

6. Schritt: Ergebnis

Nur wenn das ermittelte Einkommen den Freibetrag übersteigt, kommt es zur Kürzung. Liegt hingegen das ermittelte Einkommen unter dem Freibetrag, erfolgt keine Anrechnung.[1866]

Prüfungsschema | Einkommensanrechnung

Ausgangsfall: In welcher Höhe ist die Hinterbliebenenrente ab 01.07.2025 an Frau M auszuzahlen?

6. Schritt: Ergebnis
Frau M hat einen Anspruch auf große Witwenrente nach § 65 Abs. 2 Nr. 3 lit. b. SGB VII (über 47).
Große Witwenrente: 40 Prozent: JAV: 42.000,00 Euro
Die monatliche Rente beträgt demnach: 1.400,00 Euro.

Der ungekürzte Rentenanspruch von Frau M beträgt 1.400,00 Euro. Die Rente wird um den ausgerechneten Kürzungsbetrag in Höhe von

1865 Vgl. § 1 Rentenwertbestimmungsverordnung 2025.
1866 Grüner/Ziegler in: LPK-SGB VII, § 65 SGB VII Rn. 31.

289,26 Euro gekürzt aufgrund des zeitgleichen Einkommens von Frau M aufgrund ihrer Beschäftigung im Supermarkt.
Frau M erhält eine durch die Einkommensanrechnung bereinigte Witwenrente in Höhe von 1.110,74 Euro/Monat.

- Nachträgliche Einkommenserhöhungen werden **zum jeweils 1. Juli** berücksichtigt. Zum 1. Juli eines jeden Jahres ist das Einkommen daher neu zu ermitteln.
- Minderungen um mindestens 10 Prozent können (= müssen, von Amts wegen[1867]) **vom Zeitpunkt ihres Eintritts** an berücksichtigt werden. Sollte das neu erzielte Einkommen zwar niedriger, aber nicht um wenigstens 10 Prozent geringer sein als das bisher berücksichtigte Einkommen, dann handelt es sich um eine Einkommensänderung, die erst ab dem nächstfolgenden 1. Juli zu beachten ist.[1868]
- Kurzfristiges Erwerbsersatzeinkommen ist nur solange zu berücksichtigen, wie es bezogen wird.
- Einmalig erzieltes Vermögenseinkommen ist sofort zu berücksichtigen.

Rangfolge

In § 65 Abs. 4 SGB VII wird die Rangfolge der Einkommensanrechnung festgesetzt. Voraussetzung für die Einkommensanrechnung ist, dass der Berechtigte mehrere Unfallversicherungsrenten bezieht, auf die Einkommen anzurechnen ist.[1869] Es ist folgende Reihenfolge maßgebend:

1. Witwen- oder Witwerrente
2. Witwen- oder Witwerrente nach dem vorletzten Ehegatten.

6.5 Waisenrente

Verstirbt der Vater oder die Mutter durch einen Versicherungsfall, erhalten die hinterbliebenen Kinder einen Rentenanspruch. Es handelt sich um einen

1867 Bereiter-Hahn/Mehrtens, § 65 SGB VII Rn. 16.6; **a.A.** Tintner in: Schlaeger, § 65 SGB VII Rn. 39: auf Antrag.
1868 Viergutz, S. 55.
1869 Riebel in: Hauck/Noftz, SGB VII, § 65 SGB VII Rn. 63.

Anspruch auf Waisenrente (§ 67 i.V.m. § 68 SGB VII). Auch hier hat die Rente eine unterhaltsersetzende Funktion,[1870] ohne dass hier weiter geprüft wird, inwiefern der Verstorbene für den Unterhalt tatsächlich gesorgt hat.

Zudem soll durch die Rentenzahlung einem waisenberechtigten Kind, das sich nicht selbst durch Erwerbstätigkeit finanziell unterhalten kann, die Entscheidung für eine möglichst gründliche und qualifizierte Ausbildung ermöglicht oder erleichtert und die Realisierung der gewählten Ausbildung gewährleistet werden.[1871]

Mögliche Schadensersatzansprüche, die das Kind gegen den Schädiger haben könnte und die erloschen oder auf den Unfallversicherungsträger übergegangen sind, werden schließlich ebenso durch die Rentenzahlung ersetzt,[1872] sodass der Waisenrente eine dem Unfallsversicherungsrecht immanente Betriebsfriedensfunktion zukommt.

Wissen | Betriebsfrieden durch Unfallversicherung

An anderer Stelle wurde bereits darauf hingewiesen, dass der Sinn und Zweck der gesetzlichen Unfallversicherung auch darin besteht für einen **Betriebsfrieden** zu sorgen.
Was würde passieren, wenn es keine gesetzliche Unfallversicherung geben würde und der Arbeitnehmer einen Arbeitsunfall während der Arbeit erleidet, weil der Arbeitgeber ihn vor den Gefahren auf der Arbeitsstelle nicht ausreichend geschützt hat?
Sofern sich die Parteien nicht einigen könnten, würde die Frage der Haftung gerichtlich geklärt werden müssen. Ein Rechtsverfahren zwischen Arbeitgeber und Arbeitnehmer würde für Unruhe sorgen und damit den Betriebsfrieden belasten. Für den Unternehmer würden damit unkalkulierbare Haftpflichtrisiken bestehen.[1873] Für den Arbeitnehmer bestehen Risiken in der Höhe der Prozesskosten, ein Insolvenzrisiko seines Arbeitgebers und ggf. Abstrafungen bis zur Kündigung.
Bei Arbeitsunfällen (oder Berufskrankheiten) infolge der Verrichtung der Beschäftigung sollen daher die Vertragspartner Arbeitgeber und

1870 BSG, Urt. v. 15.03.1988 – 4/11a RA 14/87, BeckRS 1988, 30725423; Jentsch in: jurisPK-SGB VII, § 67 SGB VII Rn. 23.
1871 BSG, Urt. v. 18.03.1987 – 9b RU 38/85, juris Rn. 15.
1872 Jentsch in: jurisPK-SGB VII, § 67 SGB VII Rn. 24.
1873 Seiwerth in: BeckOGK-SGB VII, § 104 SGB VII Rn. 3.

Arbeitnehmer **vor sich selbst geschützt** werden, wenn umstritten sein könnte, ob der Unternehmer (oder ein ihm gesetzlich gleichgestellter Dritter) den Gesundheitsschaden oder den Tod mitverursacht und ggf. dabei rechtswidrig und fahrlässig oder sogar grob fahrlässig gehandelt hat und dem Verletzten oder den Hinterbliebenen deswegen aus zivilrechtlichen Ansprüchen haftet.[1874] Hier tritt das Haftungsregime der Unfallversicherung ein und schützt vor wechselseitigen Klagen und Prozessen.

Durch den Ausgleich des Schadens von dem Unfallversicherungsträgern besteht insoweit kein Rechtsgrund für einen Rechtsstreit zwischen dem Verletzten und dem Unternehmer (oder ihm gleichgestellten Dritten), wenn dieser nicht vorsätzlich gehandelt hat.[1875] Deshalb entzieht das SGB VII dem Verletzten insoweit seinen ggf. zivilrechtlich entstandenen Schadensersatzanspruch (einschließlich der Schmerzensgeldansprüche) gegen den Unternehmer (§§ 104 bis 109 SGB VII).[1876] Dafür muss der Unternehmer einseitig die Beiträge in die gesetzliche Unfallversicherung leisten. In der Sozialversicherung besteht sonst die Vorgabe der paritätischen Einzahlung durch Arbeitgeber und Arbeitnehmer.

Der Betriebsfrieden und die grundsätzliche Haftungsweitergabe an die gesetzliche Unfallversicherung unterliegen daher einer grundsätzlich einseitigen Finanzierung durch den Arbeitgeber.

Die Regelungen zur Waisenrente erstrecken sich über zwei Paragrafen: In § 67 SGB VII werden die Voraussetzungen, in § 68 SGB VII wird die Höhe dargestellt. Wie andere Regelungen im Hinterbliebenenrecht der gesetzlichen Unfallversicherung, gibt es auch diese Regelung im Recht der gesetzlichen Rentenversicherung (§ 48 SGB VI).

6.5.1 Voraussetzungen für Waisenrente

§ 67 SGB VII regelt zum einen, wer anspruchsberechtigt ist und zum anderen die Dauer des Anspruchs.

1874 BSG, Urt. v. 15.05.2012 – B 2 U 8/11 R, BeckRS 2012, 74957 Rn. 38.
1875 BSG, Urt. v. 15.05.2012 – B 2 U 8/11 R, BeckRS 2012, 74957 Rn. 38.
1876 BSG, Urt. v. 15.05.2012 – B 2 U 8/11 R, BeckRS 2012, 74957 Rn. 38.

6.5.1.1 Anspruchsberechtigung

Kinder von verstorbenen Versicherten erhalten eine Halbwaisenrente, wenn sie noch einen Elternteil haben (§ 67 Abs. 1 Nr. 1 SGB VII) oder Vollwaisenrente, wenn sie keine Eltern mehr haben (§ 67 Abs. 1 Nr. 2 SGB VII).

Vollwaisen haben beide Elternteile verloren, ein **Halbwaise** hat ein Elternteil verloren.[1877] Der Unterschied besteht rentenrechtlich hier:

Beim Halbwaisen muss der verstorbene Elternteil den Tod durch einen Versicherungsfall erlitten haben.[1878] Es ist ein Kausalzusammenhang zwischen dem Versicherungsfall und dem Tod des Versicherten erforderlich.[1879]

Beim Vollwaisen brauchen dagegen nicht beide Elternteile aufgrund eines Versicherungsfalls verstorben sein.[1880] Allerdings muss beim Vollwaisen der Tod des einen Elternteils, der Voraussetzung für den Anspruch auf Waisenrente ist, rechtlich wesentlich auf einen Versicherungsfall zurückzuführen sein.[1881] Dabei muss hingegen nicht der Umstand Vollwaise zu sein, auf einem Versicherungsfall beruhen.[1882] Das bedeutet: Es kommt nicht darauf an, dass der letzte verstorbene Elternteil durch einen Versicherungsfall verstarb.

Kinder sind die ehelichen, als ehelich anerkannte, nichteheliche und Adoptivkinder.[1883]

Nach § 67 Abs. 2 Nr. 1 SGB VII werden **Stiefkinder** und **Pflegekinder** (§ 56 Abs. 2 Nr. 1 und 2 SGB I), die in den Haushalt der Versicherten aufgenommen waren, den Kindern des verstorbenen Versicherten gleichgestellt und daher beim Waisenrentenanspruch berücksichtigt. Stiefkinder sind dabei die Kinder des Ehegatten (oder Lebenspartners) des verstorbenen Versicherten.[1884] Der Gesetzgeber geht davon aus, dass bei diesen Kindern eine vergleichbare wirtschaftliche Abhängigkeit besteht.[1885]

Dabei endet die Stiefkindschaft nicht durch Auflösung der Ehe zwischen leiblichen Elternteil und Stiefelternteil.[1886] Die Stiefkindschaft zu dem frühe-

1877 Ricke in: BeckOGK-SGB VII, § 67 SGB VII Rn. 4.
1878 BSG, Urt. v. 09.12.1976 – 2 RU 123/75, juris Rn. 13.
1879 BSG, Urt. v. 09.12.1976 – 2 RU 123/75, juris Rn. 13.
1880 BSG, Urt. v. 09.12.1976 – 2 RU 123/75, juris Rn. 13.
1881 Jentsch in: jurisPK-SGB VII, § 67 SGB VII Rn. 28.
1882 BSG, Urt. v. 09.12.1976 – 2 RU 123/75, juris Rn. 13; Jentsch in: jurisPK-SGB VII, § 67 SGB VII Rn. 28.
1883 Ricke in: BeckOGK-SGB VII, § 67 SGB VII Rn. 4.
1884 Grüner/Ziegler in: LPK-SGB VII, § 67 SGB VII Rn. 7.
1885 Ricke in: BeckOGK-SGB VII, § 67 SGB VII Rn. 5.
1886 BSG Urt. v. 30.08.1967 – 4 RJ 547/65, BeckRS 1967, 373 Rn. 12; Grüner/Ziegler in: LPK-SGB VII, § 67 SGB VII Rn. 7.

ren Ehegatten des leiblichen Elternteils bleibt auch über eine oder mehrere spätere Eheschließungen des leiblichen Elternteils hinaus bestehen.[1887] Zu berücksichtigen ist, dass zum Waisenrentenanspruch des Stiefkindes nicht allein ausreicht, dass es Stiefkind ist, sondern auch dass es in dem **Haushalt des Versicherten** aufgenommen wurde.

Unter der Haushaltsaufnahme ist nicht allein die Begründung einer Wohngemeinschaft zu verstehen, sondern ein auf längere Dauer gerichtetes Betreuungs- und Erziehungsverhältnis familienähnlicher Art, die Aufnahme in die Familiengemeinschaft oder ein elternähnliches, auf die Dauer berechnetes Band.[1888]

Die gleiche Regelung gilt auch für **Pflegekinder**. Zu beachten ist dabei § 70 Abs. 1 S. 3 SGB VII: Pflegekinder haben nur Anspruch, soweit Witwen und Witwer, frühere Ehegatten oder Waisen den Höchstbetrag nicht ausschöpfen.

Enkel und **Geschwister**, die in den Haushalt der Versicherten **aufgenommen** waren oder von ihnen **überwiegend unterhalten** wurden, können ebenso einen Anspruch auf Waisenrente geltend machen (§ 67 Abs. 2 Nr. 2 SGB VII). Überwiegend unterhalten wurden Enkel und Geschwister, wenn der Versicherte mehr als die Hälfte des Unterhalts aufgebracht hat.[1889] Diese Leistungen können als Geld- und als Sachleistung erbracht werden.[1890]

Jeder Waise hat einen eigenen Anspruch gegen den Unfallversicherungsträger, der **von Amts wegen** die Leistung zu gewähren hat.

6.5.1.2 Dauer des Waisenrentenanspruchs

Grundsätzlich wird der Waisenrentenanspruch ohne weitere Prüfung, ob ein tatsächlicher Unterhaltsbedarf besteht, **bis zur Vollendung** des **18. Lebensjahres** gezahlt (§ 67 Abs. 3 Nr. 1 SGB VII). Dies stellt die **Regelbezugsdauer** dar. Spezielle weitere Voraussetzungen sind daher nicht erforderlich. Die Zahlung der Waisenrente endet dann am jeweiligen Monatsende in dem das 18. Lebensjahr vollendet wird (§ 73 Abs. 2 S. 1 SGB VII).

Jeder Waise erhält **ab dem ersten Monat** Waisenrente.[1891]

1887 BSG, Urt. v. 30.08.1967 – 4 RJ 547/65, BeckRS 1967, 373 Rn. 12.
1888 BSG, Urt. v. 15.03.1988 – 4/11a RA 14/87, BeckRS 1988, 30725423.
1889 Jentsch in: jurisPK-SGB VII, § 67 SGB VII Rn. 37.
1890 Grüner/Ziegler in: LPK-SGB VII, § 67 SGB VII Rn. 12.
1891 Jahnke in: Jahnke/Burmann, Rn. 1667.

Zur Beendigung des Anspruchs ist in dem Bescheid eine **Befristung** gemäß § 73 Abs. 5 S. 2 SGB VII entsprechend der Altersgrenze aufzunehmen, sodass der Anspruch mit Ablauf des Befristungsmonats endet.[1892]

In besonderen Fällen ist eine Verlängerung des Waisenrentenanspruchs bis zum **27. Lebensjahr** möglich. Die besonderen Fälle sind abschließend in § 67 Abs. 3 Nr. 2 lit. a-d SGB VII aufgeführt. Bei den Fällen wird angenommen, dass die Kinder in dieser Zeit nur eingeschränkt für ihren Unterhalt sorgen können.[1893]

Es handelt sich um folgende Gruppen:

- **Schulausbildung** (§ 67 Abs. 3 Nr. 2 lit. a Var. 1 SGB VII): Waisen, die sich in einer Schulausbildung befinden. Unter der Schulausbildung werden Unterrichtsveranstaltungen verstanden, die in der üblichen Organisationsform einer Schule abgehalten werden (regelmäßiger Unterricht, räumliches Beisammensein von Lehrern und der Mehrzahl der Schüler, Zeugnisse, Versetzungen, Schulordnung.[1894] Sie muss einen tatsächlichen zeitlichen Aufwand von wöchentlich mehr als 20 Stunden erfordern (§ 67 Abs. 3 S. 2 SGB VII). Gemäß § 67 Abs. 3 S. 3 und S. 4 SGB VII ist der tatsächliche zeitliche Aufwand **ohne Bedeutung** für Zeiten, in denen das Ausbildungsverhältnis trotz einer Erkrankung fortbesteht und damit gerechnet werden kann, dass die Ausbildung fortgesetzt wird. Das gilt auch für die Dauer der Schutzfristen nach dem Mutterschutzgesetz.
- **Berufsausbildung** (§ 67 Abs. 3 Nr. 2 lit. a Var. 2 SGB VII): Waisen, die sich in einer Berufsausbildung befinden. Berufsausbildung ist die einem zukünftigen, gegen Entgelt auszuübenden Beruf dienende Ausbildung.[1895] Davon erfasst werden auch berufliche Fortbildungen oder Umschulungen, nicht hingegen Praktikantenzeiten.[1896]
- **Übergangszeiten** (§ 67 Abs. 3 Nr. 2 lit. b SGB VII): Waisen, die sich in einer Übergangszeit von höchstens vier Kalendermonaten befinden, die zwischen zwei Ausbildungsabschnitten oder zwischen einem Ausbildungsabschnitt und der Ableistung des gesetzlichen Wehr- oder

1892 Jentsch in: jurisPK-SGB VII, § 67 SGB VII Rn. 40.
1893 Grüner/Ziegler in: LPK-SGB VII, § 67 SGB VII Rn. 14.
1894 Marschner in: BeckOK-SozR, § 67 SGB VII Rn. 15.
1895 Marschner in: BeckOK-SozR, § 67 SGB VII Rn. 17.
1896 Marschner in: BeckOK-SozR, § 67 SGB VII Rn. 17.

Zivildienstes oder der Ableistung eines freiwilligen Dienstes (siehe lit. c) befinden, sind ebenso von dem Anspruch umfasst.

- **Freiwilliger Dienst** (§ 67 Abs. 3 Nr. 2 lit. c SGB VII): Waisen, die einen freiwilligen Dienst im Sinne des § 32 Abs. 4 S. 1 Nr. 2 lit. d EStG leisten.
- **Behinderung** (§ 67 Abs. 3 Nr. 2 lit. d SGB VII): Waisen, die wegen körperlicher, geistiger oder seelischer Behinderung außerstande sind, sich selbst zu unterhalten.

In den Fällen des § 67 Abs. 3 Nr. 2 lit. a SGB VII (Schul- und Berufsausbildung) erhöht sich die maßgebende Altersgrenze bei Unterbrechung oder Verzögerung der Schulausbildung oder Berufsausbildung durch den gesetzlichen Wehrdienst, Zivildienst oder einen gleichgestellten Dienst um die Zeit dieser Dienstleistung, höchstens um einen der Dauer des gesetzlichen Grundwehrdienstes oder Zivildienstes entsprechenden Zeitraum (§ 67 Abs. 4 S. 1 SGB VII). Die Ableistung eines Dienstes im Sinne von lit. c ist kein gleichgestellter Dienst.

6.5.2 Höhe der Waisenrente

Systematisch nachvollziehbar und übersichtlich hat der Gesetzgeber die Voraussetzungen und die Höhe der Waisenrente in zwei eigenständige Paragrafen geregelt. Die Höhe findet sich in § 68 SGB VII.

Unterschieden wird wieder zwischen Halb- und Vollwaisen. Halbwaisen erhalten eine Rente in Höhe von **20 Prozent** des Jahresarbeitsverdienstes (§ 68 Abs. 1 Nr. 1 SGB VII), Vollwaisen erhalten eine Rente in Höhe von **30 Prozent** des Jahresarbeitsverdienstes (§ 68 Abs. 1 Nr. 2 SGB VII).

Dem Vollwaisen wird deshalb eine höhere Waisenrente gewährt, weil er den bei Halbwaisen gegebenen Unterhaltsanspruch gegen den überlebenden Elternteil nicht hat.[1897] Der Sinn und Zweck der höheren Vollwaisenrente liegt in der größeren wirtschaftlichen Schutzbedürftigkeit der Vollwaisen gegenüber den Halbwaisen.[1898]

Eine Begrenzung in der Höhe ist in § 68 Abs. 3 SGB VII normiert: Liegen bei einem Kind die Voraussetzungen für mehrere Waisenrenten aus der Unfallversicherung vor, wird **nur die höchste Rente** gezahlt und bei Renten

1897 BSG, Urt. v. 25.11.1970 – 12 RJ 132/67, juris Rn. 13.
1898 BSG, Urt. v. 25.11.1970 – 12 RJ 132/67, juris Rn. 13.

gleicher Höhe diejenige, die wegen des **frühesten Versicherungsfalls** zu zahlen ist.

Hier gilt wieder: Der Unfallversicherungsträger setzt den Jahresarbeitsverdienst des Verstorbenen für die Berechnung der Waisenrente unabhängig von seinen bisherigen JAV-Festsetzungen fest.[1899] Das bedeutet, dass der Jahresarbeitsverdienst von dem der anderen Hinterbliebenen abweichen könnte; eine **Bindung** an frühere JAV-Festsetzungen besteht folglich **nicht**.

Ist das Kind **zunächst Halbwaise** und wird es **später Vollwaise**, wird die Rente gemäß § 48 SGB X neu festgestellt.[1900] Die Vollwaisenrente ist sodann vom Folgemonat an zu zahlen (§ 73 Abs. 1 SGB VII i.V.m. § 48 Abs. 1 S. 2 Nr. 1 SGB X).[1901] Wie schon dargelegt, muss für den Anspruch auf Vollwaisenrente der Tod *eines* Elternteils durch einen Arbeitsunfall verursacht worden sein, der Tod des zweiten Elternteiles muss daher **nicht** ursächlich mit dem zu entschädigenden Arbeitsunfall des ersten Elternteils zusammenhängen.[1902]

Davon zu unterscheiden sind die Fälle, bei denen entweder zunächst der erste Elternteil aufgrund eines Versicherungsfalls verstirbt und dann der zweite Elternteil wegen eines Versicherungsfalls verstirbt bzw. beide Elternteile sterben durch einen Versicherungsfall.

Für diese beiden Konstellationen gilt: Würde ein Kind beide Elternteile jeweils durch Versicherungsfälle verlieren, wären dem Grunde nach mehrere Waisenrenten zu zahlen. Doppelleistungen der Unfallversicherung sollen indes vermieden werden,[1903] weshalb § 68 Abs. 3 SGB VII eine Begrenzung in der Höhe vornimmt. Es wird allein die höhere Waisenrente gezahlt (ausgehend wieder vom Stand der Rentenanpassungen[1904]). Damit ist aber allein die Höhe des heranzuziehenden Jahresarbeitsverdienstes gemeint.

Die jeweiligen Ansprüche aus den einzelnen Versicherungsfällen berechnen sich einheitlich aus 20 Prozent (bei Halbwaiseneigenschaft) oder einheitlich 30 Prozent (bei Vollwaiseneigenschaft).[1905]

1899 Grüner/Ziegler in: LPK-SGB VII, § 68 SGB VII Rn. 2.
1900 Keller in: Hauck/Noftz, SGB VII, § 68 SGB VII Rn. 3.
1901 Sacher in: Lauterbach, § 68 SGB VII Rn. 5.
1902 BSG, Urt. v. 09.12.1976 – 2 RU 123/75, juris Rn. 12.
1903 Vgl. Plum in: Podzun, Kz. 600 S. 18.
1904 Keller in: Hauck/Noftz, SGB VII, § 68 SGB VII Rn. 4; Tintner in: Schlaeger, § 68 SGB VII Rn. 4.
1905 Grüner/Ziegler in: LPK-SGB VII, § 68 SGB VII Rn. 5.

In der Praxis hat sich eine für die Versicherten günstige Gesamtbetrachtung durchgesetzt, da nicht zwingend die Vollwaiseneigenschaft mit 30 Prozent immer günstiger sein muss, wenn der JAV niedrig ist. JAV und Prozentsatz werden zusammen betrachtet, verglichen und die für den Versicherten günstigere Berechnung angewandt.

Verwaltungshandeln | Halbwaise wird zum Vollwaisen

Erhält der Halbwaise eine Halbwaisenrente und wird er durch einen weiteren Versicherungsfall zu einem Vollwaisen (sodass er eine Neu-Rente als Vollwaise erhält, die höher als die erste Rente ist), fällt die bisherige Rente nicht von selbst weg.[1906] Vielmehr ist die vorher gezahlte Waisenrente durch einen Bescheid aufzuheben, § 48 Abs. 1 S. 2 Nr. 3 SGB X mit Wirkung für die Vergangenheit.[1907]
Ob es für diese Konstellation tatsächlich einer gesetzlichen Regelung in § 68 Abs. 3 SGB VII bedarf, erscheint fraglich. Zum einen erscheinen diese Fälle glücklicherweise nicht häufig vorzukommen, zum anderen sollte dies dann die Verwaltung in eigenem Ermessen betreuen können. Es empfiehlt sich auch hier: Es muss nicht jede mögliche Konstellation gesetzlich geregelt werden. Auf der einen Seite soll jeder mögliche Einzelfall gesetzlich geregelt werden, auf der anderen Seite wird über zu viel Bürokratie und unverständliche, kleinteilige Gesetzestexte lamentiert. Es sollte eine Bereitschaft zur gewissen Unvollständigkeit eines Gesetzestextes zum Wohle des Verständnisses bestehen.

Sind unterschiedliche Unfallversicherungsträger für mehrere Waisenrenten zuständig, hat der Unfallversicherungsträger, der nach § 68 Abs. 3 SGB VII zur Zahlung der Waisenrente verpflichtet ist, gegen den anderen mangels Rechtsgrundlage **keinen Ausgleichsanspruch**.[1908]

1906 Keller in: Hauck/Noftz, SGB VII, § 68 SGB VII Rn. 5; Sacher in: Lauterbach, § 68 SGB VII Rn. 15; Plum in: Podzun, Kz. 600 S. 18 f.; **a.A.**: Bereiter-Hahn/Mehrtens, § 68 SGB VII Rn. 5; Jentsch in: jurisPK-SGB VII, § 68 SGB VII Rn. 18; Ricke in: BeckOGK-SGB VII, § 68 SGB VII Rn. 7: Die neue Rente tritt an die Stelle der bisherigen Rente, die bisherige Rente fällt „von selbst" weg.

1907 Keller in: Hauck/Noftz, SGB VII, § 68 SGB VII Rn. 5.

1908 Keller in: Hauck/Noftz, SGB VII, § 68 SGB VII Rn. 6; Bereiter-Hahn/Mehrtens, § 68 SGB VII Rn. 5.

Berechnungsbeispiel | Waisenrente

Fall: T, Vater der noch minderjährigen Halbwaisen U, verstirbt aufgrund eines Wegeunfalls am 3. September 2025, der als Arbeitsunfall anerkannt wird. Für U liegen die Voraussetzungen des § 67 Abs. 3 Nr. 2 lit. a SGB VII bis zum 30. Juni 2026 vor. Der Jahresarbeitsverdienst von T betrug 45.627,00 Euro.

Berechnung:
U = Vollwaise = 30 Prozent des JAV (§ 68 Abs. 1 Nr. 2 SGB VII)
30 Prozent v. 45.627,00 Euro = 13.688,10 Euro/Jahr
13.688,10 Euro / 12 Monate = 1.140,68 Euro/Monat
03.09.2025.–30.09.2025: 28/30 Tage = 1.140,68 Euro × 28/30 Tage = 1.064,63 Euro
01.10.2025–30.06.2026: 9 Monate × 1.140,68 Euro = 10.266,12 Euro

Ergebnis: U erhält insgesamt 11.330,75 Euro.

6.6 Elternrente

Verwandte der aufsteigenden Linie, Stief- oder Pflegeeltern der Verstorbenen, die von den Verstorbenen zur Zeit des Todes aus deren Arbeitsentgelt oder Arbeitseinkommen **wesentlich unterhalten** worden sind oder ohne den Versicherungsfall wesentlich unterhalten worden wären, erhalten gemäß § 69 Abs. 1 SGB VII eine Rente, solange sie ohne den Versicherungsfall gegen die Verstorbenen einen **Anspruch auf Unterhalt** wegen Unterhaltsbedürftigkeit geltend machen können.

Bei den Verwandten der aufsteigenden Linie stammt die eine Person von der anderen ab (§ 1589 S. 1 BGB).[1909]

Verwandte der aufsteigenden Linie sind aus Sicht des verstorbenen Versicherten u.a.: [1910]

- Eltern
- Großeltern
- Urgroßeltern

1909 Marschner in: BeckOK SozR, § 69 SGB VII Rn. 3.
1910 Nach Grüner/Ziegler in: LPK-SGB VII, § 69 SGB VII Rn. 2.

Auch Adoptiveltern gehören dazu, nicht hingegen die Schwiegereltern.[1911]

Notwendig ist, dass einer der oben genannten Anspruchsberechtigten einen gesetzlichen **Unterhaltsanspruch** (§§ 1601 ff. BGB) gegen den verstorbenen Versicherten besitzt.[1912]

Dies betrifft zwei unterschiedliche Konstellationen:

- Der verstorbene Versicherte unterhält den Verwandten zur Zeit seines Todes wesentlich: Es wird eine tatsächliche Unterhaltsgewährung in wesentlicher Höhe durch den Versicherten aus dessen Arbeitsentgelt oder Arbeitseinkommen zur Zeit des Todes gefordert.[1913]
- Alternativ kann ein Rentenanspruch auch dann bestehen, wenn der verstorbene Versicherte ohne den Versicherungsfall die Verwandten wesentlich unterhalten würde. Die Variante betrifft die Fälle, in denen der Versicherte den Verwandten zur Zeit seines Todes nicht wesentlich aus seinem Arbeitsentgelt oder Arbeitseinkommen unterhalten hat, aber ohne den Versicherungsfall ab einem späteren Zeitpunkt wesentlich unterhalten hätte.[1914]

Nicht jede Unterhaltszahlung begründet indes einen Rentenanspruch: Die Unterhaltszahlung muss **wesentlich** sein. Wesentlich ist sie, wenn sie die Hälfte des Unterhalts ausmacht.[1915] Entscheidend ist dabei für die Annahme der Wesentlichkeit, dass ohne die Unterstützung eine auskömmliche Lebenshaltung gefährdet gewesen wäre oder die Unterstützung die Unterhaltssituation entscheidend verbessert hätte.[1916]

Sind aus der aufsteigenden Linie Verwandte verschiedenen Grades vorhanden (z.B. Eltern und Großeltern), gehen die näheren den entfernteren vor (also Eltern vor Großeltern). Stief- und Pflegeeltern werden dabei den natürlichen Eltern gleichgestellt, sodass ggf. der Gesamtanspruch unter allen Beteiligten aufzuteilen ist.[1917]

Die Rente beträgt **20 Prozent** des Jahresarbeitsverdienstes für einen **Elternteil** und **30 Prozent** des Jahresarbeitsverdienstes für ein **Elternpaar.**

1911 Grüner/Ziegler in: LPK-SGB VII, § 69 SGB VII Rn. 2, 4.
1912 Plum in: Podzun, Kz. 610 S. 2.
1913 Keller in: Hauck/Noftz, SGB VII, § 69 SGB VII Rn. 7.
1914 Keller in: Hauck/Noftz, SGB VII, § 69 SGB VII Rn. 7.
1915 Jentsch in: jurisPK-SGB VII, § 69 SGB VII Rn. 21.
1916 Jentsch in: jurisPK-SGB VII, § 69 SGB VII Rn. 21.
1917 Grüner/Ziegler in: LPK-SGB VII, § 69 SGB VII Rn. 24.

Der Anspruch auf Elternrente besteht allerdings nur, wenn der **Höchstbetrag der Hinterbliebenenrenten** aus § 70 Abs. 1 SGB VII von den übrigen Berechtigten (Witwen, Witwer, frühere Ehegatten und Waisen) noch nicht ausgeschöpft wird.[1918]

6.7 Höchstbetrag

Nach § 70 SGB VII wird die Höhe der Hinterbliebenenleistungen gemindert.

Hinterbliebenenleistungen werden vom Gesetzgeber aus zwei Gründen gezahlt:

- Sie sollen die Unterhaltsleistungen sichern, die durch den Tod des Versicherten weggefallen sind.[1919]
- Sie beinhalten Elemente eines immateriellen Schadensausgleichs.[1920] Über den materiellen Schaden hinaus sollen sonstige Folgen, die unfallbedingt entstanden sind, ausgeglichen werden.[1921]

Diese Gründe werden durch die Festsetzung eines Höchstbetrages relativiert: Es gibt, etwas salopp formuliert, nur einen einzigen Kuchen, der verteilt wird, egal wie viele mitessen.

Der Hintergrund und die Notwendigkeit der Regelung ist verständlich: Da jeder Hinterbliebene einen eigenständigen Rentenanspruch hat (jede Witwe und jeder Witwer, jeder frühere Ehegatte, jede/r Waise usw.), würde ansonsten die Auszahlung ruinös ausgeweitet. Die richtige Einbeziehung einer Höchstgrenze führt konsequent zur Folgefrage, warum Unterhaltsleistungen in diesem Ausmaß überhaupt beansprucht werden können? Bei Minderjährigen ist die finanzielle Abschirmung verständlich, bei Erwachsenen erscheinen die Regelungen oftmals nicht mehr zeitgerecht und dem heutigen Berufsleben entsprechend. Eine Reform durch Reduzierung der Anspruchsberechtigten wäre daher zeitgemäß.

Die Renten der Hinterbliebenen dürfen zusammen **80 Prozent des Jahresarbeitsverdienstes nicht übersteigen**, sonst werden sie gekürzt, und zwar bei Witwen und Witwern, früheren Ehegatten und Waisen nach

1918 Jentsch in: jurisPK-SGB VII, § 69 SGB VII Rn. 38; Tintner in: Schlaeger, § 69 SGB VII Rn. 21.

1919 Riebel in: Hauck/Noftz, SGB VII, § 63 SGB VII Rn. 6.

1920 Riebel in: Hauck/Noftz, SGB VII, § 63 SGB VII Rn. 7.

1921 Riebel in: Hauck/Noftz, SGB VII, § 63 SGB VII Rn. 7.

dem Verhältnis ihrer Höhe. Der Höchstbetrag in Höhe von 80 Prozent des JAV wird als angemessenes Verhältnis zum Nettoverdienst des Verstorbenen angesehen.[1922]

Bei der Kürzung wird von der nach § 65 Abs. 2 Nr. 2 und 3 SGB VII (kleine und große Witwen- und Witwerrente) oder § 68 Abs. 1 SGB VII (Waisenrente) berechneten Rente ausgegangen; anschließend wird § 65 Abs. 3 SGB VII (Einkommensanrechnung) angewendet. § 65 Abs. 2 Nr. 1 SGB VII (Rente im Sterbevierteljahr) bleibt unberührt. Für die Rente im Sterbevierteljahr bedeutet dies, dass weder eine Kürzung durch den Höchstbetrag noch eine Einkommensanrechnung vorgenommen wird.

Dies bedeutet, dass Witwer und Witwe stets im Sterbevierteljahr die ungekürzte Rente i.S.d. § 65 Abs. 2 Nr. 1 SGB VII erhalten und der Übergang auf die veränderten Verhältnisse gewährleistet bleibt.[1923] Im Sterbevierteljahr könnte daher der Höchstbetrag überschritten werden.[1924]

Formel | Berechnung der Höchstbetragskürzung[1925]

$$\frac{\text{ungekürzte Einzelrente des Berechtigten} \times \text{Höchstbetrag}}{\text{Summe aller Renten}}$$

= gekürzte Einzelrente des Berechtigten

Verwandte der aufsteigenden Linie, Stief- oder Pflegeeltern sowie Pflegekinder haben nur Anspruch, soweit Witwen und Witwer, frühere Ehegatten oder Waisen den Höchstbetrag nicht ausschöpfen (§ 70 Abs. 1 S. 4 SGB VII). Das bedeutet:

Beispiel: Da der Höchstbetrag bei 80 Prozent des JAV liegt, würde eine Witwe mit Anspruch auf große Witwenrente (40 Prozent) und zwei Halbwaisen jeweils mit Ansprüchen auf Waisenrenten (jeweils 20 Prozent) zusammen den Höchstbetrag erreichen, sodass die Eltern des Verstorbenen keine Rente mehr erhalten können.[1926] Das bedeutet auch, dass bei einer

1922 Grüner/Ziegler in: LPK-SGB VII, § 70 SGB VII Rn. 4.
1923 Grüner/Ziegler in: LPK-SGB VII, § 70 SGB VII Rn. 8.
1924 Grüner/Ziegler in: LPK-SGB VII, § 70 SGB VII Rn. 9.
1925 Nach Grüner/Ziegler in: LPK-SGB VII, § 70 SGB VII Rn. 5; Bereiter-Hahn/Mehrtens, § 70 SGB VII Rn. 3.
1926 Vgl. Grüner/Ziegler in: LPK-SGB VII, § 70 SGB VII Rn. 10.

Witwe mit drei Halbweisen eine Kürzung für Witwe und Waisen vorzunehmen ist, da der Höchstbetrag überschritten wird.[1927]

Sind für die Hinterbliebenen 80 Prozent des Jahresarbeitsverdienstes festgestellt und tritt später ein neuer Berechtigter hinzu, werden die Hinterbliebenenrenten **neu berechnet**. Umgekehrt erhöhen sich die Renten der Übrigen bis zum zulässigen Höchstbetrag beim Wegfall einer Hinterbliebenenrente.

In der Praxis kommt es häufiger vor, dass eine Waise einen erneuten Rentenanspruch hat (z.B. Beginn einer Ausbildung, nachdem zwischenzeitlich kein Waisenrentenanspruch bestand). Dabei erhält die neu hinzugetretene Waise von Anfang an die gekürzte Rente, während für die anderen Berechtigten die ggf. weitere Kürzung ihrer Ansprüche erst mit dem in § 73 Abs. 1 SGB VII bestimmten Zeitpunkt wirksam wird, also nach Ablauf des Monats in dem der Kürzungsbescheides bekanntgegeben wurde.[1928] Eine vorübergehende Überschreitung des Höchstbetrages wird hier in Kauf genommen.[1929] Die anderen Berechtigten sind vorher nach § 24 Abs. 1 SGB X wegen der (weiteren) Kürzung anzuhören.

Bearbeitungsbeispiel | Berechnung der Höchstbetragskürzung

Fall: B hinterlässt eine Witwe und drei minderjährige Halbwaisen. Sein Jahresarbeitsverdienst beträgt 40.000,00 Euro.

1. Schritt: Berechnungen der ungekürzten Renten
a) Anspruch der Witwe im Sterbevierteljahr nach § 65 Abs. 2 Nr. 1 SGB VII
2/3 von 40.000,00 Euro = 26.666,67 Euro/Jahr
26.666,67 Euro / 12 Monate = 2.222,22 Euro/Monat
b) Anspruch der Witwe auf große Witwenrente, § 65 Abs. 2 Nr. 2 lit. a SGB VII
40 Prozent von 40.000,00 Euro = 16.000,00 Euro/Jahr
16.000,00 Euro / 12 Monate = 1.333,33 Euro/Monat
c) Anspruch der drei Halbwaisen (jeweils ein eigener Anspruch), §§ 68 Abs. 1 Nr. 1 SGB VII
20 Prozent von 40.000,00 Euro = 8.000,00 Euro/Jahr
8.000,00 Euro / 12 Monate = 666,67 Euro/Jahr

1927 Bereiter-Hahn/Mehrtens, § 70 SGB VII Rn. 3.
1928 Grüner/Ziegler in: LPK-SGB VII, § 70 SGB VII Rn. 12.
1929 Grüner/Ziegler in: LPK-SGB VII, § 70 SGB VII Rn. 12.

2. Schritt: Berechnung des Höchstbetrages
Höchstbetrag = 80 Prozent des JAV
80 Prozent von 40.000,00 Euro = 32.000,00 Euro

3. Schritt: Überprüfung der Höhe der ungekürzten Einzelrenten
a) Die Rente im Sterbevierteljahr wird nicht gekürzt.
b) Die große Witwenrente beträgt 16.000,00 Euro, die drei Halbwaisenrenten zusammen betragen 24.000,00 Euro (3 × 8.000,00 Euro). Zusammen würden die Rentenleistungen 40.000,00 Euro betragen, sodass der Höchstbetrag von 32.000,00 Euro überschritten wird.

4. Schritt: Kürzung der Einzelrenten
a) Die Rente im Sterbevierteljahr wird nicht gekürzt.
b) Die große Witwenrente wird gekürzt:

Formel: Einzelrente × Höchstbetrag / Summe aller Renten

16.000,00 Euro (Einzelrente große Witwenrente) × 32.000,00 Euro (Höchstbetrag) / 40.000,00 Euro (Summe aller Renten) = 12.800,00 Euro/Jahr = 1.066,67 Euro/Monat

c) Die drei Halbwaisenrenten werden jeweils für sich gekürzt:

Formel: Einzelrente × Höchstbetrag / Summe aller Renten

8.000,00 Euro (Einzelrente Waisenrente) × 32.000,00 Euro (Höchstbetrag) / 40.000,00 Euro (Summe aller Renten) = 6.400,00 Euro/Jahr = 533,33 Euro/Monat pro Waise

Hinweise:
1. Als Gegenprüfung kann man die gekürzten Jahresrenten addieren; sie müssen dann den Höchstbetrag ergeben.
Höchstbetrag: 32.000,00 Euro
Gekürzte Renten: 12.800,00 Euro + (3 × 6.400,00 Euro =) 19.200,00 Euro = 32.000,00 Euro
2. Erkennbar sind die Auswirkungen der Kürzungen:
a) Rente im Sterbevierteljahr: 2.222,22 Euro/Monat = Keine Auswirkung
b) Große Witwenrente: Statt 1.333,33 Euro/Monat, 1.066,67 Euro/Monat
c) Halbwaisenrenten: Statt jeweils 666,67 Euro/Monat, 533,33 Euro/Monat
3. Im Anschluss ist auf die gekürzten Ansprüche auf Hinterbliebenenrente vorhandenes Einkommen aus den §§ 65 Abs. 3, 68 Abs. 2 SGB VII

anzurechnen.[1930] Die nachrangige Einkommensanrechnung gewährleistet, dass sich anzurechnendes Einkommen eines Berechtigten nicht auf die Höhe des Anspruchs eines anderen Berechtigten auswirkt.[1931]
4. Der Vorteil der ungekürzten Rente im Sterbevierteljahr für die Witwe hat auf die Höhe der anderen Halbwaisenrenten keinen Einfluss.[1932] Die Kürzung der Halbwaisenrenten orientiert sich in den ersten drei Monaten nach dem Tod des Versicherten nach dem Grundanspruch der später zu zahlenden kleinen oder großen Witwen-/Witwerrente.[1933] Die drei Halbwaisen erhalten also vom ersten Tag an die gekürzte Rente, obwohl die Witwe zunächst die ungekürzte Rente im Sterbevierteljahr erhält.

6.8 Zusammentreffen von Unfallversicherungs- und Rentenversicherungsrente

Möglich ist es, dass ein Versicherter, der einen Arbeitsunfall erlitten hat oder an einer Berufskrankheit erkrankt ist, sowohl einen Anspruch auf eine Rente aus der gesetzlichen Unfallversicherung als auch gleichzeitig einen Anspruch auf eine Rente aus der gesetzlichen Rentenversicherung hat.

Dies kann z.B. daran liegen, dass auch die Rentenversicherung eine Rente wegen teilweiser oder voller **Erwerbsminderung** zahlt (vgl. § 43 SGB VI). Der Gesetzgeber will generell Doppelzahlungen vermeiden. Dass ein Versicherter aus unterschiedlichen Sozialversicherungssystemen jeweils Renten erhält, kann dem generellen Sinn und Zweck von Rentenzahlungen als Einkommens- und Unterhaltsersatz entgegenstehen.

Um dies zu vermeiden, sieht § 93 SGB VI eine Rentenkürzung vor. Nach § 93 SGB VI ist die Rente aus der gesetzlichen Rentenversicherung vermindert oder ggf. nicht mehr zu leisten, wenn neben dem Anspruch auf Rente aus der Rentenversicherung ein Anspruch auf Versichertenrente oder Hinterbliebenenrente aus der Unfallversicherung besteht. Notwendig

1930 Jentsch in: jurisPK-SGB VII, § 70 SGB VII Rn. 21.
1931 Jentsch in: jurisPK-SGB VII, § 70 SGB VII Rn. 21.
1932 Sacher in: Lauterbach, § 70 SGB VII Rn. 11.
1933 Sacher in: Lauterbach, § 70 SGB VII Rn. 11.

ist, dass beide Ansprüche zusammen einen individuell zu ermittelnden Grenzbetrag übersteigen.

Wichtig ist: § 93 SGB VI ist eine Kürzungsvorschrift **für die gesetzliche Rentenversicherung**, nicht für die gesetzliche Unfallversicherung.[1934] Die Kürzung betrifft also allein die gesetzliche Rentenversicherung, nicht die gesetzliche Unfallversicherung. Diese zahlt weiterhin ihre Versichertenrente ungekürzt aus.[1935]

Die Nichtanwendung rechtfertigt aber keine Unkenntnis: Die Unfallversicherungsträger müssen die Vorschrift im Rahmen ihrer Auskunfts- und Beratungspflichten sowie bei der Bearbeitung von Erstattungsansprüchen kennen und anwenden.[1936]

Lesehinweis | Studientexte der DRV

Die Deutsche Rentenversicherung hat auf ihrer Homepage frei zugänglich verschiedene Studientexte rund um die Aufgaben und Leistungen der Deutschen Rentenversicherung veröffentlicht.
Zu folgenden Themengebieten finden sich die Studientexte, die Kurzlehrbüchern ähneln:

- Versicherungsrecht
- Rentenrecht
- Knappschafts- und Auslandsrecht
- Rehabilitationsrecht
- Verfahrensrecht
- Datenverarbeitung und Datenschutz
- Altersvorsorge
- Arbeits- und Dienstrecht

Die Veröffentlichungen, die regelmäßig überarbeitet und aktualisiert werden, sind sehr gut verfasst, verständlich und mit vielen Beispielen versehen. Sie können auf der Homepage der Deutschen Rentenversicherung kostenlos als PDF heruntergeladen werden:

1934 Plum in: Podzun, Kz. 680 S. 3.
1935 Plum in: Podzun, Kz. 680 S. 3.
1936 Plum in: Podzun, Kz. 680 S. 3.

https://www.deutsche-rentenversicherung.de/DRV/DE/Ueber-uns-und-Presse/Mediathek/Unterrichtsmaterial/unterrichtsmaterial_node.html[1937]

Grundvoraussetzung für die Rentenkürzung ist das Zusammentreffen gleichartiger Rentenansprüche. Dies sind:[1938]

- Anspruch auf Rente aus eigener Versicherung der gesetzlichen Rentenversicherung (= Altersrente, §§ 35, 236 SGB VI, Erwerbsminderungsrente, § 43 SGB VI, Erziehungsrente, § 47 SGB VI, Knappschaftsausgleichsleistungen, § 239 SGB VI) **und** Anspruch auf Versichertenrente der gesetzlichen Unfallversicherung, § 56 SGB VII
- Anspruch auf Hinterbliebenenrenten der gesetzlichen Rentenversicherung, §§ 46, 48, 243 SGB VI **und** Anspruch auf Hinterbliebenenrenten der gesetzlichen Unfallversicherung, §§ 63 ff. SGB VII (Witwen-, Witwer- und Waisenrenten[1939])

Das bedeutet im Umkehrschluss: Der Bezug **nicht gleichartiger** Renten, wie zum Beispiel einer Rente aus eigener Versicherung aus der gesetzlichen Rentenversicherung **und** gleichzeitiger Hinterbliebenenrente aus der gesetzlichen Unfallversicherung führt **nicht** zur Anwendung von § 93 SGB VI.[1940]

Ein Zusammentreffen liegt dann vor, wenn für **denselben Zeitraum** ein Anspruch auf die beiden Renten besteht. Gemeint ist damit ein zeitgleicher Bestand der Ansprüche.[1941] Maßgebend ist grundsätzlich der materiellrechtliche Rentenanspruch, nicht dessen Feststellung durch Bescheid.[1942] Folglich müssen für denselben Zeitraum jeweils die maßgeblichen Anspruchsvoraussetzungen **für beide Ansprüche** vollständig erfüllt sein.[1943] Das bedeutet aber **nicht**, dass die Renten aus den beiden Versicherungszweigen auf **denselben Ereignissen** beruhen.[1944]

1937 Zuletzt abgerufen: 12.03.2026.
1938 Viergutz, S. 27.
1939 Wehrhahn in: BeckOGK-SGB VI, § 93 SGB VI Rn. 12.
1940 Viergutz, S. 27.
1941 Dankelmann in: Kreikebohm/Roßbach, § 93 SGB VI Rn. 5.
1942 Dankelmann in: Kreikebohm/Roßbach, § 93 SGB VI Rn. 6.
1943 Jassat in: BeckOK SozR, § 93 SGB VI Rn. 3.
1944 Wehrhahn in: BeckOGK-SGB VI, § 93 SGB VI Rn. 7.

Beispiele:[1945]

- Eine Erwerbsminderungsrente der gesetzlichen Rentenversicherung muss nicht auf den die Versichertenrente begründenden Unfall oder die Berufskrankheit zurückzuführen sein.
- Eine Versichertenrente ist wiederum auch auf eine „reine" Altersrente anzurechnen.

Die Rente der gesetzlichen Rentenversicherung wird somit insoweit nicht geleistet, als die Summe der zusammentreffenden Rentenbeträge vor Einkommensanrechnung nach § 97 SGB VI und nach § 65 Abs. 3 und 4 SGB VII den jeweiligen **Grenzbetrag** übersteigt. Für die Berechnung ist daher der Grenzbetrag maßgeblich.

Bei der Ermittlung der Summe der zusammentreffenden Rentenbeträge sind **bestimmte Freibeträge** nicht zu berücksichtigen,[1946] die in § 93 Abs. 2 SGB VI näher definiert sind und auf die hier nicht weiter eingegangen werden soll.

Der Grenzbetrag beträgt nach § 96 Abs. 3 S. 1 SGB VI 70 Prozent eines Zwölftels des Jahresarbeitsverdienstes, der der Berechnung der Rente aus der Unfallversicherung zugrunde liegt, vervielfältigt mit dem jeweiligen Rentenartfaktor (siehe hierzu § 67 SGB VI) für persönliche Entgeltpunkte der allgemeinen Rentenversicherung.

Mindestgrenzbetrag ist der Monatsbetrag der Rente ohne die Beträge nach § 96 Abs. 1 Nr. 1 SGB VI. Bei einer Rente für Bergleute ist der Faktor mit 0,4 festgeschrieben.

Formel | Berechnung des Grenzbetrages nach § 96 Abs. 3 S. 1 SGB VI[1947]

Grenzbetrag =
1/12 Jahresarbeitsverdienst × Rentenartfaktor × 70 Prozent

Beispiel: Der Jahresarbeitsverdienst von V beträgt 40.000,00 Euro. Es wird eine Versichertenrente der gesetzlichen Unfallversicherung und eine Rente aus der gesetzlichen Rentenversicherung wegen voller Erwerbsminderung gewährt. Wie hoch ist der Grenzbetrag?

1945 Nach Wehrhahn in: BeckOGK-SGB VI, § 93 SGB VI Rn. 8.
1946 Jassat in: BeckOK SozR, § 93 SGB VI Rn. 5.
1947 Nach Viergutz, S. 34.

Lösung:
Grenzbetrag =
1. Schritt: 40.000,00 Euro / 12 = 3.333,33 Euro
2. Schritt: 3.333,33 Euro × 70 Prozent = 2.333,33 Euro
3. Schritt: 2.333,33 Euro × 1,0 Rentenartfaktor (§ 67 Nr. 3 SGB VI) = 2.333,33 Euro

Ergebnis: Der Grenzbetrag beträgt 2.333,33 Euro

Hinweis: Zu beachten ist, dass sich der Jahresarbeitsverdienst durch die Rentenanpassungen regelmäßig ändert.[1948]

Der Grenzbetrag ist stets mit dem **Mindestgrenzbetrag** abzuprüfen: Mindestgrenzbetrag ist nach § 96 Abs. 3 S. 2 SGB VI der Monatsbetrag der Rente ohne die Beträge nach § 96 Abs. 2 Nr. 1 SGB VI. Als Grenzbetrag ist dann der Betrag der monatlichen Rente der gesetzlichen Rentenversicherung zu verwenden, wenn dieser höher ist als der nach § 93 Abs. 3 S. 1 SGB VI errechnete Betrag.[1949]

Weiter ist zu beachten:

- Hat ein Versicherter mehrere Arbeitsunfälle erlitten, sind die von der Unfallversicherung gezahlten Versichertenrenten zu addieren.[1950] Dabei sind bei jeder Versichertenrente die ggf. erforderlichen Absetzungsbeträge (§ 93 Abs. 2, 2 a und 2 b SGB VI) zu beachten.[1951] Der Grenzbetrag berechnet sich dann aus dem **höchsten** der den Versichertenrenten zugrunde liegenden Jahresarbeitsverdienste.[1952]
- Die Anrechnung wird auch vorgenommen, wenn anstelle einer Rente eine Abfindung ausgezahlt wurde.[1953] An die Stelle der laufenden Rente tritt die Abfindung für den Zeitraum, für den sie bestimmt ist.[1954]
- Nach § 96 Abs. 5 S. 1 SGB VII erfolgt eine Anrechnung **nicht**, wenn die Rente aus der Unfallversicherung für einen Versicherungsfall geleistet wird, der sich **nach** Rentenbeginn oder **nach** Eintritt der für die Rente

1948 Plum in: Podzun, Kz. 680 S. 4a.
1949 Viergutz, S. 34.
1950 Viergutz, S. 34.
1951 Viergutz, S. 34.
1952 Viergutz, S. 34.
1953 Plum in: Podzun, Kz. 680 S. 4a.
1954 Plum in: Podzun, Kz. 680 S. 4a.

maßgebenden Minderung der Erwerbsfähigkeit ereignet hat (Nr. 1), oder ausschließlich nach dem Arbeitseinkommen des Unternehmers oder seines Ehegatten oder Lebenspartners oder nach einem festen Betrag, der für den Unternehmer oder seinen Ehegatten oder Lebenspartner bestimmt ist, berechnet wird (Nr. 2).

- Bei der ersten Ausnahme-Konstellation (die im Übrigen nicht für Hinterbliebenenleistungen gilt) erleidet der Bezieher einer Rente aus der gesetzlichen Rentenversicherung infolge einer den Versicherungsschutz in der gesetzlichen Unfallversicherung begründenden Tätigkeit einen Arbeitsunfall oder eine Berufskrankheit und erhält deshalb eine Versichertenrente.[1955] Die Konstellation betrifft z.B. den Versicherten, der nach Beginn des Bezugs der Altersrente noch eine versicherungspflichtige Tätigkeit ausübt und dabei einen Unfall erleidet.[1956] Es sei hier gerechtfertigt, dem Versicherten den Ertrag zu belassen, der ihm aus seiner neben dem Rentenbezug ausgeübten Tätigkeit zufließt und – nach Eintritt eines Unfalls – durch eine hierfür gewährte Versichertenrente in etwa ersetzt würde.[1957]
- Als Zeitpunkt des Versicherungsfalls gilt bei Berufskrankheiten der letzte Tag, an dem der Versicherte noch versicherte Tätigkeiten verrichtet hat, die ihrer Art nach geeignet waren, die Berufskrankheit zu verursachen.

Wenn der Anspruch auf Rente aus der Unfallversicherung endet, ist § 93 SGB VI nicht mehr anzuwenden.[1958]

6.9 Beihilfen

Witwen, Witwer und Vollwaisen können statt einer Rente eine sogenannte Beihilfe von der gesetzlichen Unfallversicherung erhalten.

Für das Wesen der Beihilfe ist an § 63 SGB VII zu erinnern. Beihilfen stellen eine Hinterbliebenenleistung nach § 63 Abs. 1 S. 1 Nr. 4 SGB VII vor. Der Anspruch besteht – im Umkehrschluss zu § 63 Abs. 1 S. 2 SGB VII – allerdings **gerade nicht aufgrund** des Todes des Versicherten infolge

1955 Dankelmann in: Kreikebohm/Roßbach, § 93 SGB VI Rn. 17.
1956 BSG, Urt. v. 25.06.1987 – 5b RJ 54/86, juris Rn. 13.
1957 BSG, Urt. v. 25.06.1987 – 5b RJ 54/86, juris Rn. 13.
1958 Viergutz, S. 37.

eines Versicherungsfalls. Entsprechend sind dann die Vorgaben in § 71 Abs. 1 SGB VII formuliert. Die Ansprüche auf Hinterbliebenen**rente** und Beihilfe schließen sich folglich gegenseitig aus.[1959]

Der Gesetzgeber gewährt den Hinterbliebenen eine Geldleistung in Form einer Beihilfe zum Ausgleich des **mittelbaren Schadens**, da der Versicherte, der eine Rente mit einer MdE von mindestens 50 Prozent bezieht, aufgrund seines Gesundheitsschadens **nicht Vorsorge** in dem Maße für seine Hinterbliebenen treffen konnte, wie es jemand ohne oder mit einer geringeren MdE hätte treffen können.[1960] Die Beihilfe ist insoweit **soziale Ersatzleistung anstelle von Rente**.[1961]

Der Zahlungszweck besteht darin, dass der Verstorbene aufgrund eines Versicherungsfalls eine sehr hohe MdE (mindestens von 50 Prozent) hatte und aufgrund dieser hohen MdE nicht am Erwerbsleben gleichermaßen teilnehmen konnte wie ein Gesunder oder jemand mit einer niedrigeren MdE. Folge: Er konnte daher weniger Vorsorgen als diese; die Hinterbliebenen werden nun also dadurch geschädigt, dass der Versicherungsfall zu niedrigeren Vorsorgemöglichkeiten führte. Auch wenn der Tod des Versicherten kein Versicherungsfall war, hält der Gesetzgeber eine Entschädigung für gerechtfertigt.

Logisch ist dies alles nicht unbedingt: Zu Recht wird in der Regelung eine Durchbrechung des Kausalitätsgrundsatzes erkannt.[1962] Einmal mehr führt die abstrakte Schadensberechnung zu einer großzügigen Geldzahlung. Denn dass der Versicherte mit einer hohen MdE weniger Geld usw. sparen, zurücklegen und anlegen konnte, als jemand ohne oder mit einer niedrigeren MdE, wird nicht weiter hinterfragt oder geprüft. Richtigerweise wäre ein Nachweis des Versorgungsschadens zu verlangen.[1963]

Unterschieden wird zwischen den einmaligen und der laufenden Beihilfe.

1959 Jentsch in: jurisPK-SGB VII, § 71 SGB VII Rn. 51.

1960 Grüner/Ziegler in: LPK-SGB VII, § 71 SGB VII Rn. 1; Lange/Richter in: v. Koppenfels-Spies/Wenner, SGB VII § 71 SGB VII Rn. 3.

1961 BSG, Urt. v. 21.01.1997 – 2 RU 2/96, juris Rn. 20.

1962 Jentsch in: jurisPK-SGB VII, § 71 SGB VII Rn. 7; Dahm in: Lauterbach, § 71 SGB VII Rn. 5; Tintner in: Schlaeger, § 71 SGB VII Rn. 2; **a.A.** Ricke in: BeckOGK-SGB VII, § 71 SGB VII Rn. 3: „Dies durchbricht damit nicht das Kausalitätsprinzip der UV, entschädigt vielmehr einen sonst unbeachtlichen mittelbaren Schaden als eng auszulegende Ausnahmevorschrift."

1963 So zu Recht Ricke in: BeckOGK-SGB VII, § 71 SGB VII Rn. 3.

6.9.1 Einmalige Beihilfe

Die Voraussetzungen zum Erhalt einer einmaligen Beihilfe ergeben sich aus § 71 Abs. 1 SGB VII.

6.9.1.1 Anspruchsberechtigung

Anspruchsberechtigt sind zunächst nach § 71 Abs. 1 Nr. 1 SGB VII Witwen oder Witwer von Versicherten (aber auch die eingetragenen Lebenspartner).

Kein Anspruch besteht, wenn die Ehe erst nach dem Versicherungsfall geschlossen wurde, der Tod des Versicherten innerhalb des ersten Ehejahres eintrat und die gesetzliche Vermutung der Versorgungsehe nicht widerlegt werden kann.[1964] Ebenso haben frühere Ehegatten keinen Anspruch auf Beihilfe.[1965]

Vollwaisen, die bei Tod der Versicherten infolge eines Versicherungsfalls Anspruch auf Waisenrente hätten, sind nach § 71 Abs. 3 SGB VII anspruchsberechtigt, wenn sie zur Zeit des Todes der Versicherten mit ihnen in häuslicher Gemeinschaft gelebt haben und von ihnen überwiegend unterhalten worden sind.

Sind mehrere Vollwaisen vorhanden, wird die Waisenbeihilfe gleichmäßig verteilt (§ 71 Abs. 3 S. 2 SGB VII). Es werden nur diejenigen Vollwaisen erfasst, denen dann ein Anspruch auf Waisenrente zustünde, wenn der Tod des Versicherten infolge des Versicherungsfalles eingetreten wäre.[1966] Demnach besteht grundsätzlich der Anspruch bis zur Vollendung des 18. Lebensjahres (§ 67 Abs. 3 Nr. 1 SGB VII). Hat die Vollwaise das 18. Lebensjahr überschritten, müssen die Voraussetzungen des § 67 Abs. 3 Nr. 2 SGB VII vorliegen (z.B. Absolvierung einer Hochschulausbildung).[1967]

6.9.1.2 Tod nicht Folge des Versicherungsfalls

Notwendig ist, dass die Anspruchsberechtigten **keinen Anspruch** auf eine Hinterbliebenenrente haben.[1968] Der Anspruch darf allein deshalb nicht bestehen, weil der Tod des Versicherten nicht rechtlich wesentlich auf

1964 Plum in: Podzun, Kz. 620 S. 2.
1965 Keller in: Hauck/Noftz, SGB VII, § 71 SGB VII Rn. 8.
1966 Marschner in: BeckOK SozR, § 71 SGB VII Rn. 11.
1967 Marschner in: BeckOK SozR, § 71 SGB VII Rn. 11.
1968 Keller in: Hauck/Noftz, SGB VII, § 71 SGB VII Rn. 9.

einen Versicherungsfall zurückzuführen ist.[1969] Bis auf diesen ursächlichen Zusammenhang müssen die **übrigen Voraussetzungen** für die Hinterbliebenenrente erfüllt sein.[1970]

Der Grund für die fehlende Ursächlichkeit ist dabei unerheblich.[1971]

6.9.1.3 Anspruch des Versicherten

Der verstorbene Versicherte muss zum Zeitpunkt des Todes einen Anspruch auf eine Rente nach einer MdE von 50 oder mehr Prozent oder auf mehrere Renten, deren MdE zusammen 50 oder mehr Prozent ergeben, gehabt haben.

Damit erfüllen die Versicherten die Voraussetzungen des Schwerverletzten i.S.d. § 57 SGB VII. Freilich muss es sich dabei **nicht** um einen Anspruch auf eine *Schwerverletztenrente* i.S.d. § 57 SGB VII handeln; es reichen allein die persönlichen Voraussetzungen als Schwerverletzter aus.

Es reicht zudem nach dem expliziten Wortlaut der Norm *der Anspruch* auf die Rente aus, die Rente muss also **nicht** erbracht worden sein.[1972]

6.9.1.4 Anspruchshöhe

Die Berechtigten erhalten eine **einmalige Beihilfe** von 40 Prozent des Jahresarbeitsverdienstes.

Beim Zusammentreffen mehrerer Renten oder Abfindungen wird die Beihilfe nach **dem höchsten Jahresarbeitsverdienst** berechnet, der den Renten oder Abfindungen zugrunde lag. Die Beihilfe zahlt der Unfallversicherungsträger, der die danach berechnete Leistung erbracht hat, bei gleich hohen Jahresarbeitsverdiensten derjenige, der für den frühesten Versicherungsfall zuständig ist.

6.9.2 Laufende Beihilfe

Abzugrenzen ist die einmalige Beihilfe von der laufenden Beihilfe.

Als Sonderregelung schuf der Gesetzgeber neben der einmaligen Beihilfe noch die laufende Beihilfe (§ 71 Abs. 4 SGB VII).

1969 Lange/Richter in: v. Koppenfels-Spies/Wenner, SGB VII, § 71 SGB VII Rn. 1.

1970 BSG, Urt. v. 21.01.1997 – 2 RU 2/96, juris Rn. 20.

1971 Lange/Richter in: v. Koppenfels-Spies/Wenner, SGB VII, § 71 SGB VII Rn. 5.

1972 Keller in: Hauck/Noftz, SGB VII, § 72 SGB VII Rn. 11 f; **a.A.** Lange/Richter in: v. Koppenfels-Spies/Wenner, SGB VII, § 71 SGB VII Rn. 6.

Haben Versicherte **länger als zehn Jahre** eine Rente nach einer Minderung der Erwerbsfähigkeit von **80 Prozent oder mehr** bezogen und sind sie nicht an den Folgen eines Versicherungsfalls gestorben, kann **anstelle der einmaligen Beihilfe** den Berechtigten eine laufende Beihilfe bis zur Höhe einer Hinterbliebenenrente gezahlt werden, wenn die Versicherten infolge des Versicherungsfalls gehindert waren, eine entsprechende Erwerbstätigkeit auszuüben, und wenn dadurch die Versorgung der Hinterbliebenen um mindestens 10 Prozent gemindert ist. Auf die laufende Beihilfe finden im Übrigen die Vorschriften für Hinterbliebenenrenten Anwendung.

6.9.2.1 Anspruchsberechtigung

Der Kreis der Anspruchsberechtigten auf die laufende Beihilfe ist identisch mit dem der Anspruchsberechtigten auf die einmalige Beihilfe.[1973] Auf die laufende Beihilfe haben daher wiederum Witwen, Witwer und Vollwaisen einen Anspruch.[1974]

6.9.2.2 Tod nicht Folge des Versicherungsfalls

Der Tod des Versicherten darf auch hier nicht Folge eines Versicherungsfalls gewesen sein.

6.9.2.3 Anspruch des Versicherten

Der Versicherte muss eine Rente nach einer **MdE von 80 Prozent** oder mehr bezogen haben.

Vertreten wird, dass es auch ausreichend ist, wenn der Versicherte mehrere Renten nach einer MdE von zusammen 80 Prozent bezogen habe.[1975]

Dem wird zu Recht entgegengehalten, dass sich dies nicht aus dem Gesetzeswortlaut ergibt: Nach dem Gesetzeswortlaut reicht es nicht aus, wenn vom Verletzten mehrere Renten bezogen wurden, deren MdE zusammen

1973 Marschner in: BeckOK-SozR, § 71 SGB VII Rn. 18.

1974 Tintner in: Schlaeger, § 71 SGB VII Rn. 18.

1975 Dahm in: Lauterbach, § 71 SGB VII Rn. 18; Holstraeter in: Knickrehm/Roßbach/Waltermann, § 71 SGB VII Rn. 7; Jentsch in: jurisPK-SGB VII, § 71 SGB VII Rn. 33; Keller in: Hauck/Noftz, SGB VII, § 71 SGB VII Rn. 19; Tintner in: Schlaeger, § 71 SGB VII Rn. 19; Lange/Richter in: v. Koppenfels-Spies/Wenner, SGB VII, § 71 SGB VII Rn. 12; Ricke in: BeckOGK-SGB VII, § 71 SGB VII Rn. 11.

einen Wert von 80 Prozent erreicht haben.[1976] Es ist – bei der Detailtiefe im Hinterbliebenenrecht, gerade auch im Hinblick auf die explizite Regelung des § 71 Abs. 1 S. 1 Nr. 2 SGB VII über mehrere Rentenansprüche – zweifelhaft, dass eine planwidrige Gesetzeslücke vorliegt.

6.9.2.4 Zeitliche Dauer des Rentenbezuges

Der Versicherte muss länger als zehn Jahre die Rente **tatsächlich bezogen** haben.[1977] Nicht ausreichend ist es daher, dass ein Rentenanspruch nur dem Grunde nach bestand.[1978]

6.9.2.5 Versorgungsminderung

Der Bezug einer laufenden Beihilfe verlangt, dass der Versicherte infolge des Versicherungsfalls gehindert war, eine entsprechende Erwerbstätigkeit auszuüben und dadurch die Versorgung der Hinterbliebenen mindestens um 10 Prozent gemindert war.

Somit sind zwei Punkte zu prüfen: Zum einen muss der Versicherte gehindert worden sein, eine entsprechende Erwerbstätigkeit ausüben zu können, und des Weiteren muss dies dazu führen, dass die Versorgung der Hinterbliebenen um mindestens 10 Prozent gemindert wurde.

Entsprechende Erwerbstätigkeit

Der Versicherte muss durch den Versicherungsfall gehindert gewesen sein, eine entsprechende Erwerbstätigkeit auszuüben.

Eine entsprechende Erwerbstätigkeit ist eine Tätigkeit, die der Verletzte ohne die Schädigung nach seinen Lebensverhältnissen, Kenntnissen und Fähigkeiten sowie seinem bisherigen Arbeits- und Ausbildungswillen wahrscheinlich ausgeübt hätte.[1979] Ein beruflicher Aufstieg, den der Versicherte ohne die Folgen des Versicherungsfalls mit Wahrscheinlichkeit erreicht hätte, ist ebenso relevant.[1980]

1976 Grüner/Ziegler in: LPK-SGB VII, § 71 SGB VII Rn. 20; Marschner in: BeckOK-SozR, § 71 SGB VII Rn. 21.

1977 Lange/Richter in: v. Koppenfels-Spies/Wenner, SGB VII, § 71 SGB VII Rn. 12.

1978 Marschner in: BeckOK-SozR, § 71 SGB VII Rn. 22.

1979 Tintner in: Schlaeger, § 71 SGB VII Rn. 21.

1980 Keller in: Hauck/Noftz, SGB VII, § 71 SGB VII Rn. 23.

Notwendig ist es daher in der Regel, dass der Versicherte aufgrund des Versicherungsfalls aus dem Erwerbsleben ausschied oder in eine andere Erwerbstätigkeit mit geringerem Verdienst wechselte.[1981]

Minderung um mindestens 10 Prozent

Aufgrund der Nichtausübung einer entsprechenden Erwerbstätigkeit muss die Versorgung der Beihilfeberechtigten um 10 Prozent gemindert sein.[1982] Die Minderung der Hinterbliebenenversorgung wird durch einen Vergleich von fiktiver und tatsächlicher Versorgung ermittelt.[1983]

Dieser Vergleich erfolgt wie folgt:

- Ausgangspunkt für die Berechnung ist die tatsächlich aus der gesetzlichen Rentenversicherung (oder auch sonstige Vorsorge wie berufsständischer, betrieblicher oder Beamtenversorgung) gewährte tatsächliche Hinterbliebenenrente.[1984]
- Dann ist die fiktive Rente der Hinterbliebenen zu ermitteln, die sie ohne Eintritt des Versicherungsfalls bzw. der Versicherungsfälle durch fortlaufende Beitragszahlung des Versicherten bis zu seinem Tod an die gesetzliche Rentenversicherung erzielt hätten.[1985]

6.9.2.6 Anspruchshöhe und Dauer

Grundsätzlich hat der Unfallversicherungsträger pflichtgemäßes Ermessen, ob anstelle einer einmaligen Beihilfe eine laufende Beihilfe zu zahlen ist.[1986]

Sofern die tatbestandlichen Voraussetzungen für eine laufende Beihilfe erfüllt sind, ist hinsichtlich der Frage, ob eine laufende Beihilfe gezahlt wird, das Ermessen in der Regel auf Null reduziert.[1987]

Die laufende Beihilfe kann **bis zur Höhe** der Hinterbliebenenrente vom Unfallversicherungsträger ausgezahlt werden. Ihm steht daher sowohl dem Grunde nach als auch in der Höhe ein Ermessensspielraum zu.[1988]

1981 Lange/Richter in: v. Koppenfels-Spies/Wenner, SGB VII, § 71 SGB VII Rn. 13.

1982 Jentsch in: jurisPK-SGB VII, § 71 SGB VII Rn. 41.

1983 Jentsch in: jurisPK-SGB VII, § 71 SGB VII Rn. 41.

1984 Tintner in: Schlaeger, § 71 SGB VII Rn. 22; Jentsch in: jurisPK-SGB VII, § 71 SGB VII Rn. 41.

1985 Jentsch in: jurisPK-SGB VII, § 71 SGB VII Rn. 41.

1986 Grüner/Ziegler in: LPK-SGB VII, § 71 SGB VII Rn. 24,

1987 Tintner in: Schlaeger, § 71 SGB VII Rn. 24.

1988 Tintner in: Schlaeger, § 71 SGB VII Rn. 23.

Damit Hinterbliebene durch eine laufende Beihilfe nicht bessergestellt werden als Bezieher einer Hinterbliebenenrente, ist die Anrechnungsregelung des §93 SGBVI beim Bezug einer Hinterbliebenenrente aus der gesetzlichen Rentenversicherung anzuwenden.[1989]

Die **Dauer** der Zahlung der laufenden Beihilfe ist grundsätzlich von der Dauer des Versorgungsschadens abhängig.[1990]

6.9.2.7 Anzuwendende Vorschriften

Auf die laufende Beihilfe sind insbesondere die Vorschriften zur Wiederheirat (§§ 65, 80 SGB VII), die der Einkommensanrechnung (§§ 65 Abs. 3, 66 Abs. 2 SGB VII), zur Versorgungsehe (§ 65 Abs. 6 SGB VII) und die Höchstbetragsregelung (§ 70 SGB VII) anzuwenden.[1991]

6.10 Abfindung bei Wiederheirat

Witwen und Witwer erhalten ab dem Todestag des versicherten Ehepartners eine Hinterbliebenenrente **bis zu ihrem Tod** oder **bis zur Wiederheirat** (§§ 65 Abs. 1 S. 1, 73 Abs. 6 SGB VII).

Bei Wiederheirat fallen die Renten mit Ende des Monats der Wiederheirat weg. Um Witwen und Witwer aufgrund des Rentenbezugs nicht von einer Wiederheirat abzuhalten, hat der Gesetzgeber mit § 80 Abs. 1 SGB VII eine Abfindungsregelung bei der **ersten Wiederheirat** ins Gesetz aufgenommen. Der abgefundene Rentenanspruch kann nach § 80 Abs. 3 SGB VII wiederaufleben.

6.10.1 Rechtspolitischer Hintergrund der Vorschrift

Der **sozialpolitische Grund** der Regelungen über die Heiratsabfindung und das etwaige Wiederaufleben der Witwenrente lag in der angeblichen aus finanziellen Abwägungen bestehenden Scheu der Witwen vor einer neuen Ehe.[1992] Ohne diese Regelungen sei das soziale Phänomen der „Onkelehe“ entstanden, bei dem die Partner allein aus finanziellen Gründen von

1989 Grüner/Ziegler in: LPK-SGB VII, § 71 SGB VII Rn. 26.
1990 Ricke in: BeckOGK-SGB VII, § 71 SGB VII Rn. 16.
1991 Holstraeter in: Knickrehm/Roßbach/Waltermann, § 71 SGB VII Rn. 10.
1992 BSG, Beschl. v. 18.12.1975 – 5/12 RJ 62/74, juris Rn. 11.

einer Eheschließung absähen.[1993] Denn mit Wiederheirat verlören sie ihre Rentenansprüche.

Die Heiratsabfindung als **Starthilfe** zur Einrichtung eines neuen Hausstandes diene deshalb ebenso als Anreiz zur Wiederheirat, wie die Aussicht auf das spätere Wiederaufleben der damit wegfallenden Witwenrente der Witwe, was den Entschluss zur Wiederverheiratung erleichtern soll.[1994]

Die Abfindung hat daher keine Unterhalts-, sondern eine reine Anreizfunktion zur Wiederheirat[1995] bzw. einen „Mitgift-Charakter“[1996]. Sie ist auch nicht mit den Abfindungsregelungen der §§ 75 bis 79 SGB VII zu vergleichen, die ein finanzielles Äquivalent zur Rentenzahlung bewirken soll.[1997]

Die Abfindung nach § 80 SGB VII wird **von Amts wegen** gewährt, es bedarf folglich keines Antrags; der Unfallversicherungsträger hat auch kein Ermessen, sondern hat bei Vorliegen der Voraussetzungen die Abfindung zu erbringen.[1998]

Eine vergleichbare Vorschrift gibt es im Rentenversicherungsrecht in § 107 SGB VI.

Die Regelung ist gut gemeint, doch zeigt sie letztlich die mittlerweile überzogene Versorgungsabsicherung im Unfallversicherungsrecht: Statt eines Angebots zur Abfindung sollte eher überprüft werden, ob die Witwen- und Witwerrenten noch ihre Berechtigung in dieser Form haben. Ggf. ließe sich anstelle einer Rentenzahlung als Kompromiss eine generelle Abfindung für Witwen und Witwer rechtfertigen.

6.10.2 Anspruch auf Witwen- oder Witwerrente

Grundvoraussetzung für den Abfindungsanspruch ist, dass die Witwe oder der Witwer einen **Anspruch auf eine Witwen- oder Witwerrente** haben. Das Stammrecht auf eine Witwen- oder Witwerrente reicht dafür aus.[1999] Es bedarf keiner Rentenzahlung.

1993 BSG, Beschl. v. 18.12.1975 – 5/12 RJ 62/74, juris Rn. 11.

1994 BSG, Beschl. v. 18.12.1975 – 5/12 RJ 62/74, juris Rn. 11.

1995 Marschner in: BeckSozR, § 80 SGB VII Rn. 2.

1996 Zimmermann in: LPK-SGB VII, § 80 SGB VII Rn. 1.

1997 Kranig in: Hauck/Noftz, SGB VII, § 80 SGB VII Rn. 1.

1998 Kranig in: Hauck/Noftz, SGB VII, § 80 SGB VII Rn. 2.

1999 BSG, Urt. v. 16.05.1984 – 9b RU 36/82, juris Rn. 18; Marschner in: BeckSozR, § 80 SGB VII Rn. 4; Sacher in: Lauterbach, § 80 SGB VII Rn. 9; konkreter: Krasney in: Krasney u.a., § 80 SGB VII Rn. 15: „Es muss nicht nur ein Anspruch auf das Rentenstammrecht, sondern auch auf die Einzelleistungen gegeben sein.“

6.10.3 Erste Wiederheirat

Die Abfindung ist auf die **erste Wiederheirat** beschränkt, das bedeutet auf die zweite Eheschließung.[2000]

Weitere Eheschließungen führen folglich nicht zu erneuten Abfindungen. Es muss sich bei der Wiederheirat um eine nach deutschem Recht neue rechtsgültige Ehe (oder Lebenspartnerschaft) handeln.[2001]

Die Beschränkung auf die erste Wiederheirat ist verfassungsgemäß wie das BVerfG zutreffend feststellte: Der Gesetzgeber sei nicht verpflichtet auch ein zweites oder gar ein weiteres Mal eine Eheschließung durch eine verfassungsrechtlich ohnedies nicht gebotene Heiratsabfindung und durch ein Wiederaufleben der Witwenrente zu begünstigen.[2002] Weiter heißt es: „Allein die Großzügigkeit einer Regelung zwingt den Gesetzgeber nicht zur Wiederholung. Er braucht daher nicht die Frau im Falle einer dritten oder weiteren Eheschließung in gleicher Weise von dem wirtschaftlichen Risiko des Scheiterns der Ehe freizustellen."[2003]

Wird die **neue Ehe** (durch Tod, Scheidung, gerichtliche Aufhebung oder Auflösung) **aufgelöst** oder für nichtig erklärt, lebt die Witwen- oder Witwerrente nach § 65 Abs. 5 SGB VII **auf Antrag** wieder auf.[2004] Sollte die Witwe oder der Witwer dann nochmals heiraten, endet wieder die Witwen- und Witwerrente, eine erneute Abfindung kommt wie dargestellt hingegen **nicht** mehr in Betracht.[2005] Wird somit, wie bereits oben beschrieben, auch die dritte Ehe aufgelöst oder für nichtig erklärt, lebt die Hinterbliebenenrente nicht erneut mehr auf.[2006]

6.10.4 Höhe der Abfindung

Durch die erste Wiederheirat erhalten wiederheiratende Witwen oder Witwer eine Abfindung in Höhe des **24-fachen Monatsbetrages** der Witwen- oder Witwerrente. Monatsbetrag ist nach § 80 Abs. 2 SGB VII der Durchschnitt der für die letzten zwölf Kalendermonate geleisteten Witwenrente oder Witwerrente.

2000 Marschner in: BeckSozR, § 80 SGB VII Rn. 5.
2001 Fiebig in: LPK-SGB VI, § 107 SGB VI Rn. 5.
2002 BVerfG, Urt. v. 21.10.1980 – 1 BvR 179, 464/78, NJW 1981, 107(108).
2003 BVerfG, Urt. v. 21.10.1980 – 1 BvR 179, 464/78, NJW 1981, 107(108).
2004 Grüner/Ziegler in: LPK-SGB VII, § 65 SGB VII Rn. 33.
2005 Plum in: Podzun, Kz. 622 S. 2.
2006 Grüner/Ziegler in: LPK-SGB VII, § 65 SGB VII Rn. 35.

Gemeint damit ist der durchschnittliche Zahlbetrag der Rente während der letzten elf Kalendermonate vor der Wiederheirat und der Kalendermonat der Wiederheirat.[2007]

Nach § 80 Abs. 1 S. 3 SGB VII wird der Abfindungsbetrag bei der kleinen Witwen- oder Witwerrente um die monatlichen Zahlbeträge **gemindert**, die bereits vor der ersten Wiederheirat gezahlt wurden. Die Abfindung umfasst folglich nur den Zeitraum der 24 Kalendermonate, für den noch keine laufende Rente gezahlt wurde.[2008]

Das bedeutet, dass die Summe aus der laufenden und der abgefundenen kleinen Witwen- oder Witwerrente **nicht die Höchstdauer von 24 Kalendermonaten überschreiten** darf.[2009] Die Regelung bezweckt, dass auch bei einer Abfindung die Begrenzung der kleinen Witwen- oder Witwerrente auf 24 Kalendermonate eingehalten bleibt und es nicht zu einer Ausweitung des Gesamtrahmens der kleinen Witwen- und Witwerrente kommt.[2010]

Berechnungsbeispiel | Abfindung bei Wiederheirat (während Bezug kleiner Witwenrente)[2011]

A stirbt am 12. Januar 2024 an den Folgen eines Arbeitsunfalls. Seine Witwe B heiratet am 17. März 2025 erneut. B hat einen Anspruch auf kleine Witwenrente.

1. Grundüberlegung: Relevanter Abrechnungszeitraum
Hochzeit 17.03.2025
Abrechnungszeitraum 01.04.2024–31.03.2025

2. Berücksichtigung der Vorgaben des § 80 Abs. 1 S. 3 SGB VII
Anspruch auf Rente im Sterbevierteljahr:
12.01.2024–30.04.2024
Anspruch auf kleine Witwenrente:
01.02.2024–31.01.2026[2012]

2007 Jung in: jurisPK-SGB VII, § 80 SGB VII Rn. 11.
2008 Plum in: Podzun, Rz. 622 S. 3.
2009 Kranig in: Hauck/Noftz, SGB VII, § 80 SGB VII Rn. 7.
2010 Lange/Richter in: v. Koppenfels-Spies/Wenner, SGB VII, § 80 SGB VII Rn. 5 ff.
2011 Nach Zweng u.a., HB RV, § 107 SGB VI Rn. 18a.
2012 Da auch die Zeit des Sterbevierteljahrs berücksichtigt wird, kommen bei der Auszahlung faktisch statt 24 maximal 21 Kalendermonate zum Tragen (Sacher in: Lauterbach,

Anrechnungszeitraum der kleinen Witwenrente:
01.02.2024–31.03.2025 = 14 Monate
Berechnung der Abfindung auf 24–14 Monate = 10 Monate

Die Abfindung erfolgt allerdings dann nach § 80 Abs. 1 S. 1 SGB VII und **nicht** nach § 80 Abs. 1 S. 3 SGB VII, wenn im Zeitpunkt der Wiederheirat **Anspruch auf große Witwen- oder Witwerrente bestand**, auch wenn für den Monat der Wiederheirat noch kleine Witwen- oder Witwerrente gezahlt wurde (diese Konstellation liegt vor, wenn im Monat der Wiederheirat einer der Gründe für die große Witwen- oder Witwerrente eingetreten ist).[2013]

Die Abfindung zur Wiederheirat wird gezahlt:

- unabhängig vom Lebensalter oder des Gesundheitszustandes von Witwe oder Witwer[2014]
- ohne Ermessen des Unfallversicherungsträgers.[2015]

Durch die Abfindungszahlung fällt bei den Hinterbliebenenleistungen ein Berechtigter weg, sodass sich für die übrigen Berechtigten die Rentenzahlungen erhöhen könnten.

Allerdings nimmt der Gesetzgeber eine signifikante zeitliche Einschränkung vor: Erst **24 Monate** nach Ablauf des Monats der Wiederheirat werden auf demselben Versicherungsfall beruhende und nach § 66 Abs. 2 und 3 SGB VII aufgeteilte Renten an frühere Ehegatten wegen Veränderung der Quote **erhöht**.[2016]

Der Hintergrund der Regelung ist verständlich: Zwar fällt der Ehegatte aus dem Kreis der Berechtigten i.S.d. § 66 Abs. 2, 3 SGB VII durch die Wiederheirat weg, doch erhält er eine Abfindungssumme, die den Zeitraum von 24 Monaten umfasst. Die Abfindung hat dadurch finanziell für den

§ 65 SGB VII Rn. 29), der Anspruch besteht über 24 Kalendermonate (§ 65 Abs. 1 S. 2 SGB VII).

2013 Kranig in: Hauck/Noftz, SGB VII, § 80 SGB VII Rn. 7; Lange/Richter in: v. Koppenfels-Spies/Wenner, SGB VII, § 80 SGB VII Rn. 7.

2014 Plum in: Podzun, Kz. 622 S. 2.

2015 Plum in: Podzun, Kz. 622 S. 2.

2016 Sacher in: Lauterbach, § 80 SGB VII Rn. 14.

Unfallversicherungsträger dieselbe Wirkung wie die Rentenzahlung, sodass eine Anrechnung zu Recht erfolgt.[2017]

6.10.5 Berechnung der Höhe

Mit Ausnahme der oben gezahlten Bezieher der kleinen Witwen- oder Witwerrente beträgt die Rentenabfindung grundsätzlich den 24-fachen Monatsbetrag der geleisteten Rente.

Berechnungsbeispiel| Abfindung bei Wiederheirat (Regel)[2018]

C stirbt am 12. Januar 2024 an den Folgen eines Arbeitsunfalls. Seine Witwe D heiratet am 15. Februar 2025 erneut.
D bezog eine kleine Witwenrente bis 31. März 2024 in Höhe von 300,00 Euro und wegen Vollendung des nach § 65 Abs. 2 Nr. 3 lit. b i.V.m. § 218a Abs. 2 S. 2 SGB VII maßgeblichen Lebensalters eine große Witwenrente ab 1. August 2024 in Höhe von 660,00 Euro
Wie hoch ist die Abfindung?

1. Grundüberlegung: Relevanter Abrechnungszeitraum
Hochzeit 15.02.2025
Abrechnungszeitraum 01.03.2024–28.02.2025

2. Grundüberlegung: Relevante Renteneinkünfte
März 2024: 1 × 300,00 Euro = 300,00 Euro
August 2024–Februar 2025: 7 × 660,00 Euro = 4.620,00 Euro
Insgesamt: 4.920,00 Euro
Durchschnitt: 4.920,00 Euro / 12 Monate = 410,00 Euro

Im Beispiel hatte D von April bis Juli keinen Rentenbezug. Der Durchschnitt aus den für die letzten zwölf Kalendermonaten geleisteten Rentenbeträge wird auch dann herangezogen, wenn es nicht in allen zwölf Monaten zu einem Rentenzahlbetrag gekommen ist.[2019]

2017 Plum in: Podzun, Kz. 622 S. 3.
2018 Nach Zweng u.a., HB RV, § 107 SGB VI Rn. 18a.
2019 Marschner in: BeckOK SozR, § 80 SGB VII Rn. 13; Zweng u.a., HB RV, § 107 SGB VI Rn. 18a.

3. Berechnung der Abfindung
410,00 Euro × 24 = 9.840,00 Euro

4. Ergebnis: Die Abfindungssumme beträgt 9.840,00 Euro.

5. Hinweis: Da D zum Zeitpunkt der Wiederheirat große Witwenrente bezog, tritt die Ausnahme aus § 80 Abs. 1 S. 3 SGB VII (Kürzung der Monate wegen Rentenbezugs) nicht ein.

6.10.6 Ausnahme: Wiederheirat vor Ablauf des 15. Kalendermonats

Bei Wiederheirat vor Ablauf des 15. Kalendermonats nach dem Tode des Versicherten ist Monatsbetrag der Durchschnittsbetrag der Witwenrente oder Witwerrente, die **nach Ablauf des dritten auf den Sterbemonat folgenden Kalendermonats zu leisten** war. Der für die Ermittlung des Monatsbetrages relevante Zeitraum beginnt erst mit dem auf den abgelaufenen Sterbevierteljahr folgenden Kalendermonat.[2020]

Die Regelung stellt sicher, dass die höhere Rente aus dem Sterbevierteljahr nicht berücksichtigt wird und damit die Durchschnittsberechnung beeinflussen kann.

Berechnungsbeispiel | Abfindung bei Wiederheirat (Ausnahme)[2021]

E stirbt am 26. November 2024 an den Folgen eines Arbeitsunfalls. Ihr Witwer F heiratet am 10. Oktober 2025 erneut.
F bezog zunächst im Sterbevierteljahr (26.11.2024–28.02.2025) eine Rente in Höhe von 1.000,00 Euro.
Ab dem 1. März 2025 erhält er eine große Witwerrente in Höhe von 600,00 Euro, ab 1. Juli 2025 in Höhe von 620,00 Euro.
Wie hoch ist die Abfindung?

1. Grundüberlegung: Relevanter Abrechnungszeitraum
Hochzeit 15.10.2025

2020 Bereiter-Hahn/Mehrtens, § 80 SGB VII Rn. 8.
2021 Nach Zweng u.a., HB RV, § 107 SGB VI Rn. 20.

Abrechnungszeitraum 01.11.2024–31.10.2025
Aber: Todestag 26.11.2024
Korrigierter Abrechnungszeitraum: 01.03.2025–31.10.2025 (keine Berücksichtigung der Monate im Sterbevierteljahr[2022])

2. Grundüberlegung: Relevante Renteneinkünfte
01.03.2025–30.06.2025: 4 × 600,00 Euro = 2.400,00 Euro
01.07.2025–31.10.2025: 4 × 620,00 Euro = 2.480,00 Euro
Insgesamt: 4.880,00 Euro
Durchschnitt: 4.880,00 Euro / 8 Monate = 610,00 Euro

Hinweis: Der Bemessungszeitraum beträgt ja nicht zwölf, sondern ausnahmsweise acht Monate.

3. Berechnung der Abfindung
610,00 Euro × 24 = 14.640,00 Euro

4. Ergebnis: Die Abfindungssumme beträgt 14.640,00 Euro.

6.10.7 Ausnahme: Wiederheirat im Sterbevierteljahr

Bei Wiederheirat vor Ablauf des Sterbevierteljahres gilt nach § 80 Abs. 2 S. 3 SGB VII eine weitere Ausnahme: Der Monatsbetrag ist dann der fiktive Betrag der Witwenrente oder Witwerrente, der für den vierten auf den Sterbemonat folgenden Kalendermonat zu leisten wäre.

Berechnungsbeispiel| Abfindung bei Wiederheirat (weitere Ausnahme)[2023]

G stirbt am 26. November 2024 an den Folgen eines Arbeitsunfalls. Ihr Witwer H heiratet am 10. Januar 2025 erneut.
H würde im Sterbevierteljahr (26.11.2024–28.02.2025) eine Rente in Höhe von 1.000,00 Euro beziehen.
Ab dem 1. März 2025 würde er eine große Witwerrente in Höhe von 600,00 Euro, ab 1. Juli 2025 in Höhe von 620,00 Euro erhalten.

2022 Bereiter-Hahn/Mehrtens, § 80 SGB VII Rn. 8.
2023 Nach Zweng u.a., HB RV, § 107 SGB VI Rn. 20.

Wie hoch ist die Abfindung?

1. Grundüberlegung: Relevanter Abrechnungszeitraum
Hochzeit 10.01.2025
Abrechnungszeitraum 01.02.2024–31.01.2025
Hier: Kein Durchschnittswert

2. Grundüberlegung: Relevante Renteneinkünfte
Rente aus Sterbevierteljahr ist unbeachtlich, § 80 Abs. 2 S. 3 SGB VII; beachtlich ist der **vierte Kalendermonat** nach dem Tod
Daher: März 2025 mit 600,00 Euro
Insgesamt: 600,00 Euro

3. Berechnung der Abfindung
600,00 Euro × 24 = 14.400,00 Euro

4. Ergebnis: Die Abfindungssumme beträgt 14.400,00 Euro.

7 Pflegegeld

Nicht zu den „klassischen" Geldleistungen der gesetzlichen Unfallversicherung gehört das Pflegegeld. Es ist durchaus umstritten, ob es sich beim Pflegegeld überhaupt um eine Geldleistung oder doch vielmehr um ein Sachleistungssurrogat oder eine Leistung „eigener Art" handelt.[2024] Herrschend wird das Pflegegeld indes als Geldleistung angesehen.[2025] Aus diesem Grund wird es auch in diesem Buch erwähnt.

Die Annahme als Geldleistung hat folgende Konsequenzen:[2026]

- Das Pflegegeld ist unabhängig davon zu zahlen ist, ob dem Versicherten durch die Pflege (z.B. durch den Ehegatten) Kosten entstehen.
- Fällige Ansprüche auf Pflegegeld gehen nach § 56 SGB I in vollem Umfang auf einen Sonderrechtsnachfolger (z.B. dem Erben) über.
- Nach § 97 Nr. 1 SGB VII ist Pflegegeld im Ausland zu zahlen.

Mit der Pflege wird in erster Linie die **soziale Pflegeversicherung** in Verbindung gebracht, die **im SGB XI** ihre rechtlichen Grundlagen hat. Die Pflegeversicherung wurde 1994 als fünfte Säule der Sozialversicherung geschaffen (und trat am 1. Januar 1995 in Kraft), um dem gestiegenen insbesondere stationären Pflegebedarf gerecht zu werden.[2027]

Doch auch die gesetzliche Unfallversicherung kann Pflegeleistungen erbringen. Dies ergibt sich bereits aus dem Grundsatz des § 26 Abs. 1 S. 1 SGB VII, wonach Versicherte einen Anspruch auf Leistungen bei Pflegebedürftigkeit haben. Die Leistungspflicht der gesetzlichen Unfallversicherung verlangt dabei, dass die Folgen eines von ihr zu entschädigenden Versicherungsfalls **die wesentliche Ursache** der Hilfebedürftigkeit darstellen.[2028] Die Hilfebedürftigkeit muss **infolge eines Versicherungsfalls** bestehen.

Nach § 26 Abs. 2 Nr. 5 SGB VII sind auch diese Leistungen mit allen geeigneten Mitteln und möglichst frühzeitig zu erbringen. Die Pflege ist dabei weder den Leistungen der Rehabilitation noch der Teilhabe zuzuordnen,

---

2024 Vgl. Römer in: Hauck/Noftz, SGB VII, § 44 SGB VII Rn. 30.
2025 Römer in: Hauck/Noftz, SGB VII, § 44 SGB VII Rn. 30 m.w.N.
2026 Nach Römer in: Hauck/Noftz, SGB VII, § 44 SGB VII Rn. 32.
2027 Kokemoor, Rn. 219.
2028 Udsching in: Udsching/Schütze, § 13 SGB XI Rn. 6.

sondern stellt eine eigene Leistungsart dar.[2029] Die Aufnahme der Pflege als Leistung der gesetzlichen Unfallversicherung ist Zeugnis ihres umfassenden Entschädigungsauftrages.[2030]

§ 44 SGB VII ist der maßgebliche Pflege-Paragraf der gesetzlichen Unfallversicherung, der deren Leistungen bei Pflegebedürftigkeit aufführt. Ziel der Pflegeleistungen der gesetzlichen Unfallversicherung ist wie oben dargestellt, **mit allen geeigneten Mitteln** der versicherten Person ein möglichst eigenständiges Leben sowie ein Höchstmaß an Selbstbestimmung zu ermöglichen.[2031]

Aus § 44 SGB VII kann ein umfangreiches Leistungsspektrum abgeleitet werden zu dem neben Haus- und Heimpflege auch das Pflegegeld gehört.[2032] Leistungen der gesetzlichen Unfallversicherung sind mit denen der Pflegeversicherung vergleichbar, doch geht deren Umfang jedoch häufig weiter.[2033]

Solange Versicherte infolge eines Versicherungsfalls für die gewöhnlichen und regelmäßig wiederkehrenden Verrichtungen im Ablauf des täglichen Lebens in **erheblichem Umfang** der Hilfe durch andere bedürfen, haben sie nach § 44 Abs. 1 SGB VII einen Anspruch auf Pflegeleistungen. Das bedeutet, dass ihnen Pflegegeld gezahlt, eine Pflegekraft gestellt oder Heimpflege erbracht wird.

Nach § 13 Abs. 1 Nr. 2 SGB XI gehen den Leistungen der Pflegeversicherung wegen Pflegebedürftigkeit die Entschädigungsleistungen aus der gesetzlichen Unfallversicherung vor. Der Anspruch auf Leistungen der Pflegeversicherung ruht nach § 34 Abs. 1 Nr. 2 S. 1 SGB XI soweit Versicherte diese Leistungen erhalten. Der **Vorrang von Entschädigungsleistungen** durch die gesetzliche Unfallversicherung greift allerdings nur ein, soweit sie den Leistungen nach dem SGB XI entsprechen.[2034] Weitergehende Leistungen aus der sozialen Pflegeversicherung werden hierdurch hingegen nicht ausgeschlossen.[2035]

2029 Baron/Lüder in: LPK-SGB VII, § 26 SGB VII Rn. 11.
2030 Baron/Lüder in: LPK-SGB VII, § 26 SGB VII Rn. 11.
2031 Baron/Lüder in: LPK-SGB VII, § 44 SGB VII Rn. 2.
2032 Baron/Lüder in: LPK-SGB VII, § 44 SGB VII Rn. 4.
2033 Udsching in: Udsching/Schütze, § 13 SGB XI Rn. 6.
2034 Udsching in: Udsching/Schütze, § 13 SGB XI Rn. 3.
2035 Udsching in: Udsching/Schütze, § 13 SGB XI Rn. 3.

7.1 Sinn und Zweck

Zu den Pflegeleistungen gehört u.a. das **Pflegegeld**. Art und Umfang der Gewährung von Pflegeleistungen liegen im Ermessen des Unfallversicherungsträgers.[2036]

Allerdings ist dabei folgendes zu beachten:[2037]

- Das Wunsch- und Wahlrecht des Versicherten ist zu berücksichtigen.
- Die Zahlung von Pflegegeld hat Vorrang vor Haus- und Heimpflege.
- Pflegegeld bietet mehr Entscheidungsfreiheit als Pflege in Form von Sachleistungen.

Dabei besteht der Sinn und Zweck des Pflegegeldes durch den Unfallversicherungsträger in folgendem:

- Durch das Pflegegeld stellt der Versicherte für sich selbst die notwendige Pflege in geeigneter Weise sicher.[2038]
- Das Pflegegeld sichert dem Verletzten einen größeren Bereich der persönlichen Freiheit, da er das Geld dort einsetzen kann, wo es ihm nach seiner Einschätzung am besten entspricht.[2039]
- Das Pflegegeld dient als Anreiz zugunsten des Verletzten, durch Inanspruchnahme der Familienangehörigen die Pflege in der gewohnten Umgebung durchzuführen und so zur Entlastung der regelmäßig höheren Kosten der Pflege beizutragen.[2040]

7.2 Beginn und Ende

Der Anspruch auf Pflegegeld **beginnt** mit Eintritt des Versicherungsfalls und dem Entstehen des dadurch wesentlich verursachten Hilfsbedarfs.[2041]

Die Bewilligung des Pflegegeldes erfolgt durch einen Verwaltungsakt mit Dauerwirkung.[2042]

2036 S. Dunz in: Podzun, Kz. 345 S. 10.
2037 Nach S. Dunz in: Podzun, Kz. 345 S. 10.
2038 BSG, Urt. v. 08.12.1998 – B 2 U 5/98 R, juris Rn. 26.
2039 BSG, Urt. v. 08.12.1998 – B 2 U 5/98 R, juris Rn. 26.
2040 BSG, Urt. v. 08.12.1998 – B 2 U 5/98 R, juris Rn. 26.
2041 Römer in: Hauck/Noftz, SGB VII, § 44 SGB VII Rn. 34.
2042 BSG, Urt. v. 26.06.2001 – B 2 U 28/00 R, juris Rn. 14.

Nach § 44 Abs. 1 S. 1 SGB VII wird das Pflegegeld grundsätzlich solange erbracht, solange Versicherte der Hilfe bedürfen.[2043] Das bedeutet konkret, dass es geleistet wird solange der Versicherte infolge des Versicherungsfalles so hilflos ist, dass er für die gewöhnlichen und regelmäßig wiederkehrenden Verrichtungen im Ablauf des täglichen Lebens in erheblichem Umfang der Hilfe bedarf.[2044]

Das Pflegegeld **endet** grundsätzlich mit dem Wegfall des Hilfsbedarfs oder dem Tod.[2045]

7.3 Ermessensentscheidung

Die Unfallversicherungsträger haben bei der Bestimmung der Höhe des Pflegegeldes einen **Ermessensspielraum**.[2046]

Wie dargestellt, richtet sich die Höhe des Pflegegeldes

- nach der Art oder Schwere des Gesundheitsschadens und
- nach dem Umfang der erforderlichen Hilfe

Diese Entscheidungskriterien sind als unbestimmte Rechtsbegriffe bei der Ermessensentscheidung vom Unfallversicherungsträger zu beachten.[2047]

In der sozialen Pflegeversicherung richtet sich indes die Höhe des Pflegegeldes nach dem **Pflegegrad** (vgl. § 37 Abs. 1 S. 3 SGB XI).[2048]

Der Vorteil bei der Bestimmung der Höhe in der gesetzlichen Unfallversicherung besteht darin, dass sich die Höhe an den individuellen Verhältnisse der Versicherten ausrichtet.[2049]

Lesehinweis | Bemessung des Pflegegeldes

Die DGUV hat „Anhaltspunkte zur Bemessung des Pflegegeldes (AHP) bei Arbeitsunfällen und Berufskrankheiten“ veröffentlicht (Stand: September 2023), die den Unfallversicherungsträgern als Richtschnur für die

---

2043 Römer in: Hauck/Noftz, SGB VII, § 44 SGB VII Rn. 34.
2044 BSG, Urt. v. 26.06.2001 – B 2 U 28/00 R, juris Rn. 21.
2045 Römer in: Hauck/Noftz, SGB VII, § 44 SGB VII Rn. 34.
2046 BSG, Urt. v. 26.06.2001 – B 2 U 28/00 R, juris Rn. 21.
2047 Benz, NZS 2004, 125 (128).
2048 Kokemoor, Rn. 233.
2049 Römer in: Hauck/Noftz, SGB VII, § 44 SGB VII Rn. 39.

Praxis dienen, um das ihnen bei der Bemessung der Höhe des Pflegegeldes eingeräumte Ermessen sachgerecht nach gleichen Gesichtspunkten auszuüben.
Die frei zugängliche Arbeitshilfe ist veröffentlicht unter: https://www.dguv.de/medien/inhalt/reha_leistung/pflege/anhaltspunkte_dguv.pdf[2050]

Unberücksichtigt bleibt bei der Bemessung der Höhe, ob ein Ehegatte die Pflege übernommen hat.[2051]

7.4 Höhe des Pflegegeldes

§ 44 Abs. 2 SGB VII gibt einen **Pflegegeldrahmen** vor, innerhalb dessen die genaue Festsetzung im Einzelfall unter Berücksichtigung der Art und Schwere des Gesundheitsschadens sowie des Umfangs der erforderlichen Hilfe erfolgt.[2052] Das bedeutet, dass der Versicherte anders als beim Verletztengeld, dem Übergangsgeld und den Versicherten- oder Hinterbliebenenrenten **keinen Rechtsanspruch** auf einen bestimmten Geldbetrag hat.[2053]

Nach dem Gesetzeswortlaut wurde der Rahmen 2008 mit 300,00 Euro bis 1.199,00 Euro zunächst festgesetzt. Diese Beträge werden jeweils zum gleichen Zeitpunkt, zu dem die Renten der gesetzlichen Rentenversicherung angepasst werden, entsprechend dem Faktor angepasst, der für die Anpassung der vom Jahresarbeitsverdienst abhängigen Geldleistungen maßgebend ist.

Nach § 5 Rentenwertbestimmungsverordnung 2025[2054] beträgt das Pflegegeld der gesetzlichen Unfallversicherung seit dem 1. Juli 2025 zwischen 462,00 Euro und 1.838,00 Euro monatlich.

Übersteigen die Aufwendungen für eine Pflegeperson das vom Unfallversicherungsträger festgesetzte Pflegegeld, kann es nach § 44 Abs. 2 S. 3 SGB VII „**angemessen**" erhöht werden.[2055]

2050 Zuletzt abgerufen: 12.03.2026.
2051 Bereiter-Hahn/Mehrtens, § 44 SGB VII Rn. 8.1.
2052 Brandenburg in: jurisPK-SGB VII, § 44 SGB VII Rn. 44.
2053 Benz, NZS 2004, 125 (128).
2054 BGBl. Teil I 2025 Nr. 148, S. 2.
2055 Benz, NZS 2004, 125 (129).

Wesentliche Gesichtspunkte bei der Ermessensentscheidung des Unfallversicherungsträgers darüber, ob es sich um „angemessene" Aufwendungen handelt, sind die Sicherstellung einer optimalen Pflege und Betreuung unter Berücksichtigung der berechtigten Wünsche des Versicherten unter Beachtung der Grundsätze der Wirtschaftlichkeit und Sparsamkeit.[2056]

Gezahlt wird das Pflegegeld als monatliche Leistung; Teilmonate werden gemäß § 187 Abs. 4 SGB VII mit 30 Kalendertagen berechnet.[2057]

7.5 Anpassung des Pflegegeldes

Nach § 44 Abs. 2 S. 2, Abs. 4 und 6 SGB VII werden sowohl der Pflegegeldrahmen als auch das laufende Pflegegeld jeweils zu dem Zeitpunkt, zu dem die Renten der Rentenversicherung angepasst werden, wie die Renten der gesetzlichen Unfallversicherung angepasst.[2058]

7.6 Ruhen des Pflegegeldes

Während einer stationären Behandlung oder der Unterbringung der Versicherten in einer Einrichtung der Teilhabe am Arbeitsleben oder einer Werkstatt für behinderte Menschen wird das Pflegegeld gemäß § 44 Abs. 3 SGB VII bis zum Ende des ersten auf die Aufnahme folgenden Kalendermonats geleistet und mit dem ersten Tag des Entlassungsmonats wieder aufgenommen. Konkret bedeutet das im Umkehrschluss, dass es in der Zwischenzeit, also z.B. während des Aufenthalts zur stationären Behandlung, ruht.

Bei einer stationären Behandlung in einem Krankenhaus oder einer Rehabilitationseinrichtung geht der Gesetzgeber davon aus, dass dort eine erforderliche Pflege bereits hausseits gewährleistet wird.[2059] Mit dem Ruhen der Zahlung vermeidet der Gesetzgeber Doppelleistungen. Gleichzeitig sorgt die großzügige, nicht taggenaue Zahlung dafür, dass sich der Versicherte und seine Angehörigen auf das Ruhen vorzeitig einstellen können.

2056 Benz, NZS 2004, 125 (129).
2057 S. Dunz in: Podzun, Kz. 345 S. 13.
2058 Brandenburg in: jurisPK-SGB VII, § 44 SGB VII Rn. 57 f.
2059 Baron/Lüder in: LPK-SGB VII, § 44 SGB VII Rn. 22.

Das Pflegegeld kann ganz oder teilweise weitergezahlt werden, wenn das Ruhen eine weitere Versorgung der Versicherten gefährden würde.

Berechnungsbeispiel | Unterbrechung des Pflegegeldes[2060]

Stationäre Behandlung im Krankenhaus: 21.03.2025–16.07.2025

1. Weiterzahlung bis zum Ende des ersten auf die Aufnahme folgenden Kalendermonats: Weiterzahlung bis 30.04.2025
2. Aufnahme der Zahlung mit dem ersten Tag des Entlassungsmonats: Zahlungsaufnahme ab 01.07.2025

2060 Baron/Lüder in: LPK-SGB VII, § 44 SGB VII Rn. 22.

narr\f
ranck
e\atte
mpto
UVK
expert

Literaturverzeichnis

Becker, Harald u.a. (Hrsg.): LPK-SGB VII, 6. Auflage, Baden-Baden 2024

Becker, Ulrich/Kingreen, Thomas (Hrsg.): SGB V (Kommentar), 8. Auflage, München 2022

Berchtold, Josef: Krankengeld, Baden-Baden 2004

ders./Huster, Stefan/Rehborn, Martin (Hrsg.): Gesundheitsrecht, 2. Auflage, Baden-Baden 2018

Bereiter-Hahn, Werner/Mehrtens, Gerhard: Gesetzliche Unfallversicherung (Kommentar), 5. Auflage, Berlin 2019

Bieresborn, Dirk/Schafhausen, Martin (Hrsg.): Münchner Anwaltshandbuch Sozialrecht, 6. Auflage, München 2024 (zitiert als: MAH-SozR)

Boecken, Winfried u.a. (Hrsg.): Gesamtes Arbeitsrecht, 2. Auflage, Baden-Baden 2023

Christians, Dietmar u.a. (Hrsg.): Gemeinschaftskommentar zum Sozialgesetzbuch IX, 137. EL, Köln 2024

Dauner-Lieb, Barbara/Langen, Werner (Hrsg.): BGB-Schuldrecht (Band 2), 4. Auflage, Baden-Baden 2021

Däubler, Wolfgang u.a. (Hrsg.): Arbeitsrecht (Kommentar), 5. Auflage, Baden-Baden 2022

Detterbeck, Steffen: Allgemeines Verwaltungsrecht, 22. Auflage, München 2024

Düwell, Franz Josef/Joussen, Jacob/Luik, Steffen (Hrsg.): LPK-SGB IX (Kommentar), 7. Auflage, Baden-Baden 2026

Ehmann, Frank/Karmanski, Carsten/Kuhn-Zuber, Gabriele (Hrsg.): Gesamtkommentar Sozialrechtsberatung, 3. Auflage, Baden-Baden 2023 (zitiert als: GK-SRB)

Eiding, Lutz/Hofmann-Hoeppel, Jochen (Hrsg.): Verwaltungsrecht, 3. Auflage, Baden-Baden 2022

Feichtinger, Peter/Malkmus, Hans (Hrsg.): Entgeltfortzahlungsrecht (Kommentar), 2. Auflage, Baden-Baden 2010

Fuchs, Harry/Ritz, Hans-Günther/Rosenow, Roland (Hrsg.): SGB IX (Kommentar), 7. Auflage, München 2021

Fuchs, Maximilian/Preis, Ulrich/Brose, Wiebke: Sozialversicherungsrecht und SGB II, 3. Auflage, Berlin 2021

Hauck, Karl/Noftz, Wolfgang (Begr.): SGB V (Kommentar), 7/23 EL, Berlin 2023

dies. (Begr.): SGB VI (Kommentar, 1/24 EL, Berlin 2024

dies. (Begr.): SGB VII (Kommentar), 3/24 EL, Berlin 2024

dies. (Begr.): SGB X (Kommentar, 3/23 EL, Berlin 2023
Hennsler, Martin/Willemsen, Heinz Josef/Kalb, Heinz-Jürgen (Hrsg.): Arbeitsrecht (Kommentar), 11. Auflage, Köln 2024
Igl, Gerhard/Welti, Felix (Hrsg.): Gesundheitsrecht, 4. Auflage, München 2022
Jahnke, Jürgen/Burmann, Michael (Hrsg.): Handbuch Personenschadensrecht, 2. Auflage, München 2022
Junker, Abbo: Grundkurs Arbeitsrecht, 22. Auflage, München 2023
Kater, Horst/Leube, Konrad: Gesetzliche Unfallversicherung SGB VII (Kommentar), München 1997
Kiel, Heinrich/Lunk, Stefan/Oetker, Hartmut (Hrsg.): Münchener Handbuch zum Arbeitsrecht, Individualarbeitsrecht I, Band 1, 6. Auflage, München 2024 (zitiert als: MHB-ArbR I/1)
Knickrehm, Sabine/Roßbach, Gundula/Waltermann, Raimund (Hrsg.): Kommentar zum Sozialrecht, 9. Auflage, München 2025
Kokemoor, Axel: Sozialrecht, 11. Auflage, München 2025
Krasney, Otto Ernst u.a. (Hrsg.): Gesetzliche Unfallversicherung SGB VII (Kommentar), 13. Auflage (49. Lfg.), Siegburg 2023
Kreikebohm, Ralf/Roßbach, Gundula (Hrsg.): SGB VI (Kommentar), 6. Auflage, München 2021
Küppenbender, Laura: Übergangsgeld (Studientext Nr. 13), 27. Auflage, Berlin 2024, über www.deutsche-rentenversicherung.de
Küttner, Wolfdieter (Begr.): Personalhandbuch 2025, 32. Auflage München 2025 (zitiert als Küttner)
Lauterbach, Herbert (Begr.): Unfallversicherung SGB VII (Kommentar), 4. Auflage (75. EL), Stuttgart 2024
Ludolph, Elmar (Hrsg.): Der Unfallmann, 14. Auflage, Berlin 2022
Marburger, Horst: Entgelt in der Sozialversicherung, 2. Auflage, Stuttgart 2018
Mehrhoff, Friedrich/Ekkernkamp, Axel/Wich, Michael Karl-Heinz (Hrsg.): Unfallbegutachtung, 14. Auflage, Berlin/Boston 2019
Muckel, Stefan/Ogorek, Markus/Rixen, Stephan: Sozialrecht, 5. Auflage, München 2019
Müller-Glöge, Rudi u.a. (Hrsg.): Erfurter Kommentar zum Arbeitsrecht, 24. Auflage, München 2024 (zitiert als: ErkK)
Neumann, Dirk u.a. (Hrsg.): Sozialgesetzbuch IX (Kommentar), 15. Auflage, München 2024
Peters, Horst (Begr.): Handbuch der Krankenversicherung Sozialgesetzbuch V, 19. Auflage (100. EL), Stuttgart 2023
Podzun, Hanns (Begr.): Der Unfallsachbearbeiter, 2/24 EL, Berlin 2024

Rancke, Friedbert/Pepping, Georg (Hrsg.): Mutterschutz – Elterngeld – Elternzeit (Handkommentar), 6. Auflage, Baden-Baden 2022
Reinhardt, Helmur/Silber, Wolfgang (Hrsg.): LPK-SGB VI, 5. Auflage, Baden-Baden 2021
Rolfs, Christian u.a. (Hrsg.): Beck-Online Großkommentar SGB IV, Stand: 2025, München 2025
ders. u.a. (Hrsg.): Beck-Online Großkommentar SGB V, Stand: 2025, München 2025
ders. u.a. (Hrsg.): Beck-Online Großkommentar SGB VI, Stand: 2025, München 2025
ders. u.a. (Hrsg.): Beck-Online Großkommentar SGB VII, Stand: 2025, München 2025
ders. u.a. (Hrsg,): Beck-Online Großkommentar SGB X, Stand: 2025, München 2025
ders. u.a. (Hrsg.): Beck'scher Online-Kommentar Arbeitsrecht, Stand: 77. Edition, München 2025
ders. u.a. (Hrsg.): Beck'scher Online-Kommentar Sozialrecht, Stand: 78. Edition, München 2025
Ruland, Franz/Becker, Ulrich/Axer, Peter (Hrsg.): Sozialrechtshandbuch SRH, 7. Auflage, Baden-Baden 2022
Schaub, Günter (Begr.): Arbeitsrechts-Handbuch, 21. Auflage, München 2025
Schlaeger, Tobias (Hrsg.): SGB VII (Kommentar), 5. Auflage, München 2025
Schlegel, Rainer/Voelzke, Thomas (Hrsg.): juris PraxisKommentar SGB IV, 4. Auflage, Saarbrücken 2021 (Stand: 2024)
dies. (Hrsg.): juris PraxisKommentar SGB V, 4. Auflage, Saarbrücken 2020 (Stand: 2024)
dies. (Hrsg.): juris PraxisKommentar SGB VII, 3. Auflage, Saarbrücken 2022 (Stand: 2024)
Schmitt, Jochem (Begr.): Entgeltfortzahlungsgesetz (Kommentar), 9. Auflage, München 2023
ders.: SGB VII (Kommentar), 4. Auflage, München 2009
Schütze, Bernd (Hrsg.): SGB X (Kommentar), 9. Auflage München 2020
Schönberger, Alfred/Mehrtens, Gerhard/Valentin, Helmut (Begr./Hrsg.): Arbeitsunfall und Berufskrankheit, 10. Auflage, Berlin 2024
Udsching, Peter/Schütze, Bernd (Hrsg.): SGB XI (Kommentar), 6. Auflage, München 2024
vom Stein, Jürgen/Rothe, Isabel/Schlegel, Rainer (Hrsg.): Gesundheitsmanagement und Krankheit im Arbeitsverhältnis, 3. Auflage, München 2025
von Koppenfels-Spies, Katharina: Sozialrecht, 2. Auflage, Tübingen 2024
dies./Wenner, Ulrich (Hrsg.): Kommentar zum Sozialgesetzbuch IV, 3. Auflage, Hürth 2022
dies./ders. (Hrsg.): Kommentar zum Sozialgesetzbuch VII, 3. Auflage, Hürth 2022

Viergutz, Rainer: Zusammentreffen von Rente und Einkommen (Studientext Nr. 22), 28. Auflage, Berlin 2025 (über www.deutsche-rentenversicherung.de)

Waltermann, Raimund/Schmidt, Benjamin/Chandna-Hoppe, Katja: Sozialrecht, 15. Auflage, Heidelberg 2022

Widder, Bernhard u.a.: Neurowissenschaftliche Begutachtung, 3. Auflage, Stuttgart 2018

Winkler, Jürgen (Hrsg.): LPK-SGB IV (Kommentar), 3. Auflage, Baden-Baden 2020

Zweng, Johann u.a. (Begr.): Handbuch der Rentenversicherung, 3. Auflage, Stuttgart 2025

Verwendet wurden des Weiteren

Gemeinsames Rundschreiben vom 07.09.2022 in der Fassung vom 11.12.2024 zum Krankengeld nach § 44 SGB V, § 44b SGB V, zum Verletztengeld nach § 45 SGB VII und zum Krankengeld der Sozialen Entschädigung nach § 47 SGB IX (vom GKV-Spitzenverband, der DGUV u.a.), zitiert: GR-VG

Gemeinsames Rundschreiben der Rentenversicherungsträger zum Übergangsgeld (Stand: 2023), zitiert: GR-ÜG

Stichwörter